南京市
栖霞年鉴
QIXIA YEARBOOK
2022

南京市栖霞区人民政府 主办
南京市栖霞区地方志编纂委员会办公室 编

方志出版社
Publishing House of Local Records

图书在版编目（CIP）数据

南京市栖霞年鉴. 2022 / 南京市栖霞区地方志编纂委员会办公室编. —北京：方志出版社，2022. 10

ISBN 978-7-5144-5355-3

Ⅰ. ①南… Ⅱ. ①南… Ⅲ. ①区（城市）—南京—2022—年鉴 Ⅳ. ①Z525. 34

中国版本图书馆CIP数据核字（2022）第226661号

责任编辑：徐　宏
责任校对：刘玉霞
责任印制：梅中英
出 版 者：方志出版社
地　　址：北京市朝阳区潘家园东里 9 号（国家方志馆4层）
邮　　编：100021
网　　址：http://www.zgfzcb.cn
发　　行：方志出版社图书营销中心（010-67110500）
印　　刷：南京顺和印刷有限责任公司
开　　本：889毫米 × 1194毫米　　1/16
印　　张：31.75
字　　数：787千字
版　　次：2022年10月第1版
印　　次：2022年10月第1次印刷
定　　价：180.00元

南京市 栖霞 年鉴
2022 QIXIA YEARBOOK

栖霞区地方志编纂委员会

主　　任	王　生
副 主 任	黄伟民　王　智
委　　员	李春节　庄　荣　王小锋　庞　博　唐茜茜
	王宇峰　刁志福　钟漫江　周和斌　崔雨笛
	丁　胜　吴炳根　陆建尚　倪天华　盛　艳
	赵玉泉　陈芳琴　陈士金　王兆仁　钱　琍
	周传明　魏国鸿　葛　兵　朱从政　吴霞峰
	陈砚墨　赵晓琳　吕　俊　王应松　李　斌
	魏　东　宋福红　孙晓华　车金楼　王开宏
	朱　榕　赵家宝　贾胜如　刘华道　古　琳
	黄宏亮　王　清　张坤阳　刘　爽　程海博
	佘凌云　顾　磊　顾　鹏　王　玮　周　超
	史学经　俞朝晖　张宛平　罗　欣
办公室主任	吴炳根（兼）

栖霞年鉴编辑部

主　　编	吴炳根
执行主编	朱高明　张永芳
特邀编审	吕佐兵
编　　辑	张双全　王旭东　赵建华　张文龙　陈美萍　唐　恺
目录翻译	张永芳

地址
南京市尧化门街189号
电话
025-85664155
邮编
210046
电子信箱
qxqzb123@126.com

扫二维码　品读《栖霞年鉴（2022）》

各编纂单位主审人员名单

（按姓氏笔画顺序排列）

丁　彤	丁　磊	马顺标	马　倩	王艺为	王宇峰
王红雨	王　杨	王　强	王　磊	王薇薇	左元龙
石朝辉	石　韡	宁国信	冯存国	朱高明	朱　晨
乔　强	邬高萍	刘云松	刘　吉	刘明祥	许小秋
孙　薇	苏桂茹	杨小梅	李学民	李　敏	李智勇
吴　兴	邱积银	余　卫	沈　满	沈　燕	宋维刚
张卫星	张培卿	张鲁宁	张福俊	张福勇	陈良琪
陈　星	陈　峰	陈珺珺	金正星	周　卉	周根宝
庞　博	胡吉东	胡春香	胡婷婷	柳云娇	钟漫江
侯康美	郗和平	姜　浩	秦声宁	袁　琴	顾楚均
徐兴东	徐　震	唐茜茜	彭中华	蒋　维	韩　晗
焦　瑜	强国荣	詹　阳	戴凡舒	魏　力	魏　东
魏仕兰					

编辑说明

一、《栖霞年鉴》是由南京市栖霞区人民政府主办、栖霞区地方志编纂委员会办公室承编的年度资料性文献，创刊于2003年，每年出版一卷，本卷为第20卷。《栖霞年鉴》以马克思列宁主义、毛泽东思想、邓小平理论、“三个代表”重要思想、科学发展观、习近平新时代中国特色社会主义思想为指导，坚持辩证唯物主义和历史唯物主义的立场、观点和方法，记述栖霞地区（含南京经济技术开发区、南京仙林大学城及驻区企事业单位）自然、政治、经济、文化和社会等方面的情况，为各级部门决策提供依据，为社会各界人士及海内外客商研究栖霞、投资置业，提供翔实、准确、权威的信息资料，为续修《栖霞区志》积累史料。

二、《栖霞年鉴（2022）》主要记述2021年栖霞区各项事业发展状况和重大成就。收录范围以地域为界，凡在栖霞区境域之内的单位、各行各业，不论其性质、隶属关系和级别，均在收录之列。为提高年鉴的时效性，对于事件主体发生在2021年度，但其相关内容延伸至2022年初的，予以跨年度记述。为方便查阅和了解事物的完整性，部分条目在记述时涉及2021年度前的情况，仍予简略记述。书中涉及的“省”指“江苏省”，“市”指“南京市”。

三、《栖霞年鉴》基本结构分为“类目”“分目”“条目”，部分涉及面较广的“分目”增设“副分目”。2021年卷框架结构设特载、专记、大事记、区情概览、党政群团、法治·军事、南京经济技术开发区、南京仙林大学城、农业农村·水务、工业、商贸服务业、经济综合管理、城乡建设与管理、生态环境、教育、科技、文化·旅游·体育、卫生健康、民生保障、街道、人物·荣誉录、综录22个类目。与上年相比，增设“中国（南京）智谷”等分目。

四、《栖霞年鉴》从创刊至今，一以贯之，坚持每卷固定设置“视觉栖霞”“综录·栖霞掌故”“综录·往事钩沉”“综录·邑人档案”“专题彩页（魅力栖霞系列）”等栏目，以彰显地方特色、时代特色。

五、为减少层次，避免交叉重复，《栖霞年鉴》多数类目下不设“综述”，仅在分目或副分目下设“概况”作为第一个“条目”，以对部门、单位期内情况进行综合性或概括性记述。

六、为便于阅读，《栖霞年鉴》“类目”“分目”“副分目”“条目”标题以及相关链接、附表等使用不同字体、字号，配以不同符号，分色印刷。另在卷首设置机构（单位）简称、全称对照表。

七、《栖霞年鉴》卷首有“总目录”“目录”，卷尾有“索引”。为便于涉外交流，年鉴“总目录”采取中英文对照，“目录”后有英文简目。

八、《栖霞年鉴》采用的稿件均由各街道、各部门、各直属单位以及驻区有关单位专人撰写，并经领导审阅，文中所用统计数据均经供稿单位审核，撰稿人随文署名，以示尊重其劳动成果并自负文责。“统计资料”由区统计局提供，凡因统计口径、方法、时间不同造成与条目中数据不一致时，均以区统计局资料为准。数据采用法定计量单位，个别遵从习惯。

栖霞区地图

长江二桥（北汉桥）
宁洛高速公路
八卦洲
长江四桥
长江二桥
六合区
乌龙山风景区
栖霞山风景区
南京经济技术开发区
幕府山－燕子矶风景区
柳塘科技园
江苏生命科创园
栖霞区
仙林大学城
徐庄高新区
紫东创意园
钟山风景区
麒麟高新区
白下高新园
鼓楼区
省政府
市政府
玄武区
秦淮区
雨花台风景区
长江大桥
南京火车站
京沪铁路
沪宁高速铁路
绕城高速公路
沪蓉高速公路
沿江高等级公路
和燕路长江隧道（在建）

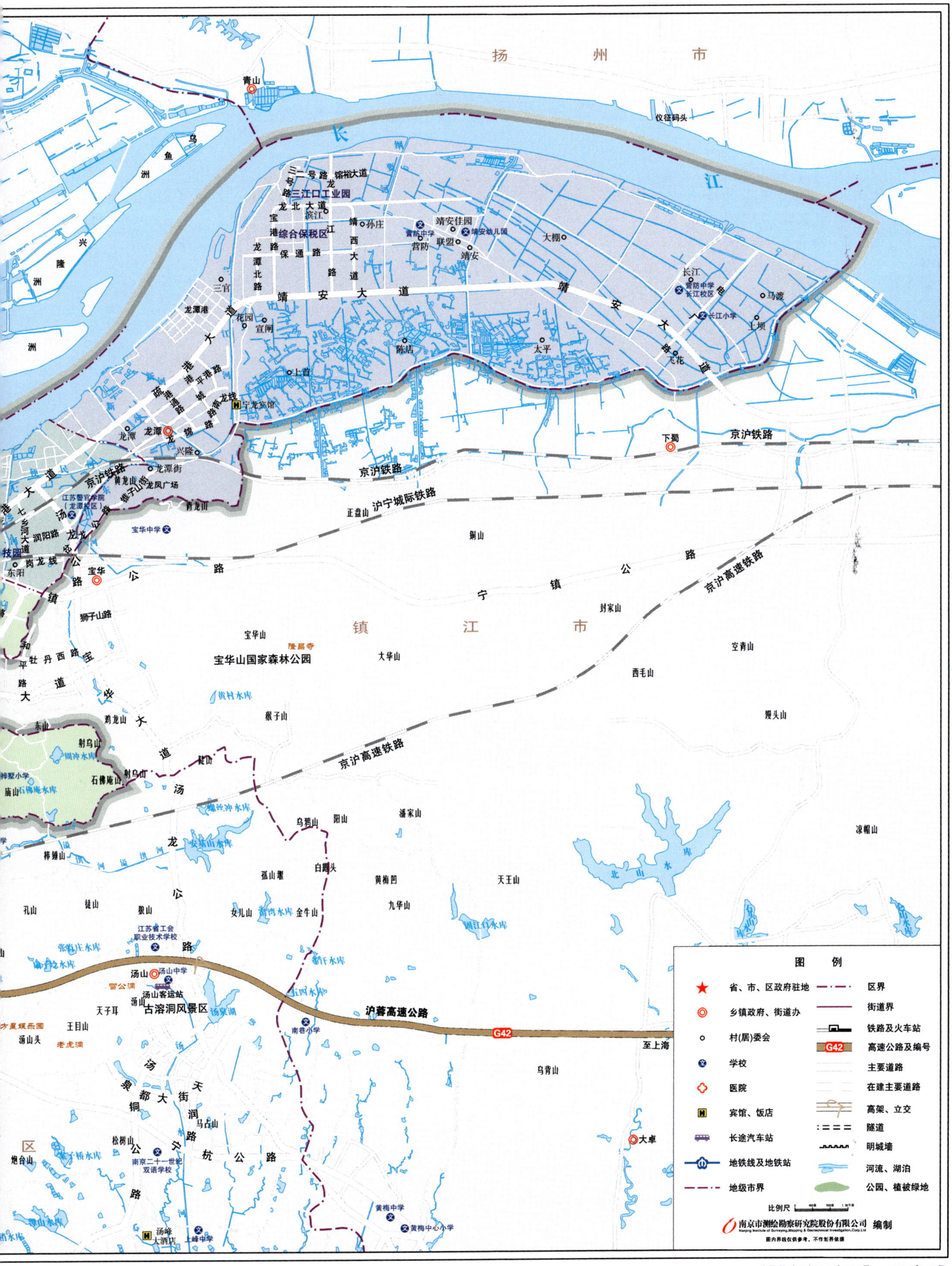

审图号:宁S（2019）011号　2019年11月

《栖霞年鉴》主要机构（单位）简称、全称对照

简称	全称
区委	中国共产党南京市栖霞区委员会
区人大常委会	南京市栖霞区人民代表大会常务委员会
区政府	南京市栖霞区人民政府
区政协	中国人民政治协商会议南京市栖霞区委员会
区纪委	中国共产党南京市栖霞区纪律检查委员会
区法院	南京市栖霞区人民法院
区检察院	南京市栖霞区人民检察院
区委办	中国共产党南京市栖霞区委员会办公室
区人大办	南京市栖霞区人大常委会办公室
区政府办	南京市栖霞区人民政府办公室
区政协办	政协南京市栖霞区委员会办公室
区人武部	南京市栖霞区人民武装部
区委保密办	中共南京市栖霞区委保密委员会办公室
区委组织部	中共南京市栖霞区委组织部
区委宣传部	中共南京市栖霞区委宣传部
区委党史工办	中共南京市栖霞区委党史工作办公室
区委统战部	中共南京市栖霞区委统一战线工作部
区委政法委	中共南京市栖霞区委政法委员会
区委区级机关工委	中共南京市栖霞区委区级机关工作委员会
区委老干部局	中共南京市栖霞区委老干部局
区委党校	中共南京市栖霞区委党校
区民宗局	南京市栖霞区民族宗教事务局
区台办	南京市栖霞区政府台湾工作办公室
区工商联	南京市栖霞区工商业联合会
区侨办	南京市栖霞区人民政府侨务工作办公室
区台联	南京市栖霞区台湾同胞联谊会
区侨联	南京市栖霞区归国华侨联合会
区综治委	南京市栖霞区社会管理综合治理委员会
区综治办	南京市栖霞区社会管理综合治理委员会办公室
区外事办	南京市栖霞区人民政府外事办公室
区发改委	南京市栖霞区发展和改革委员会
区工信局	南京市栖霞区工业和信息化局
区住建局	南京市栖霞区住房和建设局
区科技局	南京市栖霞区科学技术局
栖霞高新区	栖霞高新技术产业开发区
区科协	南京市栖霞区科学技术协会
区残联	南京市栖霞区残疾人联合会
区国资办	南京市栖霞区人民政府国有资产监督管理办公室
区人社局	南京市栖霞区人力资源和社会保障局
区生态环境局	南京市栖霞生态环境局

简称	全称
区城管局	南京市栖霞区城市管理局
区交运局	南京市栖霞区交通运输局
区卫健委	南京市栖霞区卫生健康委员会
区人防办	南京市栖霞区人民防空办公室
区志办	南京市栖霞区地方志编纂委员会办公室
区征收办	南京市栖霞区房屋征收管理办公室
区人才办	南京市栖霞区人才工作办公室
区文明办	南京市栖霞区精神文明建设指导委员会办公室
区委编办	中共南京市栖霞区委机构编制委员会办公室
区委农委	中共南京市栖霞区委农村工作委员会
区农资办	南京市栖霞区政府农村集体资产管理办公室
区防汛办	南京市栖霞区防汛防旱指挥部办公室
团区委	中国共产主义青年团南京市栖霞区委员会
区妇联	南京市栖霞区妇女联合会
区文联	南京市栖霞区文学艺术界联合会
区税务局	国家税务总局南京市栖霞区税务局
区公安分局	南京市公安局栖霞分局
区规划和自然资源分局	南京市栖霞规划和自然资源分局
仙林大学城	南京仙林大学城
南京经开区	南京经济技术开发区
新尧新城	新尧新城开发建设指挥部
迈整指挥部	迈皋桥地区环境综合整治指挥部
栖霞建设	南京栖霞建设集团公司
高科置业	南京高科置业有限公司
工行紫东支行	中国工商银行南京紫东支行
农行栖霞支行	中国农业银行南京栖霞支行
南京银行和燕路支行	南京银行股份有限公司和燕路支行
南京工程公司	中国石油化工股份有限公司南京工程有限公司
南京电气集团	南京电气集团有限责任公司
南京东站	中国铁路上海局集团有限公司南京东站
南大	南京大学
南师大	南京师范大学
南财	南京财经大学
南中医	南京中医药大学
南邮	南京邮电大学
紫金学院	南京理工大学紫金学院
南信院	南京信息职业技术学院
南工职大	南京工业职业技术大学
金审学院	南京审计大学金审学院
钟山学院	钟山职业技术学院
技师学院	南京交通技师学院
南京特师学院	南京特殊教育师范学院
南师大附校	南京师范大学附属实验学校
南外仙林分校	南京外国语学校仙林分校

6月15日，重点人工智能项目集中签约仪式举行　　南京经开区管委会宣传与统战部／供稿

5月14日，2021年南京创新周“中华门创将”大赛（南京赛）首场赛事在栖霞区举办　　区委组织部／供稿

1月30日，灵山北路西延工程通车　　仙林大学城管委会办公室／供稿

4月11日，2021南京仙林半程马拉松在羊山公园开跑　　区文化旅游局／供稿

4月18日，“江南水泥厂旧址修缮工程”被评为首届“南京市十大优秀古迹遗址保护工程项目” 区文化旅游局／供稿

5月9日，2021首届南京大学生龙舟赛在仙林羊山湖举行 仙林大学城管委会办公室／供稿

6月17日，东亚产业合作推进会暨合作示范区授牌仪式举行　　南京经开区管委会宣传与统战部／供稿

6月22日，2021中国下一代汽车高质量发展论坛举行　　南京经开区管委会宣传与统战部／供稿

6月23日，2021紫金山英才发展国际峰会暨海智湾创新论坛举行　　区委组织部／供稿

7月，南京突发新冠肺炎疫情，栖霞区设置离宁查验点　　区交运局／供稿

7月12日，“党的光辉照栖霞”栖霞区级机关庆祝中国共产党成立100周年文艺汇演举行　　区委区级机关工委／供稿

9月9日，2021年“名城优岗 宁聚英才”直播带岗活动举行　　区人社局／供稿

9月17日，第二十二届“金秋栖霞”艺术节开幕式在仙林金鹰户外广场举行　　区文化旅游局／供稿

10月14日，建设中的过江通道（龙潭段）　　区交运局／供稿

10月至11月，蓝鲸音乐节在南京欢乐谷举办

区文化旅游局／供稿

11月15日，南京诺唯赞生物科技股份有限公司在上海证券交易所上市，成为南京经开区首家登陆科创板企业

南京经开区管委会宣传与统战部／供稿

11月16日，泰康仙林鼓楼医院二期封顶仪式举行　　仙林大学城管委会办公室／供稿

12月8日，“长三角”首趟中老铁路（南京—万象）国际货运列车从尧化门东机务站开出　　南京东站／供稿

12月6日，第三届江苏女性融媒体创意大赛全国邀请赛决赛召开　　区妇联／供稿

10月22日，仙林大学城管委会、江苏省中医院二期医疗合作签约仪式举行　　仙林大学城管委会办公室／供稿

12月31日，栖霞区城市书房“栖阅时光 仙林大学书房”建成启用　　区文化旅游局／供稿

2021年，建设中的和燕路过江通道南段工程　　区交运局／供稿

2021年，新增1家市级科技企业孵化器：ABC人工智能孵化器　　区科技局／供稿

12月，三元祠保障房建成　　新尧新城管委会／供稿

浦仪公路西段（104国道浦泗立交至八卦洲长江大桥桥段）

区交运局／供稿

栖霞古镇

徐　远／摄

南京华侨城大型文化旅游综合项目

栖霞街道／供稿

热烈庆祝中国共产党成立100周年

开启新征程　实现新跨越图片展

2021年，是中国共产党成立100周年。为庆祝中国共产党百年华诞，栖霞区举办《开启新征程　实现新跨越》大型图片展，纪录栖霞区抢抓重大战略机遇，开创高质量发展新局面，决胜高水平全面建成小康社会，综合竞争力、城市吸引力、地区影响力实现重大飞跃的历程。该图片展集中反映栖霞区经济稳向上、改革有创新、建设推进快、文化氛围浓、生态环境美、百姓生活富的历史性成就，更加清晰地勾勒出“最强增长极、最美新栖霞”发展愿景。

庆祝中国共产党成立100周年
The 100th Anniversary of the Founding of The Communist Party of China

党建引领新标杆

城市基层党建"仙林经验"写入中共江苏省委文件，获得中央领导的高度评价

大力纠治"四风"，高质量巡察全覆盖

打造大统战工作格局下的“五聚栖霞”品牌

国防后备力量建设进一步加强，蝉联省级双拥模范区“九连冠”

燕子矶地区成为新旧动能转换典范

扛起经济大区担当，综合实力迎来历史飞跃

实体经济提质增效

现代服务业成为经济增长主动力

新型电子信息产业成为全省领先的产业集群

都市型农业发展壮大

庆祝中国共产党成立100周年
The 100th Anniversary of the Founding of The Communist Party of China

创新驱动新发展

栖霞行政区、南京经开区、仙林大学城协同推进，成为南京科技创新的主战场和国家、省创新驱动的示范区

中国（南京）智谷成为全省最具竞争力的人工智能产业基地

建成“海智湾”国际人才街区

推动创建一流产业创新载体

成立全国首个图灵奖得主领衔的研究院

获批中国产学研合作示范基地

庆祝中国共产党成立100周年
The 100th Anniversary of the Founding of The Communist Party of China

城乡建设新面貌

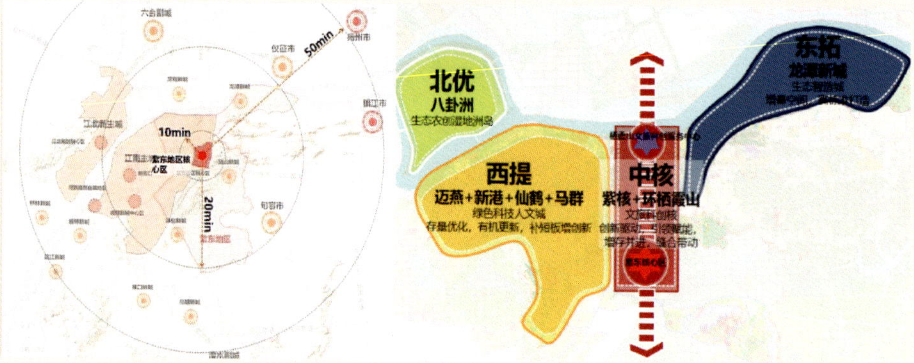

城市化进程全面提速，在宁镇扬一体化中核心地位日益突显

312国道快速化改造主线等一批重大工程相继竣工

地铁1号线、2号线、4号线、宁句城际建成，地铁1号线北延、6号线、7号线在建

交通框架全面拉开

城乡建设全域推进

严守耕地红线，获评全省国土资源节约集约利用模范区

金鹰湖滨天地等项目开业经营

生态提质新图景

推进污染防治攻坚战，城乡生态环境品质得到整体提升

成为全市首个全域基本消除劣V类水体的主城区

打造“绿色银行”，桦墅村获评国家森林乡村样板村

深入推进农村人居环境整治，推动乡村振兴发展

保护湿地公园、长江水源地等重点生态区域

打造天蓝地净、山绿水清的良好生态，争做绿色低碳发展的先行区

空气质量优良天数逐年上升

龙潭港区铁路专用线建成，龙潭港入围首批国家物流枢纽

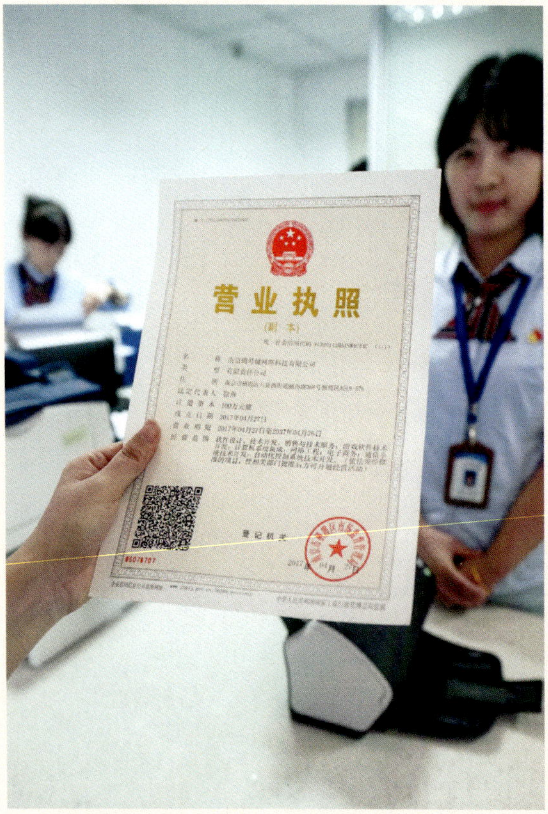

“放管服”改革取得重大突破，“不见面审批（服务）”改革得到国务院总理李克强批示肯定

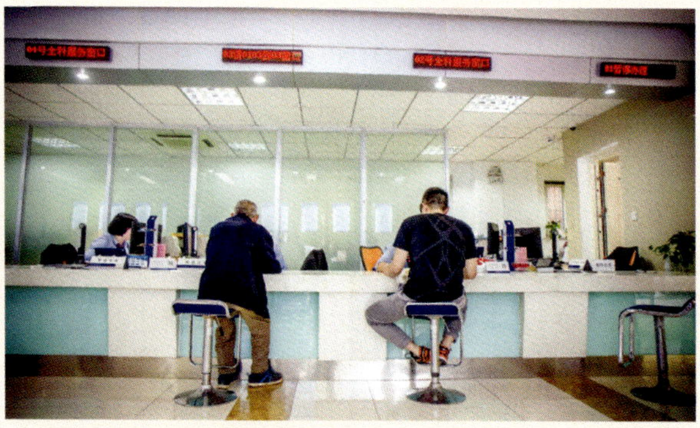

“全科政务”成为首个国家级标准示范点

行政综合执法改革全市推广

国际化学校、国际医学中心建设加快推进

开放格局进一步扩大

庆祝中国共产党成立100周年
The 100th Anniversary of the Founding of The Communist Party of China

民生事业新突破

“雪亮工程”“社区大脑”等社会治安防控体系加快形成，扫黑除恶专项斗争“双清零”

仙林半程马拉松获国际田联“标牌赛事”称号

新建中小学、幼儿园65所

新竣工保障房800万平方米，5万户群众迁入新居

引入江苏省中医院等高水平医院建立新院区

建立“居家为基础、社区为依托、机构为支撑”的养老服务体系

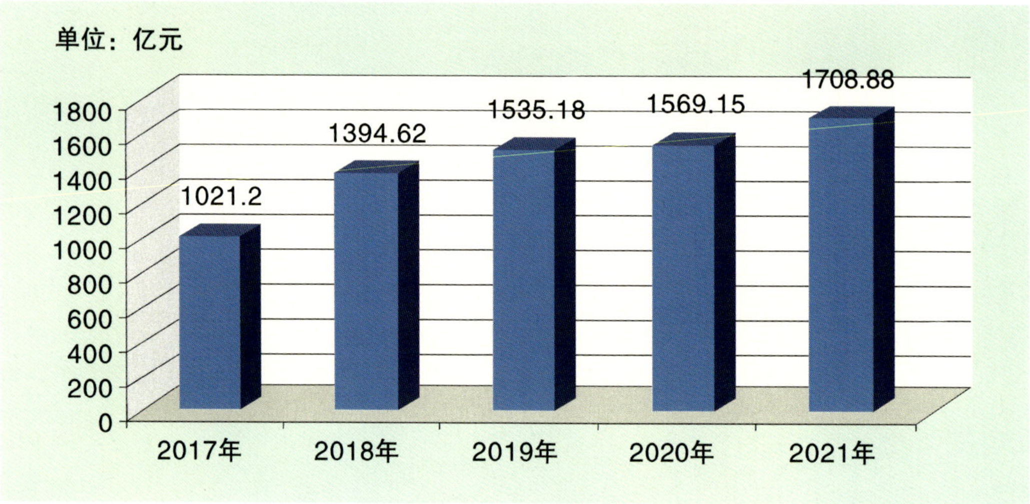

2017—2021年栖霞区生产总值柱状图

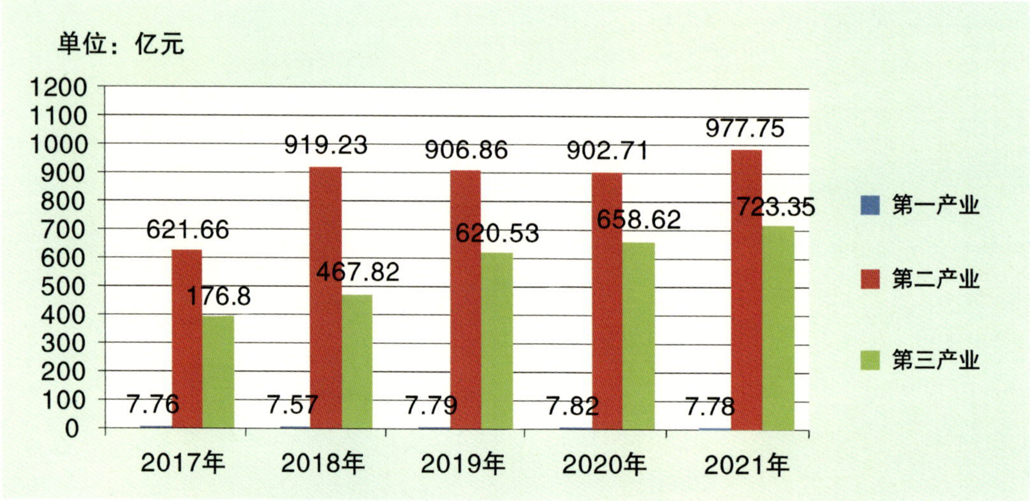

2017—2021年栖霞区第一、第二、第三产业生产总值柱状图

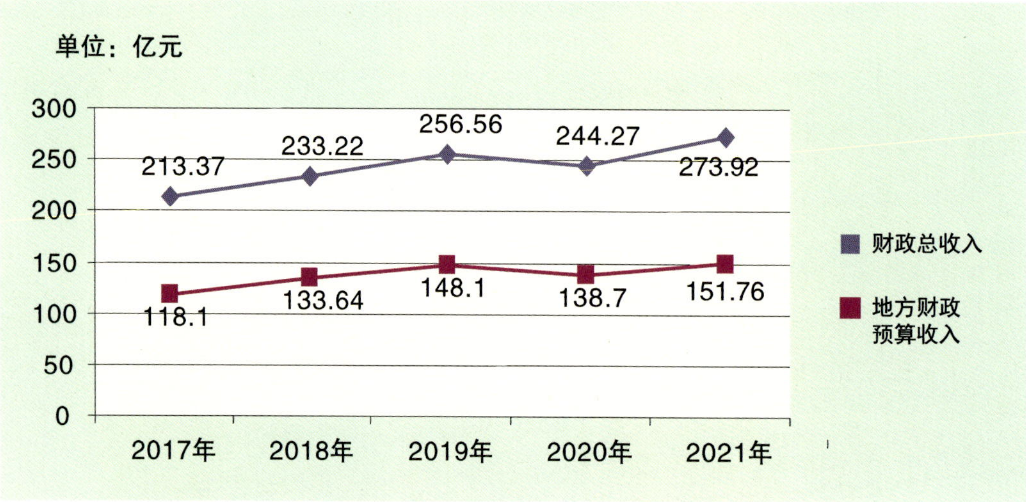

2017—2021年栖霞区财政总收入、地方财政预算收入条形图

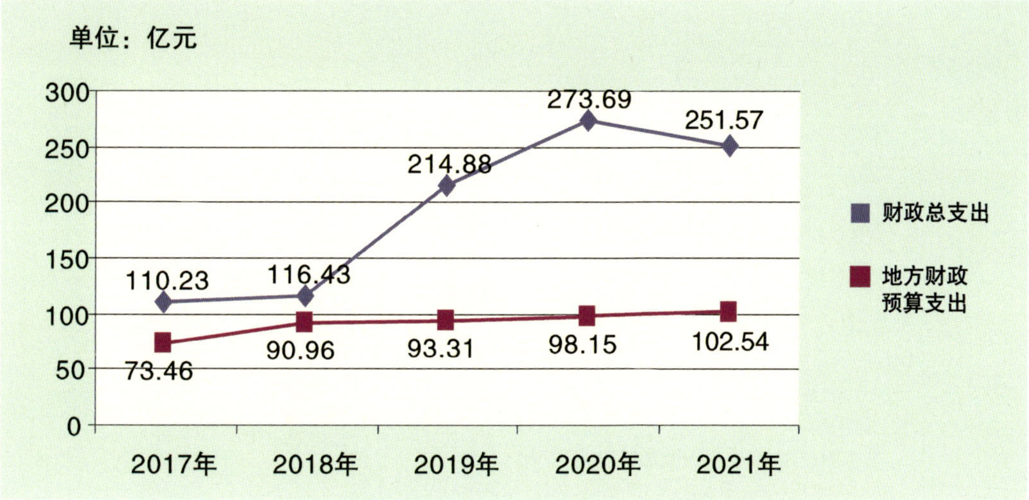

2017—2021年栖霞区财政总支出、地方财政预算支出条形图

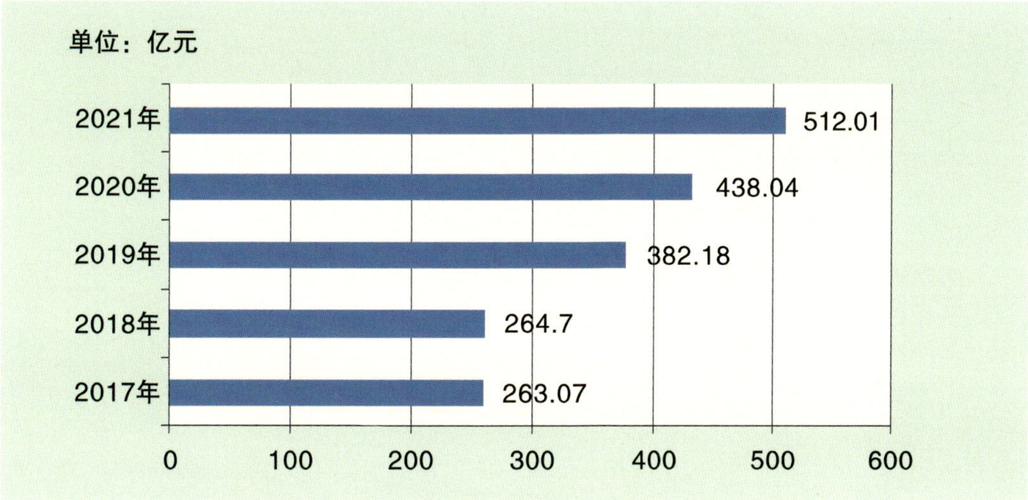

2017—2021年栖霞区社会消费品零售总额柱状图

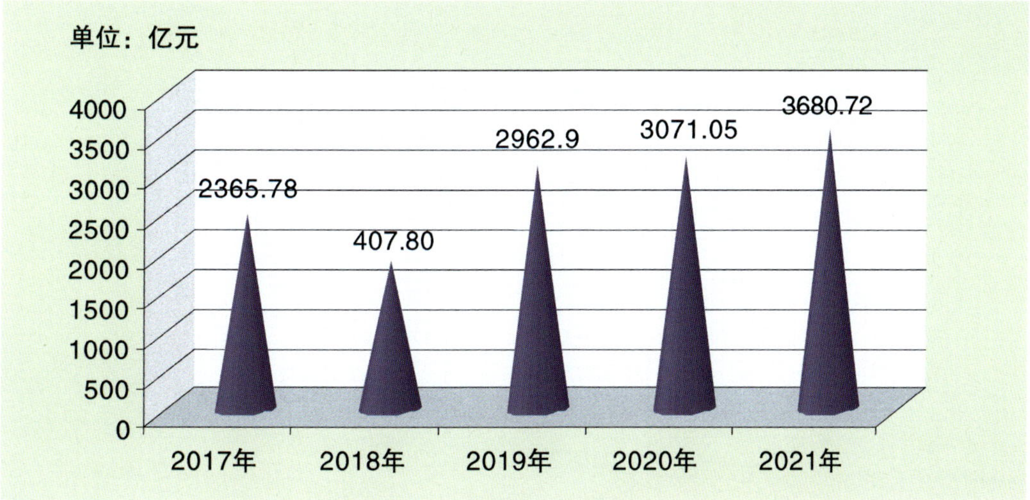

2017—2021年栖霞区规模以上工业主营业务收入锥形图

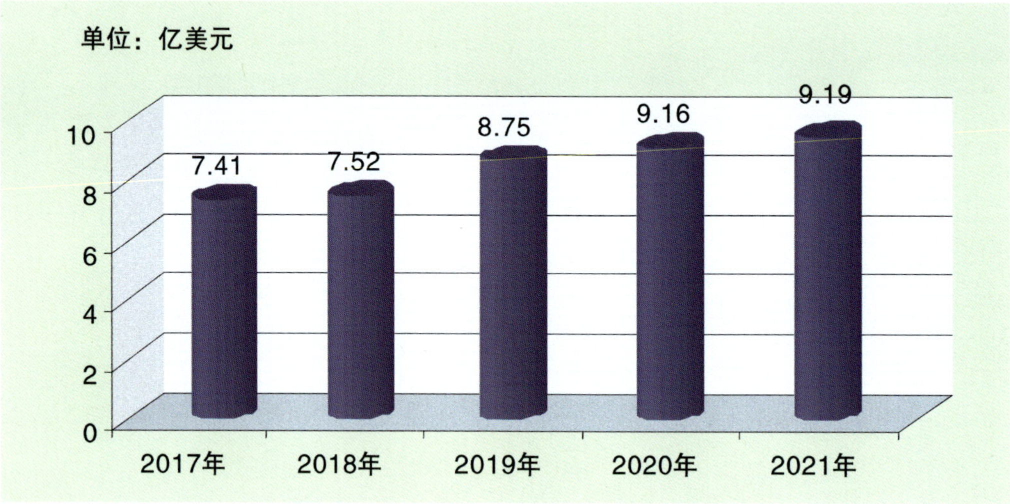

2017—2021年栖霞区实际利用外资金额柱状图

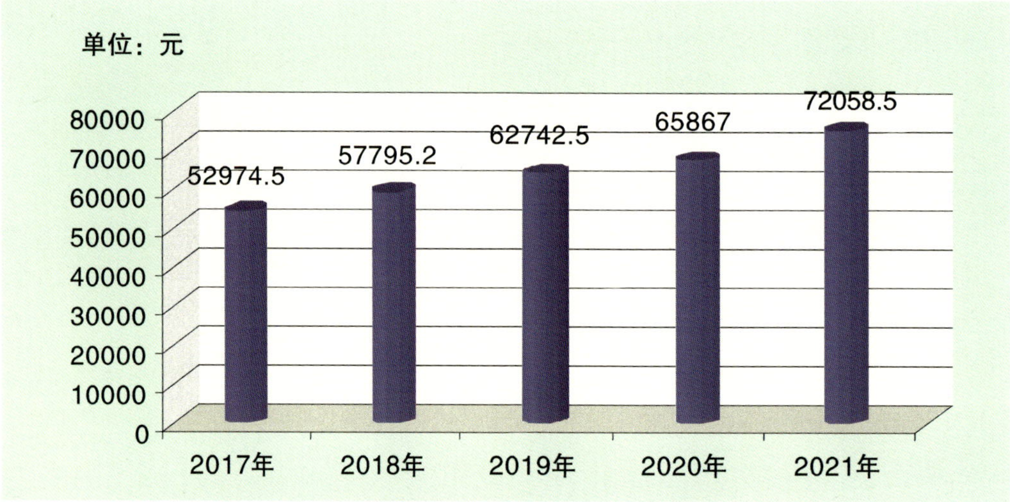

2017—2021年栖霞区城市居民人均可支配收入柱状图

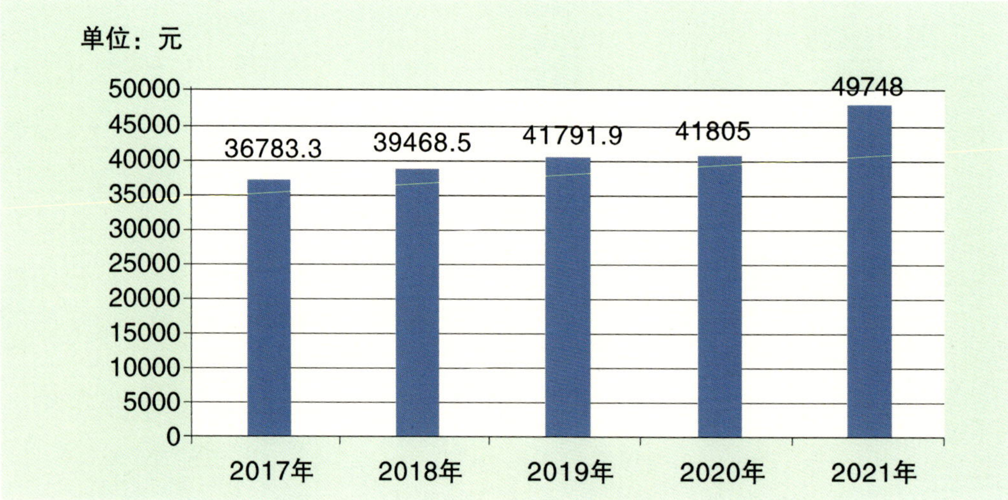

2017—2021年栖霞区城市居民人均可支配支出柱状图

《魅力栖霞》系列之十六　大美尧化

尧化街道位于南京市东北郊，栖霞区中部，东与栖霞街道相接，西与燕子矶街道交界，北至栖霞大道紧邻南京经开区，南至 312 国道与仙林街道毗邻。辖区面积 23.46 平方公里，其中，新尧新城规划面积 6.8 平方公里。下设 13 个社区，总人口 10 万多人，拆迁安置居民、外来务工人员占总人口 70% 以上，60 岁以上老年人占常住人口 20%。街道与新尧新城管委会实行一体化建设与管理，通过区域规划、产业布局、基础设施、公共服务等互联互通、共融共享，促进资源要素自由流动和优化配置。

尧化门历史久远。秦代设乡，隶江乘县。东晋到隋代隶临沂侨县，县治在周家山。唐代至清末隶上元县。明代时在此筑外郭城及城门——“姚坊门”。清光绪二十九年（1903），英国人修建京（宁）沪铁路时误译为“尧化门”，沿用至今。民国时，设区公所，属江宁县。1949 年，设尧辰乡。1953 年，析为乌龙、尧辰两乡。1958 年，并入十月公社，1963 年，复从十月公社划出，设乌龙、尧辰公社。1965 年，合并为尧化公社。1971 年，区委、区政府迁址于此，成为栖霞区的“首善之地”。1981 年，单设尧化镇，镇社并存。1983 年，撤社建乡。1993 年，镇乡合一，组建新的尧化镇。2000 年，撤销镇建置，组建尧化街道，成为栖霞区人民政府派出机构。街道坐拥太平山公园、聚宝山公园、乌龙山、周家山等自然资源，驻有江苏煤炭地质局、中建安装公司、南京烷基苯厂、中石化管道储运公司南京输油处、南京铁路东站等 10 余家大型企事业单位。尧化历史亘古悠久，尧化地区物阜民丰，尧化发展催人奋进，迈进新时代，一个经济发展更加强劲，交通网络更加通畅，人民生活更加富裕，基础设施更加齐全，生态环境更加优美的新尧化正以崭新的姿态呈现在世人面前！

尧化新貌

姚坊门文体公园

姚坊门遗址公园

太平山公园

姚坊门遗址公园一期

尧化新城公园

新城新貌

尧辰路新貌

新尧路

尧佳路

移动互联网基地鸟瞰

金港科创园

栖霞区图书馆、文化馆、全民健身中心

尧化科创中心大楼

栖霞区实验小学尧辰路校区

栖霞区实验小学新校区鸟瞰图

金尧山庄小区出新整治

后新塘经适房一期

白金汉爵大酒店

三元祠商业街

总　目　录

目　　录

组织机构及负责人名录

党政群团

中共栖霞区委员会

人民防空

南京经济技术开发区

综 述

产城融合与平台建设

招商引资与项目建设

中国（南京）智谷

入驻企业选介

南京仙林大学城

综 述

仙林新市区建设

科技创新及载体建设

进驻院校

农业农村·水务

农业农村

水　务

对外及港澳台贸易

餐饮住宿

商业综合体选介

房地产

金融业

经济综合管理

财　政

金融监管

税　务

价　格

审　计

统　计

市场监管

安全生产监管

城乡建设与管理

城乡规划

交 通

新城建设

征收与安置

市政建设

污染源治理

生态区域建设

教　育

综　述

学前教育

初等教育

普通中学教育

职业教育

社区教育

体　育

卫生健康

综　述

疾病预防控制

街　　道

综　　述

尧化街道

龙潭街道

栖霞街道

马群街道

仙林街道

迈皋桥街道

燕子矶街道

荣誉录

综　　录

新闻报道题录

栖霞掌故

往事钩沉

邑人档案

统计资料

索　　引

Contents

Special Records

Special Notes

Major Events

Overviews

Organizations

Rule of Law, Military Affairs

Nanjing Economic & Technological Development Zone

Nanjing Xianlin University Town

Agriculture & Rural Affairs and Water Conservancy

Industry

Commerce & Service Industry

Economic Management

Urban & Rural Construction and Management

Ecology Environment

Education

Science and Technology

Culture & Tourism and Sports

Health

Livelihood Security

Subdistricts

Figures,The Commended Outstanding Individuals and Collectives

Appendix

特　　载

Special Records

慕府山·观音阁

杨　轶/绘

责任编辑　王旭东

区委工作报告

中共栖霞区委书记　黎　辉

2021年12月29日

一、“十四五”发展和现代化建设实现良好开局

今年以来，三区上下团结一心、克难奋进，积极应对复杂多变的外部环境，经济社会发展呈现“高开稳走、持续向好、亮点增多”的良好态势，取得了来之不易的成绩。这一年，我们以史为鉴、继往开来，认真开展党史学习教育，精心组织系列活动，庆祝党的百年华诞，激发走好新时代赶考之路的豪情壮志。这一年，我们风雨同舟、万众一心，坚决守牢全市最长的防控战线，夺取了疫情防控阻击战的决定性胜利。这一年，我们传承接力、砥砺前行，成功召开区第十一次党代会，顺利完成两委换届，绘就新蓝图，配强新班子，形成政通人和、心齐气顺的生动局面。这一年，我们实干担当、尽锐出战，高质量发展迈出稳健步伐，预计地区生产总值同比增长8%，一般公共预算收入突破150亿元、同比增长9.2%，其他指标均好于预期、高于全市，实现了“十四五”首战告捷。

*一是经济发展实现逆势增长。*以“事不过夜”的作风攻坚项目建设，新签约亿元以上项目229个，新开工重点项目70个，68个产业项目竣工投产，13幅经营性用地挂牌出让，固定资产投资同比增长8.5%。全市重大项目质效排名11项指标中7项稳居前三，获招商擂台赛“目标任务进度奖”“重大项目推进奖”。主导产业支撑有力，规上工业产值达3300亿元，规上服务业营收同比增长15%以上，高新园区高技术制造业产值占全市40%以上。“数字栖霞”按下快进键，中兴发展等一批总部项目落户栖霞高新区，新港高新园获评市级特色型数字经济产业园；6家企业入选省智能制造示范车间、居全市首位，新增13家省级工程研究中心、居全市第二；中国（南京）智谷核心产业收入同比增长33%、继续领跑全市。营商环境持续优化，新增上市（获批）企业5家、“四上”单位93家，均居全市第一；累计备案高企886家，居全市第三。构建一流创新生态，“海智湾·紫东”街区成为国际人才创业“首选地”，有效发明专利同比增长32%，完成比例居全市第二。对外开放不断深化，龙潭、八卦洲跨境电商产业园获评省级产业园，预计完成实际利用外资9.19亿美元、居全市第二，外贸进出口总额突破千亿元、创历史新高。

*二是城市建设保持领先地位。*推动171个重点城建项目取得新突破，总投资和年度投资均居全市首位。宁句城际建成通车，马群综合换乘中心投入使用，金马路交通枢纽项目竣工，智谷大道快速化改造全面完成，尧红路、马高路北延等5条“断头路”顺利打通，片区之间互联互通更加紧密。城北地区首家五星级滨江铂尔曼酒店、汽车文化主题购物中心宝龙城正式开工建设，德基高端商业街区、栖霞古镇主体完工，区域功能品质更为优越。迈皋桥万寿、栖霞老街等片区完成环境综合整治，老旧小区改造“尧化经验”代表江苏在全国分享。打好“十年禁渔”持久战，灵山桂山龙王山生态修复项目获评全省首届最美生态修复案例，国、省考断面水质优良比例达100%，PM2.5平均浓度创历史同期最低，土壤修复治理经验在全国可持续环境修复大会上推广。全面推进乡村

振兴，农村生活污水治理实现全覆盖，桦墅村获评全市首个中国美丽休闲乡村。

三是民生事业取得新的成效。聚焦群众“急难愁盼”，478件为民办实事项目和35项民生实事全部完成。始终把就业摆在突出位置，城镇新增就业人数超2万人，人均可支配收入同比增长10%。兜牢民生底线，圆满完成全国社会救助改革创新试点任务，“分群分级”社会救助实践全市唯一入选民政部优秀案例；新开工保障房138万平方米，竣工37万平方米，完成6000余套安置房选房入住。优化公共服务供给，栖霞中学通过省四星级普通高中评估验收，成功创建全省幼小衔接实验区，新港中等专业学校新校区开工建设，“双减”工作获市专项督导组高度评价；省中医院紫东院区交付使用，南医大二附院迈皋桥院区、泰康国际医学中心顺利封顶，区内开诊运营三级医院达4家；高水平创成省级居家和社区养老服务创新示范区，欧葆庭国际颐养中心获全省首批五级养老机构。各项事业协调并进，获评全省残疾人工作先进区，民生档案利用工作受到国家档案局高度肯定，区文化馆入选国家一级馆，栖霞龙舞在全运会展演赛中荣获第一名，龙潭街道获评全国群众体育先进单位。

四是社会大局持续安全稳定。打赢疫情防控阻击战，圆满完成全市最多区外转运人员隔离任务，保障省、市医疗队1700余名医护人员集中居住，做好上海入境人员集中隔离，国务院副总理、省委主要领导均给予充分肯定。率先开展党建引领社会治理现代化试点，仙林街道网格化党建被誉为新时代城市版“枫桥经验”，“善治栖霞”实践在全国新时代社会治理创新发展研讨会上交流经验，成功入选国家八部委“智能社会治理特色实验基地”，创成全省唯一“红色物业全覆盖”试点区。扎实推进安全生产专项整治“三年大灶”，建成全省首个长输油气管线智慧监管平台，生产安全事故起数和死亡人数下降50%以上。常态化开展扫黑除恶斗争，电信诈骗发案率下降30%，群众安全感持续提升。实施第十一轮“春风化雨”握手行动，保持重大活动期间社会稳定。全口径政府债务率继续下降，综合利率低于全市均值。

五是党的领导更加坚强有力。全面掀起学习宣传贯彻总书记“七一”重要讲话精神和党的十九届六中全会精神热潮，“永远跟党走”成为全区上下强大共识。扎实开展党旗在一线高高飘扬和“两在两同”建新功行动，孙金娣同志先进事迹入选中组部建党百年特别节目《榜样》；新增13名省“百名示范”“千名领先”村（社区）书记，居全市首位。健全覆盖三区意识形态工作体系，及时消除风险隐患。精准运用监督执纪“四种形态”，严肃查处党员干部违纪违法案件，强力推进政法队伍教育整顿，威慑遏制作用持续增强。在全省率先上线“栖统云”智慧平台，实现统战工作信息化、数字化。支持人大、政协依法依章程履职，“人大代表走进云社区”平台全区推广，政协委员工作室获评全国优秀。工会、共青团、妇联、党校、双拥、外事、红十字、民宗、侨台、老干部、关心下一代等工作都取得新进步。

在肯定成绩的同时，我们也要看到问题和不足：产业发展存在短板，制造业、服务业优势发挥不充分；项目支撑明显不足，新增重大产业类项目不多，受拆迁、审批等影响项目推进不快；环境巩固异常艰难，臭氧治理缺乏有效办法，扬尘管控仍需加强，部分河道未实现稳定达标；各类矛盾交织叠加，安全稳定、疫情防控、政府债务、金融资本、企业自身风险等新老矛盾给发展带来较大压力；队伍建设不相适应，少数干部担当精神不足、工作效率不高、对外争取支持不够，工作状态跟不上高质量发展要求。对此，我们要高度重视，在今后工作中予以解决。

二、奋力推动“强富美高”新栖霞现代化建设走在前列

明年是党的二十大召开之年，也是贯彻落实省、市、区党代会精神的起步之年，稳定经济大盘、稳住社会大局至关重要。当前，在世纪疫情冲击下，百年变局加速演进，宏观经济面临需求收缩、供给冲击、预期转弱“三重压力”，经济金融、房地产、信访稳定等领域矛盾交织，外部环境更趋复杂严峻和不确定。

但是，我国仍然处于重要战略机遇期，经济长期向稳向好的基本面不会改变。栖霞是南京经济发展的重要板块，生产要素齐全、产业体系完备、发展空间广阔、干群团结一心，这些使我们更加坚定了发展的信心。在明年工作中，关键要把握好“稳”与“进”、“远”与“近”、“立”与“破”、“知”与“行”的关系，干在实处，推动“强富美高”新栖霞现代化建设走在前列。明年全区工作的总体要求是：以习近平新时代中国特色社会主义思想为指导，全面贯彻党的十九大和十九届历次全会精神，按照中央和省委经济工作会议、市委全会部署要求，坚持稳中求进的工作总基调，保持经济运行在合理区间，统筹疫情防控和经济社会发展，实现社会大局安全稳定，努力推动高质量发展走在前列，以优异成绩迎接党的二十大胜利召开。

全区经济社会发展主要预期目标是：地区生产总值增长7.5%以上，一般公共预算收入增长6%，全社会固定资产投资增长7%，其他预期性指标都据此进行统筹安排。上述目标均高于全市目标1个百分点，既注重与省、市总体要求相衔接、与实现“十四五”目标任务相匹配，也体现了稳中求进的工作总基调和高质量发展的鲜明导向，有利于引导预期、提振信心、调动各方面积极性。做好明年工作，重点强调八个方面。

（一）推动“三驾马车”同时发力，实现经济稳定增长。栖霞作为南京经济大区、重要增长极，把经济稳住对全市发展大局至关重要，要稳字当头、稳中求进，确保实现质的稳步提升和量的合理增长。明年初步排定了140个总投资1200亿元的省、市、区三级重大项目，要加快推进在建项目、抓紧开工成熟项目，尽快形成增长点；超前谋划推进一批经济社会效益明显、带动效应强的重大项目，积极争取政府专项债项目，持续加大投资力度。大力发展首店经济、夜间经济，精心举办餐饮美食、休闲文旅等特色活动，支持商贸企业举办有吸引力的促消费活动，充分释放消费潜力。用好出口退税、出口信贷等政策，鼓励外贸企业拓展亚太新市场，增强盈利能力；加快建设中日韩（江苏）产业合作示范园区，支持外资企业设立研发中心、增资扩产，扩大利用外资规模和质量；深化龙潭、八卦洲省级跨境电商产业园建设，发展跨境电商、海外仓等新业态新模式。

（二）注重发展数字经济，壮大优势产业集群。国家将实施战略性新兴产业集群发展工程和龙头企业保链稳链工程，省里也在深入推进“产业强链”三年行动计划，提出打造生物医药、人工智能、集成电路等战略性新兴产业集群，以及物联网、高端装备、智能电网、工程机械等世界级先进制造业集群。我区产业门类全，基本都能对应，要聚焦龙头企业、重要产品，大力推动新型电子信息、新医药与生命健康、智能制造装备等优势主导产业强链补链固链，促进石化、能源等传统支柱产业绿色转型，努力实现百亿级重大产业项目的招引突破。明年国家增值税留抵退税政策将继续向先进制造业倾斜，要指导企业享受红利，实现高质量发展。推动现代物流、高端商务、科技与信息服务等现代服务业与先进制造业深度融合，打造“两业”融合发展示范区、示范企业。省党代会提出要把数字经济作为全省转型发展的关键增量，我区数字经济起步较早、有较好基础，要抓住机遇、加快发展，把数字产业化、产业数字化作为主攻方向，快布局、早发力。加快中国（南京）智谷建设，培育壮大人工智能、大数据、区块链、云计算等新兴数字产业，加速导入头部企业和重大平台。推动规上工业企业智能化改造、数字化转型，明年省里将选取5000家、市里将选取1000家企业实施智改数转，要争取更多企业纳入省、市布局。

（三）促进“双链”深度融合，提升科技创新质效。栖霞科教资源丰富、产业基础雄厚，要继续发挥“一城一核一带一区”优势，结合沪宁产业创新带、紫东科创大走廊建设，围绕产业链部署创新链、围绕创新链布局产业链，加快打造G312产业创新带，争当南京建设引领性国家创新型城市排头兵。抢抓南京创建综合性国家科学中心机遇，争取“国字号”科技平台布局栖霞，提升创新要素集聚浓度。国家将把科技型中小企业研发费用加计扣除比例由75%提高到100%，要放大政策效应，支持科技型中小企业加大研发投入，加快实施高新技术企业培育“小升高”行动，促进新型研发机构提质增效，形成高新技术企业、科技型中小企业和独角兽、瞪羚企业有机衔接的创新企业梯队，净增高新技术企业100家，推动更多优质企业在科创板等资本市场上市。大力引进培育战略科学家、科技领军人才和创新团队，更深层次推进产才融合发展。深化产学研结合，实施“揭榜挂帅”“赛马”等制度，优化“霞科行”技术转移市场功能，畅通源头创新、成果转化、市场运用链条，实现科技、产业、金融良性循环。

（四）保持城市建设领先优势，加快城乡一体进程。我区处于城郊接合部，城乡之间存在不少差距。要树牢“一体化”意识和“一盘棋”思想，高效推进“八大片区”建设，完善“五大商圈”配套，优化城乡功能品质，增强区域发展的平衡性协调性。发挥“宁镇扬”桥头堡优势，全力保障轨道交通、过江通道、快速道路建设，完善港口集疏运体系，增强门户枢纽功能。深入实施城市品质提升三年行动，统筹推动棚户区、老旧小区等各类老旧建筑更新改造。以全国文明典范城市创建为契机，整体提升背街小巷、主次干道、窗口地区日常管理水平。明年市里将对收储地块拆迁给予政策支持，区里将继续开展“拆迁扫尾攻坚年”行动，激励各片区全力加快土地出让节奏。严守耕地红线，提高农业综合生产能力，坚决遏制耕地非农化、非粮化。开展农村人居环境整治，补齐基础设施和公共服务短板，全面改善住房条件，巩固提升改厕、污水处理成果，抓好“四好农村路”建设，推进美丽田园乡村建设。

（五）巩固污染防治攻坚成果，务实有效实施减污降碳。不能再走牺牲环境赢得发展、先污染后治理的老路子，要坚定不移走生态优先、绿色低碳高质量发展之路，集中攻克群众身边突出的生态环境问题。纵深推进长江大保护，严格落实“十年禁渔”，持续巩固长江岸线整治和生态保护修复成果。深入打好污染防治攻坚战，把迎接中央环保督察作为重大政治任务，强化多种污染源协同控制和区域协同防治。实施PM2.5和臭氧浓度“双控双减”，推动水环境治理全面提质，严格退役场地开发利用准入管理，守牢环境质量只能更好不能变坏的底线。先立后破、稳妥有序做好“双碳”工作，不能急于求成、毕其功于一役，更不能搞“一刀切”、运动式“减碳”；严控“两高”项目盲目发展，推动石化等产业高端化、智能化、绿色化转型。国家已对能耗强度目标的设定和考核作出重大调整，对用作原材料而不是当作燃料和动力的化石能源消费不纳入“双控”考核，新增可再生能源电力消纳不纳入地方能源消费总量考核，考核不再按季度发布目标完成情况，有关部门要抓紧研究政策、加强对上衔接、争取工作主动。

（六）努力保障和改善民生，稳步推进共同富裕。实现共同富裕，不是搞“平均主义”，而是通过共同奋斗把“蛋糕”做大做好、切好分好，同时尽力而为、量力而行，让高质量发展成果体现到增强人民群众获得感幸福感上来。立足全市人口净流入大区地位，把解决“一老一小”问题作为重要抓手，统筹推进教育、医疗、养老等各方面事业发展。促进居家、社区、机构养老融合衔接，打造“栖彩颐养”居家养老服务品牌。抓好“双减”工作，基本完成“公参民”学校治理，争创省级义务教育优质均衡发展区。健全普惠托育服务体系，普惠性幼儿园覆盖率不低于85%、婴幼儿照护机构“一区一街一普惠”全覆盖。提高公共医疗卫生水平，加快三级医院建设，启动栖霞医院和区公共卫生中心异地重建，提档升级社区卫生服务中心。强化就业优先导向，加大援企稳岗力度，突出抓好高校毕业生、退役军人、农民工等重点群体就业。拓宽城乡居民财产性、经营性收入渠道，不断扩大中等收入群体。完善按要素分配政策，支持有意愿有能力的企业和社会群体积极参与公益慈善事业。坚决兜住民生工作底线，执行好社会救助、抚恤优待、大病保险等托底政策，严厉打击恶意拖欠农民工工资行为，加强重要民生商品保供稳价。探索发展长租房市场，加快推进保障性住房建设，解决好被拆迁群众安置问题。继续做好与湟中、商州对口帮扶合作。

（七）统筹好发展和安全，守牢社会稳定底线。坚持底线思维、增强忧患意识，抓牢安全发展主动权，为党的二十大召开营造和谐安定氛围。精准科学做好常态化疫情防控，坚持“外防输入、内防反弹”和“动态清零”，全面落实“四早”措施，守牢重要关口，加强能力建设及应急演练，持续推进疫苗接种，动态完善平急一体化指挥体系和联防联控机制，织牢织密防控网络。高标准抓好“三年大灶”巩固提升阶段整治任务，强化危化品、道路运输等重点领域整治，防范遏制重特大事故发生。扎实开展“信访突出问题攻坚化解年”行动，挂牌督办城乡建设、涉法涉诉等重点领域“老大难”问题，领导包案、专班推进，严防极端事件发生。加大对大型企业债务、房地产金融、非法集资等领域风险排查化解力度，强化监测预警、防患未然。推动政府性债务规模、成本、风险三下降，各园区平台要加大化债力度，力争风险等级明年脱“橙”入“黄”、三年转“绿”。严格落实重大决策、重大项目风险评估制度，出现问题严肃追责问责。常态化开展扫黑除恶斗争，巩固政法队伍教育整顿成果，建设更高水平的平安栖霞、法治栖霞。

（八）继续深化重点领域改革，打造优良营商环境。营商环境是企业生存发展的土壤，省委、省政府决定明年实施营商环境提升行动，打造市场化法治化国际化的一流营商环境。持续深化“放管服”改革，推进“无感审批”、商事登记“确认制”改革，推动更多涉企事项网上办理，加强事前事中事后全链条全领域监管，做到审批事项最少、办事效率最高、创业活力最强。全面落实减税降费等惠企政策，引导金融机构加大对实体经济特别是小微企业、科技创新的支持，完善免申即享、代办直达等机制，使各项政策效应更好更快地传导到企业。用好全省工业用地提质增效实施细则，为优质产业项目提供更多载体空间。坚决维护和发展亲清政商关系，建立制度化、常态化政企沟通渠道，构建跨部门协调解决机制，对企业发展的困难即时反馈、限时解决。招商引资务必科学严谨、切忌“想当然”，重视完善前期评估、尽职调查、“三重一大”等决策机制，政策兑现落实对赌原则，坚决避免盲目投资和重复建设，决不能把“招商引资”变成“政府投资”。

三、纵深推进党的建设高质量发展

全面贯彻落实新时代党的建设总要求，坚持和加强党的全面领导，为“强富美高”新栖霞现代化建设提供坚强政治保证。

（一）毫不动摇讲政治守规矩。深入学习贯彻党的十九届六中全会精神，深刻领悟“两个确立”决定意义和实践要求。胸怀“国之大者”，确保党中央和省委、市委政令畅通、令行禁止。巩固拓展党史学习教育成果，将伟大建党精神融入血脉、注入灵魂。严守政治纪律和政治规矩，落实民主集中制，加强对“一把手”和领导班子的监督。贯彻中央八项规定及其实施细则精神，持续纠“四风”转作风。坚持党政机关过紧日子，不得新建楼堂馆所、严禁违规发放公务员工资津补贴。严格执行意识形态、网络安全工作责任制，积极壮大主流舆论。充分发挥党委总揽全局、协调各方作用，支持保障监察、审判、检察机关依法履行职责，持续巩固发展大统战工作格局，统筹做好党管武装、群团等工作，全面营造心齐劲足、团结奋进的良好氛围。

（二）坚定不移抓基层打基础。深入实施“五聚焦五落实”行动，完善街道“大工委”、社区“大党委”机制，锻强村（社区）书记“头雁”队伍，把基层党组织建设得更加坚强有力。推广党建引领城市基层治理“仙林经验”，加快“智能社会治理特色实验基地”建设，打造更多亮点品牌。统筹机关、“两新”、国企党建工作，推动新兴领域党组织应建必建，实现党的工作和党的组织百分百动态覆盖。抓好党建“书记项目”，突破一批重点难点问题。积极投身“两在两同”建新功行动，真抓实干解民忧、纾民困、暖民心。

（三）持之以恒强队伍树形象。统筹推进人大、政府、政协领导班子换届工作，抓好换届后领导班子思想政治和业务能力建设。树立“事业为上、崇尚实干”的选人用人导向，坚决淘汰“躺平式”“内卷式”干部，旗帜鲜明选用有魄力、有思路、有水平、有担当的“干将”“闯将”。推动各级干部广泛学习钻研科技、产业、金融、管理等各领域知识，提高驾驭经济社会发展的专业能力。一体推进不敢腐不能腐不想腐，营造风清气正的政治生态。加强和改进干部容错纠错工作，进一步形成“干部为事业担当、组织为干部担当”的良好局面。

政府工作报告

栖霞区人民政府区长　王　生

2022年1月6日

一、过去五年工作回顾

过去五年，在栖霞发展史上极不平凡。面对复杂多变的外部形势，特别是经济下行压力、新冠肺炎疫情影响，我们以习近平新时代中国特色社会主义思想为指导，全面贯彻党的十九大和十九届历次全会精神，坚决落实市委、市政府和区委决策部署，践行新发展理念，坚持高质量发展，圆满完成本届政府任期各项目标任务，高水平全面建成小康社会，“强富美高”新栖霞建设取得了历史性成就。

经济实力稳居全市前列。发展质量和效益齐头并进，经济大区地位更加稳固。地区生产总值连续迈上1000亿元、1500亿元两个台阶，2021年预计实现1780亿元；一般公共预算收入、全社会固定资产投资、社会消费品零售总额分别增长至约152亿元、600亿元、480亿元，年均增幅分别达6.5%、10.5%、7.2%。产业结构迭代升级。关停搬迁落后产能企业近500家，工业技改投资累计超400亿元，规上工业总产值超3300亿元，高新技术产业投资增幅达54.4%，形成千亿级新型电子信息产业集群。现代服务业增加值预计达740亿元，较五年前翻一番。数字文化产业规上企业平均营收位列全市第一。重大项目支撑强劲。累计签约落户省市区重大项目466个。京东方显示、华侨城欢乐谷等150个重大项目相继投产运营。规模企业量质齐升。培育引进天加环境科技、冠石科技等一批跨国公司总部、“隐形冠军”企业。市场主体总量超16万户，是五年前的2倍；“四上企业”、主板上市企业总量分别达1277家、16家，位居全市前列。开放经济逆势增长。实际使用外资41.9亿美元。开行中欧国际货运班列，建成龙潭、八卦洲2个省级跨境电商产业园，南京经开区获评中日韩（江苏）产业合作示范园区，南京综保区（龙潭片）跨境电商业务量全省领先。2021年外贸进出口总额突破1000亿元大关。

创新发展取得显著成效。深入实施创新驱动战略，全力打造高质量发展创新引领极。创新格局逐步拓展。紫东科创大走廊拉开建设框架，形成仙林大学城、G312产业创新带、南京经开区“一城一带一区”创新发展格局。双创载体提档升级。高标准建成超500万平方米科创载体，与驻区高校共建2个国家级双创示范基地、5家大学科技园，设立5家海外协同创新中心。栖霞高新区3家国家级孵化器获科技部“A类”评价。企业活力竞相迸发。高新技术企业总数886家，较五年前增长4倍。备案市级研发机构50家，孵化引进企业超1500家，绩效评价稳居全市前列。科技型中小企业入库1714家，瞪羚独角兽企业46家。建有省级以上工程技术研究中心、院士工作站、重点实验室等科研平台59家。创新要素高效配置。弥合经济科技“两张皮”，联合38家知名高校成立栖霞高校技术转移联盟，打造“霞科行”技术转移平台，促成产学研合作超600项，技术合同成交额累计超200亿元，年均增幅达51.4%，获评中国产学研合作创新示范基地。742名海外优秀人才签约“海智湾·紫东”国际人才街区，引进诺贝尔奖、图灵奖得主等高层次创新创业人才1000余人。强化科技金融支撑，累计为1000余家企业授信科技贷款113.8亿元。数字经济加速崛起。加快建设紫东“数字之城”，举全区之力打造中国（南京）智谷，连续举办四届中国人工智能峰会，集聚图灵人工智能研究院、中兴发展人工智能总部等企业320余家，核心产业收入占全市一半，成为全省最具影响力的人工智能产业基地。

重点改革成为全国示范。纵深推进重点领域改革，形成了一批开创性、标志性、引领性的改革成果。“放管服”改革形成新品牌。“不见面审批（服务）”改革得到李克强总理批示肯定，“全科政务”成为首个国家级标准示范点，诞生全市首个“拿地即开工”案例，“批管同步”全面铺开，工程项目审批改革、企业登记便利化改革入选全国政务服务优秀案例。深化长三角一体化民生档案异地查询示范区建设，在全省率先建成省内和跨省通办线下服务窗口，营商便利度考核稳居全市前列。社会领域改革创成新样本。“仙林模式”成为新时期城市版“枫桥经验”，“掌上云社区”获评“长三角城市治理最佳实践案例”，“创新外籍人员管理服务模式”被国家移民管理局推广，国务院发展研究中心将栖霞作为全国唯一的基层社会治理调研点。民生改革走出新路子。“院府合作”迈入3.0时代，入选中国改革典型案例。“姚坊门时间银行”成为全省民政标准化示范。完成全国社会救助改革创新试点任务，创成省级居家和社区养老服务创新示范区。

城乡格局发生深刻变化。瞄准全省最优、对标全国一流，统筹做好城乡规划、建设和管理，美丽宜居新栖霞加快呈现。城市框架全面拉开。落实紫东崛起战略，累计实施693个城建项目、投资超800亿元，攻坚征收项目78个、动迁面积超460万平方米，控制性详细规划法定化覆盖率达92%，栖霞片、龙潭新城全面启动建设，燕子矶新城、栖霞山度假区步入加快发展阶段，迈燕片区、马群片区加速城市更新，八卦洲生态绿岛形象充分彰显，仙林新市区、新尧新城基本建成，常住人口城镇化率达93.7%。基础设施越发完善。宁句线、浦仪公路西段等跨区域重大交通设施正式开通，智谷大道等快速化改造项目建成通车，和燕路等3条快速道路、仙新路等4条过江通道、地铁6号线等5条轨道交通工程加快建设，“五横五纵”高速路、快速路框架初现规模。建设147条市政道路，贯通灵山北路西延等10条“断头路”，提档升级59.3千米农村公路，交通道路总里程达468.8千米，成为“四好农村路”省级示范区。马群综合换乘中心、公铁水联运中心等枢纽工程顺利交付，龙潭港入选首批国家物流枢纽。城乡品质明显提升。实施精细化建管项目386个，老旧小区改造118万平方米，整治背街小巷135条，治理违章建筑6500多处，社区（村）生活垃圾分类全覆盖，农村污水处理设施新覆盖177个自然村，建成美丽乡村宜居村42个，桦墅村入选中国美丽休闲乡村，姚坊门宜居街区成为全省范本。

生态底色更加鲜明靓丽。牢固树立“绿水青山就是金山银山”理念，污染防治攻坚战取得阶段性胜利，生态环境质量创新世纪最好水平。沿江环境美丽蝶变。落实长江“十年禁渔”，持证渔民全部退捕。拆除整治沿江船厂10家，取缔非法砂场码头162家，完成45项长江岸线清理整治任务，占全市三分之一。退出生产岸线9.3千米，沿江造林复绿143万平方米，修复湿地167万平方米、宕口11个，滨江绿色界面全线贯通，燕子矶滨江地区综合整治成为全国典范。污染治理成效显著。完成41条河道治理，建成区雨污分流全覆盖，实现从“消除黑臭”向“全域达标”迈进，在全市主城区率先基本消除劣V类水体，国、省考断面均值达III类标准。PM2.5浓度均值下降31.5%，空气质量优良率达81.9%。完成166万平方米退役场地修复治理，灵山桂山龙王山生态修复项目获评省“最美生态修复案例”。绿色发展步伐加快。350家企业开展VOCs治理，落户10万吨/年二氧化碳捕集利用项目，有效压减煤炭消耗超90万吨，规上工业增加值能耗连续五年降幅超7%。建设紫东“绿色银行”114万平方米，建成全市首个“两无化”农产品示范基地，创成国家节约型公共机构示范单位2家，高分通过县域节水型社会、水生态文明城市省级验收。

民生福祉得以大幅增进。始终坚持民生优先，重点关注和解决不平衡、不充分问题，群众获得感不断提升。百姓生活更加殷实。连续多年把财政支出的80%投入民生领域，城镇居民人均可支配收入预计超7.2万元、增长50%。稳岗就业更加有力，新增城镇就业11.8万人，2万余人参与创业。乡村振兴战略高质量推进，顺利完成农村股改，以高于市定标准全面脱贫。助力陕西商洛、青海湟中脱贫攻坚胜利收官，被青海省委、省政府授予“脱贫攻坚先进集体”称号。民生保障扎实有力。城乡基本养老保险覆盖率超98%，基本医疗保险实现应保尽保。建立退役军人“一站式”服务保障体系，在全市率先设立临时救助专项资金，发放低保金等各类救助资金超3.2亿元，困难群众精准救助率达100%，获评全省残疾人工作先进区。完成棚户区改造项目43个，筹集市场化租赁住房1777套，开工建设燕子矶新城、石埠桥片区等保障房项目518万平方米，交付4.2万套，入住近5万人。公共服务优质均衡。新建中小学、幼儿园65所，新港中等专业学校新校区开工建设，高考本科达线率由48.9%提升至80.9%，创成全国义务教育发展基本均衡区。省中医院紫东院区正式开诊，市妇幼保健院丁家庄院区完成封顶，建成及在建三级医院增至8家，社区医院建设成为全省示范，获评国家级妇幼健康优质服务示范区、全省基层卫生十强区县。养老服务体系更加完备，建成区域性综合养老服务中心6家，养老服务机构29个，社区居家养老服务中心152家，每千名老人拥有养老床位增至45张。民族、宗教、侨台工作取得新进展，红十字会、妇女儿童、关心下一代等事业取得新业绩。

社会治理更趋精准高效。健全和改进社会治理机制，推动物质文明和精神文明协调发展。基层治理走深走实。圆满完成第七次全国人口普查，启动国家智能社会治理特色实验基地建设，“春风化雨”握手行动深入推进。“掌上云社区”覆盖50%以上户籍人口，实现大数据治理向智慧治理升级。扫黑除恶专项斗争“双清零”，创成全国无邪教示范区。深入实施“桩钉工程”，公众安全感上升至99%。文明程度不断提升。全区公共文化设施网络布点182个，每万人拥有健身设施77件，年均组织群众文体活动超1200场，龙潭街道获评全国群众体育先进单位。持续推进全国文明城市创建行动，马渡村入选全国文明村镇。培育选树道德模范、时代楷模、最美人物等各类典型，推动志愿服务制度化，入选中国好人1人、全国最美家庭5户、省劳动模范和先进工作者5人。争创省级双拥模范区十连冠，军地互办实事项目全部落实。重大风险有效防范。新冠肺炎疫情防控扎实有力，织密织牢“外防输入、内防反弹”防控网，落实上海入境人员转运隔离，全力做好重点人群排查、隔离管控、核酸检测、疫苗接种等工作，防疫形势稳固向好。深入开展安全生产专项整治，建成全省首个长输油气管线智慧监管平台，工贸领域、交通领域安全事故起数分别下降50%、25%。非法集资立案企业明显减少，政府债务总量稳步压降。完成37个堤防消险、23处积淹点整治、24个地质灾害治理工程，成功抵御长江历史最高水位特大洪水等自然灾害。

政府建设得到全面加强。始终把政治建设摆在首位，树牢“四个意识”、坚定“四个自信”、做到“两个维护”、捍卫“两个确立”，确保中央和省市区委重大决策部署落地生根。政府效能大幅提高。落实“先解决问题再说”机制，出台《区政府关于提升行政效能，完善执行、协调、督查体系的意见》，文件、会议数量逐年递减。圆满完成政府机构改革各项任务，赋权赋能更加精准，590个事项实现“不见面”办理，246项行政处罚权限下放街道，166个事项实现“一件事一次办”。建成区应急指挥中心，健全疫情防控平急转换机制，突发公共事件处置更加迅速、科学、高效。法治建设全市领先。自觉接受人大法律监督、政协民主监督，人大代表建议、政协委员提案办结率、满意率保持100%。建立重大事项合法性交叉双审制度，落实行政执法“三项制度”。获评全省法治政府建设示范区。作风建设持续深化。加强调查研究，在省级以上刊物发表调研文章42篇，蝉联两届江苏发展研究奖。主动公开政府信息2.6万条，办理“12345”等各类民生诉求44万余件，综合满意率达95%。扎实推进政府系统党风廉政建设，严格落实中央八项规定及其实施细则精神，完成领导干部经济责任、重大事项落实等审计任务73项，形成干事创业良好氛围。

过去的五年，是栖霞抢抓重大战略机遇、开创高质量发展局面的五年，也是综合实力显著提升、群众幸福感全面增强的五年。五年的成就振奋人心，这是市委、市政府和区委正确领导的结果，是区人大、区政协监督支持的结果，是三区协同发力和广大干部群众团结拼搏的结果，是社会各界关心支持的结果。在此，我谨代表区人民政府，向区人大代表、政协委员，向奋战在各条战线上的全区百万人民，向各民主党派和团体、驻区部队、企业、高校院所，向所有关心支持栖霞发展的社会各界人士，致以衷心的感谢和崇高的敬意！

各位代表，过去五年取得的成绩来之不易，积累的实践经验和精神财富尤为宝贵，需要在新的发展阶段继续传承和弘扬：唯有凝聚共识，才能行稳致远。面对百年未有之大变局，我们自觉用新思想统一思想，坚决贯彻习近平总书记系列重要讲话指示精神，以思想解放引领发展突破，实现了综合竞争力、城市承载力、区域影响力重大飞跃。实践证明，只有坚定不移用新思想指导实践、推动工作，才能确保栖霞高质量发展走在前列。唯有改革创新，才能把握先机。我们深入推进理念思路、体制机制、方式手段等全方位改革创新，首创“不见面审批”“全科政务”新模式，“放管服”改革走在全国前列，构建了三区协同创新的新格局。实践证明，只有把抓改革、谋创新进行到底，才能把握发展主动、引领各项工作实现新突破。唯有务实担当，才能克难奋进。我们以强烈的责任意识、忧患意识和担当意识，不断化解发展中遇到的困难与矛盾，攻克了长江岸线整治、防特大汛等一个个难关，打赢了污染防治攻坚战等一场场硬仗。实践证明，只有大力弘扬艰苦奋斗、真抓实干之风，才能打开新局面、决胜新未来。唯有民生为本，才能造福人民。我们始终坚持人民至上，持续加大财政投入，精心办成213项民生实事，全面发展社会事业，不断满足人民群众就业、就学、就医等各类需求。实践证明，只有把保障和改善民生作为发展的首要任务，才能使全区人民共享改革发展成果。

在回顾成绩、总结经验的同时，我们也清醒地看到，外部形势错综复杂，不稳定不确定因素明显增加，新冠肺炎疫情影响仍在持续，国内经济面临需求收缩、供给冲击、预期转弱三重压力。我区发展面临的困难和挑战依然较多，主要是：经济持续回升向好的基础还不够稳固，部分行业和企业仍然困难较多，财政收支平衡难度增大；新项目尚未形成有力支撑，发展后劲亟需增强；疫情输入风险仍然较高，安全生产领域仍然存在隐患；资源环境约束趋紧，污染防治成果还需巩固，民生领域还有不少短板；政府治理效能仍需进一步提高。对此，我们一定高度重视，采取有效措施，认真加以解决。

二、今后五年奋斗目标和主要任务

今后五年，是全面建设社会主义现代化国家新征程、向着第二个百年奋斗目标进军的启航五年，也是我区实施“十四五”规划、实现跨越赶超的关键五年。当今世界正经历百年未有之大变局，我国正构建国内国际双循环新格局，我们正面临不可多得的发展机遇，要坚定发展信心、保持发展定力。必须看到，当前世界经济正在逐步复苏，我国经济韧性强、基本面长期向好，为我们提供了十分有利的宏观环境；必须看到，长江经济带、长三角一体化、宁镇扬一体化、紫东发展等重大战略的落地实施，为我们创造了前所未有的战略机遇；必须看到，先进制造业、现代服务业、都市型农业“三业并兴”，创新圈、孵化圈、产业圈“三圈融合”，以及多年奋斗和积累形成的雄厚综合实力、完备主导产业体系，为我们提供了扎实有力的发展根基；必须看到，过江通道、轨道交通、快速道路等综合交通体系逐步完善、向东发展的城市格局全面打开，为我们提供了愈发广阔的发展空间，这些都是栖霞高质量发展的坚实基础和坚强保障。

今后五年政府工作的总体要求是：坚持以习近平新时代中国特色社会主义思想为指导，立足新发展阶段，贯彻新发展理念，服务和融入新发展格局，紧紧围绕“强富美高”总目标，坚持稳中求进工作总基调，坚持以人民为中心的发展思想，大力推动高质量发展，全面完成“十四五”规划奋斗目标，奋力打造“最强增长极、最美新栖霞”，为南京全面建设人民满意的社会主义现代化典范城市贡献栖霞力量。

今后五年的奋斗目标是：综合实力保持全市领先，地区生产总值年均增长7%；产业功能布局不断完善，打造2~3个千亿级产业集群；创新引领作用更加明显，创新型经济发展水平明显提升；城乡融合展现新格局，生态环境、城乡面貌明显改善；公共服务供给能力和水平进一步提升，居民人均可支配收入稳步增长；治理体系和治理能力现代化水平不断提高，公众安全感满意率保持在主城区前列。

围绕上述目标，未来五年我们的主要工作任务是：

坚持产业为基，推动经济发展高质量。做大做强传统产业，加速推进先进制造业、现代服务业“双轮驱动”，着力构建现代产业体系。深入实施智能制造和绿色制造工程，助推石化、能源等传统支柱产业绿色转型，增强电子信息、智能制造、生物医药等主导产业核心竞争力，创建省级智能制造示范区，规上工业总产值超4000亿元。推动健康养老、文化旅游、休闲农业等服务消费升级，形成一批具备栖霞标识的中高端商业中心和特色商业街区，社会消费品零售总额突破600亿元。加快生产性服务业向专业化和价值链高端延伸，占服务业增加值比重达65%。深度融入全球产业链，加强跨国创新合作，实际使用外资规模不低于35亿美元。

坚持科技引领，推动创新驱动高质量。促进产业链与创新链深度融合，打造国际化创新高地。构建全域创新格局，积极融入长三角科技创新共同体，提升协同创新水平，打造全国科技创新网络重要节点。推动产学研深度合作，积极争取科技重大专项、重大创新平台等创新资源，培育一批质效双优的研发机构，全社会研发经费投入占GDP比重达4%以上。壮大创新企业集群，形成一批“链主”企业和头部企业，新培育“专精特新”企业150家以上，高新技术企业总数超1200家、“四上企业”总数超2000家。集聚市级以上高层次人才500名，培育上市企业10家，技术合同成交额累计超400亿元。

坚持协调发展，推动城乡建设高质量。深化区域融合、城乡融合，打造宁镇扬城市群中心区。持续优化空间布局，围绕“西提东拓、塑核赋能、融江发展”，推进栖霞山、龙潭新城等各片区集约、特色发展。加快市政道路、快速路、轨道交通、过江通道建设，形成“成环成网”的立体交通体系。完善数字城市基础设施布局，加强公共空间综合整治，打造韧性城市。加快城乡统筹，推动城乡公共基础设施一体化管护，实施乡村振兴十项重点行动，持续优化农村人居环境，新建美丽乡村宜居村50个，努力建设市民向往的都市型美丽乡村。

坚持优化供给，推动民生工作高质量。把共同富裕作为奋斗目标，让改革发展成果更多更公平惠及全区人民。持续增加居民收入，新增就业10万人，培育创业者1.5万人，构建经济发展、就业充分和收入增长联动机制，确保人均可支配收入增速高于GDP增速。增加优质公共服务供给，大力推进基本公共服务标准化均等化，加快七大教育共同体发展，社区医院创成比例达80%，深化“365乐养无忧”养老模式。加强长江生态系统保护，建设九乡河等6个通江绿廊、明外郭等2个生态保护带，国、省考断面水质稳定达标，空气质量优良率不低于80%，打造天蓝地绿、山清水秀的人居环境。

坚持依法善治，推动社会治理高质量。不断提升基层治理效能，努力推进市域社会治理现代化。加快法治栖霞建设，实施“八五”普法，增强全民法治意识，促进社会公平正义。推进社会治理重心下移、资源下沉，探索智能化治理模式，实现政府治理、社会调节、居民自治良性互动。深化平安栖霞建设，开展安全生产专项整治，提高突发公共卫生事件应对能力，重点防范金融、政府性债务、房地产等领域风险，全方位守护好人民群众生命财产安全。传承优秀民族文化基因，弘扬社会主义文明新风尚，加大优质文体服务供给，加速人的全面发展和社会全面进步。

各位代表，踏上新征程，奋进正当时。站在新的历史起点，只要我们咬定目标不放松，持续奋斗不止步，就一定能够实现“最强增长极、最美新栖霞”的目标愿景。

三、2022年主要任务

2022年是党的二十大召开之年，也是新一届政府全面贯彻落实省市区党代会精神的关键之年。今年全区经济社会发展的主要预期目标是：地区生产总值增长7.5%，一般公共预算收入增长6%，全社会固定资产投资增长7%，社会消费品零售总额增长7%，居民人均可支配收入增长7.5%。

做好今年工作，重点抓好以下八个方面：

（一）聚焦产业升级，促进经济质效稳步提升

坚持“稳字当头、稳中求进”，以高端化、绿色化、数字化为导向，促进先进制造业和现代服务业深度融合，形成具有国际竞争力的产业集群。

打造先进制造业高地。聚焦主导产业，引进高端项目，加快提升新型电子信息产业优势，壮大智能制造、新能源汽车等产业集群。加快推进诺唯赞生产基地、菲特晶芯片材料等23个先进制造业重大项目，推进LG新能源电池、翔腾光电等项目竣工投产，实施万达光电智造生产基地、捷希5G总部等项目，推动互联网、大数据、人工智能和实体经济深度融合，规上工业总产值突破3500亿元，工业经济稳定保持在全市第一方阵。

构建现代服务业体系。推动科技服务、文旅康养、现代金融等重点领域提质发展，规上服务业营业收入增长10%以上。打造燕子矶滨江商务区，加快建设宝能商务中心、铂尔曼酒店等地标项目。做强栖霞山、八卦洲等片区文旅组团，加速特色农旅发展，促进“商旅文体”深度融合，争创省级全域旅游示范区。推进苏园养老社区等项目，实现“医教研康养”一体发展。

厚植未来产业新优势。抢抓全球科技产业变革和国内经济转型机遇，加快布局人工智能、新医药与生命健康等新兴产业，抢占未来产业发展先机。把握数字经济发展机遇，扩大中国（南京）智谷影响力，集聚人工智能企业近400家，核心产业收入突破80亿元。启动新医药与生命健康产业高质量发展三年行动计划，在新药研发生产、体外诊断试剂开发等领域形成特色优势，打造全国领先的创新药物研制高地。

（二）聚焦科技赋能，打造创新驱动强大引擎

深化“三圈”融合，以科技创新催生强劲发展动力，争当南京建设引领性国家创新型城市排头兵。

释放协同创新势能。推动产学研协同创新、产业链联合创新。支持企业与大院大所合作，建设重点实验室、工程技术研究中心等科技研发平台20个，产出一批前沿性、战略性、突破性的技术成果，新增PCT专利240项。做强“霞科行”技术转移市场，留住技术转移红利，实现产学研及科技成果转化项目超150项，技术合同成交额70亿元以上。

壮大科创企业森林。加快构建多层次、递进式培育体系，以高新技术企业、独角兽瞪羚企业、“专精特新”企业等为中坚，形成具有核心竞争力的创新型企业集群。推进华电科技园、恒生科技园等平台建设。全年净增高新技术企业100家，科技型中小企业总数超1500家。支持企业做大做强，开展并购重组，推

动3家企业上市。

*深挖人才创新潜力。*聚焦战略科学家、科技领军人才和顶尖创新团队等人才队伍，集聚各类高层次人才100人。发挥科技镇长团桥梁纽带作用，推动人才、技术和项目深度合作。完善人才政策体系，探索建立人才项目破格认定、引才用才分类奖补等机制。提升“海智湾·紫东”国际人才街区服务品质，解决好人才安居、子女就学等问题，让人才创业无后顾之忧。

（三）聚焦改革开放，激发区域发展蓬勃活力

坚持以改革开放承接发展先机，实现多领域融合发展，打造南京“东部新中心”。

*在深化改革上发力。*升级“不见面审批（服务）”，实施“无感审批”等商事登记制度改革，推行跨部门跨系统综合监管，发挥“互联网+监管”系统作用，持续创优营商环境。优化企业开办“5+N”服务模式，完善推广“栖霞政策通”平台，全面提升政务服务水平。推进国资国企改革三年行动各项任务，不断提高资源配置效率。

*在扩大内需上发力。*瞄准“两新一重”、总部经济等重要领域，引进一批重大项目，力争招引50亿元以上项目2个，10亿元以上项目20个。加快建设德基文化商业中心、宝龙城等标志性商业项目，提档升级马群TOD、迈燕等商圈，大力发展首店经济、夜间经济，打造“紫东新消费中心”“一刻钟便民生活圈”。稳定增加汽车等大宗消费，加快壮大养老托育、家政服务等消费增长点，社会消费品零售总额突破500亿元。

*在开放发展上发力。*打造江海联运核心枢纽，提高公铁水联运效能。加强与自贸试验区南京片区联动，外贸进出口总额不低于900亿元，努力建成港产城融合发展示范区。深化“生根国（地区）”交流，依托海外协同创新中心、离岸孵化器等平台，引进更多跨国企业、项目，实现实际使用外资8亿美元。加快泰康（南京）国际医学中心、地中海俱乐部等项目建成运营。

（四）聚焦城乡协同，提升现代新城品质内涵

把握城市拥江发展、向东发展历史机遇，统筹生产、生活、生态空间布局，推动城市整体能级提升。

*统筹全域规划建设。*围绕城市空间拓展、更新，完成国土空间总体规划，加快城市基础设施支撑体系规划、实用性村庄规划编制，打造城乡融合标杆区。完成永久基本农田划定，坚决防范耕地“非农化”“非粮化”。注重城市设计，协调推进栖霞山、新尧新城等片区控规调整，推动建筑设计与公共界面、城市底蕴、历史风貌相协调，塑造高品质城市空间。

*构筑立体交通体系。*全力保障3条过江通道、4条轨道交通、2条主干道路建设，推动地铁1号线北延、7号线北段、和燕路过江通道、红山路—和燕路快速化改造项目主线建成通车，不断畅通对外交通联系。加快推进燕霞路（尧兴支线至燕丹路段）等工程建设，打通神农路—恒竞路等三区融合路，提高区内道路通达效率。全面推行农村公路管理养护体制改革，高质量建设“四好农村路”。健全三级农村物流节点体系，丰富“村村通”线路。优化公交线路6条，新建新能源车充（换）电站10处，新增共享车位600个。

*优化城乡环境面貌。*启动城市品质再提升行动，完成栖化新村等13个片区雨污管网清疏修缮工程。完成华电新村等3个老旧小区改造工程，加快推进仙林中心2号湖、姚坊门人防工程建设，打造一批群众身边的“梧桐语”小型城市客厅、城市绿道和口袋公园。巩固垃圾分类全覆盖成果，建成区级餐厨废弃物处置厂。开展农村贫困家庭危房改造，新增美丽乡村宜居村18个。

（五）聚焦绿色发展，谱写生态优先崭新篇章

继续打好蓝天、碧水、净土保卫战，协同推进经济发展高质量与生态环境高质量，让绿色成为美丽栖霞的鲜明标识。

*加强生态系统保护修复。*严格执行《长江保护法》，全面落实长江“十年禁渔”，有序开展水生生物

增殖放流行动。紧盯80.2千米长江岸线和120.9千米通江河道，加强岸线利用优化、水源地保护、入江支流整治，有效保护长江岸线生态系统。持续推进森林、湿地等资源保护，完成森林抚育133万平方米、林相改造33万平方米。

推动污染治理提质增效。建立大气污染防治信息化指挥平台，深入推进VOCs整治、"智慧工地"建设、柴油货车污染治理，实现精准治气。实施衡阳净水站等水环境整治提升工程，确保国、省考断面水质稳定达标。强化工业危废、医疗废物全过程管理，加快推进百江液化气等地块修复治理，扩建"两无化"核心示范基地68万平方米。

加快绿色低碳转型升级。落实"碳达峰""碳中和"要求，强化能耗总量和强度"双控"。加快产业绿色化升级，推动金陵石化"近零"排放、大唐南电燃气机组等项目加快实施，稳步降低全区煤炭消耗。推广分布式太阳能等绿色能源，实施农业设施、公共机构光伏等项目，确保综合能耗控制在市定标准以内。

（六）聚焦民生改善，推动社会事业全面进步

坚持以人民为中心的发展思想，始终把民生工作放在心上、抓在手上，更好满足人民群众对美好生活的向往。

兜住兜牢民生底线。深入推进全民参保计划，扩大参保覆盖面，切实保障群众权益。完善社会救助对象动态监测体制，确保困难群众精准救助率保持100%。巩固拓展服务类社会救助改革成效，优化救助服务"云超市"功能，进一步完善"物质+服务"温情救助体系。加快栖霞山红枫片区、龙潭新市镇等保障房建设，新开工20万平方米，竣工126万平方米；推进燕子矶新城等12个保障性租赁住房项目，形成多元化住房保障体系。

积极推进共同富裕。精准落实援企稳岗、就业见习等政策，统筹重点群体就业，加强就业困难人员分类帮扶，实现新增城镇就业2万人以上。推动创业带动就业，落实创业担保贷款等扶持政策，持续拓宽居民增收渠道。坚持技能服务产业，推进"订单式"培养，开展技能培训7300人次，实现产业发展与人才培养有效融合。

持续优化公共服务。全面落实"双减"政策，建成中小学幼儿园4所，新开工8所。推进集团化办学，促进优质教育资源全覆盖。加快市妇幼保健院丁家庄院区建设，启动栖霞医院、区公共卫生中心异地重建。打造多元化精准养老服务供给体系，深化"栖彩颐养""时间银行"等项目，新增机构养老床位200张。

各位代表，按照"群众议、代表定、政府办、人大评"要求，区政府认真编制今年民生实事项目，聚焦公共教育、医疗健康、安居养老、就业创业、交通出行等热点问题，在前期广泛征求意见、充分研究讨论的基础上，形成12件候选项目提交大会，请各位代表审议并表决。对代表票选确定的项目和群众反映集中的事项，区政府将细化任务分解、狠抓工作落实、精心组织实施，真正把实事办好、好事办实。

（七）聚焦社会治理，筑牢和谐稳定发展基石

统筹好发展与安全两件大事，全面提高基层治理能力。

守牢风险防范底线。健全疫情防控平急一体化指挥体系，完善快速响应机制。扎实推进安全生产专项整治"三年大灶"，聚焦建筑施工、燃气、危化品等重点领域，全力压降安全生产事故。深入排查金融风险，做好政府债务管控，加强食品药品安全监管。加大应急人力、物力投入，加强预案演练，切实提高风险预警、防范、化解能力。

强化基层治理能力。搭建区级大数据平台，建设区网格化综合治理指挥中心、"掌上云社区"标准体系，提升基层服务质量。统筹网格职责清单、网格员队伍建设管理等配套机制，推进社会治理资源力量向一线倾斜。常态化开展扫黑除恶斗争，严厉打击电信诈骗等违法犯罪，推动各类案件警情持续下降。

提升和谐文明程度。传承革命精神和红色基因，铸牢中华民族共同体意识，建好新时代文明实践中心。统筹推动社会信用体系建设、文明典范城市创建、志愿服务关爱行动等工作。加快公共文化基础设施和新型公共文化空间打造，推进精品剧目创作，提速六朝博物馆、栖霞寺博物馆建设，办好“金秋栖霞”艺术节等系列活动，全年开展群众性文化活动1000场以上、体育活动250场以上，促进居民素质和社会文明程度达到新高度。

（八）聚焦自身建设，打造人民满意的服务型政府

始终坚持党对政府工作的全面领导，全面依法履行政府职能，努力提升群众满意度。

持续打造法治政府。完善重大行政决策公开、政府智库和法律顾问资政机制，推进依法科学民主决策。推动政务公开标准化、规范化，加强财政预决算、重大项目建设等信息公开，主动接受人大法律监督、政协民主监督和社会舆论监督。深化行政执法体制改革，加大“双随机、一公开”执法检查力度。

持续打造高效政府。加快区、街、社区（村）三级政务服务大厅建设，提供更多企业群众“就近办、一次办”场景。强化重大项目代办陪办，由全流程代办向“全生命周期”服务延伸。解决好群众反映的突出问题，办好领导信箱、12345政务热线工单，确保综合满意率居全市前列。

持续打造廉洁政府。加强廉政风险防控，强化工程建设、重大项目、惠民利民等领域的行政监督、审计监督和统计监督，一体推进不敢腐、不能腐、不想腐。落实“过紧日子”要求，强化财政预算绩效管理，压减部门预算一般性支出。从严教育管理队伍，持续抓好作风建设，永葆为民务实清廉的政治本色。

名词解释

1.规上工业企业：规模以上工业企业的简称，指年主营业务收入在2000万元以上的工业企业。

2.独角兽企业：成立10年以内、估值超过10亿美元、获得过私募投资且尚未上市的企业。

3.瞪羚企业：以科技创新或商业模式创新为支撑，成长性好、具有跳跃式发展态势的高新技术中小企业。

4.“霞科行”技术转移平台：我区携手第三方运营公司，共同打造的集评估、发布、查询、撮合、交易、路演、中介、金融于一体的区域技术转移一站式服务综合体。

5.枫桥经验：20世纪60年代初，浙江省诸暨市枫桥镇干部群众创造了发动和依靠群众，坚持矛盾不上交、就地解决的“枫桥经验”。1963年，毛泽东同志曾亲笔批示“要各地仿效，经过试点，推广去做”。此后，“枫桥经验”得到不断发展，形成具有鲜明时代特色的“党政动手，依靠群众，预防纠纷，化解矛盾，维护稳定，促进发展”的枫桥新经验，成为新时期把党的群众路线坚持好、贯彻好的典范。

6.时间银行：一种公益志愿性质的互助养老模式，指志愿者将参与公益服务的时间存进时间银行，当自己需要时就可以从中支取被服务时间。

7.五横五纵：“五横”指浦仪公路、栖霞大道、智谷大道、沪宁高速、宁杭公路，“五纵”指和燕路过江通道（在建）、仙新路过江通道、宁洛高速、南京绕城高速、龙潭过江通道（在建）。

8.VOCs：挥发性有机化合物（VOC）的复数表达形式，环保意义上指会产生危害的一类挥发性有机物。

9.绿色银行：2019年8月，我区借鉴雄安新区“千年秀林”模式，启动紫东“绿色银行”项目，成立栖霞园林绿化工程公司，打造珍贵化、彩色化、效益化示范苗圃基地。

10.两无化：在农业生产过程中不使用化学肥料和化学农药。

11.桩钉工程：小区围墙、门卫、门禁、防爬设施、视频监控五处“防范桩”；楼栋、网格、物管、中介、警辅五根“守望钉”。

12.行政执法“三项制度”：行政执法公示制度、执法全过程记录制度、重大执法决定法制审核制度。

13.“专精特新”企业：具有“专业化、精细化、特色化、新颖化”特征的工业中小企业。

14.四上企业：统计工作中对达到一定规模、资质或限额的法人单位的一种通俗称谓。包括规模以上工业、有资质的建筑业和全部房地产开发经营业、限额以上批发零售业和住宿餐饮业、规模以上服务业法人单位。

15.七大教育共同体：我区按地域将中小学划分为“七大集团”，金陵小学领衔的东片共同体、南师附中仙林学校小学部领衔的中片共同体、晓庄附小领衔的西片共同体、金中仙林分校中学部领衔的金中共同体、南师附中仙林学校初中部领衔的南师附中共同体、伯乐中学领衔的伯乐共同体、燕子矶中学领衔的高中共同体。各“共同体”内部教学资源完全共通、课程研究同步进行、教师定期交流。

16.PCT：《专利合作条约》的英文缩写。根据PCT规定，专利申请人可以通过PCT途径递交国际专利申请，向多个国家申请专利。

17.“5＋N”服务模式：区行政审批局在企业开办环节创新建立的代办服务新模式，“5”即企业开办全流程的5个环节，分别是企业登记、刻章备案、领取发票（获得申领资格）、企业社保开户和企业公积金账户缴存；“N”即从企业开办到日常经营中需要取得的各种资质或备案义务，例如银行开户、污水排放许可、公共场所卫生许可和消防备案等。

18.两新一重：新型基础设施、新型城镇化以及交通水利等重大工程。

19.TOD：以公共交通为导向的发展模式，集工作、商业、文化、教育、居住等功能于一体。

20.“生根国（地区）”交流：我市各区（园区）分别重点对接一个“关键小国”和一个“创新大国（州、市）”，作为“生根”目标国家，开展创新合作，推动各区深挖国外创新资源，加快国际创新资源导入。我区“关键小国”为比利时，“创新大国（州/市）”为德国哥廷根市。

21.四好农村路：2014年3月4日，习近平总书记亲自提出，后又多次作出重要批示，要求建好、管好、护好、运营好农村公路。

22.智慧工地：将“互联网+”的理念和技术引入建筑工地，从施工现场源头抓起，最大程度地收集人员、安全、环境、材料等关键业务数据，依托物联网、传感技术，建立云端大数据管理平台，提升建筑工地的精细生产管理水平。

23.栖彩颐养：按照老年人需要照护程度进行分层分类分模块服务供给。

24.三年大灶：从2021年开始，按照全国统一部署，开展安全生产专项整治三年行动。

25.双随机、一公开：在监管过程中随机抽取检查对象，随机选派执法检查人员，抽查情况及查处结果及时向社会公开。

专　　记

Special Notes

仙林街道一角

杨　轶 / 绘

责任编辑　王旭东

仙林大学城20周年发展历程

仙林，因鹤而为“仙”。仙鹤来仪，吉祥之兆，预示着仙林，注定要成为一方神奇的土地。

“晴空一鹤排云上，便引诗情到碧霄”（唐·刘禹锡《秋词》）。1999年，南京师范大学作为“头鹤”，第一个“衔书”而至，同时也为仙林带来了冲天“诗情”和美好消息。不久之后，2002年1月14日，仙林大学城正式挂牌成立，启动建设。时至今日，仅仅过去20个年头，仙林已然是群鹤翔集，先后有12所南京高校以及一众中小学、高科技企业入驻。

20年，弹指一挥间，蓦然回首，仙林便崛起了一座城，一座大学之城，一座科技之城，一座宜学、宜研、宜居、宜业、宜养、宜游……似乎一切皆宜的世间桃源。历代仙林人，正是这样，一以贯之，以“拓荒牛”的坚忍不拔，“老黄牛”的踏实勤奋，“孺子牛”的牺牲奉献，不断探索和超越，创造了这一中国高等教育和城市建设发展史上的旷世伟业。

20年筚路褴褛，20年踏歌前行。过去20年，仙林大学城累计投入政府资金400多亿元，吸引社会投资超过600亿元，先后引进南京大学、南京师范大学等12所高校，在校师生人数超过20万人，科教资源总量约占全省的15%，成为全省乃至全国高等教育资源最集中的区域之一；建成了地铁二号线、四号线、仙林大道等一大批市政设施，以及金鹰湖滨天地、南京万达茂、泰康仙林鼓楼医院、省中医院紫东院区和南京外国语学校、南京国际学校等一批优质商业、医疗和教育配套；依托地区科教、人才和生态资源优势，形成“一心（仙林商业中心）、一圈（环高校科技创新圈）、一带（灵山—龙王山大健康产业带）”的产业格局和以现代服务业、科技创新产业、康养产业为主的特色产业体系；通过实施生态修复、景观提升、水系治理，实现“有山有水”“青山绿水”和“亲山近水”的转变，地区生态、人文环境为全市所独有；创新社会治理方式，以党建引领推进“六化融合”，“仙林模式”已成为全国基层党建的靓丽名片，并屡

仙林大学城　　（仙林大学管委会办公室／供稿）

俯瞰仙林　　　　奚永根／摄

获殊荣。所有这些无一不是解放思想、改革创新、团结拼搏、克难攻坚的硕果。而在大学城20年发展实践中所积累升华出的宝贵经验，已成为指导我们继续前行的宝贵精神财富和不竭动力源泉。

站在新的历史起点，我们既要为已经取得的成绩欢欣鼓舞，又要认清面临的机遇和挑战。当前，全国上下正按照党的十九届六中全会的部署要求，朝着第二个百年奋斗目标全力开创现代化建设新征程。南京市第十五次党代会确立了南京建设人民满意的社会主义现代化典范城市的目标，作为全市十四五规划中确定的“一核三极”的重要组成部分和紫东科创大走廊的关键节点，仙林将认真贯彻落实党代会精神，紧紧围绕2035年远景蓝图和紫东地区“创新引领极”目标定位，在打造数字经济核心区和宁镇扬同城化先行区的征程中先行探索实践、勇当开路先锋，加快形成集聚效应强、辐射能级高的最强增长极。聚创新之能，助力紫东科创大走廊建设。立足大学城科创资源优势，推动科创、人才、技术有机结合，打造全市“校院企地”紧密协同的创新高地，为建设引领性国家创新型城市提供支撑。乘开放之势，全力融入区域一体化发展。对外优化发展环境，对内畅通区域循环，提升重大项目辐射力、资源要素集聚力和区域发展影响力，主动融入一体化、同城化和都市圈发展。固民生之本，致力打造高品质精致城市。坚持高品质建设、精品化管理，打造幸福宜居的精致城市，在宁镇扬一体化发展中展示好窗口形象。

栖霞山文旅度假区建设打造的实践与启示

习近平总书记强调指出：“历史文化是城市的灵魂，要像爱惜自己的生命一样保护好城市历史文化遗产。”党的十九大将“加强文物保护利用和文化遗产保护传承”作为坚定文化自信的重要内容写进报告中。南京市栖霞山历史文化底蕴深厚，素有“一座栖霞山，半部金陵史”“第一金陵明秀山”的美誉。山中的栖霞古寺拥有1500多年历史，是佛教“三论宗”的祖庭及唐朝“天下四绝”之一，有千佛岩、舍利塔、明征君碑等国家一级文保单位。栖霞山还是中国四大赏枫名山之一，其山水文化、地质文化、茗茶文化、中药文化等源远流长。近年来，栖霞区深挖栖霞山历史文化潜力，深入发展文化旅游产业，着力把栖霞山打造成为享誉世界的中国文化名山、文旅休闲胜地，在开发和利用中保护文化遗存、延续城市文脉、弘扬历史文化。

栖霞山建设打造的思路与做法

彰显底蕴，精筑景点，打造文脉绵长名山

借力栖霞山、栖霞寺的历史文化优势，以及水韵江苏的生态环境优势，精雕细刻，倾力打造，协调好五组关系，展现江山盛景。做到“景”“典”相宜。发掘栖霞山人文底蕴、历史典故，因地制宜，因典制宜，在山中建成陆羽茶庄、天街、南门、乾隆御花园、中草药文化园等一批景点，做到每个景点“其来有自”、工笔细描、建新如旧。新设路灯180盏，新建旅游厕所6座，更新、新设标识标牌、垃圾箱等设施200余处，使景区老树发新枝，大幅提升景观质量，与佛教名山的地位更加匹配。做到僧俗相适。以“人生佛教”与“人间佛教”相结合的方式，以“三论宗”为栖霞山佛教文化品牌，打造佛教文化中轴线，使之既有宗教活动场所的清净庄严，又有佛教文化广场的游人如织；既有晨钟暮鼓的天籁梵音，又有盛世华年的繁荣热闹；既有古色古香的历史韵味，又有明快清新的现代气息；既有僧人修持的宁静，又有僧俗互适的和谐。做到寺林相伴。以新建圆通禅院、金刚阁、莲华观景台为契机，围绕“四季栖霞山”建设，在各佛教建筑庭院内外广植树木，同时推进景区林相改造，补种香樟、银杏、罗汉松及各类色叶、观花苗木5万余株，营造寺在林中、林在寺中的意境。做到山水相依。以水的灵动提升景观，并兼顾浇灌用水和消防用水。从长江、九乡河分别引水至凤翔峰、虎山、龙山山顶，恢复桃花涧和中峰涧水景，并利用地形落差制造瀑布，整体形成贯穿联通、跌宕生姿的景观水系。拓宽改造九乡河，提高仙林污水厂排放标准，形成景观河、生态河、文化河、排洪河。对片区水系进行梳理疏浚，使河流绕山流淌，穿城而过，重现山水相依的优美环境。做到山城相拥。充分考虑片区城市建设围绕各山体展开的特点，在建筑高度、容积率、建筑密度上进行严格控制，从城市空间形态、色彩分布、天际轮廓线诸多方面仔细考量，保持城区与山体的和谐，做到山在城中、城在山中。

产城交融，文旅共生，打造宜业宜游乐土

高起点推进栖霞山及其周边地区统一规划建设，重点集成四大功能，打造自然与人文辉映、吃住行游购娱一体的国家级风景区。强化文化功能。彰显栖霞山、栖霞寺佛教文化，重点打造中国佛学院栖霞山分院。规划位于红枫路与栖霞大道交汇处建筑面积7.14万平方米，总投资10亿元的钢琴艺术之都，以钢琴博物馆、音乐书店、钢琴展销馆、大师工作室等为主要建设内容，定位为世界最具规模的古董钢琴展示中心、音乐朝圣之地。在栖霞山北麓规划占地面积约38公顷的大型室外演艺项目，以“虞美人·金陵传奇”为主题，打造内容涵盖教育培训、民俗活动、特色餐饮等的室外演艺中心。强化休闲功能。以国家级度假区为标准，开展栖霞山周边酒店的研究、设计和落地，提升景区宜游宜居指数。2021年已基本建成栖云山房、天街特色宾馆等国际标准酒店，汇聚布丁酒店等中端酒店，同时规划建设词文化主题酒店、栖霞老街精品客栈、龙山酒店群等，满足度假人群多层次、个性化需求。其中总投资约10亿元的希尔顿格芮精选酒店规划建设用地4.34公顷，地上建筑面积5.2万平方米，定位为全国首家高端书画主题度假酒店暨书画文化交流中心。核心景区以南，正大集团跨国营造的南京生态康疗养老示范基地依托栖霞山生态环境、禅茶、草药等特色资源，建设集健康养生、商务休闲、度假居住等功能于一体的康疗养老示范基地。强化娱乐功能。核心景区以东的欢乐谷主

栖霞古镇　　（栖霞山风景区管理处／供稿）

题乐园是华侨城集团打造的新一代文化主题公园，以文化景观、艺术表演和游乐体验为核心，围绕时尚电竞、国风动漫、街头艺术、朋克文化等元素，集海陆空三栖游乐于一体，推出系列大型主题活动和精彩演艺项目，为古老的金陵城注入最新、最时尚的娱乐元素。玛雅海滩水公园演绎浓郁玛雅主题文化，内设玛雅探索及水乐园娱乐两大板块，以科技和文化为游客提供神秘、迷幻的游玩体验。强化产业功能。在景区周边配建总投资约70亿元的栖霞山非遗文创小镇，入选省、市级特色小镇建设名单。其中规划建筑面积约12万平方米栖霞老街项目，沿袭金陵民居特色，坚持“生长”理念，凸显栖霞山茗茶、养生、佛禅、枫叶、文人等文化特色，培育文化新风尚；位于核心景区门户地段的栖霞广厅项目，建筑面积17万平方米，将重点建设演艺剧场、博物馆、商业街等旅游设施，致力于打造文化体验、生态休闲的大型文旅综合体。

畅通水陆，连接山海，打造通江达海之城

围绕提升栖霞山景区交通可达性、游览便捷性以及南京城市能级，大力推动景区内路线打造、景区周边路网畅通、长江航运能力跃升。优化景区内部交通。完成景区内沥青路面改造出新及新建约9千米，人行栈道新建11千米。将栖霞山片区划分为4个交通大区，进行交通方式区分，测算相关交通大区对外出行的主骨架路网需要车道数量，在此基础上排出24条道路建设计划，未来3年内总投资24亿元，按照扮美景区、彰显特色的要求，打造樱花大道、丁香大道、梧桐大道、榉树大道，形成一批网红路、打卡路。完善景区周边交通。加快构建立体化交通网络，不断放大栖霞山作为宁镇扬同城化地理中心的区位优势。推动轨道交通建设，建设中的地铁6号线设栖霞山站点，南京南站和禄口机场可直达景区入口。加快城市快速路建设，投资27亿元的312国道快速化改造工程正稳步实施，栖霞大道大中修项目已竣工交付。天佑路下穿沪宁铁路工程即将完工，届时栖霞山景区3千米可达地铁4号线仙林湖站、2号线经天路站，红枫新城区将与仙林大学城联网成片。发挥景点集聚效应，积极主导开通紫金山（灵谷寺）—栖霞山（栖霞寺）—牛首山（佛顶宫）礼佛文化专线游。开发高学历优质客户，向仙林大学城高校开通栖霞山旅游专线。升级长江水上交通。栖霞山东北侧濒临长江，规划建设中由招商蛇口集团打造的国际邮轮母港项目定位为“长江下游邮轮旅游产业基地、南京栖霞山以东休闲门户”，将成为国内第一个内河邮轮母港，也是世界上继伦敦后第二个内河邮轮母港。该项目的建设不仅将大大拓宽内陆及长江中上游游客抵达栖霞山的交通选择，极大增强栖霞山文旅度假区的消费辐射带动力；也将进一步提升南京城市首位度，助推紫东地区“创新之城、文旅之城、产业之城、生态之城”建设，打造南京江海门户形象。

栖霞山建设打造的经验与启示

栖霞区深入领会习近平关于文化遗产的思想理论，认真贯彻新发展理念，通过多年的探索实践与不懈努力，使百代名山栖霞山重新焕发出活力与生机，景区游客量连年攀升，栖霞山已成华东地区乃至全国旅游新热词、网红打卡地、超级文化IP，其历史文化意义也被国际国内更多地认知和了解。栖霞山的规划打造历程，对于历史文化遗产开发利用有以下几点启示。

文化遗产开发要坚持历史性眼光。习近平总书记指出：“要本着对历史负责、对人民负责的精神，传承历史文脉”。在对栖霞山的开发建设中，始终秉承“保护优先”的原则，坚持做到“宁可不开发，也不能保护不力”，在栖霞古寺、明征君碑等重点文物周边安装监控，并强化巡查、值守。会同南京博物院等，对南朝千佛岩开展专项调查、统计和病害分析，召开专家论证会进行论证推演，以更有针对性地实施保护措施。栖霞山建设的实践表明：必须始终秉持历史眼光，以对千秋万代负责的态度，坚守好“保护”这个大前提，才能在此基础上对文化遗产进行科学有序的传承开发。

文化遗产开发要坚持系统化思维。栖霞山开发建设是一个系统工程，要协调好保护与开发、自然与人文、古典与现代、景观与产业等多组关系。栖霞区立足栖霞山发展全局、明确功能定位、统筹规划布局，投入1.6亿元，先后完成度假区总规、控规以及栖霞老街、栖霞广厅、九乡河景观，江南水泥厂历史保护，邮轮码头城市设计等10多个专项规划设计，实现了规划全覆盖，努力形成资源要素和谐共生的最优空间格局。栖霞山建设打造的实践表明：必须始终坚持系统思维，放眼全局，整合资源，规划先行，才可能在文化遗产开发中得出最优解。

文化遗产开发要坚持精细化建管。栖霞山开发建设是投入巨大、影响深远的传世工程，必须采用国际化思维、前瞻性眼光，坚持高标准建设。栖霞区委托中国美术学院等业内顶尖机构编制旅游综合开发策略、实施指引及道路建设导则等，做好城市功能、旅游项目、建筑形态、环境景观的总体策划和精细设计，统一片区的建筑风格、城市家具、园林绿化、亮化美化、配套设施等，始终坚守文化品位和风格标识，不断优化长效维护管养，努力实现区域建设精致发展。栖霞山建设打造的实践表明：必须始终坚持精细建设、精细管理，才能对文化遗产进行高标准传承开发。

文化遗产开发要坚持市场化运作。信息时代的文化遗产开发，必须坚持线上线下并举、塑造强大文化IP。栖霞区聘请故宫博物院原院长单霁翔，南京大学教授赖永海、贺云翱等为顾问，打造特色文创产品，塑造栖霞山IP。结合栖霞寺中兴百年、栖霞红枫艺术节，举办“栖霞胜境”等多场特色活动。与中国楹联协会、省楹联协会合作，在全网全国开展楹联征集活动。与中国摄影家协会、省文联、省作家协会、省书法家协会，举办全国摄影大赛、全国栖霞现代诗词征集大赛，邀请文化名家来栖霞山驻点采风等，不断扩大栖霞山文化IP的影响力和美誉度。栖霞山建设打造的实践表明：必须坚持市场化运作、信息化思维、产品化打造，才能对文化遗产进行高质量、高效率传承开发。

□邹世奇

大 事 记

Major Events

南京师范大学·仙林宾馆

杨 轶 / 绘

责任编辑　王旭东

栖霞行政区

1 月

5日，区政协第九届委员会第五次会议开幕，7日闭幕。

是日，区举行康博达建设科技集团项目签约仪式。

6日，区第十八届人大五次会议开幕。8日闭幕。

是日，全国人大常委会委员、社会建设委员会副主任委员江小涓，国家体育总局政策法规司司长褚波一行，到南京市栖霞中学就体育法修法开展调研。

11日，龙潭港区铁路专用线工程建成并通过中国铁路上海局集团公司验收，正线铺轨5.46千米，站线铺轨10.04千米，具备通车条件，开创地方自主实施铁路项目的先例。

13日，龙潭街道太平村获批为江苏省特色田园乡村。

14日，区行政审批局入选国务院办公厅全国一体化政务服务平台建设工作联系点，是江苏省唯一的县区级联系点。

是日，马群社区卫生服务中心副主任陆巧玉家庭获“2020年全国最美家庭”称号。

18日，仙新路过江通道北主塔承台完成首次浇筑。

是日，区政务服务中心开设江苏省首个“省内通办”“跨省通办”线下服务专窗。

19日，在高质量建设紫东科创大走廊推进大会上，南京市市长韩立明向首批入住“海智湾·紫东”国际人才街区的企业和人才代表授发钥匙。

21日，八卦洲外沙村、中桥村、龙潭街道靖安村、花园村入选“淘宝村”。

22日，区与南京经开区联合举办线上专场招聘会。

是日，“海智湾·紫东”国际人才街区揭牌。

23日，区残联获“全省残联系统先进单位”称号，燕子矶残疾人之家获江苏省“残疾人之家”称号。

29日，栖霞高新区开展“万企联万村，共走振兴路”活动。

2 月

1日，在江苏省总工会组织开展2020年服务职工优质项目评选活动中，南京缘派蔬菜专业合作社“一棵葡萄·一个梦想”、八卦洲中心小学“鹏岛大脚巴”党工共建微服务项目获一等奖，南京东郊科技集团“线上+线下”双模式助推员工发展获三等奖。

4日，中共江苏省委常委、常务副省长樊金龙到区检查涉外疫情防控工作，看望慰问坚守防控一线的工作人员。

8日，江苏省副省长陈星莺到区检查疫情防控工作。

是日，中共南京市栖霞区第十届纪律检查委员会第六次全体会议召开。

10日，区人武部举行乔迁揭牌仪式。

17日，《经济日报》“人勤春早争朝夕”关注栖霞企业《开足马力助力抗疫》。

19日，马群百水河滨水风光带健身步道获评“南京最美健身步道”。

20日，南京市规划资源局就黄马路以东马群科技园双电科技地块项目规划设计方案进行批前公示。

22日，区召开“对标找差创新实干，打造创新引领极，推动高质量发展”大会。

是日，“长江传奇”号观光游船停靠五马渡、燕子矶两个点位。

24日，王怀林、刘永森、苏钟雄、李强、聂洋平、崔成轩、葛卫峰被评为第十九届南京好市民。

25日，在北京举行的全国脱贫攻坚总结表彰大会上，孔毅远被评为全国脱贫攻坚先进个人。

26日，栖霞板块2021年产城融合发展重大项目建设推进会在宝能金融中心项目地块内举行，50个重大项目总投资超438亿元。

27日，龙潭街道龙景花园、铁路职工家属区及尧化街道尧化一村、尧安新村南院、尧安新村北院、尧建新村、港尧新村列入2021年老旧小区改造项目。

是日，日处理量60吨的东花岗厨余垃圾中转站正式投用，实现厨余垃圾区域内的全量转运。

3 月

1日，葛保富向南京市档案馆捐赠1956年毛泽东在栖霞镇十月农业社视察时和本人握手照。

3日，南京玲珑天文化发展有限公司成为市首家通过告知承诺制领取食品经营许可证的企业。

是日，栖霞街道举办创新发展大会暨项目签约仪式。

4日，区党史学习教育动员会召开。

5日，栖霞区城市管理综合行政执法大队巡防一中队、仙林街道为民服务中心获评市“学雷锋活动示范点”，马群街道蛇盘社区社工韩丹获评市“岗位学雷锋标兵”。

是日，江苏省政协办公厅领导到区调研“有事好商量”协商议事工作。

7日，江苏奥斯汀光电科技股份有限公司在美国成功上市。

8日，南京丁家庄二期（含柳塘）地块保障性住房项目获2020—2021年度第一批中国建设工程“鲁班奖”（国家优质工程）。

13日，区“3·15”国际消费者权益日活动在新尧金地广场举行。

是日，区政务服务大厅获2020年度南京市政府服务系统最佳政务大厅。

是日，区在西岗街道三环路开展义务植树活动。

15日，南京市市长韩立明到区，实地检查推进城建重点工程项目建设工作。

16日，栖霞高新区“基于人工智能技术的产业大数据知识图谱系统”“星地链路高速激光数传装备研发及产业化”两个项目，在长三角三省一市113个参赛项目中，晋级复赛。

是日，区发改委获省发展改革系统2020年度“综合先进单位”称号。

19日，区举办学习贯彻落实中央、省委1号文件精神培训班。

是日，区召开迈皋桥国控点空气质量提升调度会。

21日，市委网信办联动区委网信办、南京旅游集团，在幕燕滨江举办“宝藏南京——赏最美花海，观长江新貌”网络直播活动，网民观看阅读总量达112万。

23日，江苏首辆家医服务车“智慧5G移动健康服务车”在仙林社区卫生服务中心启用。

24日，区特殊教育学校正式挂牌南京特殊教育师范学院第二附属学校。

25日，区举办2021土地招商推介会，推出23宗地块共计112万平方米。

26日，区举办第二届“栖孝杯”先进典型表彰暨区养老服务指导中心启用仪式。

是日，“比利时欢迎办公室栖霞分中心”挂牌仪式在栖霞高新区“海智湾·紫东”国际人才街区举行。

是日，区委区级机关工委在雨花台烈士陵园举行“学党史、祭英烈、固初心、鼓干劲”主题党日暨党史学习教育大课堂活动。

28日，区2名国际友人Frank Hossack（贺福）和Miguel Zaballa Erice（米戈）被评为“南京城市国际化紫金友好使者”。

是日，太保家园·南京国际颐养社区开工。总投资约5亿元，占地面积约1.6万平方米，总建筑面积近3万平方米，提供近300套老年公寓。

29日，区党员学党史百堂微党课竞赛复审现场观摩会在区委党校举行。

4 月

2日，区召开2021年人大代表建议政协委员提案交办工作会。

3日，由区委党史办和市委党史办联合创制3集广播剧《主席来到了十月村》，在省人民广播电台文艺台《档案揭秘》栏目播出。

6日，三区党（工）委理论学习中心组学习会在行知园举行。

7日，参加第二届国际森林城市大会的驻华大使、使节及随行人员参观栖霞山风景区。

8日，“百年礼赞”百场诗歌朗诵活动启动仪式、“百年礼赞·艺栖绽放”诗歌朗诵文艺演出在陶行知纪念馆举行。

是日，梁晓燕获第九届“南京市十佳文明职工”称号和“南京市五一劳动奖章”，纪德胜获2020年“南京市文明职工”称号。

11日，以“科创紫东，活力仙林”为主题，2021南京紫东·仙林半程马拉松在仙林羊山公园开跑。

12日，《人民日报》刊文《画好同心圆，服务更多元》，介绍仙林街道创新网格化管理经验。

13日，《晓庄英烈》系列新媒体节目在“云栖霞”App上线。

是日，央视CCTV17农业农村频道《谁知盘中餐》栏目播放专题片《芦蒿抢“鲜”记》，介绍芦蒿的前世今生、芦蒿制作的美食，展现了八卦洲秀丽的风光和淳朴的民风。

15日，金陵小学仙林湖校区举行王兴艺老师捐献造血干细胞欢送仪式，成为南京市第95例、区第15例、区教育系统第1例造血干细胞捐献者。

是日，南京消防支队栖霞大队搜救犬中队训导员欧阳洪洪带着搜救犬比格、功勋犬冰洁参加湖南卫视《天天向上》节目录制。

是日，区人大机关在周恩来总理家乡淮安开展现场研学活动。

16日，湖北省党政代表团考察图灵人工智能研究院。

是日，《人民日报》刊文《南京市栖霞区逐步完善残疾人托养照护服务体系》，开展“送康上门”服务，满足残疾人多元化服务需求。

是日，电影《晓庄1930》开机仪式在常州西太湖影视基地举行。

19日，日处理能力5000吨的八卦洲污水处理厂进入试运行阶段。

20日，区“掌上云社区”治理与服务标准化试点确定为2021年度江苏省民政标准化建设试点示范项目。

是日，桦墅村入选首批南京市职工疗休养基地民宿村并授牌。

21日，区第七期社区（村）书记“头雁讲坛”暨全区新任社区（村）“两委”正职培训班开班。

22日，区统一战线在五马渡“长江传奇”号轮船上举行庆祝中国共产党成立100周年系列活动。

23日，八卦洲新市镇保障性住房及配套设施项目A4栋封顶。

是日，国务院联防联控机制驻江苏工作组到区调研。

24日，区举办第21个“世界知识产权日暨2021年全国知识产权宣传周”主题宣传活动。

25日，青岛市城阳区政府领导一行到区考察。

27日，以“一‘栖’开卷‘阅’历百年”为主题，举行2021书香栖霞·全民阅读启动仪式。

28日，栖霞山风景区森林步道入选第一批江苏森林步道名录。

是日，区以“同心向党迎华诞，劳动筑梦新时代”为主题，举行“五一”表彰大会。

30日，陕西省党政代表团考察图灵人工智能研究院。

5　月

1日，姚期智、曹于平、蔡云、杜恒标、朱吉兵、吴昆获2021年省劳动模范称号，黄其根获2021年省先进工作者称号。

是日“长江传奇”号游轮在五马渡码头开航。

7日，区开展“学党史、强信念、跟党走”主题团日活动。

8日，区开展造血干细胞无偿捐献集中采样活动，有100名志愿者采样成功，成为中华骨髓库江苏分库的新成员。

10日，中欧班列“江苏号”从南京尧化门货运中心鸣笛起发，标志“中国南京——荷兰蒂尔堡”远欧线路首列开行。

是日，区人大常委会固废法执法检查组到浙江省绍兴市柯桥区学习考察“无废城市”建设工作。

12日，全国人大常委会委员、全国人大宪法法律委副主任委员丛斌、徐辉、刘季幸一行到区调研医院建设情况。

是日，省政府党组成员胡广杰一行到区调研残疾人服务机构运行情况。

13日，华润苏果旗下全国第一家新型品牌门店，苏果MART在新尧金地广场正式开业。

是日，南京盛航海运股份有限公司在深交所敲钟上市，是区第13家上市企业，2021年市首家主板上市企业。

14日，南京创新周“中华门创将”首场大赛（南京赛）在紫东生态会议中心举办。

15日，革命现代京剧《向警予》、晋剧《战地黄花》剧组主创分别到陶行知纪念馆，举办梅花奖竞演演员线下系列活动栖霞专场。

是日，区青少年重走“长征路”主题实践活动暨南京市青少年“四史”学习教育实践展示启动仪式在十月军校举行。

是日，中国田径街头巡回赛·南京站在金鹰湖滨天地开赛。设有男子跳高、男子60米两个项目。200米亚洲纪录保持者谢震业、亚运会跳高冠军王宇等17位国内优秀运动员参赛。

16日，区举办第三十一次全国助残日活动。

18日，在大同生态产业园举行八卦洲跨境电商产业园开园启动仪式。

是日，仙林街道仙林新村（北区）弱电杆线下地项目开工仪式在小区广场举行。

20日，以“云上救助赋能，聚力精准服务”为主题，举办社会救助改革创新试点工作推进暨救助服务“云超市”启动仪式。

是日，市委统战部主要领导到区调研新的阶层统战人士统战工作，

21日，中央统战部六局局长张明到区调研新的社会阶层人士统战工作实践创新基地“万达汇”。

是日，中共南京市委副书记沈文祖到区调研农村医疗卫生工作。

22日，春季美食节在迈皋桥万谷慧生活广场开幕。

24日，市文化产业创意资源共享会在“长江传奇”号游轮举行。

25日，国家综合医改试点省份阶段性总结专家组到皋桥社区卫生服务中心、栖霞区医院调研。

是日，栖霞区对口帮扶展示馆开业。

28日，区第七次全国人口普查公报正式发布。截至2020年11月1日零时，栖霞区常住人口987835人。与第六次全国人口普查相比，十年增加343540人，增长53.32%，年平均增长率为4.36%。

6 月

3日，“礼百年华诞 绽放社工风采”暨栖霞区社区治理建设成果分享会召开。

是日，省政协副主席阎立一行到区调研人工智能产业发展情况。

5日，区以“垃圾分类 聚美栖霞”为主题，举办“6·5”世界环境日暨垃圾分类普法宣传活动。

6日，“童心向党”庆祝中国共产党成立100周年暨首届青少年书画大赛颁奖典礼及现场书画展示活动，在区文化艺术中心广场举行。

7日，中央广播电视总台财经节目中心特别节目《绿色答卷》，播出第三集《绿色答卷——治理土壤 守护希望》，介绍燕子矶新城土壤修复举措，点赞栖霞。

10日，由南京医科大学第二附属医院和区人民政府联合开展的“健康大篷车+专科轻骑兵”巡回医疗，在八卦洲社区卫生服务中心启动。

11日，“栖霞高新区TOP20明星企业颁奖典礼暨产业发展指数报告发布”在紫东创意园举行。

是日，“对话新紫东 创新领未来”紫东科创大走廊建设高端研讨会在紫东生态会议中心举办。

13日，区开展“院士进校园”活动，邀请中国科学院院士吴培亨走进南京市燕子矶中学。

16日，区渔政执法艇首航仪式在燕子矶五马渡广场举行。

17日，江苏省人大常委会副主任邢春宁到区调研代表议案建议、县乡人大换届选举工作。

是日，市规划资源局对《泰康（南京）养老社区项目规划设计方案》进行批前公示。

18日，“活力地图发布暨好物畅享直通车专场”在紫东创意园企服中心多功能厅开启。

是日，区人大常委会组织市人大栖霞代表小组视察废弃露采矿山生态修复情况。

19日，区委向老党员颁发“光荣在党50年”纪念章。

是日，以“荧造幕燕之夜，点亮滨江之光”主题的南京首届幕燕光影艺术展暨幕燕荧光夜跑活动在幕燕滨江风貌区举行，是2021南京创新周“全民感知创新”活动之一。

21日，栖霞高新区自有的3个国家级孵化器南京金港科技创业中心、江苏生命科技创新园国际生物医药孵化器和南京紫东国

际企业孵化器，从591家省级以上科技企业孵化器中脱颖而出，再次获评优秀（A类）等级，取得连续两年、绩效三优的突破性成绩。

是日，副省长齐家滨到区检查特种设备安全工作。

是日，“我为群众办实事——青年义诊团进社区”暨省中医院团委与团区委共建启动仪式在燕子矶街道幕府山庄社区举行。

22日，“汇聚四方新智 打造创新高地”科技“大V”创新栖霞观察季活动在金鹰湖滨天地广场举行。

23日，区举行2021中国（南京）智谷“AI+生物医药”菁英论坛暨第三届交叉智能前沿峰会。

是日，2021紫金山英才发展国际峰会暨海智湾创新论坛开幕。

是日，江苏新浪环保项目签约仪式在尧化街道举行。

24日，2021中韩跨境电商产业创新合作论坛在区、韩国国际会展中心举办，中韩两地分设会场、同步直播，“线上线下”跨国互动。

25日，“长江新视野 智谷新征程”——中国（南京）智谷生态发展论坛暨智谷与长江商学院江苏校友会合作交流大会在区举行，是南京市外事办绿色发展T20，以及省与加利福尼亚州友好省州周年纪念的系列活动之一。

是日，“青春正当时 永远跟党走”2021毕业歌会在金鹰湖滨举办。

是日，区举行“党委统领‘五位一体’建设的栖霞实践”课题研究中期成果研讨会，国务院发展研究中心、上海社科院、群众杂志社、省战略与发展研究中心等国内智库专家参加研讨会。

28日，在全国“两优一先”表彰大会上，仙林大学城党工委委员、管委会副主任，区仙林街道党工委书记孙金娣获“全国优秀党务工作者”称号。

是日，新医药与生命健康产业专场金融服务活动在紫东国际创意园举办。

29日，栖霞“掌上云社区”编入《江苏改革研究通讯》2021年第6期。

30日，312国道南京绕越高速公路至仙隐北路段改扩建工程主线建成通车。

7 月

2日，桦墅凤凰农家书屋获市首批“城市文学客厅”称号，并举行授牌仪式。

是日，浦仪公路上坝夹江大桥人行和非机动车道正式开通，是八卦洲与江北新区之间第一条人行和非机动车通道，结束八卦洲与江北地区居民通行只能靠轮渡和汽车的历史。通道设置在大桥两侧，全长约4.4千米，道宽4.0米。

3日，在全国优秀共产党员、优秀党务工作者、先进基层党组织代表庆祝中国共产党成立100周年座谈会上，孙金娣作交流发言，其“种好责任田 当好常青树”摘编刊登在7月4日《人民日报》。

是日，丁家庄保障房二期项目主体封顶。

5日，新华海集团与法国雅高集团共建南京滨江铂尔曼酒店正式签约，燕子矶新城板块将迎来首座高端五星级酒店。

6日，青海省党政代表团考察天加环境科技有限公司、图灵人工智能研究院。

是日，桦墅村入选市第二批党史学习教育基地。

9日，大型城市碑刻文献《贞石——南京栖霞地区历代碑刻集成》在第十一届江苏书展举行首发式。

是日，区用“信用+文明”模式推进“六化融合”社会治理，作为政务诚信建设创新案例在全省推广。

10日，北京师范大学文学院教授康震携新书《康震古诗词81课》到区图书馆，以“古典诗词的魅力”为主题与读者进行面对面分享。

13日，区第八期社区（村）书记“头雁讲坛”正式开讲。

15日，南京市政协社会法制（民族宗教）委到区开展“加快构建全市标准统一、运行顺畅的养老服务时间银行”工作调研。

是日，南京市人大常委会农委一行到西岗街道桦墅村调研民宿运营情况。

16日，南京市规划资源局公布“栖霞山广厅地块城市设计及栖霞山片区规划管理单元图则”的修改成果。广厅作为栖霞山西侧的重点规划片区，将打造共享客厅。

18日，南京欢乐谷智选假日酒店（Holiday Inn Express Nanjing Happy Valley）开业。

31日，中共中央政治局委员、国务院副总理孙春兰到区检查疫情防控工作。

8 月

3日，中共江苏省委书记娄勤俭到区检查指导疫情防控工作，看望慰问奋战在一线的社区干部、公安民警、疾控人员、志愿者等。

7日，国家疾病预防控制局副局长沈洪兵一行到迈皋桥医院督导疫情防控工作。

13日，中共江苏省委书记娄勤俭到江苏省疾病预防控制中心、区文澜路集中医学观察隔离点、华润幸福里小区调研检查疫情防控工作。

17日，区印发《栖霞区优化营商环境政策20条（2021年版）》，从提高行政审批效率、加强监管能力建设、健全法治保障体系等六个方面，打造栖霞营商环境品牌。

19日，中共南京市委常委、常务副市长杨学鹏到区调研基层党支部联系点工作。

23日，桦墅学堂、凤凰吾在书社入选江苏省“最美公共文化空间”。

24日，区正式上线江苏省人社一体化信息平台，并同步实施企业社保业务全面延伸至街道办理，构建社保主体业务“1+N”的区、街道通办格局。

是日，南京市规划和自然资源局官网发布区国土空间规划实施方案。

是日，中共南京市委副书记沈文祖到龙潭街道调研乡风文明建设情况。

25日，闫硕出征东京残奥会，参赛乒乓球项目。闫硕，1995年出生，6岁时因车祸失去右腿。11岁开始学打乒乓球，14岁入省队，15岁入选国家队。

是日，汉堡—南京中欧回程（进口）班列抵达龙潭港专用铁路场站，装载37个集装箱，包括上海、南京、苏州等地区进口的机器设备、轮胎、白葡萄酒等价值约483万美元货物。

29日，闫硕夺得东京残奥会乒乓球TT7级男单冠军。

30日，灵山、桂山、龙王山生态修复项目入选江苏首届“最美生态修复案例”。

9 月

2日，区委第十一次代表大会开幕，3日闭幕。并召开区委第十一届一次会议，选举产生区委常委、书记、副书记。

3日，区政府主要领导召开提案督办协商座谈会，就2021年度区政协0196号赵玉泉委员提案《关于推进中国（南京）智谷建设，打造国家级人工智能产业发展示范区的建议》办理情况进行协商交流。

6日，央视CCTV13《新闻直播间》栏目报道图灵人工智能研究院《加速科技成果落地转化，助推高质量发展》。

7日，区慈善总会参与腾讯公益线上爱心捐款活动，发起“栖霞益寿午餐送温暖”“栖霞社区助老互爱行”“捷顺达扶贫助困基金”“优白公益少儿护齿99公益日”四个捐款项目，共募集善款872163.93元，获中华慈善总会、省市慈善总会等的各类配捐33013.26元。

8日，闫硕获“中国青年五四奖章”。

9日，中共江苏省委常委、市委书记韩立明到南京晓庄学院附属小学（简称“晓院附小”）看望慰问教师，晓院附小是陶行知先生在南京创立的六所小学之一。

是日，南京市代市长夏心旻到区调研。

是日，“栖霞区—中兴发展人工智能总部项目”签约仪式在紫东生态会议中心举行。

10日，区“赓续百年初心 担当育人使命”庆祝第37个教师节大会在金陵小学举行。

13日，中共江苏省委常委、市委书记韩立明到区专题调研重大项目推进工作。

15日，龙潭街道垃圾分类“龙潭模式”获中国环卫科技网主办的“2021年度垃圾分类案例汇编评选活动”优秀案例一等奖。

16日，区上线运行医疗电子票据管理平台，是基层医疗卫生机构正式上线门诊、住院收费电子票据系统。

是日，东方天郡、朗诗钟山绿郡花园、百水芊城、尧林仙居、计算新村被评为2019—2020年度省级宜居示范居住区创建项目。

是日，南京市代市长夏心旻到金陵石化烷基苯厂检查疫情防控、安全生产工作。

17日，南京市文化领军人才发展计划、南京市文化名家工作室“汉字叔叔工作室”揭牌仪式在海智湾（紫东）国际人才街区举行。

是日，区“栖待已久，仙林go”美好生活节暨第二十二届金秋栖霞艺术节开幕式在仙林金鹰湖滨天地举行。

是日，江苏省政协副主席周继业率部分委员、专家就沿江化工企业退出后土壤修复及场地利用情况，到区进行专题调研。

22日，南京市第四场“推进高质量发展重大项目现场观摩会”举行。中共江苏省委常委、市委书记韩立明，市委副书记、代市长夏心旻分别带队观摩栖霞区和玄武区重大项目建设现场。

23日，国家统计局工业司副司长杨玉民一行到区调研工业生产经营形势及企业社会责任履行情况。

24日，《人民日报》头版刊登《党旗红 治理优 生活美——江苏省南京市仙林街道打造新时代城市版“枫桥经验”》文章。

是日，江苏省政协主席黄莉新到西岗街道桦墅村，参加“有事好商量”协商议事室开展“‘七一’讲话·协商议事室委员来宣讲”活动。

是日，江苏省政协秘书长黄继鹏到区调研。

25日，中共南京市委常委、常务副市长杨学鹏到区检查疫情“外防输入”联防联控机制集中隔离医学观察场所工作。

26日，第十七届中国·南京农业嘉年华在八卦洲陌上花渡园区开幕。

27日，区入选《2021年度江苏知识产权强省建设示范县（市、区）拟创建单位名单》。

是日，科技镇长团总结欢迎会在区委党校举行。

28日，南京市农家书屋管理员培训班在桦墅村农家书屋开班。

是日，区退役军人服务中心正式运行。

28日，2021南京金秋经贸洽谈会首场活动——“智汇共赢，合作发展”南京—北美及澳洲经贸商机交流会在南京经开区未来科技智慧中心举行。

29日，区召开争创全省双拥模范区“十连冠”工作动员部署会。

10　月

8日，中国残疾人互联网营销师教培基地在迈皋桥街道揭牌。

9日，南京市第十二届（森林）旅游登山节暨第二十一届“秋栖霞”红枫艺术节在栖霞山举行。

11日，区开展“高质量发展看栖霞”主题活动，线下、线上同步联动。线上，通过全媒体联动分专题直播、推送。线下，开展现场观摩，分民生、文旅、重大项目和美丽乡村四个专项。

12日，江苏省民政厅副厅长戚锡生一行到区调研省高质量考核监测工作。

14日，中国南京金秋经贸洽谈会栖霞板块重大项目签约仪式暨新医药与生命健康产业紫东峰会在仙林新地酒店举行。

15日，在国务院发展研究中心主办的全国“第三届新时代社会治理创新发展——基层治理”研讨会上，区作为唯一的基层单位获邀参加，并作为7位代表之一交流发言。

16日，区召开西宁市湟中区招商引资推介会。

是日，南京晓庄学院举行师德教育馆开馆暨“陶行知”雕像揭幕活动。

19日，江苏省人大常委会副主任蒋宏坤到图灵人工智能研究院、南京泛太克文化产业有限公司调研。

20日，“栖霞区—紫金投资集团战略合作暨信投公司总部项目”签约仪式在紫东生态会议中心多功能厅举行。

22日，区委组织部、区总工会申报的“持续激活‘五根’链条，聚力打造工会版社会治理‘枫桥经验’”项目获省优秀成果奖。

23日，“绿美江苏·生态旅游”系列推介活动“走进秋栖霞”在栖霞山启动。

26日，可一书店·仙林艺术中心试营业，南京人又多了一处诗意家园、精神栖所。

29日，校地党校工作联盟调研课题结项工作会议在区委党校召开。

是日，栖霞街道举行“社区幸福客厅”社会治理创新推进会暨南炼新村社区党群服务中心启用仪式。

30日，和燕路过江通道左线盾构隧道顺利贯通。

11 月

1日，区召开全面深化改革委员会第十一次会议。

2日，区行政审批局与燕子矶新城指挥部联合举办重大项目代办服务集中签约活动。

是日，马高路北延（狮麟驾校至金马路段）建成通车。南起宁杭公路，北至金马路，全长约1.6千米，将马群、麒麟、仙林片区串联起来。

4日，“宝藏栖霞·探秘六朝石刻”项目获“水韵江苏·苏心产品创新大赛”创新文旅产品二等奖。

5日，区组织江苏中创供应链、凯米膜科技、八卦洲跨境电商产业园等从事进出口、服务贸易、技术装备的辖区内136家企事业单位参加第四届进博会。

6日，中共江苏省委常委、市委书记韩立明到区调研“我为群众办实事”实践活动开展情况。

是日，南京市规划和自然资源局就《泰康（南京）养老社区二期项目规划设计方案》进行批前公示，项目位于学子路东侧，占地面积约13161平方米，为社会福利用地，总建筑面积约25839平方米。

8日，西岗街道与南京扬子富鑫创业投资有限公司举行扬子创投金融服务项目合作签约仪式。

是日，区获“江苏省残疾人工作先进县（市、区)”称号。

9日，区举行“119”消防宣传月启动仪式。

是日，江苏省耕地安全利用推进区（示范基地）建设现场推进会在八卦洲街道新闸村召开。

是日，浦口区委书记吴勇强一行50余人到区政务服务中心考察“全科政务”“不见面审批”“远程查档”等。

10日，南京市检察院、南京市生态环境局、栖霞区举行“八卦洲生态环境司法修复基地”揭牌仪式。

是日，区农业农村局、西岗街道获“江苏省脱贫攻坚暨对口帮扶支援合作先进集体”称号。

11日，扬子江药业集团南京海陵药业有限公司、江苏现代路桥有限责任公司等6家企业入选2021年度省级工程技术研究中心建设项目。

12日，南京中医药大学党委书记程纯、江苏省民政厅副厅长沙维伟一行到区调研养老服务工作。

13日，“一‘栖’开卷 阅历百年——阅享 感悟 铭记”红色主题阅读活动在南京晓庄学院行知园举行。

14日，泰康（南京）国际医学中心（泰康仙林鼓楼医院二期）封顶，2023年投入使用。

16日，江苏省总工会“工会进万家·新就业形态劳动者温暖行动”走进栖霞。

18日，南京方志大讲堂栖霞专场在栖霞山陆羽茶庄举办。全国政协委员、南京大学历史学院教授贺云翱，讲述“栖霞山的文化故事”。

19日，“ABC数字文化产业街区”揭牌仪式暨数字文化项目集中签约活动在紫东国际创意园举办。

是日，尧化街道在住建部召开“我为群众办实事”实践活动——城镇老旧小区改造项目经验交流视频会上，进行经验交流发言。

20日，2021南京龙潭稻香美食节暨农旅融合发展论坛在龙潭街道水一方生态旅游度假区举办。湖南杂交水稻研究中心、江苏省农科院分别与龙潭街道签约，结对共建实验基地。

是日，2021第七届“宁台行知教育论坛”暨第九届南京市行知·中小学校长论坛在南京晓庄学院晓庄校区（行知园）学术报告厅开幕，本次论坛在台湾彰化县花坛乡花坛小学设分会场。

23日，在中国标准化研究院第一届中国新型智慧城市建设峰会上，区委研究室、尧化街道联合报送的《以标准化体系建设推动基层社会治理提升》入选典型实践案例50强。

24日，电影《晓庄1930》正式上映。

是日，华能金陵电厂、华能南京燃机电厂排水口移位工程举行开工仪式。

26日，40余位市民乘客代表及媒体记者试乘宁句城际线路，近距离体验车站里的“山水情”。线路全长43.590千米，新设车站13座，其中地下站7座，高架站6座，车辆采用市域B型车，最高运行速度为120千米／小时（地下段100千米／小时）。

27日，桦墅村入选中国美丽休闲乡村，是南京市唯一入选、省12家入选之一。

12　月

1日，区文化馆被评为国家一级馆。

4日，由区政务服务管理办公室、尧化街道及市标准化研究院共同起草的《乡镇（街道）全科政务服务规范》入选《2021年第十一批江苏省地方标准目录》，并开始实施。

5日，“江南方舟，蝶变新生”南京大屠杀死难者国家公祭日爱国主题观影读书会在江南水泥厂小黄楼前举行。

6日，“巾帼心向党，奋斗新征程”第三届江苏女性融媒体创意大赛全国邀请赛决赛暨女性创意力量分享会在区举行。

8日，11时06分，载着76个标箱出口货物的79561次列车从铁路尧化门站启程，经由中老铁路驶往老挝首都万象。是“江苏号”中老铁路（南京—万象）国际货运列车的首发之旅，也是长三角开行的首趟中老铁路国际货运列车。

是日，第九期社区（村）书记“头雁讲坛”开讲。

9日，由中共中央组织部、中央广播电视总台联合推出的特别节目《榜样6》，介绍仙林街道党工委书记、仙林农牧场党委书记、仙林大学城工委委员、管委会副主任、二级巡视员孙金娣的先进事迹。

是日，龙潭中心小学举行百年校庆。

是日，国务院参事室副主任赵冰率“2021长江论坛”和长三角一体化发展专题研讨会嘉宾到区实地考察幕燕片区化工整体腾退情况。

11日，南京恒电电子有限公司、南京圣和药业股份有限公司获省级科技专项资助2400万元，分别涉及电子信息技术、生物医药。

12日，由南京市教育局、区教育局、区委宣传部共同指导的中国首部家校题材原创公益话剧《燕矶曦照》进行校园巡演。

13日，区召开全面深化改革委员会第十二次会议暨国家智能社会治理特色实验基地建设启动仪式。

是日，南京八卦洲跨境服务产业有限公司入选省级公共海外仓。

15日，栖霞民建会员之家揭牌仪式在南京捷顺达物流集团有限公司举行。

16日，南京市妇幼保健院丁家庄院区项目主体结构全面封顶。

18日，南京新港中等专业学校新校区开工仪式在龙潭新城举行，新校区占地面积达14万平方米，建筑面积超11万平方米，可容纳5000名学生就读。

20日，江苏省产业改革办公室主任徐大勇到区调研产业工人队伍建设改革推进落实情况。

是日，区“一‘栖’学习第九届党史知识大赛”在区机关大礼堂举办。

是日，省总工会党组书记、副主席，省产改办主任徐大勇，到区调研评估产业工人队伍建设改革推进落实情况。

21日，仙林党群服务中心户外劳动者服务站点被中华全国总工会评为“2021年最美工会户外劳动者服务站点”。

22日，江苏省中医院紫东院区门诊正式开诊，该院是区政府、仙林大学城管委会和江苏省中医院三方合作建设的重点民生项目。

是日，以“新经济、新业态、新蓝图”为主题的江苏独角兽论坛在区举行，同时成立江苏省独角兽瞪羚企业联盟。

24日，区全民阅读促进会成立暨第一届会员大会召开。

27日，全国小学校园首家“汉字文化体验馆”落户丁家庄小学。

28日，宁扬城际项目开工暨宁句城际开通活动在南京举行。

29日，栖霞高新区召开优化营商环境座谈会，发布“企业服务创新券”及“园区租金贷”。

30日，历时三年的尧红路工程全线正式建成通车，全长3.6公里（栖霞段3公里），设计时速60公里，是“城北第二条玄武大道”。

31日，中共南京市委副书记沈文祖到栖霞街道东阳村现场查看未利用土地复耕复种工作。

南京经开区

1 月

9日，南京经开区税务局人事教育科副科长王远志入围2021年1月“中国好人榜”候选人。

15日，《南京经开区转型发展规划研究》获“2019年度优秀城市规划设计奖”表扬奖。

27日，商务部公布国家级经济技术开发区综合发展水平考核评价结果，在全国218家国家级经开区中，南京经开区综合发展水平排名位列第九，实际使用外资（包括外商投资企业再投资）排名第七，对口援疆、援藏、援助边境合作区工作被商务部表扬。

是日，南京市规划资源局公示位于南京经开区新港片区的恒竞路48班小学项目，总建筑面积约7.2万平方米；恒竞路12班幼儿园，总建筑面积约1.1万平方米；基层社区中心，为社区办公、服务、医疗、养老、文化、体育活动用房及配套商业设施等，建筑面积约0.7万平方米。

31日，在2020年王者荣耀冬季冠军杯总决赛上，南京Hero久竞以4∶1战胜强敌DYG，再次捧得冰凤凰杯，成为KPL历史上第二个四冠王。

2 月

4日，中共江苏省委常委、常务副省长樊金龙到南京经开区调研水路疫情防控工作。

5日，南京经开区政务服务中心税务分中心举行揭牌仪式。

10日，南京经开区被江苏省商务厅评为首批“中日韩（江苏）产业合作示范园区”。

15日，中共南京市委副书记、市长韩立明到乐金显示（南京）有限公司检查春节期间有关工作暨走访慰问坚守岗位劳动者。

3 月

3日，南京时空智联研究院暨烽火集团产业化项目签约仪式在南京经开区举行，研究院专家团队由中国邮电科学院光纤通信技术和网络企业国家重点实验室赵梓森院士领衔。

15日，中共南京市委副书记、市长韩立明到南京经开区调研重点工程项目建设工作。

27日，南京经开区税务局人事教育科副科长王远志入选2021年1月至2月“中国好人榜”。

31日，视客跨境电商平台落户南京综保区（龙潭片），项目总投资达1.5亿元。

4 月

9日，“E起学习·南京经开区微课堂”启动仪式暨“E起学党史”专场活动在南京经开区举行。

14日，美国各州驻华协会会长刘秀萍率团访问南京经开区。

17日，南京经开区举办以“绿色+智造”为主题的“2021国际卓越运营南京年会暨南京经开区高质量发展合作交流会”。

21日，内蒙古自治区党政代表团到开发区考察调研，参观天加环境科技公司、AO·史密斯水系统公司、南京先进激光技术研究院和康尼机电公司等企业。

28日，南京经开区举行丹佛斯半导体功率模块项目签约仪式，丹佛斯公司是丹麦最大的跨国工业集团之一、全球知名的高科技企业，项目固定资产投资4亿元，占地面积5万平方米，年产值6亿元，年纳税2600万元。

是日，“西南交通大学—南京经开区技术转移工作站”合作协议在西南交通大学举行，旨在将南京经开区打造成为西南交通大学科技成果转化基地。

29日，南京经开区欧美同学会举行成立大会。

5　月

14日，南京经开区与南京工程学院举行“智汇新港、创赢未来”校地合作交流活动，共同启动“校企双聘”计划，并进行“技术转移分中心”“大学生就业创业基地”揭牌。

17日，在苏州举办东亚企业家太湖论坛上，LG集团扩大南京经开区投资，签约2个项目，总投资8.5亿美元。

28日，由南京平板显示行业协会、台湾显示器产业联合总会、南京经开区管理委员会共同主办“2021第八届海峡两岸（南京）新型显示产业高峰论坛”。

6　月

5日，南京经开区举办“2021首届中国力触觉技术与应用”论坛，是机器人力触觉技术领域首次举办的全国性技术与产业论坛。

15日，中国（南京）智谷项目集中入驻暨重点人工智能项目集中签约仪式在新港高新园举行。起源太空AI+航天总部项目、AI精准医疗项目、高通量蛋白质芯片项目等6个重点人工智能项目正式签约，奇绩创坛南京创新中心、德风科技等一批项目集中入驻。

17日，搭载神舟十二号载人飞船的长征二号F遥十二运载火箭，在酒泉卫星发射中心点火发射，标志着中国空间站建造任务再次向前迈出了一大步。南京经开区企业高华科技公司为长二F运载火箭配套多种传感器以及发射场的地面无线监测传感系统，为火箭飞控发射及环境条件提供重要参考依据。产品在整个运行过程中状态良好，保障发射任务圆满成功。

是日，南京经开区举办“以‘宁’聚英才，共创‘经’彩”为主题的第十三届中国留学人员南京国际交流与合作大会专场活动——南京经开区海外留学人才交流会暨创新创业项目签约仪式。

是日，中国证券监督管理委员会第十八届发行审核委员会召开2021年第63次发审委会议，南京冠石科技股份有限公司通过首次发审委审核。

是日，南京经开区举办东亚产业合作推进会暨中日韩产业合作示范园区授牌仪式。

21日，南京经开区举办2021南京创新周经开区线下展厅启动仪式暨经开区应用场景发布会，总投资额3.6亿元。

22日，南京经开区与中国信息通信研究院签署《“十四五”期间深化人工智能领域合作框架协议》。

是日，工信部副司长朱秀梅一行专题调研人工智能产业发展情况，并参观图灵人工智能研究院、南京智谷人工智能研究院、出门问问创新科技有限公司等。

是日，南京经开区联合盖世汽车公司共同举办2021中国下一代汽车高质量发展论坛，双方签订《合作建设下一代汽车产业基地》战略合作协议。

25日，南京经开区举办“长江新视野、智谷新征程”的智谷生态发展论坛。

30日，京东城市（南京）科技有限公司一项专利获中国专利奖优秀奖，南京康尼机电股份有限公司等企业五项专利获南京市优秀专利奖。

7　月

7日，青海省党政代表团到南京经开区考察。

12日，南京经开区与新疆伊宁边境经济合作区签订合作协议。

14日，根据赛迪发布的《2021生物医药产业园区百强榜》，南京经开区生物医药产业综合发展水平列百强园区第13位。其中，“企业集聚TOP10”排名第10位，“产业贡献度TOP10”排名第9位。

18日，南京欢乐谷智选假日酒店正式开业，实现南京华侨城大型文化旅游综合项目的全生态闭环。

27日，南京经开区推出“宁

达e企通”平台，将原来单一的“互联网+科技人才创新创业服务”系统，升级为园区统一的企业服务平台和数据中心。

8 月

2日，中共南京市委常委、常务副市长杨学鹏到开发区调研疫情防控工作。

5日，南京智谷人工智能研究院有限公司的“易达励创众创空间”获批省级众创空间。

10日，南京市人大常委会主任龙翔到开发区南京诺唯赞生物科技有限公司调研。

12日，南京冠石科技股份有限公司采用线上视频直播方式在上海证券交易所上市敲钟，“云”登陆上交所主板。

17日，中共江苏省委常委、南京市委书记韩立明到南京经开区调研重点城建项目疫情防控和推进工作。

18日，2021“赢在南京·创业金陵”科技创新创业大赛暨第九届“创业江苏”科技创业大赛南京赛区——新能源与新能源汽车行业赛（复赛）在南京经开区举办。

27日，南京首列中欧班列汉堡—南京中欧回程（进口）班列顺利抵达南京龙潭港专用铁路场站。

是日，南京电气绝缘子有限公司被工业和信息化部评为第三批专精特新“小巨人”企业。

9 月

9日，南京市市长夏心旻到南京经开区调研。

13日，中共江苏省委常委、市委书记韩立明到南京经开区调研重大项目推进工作。

22日，市第四场“推进高质量发展重大项目现场观摩会”在南京经开区举行，中共江苏省委常委、市委书记韩立明带队到现场观摩。

28日，2021南京金秋经贸洽谈会首场活动——“智汇共赢 合作发展”南京—北美及澳洲经贸商机交流会在未来科技智慧中心举行。

10 月

12日，中国（南京）智谷重点人工智能项目集中签约仪式在红枫科技园举行，总投资约65亿元，涉及AI+物流、AI+检测、AI+医疗等多个领域。

15日，“2021中国人工智能洞察发布会暨沙利文头豹人工智能研究院揭牌仪式”在兴智科技园举办，采用“线上+线下”结合的形式。沙利文头豹人工智能研究院是由全球最大的企业增长咨询公司（弗若斯特沙利文），携手国内领先的原创大数据平台和优质内容提供商——头豹科技，在南京经开区建设的全国唯一的人工智能研究院。

22日，在兴智科技园举行2021国际人才供需对接暨“等你来路演·国际专场”活动，是“等你来路演”人才创业训练营举办的第14场活动，吸引150多个创业项目加入。

11 月

5日，天加环境科技公司研发的磁悬浮冷水机组等产品亮相第四届中国国际进口博览会。

9日，《南京经开区兴智中心综合交通专项规划设计——交通详细规划的探索与实践》获2021年度南京市优秀城乡规划设计评选一等奖。

11日，后摩智能全国总部启动仪式在兴智科技园举行。南京后摩智能科技有限公司由全球集成电路专家吴强博士于2020年年底创立，国内首家专注于存算一体技术的大算力智能计算芯片研发的高科技公司，入选南京“培育独角兽”榜单。

是日，中共南京市委常委、统战部部长华静到南京经开区调研。

15日，南京诺唯赞生物科技股份有限公司在上海证券交易所上市，登陆科创板交易市场（股票代码：688105），成为南京经开区首家登陆科创板企业。

23日，南京天加环境科技有限公司“建筑制冷系统综合能效提升与投资创新模式”项目获2021年“保尔森可持续发展奖”，是绿色创新类全国唯一的年度大奖。

12　月

1日，在南京“十四五”产业创新发展粤港澳（深圳）投资推介会上，港华智慧能源产业基地、万达光电智造、起源太空总部签约落户南京经开区，总投资57亿元。

15日，南京经开区举行重点科技项目签约仪式。博科资讯苏皖总部、普塔科技全国总部、奥诺道—智慧机器人总部及卡秋医疗生物抗体试剂总部项目规划投资20亿元，产业方向涵盖自主平台软件研发、智能网联汽车、智慧机器人、智慧医疗等领域。

28日，南京经开区举行政务服务中心红枫分中心暨苏南国家自主创新示范区（红枫）一站式服务中心揭牌仪式。

29日，江苏省科技厅公示2021年度江苏省科学技术奖综合评审结果，南京先进激光技术研究院获一等奖，南京熊猫电子股份有限公司、南京中科拜尔医学技术有限公司、江苏吉诺思美精准医学科技有限公司获三等奖。

是日，南京正大天晴制药有限公司申报江苏省新型给药系统工程研究中心、南京尚吉增材制造研究院有限公司申报江苏省高性能金属粉体先进制备技术与装备工程研究中心入选江苏省发改委《2021年江苏省工程研究中心拟认定名单》。

30日，南京经开区建成19座省级智能制造示范车间，6座车间被评为2021年江苏省智能制造示范车间。

是日，21世纪经济研究院发布《全国经开区高质量发展报告2021》，在国家级经开区营商环境评比中，南京经开区营商环境便利度评价位居全国第五位，连续两年保持全国前五。

仙林大学城

1　月

15日，《南京市仙林副城新港片区NJDBa010单元控制性详细规划—存量发展条件下成熟开发区转型升级的探索实践》获2019年度优秀城市规划设计奖三等奖。

30日，灵山北路西延“断头路”工程通车。

2　月

9日，仙林大学城管委会召开警示教育大会，邀请省纪委监委派驻江苏省财政厅纪检监察组组长杨光专题授课，内容包括反腐形势、警示教育、预防职务犯罪、党纪条规适用等方面。

18日，南京市规划资源局就仙林副城白象片区控制性详细规划和城市设计进行公示。

28日，南京市规划和自然资源局公示南京外国语学校仙林分校幼儿园项目规划设计方案，班级规模为18个，占地面积8510.29平方米，总建筑面积11071.7平方米。

3　月

16日，南工职大孟庆宇同学捐献自己造血干细胞，挽救一名两岁患儿的生命，成为南京市第93位，栖霞区第14位造血干细胞捐献者。

23日，南大举行升旗仪式并启动“升国旗 跟党走 学党史 强奋斗”主题教育活动。

26日，高校公益招聘会生物医药行业专场在南中医（仙林校区）举办。

30日，仙林大学城管委会举行南京外国语学校仙林分校幼儿园开工奠基仪式，预计2022年9月1日建成开园。

4　月

11日，2021南京紫东·仙林半程马拉松在羊山公园鸣枪开跑。

27日，仙林大学城管委会组织仙林高校党员师生代表，到行知园，在晓庄革命烈士纪念碑前，开展“缅怀革命先烈，汲取奋进力量”党史学习教育活动。

29日，仙林科技城发展联盟第十次理事会在仙林大学城管委会召开。

5 月

9日，首届南京大学生龙舟赛在仙林大学城羊山湖举行，12所高校近300名在校大学生参加。

13日，南京特殊教育师范学院同宿舍的盲人姐妹花周文晴和邬逸帆考取硕士研究生，分别收到中国人民大学应用心理学专业、英国利兹大学和诺丁汉大学的录取通知书，新华社、央视新闻进行报道。

26日，仙林大学城管委会开展“活力仙林 逐梦之旅”高校开放日活动。

29日，南京仙林第四届“校长杯”乒乓球比赛在南工职大开赛。

6 月

1日，“与世界对话·育世界少年”——南京城市国际化互促共建活动在南大金陵小学举办。

5日，仙林大学管委会邀请南大哲学系教授、博士生导师姚润皋做党史学习教育专题辅导。

18日，仙林大学城管委会联合紫东数字产业联盟，组织中科曙光南京研究院等20家会员单位，与南大、南邮、南工职大，进行高校科技成果项目和会员单位技术需求面对面的对接交流。

21日，南大教授、南京光声超构材料研究院有限公司董事长卢明辉入选2021南京创新周“十大科技之星”。南栖仙策（南京）科技有限公司、中智行科技有限公司、南京摄星智能科技有限公司、深度交叉（南京）智能科技有限公司、南京燧坤智能科技有限公司入选2021南京创新周“南京十佳创业之星”。

24日，南京仙林东南青年汇一期建设项目顺利完成竣工备案，作为南京市首个竣工的市场化全自持租赁住宅，已发展成集居住、办公、创业、社交、休闲于一体的复合型办公居住社区。

7 月

9日，南京市科技局、南京高新区和仙林大学城在南大科学园，举行“科技金融紫东行”首场活动。

16日，仙林大学城管委会举办高校知识产权服务联盟工作会，10所高校知识产权工作负责人参会。

8 月

10日，黄家豪在东南大学附属中大医院成功进行造血干细胞采集，成为南师大第3位、栖霞区第16位、南京市第104位造血干细胞成功捐献者。

5月26日，仙林大学城管委会开展“活力仙林逐梦之旅”高校开放日活动　（仙林大学城管委会办公室／供稿）

9　月

15日，仙林大学城管委会召开“仙林服务+”作风建设品牌创建启动大会。

19日，东南青年汇广场仙林租赁住房项目正式开业运营，提供房源743套。

22日，中共江苏省委常委、市委书记韩立明带队调研瑞声科技（南京）全球研发中心项目。

10　月

11日，仙林大学城灵山桂山龙王山生态修复项目入选江苏首届“最美生态修复案例”。

26日，“茅盾文学奖”文本改编话剧《人世间》的全体剧组成员到仙林大学城的可一实验剧场，参加主题戏剧沙龙。

11　月

16日，泰康仙林鼓楼医院二期举行封顶仪式。

18日，仙林大学城有3位专家增选为两院院士。马余强，1964年11月生，南大物理系博士生导师，南大固体微结构国家重点实验室副主任，国家杰出青年基金获得者。史生才，1964年12月生，博士生导师，太赫兹超导探测器研究专家，中国科学院紫金山天文台研究员、学术委员会主任，“毫米波与亚毫米波实验室”首席科学家，国家杰出青年科学基金获得者，获2001年江苏省科技进步一等奖。谈哲敏，1965年1月生，南京大学大气科学学院教授、博士生导师，教育部“长江学者”特聘教授、国家杰出青年基金获得者。

18日，仙林大学城管委会举办以“发挥校地融合优势 促进区域经济提速”为主题的产学研合作南信院专场对接会。

12　月

22日，江苏省中医院紫东院区门诊正式开诊。

31日，城市书房——栖阅时光·仙林大学书房正式开放。

12月22日，江苏省中医院紫东院区门诊正式开诊　（仙林大学城管委会办公室/供稿）

区情概览

Overviews

栖霞山·舍利塔

杨 轶/绘

责任编辑 王旭东

自然人文状况

◆**概况** 7000年前，栖霞地区已有先民从事渔猎活动，并创造了农业文明。公元前20世纪至前17世纪，栖霞境内开始出现两大原始聚落，一为玄武湖聚落，一为东北沿江聚落。春秋战国时期，“周武王有天下，封周章于其地”，栖霞地区先属吴，继属越，再属楚。秦始皇三十七年（前210），秦始皇第五次东巡经此北归，并设置江乘县。时江乘县境域广阔，西起南京石头城、白石垒沿江而东至句容市下蜀镇，再南折至江宁区淳化街道，连同今南京市鼓楼区、建邺区、秦淮区、雨花台区统在其领属之下。至南朝齐武帝永明七年[489年，一说永明元年（483）]，山东高士明僧绍，史称明征君，在摄山（今栖霞山）结庐隐居，后舍宅为寺，名为“栖霞精舍”，即今栖霞寺，栖霞始得以冠名至今。

栖霞区历史悠久，人文荟萃，文化积淀丰厚，文化遗存众多，向为旅游胜地。这里山川形胜，栖霞山氤氲缭绕，燕子矶惊涛拍岸，南京长江第二大桥、第四大桥长虹卧波；经济和社会事业蒸蒸日上，国家级开发区南京经济技术开发区强势发展，南京市仙林大学城（仙林新市区）悄然崛起；俊杰满目，从秦始皇到清康熙乾隆皇帝，从处士明僧绍到诗仙李白，从过海大师鉴真到无尽意翁赵朴初，从北洋政府总理颜惠庆到民族实业家姚锡舟，从意大利航海家马可·波罗到人民教育家陶行知，特别是近现代，革命先行者孙中山、中华人民共和国缔造者毛泽东等，古往今来，无数风流人物均曾在此驻足流连，指点江山，吟诗抒怀，建功立业。

“一座栖霞山，半部金陵史”，成为南京史学界的定见和共识。栖霞区在南京市的历史发展变迁和实施沿江开发战略过程中具有独特的地位和作用，令世人瞩目。

◆**地理环境** 栖霞区位于北纬32° 02′ 50″ ~32° 14′ 41″，东经118° 45′ 42″ ~119° 14′ 50″，地处南京市东北郊。东，北起龙潭街道马渡村东长江中心航道，与镇江市丹徒区、句容市接界；自马渡村沿便民河至龙潭街道，经东阳至漳桥一线，与句容市接界；再绕西岗果牧场南端，以灵山与南京市江宁区接界。南，以仙林街道、马群街道，与南京市江宁区、玄武区接壤。西，以迈皋桥街道十字街起、至燕子矶街道与南京市鼓楼区毗邻。北，从燕子矶街道渡师石起，绕八卦洲街道北，经栖霞街道，至龙潭街道马渡村，以长江中心线为界，与南京市六合区及仪征市隔江相望。全区总面积395.44平方公里（含长江水面）。

栖霞区地质构造属宁镇褶皱带，是地质学上二叠系下统栖霞组命名地。地势起伏大，地貌类型多，低山、丘陵、岗地、平原、洲地交错分布。地貌类型，大致可分为低山丘陵、岗地区和平原（含洲地）三种。栖霞区地形大致为南高北低。南部丘陵、岗地连绵起伏，海拔多在50~300米之间，栖霞山雄峙江左，海拔284.7米。北部沿江平原及江中洲地，地势低平，海拔在10米以下，水面、滩涂资源丰富。长江横贯东西，有长江岸线80多千米（含八卦洲环江岸线）。区内植物区系属泛北极植物区中国—日本森林植物亚区的华东地区和华北地区，具有起源古老、植物种类丰富、南北成分兼有、亚热带植被性质显著的特点。区内动物属东部丘陵、平原亚区区系，系亚热带林灌、草地—农田动物群。由于人类生产活动的影响，自然界虎、狼等大型野生动物已经绝迹。

◆**气候特征** 栖霞区地处中纬度，近地面层受季风交替影响，故季风气候明显，并形成冬寒、夏热、春温、秋暖四季变化明显的气候特征。春季，大致于3月下旬开始，至5月下旬结束，平均历时60天左右。天气特点为：气温逐渐升高，天气寒暖、晴雨多变，常受北方强冷空气影响，出现“倒春寒”。夏季，大致从5月下旬到9月中旬，平均历时120天左右，明显分为初夏时的梅雨天气和盛夏时的伏旱天气。秋季，大致从9月中旬到11月中旬，历时60天左右。天气特色为：天高云淡，秋高气爽，风和日丽，温湿宜人。冬季，大致从11月中旬到翌年3月下旬，历时120天左右。气候特点是寒冷干燥。栖霞区常年气温平均为15.3℃。一年中，日最低气温≤-10℃的日数平均为1天，日最高气温≥30℃的日数平均75天，日最高气温≥35℃的日数平均16天。全年日照时数约为2100小时，年日照率在47%左右，无霜期为7个月，在江苏省处于中等偏少的水平。全区年降水量1000毫米左右，降水日数年平均在110天左右，以降液态的雨水为主，占全年降水的90%以上，间有少量的雪、冰雹等固态水降落。

栖霞区金属、非金属、土地、水、动植物等自然资源丰富。矿产资源状况：非金属矿主要有白云石矿、石灰石矿、石膏矿、黏土矿、脉石矿、煤矿等;金属矿分布广泛，主要有铅锌矿、银矿、金矿、锰矿等。土地资源有岗地丘陵、平原洲地、水域等。水资源主要为地表水域和地下水，其中地下水含水厚度为25~30米。生物资源中，野生植物资源丰富，主要有纤维植物、淀粉植物、油脂植物、芳香植物、树脂树胶植物、保健植物等；野生动物主要有中华鲟、鲥鱼、刀鱼等鱼类动物18种，龟、鳖、扬子鳄等爬行类动物13种，狐、獐、兔等哺乳类动物14种，现有些物种已灭绝。

◆建置沿革 秦始皇三十七年（前210），秦始皇“废分封而设郡县”，在其第五次东巡时，首置江乘县，此为栖霞地区历史上最早的独立行政建置，治所在江乘村，即今西岗街道摄山星城。后至隋开皇九年（589），江乘县“被裁分并入江宁、丹徒、句容三县”，前后历时近800年。其间，东晋元帝司马睿于大兴三年（320），在当时的江乘县境内寄设侨郡、侨县，以“安顿随其南渡之北方流民”，使之“流寓江左，庶有旋返之期，故许其挟注本郡”，皆取与山东原籍相同的名字，分别称为南琅琊、南东海、南兰陵、南东平等郡以及临沂、怀德、即丘、丹都、开阳等县。侨立郡县，起于东晋，定型于刘宋，齐梁稍有变更，至陈亡隋兴方告消亡，前后历时248年。唐上元二年（761），江宁县更为上元县，栖霞地区属之。五代十国，世事纷乱，唐天祐十四年（917），上元县析为江宁、上元两县，栖霞地区分属江宁、上元、句容三县，至宋、元、明、清，大体如旧。

中华民国元年（1912），废江宁、上元县，设南京府；民国2年（1913），重置江宁县，栖霞地区均属之。民国23年（1934），划江宁县燕子矶和孝陵卫两个地区归南京市，成立燕子矶和孝陵卫两个乡区。民国31年（1942），汪伪维新政府将燕子矶区改为乡区自治实验区。民国34年（1945），国民政府还都南京，废汪伪建置，改燕子矶乡区自治实验区为第九区，孝陵卫区为第十区。1949年1月，一度将八卦洲单设为第十四区，旋于当年6月废止。

中华人民共和国成立后，栖霞地区先后成立燕子矶、中山陵园、栖霞3区，鼎足而处。20世纪50年代至60年代初，成立南京市“大郊区”后，3区建置一度撤销，栖霞地区复又呈“朝分夕合，领属多变，治所无定”的分治局面，其间，江宁县、六合县、下关区、玄武区、鼓楼区等均分别管辖过栖霞地区。1963年4月，燕子矶、中山陵园、栖霞区建置恢复，1965年5月，合并成立栖霞区，三区鼎立局面终结。1970年1月，栖霞区又裂而为二，分设为栖霞区和钟山区，至1975年4月，钟山区撤销并入后，栖霞区最终归于“一统”，并延而至今。

1992年6月，中共南京市委、市政府决定在栖霞区沿江新生圩成立南京新港工业区管理委员会，属正局级市政府直属机构。1995年5月，更名为南京经济技术开发区。1996年1月14日，南京市市长办公会议专题研究加快南京经济技术开发区发展问题，确定从“实际出发，建立开发区与栖霞区联合开发的运行机制”。同年3月28日，开发区与栖霞区正式实施“区区联动、优势互补、共同发展”。

2001年11月30日，江苏省人民政府及南京市人民政府报经国务院批准，决定在栖霞区境内启动仙林大学城建设，成立仙林大学城建设领导小组，由省政府分管副省长任组长，并以栖霞区为主组建仙林大学城管理委员会，由区委书记任主任。

2010年1月20日，为进一步整合南京开发区、仙林大学城资源，实现栖霞区与南京开发区、仙林大学城优势互补、互利共赢局面，中共南京市委决定对栖霞区、南京开发区、仙林大学城实施三区融合一体化管理，实行“一个领导核心、一个利益主体、一张规划蓝图”的体制构架。2012年7月，受中共南京市委、市政府委托，区委、区政府管理南京开发区。

至2021年末，栖霞地区仍延续栖霞行政区、南京开发区和仙林大学城“三区相互依存、互为一体”的建制格局。

◆行政区划 1999年末，栖霞区辖马群、尧化、摄山、栖霞、龙潭、燕子矶、迈皋桥7个镇以及长江、营防、八卦洲3个乡。2000年5月30日，撤销迈皋桥、燕子矶、尧化和马群4镇，分别改为街道。撤销摄山镇，并入栖霞镇，组建新栖霞镇；撤销长江乡、营防乡，合并后组建靖安镇。2001年12月14日，撤销栖霞镇，设立栖霞街道；撤销八卦洲乡，设立八卦洲镇。栖霞区乡的建制消亡。2002年3月26日，经市政府批准，原属南京市奶业集团的南京仙林农牧场改列为栖霞区政府直属单位，更名为“南京市栖霞区仙林农牧场”。2002年12月11日，市政府批复同意撤销龙潭镇，以其原辖区域设立龙潭街道，下辖5个居委会、7个村委会。2004年2月6日，市政府批复同意,在仙林新市区规划范围内成立仙林街道，下辖1个社区委员会。2005年5月16日，经省政府批准，撤销八卦洲镇和靖安镇分别设立街道，至此栖霞区镇的建制消亡。2009年7月30日，经南京市政府批准，设立西岗街道，下辖4个社区居委会。2011年5月4日，桦墅村和孟北村从江宁区汤山街道划入西岗街道。2012年7月2日，撤销靖安街道，将其整建制划入龙潭街道。2013年8月21日，栖霞街道栖霞街社区并入栖霞村，改名栖霞社区；迈皋桥街道增设春晓园、汇虹园、景和园、山水园4个社区。至2021年末，栖霞区辖尧化、龙潭、西岗、栖霞、马群、仙林、迈皋桥、燕子矶、八卦洲9个街道，共97个居（村）委会。

◆人口民族 栖霞地区人口绝大多数为汉族。据2010年11月1日第六次人口普查结果，全区总人口644503人（含流动人口），其中，汉族639734人，占99.26%，少数民族4769人，占0.74%。少数民族共22个，有回族、满族、蒙古族、壮族、仫佬族、羌族和朝鲜族等。其中，回族居多，为3253人，满族次之，为595人，而傣族、达斡尔族、撒拉族、阿昌族最少，各为1人。

2021年末，全区户籍总人口为565678人。其中，汉族558831人；回族、满族、蒙古族等少数民族6847人。常住总人口约为98.78万人，其中居住在本地、离开户口所在地半年以上和户口在本地、外出不满半年的流动人口为30多万人。

栖霞区社区居委会、村委会统计表

表1　　单位：个

街　镇	居委会个数	经适房	纯　居	村居合一	厂　居	村委会个数	村委会名称
迈皋桥街道	19	奋斗社区、春晓园社区、汇虹园社区、景和园社区、山水园社区、秋韵园社区、瑞丰园社区、馨合园社区（8）	长营、十字街、东井村、迈皋桥街、晓庄、万寿村、兴卫村、合班村、南塑、金宁新村（10）	—	华电（1）	0	—
燕子矶街道	13	幕府山庄、燕华花园、祥和雅苑、下庙、柳塘（5）	太平村、燕子矶、晓庄村（3）	—	化纤新村、电瓷新村、石化村、南化新村、吉祥庵（5个）	0	—

续表

街 镇	居委会个数	经适房	纯 居	村居合一	厂 居	村委会个数	村委会名称
马群街道	17	百水芊城、芝嘉花园、百水家园、宁康苑、润康苑、文康苑、馨康苑、南湾营、金陵驿社区、花岗社区、蛇盘社区、向上社区（12）	果场、青马、马群、石坝、紫金社区、（5）	—	—	0	—
尧化街道	13	尧新、尧辰、金尧花园、尧林仙居、青田雅居、翠林山庄、吴边、王子楼（8）	尧胜、尧化（2）	—	尧石二村、尧安新村、尧化新村（3）	0	—
仙林街道	10	仙林新村（1）	仙鹤、杉湖路、亚东、和园社区、汇通社区、文澜社区、咏梅社区、羊山湖社区、仙龙湾社区（9）	—	—	0	—
龙潭街道	5	江畔人家、靖安佳园、龙岸花园（3）	龙潭街（1）	—	中国水泥厂（1个）	17	花园村、上首村、兴隆村、龙潭村、靖安村、联盟村、营防村、孙庄村、滨江村、陈店村、太平村、大棚村、南中村、飞花村、上坝村、长江村、马渡村
栖霞街道	13	五福家园（1）	甘家巷、石埠桥（2）	东阳、西花、栖霞、红梅（4）	南炼新村、滨江、栖化新村、银矿地质、江南水泥厂、南水新村（6）	3	摄山村、石埠桥村、新合村
西岗街道	6	闻兰、观梅、听竹、齐民路（4）	仙林湖社区（1）	—	西岗（1）	2	桦墅村、孟北村
八卦洲街道	1	—	八卦花园（1）	—	—	7	上坝村、七里村、新闸村、东江村、下坝村、外沙村、中桥村
合 计	97	42	34	4	17	29	—

经济和社会发展

◆**概况** 2021年，面对新冠肺炎疫情影响，栖霞区委、区政府坚持以习近平新时代中国特色社会主义思想为指导，坚决扛起“争当表率、争做示范、走在前列”光荣使命，统筹做好疫情防控和经济发展各项工作，顺利完成了区十八届人大第五次会议确定的各项主要目标任务，为“十四五”发展实现良好开局。全年实现地区生产总值1708.88亿元，比上年增长8%；全区规模以上工业企业实现工业总产值3353.03亿元，比上年增长14.48%；一般公共预算收入151.76亿元，比上年增长9.41%；全区完成固定资产投资604.69亿元，比上年增长9.5%；社会消费品零售总额512.01亿元，比上年增长10.9%；

居民人均可支配收入约72059，比上年增长9.4%；“四上”单位数量突破1400家。

◆三次产业 2021年，现代产业体系更趋完善。第一产业实现增加值7.78亿元，比上年下降1.7%；第二产业实现增加值977.75亿元，比上年增长7.2%；第三产业实现增加值723.35亿元，比上年增长9.3%。三次产业比重调整为0.5∶57.2∶42.3，稳固形成先进制造业、现代服务业、都市型农业“三业并兴”局面。全区先进制造业企业实现营业收入2414.08亿元，比上年增长12.4%。中国（南京）智谷建设加快，招引中兴发展人工智能总部等重点项目近50个，累计聚集相关企业超320家，人工智能核心产业收入达60亿元，约占南京市的50%。规上服务业实现营业收入340亿元，比上年增长15%，其中，交通运输业、租赁商务服务业等重点行业营收增幅均超20%。规上服务业企业达350家以上，限上商贸业企业达450家以上，宁沪高速、智运科技、银河物业等重点企业营收增幅均达30%。规模以上文化企业达162家，比上年增长40%；全年实现旅游业收入82.8亿元，累计接待游客673.2万人次，比上年增长10.3%。全面推进乡村振兴，建成高标准农田267公顷，成功打造八卦洲“生态绿洲”、龙潭“梦里水乡”、桦墅“都市桃源”等特色品牌。着力推动农村一、二、三产业融合发展，农业电商逐步推广，农产品网上销售额达2.5亿元，比上年增长28%。全区160个重大项目完成投资400亿元，超额完成年度投资计划。其中，天加空调、万象天地等40个市重大项目完成投资210亿元，LG新能源汽车零部件、德基文化艺术商业中心等17个市重大新项目全部实现开工。举办各类重点招商推介活动29场，LG汽车动力电池项目、燕子矶滨江商务区二期、天加洁净空调研发生产项目等重大项目签约落户。新签约亿元以上重点项目超200个，获南京市招商引资擂台赛“目标任务进度奖”“重大项目推进奖”。

◆综合改革 2021年，改革开放力度持续加大。营商环境不断优化，制定出台区优化营商环境20条，深化审批制度改革，试行商事主体登记确认制，完成企业开办“5+N”服务3486件，“放管服”改革获省政府督查激励，政务服务中心获南京市“最佳政务服务大厅”。全区新登记法人企业1.4万家，比上年增长10%。获批主板（含境外）上市企业5家、“四上”单位96家，数量均居全市第一。实施国企改革三年行动计划，完成国有企业公司制改革33户，注销低效企业6户。编制农村公共基础设施管护体制改革实施方案，制定区级管护清单，逐步建立市场化、专业化管护制度。对外合作持续深化，全年实现实际使用外资9.19亿美元，外贸进出口总额1079.6亿元，均列全市第二，南京经开区获中日韩（江苏）产业合作示范园区，龙潭、八卦洲跨境电商产业园获省级产业园。

◆城乡面貌 2021年，城乡功能品质加速提升。高标准编制新一轮国土空间规划，研究形成《栖霞区城市更新总体思路》，启动桦墅周冲等省级传统村落保护发展规划编制工作。现代交通体系不断完善，宁句城际铁路开通运营，马群综合换乘中心投入使用，金马路交通枢纽项目竣工，312国道快速化改造工程建成通车，尧红路、城市三环等5条“断头路”实现通车，完成农村公路提档升级20千米，片区互联更加紧密。高标准开展城市建设，实施老旧小区改造24万平方米，完成棚户区改造6.4万平方米、房屋征收4.6万平方米，处置违建241处5万平方米。完成迈皋桥万寿、栖霞老街等片区环境综合整治，老旧小区改造“尧化经验”代表江苏在全国分享，城市综合承载力全面增强。实现社区（村）生活垃圾分类全覆盖，连片建设美丽乡村宜居村18个，桦墅村入选中国美丽休闲乡村。

◆生态文明 2021年，生态文明建设全面加强。污染防治成效明显，实施餐饮油烟、汽修行业等领域专项整治，组织重点VOCS企业制定“一企一策”方案，PM2.5平均浓度创历史同期最低，在土壤修复治理经验在全国可持续环境修复大会上作交流推广。打好

"十年禁渔"持久战，实施八卦洲环岛长江禁渔智慧岸线建设。制定"一河一策"水质保障方案，强化便民河—大道河、七乡河等宁镇跨界水体联合整治，实现农村生活污水治理全覆盖，国省考断面水质优良比例达100%。全面开启幸福河湖建设，高分通过国家级县域节水型社会、省级水生态文明城市验收，全面推进林长制工作，实现成片造林127万平方米。完成龙潭片区6个宕口48万平方米生态修复，燕子矶滨江地区综合整治成为全国典范，灵山、桂山、龙王山生态修复项目获全省首届最美生态修复案例，八卦洲船厂旧址获市级生态修复基地。落实"碳达峰、碳中和"发展战略，大力促进资源集约节约利用，全面完成石化、水泥等重点企业减煤任务，落户10万吨/年二氧化碳捕集利用项目，加快推进公共机构分布式光伏发电试点项目，持续扩大清洁能源替代规模，强化塑料污染全链条治理。

◆ **民生保障** 2021年，民生福祉大幅增进。聚焦群众"急难愁盼"，478件为民办实事项目和35项民生实事全部完成。大力拓展居民增收空间，举办各类招聘会81场，实现城镇新增就业2.22万人，居民人均可支配收入7.2万元，比上年增长9.4%。建成中小学、幼儿园9所，学前教育新增学位1800个，栖霞中学通过省四星级普通高中评估验收，成功创建全省幼小衔接实验区。持续深化"院府合作"，省中医院紫东院区、南医大二附院迈皋桥院区交付使用，泰康国际医学中心顺利封顶，开诊运营三级医院4家。高水平创成省级居家和社区养老服务创新示范区，欧葆庭国际颐养中心获评全省首批五级养老机构，建成"枢纽式"为老服务综合体3家。住房保障扎实有力，新开工保障房项目138万平方米，竣工37万平方米，筹集市场化租赁住房1500余套。各项事业协调并进，区文化馆入选国家一级馆，栖霞龙舞在全运会展演赛中获第一名，龙潭街道获全国群众体育先进单位。建成运营"残疾人之家"25个、省级家庭教育指导服务试点示范社区6个，"分群分级"推进服务类社会救助实践全省唯一入选民政部优秀案例。

组织机构及负责人名录

栖霞行政区

◆中共栖霞区委

书　记　黎　辉
副书记　王　生
　　　　孙爱军（7月19日免）
　　　　黄伟民（7月19日任）
常　委　翟建明（7月3日免）
　　　　储　纲
　　　　郭昌标
　　　　宗宁虎
　　　　陈　松（7月3日免）
　　　　秦志刚
　　　　王家梁
　　　　彭媛媛（女，7月3日任）
　　　　章　晶（女，7月14日任）
　　　　袁文峰（7月19日任）

◆栖霞区人大常委会

主　任　陈　波
副主任　胡达贵
　　　　秦亚平
　　　　张　农
　　　　肖明宝
党组书　记　陈　波
　　副书记　陈　松（7月14日任）
　　　　　　胡达贵
二级巡视员　王爱华（女）
　　　　　　陈　松（7月3日任）

◆栖霞区人民政府

区　长　王　生
副区长　宗宁虎
　　　　陈　松（7月28日辞）
　　　　郭昌标（7月28日任）
　　　　卢　静（女）
　　　　袁文峰（7月28日辞）
　　　　刘海滨
　　　　王靖华（女，7月28日辞）
　　　　李　鹏（12月28日辞）
　　　　孔毅远（7月28日辞）
　　　　孙东方（7月28日任）
　　　　杨　栋（7月28日任）
　　　　孙　安（9月22日辞，江苏省第十三批"科技镇长团"栖霞团团长，挂职）
　　　　韩　淼（女，9月22日任，江苏省第十四批

"科技镇长团"栖霞团团长，挂职）
一级调研员　王　智
党组书　记　王　生
副书记　宗宁虎

◆政协栖霞区委员会

主　席　杨白英（女）
副主席　蒋　励
金　旭
孟祥康（不驻会）
王佩娟（女，不驻会）
严　进（女，不驻会）
党组书　记　杨白英（女）
副书记　郭昌标（兼，7月28日免）
章　晶（兼，女，7月28日任）

◆中共栖霞区纪委

书　记　翟建明（7月3日免）
彭媛媛（女，7月3日任）
副书记　齐　眉（女，4月20日免）
陶　硕
唐茜茜（女，4月20日任）
常　委　张兵兵（3月31日免）
余　斌（3月31日任）

区监察委员会

主　任　翟建明（7月28日辞）
副主任　齐　眉（女，6月23日辞）
陶　硕
唐茜茜（女，6月23日任）

◆栖霞区人民法院

院　长　李传松（11月30日辞）
周　侃（11月30日任代院长）
副院长　周　明（12月28日辞）
党组书　记　李传松（12月2日免）
周　侃（12月2日任）
副书记　周　明（12月18日免）

◆栖霞区人民检察院

检察长　杨建萍（女，11月30日辞）
曹　琼（女，11月30日任代检察长）
副检察长　黎祜彬（12月28日辞）
党组书　记　杨建萍（女，12月2日免）
曹　琼（女，12月2日任）
副书记　黎祜彬（12月18日免）

◆栖霞区人民武装部

部　长　丁　胜
政　委　王家梁

◆区委工作机构

办公室

主　任　李春节

区委机要局

副局长　冯卿彦

组织部

部　长　黄伟民（7月19日免）
储　纲（7月19日任）
常务副部长　王宇峰

区公务员局

局　长　王　杨

区委非公有制企业和社会组织工作委员会

书　记　翟朝阳

党史办公室

主　任　刁志福

宣传部

部　长　储　纲（7月19日免）
袁文峰（7月19日任）
常务副部长　史学经（3月5日任）

区精神文明建设指导委员会办公室

主　任　史学经（3月5日免）
吴国罡（3月5日任）

区委网络安全和信息化委员会办公室

主　任　钟漫江（女，3月5日免）
陈　宁（3月5日任）

统战部

部　长　郭昌标（7月19日免）
章　晶（女，7月19日任）
常务副部长　周和斌

区民族宗教事务局

局　长　周和斌

台湾工作办公室

主　任　孙璐璐（女）

区工商业联合会

常务副主席　王　俊
党组书记　王　俊

侨务办公室
副主任　陈学哲

政法委员会
书　记　秦志刚
常务副书记　程海博

区国家安全人民防线建设领导小组办公室
副主任　高晓东

区法学会
专职副会长　丁　磊(女)

研究室
主　任　余凌云(女)

区委机构编制委员会办公室
主　任　刘先明

区委区级机关工委
书　记　万　霞(女)

区委老干部局
局　长　韩　俊

区委离退休干部工委
书　记　韩　俊

区委党校
校　长　孙爱军(兼,7月28日免)
黄伟民(兼,7月28日任)
常务副校长　刘　爽(女)

区档案局
局　长　吴炳根

区档案馆
党组书记　吴炳根
馆　长　任秋娴(女)

区地方志编纂委员会办公室
主　任　吴炳根

◆区人大常委会工作机构

监察和司法工作委员会
主任委员　黄月红(女)

法制工作委员会
主任委员　罗光勇

财政经济专门委员会
主任委员　韩玉芬(女)

预算工作委员会
主　任　韩玉芬(女)

社会建设委员会
主任委员　肖胜利

办公室
主　任　庄　荣

研究室
主　任　田　进(12月28日免)
黄达举(12月28日任)

教科文卫委员会
主　任　李　罡(12月28日免)
王　勇(12月28日任)

环境资源城乡建设委员会
主　任　毕瑞夏(12月28日免)
窦立华(12月28日任)

民族宗教侨务台湾事务委员会
主　任　孙　琳(女,回,12月28日任)

人事代表联络委员会
主　任　张传荣(12月28日免)
胡　宁(12月28日任)

农业和农村委员会
主　任　靳黎丽(女)

◆区政府工作机构

办公室
主　任　徐　宁(6月23日免)
王小锋(6月23日任)
党组书记　徐　宁(6月9日免)
王小锋(6月9日任)

研究室
主　任　徐　宁(兼,6月30日免)
王小锋(兼,6月30日任)

外事办公室
主　任　徐　宁(兼,6月30日免)
王小锋(兼,6月30日任)

机关事务管理局
主　任　徐　宁(兼,6月30日免)
王小锋(兼,6月30日任)

区发展和改革委员会
主　任　陆建尚
党组书记　陆建尚

区大数据管理局
局　长　陆建尚(兼)

区教育局（区委教育工作委员会）
局　长　徐观林
教育工委书记　沈　芸（女）

区科学技术局
局　长　盛　艳（女）
党组书记　盛　艳（女）

区科学技术协会
主　席　刘　轶（女）

区工业和信息化局
局　长　赵玉泉
党组书记　赵玉泉

区民政局
局　长　陈芳琴（女）
党委书记　陈芳琴（女）

区残疾人联合会执行理事会
理事长　黄　伟（女）
党组书记　黄　伟（女）

区司法局
局　长　陈士金
党组书记　崔雨笛

区委全面依法治区委员会办公室
主　任　秦志刚（兼）

区财政局
局　长　王兆仁
党组书记　王兆仁

区政府国有资产监督管理办公室
主　任　王兆仁

区人力资源和社会保障局
局　长　钱　琍（女）
党委书记　钱　琍（女）

区社会保险管理中心
主　任　吕　勇（4月16日免）
李庆凤（女，4月16日任）

区医疗保险管理中心
主　任　吕　勇（兼，4月16日免）

区住房和建设局
局　长　周传明
党委书记　周传明

区交通运输局
局　长　葛　兵
党委书记　葛　兵

区交通运输综合行政执法大队
大队长　邵　强（4月16日免）
祁苏琳（4月16日任）

区水务局
局　长　赵家宝
党组书记　赵家宝

区城市管理局
局　长　吴霞峰
党委书记　吴霞峰

区综合行政执法局
局　长　吴霞峰（兼）

区城市管理综合行政执法大队
大队长　盛　辉
政　委　唐　雷

区农业农村局
局　长　朱从政
党组书记　朱从政

区委农村工作领导小组办公室
主　任　朱从政

区商务局
局　长　赵晓琳（女）
党委书记　赵晓琳（女）

区投资促进局
局　长　赵晓琳（兼，女）

区文化和旅游局
局　长　吕　俊
党组书记　吕　俊

区卫生健康委员会
主　任　王应松
党委书记　王应松

区红十字会
常务副会长　马　奎（回）
党组书记　马　奎（回）

区退役军人事务局
局　长　李　斌
党委书记　李　斌

区应急管理局
局　长　魏　东
党委书记　魏　东

区审计局
局　长　宋福红
党组书记　宋福红

区行政审批局
局　长　孙晓华（女）
党组书记　孙晓华（女）

区政务办
主　任　孙晓华（女）

区市场监督管理局
局　长　仇金龙
党组书记　杨　静（女）

区知识产权局
局　长　仇金龙（兼）

区市场监管综合行政执法大队
大队长　高　耘

区统计局
局　长　王开宏
党组书记　王开宏

区政府信访局
局　长　朱　榕
党组书记　朱　榕

区人民防空办公室
主　任　汪　浩
党组书记　汪　浩

区地方金融监督管理局
局　长　顾　鹏
党组书记　顾　鹏

区保障房片区管理办公室
主　任　孙德发
党组书记　孙德发

栖霞生态环境局
局　长　刘华道

区医保分局
局　长　古　琳

区规划和自然资源分局
局　长　张　弨（6月7日免）
党组书记　张　弨（6月7日免）

栖霞山风景名胜区管理处
主　任　王　俊
党组书记　王　俊（12月18日免）
　　　　　宁　坤（12月18日任）

区房屋拆迁安置管理办公室
主　任　魏国鸿
工委书记　魏国鸿

区工业公司
经　理　胡　宁
工委书记　胡　宁（12月18日免）

◆区政协工作机构

办公室
主　任　顾　磊

委员联络办公室
主　任　张华玲（女）

提案工作委员会
主　任　曹显进（12月28日任）

经济科技和农业农村委员会
主　任　周丽华（女，3月26日任）

港澳台侨和外事工作委员会
主　任　汪金宝（12月28日免）
　　　　张　健（12月28日任）

教卫文体工作委员会
主　任　王　俊（3月26日免）
　　　　齐　眉（女，3月26日任）

社会法制专门委员会
主　任　王建国（3月26日免）
　　　　张兵兵（3月26日任）

城乡建设专门委员会
主　任　叶余丰（3月26日免）
　　　　仇金龙（3月26日任）

◆区纪委、区监委工作机构

办公室
主　任　许晶晶（女）

纪检监察干部管理监督室
主　任　王　凯（5月10日任，
　　　　试用期一年）

党风政风监督室
主　任　张晶晶（女，3月5日免）
　　　　王　宁（3月5日任）

信访室
主　任　李　胜

案件监督管理室
主　任　阮德奇

信息查询室
主　任　葛新冬（3月5日任）

纪检监察一室

主　任　黎志刚（5月10日免）

纪检监察二室

主　任　王　向

纪检监察三室

主　任　孙建广

纪检监察四室

主　任　周海莲（女）

纪检监察五室

主　任　周　鹏

案件审理室

主　任　唐茜茜（女，3月5日免）
　　　　黎志刚（5月10日任）

区监察委员会第一派出监察员办公室

主　任　周海莲（兼，女）

区监察委员会第二派出监察员办公室

主　任　周　鹏（兼）

区监察委员会第三派出监察员办公室

主　任　王　向（兼）

区委巡察工作领导小组办公室

主　任　余　斌

区委巡察组

组　长　孙　伟
　　　　陈若蓓（女）
　　　　端红霞（女）
　　　　周　春

区纪委、区监委派驻纪检监察组

派驻第一纪检监察组

组　长　李　芳（女，正处职）

派驻第二纪检监察组

组　长　陈　华

派驻第三纪检监察组

组　长　夏秀华（女，3月5日免）
　　　　张兵兵（3月5日任）

派驻第四纪检监察组

组　长　徐恒大

派驻第五纪检监察组

组　长　谭　军（3月5日免）
　　　　夏秀华（女，3月5日任）

派驻第六纪检监察组

组　长　陈　熙（女，正处职）

派驻第七纪检监察组

组　长　刘长启

派驻第八纪检监察组

组　长　张兵兵（正处职，3月5日免）

◆群众团体

区总工会

主　席　胡达贵（兼）
常务副主席　曹小勇
党组书　记　胡达贵（兼）
　　副书记　曹小勇

团区委

书　记　陈珺珺（女）

区妇联

主　席　吕文伟（女）
党组书记　吕文伟（女）

◆区政府直属机构

栖霞高新技术产业开发区管委会
工委书记　王　生
主　任　吴　丹（6月30日免）
常务副书记　黄　斌（正处职）

南京栖霞山文化休闲旅游度假区管委会

常务副主任　王　玮（兼，6月30日任）

迈皋桥地区环境综合整治指挥部

副总指挥　潘尚俊（兼）
办公室副主任　杨小梅（女）

新尧新城管理委员会

主　任　王永怀（兼）

南京八卦洲现代农业产业园管委会

主　任　倪天华（兼）

燕子矶中学

校　长　石　骏（副处级）
党总支书记　黄业照（副处级）

栖霞区医院

院　长　黄　琳（女，副处级）
党总支书记　任　炯（女，副处级）

栖霞建设集团公司

党委书　记　江劲松
　　副书记　范广忠
纪委书记　范广忠
集团公司董事长　江劲松
股份公司董事长　江劲松
总　裁　江劲松
常务副总裁　范业铭
副总裁　徐水炎
　　　　吕　俊
　　　　汤　群（10月8日任）
　　　　范广忠
　　　　王海刚
　　　　朱金宁（9月29日任）
股份公司监事会主席
　　　　汤　群（10月8日免）
　　　　余宝林（10月8日任）
董事会秘书　王海刚

◆南京市垂直机构

国家税务总局南京市栖霞区税务局

局　长　殷壁峰
党委书记　殷壁峰

南京市公安局栖霞分局

局　长　李　鹏（12月2日免）
　　　　解冠华（12月2日任）
政　委　张坤阳
党委书记　李　鹏（12月2日免）
　　　　解冠华（12月2日任）

◆迈皋桥街道

党工委书记　潘尚俊
办事处主任　安太平
人大工委主任　张大武
政协工委主任　刘光明

◆燕子矶街道

党工委书记　窦立华
办事处主任　刘文刚
人大工委主任　孔　娟（女）
政协工委主任　张立新

◆马群街道

党工委书记　孙东方（9月27日免）
办事处主任　华　巍
人大工委主任　杨　明
政协工委主任　凌　云

◆尧化街道

党工委书记　王永怀
办事处主任　周朱伟
人大工委主任　李德山
政协工委主任　袁国强

◆仙林街道

党工委书记　孙金娣（女）
办事处主任　徐兴东
人大工委主任　蔡绍锦
政协工委主任　徐　骏

◆仙林农牧场

党委书记　孙金娣（女）
场　长　徐兴东

◆栖霞街道

党工委书记　欧立祥
办事处主任　王小锋（6月30日免）
　　　　王　玮（6月30日任）
人大工委主任　张中强
政协工委主任　王　俊（3月26日任）

◆西岗街道

党工委书记　葛山来
办事处主任　周　超
人大工委主任　李　萍（女）
政协工委主任　林锡祥

◆龙潭街道

党工委书记　武晓路（女）
办事处主任　车金楼
人大工委主任　李　斌
政协工委主任　袁秀平

◆八卦洲街道

党工委书记　倪天华
办事处主任　俞朝晖
人大工委主任　孟桂正
政协工委主任　徐帮进

南京经开区

书　记　黎　辉
副书记　沈吉鸿（7月份免）
　　　　陈乙华（女，7月份免）
　　　　孙爱军（7月份任）
　　　　尹　军（9月份任）
委　员　翟建明（7月份任）
　　　　沈吟龙
　　　　徐宁生
　　　　陈靠山
　　　　刘洪文
　　　　熊　俊
　　　　邵　明（1月份任，挂职）

◆中共南京市纪委南京开发区工委

书　记　陈靠山
副书记　刘建梅（女）

◆南京开发区管委会

主　任　沈吉鸿（7月份免）

孙爱军（7月份任）
副主任　沈吟龙
徐宁生
刘洪文
熊　俊
周　华（科技镇长团挂职，8月份免）
二级巡视员　翟建明（7月份任）
李　华
蒋　伟（9月份免，退休）
刘　众（7月份免，退休）
一级调研员　陈林午

◆中共南京市委南京开发区工委工作机构

党政办公室

主　任　李先飞（2月份免）
陈超义（2月份任）
二级主管　周国正（2月份晋升一级主管，11月份免，退休）
副主任　黄　虎（二级主管）
王　慧（女）
魏　韡
三级主管　卜贤斌
王　焕

组织人事部（管委会人力资源和社会保障局、机关党委）

部　长（局长）　罗红玲（女）
副部长（副局长）兼机关党委专职副书记（正处职）
薛富铭（2月份免，改聘二级主管）
副部长（副局长）
孙　涛（2月份任，2月份晋升二级主管）
陈加财
徐玲玲（女）
黄　俊
二级主管　李家祥

宣传与统战部

部　长　张宛平
副部长　何晓进
三级主管　柳云娇（女）

群团工作部

部　长　宋持月
副部长　谷　伟
二级主管　林　力
三级主管　李　俊（女）

南京开发区管委会工作机构

经济发展局

局　长　胡　弘
副局长　梁　田（女）
杨　俊
余震海
魏　真
三级主管　查陆璟（外派）

投资促进局

局　长　张鲁宁（2月份免）
卢咏歌（2月份任）
副局长　周　青（女，2月份晋升二级主管）
张　漾
刘　惠（女）
三级主管　陶园园（女）
乔　伟（2月份任）

企业服务局

局　长　沈　耀
副局长　赵艳梅（女，二级主管）
孙　涛（2月份免）
陈鹏飞

科技人才局（知识产权局）

局　长　倪　丹（女）
副局长　卢文俊（二级主管）
三级主管　李慧川（女，2月份任）

财政局（国有资产监督管理办公室）

局　长　张　萍（女，12月份免，任护税协税工作领导小组办公室主任）
王　伟（12月份任）
副局长　周　峻（女，2月份晋升二级主管）
钱宇燕（女）
徐　拓

审计局

局　长　高　峰（2月份任）
副局长　陈超义（二级主管，主持工作）（2月份免）
胡举明

规划和自然资源局

局　长　徐　洁（女）

建设与交通局

局　长　张培东
副局长　蓝孝梁
二级主管　徐应卿
三级主管　成熙杰（2月份任）

城市管理局(综合执法支队)

局长(支队长) 徐俊杰

副局长(副支队长) 陆 虎

解 斌

二级主管 程时军

三级主管 张春雨(女,2月份任)

应急管理局

副局长 周 俊(主持工作)

徐小肖

刘 腾(外派挂职)

任立功

蔡 巍

行政审批局(政务服务中心)

局 长 王 青(女)

副局长 葛 彦(女)

陆昊南

刘正平(女)

市场监督管理局

局 长 李 俊(女,2月份免,改聘二级主管)

李先飞(2月份任)

副局长 巢 亮(2月份晋升二级主管)

马海燕(女)

尹相国

二级主管 丁恺华(女)

三级主管 李铜川

环境保护局

局 长 朱永强

副局长 张 涛

直属平台

南京综合保税区管理委员会(龙潭)管理局

副局长 计 红(女)

党总支书记 金 普

综合服务处处长

王 宁(女,2月份免,改聘二级主管)

综合服务处副处长 卢春生

综合服务处三级主管 严世俊

产业发展处处长 计 红(女)

产业发展处三级主管

杨 烨(外派)

招商处副处长

唐志坚(5月份免,改聘三级主管)

南京新港高新园管理办公室

主 任 汤 伟

党总支书记 卢咏歌(2月份免)

张鲁宁(2月份任,7月份改任党委专职副书记)

一级主管 曹望鸿

二级主管 黄忠洋

副主任 张海燕(女)

吴 权

城市建设指挥部

指挥长 刘新宇

党总支书记 戴升强

副指挥长 王庆福

吕大爱

何丽莉(女,2月份晋升二级主管)

二级主管 周敦文(3月份免,退休)

三级主管 王 强

仙林大学城

◆中共南京市委仙林大学城工委

书 记 黎 辉

副书记 袁传军

委 员 潘志宏

孙金娣(女,二级巡视员)

林 华

张铁波

金 波

张 LAN(5月29日任)

明劲松(挂职锻炼)

◆南京市仙林大学城管委会

主 任 袁传军

副主任 潘志宏

孙金娣

张铁波

金 波

张 昭(5月29日任,试用期1年)

二级巡视员 盖立伟(9月30日晋升为二级巡视员)

◆中共南京市纪委仙林大学城工作委员会

书 记 林 华

副书记 高红岩(女)

◆管委会工作机构

办公室

主 任 罗 欣(女,满)

副主任 刘中相(5月28日晋升为三级调研员,免去其办公室副主任职务)

魏仕兰（女，5月28日任，免去其四级调研员职级）

综合计划处（根据宁仙大工委〔2021〕39号文通知，对内设处室及工作职责进行了调整优化，设立综合计划处）

副处长　温世清（12月24日任，二级调研员，主持工作）

工程建设处（根据宁仙大工委〔2021〕39号文通知，对内设处室及工作职责进行了调整优化，规划建设处更名为工程建设处）

处　长　吴　震（女，5月28日任，试用期1年）

副处长　郑仲品（根据宁仙大工委〔2021〕27号文通知，给予开除处分）

四级调研员　徐孝明

叶宝军

张富旺（12月24日晋升为四级调研员）

市政管理处

处　长　尚　革

副处长　朱宝忠（5月28日晋升为三级调研员，免去其副处长职务）

薛建东（12月24日任，试用期1年，免去其四级调研员职级）

四级调研员　李　强

邢海军（12月24日晋升为四级调研员）

招商局（根据宁仙大工委〔2021〕39号文通知，对内设处室及工作职责进行了调整优化，招商局挂科教创新处牌子）

局　长　林晓明（3月17日到栖霞区教育局工作）

副局长　谢晓燕（女，5月28日任，试用期1年，免去其四级调研员职级）

科教创新处（根据宁仙大工委〔2021〕39号文通知，对内设处室及工作职责进行了调整优化，科教服务处更名为科教创新处）

处　长　吴　芸（女）

副处长　洪立军

四级调研员　翟鹏飞（12月24日晋升为四级调研员）

财务和资产管理处（根据宁仙大工委〔2021〕39号文通知，对内设处室及工作职责进行了调整优化，计划财务处更名为财务和资产管理处）

处　长　严　进（女，一级调研员）

副处长　颜　雯（女）

李　媛（女）

招标审计处

处　长　史剑炯（5月28日任，试用期1年，免去其二级调研员职级）

周　铭（12月24日晋升为四级调研员）

机关党委（组织人事处）

专职副书记（处长）　张青杰

副处长　盛　莉（女，5月28日晋升为三级调研员）

党政群团

Organizations

栖霞区人民政府办公楼　　杨　轶/绘

责任编辑　张双全

中共栖霞区委员会

·概　述·

◆**概况**　2021年，栖霞区委以史为鉴、继往开来，认真开展党史学习教育，组织系列活动庆祝中共建党百年，坚定走好新时代赶考之路信心。守牢南京市最长的防控新冠疫情的战线，取得防控新冠疫情的阶段性成果。区第十一次党代会召开，完成辖区两委（栖霞区委、栖霞区纪委）换届。

是年，辖地推动重点城建项目取得新突破171个，总投资和年度投资均居全市首位。宁句城际地铁建成通车，马群综合换乘中心投入使用，金马路交通枢纽项目竣工。城北地区首家五星级滨江铂尔曼酒店、汽车文化主题购物中心宝龙城正式开工建设。迈皋桥万寿、栖霞老街等片区完成环境综合整治，老旧小区改造“尧化经验”代表江苏在全国得以推介、分享。全面推进乡村振兴，农村生活污水治理实现全覆盖，桦墅村获评全市首个中国美丽休闲乡村。

是年，全区聚焦辖地群众“急难愁盼”事项，全部完成为民办实事项目478件、民生实事35项。全区始终把就业摆在突出位置，城镇新增就业人数超2万人；高水平创成省级居家和社区养老服务创新示范区，欧葆庭国际颐养中心获评全省首批五级养老机构。各项事业协调并进，获评全省残疾人工作先进区，民生档案利用工作受到国家档案局肯定，区文化馆入选国家一级馆，栖霞龙舞在全运会展演赛中获第一名，龙潭街道获评全国群众体育先进单位。

是年，辖地完成全市最多相关新冠疫情区外转运人员的隔离任务，保障省、市医疗队医护人员集中居住1700余人。辖区率先开展党建引领社会治理现代化试点，仙林街道网格化党建被誉为新时代城市版“枫桥经验”，“善治栖霞”实践在全国新时代社会治理创新发展研讨会上交流经验，入选国家八部委“智能社会治理特色实验基地”，创成全省唯一“红色物业全覆盖”试点区。实施第十一轮“春风化雨”握手行动，保持重大活动期间社会稳定。全口径政府债务率继续下降，综合利率低于全市均值。

◆**重要会议**　2月22日，栖霞区委、区政府召开对标找差创新实干打造创新引领极推动高质量发展大会，贯彻落实市委、市政府重大决策部署，总结成绩、查找差距，从头开始、开创新局，推动高质量发展进入全市第一方阵，确保“十四五”开好局、起好步。黎辉出席并讲话，王生主持。3月4日，栖霞召开全区党史学习教育动员会议。栖霞区委书记、南京经济技术开发区工委书记、仙林大学城工委书记、区委党史学习教育领导小组组长黎辉讲话，王生主持会议，袁传军，陈波，杨白英，南京经济技术开发区工委副书记陈乙华出席。3月8日，栖霞区冲刺首季“开门红”调度会召开。会议动员全区上下绷紧思想、盯紧目标、拧紧工作、压紧责任，凝聚力量奋力冲刺首季“开门红”，谋划实现“双过半”，为完成全年目标任务奠定坚实基础，确保“十四五”开好局、起好步。黎辉主持并讲话。4月6日，栖霞三区党（工）委理论学习中心组在行知园举行学习会。黎辉在主持学习会时强调，要自觉把思想和行动统一到习近平总书记重要讲话精神上来，把上级部署要求落到实处，大力发扬红色传统、传承红色基因，切实做到学史明理、学史增信、学史崇德、学史力行，学党史、悟思想、办实事、开新局，推动栖霞在全面建设社会主义现代化进程中开好局、起好步。4月10日，栖霞区季度工作暨重大项目建设推进会召开。会议总结一季度各项工作，对二季度重点任务进行动员部署，为顺利实现时间、任务“双过半”目标打好基础。黎辉出席会议并讲话。5月21日，栖霞区召开三区党（工）委理论学习中心组学习会。本次学习会的主要任务是：深入学习贯彻习近平总书记考察广西期间重要讲话精神、习近平总书记在中央政治局第二十九次集体学习时重要讲话精神，缅怀革命先烈、赓续共产党人精神血脉，激励广大党员干部筑牢初心使命，持续推进党史学习教育走深走实。黎辉主持会议并讲话。市委第十一巡回指导组郑茂德、高瑞卿莅临指导学教工作。5月24日下午，栖霞区召开文明城市创建工作推进会，传达全市有关会议精神，通报当前文明城市创建工作存在的突出问题，对下一步工作进行再动员再部署。黎辉出席会议并讲话。三区分管领导，区相关部门、各街道主要负责人参加会议。6月8日，栖霞区召开创建全国文明典范城市动员大会。会议深入学习贯彻习近平总书记关于社会主义精神文明建设和城市工作的重要论述，按照中央和省市关于全国文明城市、文明典范城市创建工作的最新部署要求，动员全区上下进一步凝心聚力、奋勇争先、真抓实干，不断提升市民素质和城市文明程度，努力为南京创建全国文明典范城市做出新的贡献。黎辉出席并讲话，王生主持。6月30日，栖霞区“两优一先”表彰大会隆重召开。栖霞区全体市管以上领导，全体区管正处职干部，各街道专职副书记，各社区、村党组织书记，省、市“两优一先”表彰对象和区“两优一先”表彰对象，2021年度改革创新之星、攻坚担当之星，重点两新组织党组织书记参加会议。黎辉向全区各级党组织和广大党员干部提出希望。8月16日，栖霞行政区、南京经济技术开发区、仙林大学城召开三区党政联席会议，深入学习贯彻中共中央政治局会议精神和习近平总书记关于疫情防控的重要指示批示精神，传达副总理孙春兰在江苏检查指导时的讲话要求，落实省委书记娄勤俭在南京调研时的有关部署，市委常委会会议、市委应对疫情工作领导小组会议暨市疫情防控应急指挥部（视频）调度会议精神，传达《关于进一步严明纪律作风确保打赢疫情防控歼灭战的通知》，对统筹做好三区疫情防控、经济社会发展和安全生产工作进行研究部署。黎辉主持并讲话，王生、孙爱军、袁传军部署具体工作。区委常委，区政府分管领导，南京经济技术开发区管委会、仙林大学城管委会分管领导出席。9月2日，中共南京市栖霞区第十一次代表大会开幕。黎辉代表中共南京市栖霞区第十届委员会向大会做题为《开启新征程 实现新跨越 奋力谱写“最强增长极 最美新栖霞”崭新篇章》的报告。9月3日上午，中共南京市栖霞区第十一次代表大会在完成各项预定任务后闭幕。大会应出席代表220人，实到213人，符合规定人数。在总监票人和监票人监督下，到会代表213人以无记名投票方式，正式选举产生中共南京市栖霞区第十一届委员会委员、候补委员，中共南京市栖霞区第十一届纪律检查委员会委员和栖霞区出席南京市第十五次党代会代表。大会通过《关于中国共产党南京市栖霞区第十届委员会工作报告的决议》和《关于中国共产党南京市栖霞区第十届纪律检查委员会工作报告的决议》。9月11日，中共南京市栖霞区第十一届委员会第二次全体会议召开。全会由区委常委会主持。黎辉代表区委常委会作工作报告。王生报告全区经济运行和项目推进情况。11月1日，栖霞区委书记、区委全面深

5月24日下午，栖霞区在仙林办公点召开文明城市创建工作推进会

（区委办/供稿）

化改革委员会主任黎辉主持召开区委全面深化改革委员会第十一次会议，传达学习省委深改委第十七次会议、市委深改委第十二次会议精神，审议有关改革文件，研究部署下阶段改革工作。区委副书记、区长、区委深改委副主任王生、陈波、杨白英、各改革专项小组组长及各成员单位相关负责人出席。11月17日，区委理论学习中心组举行党的十九届六中全会精神专题学习会。黎辉主持并讲话。市委党史学习教育第十一指导组成员到会指导。11月29日，栖霞区、南京经济技术开发区、仙林大学城召开三区党（工）委中心组学习会，传达学习省第十四次党代会精神，部署安排当前各项工作。黎辉主持并讲话。12月29日，中共南京市栖霞区第十一届委员会第四次全体会议举行。全会总结工作、分析形势，部署明年任务。全会由区委常委会主持，黎辉代表区委常委会作工作报告。

◆**重要活动**　1月22日，"海智湾"国际人才街区揭牌。栖霞区委书记、南京经济技术开发区工委书记、仙林大学城工委书记黎辉，区委常委、组织部部长黄伟民为街区揭牌，并调研街区建设情况。2月26日，"奋斗十四五　开启新征程"栖霞板块2021年产城融合发展重大项目建设推进会，在宝能金融中心项目地块内举行。南京市副市长邢正军，黎辉、陈波、宝能城市发展建设集团南京区域公司总经理林开创，江苏龙蟠科技股份有限公司常务副总裁吕振亚，泰康健康产业投资控股有限公司项目总经理王向东，市、区相关部门负责人，以及近百名企业家出席。区委常委、常务副区长宗宁虎主持。3月4日，栖霞区优秀女性代表庆祝"三八"妇女节活动在区委党校举行。黎辉，南京市妇联党组成员、副主席徐晓洁等出席活动。3月13日，黎辉率领区四套班子领导和区机关各部门工作人员，到西岗街道三环路参加义务植树活动，为栖霞再添新绿。3月25日，"临江摄霞　南京东部之邀"栖霞区2021土地招商推介会开幕，会上推出23宗地块112.47公顷。栖霞区委书记、南京经济技术开发区党工委书记、仙林大学城党工委书记黎辉，南京市规划和自然资源局党组副书记王东及市、区两级相关部门负责人出席活动。3月28日，太保家园·南京国际颐养社区正式开工。黎辉出席。4月22日，坚定跟党走·同心庆百年——栖霞区统一战线庆祝中国共产党成立100周年系列活动，在五马渡"长江传奇"号轮船上举行。市委常委、统战部部长华静，黎辉，市委统战部副部长、市社会主义学院党组书记杨雯懿，市侨联党组书记毛银玲等领导，各驻区高校统战部、市民宗局、市台办、市工商联等相关负责人出席。4月29日，2021年栖霞区庆祝"五一"国际劳动节大会举行。市总工会党组成员、副主席陈慧男，黎辉及区委常委、宣传部、区人大常委会、区总工会、区政协、市总工会相关部门领导出席活动。5月7日，栖霞区"学党史、强信念、跟党走"主题团日活动在区委党校举行。黎辉出席活动。6月15日，中国（南京）智谷项目集中入驻暨重点人工智能项目集中签约仪式，在新港高新园举行。黎辉出席并讲话，南京经开区管委会主任沈吉鸿与起源太空项目签约，中科院紫金山天文台台长，奇绩创坛、起源太空、空间研究实验室、微软中国公共事业部、德风科技等单位领导、专家出席活动。6月19日，栖霞区委举行向中共老党员颁发"光荣在党50年"纪念章活动。黎辉致辞。区委常委、组织部部长黄伟民主持活动。7月16日下午，栖霞开展习近平总书记"七一"重要讲话精神专题辅导暨三区党史学习教育专题党课，黎辉讲授党史学习教育专题党课，王生主持。省委第一指导组副组长汤明海莅临指导学教工作。9月22日，南京市第四场"推进高质量发展重大项目现场观摩会"举行。省委常委、市委书记韩立明，带队观摩栖霞区重大项目建设现场。9月26日上午，由省农业农村厅、市人民政府主办，市农业农村局、区人民政府承办的第十七届中国·南京农业嘉年华在八卦洲街道陌上花渡园区盛大开幕。省农业农村厅副厅长朱新华，市委副秘书长姚瑞平，黎辉，市农业农村局局长、党委书记张屹，南京农业大学党委常委、副校长丁艳锋以及市各相关部门分管负责人出席活动。10月14日，2021中国南京金秋经贸洽谈会栖霞板块重大项目签约仪式暨新医药与生命健康产业南京东部峰会在仙林新地酒店举行，南京市委副书记沈文祖，黎辉及市、区相关部门、街道和平台主要负责人共同参加会议。12月13日，栖霞区委书记、区委全面深化改革委员会主任黎辉主持召开区委全面深化改革委员会第十二次会议暨国家智能社会治理特色实验基地建设启动仪式。区委全面深化改革委员会副主任王生、陈波、杨白英，区委改革办主任黄伟民，区四套班子全体领导、各部门各街道主要负责人参加。12月20日，栖霞区一“栖”学习第九届党史知识大赛在区机关大礼堂举办。江苏省委党史工作办公室主任邢光龙，南京市委党史工作办公室主任徐春，黎辉及区各相关部门负责人、南京市委指导组王元春、郑茂德出席活动。

◆**重要调研** 2月8日，江苏省副省长陈星莺，到栖霞区检查疫情防控等工作。江苏省政府副秘书长王思源，江苏省民宗委副主任朱亚文，区委书记黎辉，区政府办、区卫健委、民革栖霞区总支相关负责人参加检查调研活动。2月23日，由黎辉带队专题调度大气污染防治工作，栖霞生态环境局、区城管局、迈皋桥街道等部门负责人参加。2月23日，由黎辉带队，专题调研迈皋桥片区重点项目建设发展。4月21日，黎辉围绕马群片区教育配套建设和需求，推动解决“幼有所育、学有所教”等问题，调研推进开展“我为群众办实事”专题工作。5月26日，黎辉开展“一线访民意、一线解难题、一线促发展”专题工作，带队实地走访考察迈皋桥街道迈皋桥街社区文明城市创建、垃圾分类亭房建设、“双拥”工作开展情况，举办座谈听取社区、驻地部队、党员、群众代表对社区建设的意见和建议，协调解决一线难题。6月2日，黎辉到尧化街道调研教育工作，实地考察栖霞中学校园发展建设、栖霞区实验小学前塘路校区项目及尧化门街校区增容扩建项目建设情况。6月15日下午，黎辉、王生分别到八卦洲街道、尧化街道实地指导文明城市创建常态长效工作。6月29日，黎辉深入教培机构、建筑工地、化工企业、农贸市场等地检查安全生产工作。黎辉强调，要进一步绷紧思想之弦，筑牢责任之堤，以扎实有力举措确保安全生产工作终端见效，切实维护人民群众生命财产安全和社会大局稳定，为庆祝建党100周年营造良好安全环境。7月9日，黎辉到迈皋桥街道，现场调研文明创建、大气污染防治工作。区委常委、宣传部部长储纲陪同调研。11月20日，黎辉带领区人大常委会农委和区人大代表迈皋桥组，专题考察区农业农村局和水务局所承担的民生实事项目。区水务局、区农业农村局、迈皋桥街道、尧化街道、八卦洲街道主要负责人参加考察。12月20日，省总工会党组书记、副主席，省产改办主任徐大勇，带队到区调研评估产业工人队伍建设改革推进落实情况。市人大常委会副主任、南京市总工会主席张一新，黎辉等陪同调研。 □张永光

·组织建设·

◆**概况** 2021年，栖霞区委组织部围绕栖霞区委部署要求，以习近平新时代中国特色社会主义思想为指导，全面贯彻中共十九大和十九届二中、三中、四中、五中、六中全会精神，深入贯彻落实新时代党的建设总要求和新时代党的组织路线，聚焦聚力、实干担当，以优异成绩庆祝建党100周年。

是年，区委组织部聚焦政治建设，履行全面从严治党政治责任。做好庆祝建党100周年相关工作。按照中央和省、市委部署要求，全力做好各级“两优一先”（优秀共产党员、优秀党务工作者、先进党组织）评选表彰和颁发“光荣在党50年”纪念章等工作。9月24日，《人民日报》头版刊载题为《党旗红 治理优 生活美——江苏省南京市仙林街道打造新时代城市版“枫桥经验”》文章，点赞栖霞区仙林街道城市基层党建工作。江苏省委办公厅为此发文推广仙林街道相关经验。区委组织部举办全区“两优一先”表彰大

会，走访慰问获得党内荣誉的党员、生活困难党员、老党员等，大力宣传优秀共产党员先进事迹，营造浓厚氛围。保障区委选举产生出新一届区委委员（候补委员）、区纪委委员，规范有序推进江苏省党代会代表2人、南京市党代会党代表20人推选工作。把中共党史学习教育作为全年重大政治任务，在参与组织服务全区学习教育的同时，高标准高质量推动部机关学习教育走在前、作表率。

是年，区委组织部夯实基层基础，巩固发挥提升党的组织优势。编纂《仙林街道群众工作法20条》，实体运营江苏省党支部书记学院（城市分院），承办10类主体班次。村居“两委”（村委会、支委会）换届实现“一肩挑”比例96.8%，平均储备后备干部2人以上。开展“实干为民再出发”专项活动，举办两轮“两委”成员轮训。全面推行常委党支部联系点“五个一”（即听取一次情况汇报、进行一次走访调研、召开一次座谈交流、开展一次政策宣讲、推动解决一个具体问题）制度，巩固“牌子乱象”清理成果，整顿提升软弱后进村（社）党组织9个，带动党支部“标准+规范”建设。统筹推进全区党（工）委、党组书记抓基层党建项目55个。办好村委会、居委会书记“头雁讲坛”、两新（新经济组织和新社会组织）书记“示范课堂”以及各类主体培训班次。全市率先出台《栖霞区“两新”组织党务工作者专业化建设管理办法（试行）》，完成首批106名“两新”组织党务工作者专业资格认证、20名“两新”专职党务工作人员择优选拔。深化“党课开讲啦”“学习身边榜样”，办好“‘90对话90’赓续红色薪火”系列活动。推选一批先锋群像（个人），获中央和省市“两优一先”表彰单位16个，获评全省第二批“百名示范”“千名领先”村（社区）书记13人，获“光荣在党50年”纪念章老党员3431人。市、区两级组织部门共同拍摄的《生活在仙林》《共同富裕在十月》党史微纪录片在江苏卫视播出。是年，区委组织部门新建金地中心、弘阳家居广场等商圈党建阵地，打造欧葆庭康养党建阵地；召开党工共建成果发布会，发布年度创新项目18个，全国县区首家社会治理劳模创新工作组暨临时党支部揭牌成立。辖区党建带工建案例为全市唯一入选的全省优秀成果。

是年，区委组织部着力建设现代化干部队伍。调整干部7批次，提拔区管正职8人、区管副职35人，晋升一级调研员16人、二级调研员12人、三级调研员16人、四级调研员26人，交流轮岗区管正职21人、副职36人。加强一线培养年轻干部，做好对口帮扶陕西商洛、青海湟中干部轮换工作。1985年后出生的年轻干部走上区管领导岗位6人。完成2021年度招录任务，招录公务员38人。出台《栖霞区公务员平时考核工作实施办法（试行）》，建立日常考核、分类考核、近距离考核的知事识人体系。

是年，区委组织部坚持党管人才，全方位培养引进用好人才。栖霞板块新增入选国家级人才1人，江苏省“双创人才”3人、江苏省“双创博士”1人，江苏省“333工程”17人；集聚紫金山英才高峰计划3人、南京市创新型企业家21人、市、区高层次创新创业人才项目107人次，全区人才规模总量稳步提升。举办“创栖霞”系列大赛，吸引优秀人才落户栖霞58人。推进“海智湾”国际人才街区建设，交付使用首期人才公寓100套，打造海外人才项目“孵化器”1.8万平方米，搭建“一站式”科创加速器4.2万平方米，海外优秀人才入驻湾区742人，海智湾运营绩效获评市级“优秀”等次。开展“生根出访”链接全球资源，加强与南京大学国家大学科技园等引才平台、紫金山天文台等驻区“大院大所”的联系对接，集聚诺贝尔奖得主、两院院士等各类人才900多人。承办紫金山英才发展国际峰会、“中华门创将”大赛南京赛、中国（南京）智谷“AI+生物医药”菁英论坛等重大活动。发布栖霞区“AI+生物医药”科技产品需求对接和情感咨询共享平台，链接金融资本、人力资源、管理咨询等近百家优质创服资源。构建栖霞人才创业指数体系，连续三年发布年度栖霞人才创业指数白皮书，展示广阔发展前景。

是年，区委组织部获2021年度全区综合考核第一等次；被评为2021年度栖霞区经济社会发展和党的建设先进集体；被评为2021年度机关作风建设先进单位。

◆区属党（工）委书记述职 1月6日，区委常委会在区委党校召开专题会议，听取区属各党（工）委书记2020年度履行全面从严治党主体责任述职报告。区委书记黎辉主持会议并讲话，南京市考核组组长、市委统战部常务副部长孙绿叶全程参会并做点评讲话。辖区9个街道工委书记、栖霞高新区党工委、区拆迁办党工委、区委两新工委以及区退役军人事务局党委，围绕抓全面从严治党工作情况在会上述职。黎辉逐一做出点评。区委常委，区委党建工作领导小组、区落实党风廉政建设责任制领导小组成员单位有关负责人，辖区各街道党工委书记，区属各系统党（工）委主要负责人，各街道党工委专职副书记等以及基层党员群众代表参与现场评议。

◆村（社区）党组织换届选举完成 1月17日，辖区9个街道126个村（社区）党组织换届工作按期全部完成，选举产生新一届党组织书记126人、副书记163人、委员636人。村（社区）党组织换届工作选举过程中，各级党组织高站位组织实施、高标准规范操作。自下而上把牢“责任关”，动态掌握联系点情况、在一线抓好督促指导，收集、反馈党员群众意见建议153条，推动化解各类问题隐患22个。由里及外把牢“人选关”，严格执行区级联审，经街道党工委预审，区委组织部联合纪检、公安、审计、市场监管等部门，两轮审查意向人选941人。按照个人自评、干群议评方式对书记候选人开展“政治体检”、全员“健康”过选126人。以点带面把牢“程序关”，高标准组建区综合指导组1个、区巡回指导组3个，编发工作简报5期，推介经验做法。选取村（社区）“先行先试”7个，积累可学可鉴的“实战经验”。

◆主旨峰会暨海智湾创新论坛 6月23日，由2021南京创新周组委会主办，南京市委组织部（市人才办）、栖霞区委、栖霞区政府承办的2021紫金山英才发展国际峰会暨海智湾创新论坛，在栖霞区正式开幕。省委常委、市委书记韩立明，中国科学院院士、清华大学交叉信息研究院院长姚期智，中国科学院院士、南大教授陈洪渊出席活动。部分两院院士，在宁高校领导，“双一流”高校校友会、“海智湾”入湾人才代表，重点企业、新研机构、人力资源服务机构代表参加开幕式约200人。韩立明与姚期智共同为“驻场企业家（EIR）基地”揭牌。市委组织部常务副部长、市人才办主任，一级巡视员张新年介绍国际人才街区创新创业生态。峰会现场连线新加坡南洋理工大学中国学联主席王硕文、中兴通讯股份有限公司副总裁邱生富等海内外嘉宾，分别为南京科技创新、人才引领、创新资源集聚、校地合作提出相关意见建议。创新论坛环节，邀请德科中国执行董事、首席执行官倪瀛等，分别围绕“迈向未来的人力资源”“科技创新强国与战略科技人才”“引一流人才，领创业之路”主题进行分享。

◆主旨菁英论坛暨交叉智能峰会 6月23日，2021中国（南京）智谷“AI+生物医药”菁英论坛暨第三届交叉智能前沿峰会在栖霞区新地酒店举行。论坛主要围绕人工智能与生物医药产业领域，探讨海内外高端人才引育策略、路径和方法。栖霞区委副书记、区长王生，栖霞区委常委、组织部部长黄伟民等出席活动。王生致辞。活动现场面向海内外英才发布“AI+生物医药”招才令。斯道资本合伙人刘昕以《AI和药物研发的结合》为题做主题分享。“海智创客说”环节邀请清华大学交叉信息研究院助理教授王禹皓、南京南欣医药技术研究院负责人马晶等先后解析人工智能、生物医药、大数据等栖霞区重点打造的产业，为推动栖霞创新发展注入活力。

◆栖霞区“两优一先”表彰大会 6月30日，栖霞区“两优一先”表彰大会在区机关大礼堂召开。辖区全体市管以上领导，全体区管正处职干部，辖区街道党工委专职副书记，各社区、村党组织书记，省、市“两优一先”表彰对象和区“两优一先”表彰对象，2021年度改革创新之星、攻坚担当之星，重点两新组织党组织书记参加会议。区委书记黎辉会上讲话。其间，大会表彰区先进基层党组织100个、区优秀党务工作者100人、区优秀共产党员100人，选树区改革创新之星和攻坚担当之星各10人。

◆科技镇长团工作 9月27日，栖霞区科技镇长团总结欢迎会，在区委党校举行。黎辉等出席会议。区委常委、组织部部长储纲主持会议。黎辉讲话。栖霞区在第十三批科技镇长团考核中，被评为市优秀科技镇长团团长的有2人（行政区1人、开发区1人），被评为省级优秀团员的有3人（行政区2人、开发区1人），被评为市级优秀团员的有6人（行政区4人、开发区2人）。

◆紫金山英才·栖霞人才计划 2021年，栖霞区聚焦顶尖人才引进目标，申报国家级重点人才工程43人，已进入终审31人。新增入选省“双创人才”3人、省“双创博士”1人。做好紫金山英才计划申报，高峰计划申报项目14个，进入最终评审项目7个，入选项目3个（行政区1人，经开区2人）；积极开展先锋计划高层次人才创新创业项目申报，参加区级技术评审项目397个，参加区级综合评审项目275个，入选区级人才计划项目74个（行政区42人，经开区32人），获市级直进资格项目2个，入选市级人才计划项目33个（行政区24人，经开区9人）；组织开展创新型企业家批培育项目申报，进入市级审核层面200人，入选21人（行政区13人，经开区8人）；省第六期“333工程”培养对象选拔工作，入选二层次的1人，入选三层次的16人。

◆海智湾国际街区建设 2021年，栖霞区整合栖霞行政区、南京经开区、仙林大学城三区资源，结合区域产业定位，高标准建设“海智湾”国际人才街区，打造“海智湾”客厅、“海智湾”孵化器、“海智湾”人才公寓、“海智湾”加速器4个核心海外人才创新创业服务平台。构建入湾、在湾、出湾运营管理体系，吸引海外归国人才落户栖霞742人。针对入湾人才需求，开展线上线下创业辅导、职业指导、岗位招聘、交流学习等活动60余场次，推送企事业单位岗位招聘信息5000余条。在“栖霞人才生态圈”开发“海智湾”专属服务模块，集成“湾区简介”“入湾政策”“在湾学习”“出湾启航”等功能模块，实现入湾人才在线全流程管理。举办“栖”创未来、“栖”待“宁”来、“栖”迹之旅等系列品牌活动，完善人才“入湾”“在湾”“出湾”全链条、系统化服务，进一步提升湾区品牌力、影响力。 □陈 航

·学习宣传·

◆概况 2021年，区委宣传部组织专题学习31场，开展交流研讨9次。强化基层党员冬训工作，《打造“三境”（即云境、实境、情境）宣教模式培育“犇”跑红色传人》获评全市基层党员冬训创新项目，《毛主席视察十月村给我们的启示》获评优秀微课视频。组织全区3万多名党员开展祭奠英烈、党史知识竞赛、重走长征路、诵读党史等活动，把“我为群众办实事”活动贯穿学习教育全过程，全区处级以上干部下沉一线开展“察民情、访民意”专题调研600余人次，梳理出“我为群众办实事”市级项目两批37项、区级项目478项，解决群众的操心事、烦心事、揪心事940件。中央和省市各级新闻媒体全年刊播关于栖霞区的新闻报道4500余篇次，中央级媒体刊播40余次，多篇报道在《人民日报》《新华每日电讯》、央视新闻联播、“学习强国”全国平台、人民网首页、新华网首页发布。累计处置各类敏感舆情线索400余条，向区委区政府报送舆情内参50余篇。统筹全区“报、网、台、微、端”资源，以“栖霞视点”为龙头的融媒体矩阵创新形式，建立#栖霞过节啦#抖音短视频话题，互动量近600万次。成立创建全国文明典范城市工作专班，社会文明程度测评分数位居全市郊区组前列。对线下新时代文明实践中心1个、实践所9个、实践站126个实现功能配套的提档升级；线上依托“云栖霞—文明实践”平台加强典型宣传、活动报道等。获评第五批南京市“学雷锋活动示范点”单位2家、获评“岗

位学雷锋标兵”1人，当选“中国好人”1人，进入“南京好人”公示环节6人，单位46家、社区19个、行政村12个进入市级文明单位（社区、村）公示环节。反映基层党员干部带领村民建设美好家园的电视剧《花开山乡》，入选中宣部庆祝建党百年优秀电视剧展播剧目，在央视一套晚间黄金档播出。打造南大黑匣子剧场、山水园社区小剧场、区文化馆青春剧场和可一实验剧场特色小剧场，建成“栖·听—栖霞有声书房”24处，开展各类阅读活动1200余场，建成街道公益影院2个，放映农村公益电影450场。全区规模以上文化企业数量达162家，规上文化产业增加值实现82.72亿元，文化产业增加值占GDP比重达5.86%。完成38家印刷厂、129家出版物经营单位和12家电影院的年度核验工作，做好出版物零售单位设立（变更）审批服务50家。举办栖霞区宣传干部“学党史 悟思想 办实事 开新局”增强“四力”（即脚力、眼力、脑力、笔力）教育培训班、宣传“四史”（即党史、新中国史、改革开放史、社会主义发展史）培训班等。获南京市宣传文化系统第六批“五个一批”文化人才、第四批南京市青年文化人才等称号3人。是年，区委宣传部被区委、区政府评为“2021年度区对机关部门综合考核第一等次”。

◆党史学习教育 1月，根据中共中共中央学教办文件要求，各党（工）委、党组召开党史学习教育专题民主生活会，班子成员作个人对照检查发言，从5个方面查摆问题与不足，开展批评和自我批评，区委指导组到会指导。1月17日，三区党史学习教育总结会议召开，南京市委指导组组长张映芳到会指导，黎辉出席会议并讲话，会议由王生主持，三区全体省、市管干部，党史学习教育各参学单位主要负责人，各指导组组长参加会议。会议全面回顾总结三区党史学习教育成效和经验、成果。3月，党史学习教育启动，活动覆盖全区71家参学单位、中共基层党组织1200多个、中共党员3.1万人，开展专题学习31次；全区订购党史必读书目126588册，党员发放覆盖率100%。组织党员干部开展祭英烈、诵党史、重走长征路等活动，建设“栖·听”有声书房、“栖·阅”线上读书吧，开设“悦读云听”“主播说党史”等系列宣教栏目，设立晓庄社区党史馆等9处“实境课堂”，开展微党课竞赛和党史知识竞答，组建“区委宣讲团”“巾帼宣讲团”“翼之队宣讲团”“银龄宣讲队”等宣讲团体，深入基层开展各类宣讲1600余场，覆盖人数6万余人次。创作广播剧《主席来到十月村》，编写“四史”读本《星星火》，拍摄网络电影《晓庄1930》，出版书籍《沸腾的晓庄》《学党史 忆青春 谋发展 颂党恩——“口述栖霞工业史”》，拍摄纪录片《共同富裕在十月》《生活在仙林》。开展“党的光辉照栖霞”区级机关文艺汇演、“艺栖来 跟党走”文艺惠民演出，推出“一‘栖’”系列活动，组织“光荣在党50周年”纪念章集中颁授暨“‘90对话90’赓续红色薪火”等活动1000余场。3月4日，全区召开行政区、经开区、大学城三区党史学习教育动员会议，黎辉做动员部署，三区领导班子，部门、平台主要负责人，各街道党政主要负责人参加会议，区委副书记、区政府区长王生主持会议。3月19日，区委党史学习教育领导小组成立，黎辉任组长，领导小组共有成员单位23家，下设办公室负责领导小组日常工作。4月16日，网络电影《晓庄1930》开机仪式举行，电影以“晓庄十英烈”之一的叶刚为原型。5月18日，仙林街道仙林新村（北区）弱电杆线下地项目开工仪式举行，黎辉出席活动，市发改委牵头召集市18个部门负责人，与电力、有线电视和三大电信运营商相关负责人共同会商杆线下地事宜。5月26日，黎辉开展“一线访民意、一线解难题、一线促发展”专题调研，带队实地走访察看迈皋桥街道文明城市创建、垃圾分类、双拥工作开展情况，座谈听取社区、驻地部队、党员、群众代表意见建议，协调解决一线难题。南京禄口机场疫情发生后，全区党员干部积极投身“党旗飘在一线、堡垒筑在一线、党员冲在一线”行动，深入践行“两在两同（即“同人民想在一起、干在一起，风雨同舟、同甘共苦），在现代化新征程上建新功行动”，强化责任意识，践行担当精神。在职党员下沉一线1144人次，就地编入127个“抗疫先锋”行动党支部，组建各类行动微支部300多个。在核酸检测、集中隔离、离宁查验点等一线广泛设立“党员先锋岗”，建立“临时党支部”30个，带动群众筑牢防疫防汛“铜墙铁壁”。11月17日，区委理论学习中心组举行党的十九届六中全会精神专题学习会，黎辉主持并讲话。区委常委，区人大常委会、区政协主要领导，区政府党员副区长联系工作实际学习会上交流心得体会。12月20日，一“栖”学习第九届党史知识大赛举办，省委党史办主任邢光龙，市委党史办主任徐春，南京市委指导组王元春、郑茂德，区委书记黎辉等参加活动。

◆区委中心组学习 2021年，区委宣传部制订《关于印发〈2021年全区党（工）委、党组理论学习中心组专题学习计划〉的通知》（宁栖宣通〔2021〕2号），编制《2021年区委理论学习中心组学习课程计划》。先后采取传达学习、辅导报告、交流研讨、观看警示教育片、实地考察等形式，组织中心组集中学习31次，向区委中心组成员发放《习近平新时代中国特色社会主义思想学习问答》《中国共产党简史》等学习资料千余册。

◆基层党员冬训 2021年，全区基层党员冬训创新打造“云境化”“情境化”“实境化”开讲模式。打造“情境”深学，举办“红船扬帆再出发”活动，模拟重走“长征路”等场景，深化沉浸式教学，激发冬训活力。推进“实境”感悟，依托新时代文明实践中心（所、站）开展形式多样的为民实践，将冬训与文化惠民、敬老助残、扶贫帮困等志愿服务相融合，开展活动500余场。在2020-2021年度省、市基层党员冬训工作评优活动中，迈皋桥街道获评全省基层党员冬训工作示范街道，栖霞区《打造“三境”宣教模式 培育“犇”跑红色传人》获评市级冬训工作创新项目，区委党校《毛主席视察十月村给我们的启示》获评市级优秀微课视频。

◆中共十九届六中全会精神宣讲 2021年，围绕学习贯彻中共十九届六中全会精神，举办全区基层理论宣讲骨干培训班，遴选党员干部、党建专家、理论讲师、百姓名嘴成立区委宣讲团，通过专题化、艺术化、互动化等多种形式深入机关、企业、学校、农村、社区开展宣讲。打造迈皋桥街道“银龄宣讲队”、燕子矶街道“党员红色小屋”、尧化街道“老党员工作室”等一批理论宣讲品牌，助推党的创新理论“飞入寻常百姓家”。全区合计开展十九届六中全会宣讲1300余场，实现3.2万名党员全覆盖。

◆新闻宣传 2021年，区委宣传部持续加强辖区重点特色报道。《江苏省南京市仙林街道打造新时代城市版“枫桥经验”》等多篇报道在“学习强国”全国平台、人民网首页、新华网首页发表。截至12月底，中央、省、市各级新闻媒体刊用宣传、推介栖霞区的稿件4500余篇次，展现“最强增长极 最美新栖霞”地区形象。栖霞区委宣传部门围绕全区党政机关整体部署，聚焦不同工作阶段重大主题，配合舆论宣传。举办重大项目开工、栖霞区“十四五规划”、对标找差融媒体微访谈、2021土地招商推介会、一季度栖霞经济社会发展情况新闻通气会、疫情防控新闻发布会等新闻发布活动40余场，区领导牵头发布，区委书记、区长、常务副区长等参与，全面系统介绍辖区的重大项目、未来规划、经济发展、民生工程等一系列信息。

◆区融媒体中心建设 2021年，区融媒体中心，制订《南京市栖霞区融媒体中心职能配置、内设机构和人员编制规定》，完成南京市栖霞区融媒体中心事业单位登记设立工作，初步拟定《南京市栖霞区融媒体中心岗位设置方案》，完成中心所属的南京栖广融合传媒有限公司的企业改制和股权转让工作。区融媒体中心全年共完成电视新闻播出近3000条，栏目制作播出260余期，安全播出零事故，“栖霞电视台”新浪微博日均推送信息5—10条，日阅读人数3000人次。12月28日，原“家住栖霞”微信公众号变更主体与名称，变更后的“栖霞融媒”微信公众号围绕教育、医疗、旅游、消费等民生热点，共发布1140篇图文，总阅读量达158.8万人次。“微栖霞”视频号全年发布短视频268篇，总阅读量达106.2万人次，最低阅读量达1001人次，最高阅读量达12.3万人次，超过1/3的短视频阅读量达1万+。总评论数达5000人次，朋友圈转发达20.1万人次。“微栖霞”视频号全年开展平台直播10余场，总观众人数达15万人次，最高在线1.1万人，累计喝彩4.5万人次。“云栖霞”App共举办直播17场，总点击量达141.46万人次，场均观看人数达8.3万人次。融媒体作品创优评优项目获全国性新闻一等奖1个、三等奖3个，省级公益广告类铜奖1个，市级类奖项7个。

◆ **网络宣传** 2021年，“栖霞视点”微信共推送信息1000余篇，累计阅读量超800万次；“栖霞视点”微博发布资讯超15000条，阅读量近5200万次；“栖霞视点”头条号发布资讯超1400条，展现量近1600万次；“栖霞视点”抖音和视频号发布短视频500余条；《今日栖霞》报共刊发49期。12月，“栖霞视点”微博、头条号获南京市委网信办授予的2021年度优秀政务新媒体账号荣誉称号，“醉美栖霞”二十四节气海报获南京市新媒体创新载体展赛奖。策划“我们的节日”主题活动，#栖霞过节啦#抖音短视频话题互动量近600万次；举办“宝藏南京——赏最美花海 观长江新貌”网络直播活动；组织开展“青春正当时”短视频大赛、“青春正当时 永远跟党走”毕业歌会等系列活动；开设党史学习教育专题专栏；紧密结合党史学习教育和“我为群众办实事”实践活动，推出系列主题短视频。

◆ **文明城市创建** 2021年，区委、区政府主要领导和分管领导以“四不两直”（“不发通知、不打招呼、不听汇报、不用陪同接待、直奔基层、直插现场”）等方式到建筑工地、农贸市场、小区等各类点位开展现场检查，先后召开多次区委常委会专题研究创建工作。印发《栖霞区持续常态长效推进文明城市创建、争创全国文明典范城市工作方案》《关于成立栖霞区文明城市创建综合组、实地指导组和督查组的通知》《区领导联系街道、部门深化文明创建常态长效工作方案》等指导性文件，编发《测评体系责任分解操作手册》《新增指标、静态类指标工作提示》。建立栖霞区创建全国文明典范城市工作专班，编制《样本框三级责任人体系》等，增强创建系统性。先后开展三区培训3次、专题培训5次、互动式专题培训9次，覆盖3000余人次。构建“测评—点评—整改—回头看”工作闭环，创建工作街道月度考核挂钩。其间，区委宣传部门组织文明城市创建综合组、实地指导组和监督组，实地指导70余次，发现问题220余条；组织区级市民督导团开展督导18次，通报问题近200条。

◆ **志愿服务** 2021年，全区有注册志愿者32628人，志愿团体233个，服务项目3179个，文明实践组织130个。7月21日，禄口机场新冠肺炎疫情突发，全区累计发动机关党员志愿者1730人、街道社区志愿者16500人、教师志愿者2049人、青年志愿者1940人、企业志愿者4300人参与志愿服务，有效服务全区防疫大局。马群街道宁康苑社区韩丹获得第五批南京市“岗位学雷锋标兵”称号；区城市管理综合行政执法大队巡防一中队、仙林街道为民服务中心获得第五批南京市“学雷锋活动示范点”称号；燕子矶街道平安志愿者协会获评2021年度南京市学雷锋志愿服务“优秀志愿服务组织”；马群街道宁康苑社区获评2021年度南京市学雷锋志愿服务“优秀志愿服务社区”。

◆ **先进典型选树** 2021年，全区积极推选先进典型人物。王远志、吴兴林当选“中国好人”；周忠林当选“江苏好人”；王梓诚当选“新时代江苏好少年”；廖彬鸿获评“第八届南京市道德模范”，王远志、崔成轩获评“第八届南京市道德模范提名奖”；兰新星等15人当选“第二十届南京好市民”；石秋等10人当选“南京市新时代好少年”。

◆**文化产业提质增效** 2021年，在全市文化产业高质量考核中，全区规模以上文化企业实现营业收入582.29亿元，同比增长11.6%；规上文化企业实现增加值82.72亿元，同比增长27.4%；文化产业增加值（全口径）占GDP5.86%，比上年提高0.67个百分点。文化产业发展指数和水平指数综合排名位居全市第一方阵。南大科学园被授予南京文化产业园区称号。区委宣传部联合区统计局等相关部门多次调研辖区街道、园区（平台）相关文化企业，修改完善《栖霞区文化产业发展专项资金管理办法》，奖励扶持重点文化产业项目、重点文艺创作，奖励年度培育壮大的规上文化企业。尧智汇科技产业园区、非常慢旅文化旅游项目、知乎城市空间、尧化科创大厦、八卦洲跨境电子商务等11个文化产业项目签约。招引新浪环保、泓和云安全科技2个亿元文化产业项目落户栖霞。邵颖萍、饶谨2人入选南京市第六批"五个一批"人才项目，刘小帆入选南京市第四批青年文化人才项目。

◆**文艺创作** 2021年，区委宣传部、区文联新增文艺创作资金200万元，扶持类目主要包括重点文艺签约、优秀文化成果嘉奖、文艺团队和阵地建设运营扶持三大类。经专家评审，签约项目15个。"信仰之路"栖霞区文联创作优秀主题文艺作品数百件，文学作品累计10余万字，《青春·栖霞山》杂志、"栖霞红枫文艺"官方微信等平台开辟专栏展示。区美术家协会窦昊陶艺作品《唐古特异想记》入选第三届中国当代陶艺艺术大展。陈维作品入选全国第五届青年书法篆刻作品展览、全国第三届大学生书法篆刻作品展览。沈阳出版书籍《中国汉画大图典·舞乐百业卷》，入选"国家十三五重点图书出版项目成果"。卫平创作1.5米×2.8米油画作品《毛主席来到十月村》，入选"百年江苏"大型美术精品创作工程展，被江苏省文联收藏；陈亮被授予"2020年度江苏省美术家协会组织工作先进个人"，其雕塑作品《艰苦岁月》入选"百年江苏"大型美术精品创作工程展，其创作的雕塑《大桥桥头堡》、王超创作的雕塑《焦裕禄》共同入选"百年征程——庆祝中国共产党成立100周年"美术书法精品展；尚荣创作雕塑作品《马克思》，被南京大学收藏。白雁作品分获江苏好新闻一、二、三等奖，邹世奇成为江苏省签约作家并获2020年《延河》杂志最受读者欢迎奖三等奖，邹黎明的作品获第四届博鳌国际诗歌奖"年度新锐奖"，徐延彬的作品获江苏文学内刊联盟庆祝中国共产党成立100周年"我心向党"主题征文一等奖。孙宁军、杨瑶、李继振的作品入选江苏首届篆隶展，杨瑶作品入选江苏省第三届妇女书法篆刻展。合唱作品《英雄无畏》获江苏省第六届大学生艺术展演活动大合唱展演甲组二等奖。邵方获2021江苏省社区朗诵大赛一等奖。黄哥华获"钟山清风"廉政文化作品征集活动书画类一等奖。相声《时代的足迹》获首届南京市公共文化星辰奖，赵君、韩奎的舞蹈作品《游园》，韩奎、曹菲菲的舞蹈作品《追光者》同获该奖项。马群街道金马艺术团获"健康中国·广场舞联赛"昆山站线上比赛常青组特等奖、2021年度南京广场舞决赛一等奖。区委宣传部、党史办与迈皋桥街道工委联合推出网络电影《晓庄1930》，11月，在腾讯视频上线。医生陈妙玲出版纪实文学作品《你的苦痛，与我相关：一位全科医生的平行病历》，区作家协会主席王霞出版丛书《读古诗学作文》，另有近400篇会员作品发表在《小说选刊》《雨花》《散文诗》等各级各类公开出版刊物上。区诗词学会全年组织"咏春夏秋冬""挽袁隆平""贺神舟十三号载人飞船成功发射"等25个专题的主题创作，在市级以上媒体上发表387篇。

◆**"扫黄打非"工作** 2021年，区"扫黄打非"办组织开展"扫黄打非"政策法规培训2次，组织新闻出版行业的印刷企业41家和各类出版物销售经营单位法人和负责人142家学习法律法规和政策规定。全年开展"复印、打印店安全隐患排查、印刷企业安全隐患排查、中小学校周边出版物市场清查治理行动、印刷企业可能涉及使用危化品排查、影院消防安全专项整治行动和印刷企业安全专项整治”等各类专项整治行动8次，出动巡查检查210家次，参与检查人员近600人。配合省、市相关部门做好联合执法检查5次，共同抓好安全管理综合整治。协调区公安分局和相关成员单位，调查处理涉嫌寄递违禁出版物线索3起。是年，西岗街道桦墅村被评为2021年江苏省“扫黄打非”进基层示范点，尧化街道被评为2021年江苏省“扫黄打非”先进集体，区“扫黄打非”领导小组办公室、区民宗局、八卦洲街道和燕子矶街道被评为2021年南京市“扫黄打非”先进集体。

◆区新时代文明实践中心建设 3月，栖霞区新时代文明实践中心依托区文化馆、区图书馆以八卦洲街道新时代文明实践所、上坝村新时代文明实践站为试点，加强“5+N”（即理论宣讲平台、教育服务平台、文化服务平台、科技与科普服务平台、健康促进与体育服务平台，“N”即根据自身实际，建立的特色服务平台）平台建设、志愿服务特色项目，让文明实践更亲民、便民、为民。全年，区新时代文明实践中心（所、站）常态化开展活动，累计举办各类新时代文明实践志愿服务活动3900余场。

◆网络安全 5月28日，区委宣传部召开全区网络安全工作会议暨网络安全培训演练，传达江苏省委、南京市委网络安全工作会议精神，通报栖霞区网络安全工作情况，部署网络安全工作；并进行“如何更好地开展网络安全防护”主题培训。全年辖区发现并及时整改网络安全风险隐患130余起。组织开展全区互联网基础资产普查专项行动，建立健全常态化互联网资产信息更新机制，摸排统计、汇总梳理全区600余项互联网基础资产。 □胡紫薇

·统一战线·

◆概况 2021年，栖霞区统一战线工作以党史学习教育为牵引，系统筹划和实施庆祝中国共产党成立100周年唱红歌、红色朗诵会、书画展及“我为群众办实事”等系列活动，举办第七届宁台行知教育论坛，凝聚共识。自主建设“栖统云”智慧统战信息平台，打造新阶层“万达汇”、工商联“霞商馆”以及“同心汇+”美丽乡村全域统战等新基地，成立“铸牢中华民族共同体意识”校地联盟，举办驻区高校优秀学子宣讲会。开展党外知识分子“智聚·栖霞”——百名专家看栖霞活动，举办港澳台青年服务乡村振兴论坛，出台工商联服务民企“20条”措施，深化“四个对接”（即政企对接、银企对接、校企对接、院企对接）为企服务机制，集聚侨务资源组织“海智湾”云对话、美东同学会招商推介活动。

是年，区工商联获全国“五好”县级工商联称号，区委统战部完成省委统战部“统一战线服务现代化苏南实践”专项课题；“新发展阶段统一战线研究”主题征文，被省委统战部评为一等奖，“万达汇”获评省首批新阶层统战工作实践创新示范基地，陶行知纪念馆、“万达汇”、区民盟“盟员之家”3个统战阵地入围江苏百家统战基地巡礼名单，省民宗委认定“红石榴家园”项目6个。承办南京市贯彻中央民族工作会议精神现场推进会，“驻宁高校铸牢中华民族共同体意识教育实践中心”挂牌，区委统战部（区民宗局）被市委、市政府表彰为“南京市高水平全面建设小康社会先进集体”。

◆全区统战工作会议 3月17日，栖霞区委统战（民宗、对台）工作领导小组会议暨2021年全区统战工作会议在中共栖霞区委党校召开，中共栖霞区委书记、南京经济技术开发区工委书记、仙林大学城工委书记、区委统一战线工作领导小组组长黎辉出席会议并讲话。南京经济技术开发区工委副书记陈乙华主持会议。会议深入学习贯彻中央和省、市、区关于统一战线重大决策部署，总结回顾2020年工作，部署安排2021年工作，推动全区统战工作迈上新台阶、取得新成效，以优异成绩庆祝中国共产党成立100周年。

◆“同心讲堂”品牌活动 是年，区统一战线组织四期栖霞区“同心讲

堂”活动，主要传达学习习近平总书记在全国两会上的重要讲话精神。9月24日，第二期活动在党派之家进行线上直播。区委统战部全体干部、各街道统战干部、全区统一战线各界人士2000余人在线观看。活动邀请南京中医药大学中药系教授、栖霞区知联会副会长彭国平在线上做疫情免疫力等中医知识专题讲座。10月20日，第三期有各民主党派、无党派、新的社会阶层、商会企业、台商台企、台胞台属代表、侨界、归国留学人员、民族宗教界人士代表及区委统战部机关干部、各街道统战干事105人参加，活动邀请南京信息工程大学期刊部副部长刘伟做“贯彻习近平总书记‘七一’重要讲话精神”专题辅导报告（统战专场）。12月21日，第四期有政协南京市栖霞区第十届委员会党外委员推荐人选代表50人，以及区委统战部全体机关干部参加活动。栖霞区委常委、统战部部长章晶主持活动，市委讲师团成员、市委党校教授王兵开设《中国共产党的百年奋斗重大成就和历史经验》专题讲座。

◆“坚定跟党走·同心庆百年” 4月22日，时值渡江战役胜利暨南京解放72周年之际，“坚定跟党走·同心庆百年”——栖霞区统一战线庆祝中国共产党成立100周年系列活动，在五马渡“长江传奇”号轮船上举行。中共南京市委常委、统战部部长华静，黎辉，南京市委统战部副部长、南京市社会主义学院党组书记杨雯懿，南京市侨联党组书记毛银玲，栖霞区政协主席杨白英，栖霞区委常委、统战部部长郭昌标等相关领导出席。区统一战线各领域代表，以及区属系统党工委分管领导，各街道统战委员、统战干事等参加活动200余人。南京大学历史学院副教授孙杨、南京市委老干部局副局长吴光祥、南京晓庄学院陶行知研究院副教授王文岭分别做党史、南京解放史和栖霞统战史主题报告。最后，全体成员还观看“坚定跟党走·同心庆百年”文艺汇演。

4月22日，“坚定跟党走，同心庆百年”——栖霞区统一战线庆祝中共成立100周年系列活动，在燕子矶五马渡“长江传奇”号轮船上举行 （栖霞区统战部／供稿）

◆项目推荐暨统战部长联席会 6月4日，中共栖霞区委统战部召开“一校一品”共建项目推荐会暨栖霞校地统战部长联席会。栖霞区委常委、统战部部长郭昌标，驻区12所高校统战部领导，各街道统战委员参加会议。区委统战部常务副部长、区民宗局局长周和斌主持会议。会议观看“一校一品”统战工作专题片，回顾2019—2021年校地统战工作开展情况，以及“一校一品”的共建项目品牌。辖区9个街道会上分别与南大、南财、南邮、南中医等10所高校签订共建合作协议。 □朱小乐

·民族宗教事务·

◆概况 2021年，栖霞区围绕全区发展稳定大局，全面落实党的民族宗教政策，深入推动宗教中国化栖霞实践。3月，区民宗局被市委市政府表彰为“南京市高水平全面建设小康社会先进集体”，连续4年民族宗教信息考核位列全市前列。是年，辖区加强民族宗教工作组织领导，把民宗工作全面纳入区委、区政府重要议事日程，纳入中心组学习、纳入区级财政预算，纳入区委中心组学习和区委党校、社会主义学校主题班次培训，纳入区对街

党建工作考核，落实“五个纳入”，强化政治保障。采取多种形式开展“民宗政策法规学习月”活动，深化“民族团结进步宣传月”活动，形成“全覆盖”宣传网络，坚持依法管理，强化法治保障。

栖霞区民宗部门组织相关机构、人员学习中央民族工作会议精神，引导广大干部自觉把思想和行动统一到党中央决策部署上来，以铸牢中华民族共同体意识为主线，全面贯彻落实会议精神，服务中心工作。落实《栖霞区宗教活动场所安全专项整治行动实施方案》，各类安全隐患的整改率达100%，促进宗教活动稳定有序开展。帮助宗教团体解决实际困难，抓团体建设，促宗教健康发展。

◆民族宗教政策高校巡讲活动 5月19日，南京市委统战部副部长、南京市民宗局局长苏宇红，在南京邮电大学仙林校区理学院，做《深入贯彻落实习近平关于宗教工作的重要论述，做好高校宗教工作》的专题辅导。南京邮电大学党委常委、总会计师姜小舜，栖霞区委常委、统战部部长郭昌标，区委统战部常务副部长、区民宗局长周和斌，校民族宗教工作领导小组成员单位负责人及师生代表等100余人参加。南京邮电大学党委统战部常务副部长胡玉东主持活动。

◆“驻宁高校铸牢中华民族共同体意识实践中心”揭牌 12月15日上午，南京市贯彻中央民族工作会议精神暨铸牢中华民族共同体意识实践中心建设工作推进会在栖霞桦墅村凤凰书屋举行。首个“驻宁高校铸牢中华民族共同体意识实践中心”揭牌，栖霞区委统战部与驻宁高校统战部还进行“铸牢中华民族共同体意识校地联盟”签约仪式，此举开创南京市铸牢中华民族共同体意识教育实践活动进高校“市区联动、校地联合、内外结合、上下同步”的新局面。

□汪　维

·机构编制·

◆概况 2021年，栖霞区委编办扎实开展机构编制工作，以中央编办实名制系统为依托，做好实名制库的更新管理工作，配合江苏省、南京市完成2021年度机构编制统计专项调查，组织实施全区第二次机构编制核查工作。严格执行科级干部职务预审制度，全年为55家机关事业单位办理科级职数预审68次，办理机关事业单位人员出编事项88项、105人次。机构编制重点向教育、卫生疾控、司法等关系群众切身利益的领域倾斜，核增区司法局政法专项编制2人，全年批复教育系统招聘事业编制人员139人，卫计系统招聘事业编制人员87人。制订《区委编办班子成员“察民情访民意”走访调研工作方案》，排出“深化街道‘三整合’（整合基层审批服务改革力量）改革”“盘活提升机构编制资源效能”“我为群众办实事”等项目7个，其中作为全区重点项目向社会公开一项。《“三个加快”发挥机构编制职能在党史学习教育中保障为民服务》等相关信息内容，先后被中国机构编制网、南京机构编制网、南京新风等媒体刊用16篇次。

◆街道相对集中行政处罚权改革 2021年，区委编办致力推进街道相对集中行政处罚权改革，经区委编办、区司法局向辖区9个街道、政府各相关部门多轮征求意见并通过区政府会议，最终确定将城市管理、物业领域处罚权下放街道。4月19日，栖霞区政府印发《关于公布南京市栖霞区第一批相对集中行政处罚权目录的通知》（宁栖政办字〔2021〕9号），正式向辖区街道下放城管39项、物业14项，行政处罚权53项。11月19日，区民宗局报请审批赋权街道行政处罚权，通过“民宗申请+编办初筛+街道认领+司法审查”四方确认模式，并报区政府审议通过，下放街道第二批相对集中行政处罚权12项。相关处罚权下放后，原行使部门区城管局、区住建局、区民宗局加强对街道综合执法大队业务指导、培训监督和沟通协调。通过资源下沉和业务培训，确保辖区9个街道全部实现执法人员到位、执法资格到位、执法装备到位。区司法局、区委编办及区行政审批局先后印发《栖霞区综合行政执法管理规定（试行）》《2021年度对街道综合执法工作月度考核办法》等各类规章制度，加强综合执法日常管理、案件办理、执法考核等工作，确保下放执法权“放得下、接得住，管得好，有监督”。

◆**全面梳理街道权力清单** 2021年，区委编办全面梳理建立街道权力清单。在梳理方法上，采用“编办初筛+街道认领+司法审查”三方确认模式，力求清单各项内容精准无误。在赋权事项上，按照“应领尽领”原则，对省设、市设法定权力事项以及区级下放审批、处罚事项进行梳理，最终形成街道权力事项清单94项，其中行政处罚66项，行政确认4项，行政奖励1项，行政给付6项，其他行政权力17项。在设定依据上，除原有经司法行政部门确定的法律法规规章之外，增加了将权力下放至街道的相关批复文件和赋权文件，让赋权事项的来源更加清晰。清单经区政府常务会议审议通过，确保街道权力事项的权威性、时效性和准确性。同时规定，街道权力清单建立后，区级各部门不得随意向街道转嫁工作任务，确需将行政权力委托街道承担的，必须严格按照有关规定程序办理。

◆**全区第二次机构编制核查** 11月中旬，在省委编办、市委编办的指导下，区委编办全面贯彻落实全省第二次机构编制核查的工作部署，开展全区第二次机构编制核查工作。11月19日，区委编办制订印发《南京市栖霞区第二次机构编制核查工作实施方案》，11月30日，完成全区行政、事业及编外人员的信息初步采集。区委编办与区委组织部、区财政局、区人社局等部门沟通，对比人员性质、领导任职、经费渠道等事项，查缺补漏、校正勘误、规范填报，并按照核查标准时点更新数据、汇总上报。区委编办在中央编办实名制系统中全面更新、调整全区行政机构51家、派出机构11家及事业单位的机构编制、实有人员（含编外人员）数据185家，并将相关核查数据、年报数据及核查情况报告上报市委编办。

◆**事业单位管理** 2021年，区委编办致力开展全区事业单位网上登记管理工作，完成全区2020年度事业单位法人信息报告公示185家，办理事业单位法人变更登记31家，设立登记31家，注销登记4家，以及相关机关群团单位统一信用代码补领换领、变更赋码等工作。配合推进事业单位社会信用体系建设，完成2020年度事业单位信用等级评价工作，加强对事业单位运行情况监管，涉评事业单位评价等级均为A级。配合南京市委编办做好事业单位登记管理工作手册修订等工作，按照全市统一部署安排，开展“双随机、一公开”（在监管过程中随机抽取检查对象，随机选派执法检查人员，抽查情况及查处结果及时向社会公开）工作单位8家，规范相关事业单位住所、联系人等事项的变更和维护。

◆**编外人员管理** 1月19日，区委办、区政府办联合印发《栖霞区机关和事业单位编制外人员员额管理办法（试行）》（栖委办通字〔2021〕3号）。全区机关、事业单位使用编外人员，按照“编内为主、编外为辅、从严控制、规范管理”的原则，建立使用员额管理编外人员的长效机制。编外人员员额由区委机构编制委员会核定，并保持只减不增。区委编办会同有关部门加大监督力度，及时发现和纠正编外人员员额管理工作中存在的问题，杜绝未经审批聘用编外人员、超员额聘用编外人员等违规行为。是年，全区共有20家单位申请招聘编外人员244人，经审核，各单位因辞职、辞退及退休等原因离职共计142人，因上级文件或会议要求拟配备12人，因保障全区重大工程或重点项目拟配备35人，根据出一进一和适度从紧的原则，批复同意招聘编外人员162人。

◆**教育事业发展** 2021年，区委编办优化教育资源配置，严控总量，优先保障教育事业健康发展。根据区教育局规划及布局调整，区委编办批复同意设立中小学及幼儿园60所，其中幼儿园30所，小学28所，初中2所。12月7日，南京市委编办批复同意栖霞中学升格为正处级事业单位，调整后的栖霞中学校级领导职数为6人，其中校长、书记各1人（正处级），副校长4人（副处级）。是年，为进一步做好校外教育培训监管工作，依据《区委办公室 区政府办公室印发〈关于进一步减轻义务教育阶段学生作业负担和校外培训负担实施方案〉的通知》（栖委办字〔2021〕37号）文件要求，参照市教育局做法，区委编办相应调整区教育局机构编制事项，同意区教育局增设校外教育培训监管科，核增科级领导职数1人。是年，区委编办批复同意区内调动教师66人。

◆公共卫生体系补短板 3月18日，经市委编办批准，将区疾病预防控制中心原有自收自支事业编制41人，调整为全额拨款事业编制，核增区疾病预防控制中心副主任1人（副科级）。区疾病预防控制中心调整后核定全额拨款事业编制77人，领导职数4人（主任1人，副主任3人）。4月29日，依据《南京市2018—2020年医疗卫生服务体系规划》（宁政办发〔2018〕39号）文件精神，区委编办批复同意核增辖区基层社区卫生服务中心编制共94人。6月4日，经区委编委会研究，区委编办批复同意区卫生事业单位2021年公开招聘事业编制卫计人员87人，编制外工作人员77人（其中以劳务派遣方式招聘编外人员21人）。

◆城市分院教育发展中心成立 2021年，经区委编委会研究，拟成立栖霞区基层党支部书记培训中心。6月22日，由区委编办拟稿，以区委编委名义向市委编办申请成立栖霞区基层党支部书记培训中心。6月30日，市委编办下发《关于设立江苏省党支部书记学院城市分院（南京）教育发展中心的通知》（宁编办发〔2021〕83号），明确设立江苏省党支部书记学院城市分院（南京）教育发展中心，为中共南京市栖霞区委党校所属事业单位，机构规格相当于副处级，核定自收自支事业编制10人，处级领导职数：主任1人（副处级），主要承担江苏省党支部书记学院城市分院（南京）的教学管理、课程培训、后勤保障等工作。栖霞区干部培训中心整建制并入江苏省党支部书记学院城市分院（南京）教育发展中心。 □吴 欢

·老干部工作·

◆概况 2021年，栖霞区有离休干部33人。抗战时期参加革命工作的离休干部2人，解放战争时期参加革命工作离休干部31人；享受副省（部）长级医疗费待遇6人；男性24人，女性9人；年龄最大101周岁，年龄最小88周岁。是年，区委老干部局，通过江苏省4A级数字档案室等级评估（苏档〔2021〕2号），被区委、区政府授予“2020年度机关作风建设先进单位”（栖委字〔2021〕12号）。王友新被评为区级机关优秀共产党员，陈峰被评为区级机关优秀党务工作者（栖机工〔2021〕5号）。付晓平、万丰朝被评为2020年度优秀公务员（栖委组字〔2021〕47号）。龙潭街道司法所原所长包明昌、栖霞街道南炼新村社区退休党支部分别荣获“江苏省百佳离退休干部党员”和“江苏省百佳离退休干部党支部”（苏委老干〔2021〕41号）。

◆离退休干部党建工作 2021年，区委老干部局将2021年离退休干部党建主题确定为“品牌打造年”，打造离退休干部党支部阵地品牌投入15万元。区离退休党建示范品牌——“老党员工作室”，被江苏省委老干部局局长江桦点名表扬。“老党员工作室”经验做法在江苏省委老干部局内刊《情况交流》第10期上刊发。3月31日，全区组织工作暨离退休干部党建工作会议在区委党校举行，区委常委、组织部部长黄伟民讲话。7月17日，区委书记黎辉到区委老干部局专题调研老干部工作。是年，区委老干部局采取印发资料、微信推送、送学上门、网上竞答、专题辅导、集中宣讲等形式，开展离退休党员党史学习教育。围绕中国共产党建党100周年重大主题，相继开展“老中青党员结对、重温历史砺初心”实践教育活动、“百年润红枫、十月映初心”主题党日活动、“回望百年路、助力新征程”离退休干

部诗画摄影联展等系列实践活动。栖霞区老干部工作以“银发生辉”工程为抓手，全区建立“银发生辉”老党员工作站26个，组建社区志愿服务队87支，发动老党员2645人参与党史宣讲、文明创建等志愿服务活动。

◆**老干部服务工作** 1月1日，根据《南京市政府购买居家养老服务实施办法》（宁民养老〔2020〕73）和《关于政府购买居家养老服务提高离休干部生活质量的通知》（宁委老干〔2020〕26），为辖区内提供紧急呼叫服务和每人每月8小时免费生活护理服务的离休干部91人，每月上门服务不少于2次。1月10日，根据离休干部参加工作时间的不同，为离休干部发放1—2.5个月的生活补贴。3月8日，走访慰问4名市管退休干部马利、贺研、黄玉兰、黄桂芝。1月25日起，区委书记黎辉、区长王生、区人大常委会主任陈波、区政协主席杨白英、区委组织部部长黄伟民等领导分别带队，走访慰问区离退休老领导。6月11日，根据中组部《关于在建党100周年之际提高抗战时期参加革命工作的部分离休干部医疗待遇的通知》（组通〔2021〕14号）精神，落实离休干部王凯风、唐风山、周忠秀享受副省（部）长级医疗费待遇（苏委〔2021〕205号）。6月17—25日，走访慰问全区离休干部及四套班子老领导。6月18日，为区委老干部局退休人员刘尚炳、石红宝、魏国新颁发“光荣在党50年”纪念章（栖机工〔2021〕13号）。7月11日，根据中组部干薪字〔2021〕509号通知，落实离休干部闵承烈享受副省（部）长级医疗费待遇（苏委〔2021〕352号）。7月20—21日走访全区离休干部。9月13—17日，走访区四套班子老领导32人次。11月23—12月10日，区委老干部局走访慰问全区离休干部及遗属共76人。对离休干部家庭签约医生和居家养老服务项目先后进行2次绩效考核。组织3批次老干部健康体检。联合江苏省委老干部局和南京市委老干部局，邀请江苏省中医院退休中医专家20人，到八卦洲街道开展义诊志愿服务。

◆**老干部活动** 1月6日，栖霞区邀请区四套班子老领导参加区人大、区政协“两会”开幕式。1月6日，区委召开区四套班子老领导区情通报会，区委书记黎辉出席会议并讲话，区长王生通报全区2020年经济社会发展情况、2021年改革发展目标任务，会上听取与会老领导意见建议；结合建党百年重大主题和党史学习教育重大部署，4月9日，组织区四套班子老领导赴茅山抗战胜利纪念碑、新四军纪念馆参观见学。6月3日，组织区四套班子老领导参观溧水大金山国防园。11月1—3日，组织原区四套班子老领导至溧阳疗养、学习考察。12月15日，区委召开原四套班子老领导区情通报会，栖霞区委召开区四套班子离退休老领导区情通报会，区委书记黎辉出席会议并讲话，区长王生通报全区2021年经济社会发展情况、2022年改革发展目标任务，会上听取与会老领导意见建议。

·党校教育·

◆**概况** 2021年，区委党校贯彻《中国共产党党校（行政学院）工作条例》，围绕区委、区政府中心工作和党史学习教育、庆祝中共建党100周年等重点任务，协助区委组织部、区委宣传部等部门举办主体班13期，承办湟中区乡村振兴专题培训班、南京市企业离退休干部工作者“学党史·强素质”培训班等外培班9期。组织教师开展党史党课集体研学和各项征文比赛，不断提升教研能力和宣讲水平，相关文章入选“庆祝中国共产党成立100周年理论研讨会暨第十届江苏党的建设高层论坛”和全省党校（行政学院）系统学习贯彻党的十九届六中全会精神理论研讨会征文2篇。配合宣传部门开展理论宣讲，区委党校全年深入基层开展宣讲68场次。

是年，区委党校认真落实“两在两同”（即同人民想在一起、干在一起，风雨同舟、同甘共苦，在现代化新征程上建新功）要求，全力阻击疫情，高质量完成疫情期间重要会议保障，成立党员突击队到社区协助疫情防控，派出班子成员到南京市委党校隔离点工作，在市委党校服务团队和区相关部门支持下，群众解除隔离189人。

区委党校获2021年“江苏省节水型单位”“南京市节能示范单位”荣誉称号。

◆党校在职研究生栖霞班毕业 1月25日，2017级中央党校在职研究生栖霞班毕业典礼在区委党校举行。江苏省委党校副校长胡志军，江苏省委党校教育长、研究生处处长顾明进出席毕业典礼。部分学员单位分管领导、区委党校全体教师、2017级中央党校在职研究生栖霞班全体学员参加毕业典礼。毕业典礼首先由顾明进宣读《关于对2020届中共中央党校在职研究生优秀毕业生、优秀班干部进行表彰的决定》，随后出席领导为毕业学员颁发毕业证书。胡志军在讲话中祝贺完成学业的全体毕业生。

1月25日，中央党校2017级在职研究生栖霞班毕业典礼，在栖霞区委党校举行
（栖霞区委党校／供稿）

◆课题调研 2021年，区委党校发挥辖地校地党校工作联盟平台作用，通过高校专家、党校教师、部门（街道）联合组团调研、协同配合攻关，深化科研协作功能，区委党校对每一项调研任务定时定量定标，适时召开科研工作推进会，通过挂表作战、倒排进度等形式推进课题调研。全年完成区级课题9项、市级课题3项。其中，《宁镇扬同城化战略下栖霞发展的实践与思考》获江苏省委党校第十届优秀决策咨询成果二等奖，《栖霞区干部培训“四史”教育进课堂实践与探索》获评市委党校重点优秀课题，获区领导批示3项，相关文章在《唯实》《金陵瞭望》《南京智库》等省市刊物发表4篇，入选全市党校系统“贯彻落实习近平新时代中国特色社会主义思想”教学案例文章1篇。

◆外培班 9月24—28日，青海省西宁市湟中区乡村振兴专题培训班在区委党校举办。湟中区机关部门和乡镇、街道的党政负责人参加培训36人。栖霞区委常委、组织部部长储纲出席开班仪式并致辞。11月2日，“宁墨情·共发展”西藏自治区墨竹工卡县党政干部乡村振兴培训班（第三期）在区委党校正式开班。栖霞区委副书记、党校校长黄伟民，南京市委组织部干部五处处长张建荣，墨竹工卡县委书记沈鹏里，墨竹工卡县委常务副书记、常务副县长施勇君出席开班仪式。该培训班为期两周，区委党校专门安排课程设置和调研选点，培训内容涵盖《学习习近平总书记“七一”重要讲话精神》《党建引领基层治理与乡村振兴》《提升基层工作中的沟通与表达能力》等专题课程、在全市范围内的乡村振兴示范点开展现场教学。□谢　瑶

·党史研究·

◆概况 2021年，区委党史办举办“传承红色基因，奋进最美栖霞”——‘栖’学习”第九届党史知识大赛；利用校地党史联盟平台，挖掘辖区红色资源，形成书籍《沸腾的晓庄——中共晓庄支部革命历史影像》、纪录片《南京江面上的壮举》、广播剧《主席来到了十月村》、AR短视频《陶行知

与共产党人风雨同舟二十年》和网络电影《晓庄1930》等一系列研究成果；开展党史学习教育进机关、进校园、进企业、进农村、进社区、进军营、进网络“七进”活动；完成《脱贫攻坚口述史·江苏篇》辖区材料的征集审查和编写工作；响应党中央“始终同人民想在一起、干在一起，风雨同舟、同甘共苦”号召，致力打好打赢疫情防控阻击战。

◆党史宣传工作 2021年年初，区委党史办与区妇联共同发起成立“巾帼党史宣讲团”，先后邀请中共南京市委党史办党总支书记安丽、副处长吕胜梅和晓庄学院教授陈红英，为八卦洲街道机关党总支、燕子矶街道机关党总支、西岗街道听竹社区及龙潭街道南中村党员举办主题党史送学活动，全年宣讲十余场次。12月1日，区委党史办开展“党史书籍进社区”活动，向尧化街道尧林仙居社区，西岗街道齐民路社区、观梅社区、西岗社区，八卦洲街道东江村、中桥村、下坝村7个社区（村）捐赠党史书籍1134册。

◆党史项目研究成果 4月3日，由栖霞区委党史办和南京市委党史办联合创制的三集广播剧《主席来到了十月村》，在江苏省人民广播电台文艺台《档案揭秘》栏目播出。7月9日，区委党史办与南京晓庄学院合作开展的“中共晓庄支部”课题成果《沸腾的晓庄——中共晓庄支部革命历史影像》正式出版并印刷1000册。7月14日，区委党史办与南京师范大学马克思主义学院合作开展的“原国民党海防第二舰队起义”课题成果《南京江面上的壮举》正式出版印刷并摄制完成同名纪录片；11月23日，由区委宣传部、区委党史办、迈皋桥街道党工委总体筹划指导，书影文化传媒自筹资金拍摄的红色主题网络电影《晓庄1930》正式在腾讯视频播映，抖音话题参与量2.1亿次。11月26日，区委党史办与南京电视台合作摄制完成《陶行知与共产党人风雨同舟二十年》AR短视频。

◆党史知识大赛 12月20日，由区委党史学习教育领导小组办公室主办，区委组织部、区委宣传部协办，区委党史办和区融媒体中心承办的“传承红色基因，奋进最美栖霞”——“栖”学习第九届党史知识大赛开幕。江苏省委党史工作办公室主任邢光龙、南京市委党史办公室主任徐春、栖霞区委书记黎辉、区委副书记黄伟民、区委组织部部长储纲、区委宣传部部长袁文峰、南京市委党史学教指导组王元春、郑茂德等省、市、区领导出席活动。最终，区卫健委党委代表队获一等奖，迈皋桥街道党工委和尧化街道党工委代表队获二等奖，区委教育工委、马群街道党工委、区委区级机关党工委代表队获三等奖。

□高 燕

·区级机关党建·

◆概况 2021年，中共栖霞区委区级机关党工委（区级机关党工委）下辖直属基层党委、党（总）支部58个。其中，党委2个，总支15个，直属支部41个，中共党员2274人。是年区级机关党工委持续推进基层党组织“两化一创”（标准化、规范化，“对标定位、评星晋级”评创）建设工作。开展区级机关庆祝中国共产党成立100周年系列活动、区级机关党员干部“理论学习大课堂”学习教育活动。开展以“学习先进典型、争当排头尖兵”为主题的“月度之星”评选活动，全年选树月度之星27人。区级机关党工委完善“五查（查薄弱指标、查工单办理、查服务规范、查执行效能、查整改兑现）转作风”监督机制，加大监督检查的频率和力度。组织市机关作风建设“网络面对面”访谈直播栖霞专场活动，开展“高质量发展看栖霞”系列活动。

是年，区委区级机关党工委制订下发《2021年区级机关党的建设工作要点》《2021年区级机关党员干部理论学习安排意见》等文件；修订完善《区级机关基层党组织“对标定位、评星晋级”评创考评标准》，压实管党治党责任，形成年初定标、年中自查、年终考评验收、激励表彰先进的工作闭环。

区级机关全年发展中共预备党员30人。其中，35岁以下23

人，占发展总数76.7%；女性预备党员14人，占发展总数46.7%；具有大专以上学历预备党员30人，占发展总数100%。

◆机关党组织书记述职评议会 1月13日，区级机关党工委组织召开2020年度区级机关基层党组织书记述职评议会。区级机关工委委员、区级机关党组织书记、党务干部代表参加会议共85人。区委办党支部、区科技局党支部、区老干部局党支部等8家单位的党组织书记现场述职，其他机关党组织书记进行书面述职。区级机关党工委书记万霞逐一点评现场述职的党组织书记抓党建工作情况。与会人员最后书面测评机关各党组织书记贯彻落实党建工作责任制、履行工作职责、完成工作任务等情况。

◆中共建党100周年庆祝活动 4月9日，区级机关举行庆祝中国共产党建党100周年暨先进表彰大会，杨雪等123人被评为区级机关优秀共产党员、潘靓妮等15人被评为区级机关优秀党务工作者、税务局机关党委等10家党组织被评为五星级党组织。会议动员全区广大党员干部对标先进、再接再厉，为建设“强富美高”新栖霞再立新功。南京市作风办副主任顾国成，栖霞区委副书记孙爱军，区委常委、组织部长黄伟民出席活动。区级机关党建工作分管领导、党务干部、机关党员代表参加表彰大会200余人。6月18日，区级机关党工委向党龄达50周年的区级机关党员134人，颁授“光荣在党50年”纪念章。7月12日，栖霞区级机关庆祝中国共产党成立100周年“党的光辉照栖霞”文艺汇演在区政府大礼堂举行。江苏省委省级机关工委副书记朱学山，南京市委市级机关工委副书记柏士勤，南京市委党史学习教育第十一指导组联络员王元春，区委副书记、区长王生等区委、区政府领导一同观看演出。区级机关各单位部门主要负责人，机关各党组织书记、副书记、委员及党员代表观看会演500余人。文艺汇演由中共栖霞区委区级机关工委主办，参演人员均来自区级机关有关部门和单位。

◆“高质量发展看栖霞”活动 10月15日，栖霞区在全市首创开展“高质量发展看栖霞”现场观摩主题活动，通过设置民生、文旅、重大项目和美丽乡村四条观摩线路，特色亮点项目15个，采取“实地+云端”融合模式，全方位展示栖霞历史文化底蕴、现代产业资源等风貌，带动整个栖霞乃至南京市民近距离、多角度、深层次感知栖霞变化和发展，带动更多社会各界人士和群众成为栖霞高质量发展的亲历者和见证人，为栖霞高质量发展凝聚广泛共识和力量。 □伍其宇

10月15日，栖霞区在全市首创开展“高质量发展看栖霞”现场观摩主题活动（区级机关工委/供稿）

·巡　察·

◆概况 2021年，区委巡察机构完成十届区委巡察全覆盖任务，启动新一届区委首轮巡察。开展十届区委第十六轮巡察，完成对1家单位的常规巡察、4家单位巡察“回头看”，实现了十届区委巡察全覆盖。系统总结十届区委巡察工作，十届区委巡察机构全年常规巡察单位67家、村（社区）124个，开展巡察“回头看”的单位有8家，

巡察整改落实情况专项检查和质效评估相关单位19家，开展科技环保专项巡察、办公用房专项巡察、危化品安全生产专项巡察、落实“六保”（保居民就业、保基本民生、保市场主体、保粮食能源安全、保产业链供应链稳定、保基层运转）任务专项巡察，发现并反馈问题3809个，推动问题整改3809个，移交问题线索504条，立案136人，四种形态运用420人次，党政纪处分101人，移送司法2人。是年，区巡察机构启动新一届区委首轮巡察。对区妇联、区残联、区统计局等3家单位开展十一届区委第一轮常规巡察。巡察中，把握“三个聚焦”（聚焦党中央各项决策部署在基层的落实情况、聚焦群众身边腐败问题和不正之风以及群众反映强烈的问题、聚焦基层党组织建设）监督重点，坚持“四个对照”（对照习近平总书记重要指示要求、对照党章党规党纪、对照党中央重大决策部署和政策要求、对照被巡视巡察党组织职能责任和“三定”规定）监督标准，强化“四个紧盯”（紧盯被巡察党组织职能责任、紧盯全面从严治党阶段性特征、紧盯领导班子和关键少数、紧盯人民群众反映强烈的突出问题）监督路径，结合被巡察单位“三定”（定部门职责、定内设机构、定人员编制）规定、职能职责等具体情况强化政治监督，同时将新时代党的组织路线、法治建设、国有企业改革、安全生产责任落实等上级最新指示要求，列入本轮巡察监督重点。围绕巡察“+”不断发力。按照上级关于巡视巡察上下联动、推动巡察监督与其他监督贯通融合的相关要求，致力与纪检、组织、宣传等多个部门加强协作配合，发挥巡察综合监督平台作用。在新一届区委首轮巡察中，区委组织部专门安排“四个一线”培养干部参与巡察工作12人，兼职干部队伍质量得到有力提升。是年，区巡查机构首次与区宣传部门合作，由区宣传部组织成立意识形态专项检查组，纳入巡察组统一管理，专项检查被巡察单位开展意识形态工作责任制落实情况。意识形态领域检查的专业性、权威性更加凸显。

◆十届区委第十六轮巡察　4月15日，十届区委第十六轮巡察工作动员部署会召开。区委常委、区纪委书记、区监委主任、区委巡察工作领导小组组长翟建明出席会议并讲话。区委常委、组织部部长、区委巡察工作领导小组副组长黄伟民传达中央和省市委关于巡视巡察工作精神，宣布本轮各巡察组组长、副组长授权任职及巡察任务分工。十届区委第十六轮巡察安排3个巡察组，用两个月时间常规巡察区委研究室，巡察“回头看”区档案局（区档案馆、区志办）、区科技局、区水务局、西岗街道（延伸巡察仙林湖、广志路两家社区）等单位党组织4家。十六轮巡察中，同步安排专项检查组1个，对区委统战部、区委编办、区委老干部局、区委党校、区发改委、区商务局和栖霞高新技术产业开发区管委会等7家单位党组织开展巡察整改落实情况专项检查巡查，期间查找到问题134个，提出意见建议39条。

◆十一届区委第一轮巡察　10月13日，十一届区委第一轮巡察工作动员部署会召开。区委书记黎辉出席会议并讲话。区委常委、区纪委书记、区监委主任、区委巡察工作领导小组组长彭媛媛传达中央和省市委关于巡视巡察工作精神。区委组织部常务副部长王宇峰宣布各巡察组组长、副组长授权任职及巡察任务分工。十一届区委第一轮巡察安排巡察组3个，用两个月时间常规巡察区妇联、区残联、区统计局。本轮巡察中，同步安排专项检查组1个，对栖霞山风景名胜区管理处、栖霞建设集团、南京栖霞科技发展投资有限公司、南京八卦洲现代农业产业园管委会等4家单位党组织开展巡察整改落实情况专项检查。巡察期间查找到问题92个，提出意见建议22条。　□李　玮

栖霞区人民代表大会

◆概况　2021年，区人大常委会围绕区十八届人大五次会议确定的各项目标任务，认真行使宪法和法律赋予的职权，在全区经济社会发展进程中发挥地方国家权力机关的作用。全年举行区人大常委会会议10次和区人大常委

会主任会议13次，组织执法检查3次、专题询问2次，开展专题考察、专题政情通报会和专题调研19次，听取和审议专项工作报告34项，做出决议、决定7项，依法任免国家机关工作人员42人次。

◆重要会议 2021年，区人大常委会深入学习贯彻习近平新时代中国特色社会主义思想和党的十九大、十九届六中全会精神，围绕全区工作大局，立足工作重点，依法行使职权，全力助推全区经济社会高质量发展。全年召开常委会会议10次，涉及会议议题36项，共有12个政府部门负责人代表区政府向常委会会议报告工作；召开主任会议13次，涉及会议议题12项，有10个政府部门负责人区政府向常委会主任会议报告工作；召开政情通报会1次，由区长王生通报全区上半年经济和社会建设完成情况及下半年工作的安排。

◆调查研究 2021年，区人大常委会履行职责，依法开展各项调查研究工作。全年组织专题考察6次，组织专题调研活动12次，9月15日组织全区人大代表听取区政府专题政情通报会，10月13—11月13日，开展调研月活动，形成调研报告29篇。同时，组织各级人大代表考察活动33次。

◆建议督办 2021年，常委会践行以人民为中心的发展思想，将建议督办工作与落实区人大常委会考察、调研等议题结合起来，与“我为群众办实事”实践活动结合起来，把主动沟通、解决问题、完善制度贯彻督办工作始终，致力推动一批群众关注的“急、难、愁、盼”问题解决，努力推进全区建议办理工作再上新台阶、取得新成效。十八届人大五次会议以来，区人大常委会受理代表建议211件，已全部办结，解决和基本解决的207件，占98.1%。其中，区人大常委会确定的重点建议15件，办结率、满意率、办成率均达100%。

◆区人大常委会会议 2021年，区人大常委会召开常委会会议10次，听取和审议“一府两院”（区政府、区法院、区检察院）专项工作报告22项，述职22人次，决定任免国家机关工作人员42人次。

◆区人大常委会主任会议 2021年，区人大常委会召开主任会议13次，研究区人大常委会有关工作，听取“一府两院”重要工作汇报12项。

栖霞区第十八届人大常委会2022年主要议题一览

表2

时间	会议	会议情况
3—23	十八届常委会第三十六次会议	会议审议通过区人大常委会2021年工作议题安排，并通过相应人事任免事项
4—23	十八届常委会第三十七次会议	会议听取和审议《关于全区新冠肺炎疫情防控工作情况的报告》并开展专题询问。会议还听取和审议《关于污染防治攻坚战三年计划及2020年环境状况和环境保护目标完成情况的报告》《关于区检察院服务保障“六稳”“六保”，护航民营企业发展工作情况的报告》《关于全区支持家庭承担养老功能，推进多层次养老服务体系建设情况的报告》
6—23	十八届常委会第三十八会议	会议听取和审议区人大常委会执法检查组《关于〈中华人民共和国固体废物污染环境防治法〉贯彻落实情况执法检查报告》和区政府《关于全区长江岸线保护工作情况的报告》，听取和审议部分市人大代表、区政府部分部门主要负责人、区法检两院部分法官检察官关于履职情况的报告，并通过相关人事任免事项
8—30	十八届常委会第四十次次会议	会议听取并审议《关于栖霞区2020年度本级预算执行和其他财政收支情况审计工作报告》《关于栖霞区2020年度财政决算（草案）的报告》《关于栖霞区2021年度上半年国民经济和社会发展计划执行情况的报告》《关于栖霞区2021年度上半年财政预算执行情况的报告》《关于栖霞区2020年度国有资产管理情况的综合报告》和《关于栖霞区栖霞区2020年度国有自然资源资产管理情况的报告》。会议审查批准栖霞区2020年度财政决算和栖霞区2021年度省转贷新增地方政府债券安排及区本级财政预算调整方案；表决通过《南京市栖霞区人民代表大会常务委员会规范性文件备案审查办法（草案）》，并通过相关人事任免

续表

时　间	会　　议	会　　议　　情　　况
9—22	十八届常委会第四十一次会议	会议听取和审议《关于全区就业创业工作情况的报告》《关于释放科创载体创新活力建设工作情况的报告》《关于“七五”普法工作完成情况的报告》，审议并通过《南京市栖霞区人民代表大会常务委员会关于开展第八个五年法治宣传教育的决议》《关于区人民代表大会换届选举问题的决定》，并通过相关人事任免事项
11—30	十八届常委会第四十二次会议	会议听取和审议《区人大常委会执法检查组关于检查〈南京市生活垃圾管理条例〉实施情况的报告》并开展专题询问，会议还听取和审议《2020年度区本级预算执行和其他财政收支审计整改情况的报告》《关于规范性文件备案审查工作情况的报告》；审查和批准栖霞区2021年财政预算调整方案；审议通过《关于召开栖霞区第十九届人民代表大会第一次会议的决定（草案）》，并通过相关人事任免事项
12—28	十八届常委会第四十四次会议	会议听取和审议《关于栖霞区2021年度国民经济和社会发展计划执行情况及2022年度国民经济和社会发展计划（草案）的报告》《关于栖霞区2021年度财政预算执行情况与2022年度财政预算（草案）的报告》《关于2021年民生实事项目实施情况及2022年民生实事候选项目编制情况的报告》，以及《关于栖霞区第十九届人民代表大会代表资格的审查报告（草案）》，同意将上述报告提交区第十九届人民代表大会第一次会议供代表审议。会议听取区人代会筹备工作情况报告，就人代会有关事项和材料进行讨论。会议还通过相关人事任免事项

栖霞区第十八届人大常委会2022年主任会议议题一览

表3

时　　间	主　　要　　议　　题
3—23	听取区教育局局长徐观林代表区政府做的《关于全区骨干教师队伍建设情况的报告》以及关于区十八届人大五次会议代表建议受理情况的报告，并确定常委会2021年度重点建议督办件
4—22	听取区行政审批局局长孙晓华代表区政府做的《关于全区12345政务热线工作开展情况的报告》
5—31	听取区法院院长李传松做的《关于刑事审判工作情况的报告》
6—21	听取区应急管理局局长魏东代表区政府做的《关于全区安全生产企业主体责任落实情况的报告》
8—26	听取区统计局局长王开宏代表区政府做的《关于全区第七次全国人口普查工作情况的报告》，区民宗局局长周和斌代表区政府做的《关于全区民族工作情况的报告》
9—17	听取区住建局局长周传明代表区政府做的《关于全区保障房建设工作情况的报告》和区农业农村局局长朱从政代表区政府做的《关于全区乡村产业振兴发展情况的报告》
10—22	听取仙林大学城管委会副主任、原规划和自然资源栖霞分局局长张召作的《关于全区废弃露采矿山生态修复情况的报告》和区审计局局长宋福红代表区政府做的《关于全区重大政策跟踪审计情况的报告》，研究部署区人大常委会调研月开展有关事宜
11—26	听取区政府办公室主任王小锋代表区政府做的《关于栖霞区第十八届人大五次会议代表建议办理情况的报告》
12—28	听取区人大常委会办公室主任庄荣代表区十九届人民代表大会第一次会议筹备处报告人代会筹备工作情况

◆**决议、决定**　2021年，区十八届人大常委会先后听取和审议区政府《关于2020年度栖霞区财政决算（草案）的报告》和《关于2020年度栖霞区本级预算执行和其他财政收支情况的审计工作报告》，做出《栖霞区人民代表大会常务委员会关于批准2020年度栖霞区财政决算的决议》；听取和审议区政府《关于栖霞区2021年省转贷地方政府债券安排及区本级预算调整方案（草案）的报告》，做出《栖霞区人民代表大会常务委员会关于批准栖霞区2021年省转贷地方政府债券安排及区本级预算调整方案的决议》；听取和审议区政府《关于栖霞区2021年财政预算调整建议的报告》，做出《栖霞区人民代表大会常务委员会关于批准栖霞区2021年财政预算调整的决议》；根据《中华人民共和国全

国人民代表大会和地方各级人民代表大会选举法》《中华人民共和国地方各级人民代表大会和地方各级人民政府组织法》和《江苏省各级人民代表大会选举实施细则》有关规定，按照省、市人大常委会的统一部署，做出《关于区人民代表大会换届选举问题的决定》；根据第四十二次常委会会议相关议题，做出《栖霞区人大常委会关于召开栖霞区第十九届人民代表大会第一次会议的决定》。

◆区十八届人大五次会议 1月6日，栖霞区十八届人大第五次会议在区机关大礼堂开幕。区人大常委会主任陈波主持会议，区委副书记、区长王生代表区人民政府向大会做工作报告。全体代表和相关列席人员参加会议。1月7日，栖霞区第十八届人民代表大会第五次会议举行第二次全体会议，会议由区人大常委会副主任胡达贵主持。会议依次听取陈波所做的《区人大常委会工作报告》，区法院院长周侃所做的《区人民法院工作报告》和区人民检察院检察长曹琼所做的《区人民检察院工作报告》。1月8日下午，栖霞区第十八届人民代表大会第五次会议，完成预定各项议程，在区机关大礼堂闭幕。区委书记黎辉出席会议并讲话。会议通过关于政府工作报告的决议、关于栖霞区2020年国民经济和社会发展计划执行情况及2021年国民经济和社会发展计划报告的决议、关于栖霞区2020年财政预算执行情况和2021年财政预算报告的决议、关于栖霞区国民经济和社会发展第十四个五年规划和二〇三五年远景目标纲要的决议、关于栖霞区人大常委会工作报告的决议、关于栖霞区人民法院工作报告的决议、关于栖霞区人民检察院工作报告的决议。

◆民生实事项目监督 3月26日上午，区人大常委会召开2021年民生实事项目监督工作部署会。区人大常委会主任陈波，区人大及其常委会各工作机构，各街道人大工委及开发区人大联络办，区政府办等单位负责人参加会议。会议由胡达贵主持。6月9日上午，区人大常委会民生实事项目第六监督组由胡达贵带领，组织尧化代表团人大代表围绕老旧小区整治出新工程和棚户区改造项目开展专题考察活动。区住建局、辖区尧化街道主要领导陪同考察。6月16日上午，张农带领财经委和区人大代表燕子矶街道小组，专题考察区市场监管局民生实事项目智慧城市电梯安全管理和食品抽检工作。6月16日，区人大民生实事项目第四代表监督组开展主题考察活动，围绕区民政局、区残联承担的2项加强特殊群体关爱民生实事项目实施情况进行监督。6月18日，区人大民生实事项目第一代表监督组就“促进教育优质均衡发展”民生实事项目部分内容开展主题考察。6月22日上午，陈波带领民生实事项目第三监督组，围绕布局设置AED（自动体外除颤仪）急救设备和应急救护普及培训等方面内容开展主题考察。6月22日下午，区人大常委会民生实事项目第二监督组由秦亚平带领，围绕“提升健康服务水平”相关民生实事项目开展专题考察。6月24日下午，区人大第七代表监督组围绕“农村公路提档升级、优化公交线路、建设停车场泊位”等民生实事项目推进情况，到辖区龙潭街道开展考察活动。7月15日上午，区人大民生实事项目第五代表监督组围绕“改造升级智慧安防小区”项目开展考察。9月13日，区人大举行全区就业创业工作专题调研暨民生实事项目第八代表监督组主题考察活动。9月24日下午，区人大常委会民生实事项目第二监督组由秦亚平带领，围绕“提升健康服务水平”民生实事项目开展第二次专题考察。10月26日，区人大民生实事项目第四代表监督组开展质效评估活动，围绕区民政局、区残联承担的加强特殊群体关爱民生实事项目实施情况进行总结评价。10月28日上午，区人大民生实事项目第六监督组围绕“提升群众居住条件”和“改善城乡生活环境”两个方面内容开展质效评估活动。11月3日上午，区人大民生实事项目第一代表监督组就“促进教育优质均衡发展”民生实事项目开展质效评估活动。11月4

日上午，区人大民生实事项目第七代表监督组开展质效评估活动，总结评估区交运局、人防办所承担的民生实事项目实施情况。11月10日下午，区人大民生实事项目第八代表监督组评估“推动就业创业”民生实事项目质效。11月20日，区委书记黎辉带领区人大常委会农委和区人大代表迈皋桥组专题考察区农业农村局和水务局所承担的民生实事项目。11月24日，区人大民生实事项目第三代表监督组开展质效评估活动，总结评价区红十字会承担的民生实事项目实施情况。

◆**执法检查** 4月16日下午，区人大常委会召开《中华人民共和国固体废物污染环境防治法》（简称“固废法”）执法检查动员部署暨业务培训会。区人大常委会党组副书记、区人大常委会副主任胡达贵出席会议并做动员讲话，区人大常委会相关委室负责人，区政府相关部门、各街道人大工委、开发区人大联络办负责人和部分区人大代表参加会议。4月27日上午，区人大常委会“固废法”执法检查组一行6人，由胡达贵带领，对全区“固废法”贯彻落实情况开展执法检查。区政府相关部门及辖区栖霞、龙潭街道负责人陪同检查。5月17日上午，区人大常委会“固废法”执法检查组由胡达贵带领，再次对全区固废法贯彻落实情况进行执法检查，区政府相关部门分管领导陪同检查。9月26日下午，区人大常委会召开《南京市生活垃圾管理条例》（简称“条例”）执法检查动员部署会。区人大常委会相关委室负责人，区政府相关部门、各街道人大工委、开发区人大联络办负责人和部分区人大代表参加会议。10月11日上午，区人大常委会“条例”执法检查组由胡达贵带领，对全区“条例”贯彻落实情况开展第一次执法检查，区城管局、辖区龙潭街道负责人陪同检查。11月10日上午，区人大常委会“条例”执法检查组由胡达贵带领，对全区“条例”贯彻落实情况开展第二次执法检查，区城管局、区教育局、区住建局、区商务局、区市场监管局分管领导，辖区马群街道、仙林街道办事处和街道人大工委负责人陪同检查。

◆**区人大换届选举** 9月10日，区人大常委会组织召开区人大换届选举专题培训会，区人大常委会副主任胡达贵主持会议并讲话。各街道人大工委、开发区人大联络办负责人及工作人员参加培训近50人。9月23日上午，栖霞区召开人大换届选举工作会议，确保区人大换届选举工作顺利进行。区委书记黎辉出席并讲话。9月26日上午，区人大常委会主任陈波一行到南京经济技术开发区和仙林街道检查栖霞区人大换届选举选民登记工作推进情况。9月28日上午，区人大常委会副主任秦亚平一行来到西岗街道检查指导栖霞区人大代表换届选举选民登记工作。9月28日，区人大常委会副主任张农一行，到迈皋桥街道和八卦洲街道检查栖霞区人大换届选举选民登记工作推进情况。9月29日下午，区人大常委会副主任肖明宝一行到燕子矶街道和马群街道检查栖霞区人大换届选举选民登记工作推进情况。10月20日上午，栖霞区召开各街道及开发区换届选举工作推进会。陈波，南京经济技术开发区党工委副书记尹军，孙金娣，区人大办、人代联委主要负责人，各街道工委书记，各街道人大工委、开发区人大联络办、栖霞高新区负责人参加会议。会议由区胡达贵主持。

□李 强

栖霞区人民政府

·概 述·

◆**概况** 2021年，栖霞区实现地区生产总值1780亿元，增幅13%；一般公共预算收入152亿元；全社会固定资产投资600亿元，同比增长8.7%；社会消费品零售总额480亿元。栖霞区规模以上工业总产值超3300亿元，高新技术产业投资增幅达54.4%，形成千亿级新型电子信息产业集群。现代服务业增加值预计达740亿元，较五年前翻一番。数字文化产业规上企业平均营收位列全市第一。累计签约落户省、市、区重大项目466个。京东方显示、华侨城欢乐谷等重大项目相继投产运营150个。培育引进天加环境科技、冠石科技等一批跨国公司总部、"隐形冠军"企业。市场主体总量超16万户，是5年前2倍；"四上企业"（即规模以上工业企业、资质等级建筑业企业、限额以上批零住餐企业、规模以上服务业企业）、主板上市企业总量分别达1277家、16家，居全市前列。实际使用外资41.9亿美元。开行中欧国际货运班列，建成龙潭、八卦洲省级跨境电商产业园2个，南京经开区获评中日韩（江苏）产业合作示范园区，南京综保区（龙潭片）跨境电商业务量全省领先。2021年外贸进出口总额突破1000亿元大关。高标准建成超科创载体500万平方米，与驻区高校共建国家级双创示范基地2个、大学科技园5家，设立海外协同创新中心5家。栖霞高新区国家级孵化器获科技部"A类"评价3家。高新技术企业总数886家。备案市级研发机构50家，孵化引进企业超1500家，绩效评价稳居全市前列。科技型中小企业入库1714家，瞪羚、独角兽企业46家。建有省级以上工程技术研究中心、院士工作站、重点实验室等科研平台59家。弥合经济与科技的"两张皮"，联合知名高校38家成立栖霞高校技术转移联盟，打造"霞科行"技术转移平台，促成产学研合作超600项，技术合同成交额累计超200亿元，加快建设南京东部"数字之城"年均增幅达51.4%，举全区之力打造中国（南京）智谷，连续举办四届中国人工智能峰会，集聚图灵人工智能研究院、中兴发展人工智能总部等企业320余家，核心产业收入占全市一半，成为全省最具影响力的人工智能产业基地。是年，栖霞区落实南京东部崛起战略，累计实施城建项目693个、投资超800亿元，攻坚征收项目78个、动迁面积超460万平方米，控制性详细规划法定化覆盖率达92%，仙林新市区、新尧新城基本建成，常住人口城镇化率达93.7%。宁句线、浦仪公路西段等跨区域重大交通设施正式开通，智谷大道等快速化改造项目建成通车，和燕路等快速道路3条、仙新路等过江通道4条、地铁6号线等5条轨道交通工程加快建设，"五横五纵"高速路、快速路框架初具规模。建设市政道路147条，贯通灵山北路西延等"断头路"10条，提档升级农村公路59.3公里，交通道路总里程达468.8公里，成为"四好农村路"（即建好、管好、护好、运营好）省级示范区。马群综合换乘中心、公铁水联运中心等枢纽工程交付，龙潭港入选首批国家物流枢纽。实施精细化建管项目386个，老旧小区改造118万平方米，整治背街小巷135条，治理违章建筑6500多处，社区（村）生活垃圾分类全覆盖，农村污水处理设施新覆盖177个自然村，建成美丽乡村宜居村42个，桦墅村入选中国美丽休闲乡村，姚坊门宜居街区成为全省范本。牢固树立"绿水青山就是金山银山"理念，落实长江"十年禁渔"政策，持证渔民全部退捕。拆除整治沿江船厂10家，取缔非法砂场码头162家，完成45项长江岸线清理整治任务，占全市三分之一。退出生产岸线9.3公里，沿江造林复绿142.67公顷（2140亩），修复湿地166.67公顷（2500亩）、宕口11个，滨江绿色界面全线贯通，燕子矶滨江地区综合整治成为全国典范。完成河道治理41条。$PM_{2.5}$浓度均值下降31.5%，空气质量优良率达81.9%。完成退役场地修复治理166万平方米。建设南京东部"绿色银行"113.33公顷（1700亩），创成国家节约型公共机构示范单位2家。稳岗就业更加有力，新增城镇就业11.8万人，参与创业2万余人。在全市率先设立临时救助专项资金，发放低保金等各类救助资金超3.2亿元，困难群众精准救助率达100%，获评全省残疾人工作先进区。完成棚户区改造项目43个，筹集市场化租赁住房1777套，开工建设燕子矶新城、石埠桥片区等保障房项目518万平方米，交付住房4.2万套，入住近5万人。公共服务优质均衡。新建中小学、幼儿园65所。江苏省中医院紫东院区正式开诊，南京市妇幼保健院丁家庄院区完成封顶。养老服务体系更加完备，建成区域性综合养老服务中心6家，养老服务机构29个，社区居家养老服务中心152家，每千名老人拥有养老床位增至45张。完成第七次全国人口普查，“掌上云社区”覆盖户籍人口50%以上，实现大数据治理向智慧治理升级。工贸领域、交通领域安全事故起数分别下降50%、25%。非法集资立案企业明显减少，政府债务总量稳步压降。完成堤防消险项目37个、积淹点整治23处、地质灾害治理工程24项，安全抵御长江历史最高水位特大洪水等自然灾害。

·重要会议和决策·

◆概况 2021年区政府召开常务会议28次，涉及议题174个。召开重要工作动员部署会83次，推动各项工作积极、有序开展。

◆区政府第四次全体（扩大）会议 2月27日，区政府第四次全体（扩大）会议在仙林商务中心二楼生态会议室召开。会议深入贯彻江苏省、南京市、栖霞区委全会、区“两会”和“全区对标找差、创新实干、打造创新引领极，推动高质量发展大会”精神，进一步明确目标、细化措施、压实责任，对标对表狠抓落实，善作善成务求实效，确保2021年政府工作迅速起步开局，实现“十四五”经济社会高质量发展“开门红”。区委副书记、区长王生出席会议并讲话，区委常委、常务副区长宗宁虎等分别部署分管条口2021年主要工作，宗宁虎主持会议。

◆常务会议 1月11日，区政府召开第104次常务会议，听取全区岁末年初安全生产、四个安全生产督导（巡查）组工作情况汇报，研究栖霞山主题宾馆相关手续办理、栖霞区公房出租困难小微企业减免租金有关事宜。1月22日，区政府召开第105次常务会议，听取区人社局关于全区春节前保障农民工工资支付工作情况汇报，研究栖霞区2021年经济社会发展重大项目计划。2月3日，区政府召开第106次常务会议，研究栖霞区2021年春节期间走访慰问困难群众有关事宜，听取栖霞区长江禁捕的工作情况。2月20日，区政府召开第107次常务会议，听取栖霞区污染防治攻坚办工作情况汇报，审议《关于全力实施创新驱动战略、打造国际化创新高地的若干政策措施（送审稿）》《栖霞区配套建设中小学及幼儿园交付标准（送审稿·2021年2月修订）》，研究小江河（南京）文化旅游发展有限公司成立及注资相关事宜。3月6日，区政府召开第108次常务会议，审议《栖霞区关于加快应用场景开发建设2021年行动方案（送审稿）》《关于进一步完善重大项目推进工作机制的意见（送审稿）》《栖霞区重大产业项目推进工作专项考核奖励实施办法（送审稿）》《栖霞区“招大引强”项目落地考核与奖励实施办（送审稿）》《栖霞区综合立体交通网规划（2021—2035年）（送审稿）》《栖霞区机关事业单位租赁社会车辆管理细则（送审稿）》，研究栖霞山管委会处置更新车辆相关事宜。3月17日，区政府召开第109次常务会议，听取2019年耕地保护督察整改工作情况汇报，研究燕子矶新城综合医院规划设计、调整南京栖霞紫金巨石港航产业投资基金设立方案、栖霞高新区与江苏苏豪投资基金合作设立股权投资基金、江苏开元医药股权收购、南京栖霞山建设发展有限公司向国开行申请保障房经营性贷款有关事宜。3月30日，区政府召开第110次常务会议，听取关于2020年环境状况和环境保护目标完成情况、关于启动社管中心项目配套设施建设及相关费用的情况汇报，审议《栖霞区关于进一步深化安全生产三年专项整治工作的意见（送审稿）》《2021年区安委会成员单位及街道、园区（平台）履行安全生产工作责任考核评价指标（送审稿）》《2021年栖霞区垃圾分类重点工作任务（送审稿）》《2021年栖霞区垃圾分类绩效考评以奖代补资金分配办法（送审稿）》《关于全面推进乡村振兴 推动率先实现农业农村现代化的实施意见（送审稿）》《2021年深入打好污染防治攻坚战目标责任书分解方案（送审稿）》区十八届人大五次会议代表建议、区政协九届五次会议委员提案交办方案。4月17日，区政府召开第111次常务会议，听取栖霞区电梯安全工作情况、近期消防重点工作情况汇报，审议《栖霞区全国第一次自然灾害综合风险普查方案（送审稿）》《第十七届中国·南京农业嘉年华总体策划方案（送审稿）》《2021年栖霞区文化产业发展专项资金管理办法（送审稿）》。4月24日，区政府召开第112次常务会议，听取全区新冠肺炎疫情防控工作、关于全区支持家庭承担养老功能推进多层次养老服务体系工作情况、2021年栖霞区新型研发机构拟签约项目情况、关于进一步提升职业教育产教融合实效情况、关于南京栖霞国有资产经营有限公司为南京栖霞建设股份有限公司注册发行中期票据提供担保的汇报，审议《栖霞区人民防空工作联席会议制度（送审稿）》。5月13日，区政府召开第113次常务会议，学习传达近期习近平总书记重要讲话精神，听取全区拆迁扫尾推进情况、全区2020年度违法用地整改情况、全区防汛抗旱工作情况汇报，研究西岗街道购置公务用车、农业农村局购置公务用车、疾控中心购置疫苗冷链运输车辆有关事宜。5月26日，区政府召开第114次常务会议，听取2021年栖霞区城市精细化建设管理推进工作情况、栖霞区商贸服务业发展情况、栖霞区企业利用资本市场奖励资金申报工作情况汇报，审议《栖霞区优化营商环境政策20条（2021年版）（送审稿）》《栖霞区2021年度东西部协作工作要点（送审稿）》《栖霞区主导产业优化升级2021年行动方案（送审稿）》。6月7日，区政府召开第115次常务会议，学习传达近期习近平总书记重要讲话精神，听取全区信访工作情况、全区新冠肺炎疫情防控及新冠疫苗接种情况、全区政府性债务管理工作情况汇报，审议《栖霞区国企改革三年行动实施方案（2020—2022）（送审稿）》《栖霞区国资国企市场化改革方案（送审稿）》，研究海陵药业保留工业用地性质建设五期项目、全区受污染耕地安全利用工作经费、栖霞古镇及栖霞山主题宾馆项目资产实行市场化运营花园路22号房产公开招租相关事宜。6月19日，区政府召开第116次常务会议，审议《2021年栖霞区推动长江经济带发展工作要点（送审稿）》《栖霞区支持普惠养老专项行动政策清单（送审稿）》《栖霞区普惠养老企业责任承诺清单（送审稿）》，听取栖霞区失能人员照护保险实施情况、全区水环境整治提升工作情况、全区公共法律服务工作情况汇报，研究龙潭街道拆迁安置工作有关事宜。6月26日，区政府召开第117次常务会议，学习传达近期习近平总书记重要讲话精神，研究全区重大项目开工及经济发展“双过半”、当前安全生产工作和中兴发展人工智能总部项目招引工作，审议《2021年度质量强区工作目标分解方案（送审稿）》《栖霞区区长质量奖评定管理办法（2021年修订）（送审稿）》《栖霞区长江流域禁渔长效管控措施（送审稿）》。6月28日，区政府召开第118次常务会议，审议《2021年度质量强区工作目标分解方案（送审稿）》《栖霞区区长质量奖评定管理办法（2021年修订）（送审稿）》《栖霞区长江流域禁渔长效管控措施（送审稿）》，研究中兴发展人工智能总部项目招引工作。7月21日，区政府召开第119次常务会议，听取区统计局汇报第七次全国人口普查工作完成情况、区卫健委汇报《栖霞区促进3岁以下婴幼儿照护服务发展实施方案》起草情况以及区工信局《区化工产业安全环保整治提升领导小组2021年工作要点》编制说明的汇报，研究区拆迁办启用“栖霞区人民政府征地房屋补偿安置专用章”和区拆迁办、区信访局更新车辆事宜。8月18日，区政府召开第120次常务会议，听取第七次全国人口普查工作完成情况汇报，审议《栖霞区促进3岁以下婴幼儿照护服务发展实施方案（送审稿）》，研究小江河（南京）文化旅游发展有限公司南京市八卦洲乡村振兴项目申请银行贷款和区拆迁公司、区信访局、区交运综合执法大队购置新车辆事宜。8月24日，区政府召开第121次常务会议，审议《关于2021年上半年国民经济和社会发展计划执行情况的报告》《关于栖霞区2021年省转贷新增地方政府债券安排及区本级预算调整方案（草案）的报告》《关于栖霞区2020年度国有资产管理情况的综合报告》《关于2020年度栖霞区财政决算(草案)的报告》《关于栖霞区2021年上半年财政预算执行情况的报告》《区政府2020年财政预算执行和其他财政收支情况的审计工作报告》,听取全区民族宗教工作情况和国有自然资源资产管理情况的汇报,研究区国资公司发行10亿元短期融资券相关事宜。9月4日,区政府召开第122次常务会议,审议《实施健康中国行动推进健康栖霞建设实施方案(送审稿)》《南京市栖霞区“十四五”产业发展规划(2021—2025)(送审稿)》《栖霞区深化农村公路管理养护体制改革暨养护市场化改革实施方案(送审稿)》,听取全区违法用地整改进展情况的汇报。9月17日,区政府召开第123次常务会议,学习传达习近平总书记在西藏、河北考察时的重要讲话精神,听取全区“七五”普法工作完成情况的报告、全区就业创业工作情况、关于释放科创载体创新活力工作情况的汇报,研究栖霞古镇地块带建筑挂牌相关手续办理、栖霞区2021南京创新周活动费用、仙林街道申请仙林高创中心扶持资金相关事宜。9月29日,区政府召开第124次常务会议,听取第二批省级居家和社区养老创新示范区建设情况、关于区十八届人大五次会议代表建议和区政协九届五次会议委员提案办理情况的汇报,审议《关于全区街道、园区GDP统一核算工作方案(送审稿)》《栖霞区全面推行证明事项告知承诺制工作方案(送审稿)》,听取第二批省级居家和社区养老创新示范区建设情况、关于区十八届人大五次会议代表建议、区政协九届五次会议委员提案办理情况的汇报。10月15日,区政府召开第125次常务会议,学习传达近期习近平总书记重要讲话精神,审议《新医药与生命健康产业高质量发展栖霞区三年行动计划(2022—2024)(送审稿)》《栖霞区促进新医药与生命健康产业高质量发展的若干政策措施(送审稿)》《栖霞区扩内需促消费大力发展商贸经济措施(送审稿)》,听取全区废弃露采矿山生态修复工作情况、全区重大政策跟踪审计情况的汇报,研究区市场监管局以及区卫健委处置更新业务车辆事宜。10月30日,区政府召开第126次常务会议,学习传达近期习近平总书记重要讲话精神,审议《关于全面深入推行林长制的实施意见(送审稿)》《栖霞区有序用电工作专班方案(送审稿)》《栖霞区有序用电工作方案(送审稿)》《关于进一步减轻义务教育阶段学生作业负担和校外培训负担的实施方案(送审稿)》《关于全面深入做好中小学课后服务工作的实施方案(送审稿)》,听取全区疫情防控工作情况汇报,研究栖园综合楼违法建设没收后移交、区规划资源分局购置车辆事宜。11月13日,区政府召开第127次常务会议,学习传达近期习近平总书记重要讲话精神及市有关会议精神,审议《关于栖霞区2021年财政预算调整方案草案的报告(送审稿)》,听取全区妇女儿童工作情况、南京栖霞山西部片区城市更新项目情况、2021年度文化产业发展专项资金评审工作情况、栖霞高新区管委会关于CMBS融资方案的汇报。11月25日,区政府召开第128次常务会议,学习传达十九届六中全会及省市有关会议精神,审议《加快中国(南京)智谷人工智能产业集聚发展的若干指导意见(送审稿)》《关于栖霞区教育设施专项规划编制情况的报告(送审稿)》,听取栖霞区社会救助改革创新试点工作情况、2020年度区本级预算执行和其他财政收支审计整改情况、栖霞区公房出租困难服务业小微企业和个体工商户减免租金申请情况的汇报。12月10日,区政府召开第129次常务会议,学习传达习近平总书记近期重要讲话精神,听取全区疫情防控工作情况、栖霞区医疗保障工作情况汇报,审议《关于在全区公民中开展法治宣传教育的第八个五年规划(2021—2025年)(送审稿)》《栖霞区推进农村公共基础设施管护体制改革实施方案(送审稿)》,研究国资经营公司向栖霞建设集团提供股东借款事宜。12月24日,区政府召开第130次常务会议,学习传达习近平总书记重要讲话精神,审议《2021年经济和社会建设工作计划执行情况与2022年经济和社会建设工作计划(送审稿)》《2022年栖霞区政府投资计划(送审稿)》《栖霞区“十四五”残疾人事业发展规划（送审稿）》《关于栖霞区2021年度财政预算执行情况及2022年财政预算的报告（送审稿）》，听取2021年全区民生实事推进情况及2022年民生实事项目编制情况的汇报，研究当前安全生产工作。12月31日，区政府召开第131次常务会议，审议《栖霞区关于进一步推进养老服务业发展的实施意见（送审稿）》，研究建立街道权力事项清单、栖霞区融媒体中心、市政设施综合养护管理所采购车辆事宜，听取2020年市级培育独角兽、瞪羚企业政策兑现情况、燕子矶新城指挥部关于区法院迈皋桥法庭征收补偿及置换改造工作、栖霞高新区关于融资情况的汇报。

◆重要工作动员部署会 1月16日，栖霞高新区召开2021年工作会议，栖霞高新区管委会主任吴丹汇报高新区面上工作，栖霞高新区管委会领导班子成员分别汇报分管工作，高新区党工委常务副书记黄斌主持会议，区委副书记、区长王生在肯定高新区工作成绩的同时提出五方面意见，相关副区长出席会议并讲话。2月19日，全区深入打好污染防治攻坚战“首季争优”专项行动部署会在区政府仙林办公点召开，通报1月份以来全区环境质量状况，围绕“首季争优”部署污染防治及环境风险防控工作，王生出席会议并提出5点要求，副区长王靖华主持会议。2月25日，王生主持召开全区冲刺一季度“开门红”推进会，参会单位分别汇报1—2月份经济工作推进情况及冲刺一季度“开门红”攻坚举措，王生提8点要求，副区长宗宁虎、王靖华出席会议。3月4日，王生主持参加全区党史学习教育动员部署会，会议要求各级党组织和广大党员要认真传达学习，统一到江苏省委、南京市委、栖霞区委的安排部署上来，区委常委，区人大常委会、区政府、区政协党员等负责人出席会议。4月10日，栖霞区季度工作暨重大项目建设推进会召开，会议总结一季度各项工作，动员部署二季度重点任务。区委书记、南京经济技术开发区工委书记、仙林大学城工委书记黎辉、南京经济技术开发区管委会主任沈吉鸿出席会议并讲话。5月7日，栖霞区文旅产业工作会议召开，总结过去一年全区文旅产业发展情况，分析当前形势，安排部署今后重点工作任务，王生，区委常委、区委宣传部部长储纲出席会议。6月23日，王生主持参加栖霞区城市安全运行联动督导督查工作动员部署会，栖霞区、经开区、大学城分管领导，区安全生产各督导（巡查）组组长等出席会议。7月27日，王生主持召开区疫情防控工作指挥部实体化办公部署会，区卫健委部署集中办公要求，相关部门、单位补充发言，副区长卢静出席会议。8月26日，王生主持召开精细化建设管理市对区高质量发展考核推进会，区精细化办综合组汇报2021年上半年市对区高质量发展考核情况，副区长刘海滨主持会议，副区长孙东方、杨栋等出席会议并讲话，王生在讲话中要求，认清形势、坚定信心，紧盯目标、狠抓推进，精雕细琢、打造精品，积极沟通、强化协同。9月29日，王生主持召开三季度经济指标调度会，区统计局分析三季度全区经济指标情况，各单位围绕指标交流发言。10月11日，全区文明城市创建工作调度会在仙林召开。区文明办通报近期文明城市创建工作情况及下一步工作打算，王生主持会议并讲话提出四点要求，区委常委、副区长郭昌标，区委常委、区委宣传部部长袁文峰，卢静、刘海滨、孙东方出席会议。11月11日，全区安全生产工作调度会召开，区应急管理局汇报全区面上安全生产工作情况、存在问题及下一步工作打算，区工信局等部门围绕各自职责汇报行业安全生产监管情况，迈皋桥、燕子矶、龙潭办事处汇报辖区内安全生产工作情况、存在问题及下一步工作打算。12月14日，专题调度拆迁扫尾推进会召开，区拆迁办汇报全区攻坚扫尾工作推进情况，各街道汇报阶段任务完成情况及下一步工作打算。

·重要政务活动·

◆概况 2021年，举办投资环境推介活动和招商引资项目签字发照仪式11次，工程项目集中开工仪式7次，参加各种联谊活动、专题峰会和论坛11次，组团到先进地区学习交流2次。

◆建议、提案办理情况 2021年区人大、区政协“两会”期间，区人大代表、政协委员围绕推动高质量发展、建设“强富美高”新栖霞目标，紧扣人民群众普遍关心的热点难点问题，认真履职尽责，提出建议、提案共440件。其中，人大代表建议211件，政协委员提案229件。收到建议、提案后，区政府办公室根据建议提案内容和部门、街道的职能管辖范围，将396件建议、提案交由57个区级单位和9个街道办事处具体承办；其余44件由于超出区政府职能部门和街道的办理权限，经协调，分别由南京经济技术开发区管委会办公室（25件）、仙林大学城管委会办公室（19件）负责办理。

办理结果显示，已解决和基本解决的（A类）建议、提案有432件，占建议、提案承办总数的98%（即办成率），与去年相比提高约0.7个百分点；被采纳、列入计划逐步解决的（B类）有4件；因条件限制而作说明解释的（C类）有4件。所有建议、提案的办结率、满意率均实现双100%的目标。其中，区人大确定的15件重点建议和区政协确定的29件重点提案在办成率上也取得100%的结果。

◆康博达建设科技集团项目签约 1月5日，康博达建设科技集团项目签约仪式举行。其间，康博达建设科技集团有限公司负责人在仪式上介绍项目进展情况，区住建局、区交运局相关负责人分别介绍2021年城市建设计划和交通建设计划。区委副书记、区长王生，副区长王靖华，康博达建设科技集团执行总经理黄端等出席仪式并见证签约，活动由王靖华主持。

◆栖霞区土地招商推介会 3月25日，“临江摄霞 南京东部之邀”栖霞区2021土地招商推介会，在仙林新地酒店成功举办。推介会采用“线上+线下”结合形式，推出地块23宗、面积112.47公顷，吸引华润、金鹰、德基、宝龙、复地等众多知名开发企业及运营企业，以及银行金融机构和行业商协会等参会。活动现场还举行“共创栖霞美好生活—城市合伙人”授牌仪式，感谢泰康健投、苏宁集团、绿地集团、路劲集团、宝能集团、华侨城等20家选择栖霞、扎根栖霞的城市合伙人为打造“最强增长极、最美新栖霞”作出突出贡献。栖霞区委书记、南京经济技术开发区党工委书记、仙林大学城党工委书记黎辉出席会议并致辞。

◆栖霞区渔政执法艇首航仪式 6月16日，栖霞区渔政执法艇首航仪式，在燕子矶五马渡广场举行，区委副书记、区长王生出席会议并讲话，区委副书记孙爱军主持仪式。栖霞区首艘渔政执法艇编号“中国渔政32443”，艇长11.58米，宽3.15米，满载排水量为7.64吨，核定乘员12人，配备有雷达、强光探照灯、高清视频取证、夜视仪等先进装备，最大航速22节。同时列装的还有具有夜视、喊话、照明等多功能长江禁渔无人机6架。王生表示，正式启用栖霞首艘渔政执法艇，标志全区渔政执法装备水平再上新台阶。

◆第十七届南京农业嘉年华开幕 9月26日，由江苏省农业农村厅、南京市人民政府主办，南京市农业农村局、栖霞区人民政府承办的第十七届中国·南京农业嘉年华，在栖霞区八卦洲街道陌上花渡园区开幕。第十七届农业嘉年华活动以“富美田园、振兴乡村”为主题，突出“沉浸式体验”，在“展、销、会、赛、产、吃、住、行、玩、购”等十个方面全面提升，打造集科技农业展示、特色农产品展销、花卉游园、农业赛事、农旅文化为一体的综合性活动。嘉年华活动还特别上线“南京数字农业嘉年华”，利用5G、VR直播等技术，构建实景嘉年华、产业嘉年华、美味嘉年华、好梦嘉年华以及乐购嘉年华等五大功能板块，打造永不落幕的“云端”嘉年华。

◆新医药与生命健康产业峰会 10月14日，2021中国南京金秋经贸洽谈会栖霞板块重大项目签约仪式暨新医药与生命健康产业南京东部峰会，在仙林举行。活动由栖霞区委，区政府，南京经开区、仙林大学城管委会主办，区商务局、区投促局、区科技局承办，采用线上线下相结合的形式，邀请行业领军企业、高新技术企业、新型研发机构、金融机构高管，知名高校及科研院所院士、教授等共130余人参加，吸引万余人在线观看。其间，栖霞区委副书记、区长王生发布《新医药与生命健康产业高质量发展栖霞区三年行动计划（2022—2024）》和《关于促进栖霞区新医药与生命健康产业高质量发展的若干政策措施》，提出20项具体措施，支持研发创新，加速产业集聚，优化发展环境。

◆系列主题推介“走进秋栖霞” 10月23日，2021“绿美江苏·生态旅游”系列推介活动之“走进秋栖霞”启动。“走进秋栖霞”活动主题为：游森林步道·赏红枫美景·享健康生活，将美术展、影展、赛事和推介有机融合，全方位、沉浸式地展示江苏丰富的文旅资源，也呈现一派“秋栖霞”风情，激发大众文旅需求，进一步扩展“绿美江苏·生态旅游”相关IP影响。江苏省林业局局长沈建辉，南京市绿化园林局局长周雯等相关省局、市局部门领导，区委书记黎辉等参加。王区长在推介活动中致辞。

◆长三角首趟中老货运列车启程 12月8日11时06分，“江苏号”79561次货运列车，从辖区铁路南京尧化门站启程，经由中老铁路驶往老挝首都万象，载运出口货物标准集装箱76个，为“江苏号”中（国）老（挝）铁路（南京—万象）国际货运列车的首发列车，也是长三角地区开行的首趟中老铁路国际货运列车。‘江苏号’列车装载有远程教育工程配套物资、建材、电缆、电器、汽车配件等“江苏造”出口货物，货值近300万美元，均为江苏及周边地区企业生产，经云南磨憨铁路口岸出境，终至老挝首都万象，全程运行里程3500余公里，抵达万象南站运行需时6天。 □高　颖

·政务服务·

◆概况 2021年，栖霞辖地区、街服务中心接待办事群众约47.86万人次，办理各类许可、备案和公共服务事项15.8万件，辖区街道为民服务中心接待办事群众约17.9万人次，办理各类许可和公共服务事项4.3万余件，综合满意率达99.6%以上。新增各类市场主体3.4万家，同比增长36.55%，其中新增法人企业14502家，同比增长16.11%。新增代办项目144个，激活法人空间86家，帮助省市级重大项目落地投产14个，总投资额达818.39亿元。办理12345工单170281件，综合满意率96.31%。强化综合执法，巡查并处置工单79.74万件，完成批管同步检查任务3.15万件。全年共接待全国各地政务服务系统参观团32批次约792人次。2021年，区行政审批局获得D3方评估平台和零点有数颁发的全国政务服务优秀案例“智慧监管典范”称号，栖霞区“放管服”改革工作被江苏省政府办公厅予以督查激励、获评南京市行政审批制度改革和政务服务“宁满意”工作先进区，栖霞区政务服务大厅被评为“南京市最佳政务大厅”，区行政审批局获南京市政务服务新媒体传播互

9月7日，栖霞区委党校，江苏省市场监管局、栖霞区政务服务管理办公室等单位相关人员，评审《乡镇（街道）全科政务服务规范（修订）》　（区行政审批局／供稿）

动奖等荣誉称号。由区行政审批局、尧化街道、南京市标准化研究院依据《2021年第十一批江苏省地方标准目录》起草的《乡镇（街道）全科政务服务规范》，年底正式在全省实施。

◆**食品经营许可领域改革** 1月，栖霞区行政审批局全省率先推行小餐饮备案制管理。依托“不见面审批（服务）”平台，自主研发栖霞小餐饮备案管理系统，实现营业执照、小餐饮备案一窗受理、一并办理，将小餐饮备案信息同步推送至“互联网+监管”平台，整合全区综合执法力量，打造小餐饮管理“一条龙”服务监管模式。3月1日起，栖霞区在南京市率先实施食品经营许可告知承诺制。包括从事预包装食品销售新办、不改变设施和布局的变更和申请人声明经营条件未发生变化的延续等三类申请可依告知承诺方式取得食品经营许可。7月，栖霞区在全省率先实现预包装食品销售自主备案。区行政审批局自主研发“预包装食品销售自主备案系统”，申请人不用跑腿，通过手机就可以完成自主备案，备案信息社会公众可自行查询，市场监督管理局等监管部门同步共享备案数据，依法实施事中事后监管。截至2021年底，全区共办理小餐饮备案987件，预包装食品销售备案558件，通过告知承诺制办理食品经营许可280余件。

◆**企业登记便利化改革** 4月，栖霞区行政审批局将代办服务引入企业开办专窗，推出企业开办“5+N”服务模式（“5”即企业开办全流程的5个环节，“N”即从企业开办到日常经营中所需要取得的各种资质）。同时为企业赠送“栖霞创业包”，一次配齐营业执照，赠送五枚印章，税务Ukey（优盾），涉企经营许可相关证件的创业包，让企业真正做到拎包即开业。截至年底，栖霞区企业开办“5+N”服务已具备银行开户、公共场所卫生许可、道路货物运输代理经营许可等许可事项服务能力21项，并完成服务3946件。7月，栖霞区以企业群众办事“感受度”为出发点，在全省首推企业登记“无感审批——免申通”服务。旨在解决“企业变更同一信息须不同管理部门重复申请”的问题。由区行政审批局牵头推动相关部门之间信息互通互信互认，其他相关部门共享营业执照变更登记信息，变更审批在相关部门之间进行，各相关行政部门登记信息同步更新，企业无需向其他相关部门申请和重复提交变更登记材料，全程无感。是年，全区“无感审批——免申通”服务拓展至部门4个、事项6个，完成服务1986件。

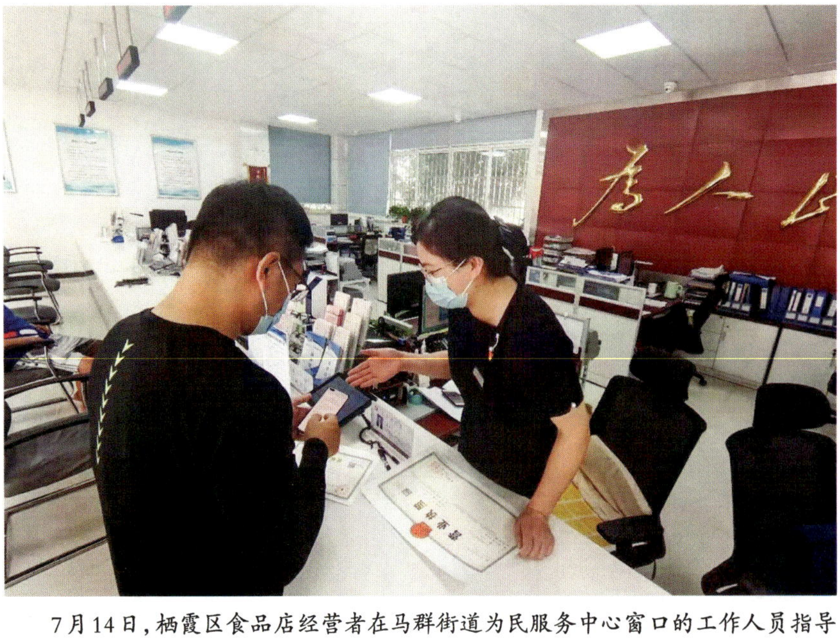

7月14日，栖霞区食品店经营者在马群街道为民服务中心窗口的工作人员指导下，办理预包装食品销售自主备案 （区行政审批局／供稿）

◆**新冠疫情防控** 7月，南京禄口国际机场新冠疫情暴发。栖霞区行政审批局按照市级部门要求，严格做好相关疫情防控工作，通过微信群及时收集、发布通知、公告告知群众各业务窗口的服务情况，确保群众办事有的放矢，来了能办事、办成事。其间，栖霞区建立“分类处置、块处条保、日清日结”联动办理机制，建群众诉求回应工作专班，开设社会救助专线，实行7×24小时值班工作制，集中精力重点处理群众诉求。共办理12345、社会救助专线、人民网群众留言、网络舆情等疫情类诉求4.2万余件。为方便群众转码，栖霞区在12345热线、“我的南京”App、线下社区等转码申请方式基础上，在“栖霞区政务服务”微信公众号上线“苏康码”转码申请功能，累计完成苏康码转码2.6万余人。印制5000份《给广大隔离朋友的一封信》，分发到全区各个隔离点和隔离人员手中，为隔离人员提供心理咨询服务。

◆商事主体登记确认制改革 8月，栖霞区行政审批局在全区开展商事主体登记确认制改革，以申请人信用承诺为基础，推行材料清单标准化、办理流程信息化、登记确认智能化，登记机关对申请人提交的登记材料实行形式审查，审查通过后即时予以登记确认，核发营业执照，并予以公示。8月11日，区行政审批局出台《栖霞区商事主体登记确认制改革实施方案》，自主研发住所（经营场所）备案系统，实行商事主体住所（经营场所）信息申报承诺制，不涉及前置审批、不含实质性审查内容的企业及其分支机构、个体工商户、农民专业合作社及其分支机构，办理设立登记即申即办，进一步提升市场主体开办便利度。截至年底，全区通过确认制完成市场主体登记535件。 □罗素素

·人事管理·

◆概况 2021年，根据南京市委组织部、南京市人社局《关于做好2020年度全市事业单位工作人员年度考核工作的通知》（宁人社〔2021〕9号）要求，开展事业单位工作人员年度考核工作。考核中，突出考核工作重要性，规范考核流程，确保考核结果客观、公正。上年度全区事业单位应参加考核6559人，实际参加考核6485人。其中，优秀等次1214人，合格等次4900人。另外，区人社局对全区156家事业单位的基本情况及事业单位工作人员的增减、分类、职称、处分等情况进行年度统计。全年开具进人计划卡749人次，办理聘用合同鉴证事业单位工作人员1658人。区人社局进一步强化事业单位奖励机制，落实上级部门出台的奖励新政（相关事业单位工作人员定期奖励以及事业单位开展脱贫攻坚专项奖励），积极梳理情况，制订实施方案，有效推进奖励工作全面落实到位。定期奖励事业单位涉奖人员1238人。其中，嘉奖1188人，记功50人。

是年，区人社局加强任职调动管理机制，规范行文及档案材料。全年下发任免文件14份，办理事业人员调动154人次。区人社部门根据市级工作领导小组针对政策性安置相关工作要求，配合区退役军人事务局完成驻宁部队随军家属政策性安置和退役士官的安置工作。是年，区人社局南京市相关文件要求，继续做好南京市人才安居计划E、F类人才认定工作，全年审核E、F类人才补贴申请共计4770人次；做好相当于E类人才、取得博士/硕士学位人才和取得本科学历人才购房证明申请中的人才认定工作，全年审核各类人才购房证明申请1980人次。

◆事业单位公开招聘 2021年，区人社部门根据《江苏省事业单位公开招聘人员办法》规定，切实做到招聘信息、过程、结果“三公开”，完成2021年度公开招聘任务。会同区教育、卫生、其他事业单位部门，经报名、笔试、资格审查、面试、体检、考核、公示等程序，招聘新教师415人、高层次骨干教师10人、卫生系列专业技术人员46人以及其他事业单位工作人员20人。在招聘过程中均严格执行政策、严格规范程序、严肃招聘纪律，招聘结果真实有效。

◆事业单位职称管理 2021年，区人社部门针对职称初定，全年审核并发文公布具备初级专业技术资格人员1358人。针对职称评审，及时受理审核评审人员申报，10月23日，举行辖区中小学（幼儿园）一级、二级教师专业技术资格评审会，申报评审中、小学、幼儿园一级专业技术资格339人、二级教师专业技术资格10人，共计349人，其中普通教师326人，乡村教师23人。评审表决通过320人，其中普通教师302人，乡村教师18人；一级教师310人，二级教师10人。

◆医卫机构一次性绩效工资增核 2021年，栖霞区人社局根据江苏

省人社厅《关于给新冠病毒肺炎疫苗接种医疗卫生机构增核一次性绩效工资总量的通知》（苏人社函〔2021〕264号）文件要求，结合辖区医务人员加班加点开展新冠病毒肺炎疫苗接种工作实际情况，适当增核辖区内承担接种任务以及负责技术指导、医疗保障、疫苗配送等辅助工作的医疗卫生机构人员一次性绩效工资总量。其中，按照相关单位绩效工资总量基准线的10%标准，增核辖区基层医疗卫生机构人员一次性绩效工资总量，辖区疾控机构、公立医院等人员按照相关单位绩效工资总量基准线的5%标准，增核一次性绩效工资总量。

◆博士后工作站管理和服务 2021年，栖霞区人社局按照南京市人社局部署和相关文件精神，做好辖区博士后工作站管理和服务工作。是年，辖区南京华威医药科技集团有限公司、中建八局第三建设有限公司、江苏现代路桥有限责任公司、图灵人工智能研究院（南京）有限公司4家单位，入选南京市博士后创新实践基地；南京华威医药科技集团有限公司、中建八局第三建设有限公司、江苏现代路桥有限责任公司3家单位入选江苏省博士后创新实践基地；南京恒电电子有限公司博士后工作站入选南京市优秀博士后工作站；江苏省体育科学研究所、南京恒电电子有限公司等2家博士后工作站单位申报江苏省、南京市博士后两项资助并获批。

◆企业专家工作室 2021年，根据《市人社局关于启动2021年度南京市企业专家工作室申报工作的通知》（宁人社函〔2021〕72号）精神和要求，区人社局认真开展辖区企业申报组织工作，委托江苏省科技评估中心进行辖地企业引进专家工作室项目评审，通过形式审查、技术评估和实地考察（含综合答辩）等程序，遴选2021年度辖区企业专家工作室2个，分别是南京声力科技有限公司、南京市斑马鱼数字智能科技有限责任公司引进的专家工作室。后经择优推荐、市级评审，南京声力科技有限公司引进的专家工作室，入选市级企业专家工作室。

◆表彰奖励 4月，栖霞区创建达标评比表彰工作协调小组办公室按照上级统一部署安排，开展面向全区的创建示范活动项目清理工作，经南京市创建达标评比表彰协调小组审批同意，仅保留栖霞区“文明单位、文明社区、文明村、文明家庭”活动、“栖霞区青年文明号”活动两项。12月，区创建示范评比表彰工作协调小组办公室配合区委、区政府开展2021年度栖霞区经济社会发展和党的建设先进集体和先进个人表彰活动，对照省创建达标评比表彰工作协调小组下发的《关于建立评选表彰推荐对象征求意见审核协作机制的通知》（苏创组发〔2021〕1号）的职责分工，共对上述项目推荐的企业29家，进行有无违反企业用工规定，未按规定缴纳社会保险费等情况核查，严格把好推荐关口。全区表彰先进集体100个，先进个人200人。 □孙 健

·外 事·

◆概况 2021年以来，栖霞区外办以习近平新时代中国特色社会主义外交思想为指引，聚焦国际国内两个大局，紧贴建设“强富美高”新栖霞中心工作和开放、合作、创新主题主线，聚焦“五个坚持”，积极探索外事工作高质量发展新模式，在服务国家总体外交、促进地区经济社会发展方面做出积极贡献。

◆外国代表团到区参访 3月26日，“比利时欢迎办公室栖霞分中心”挂牌仪式，在栖霞高新区“海智湾”国际人才街区举行。比利时瓦隆州外贸和外国投资总署国际事务部部长Michel Kempeneers（米歇尔·康蓬年）线上出席活动，比利时驻上海总领馆总领事Bruno Jans（颜博诺），瓦隆州商务领事Philippe Delcourt（菲利普）及比利时企业代表莅临活动现场。南京市政府外事办公室主任、党组书记张志超，栖霞区委书记、南京经济技术开发区工委书记、仙林大学城工委书记黎辉，栖霞区政府副区长卢静等领导出席

活动。4月7日上午，参加第二届国际森林城市大会的喀麦隆等10国大使和坦桑尼亚等17国公使、参赞约40人，由国家林业和草原局国际合作司副司长胡元辉、南京市绿化园林局副局长毛海城、栖霞区政府一级调研员王智等陪同，参观栖霞山风景区。10月11日下午，法国驻上海领馆总领事Benot Guid é e（纪博伟）偕经济参赞Pierre Moussy（穆西石）、新闻领事Louis Belmont（贝路易），由南京市外办欧非处处长麻艳萍陪同，调研欧葆庭仙林国际颐养中心，栖霞区一级调研员王智等参加接待。

◆中外友好城市交往 11月19—21日，辖区燕子矶中学5名学生，代表栖霞青年参加由德国哥廷根市发起的线上国际和平营活动。其间，参加国际和平营活动的燕子矶中学学生，同德国、英国、法国、波兰等国相关城市的20多位外籍青年相聚云端，就和平、气候保护和可持续性发展等主题进行沟通与对话，展现栖霞中学生的精神风采，新一代年轻人的责任感与担当。

·侨务与港澳台事务·

◆概况 2021年，区侨务工作在区委、区政府领导下，在省、市侨办的有力指导下，立足本职工作，认真履行职责，强化为侨服务，助力区域发展。是年，栖霞区对台工作，坚持以习近平总书记对台工作方略为指导，认真贯彻党的对台工作方针，紧紧围绕全区中心工作，发挥职能作用，致力推动栖台在经贸、文化、科技、农业、教育、卫生等领域的交流交往，不断深化交流合作成果，推动对台工作再上新台阶。

◆区侨联“我为群众办实事”活动 5月14日，在第31次全国助残日到来之际，栖霞区侨联自觉践行党史学习教育“我为群众办实事”精神，在辖区南京泰晤士学校教育营地，开展“为爱助力·心聚栖霞”主题活动，大力弘扬中华民族扶弱助残的传统美德，共同营造扶弱助残的良好社会风尚。南京泰晤士教育营地、南京红杉生物科技有限公司、南京栖霞欧美同学会、栖霞区台侨联谊会分别与钱洁语言康复中心签署合作协议。南京栖霞欧美同学会副会长单位南京牧镭激光科技有限公司为钱洁语言康复中心的孩子们捐赠3万元、南京栖霞欧美同学会会员自发筹集5000元用于购买学生学习生活用品，栖霞区台侨联谊会副主席单位南京儒牛饮食服务有限公司为孩子们提供爱心食品礼包100份，南京栖霞欧美同学会会员单位南京捷顺达客运公司提供客运大巴接送服务。中共南京市委统战部一级调研员张福东，中共栖霞区委常委、统战部部长郭昌标，中共南京中医药大学委员会副书记程革等领导参加活动。

◆一区三校基层党组织联建活动 6月11日，“同心筑梦 振兴乡村”栖霞区“一区三校”党支部联合共建活动，在西岗街道桦墅村举行，由栖霞区委统战部、南京大学、南京师范大学和南京中医药大学共同承办。栖霞区委副书记孙爱军，南京大学党委常委、副校长王振林，南京师范大学党委常委、组织部部长、统战部部长责国栋，栖霞区委常委、统战部部长郭昌标，南京中医药大学国际教育学院院长、国际合作与交流处处长张旭，栖霞区人民政府副区长袁文峰等领导出席。南京大学台港澳事务办公室主任李晓蓉、南京师范大学台港澳事务办公室主任严志军、南京中医药大学台港澳事务办公室副主任朱华旭，围绕共建活动主题交流发言。王振林、孙爱军、责国栋、张旭共同为栖霞驻区高校台港澳青年国情教育基地揭牌。南京大学、南京师范大学、南京中医药大学台港澳事务办公室领导分别为台港澳学生授“栖霞区台港澳青年乡村振兴志愿服务队”队旗。活动特别访谈三校相关专家，征求为栖霞乡村振兴出谋划策的意见。

◆辖区街道侨联集中授牌仪式 7月9日，栖霞区统战部门庆祝中国共产党成立100周年红色朗诵会暨街道侨联集中授牌仪式，在区文化馆青春剧场举行。红色朗诵会以“永远跟党走 同心颂百年”为主题，通过“大美栖霞”

“火燎于原”“党旗飘扬”“诗颂百年”四个篇章生动展现了党的百年征程中的历史记忆和感人故事，唱响统一战线奋进新时代的主旋律。江苏省委统战部副部长黄仕亮，南京市委统战部副部长、南京市社会主义学院党组书记杨雯懿，南京市侨联党组书记毛银铃，栖霞区人大常委会主任陈波，江苏省侨联基层建设部部长魏羽升，栖霞区委常委、统战部部长郭昌标，栖霞区政府副区长、区侨联主席卢静，栖霞区政协副主席金旭等领导出席活动。栖霞区统一战线成员，栖霞区委统战部机关干部，各街道统战委员、统战干事170余人参加活动。

◆美国东部高校校友江苏行

10月11日，“侨连五洲·相约江苏”——美国东部高校校友江苏行走进南京栖霞。江苏省侨联党组书记、主席周建农，南京市侨联党组书记毛银玲，栖霞区委书记、南京经开区工委书记、仙林大学城工委书记黎辉，江苏省侨联联谊联络部部长刘芳，区委常委、统战部部长章晶，区人民政府副区长、区侨联主席卢静等领导，美国耶鲁大学、麻省理工学院、美国康涅狄格州大学等在内的美国东部高校校友19人参加活动。美东高校校友们先后参观了海智湾国际人才街区、汉字叔叔工作室、栖霞区“校地企智聚平台”图灵人工智能研究院，实地感受栖霞营商环境、了解人才招引政策、寻求合作意向。

◆第七届“宁台行知教育论坛”

11月20日，2021第七届“宁台行知教育论坛”暨第九届南京市行知·中小学校长论坛活动，在南京晓庄学院晓庄校区（行知园）学术报告厅开幕，论坛在台湾彰化县花坛乡花坛小学设分会场。论坛由南京晓庄学院、（台湾）中华教育创新发展学会主办，南京晓庄学院附属小学教育集团、台湾彰化县花坛乡花坛小学共同承办。适逢陶行知130周年诞辰，海峡两岸的专家学者和中小学校长通过连线的形式，围绕“学习质量：学校教育变革与发展的新视野”主题进行深入交流和研讨，共同探讨教育变革与发展的新视野。其间，苏州科技大学特聘教授金生鈜，台湾彰化师范大学教育研究所教授王智弘，江苏省教育科学研究院基础教育研究所所长倪娟等先后做主旨报告，同时，海峡两岸中、小学校长也分享教学经验。

·信　访·

◆概况　2021年，栖霞区信访局紧扣“迎建党百年华诞，保全区信访稳定”工作主线，以攻坚化解信访积案为抓手，致力创新机制举措，压紧压实工作责任，源头化解初信初访，有力有序有效地推进各项工作。区信访局全年接待到访群众759批次、1522人次，受理信访事项121件，办结率100%；办理群众来信、网上投诉、电话信访3259件，办结率100%；办理江苏省委书记信箱、江苏省省长信箱，南京市委书记信箱、南京市市长信箱相关事项2071件，办结率100%；区政府信访事项复查64件；“集中治理重复信访、化解信访积案专项工作”国家信访局交办的256件重点事项，全部上报化解；省市深化城乡建设领域信访问题专项整治交办的324件城乡建设领域信访问题，化解244件，其余均办结。是年，区党政领导按照《栖霞区党政领导接访下访工作实施方案》要求，每月常态化约访接待群众，提高初访办理效率，推动积案化解，全年区党政领导累计约访接待群众145批次，化解各类信访矛盾70余件；其中主要领导约访接待12批次，化解10件信访事项。按照省、市信访联席办统一部署，全区开展网上信访“人民满意窗口”建设工作，坚持以标准化促进规范化，做到网上规范录入、网下规范办理，全面提升网上信访办理实效。是年，网上信访占信访总量60%以上；全区信访事项受理率、按期办结率均为100%。

◆治理重复访化解积案专项工作

2021年，根据中央信访工作联席会议部署和省市相关要求，全区开展集中治理重复信访、化解信访积案专项工作，要求通过开展集中治理化解专项工作，中央、省信访工作联席会议办公室和各地各部门排查交办的重复信访事项，到2022年年底前基本化解。

其间，“集中治理重复信访、化解信访积案专项工作”国家信访局交办重点事项256件，上报化解率100%；省信访局交办164件，已化解76件，化解率46.1%，达成年度工作目标。

◆城乡建设领域专项治理 2—12月，为进一步巩固2020年度江苏省信访工作联席会议部署，开展城乡建设领域信访问题专项整治行动，全区按照省、市信访联席办统一部署，组织开展深化城乡建设领域信访问题专项整治工作，要求省市交办的城乡建设领域重点信访事项化解率达60%；2021年国家信访局、江苏省政府信访局登记的全省城乡建设类信访总量较2020年下降30%。其间，省、市深化城乡建设领域信访问题专项整治工作交办324件事项化解236件，化解率72.8%，办结率100%。

◆“春风化雨”握手行动 3—12月，栖霞区委、区政府开展全区重复信访治理化解信访积案专项工作暨第十一轮“春风化雨”握手行动。3月27日，全区召开部署会议，区党政领导班子成员，区法院院长、检察院检察长，区机关部门、直属单位主要负责人，各街道党工委书记参加会议。会议部署全区治理重复信访化解信访积案专项工作暨第十一轮干部联系信访群众“春风化雨”握手行动，采取由“区委常委包片、区领导包条口、攻坚专班及属地街道共同攻坚”的方式推进矛盾化解。是年，139件交办信访事项，化解64件，化解办结率100%。

◆百日攻坚行动 4月下旬至7月下旬，根据省、市、区关于做好信访工作的部署要求，结合党史学习教育“我为群众办实事”实践活动，全区开展“化积案、促稳定”百日攻坚行动（简称“百日攻坚”行动），要求通过“百日攻坚”行动，有效化解初信初访、越级进京访和重复访，着力把信访问题解决在源头。交办单位坚持“一案一策”、综合施策，逐案明确包案领导、化解措施，成立专班实体化运作，确保了省市交办的事项均化解、办结。

3月27日，全区重复信访治理化解信访积案专项工作暨第十一轮“春风化雨”握手行动会议，在区委党校举行 （区信访局／供稿）

◆规范越级进京访秩序专项工作 8—12月，为进一步规范全区越级进京访秩序，加大进京初访事项化解力度，依法及时就地解决群众合理诉求，按照省政府信访局、市信访联席办统一部署，全区组织开展规范越级进京访秩序专项整治行动，要求通过强化进京初访事项化解工作，实现全区进京初访事项有效化解，初访人员进京数量较以往明显下降，新增信访矛盾逐年减少，属事属地责任有效落实，“最多访一次”的工作机制不断完善，实现交办的求决类进京初访事项化解率90%以上。其间，省市共交办相关事项28件，已化解8件，其余均办结，化解办结率100%。 □殷 明

政协南京市栖霞区委员会

·概 述·

◆概况 2021年，区政协认真贯彻落实以习近平总书记为核心的

中共中央对人民政协工作提出的新要求，在三区（栖霞行政区、大学城、经济技术开发区）党（工）委、区政府、管委会的领导和支持下，主动围绕全区中心大局，认真履行政治协商、民主监督、参政议政职能，为全区开启现代化新征程、更高质量建设“强富美高”新栖霞贡献政协力量。9月24日，江苏省政协主席黄莉新到区参加“农村人居环境整治提升”协商议事活动。南京市政协主席刘以安，栖霞区委书记、南京经济技术开发区工委书记、仙林大学城工委书记黎辉，区政协主席杨白英，江苏省政协委员、南京林业大学生态文明与乡村振兴研究中心主任张红霄，南京市政协委员、南京大学社会学院院长成伯清，区政协委员代表，西岗街道及相关部门负责人，群众代表等参加协商议事会。

◆**提案工作**　2021年，区政协坚持按照制度化、规范化、程序化要求，形成提案撰写、立案、办理、督办全流程工作闭环，逐步形成协调高效、务实管用的提案工作机制。完善提案办理“市区联动、三区领衔、五办协同”工作格局，精心选择市、区联合督办件2件、领导领衔督办重点提案20件和专委会督办件9件，分批开展重点提案恳谈协商活动20余场，形成“1+20+9”（“1”指市、区联合督办件；“20”指领导领衔督办重点提案20件；“9”指专委会督办件9件）重点提案办理格局，进一步提升提案办理效能，发挥示范引领作用。全年区政协收到提案247件，经审定，立案229件，提案办结率、满意率继续保持两项100%。

◆**协商议政**　2021年，区政协根据“选址在一线、建设在一线、作用发挥在一线”原则，完成街道、社区、界别“有事好商量”协商议事室阵地建设137个，加快“有事好商量”基层协商议事工作走深走实，积极参与基层社会治理。围绕乡村振兴、垃圾分类、厕所革命、庭院建设等群众关心关注的身边事，按照“四环八步”（“四环”是指选择协商议题、重视商前调研、组织协商讨论、推动转化落实；“八步”是指充分酝酿、规范报审、提前调研、广泛发动、现场视察、多方商量、及时反馈、助推落实）工作要求，认真组织各级各类协商议事活动34场次，累计514人次参与，其中各级政协委员参与215人次，推动解决民生问题27个。相关履职经验得到全国和江苏省、南京市政协肯定，受邀在全国政协第151期地方干部培训班上与五省、市交流分享。江苏省政协主席黄莉新专程到区参加协商议事活动，给予“党委政府得民心、人民群众得实惠、政协工作得提高”的具体肯定，将栖霞经验在全省推广。区政协始终将服务发展大局作为第一责任，发挥自身特点和优势，立足服务发展，聚焦党政中心工作，出实招、献良策。积极开展全体会议集中协商、常委会议专题协商、主席会议重点协商、专门委员会对口协商、界别小组广泛协商，围绕“现代职业教育发展”“商贸服务业发展”“重大项目建设和招大引强”等议题，积极组织协商议政活动，通过“线上——议政栖霞公众号”“线下——委员交流座谈”同步实施，收集到403人次、意见建议471条。全年报送政协信息8篇，三区党政领导批示24次。

◆**民主监督**　2021年，区政协根据“1+1+9”（“1+1+9”专项民主监督活动，即与南京市政协联动开展民主监督，区政协围绕打通“断头路”建设开展民主监督，9个委组、街道政协围绕地区经济社会发展的重点难点问题开展民主监督）专项民主监督工作要求，立足“党政所需、群众所盼、政协所能”，围绕“断头路”、保障房建设、瓶装液化气改管道燃气工作等方面精心选择监督议题，认真开展协商活动，组织委员140人次，开展监督考察17次，做到既积极推进，又把握尺度，有效推动一批问题的解决。10条“断头路”，已有8条道路（北崮山路、北苑东路、迈尧西路、灵山北路西延、麒麟路西延、城市三环、马高路北延、孟北路）建成通车。

◆**社情民意反映**　2021年，区政协创新社情民意信息“订单式”约稿，以基层热点难点、群众关心关注问题为重点，向相关领域政协委员开出约稿“菜单”，有针对性地收集社情、汇集民意，有效发挥社情民意信息沟通的“绿色通道”和“直通车”作用。全年上报130篇信息，全国及省市政协采用80篇，《提高转播水平扩大北京冬奥会冰球赛事影响力的建议》《我省跨境电商综合试验区发展存在信息联动盲区、监管权责不清等问题》等一批高质量信息分别得到相关江苏省、南京市领导批示9次，区政协信息工作获一等奖。

·重要会议·

◆**概况**　2021年，区政协召开常务委员会议4次、主席会议9次。

◆**区政协第九届委员会第五次会议**　1月5—7日，政协栖霞区第九届委员会第五次会议，在区机关大礼堂召开。栖霞区委书记、南京经济技术开发区工委书记、仙林大学城工委书记黎辉讲话，区政协主席、党组书记杨白英做报告。区政协副主席金旭向大会报告九届四次会议以来提案工作情况。区政协副主席蒋励主持区政协开幕会议。全体区政协委员、区四套班子领导，南京经济技术开发区和仙林大学城党工委、管委会全体领导，区法院、区检察院、区公安分局主要领导出席开幕式。区机关各部门、各直属单位主要负责人，各街道党工委书记、办事处主任，开发区、大学城各部门、处室负责人，驻区高校代表和驻区民主党派代表，各有关单位负责人和各界人士代表列席会议，区政协历届老领导、区机关老干部参加会议。1月7日上午，政协栖霞区第九届委员会第五次会议在区机关大礼堂闭幕。王佩娟主持会议。黎辉等区领导应邀出席闭幕会议。全体区政协委员出席闭幕会议。与会人员听取《政协南京市栖霞区第九届委员会提案委员会关于第五次会议提案初步审查情况的报告》，通过《政协南京市栖霞区第九届委员会第五次会议决议》。会议期间，提案委员会共收到提案247件。其中，集体提案18件，委员个人提案229件。

◆**区政协常务委员会会议**　3月26日上午，区政协九届十八次常委会议召开，听取辖区重大交通基础设施建设情况的通报，并进行协商讨论。区政协主席杨白英等参加会议。区委常委、区政府相关部门各街道政协工委负责人列席会议。6月24日，区政协召开九届第十九次常委会议，围绕“提高全区公共法律服务水平”进行主题协商议政。杨白英等参加会议。区政府副区长、区公安分局局长李鹏出席会议。区政协全体常委，相关委员，区司法局主要领导、分管领导，各街道政协工委负责人列席会议。8月26日，区政协召开九届第二十次常委会议，围绕“奋力打造数字经济新增长极，加快实现南京东部科创大走廊高质量发展”主题开展协商议政。杨白英等参加会议。区政协全体常委、部分委员，区发改委、工信局、开发区有关部门负责人应邀列席会议。金旭主持会议。12月28日上午，区政协召开九届二十一次常委会议，协商讨论十届一次全会有关事宜。杨白英等出席会议。全体

12月28日，区政协召开九届二十一次常委会议，商讨协商十届一次全会相关事宜
（区政协办公室／供稿）

区政协常委、各街道政协工委负责人参加会议。蒋励主持会议。

◆**区政协主席会议** 2021年，区政协召开主席会议9次。2月26日，区政协召开九届第三十七次主席会议。区政协主席杨白英主持会议并讲话。区机关副处级以上干部参加会议。与会人员协商讨论区政协2021年度工作要点；通过2021年度常委会议、主席会议议题安排；通过2021年度专项民主监督活动实施方案；通过2021年度重点调研计划；提案委汇报九届五次会议提案交办进展以及重点提案遴选情况；通过各委组（街道政协工委）考察调研、基层协商及专项民主监督计划。4月28日，市、区政协联动督办重点提案——《关于进一步提升职业教育产教融合实效的建议》，听取辖区职业教育产教融合工作情况及办理重点提案的计划，并展开协商讨论。南京市政协副主席吴卫国，南京市政协相关部门以及南京市教育局、南京市人社局等有关负责人出席会议；省、市、区政协委员代表，区教育局、区人社局、区政协提案委领导，区政协机关全体人员列席会议。5月26日，区政协召开九届第四十次主席会议，围绕“南京建设国际消费中心城市，推进栖霞商贸服务业发展”主题协商议政。区政府副区长王靖华出席会议。区政协部分委员代表，区商务局领导应邀列席会议。孟祥康主持会议。7月中旬，区政协召开九届第四十一次主席会议，杨白英等参加会议。仙林大学城管委会分管领导、街道政协工委负责人、区政协委员代表等列席会议。严进主持会议。9月17日，区政协召开九届第四十二次主席会议，围绕“完善城市功能，打造社区养老服务创新示范区”主题开展协商议政。市、区政协部分委员代表，区民政局负责人，各街道政协工委负责人，区政协机关全体人员参加会议。孟祥康主持会议。10月22日，区政协召开九届第四十三次主席会议，围绕“重大项目建设和招大引强”主题开展协商议政。市、区政协委员代表，区发改委、商务局主要领导，开发区经发局、投促局，大学城招商局相关领导，各街道政协工委负责人，区政协机关全体人员参加会议。11月10日，区政协召开九届第四十四次主席会议，围绕“2021年政协提案办理”主题开展协商议政。区政协部分委员，区政府办公室、开发区管委会办公室、大学城管委会办公室相关负责人，各街道政协工委负责人参加会议。

2021年栖霞区政协常委会会议议题一览表

表4

月份	会议名称	协 商 议 题
3月	十八次常委会议	1.考察全区重大交通基础设施建设情况；2.围绕“加快重大交通基础设施建设”主题协商议政；3.专项民主监督活动动员部署；4.通过区政协2021年度工作要点；5.通报区政协2021年度常委会议、主席会议议题安排，重点调研计划，提案审查情况的报告，三区领导领衔督办重点提案安排，各委组、街道政协工委专题议政及重点考察调研计划，部署专项民主监督活动；6.传达学习全国政协十三届四次会议精神
6月	十九次常委会议	1.考察全区公共法律服务工作开展情况；2.围绕“提高全区公共法律服务水平”主题协商议政。
8月	二十次常委会议	1.考察南京东部数字经济产业发展情况；2.围绕“奋力打造数字经济新增长极，加快实现南京东部科创大走廊高质量发展”主题协商议政。

续表

月份	会议名称	协　商　议　题
12月	二十一次常委会议	1.听取区政协十届一次会议筹备工作的汇报；2.听取区政协常委会工作报告和关于九届五次会议以来提案工作情况的报告起草情况的汇报；3.通过《关于召开区政协十届一次会议的决定》和会议议程（草案）及会议日程；4.通过提交区政协十届一次会议的常委会工作报告和关于九届五次会议以来提案工作情况的报告；5.通过有关人事事项

2021年栖霞区政协主席会议议题一览表

表5

月份	会议名称	协　商　议　题
2月	三十七次主席会议	1.协商讨论区政协2021年度工作要点；2.通过区政协2021年度常委会会议、主席会议议题安排；3.通过区政协2021年度重点调研计划；4.听取九届五次会议提案交办进展以及重点提案遴选情况的汇报；5.通过各委组、街道政协工委考察调研、基层协商及专项民主监督计划；6.研究相关事宜
3月	三十八次主席会议	1.传达学习全国“两会”精神；2.研究有关事宜。
4月	三十九次主席会议	1.考察全区现代职业教育发展情况；2.围绕“市区联动督办重点提案——关于进一步提升职业教育产教融合实效的建议”主题协商议政
5月	四十次主席会议	1.考察南京东部消费中心建设情况；2.围绕“南京建设国际消费中心城市，推进栖霞商贸服务业发展”主题协商议政；3.围绕“聚焦‘四新’行动，加快建设南京东部消费中心”主题协商议政
7月	四十一次主席会议	1.考察仙林大学城发展情况；2.围绕“高质量建设南京东部科创大走廊——加快仙林大学城发展”主题协商议政
9月	四十二次主席会议	1.考察社区养老服务创新示范区建设情况；2.围绕“完善城市功能，打造社区养老服务创新示范区”主题协商议政
10月	四十三次主席会议	1.考察全区招大引强和重大项目建设推进情况；2.围绕“打造创新引领极，推进招大引强和重大项目建设”主题协商议政
11月	四十四次主席会议	1.考察全区重点提案办理情况；2.围绕“2021年政协提案办理”主题协商议政。
12月	四十五次主席会议	1.听取区政协十届一次会议大会秘书处筹备工作情况的汇报；2.通过《关于召开区政协十届一次会议的决定（草案）》和会议议程（讨论稿）、会议日程（草案）；3.协商讨论《区政协九届委员会常务委员会工作报告（讨论稿）》和《区政协九届委员会常务委员会关于五次会议以来提案工作情况的报告（讨论稿）》；4.协商有关人事事项

◆**其他会议**　3月25日，栖霞区政协召开2021年社情民意信息工作交流会。辖区街道政协工委办公室主任、部分政协委员、机关各部门信息员参加会议。3月30日，区政协机关召开党史学习教育动员会，动员部署区政协开展党史学习教育活动。区政协副主席、党组成员金旭会上传达中央及省、市、区委党史学习教育动员大会精神。区政协副主席、党组副书记蒋励宣读《政协南京市栖霞区委员会关于成立党史学习教育领导小组的通知》。区政协主席、党组书记杨白英做动员讲话。3月26日，区政协召开2021年度“1+9”专项民主监督活动专题部署会，明确具体实施方案、区政协及各委组活动计划和分工安排。4月2日，栖霞区2021年人大代表建议政协委员提案交办工作会召开，进一步统一思想、压实责任，以高质量办理建议提案为抓手，切实转变作风，提升业务水平，推动全区经济社会各项事业取得新成效。栖霞区委常委、常务副区

长宗宁虎，区人大常委会副主任胡达贵，区政协副主席金旭出席会议。4月，区政协召开政协各街道工委工作座谈会暨“有事好商量”协商议事工作推进会。政协各街道工委主任参加会议，蒋励、金旭出席会议。4月28日下午，市区政协联动督办重点提案——《关于进一步提升职业教育产教融合实效的建议》，听取辖区职业教育产教融合工作情况及办理重点提案的计划，并进行协商讨论。市政协副主席吴卫国，市政协副秘书长、一级巡视员孙宁，市政协提案委主任赵荣富以及市教育局、市人社局、市政协提案委、市政协教卫体（文化文史）委有关领导出席会议；杨白英等参加会议；省、市、区政协委员代表，区教育局、区人社局、区政协提案委等负责人，区政协机关全体人员列席会议。5月20日，区政协党史学习教育委员专题学习培训会举办。蒋励主持会议。区政协各位领导，各专委会主任、副主任，各街道政协工委负责人，区政协机关全体人员和部分区政协委员参加会议。区委党史学习教育第四巡回指导组组长唐永庆出席会议。6月28日上午，区政协召开党组中心组学习扩大会议暨“光荣在党50年”纪念章颁授仪式。蒋励、金旭，机关全体党员干部，老党员代表参加会议。区委党史学习教育第四指导组组长唐永庆应邀出席会议。9月1日，栖霞区委书记、南京经济技术开发区工委书记、仙林大学城工委书记黎辉领衔督办重点提案。区政协组织召开座谈会，协商交流2021年度市区联动督办提案、区政协重点提案《关于栖霞区在南京东部科创大走廊建设中的思考与建议》的办理情况。区委组织部、区科技局、区市场监督管理局、智谷建设推进办公室、南京经济技术开发区管委会办公室、仙林大学城管委会办公室有关负责人以及部分区政协委员应邀列席会议。会议还特别邀请南京市政协提案委主任赵荣富，南京市政协委员、南京市城市规划编制研究中心主任郑晓华参会点评。9月，区委副书记、区长王生组织召开提案督办协商座谈会议，协商交流2021年度区政协0196号赵玉泉委员提案《关于推进中国（南京）智谷建设，打造国家级人工智能产业发展示范区的建议》办理情况。蒋励参加活动。9月15日，栖霞区人大常委会、栖霞区政协召开政情通报会。区委副书记、区长王生通报上半年全区经济社会发展情况，区人大常委会主任陈波主持会议。9月，区政协召开党史学习教育专题党课暨专题组织生活会议。中共栖霞区政协机关支部全体党员参会。区委党史学习教育第四指导组列席会议。9月15日，栖霞区人大常委会、栖霞区政协召开政情通报会。王生通报2021年上半年全区经济社会发展情况。9月30日，区委常委、区委政法委书记秦志刚组织召开提案督办协商座谈会议，协商交流区政协社会法制委集体提出的《关于用“大数据”手段加强我区保障房社区治理的建议》办理情况。

·专门委员会（政协街道工委）·

◆概况 2021年，区政协持续深化专门委员会（专委会）、街道政协工委“9+9，手牵手”的共建模式，让区政协委组、街道、委员三者之间结合得更加紧密。加快“基层委员之家”和“派别之家”等阵地建设，积极探索将“委员之家”“盟员之家”有机融合，营造包容、向善、真诚、友爱的浓厚氛围，政协影响不断扩大。2021年，岳耀蒙委员工作室作为江苏仅有两家之一，获全国首届人民政协“优秀委员工作室”称号。

◆区政协提案委员会 3月11日上午，区政协提案委（区政协迈皋桥街道工委）委员，开展专项调研走访调研，学党史悟思想，进企业谈发展。10月13日，区政协提案委到高淳区走访委员企业，开展“民营企业创新转型发展”专题议政活动。11月3日，区政协副主席金旭带领区政协办、提案委专项民主监督小组成员对迈皋桥街道尧红路进行协商式监督。在道路建设现场，委员们认真听取迈皋桥街道、建设单位相关负责人有关道路现状情况汇报和工程滞后原因，通过介绍和实地查看，委员们掌握第一手资料，为展开监督活动提供有效线索。11月11日，区政协提案委围绕“丁家庄保障房片区居家养老服务提升”开展专题协商议事活动，实地调研迈皋桥街道养老综合服务中心和燕平园小区助餐点。

◆区政协港澳台侨委员会 4月1日，区政协港澳台侨外事委员会（区政协马群街道工委）全体委员，由区政协副主席蒋励带领，到陶行知纪念馆和泛太克文化产业发展有限公司走访调研。11月16日，区政协港澳台侨外事委员会围绕“激发多元主体参与，降低社会治理成本，提升城市基层治理活力”专题，开展“有事好商量”协商议事活动。委员们实地考察金陵驿、芝嘉花园社区“掌云+积分制”社会治理创新工作推进情况，调研金马智汇智能科技产业园项目。随后，在金马智汇政协议事室开展协商议事活动。

◆区政协教卫文体委员会一组 3月31日，区政协教卫一组（区政协仙林街道工委）委员，由区政协副主席王佩娟带领，考察调研南京市溧水区中医院，这也是教卫一组围绕着2021年重点调研课题《关于进一步提升基层中医药服务能力》开展的首场调研活动。10月14日，区政协教卫文体一组开展第三季度委组活动。委员们到仙林街道听泉山庄小区、仙林新村小区、尚东广场，分别调研小区垃圾分类亭房建设和使用的情况、杆线下地工程推进情况，以及天然气瓶改管工程推进情况。

◆区政协教卫文体委员会二组 10月12日，区政协教卫文体二组（区政协栖霞街道工委）全体委员，围绕“高质量推进文化产业发展和非物质文化遗产保护”的主题，结合“红枫片区保障房建设”专项民主监督活动进行考察调研。10月22日，区政协教卫文体二组全体委员围绕“高质量推进文化产业发展和非物质文化遗产保护”主题，同时结合“红枫片区保障房建设”专项民主监督活动进行考察调研。11月8日，区政协副主席蒋励参加并指导南炼新村社区“有事好商量”协商议事活动。部分政协委员，街道、社区干部及居民代表参加活动。12月20日，区政协教卫文体二组全体委员，到栖霞街道多所学校就教育配套建设情况展开调研。通过实地查看、听取汇报等形式，各委员深入了解辖区教育基础设施建设和学校办学质量等方面情况，为提升栖霞教育质量献智出力。

◆区政协经济委员会一组 3月17日，区政协经济一组（区政协八卦洲街道工委）委员，走访栖霞高新区委员企业，开展优化园区营商环境专题议政活动，实地调研高新区委员企业，并围绕企业发展展开协商讨论。6月16日，区政协经济一组在八卦洲街道上坝村，开展“完善村规民约，树立文明新风”专题协商议事活动，南京市政协委员孟雷、经济一组部分委员参加活动。10月15—16日，区政协经济一组围绕“八卦洲民宿经济发展”开展专题协商议事活动。委员们考察民居民宿和集装箱民宿，乘游船考察小江河和跃进河部分河段，肯定八卦洲民宿建设情况。

◆区政协经济委员会二组 3月19日，区政协经济二组（区政协龙潭街道工委）委员，到江宁区调研商量书房建设情况，先后走访徐家院和龙乡双范“有事好商量”协商议事室·商量书房。10月9日，区政协经济二组邀请部分政协委员、飞花村书记、龙潭街道环卫办主任以及村民代表在飞花村举行协商议事活动，围绕“推进农村垃圾分类长效管理”协商交流。区政协副主席严进参加活动。11月5日，严进率经济二组委员一行，到龙潭街道重点税源企业协鑫能源工程有限公司苏州总部考察调研。围绕助力街道招大引强、提高驻地企业税收贡献度、推动地区经济可持续高质量发展等内容，开展专题协商议事活动。

◆区政协科学技术委员会 5月10日，区政协科技委员会（区政协燕子矶街道工委）委员，到燕华花园社区调研飞线整治情况，委员们考察燕华花园社区的公共服务配套及电动车充电桩设置和分配使用情况，并围绕“推进燕华花园飞线整治工作”在燕子矶街道政协委员之家开展“我为群众办实事”暨“有事好商量”专题协商议事活动。9月24日，区政协科学技术组围绕“推进幕府山庄小区顶楼房屋渗水维修工作”，开展“有事好商量”基层协商议事活动。因疫情防控要求，活动邀请部分政协委员代表参加。区政协副主席孟祥康、南京市政协委员胡伟参加活动。10月15日，区政协科学技术委开展打通“断头路”专项民主监督活动，孟祥康参加活动。委员们来到燕子矶新城临江路二期，认真听取建设单位——燕子矶新城指挥部汇报。12月22日，区政协科学技术委开展四季度委组活动，考察龙潭街道芳草渡农业科技有限公司、东三乡联合社冬季蔬菜基地以及江苏立乾花卉基地，了解区供销社“苏青缘”两地政协委员农业合作项目推进情况。

◆区政协社会法制委员会　12月8日，区政协社会法制委员会（区政协尧化街道工委）委员，围绕垃圾分类终端处置智能化情况开展考察调研，先后考察栖霞区丁家庄厨余垃圾中转站、江宁区可回收（大件垃圾）分拣中心，了解南京市垃圾分类智能化终端设施的建设和改造情况。

◆区政协城乡建设委员会　3月24日，区政协城乡建设委员会（区政协西岗街道工委），开展一季度专题议政及考察活动。5月24日，区政协城乡建设委员会围绕西岗街道摄山星城片区老旧小区出新，开展“我为群众办实事”暨“有事好商量”专题协商议事活动。6月22日，区政协城乡建设委员会在桦墅村围绕民宿规范经营开展“完善村规民约、树立文明新风”暨“规范民宿经营、推动民宿发展”专题协商议事活动。11月5日，区政协城乡建设委员会开展重点城建项目考察暨“断头路”打通专项民主监督活动，区政协主席杨白英、城乡建设委全体委员参加活动。12月23日，区政协城乡建设委员会开展专题调研考察活动，委员们考察栖霞区养老服务指导中心、银城君颐东方康养社区等养老体系建设情况，围绕“提升养老服务品质”开展协商座谈，有效推进养老服务的落实和品质的提升。　□魏宇奇

纪检·监察

·概　述·

◆概况　2021年，栖霞区纪委监委围绕习近平总书记重要指示批示精神和中央、省、市、区委重大决策部署，开展长江流域禁捕退捕专项监督、供销合作社系统腐败问题专项整治、农村乱占耕地建房问题专项治理、政法队伍教育整顿、安全生产暨违法违规“小化工”专项整治、利用公共停车收费谋私贪腐问题整治、违建别墅专项治理等工作，查处相关问题24件25人。成立专班跟进开展新冠肺炎疫情防控督查、文明城市创建督导等工作，编发专题简报74期，推动整改具体问题2500余个。督促各级党组织制订个性化主体责任、监督责任清单，针对履职不力、失职失责行为，问责领导干部30人、党组织3家。开展换届选举风气督导检查，针对换届人选出具党风廉政意见1526人次，提出否定意见17人。是年，开展物业管理、农村集体“三资”（资金、资产、资源）、困难群众保障、医药耗材购销、残疾人补贴等民生领域专项监督28个，处置群众身边腐败和作风问题56件79人。聚焦违规吃喝、违规收送礼品礼金、违规发放津补贴、违规公款旅游、私车公养等突出问题，明察暗访辖地街道和机关部门40余家、事业单位以及商场超市、食堂、饭店等重点场所180余处112次，查处违反中央八项规定精神问题61件84人，通报曝光典型案例25起31人。全年受理纪检监察信访举报147件，为受错告干部澄清正名34人。运用监督执纪“四种形态”809件次，第一、二种形态占比96.2%，制发纪检监察建议10份，开展回访教育103人次，列席支部大会、宣布处分决定104人

次，组织纪律法律宣讲230余次。打造全省首家党的纪律建设教育馆，被南京市纪委监委命名为第七批“南京市廉政教育基地”、被南京市司法局命名为第五批“南京市法治文化宣传教育基地”，开放以来接待参观学习人员80批次。以查办的典型案例为素材自制警示教育片《迷失》，拍摄廉政微动漫《清官徐九思》，推出“带你了解党的纪律建设历程”系列微党课。全市首家由监督室独立查办职务犯罪案件，监察员办公室工作被《全省县级监委派出监察员办公室工作典型案例》采录汇编。按照“智慧纪委监委”建设要求，全面应用检举举报平台、监督办案平台、办公管理平台和大数据平台，构建栖霞纪检监察数据资源体系，承办全省纪检监察信息化工作现场会，区纪委监委智慧监督办案经验做法向全省推广。深入开展党史学习教育和“学恩来精神，守初心使命”专题教育活动，举办纪检监察干部能力素质培训班，开展非区管公务员季度考核工作，完成新一轮纪检监察干部廉政档案全覆盖。是年，栖霞区纪委监委机关被评为全省纪检监察系统先进集体。

◆**区纪委十届六次全会** 2月8日，中共栖霞区第十届纪律检查委员会第六次全体会议，在栖霞区政府尧化办公区机关大礼堂召开。会议主题为“推动新时代栖霞纪检监察工作高质量发展，以优异成绩献礼中国共产党成立100周年”。区委书记黎辉出席并讲话。区委常委、区纪委书记、区监委主任翟建明代表区纪委常委会作工作报告，从提高政治站位、聚焦监督首责、突出标本兼治、深化政治巡察、坚持守正创新、强化自身建设等6个方面总结2020年工作，围绕推动政治监督具体化常态化、深入整治侵害群众利益问题、巩固作风建设成果、提高监督治理效能、在贯通各类监督上主动作为、全面提升巡察质效、锻造忠诚干净担当干部队伍7方面部署2021年主要工作任务。区委常委，区人大常委会、区政协主要领导，党员副区长、区法院院长、区检察院检察长、区公安分局局长，区纪委委员、区监委委员，辖区各街道工委主要负责人，区机关各部门、各直属单位主要负责人，全区纪检监察干部参加会议。 □王文韬

◆**纪检监察干部队伍建设** 2021年，区纪委监委注重将党史学习教育与重温初心、提升本领相结合，邀请市委宣讲团成员宣讲中国共产党百年革命历程和习近平总书记“七一”讲话精神，召开专题组织生活会，组织全区90余名纪检监察干部参观中国共产党在江苏历史展。开展“两在两同”（即同人民想在一起、干在一起，风雨同舟、同甘共苦，在现代化新征程上建新功）行动，组织党员、干部36人，下沉迈皋桥街道万寿村、合班村、汇虹园、瑞丰园等4个社区，协助做好核新冠肺炎疫情防控工作。制订印发《栖霞区纪委监委“打铁必须自身硬”专项行动实施方案》（5.0版），将工作内容细化分解为武装思想、完善监督体系、能力素质提升和队伍建设四项工作机制，按照目标任务细化出具体举措12条46项，明确责任部门和时序进度。完善教学练战一体化培训机制，组织全区120名纪检监察干部开展全员分层分类学习，连续第三年举办纪检监察干部能力素质培训班，围绕党史学习、基层监察监督、案件质量、谈话技巧等主题开展学习探讨。启动新一轮纪检监察干部廉政档案全覆盖，把握提拔重用、评优评先等关键节点严格抽查，发现问题及时提醒教育。

◆**区纪委十一届一次全会** 9月3日，中共栖霞区第十一届纪律检查委员会第一次全体会议，在南京市委党校召开。中共南京市栖霞区第十一次代表大会上当选为区纪委委员出席会议，会议由区委常委彭媛媛主持。会议研究通过《中国共产党南京市栖霞区第十一届纪律检查委员会第一次全体会议选举办法》，选举产生中共南京市栖霞区第十一届纪律检查委员会常务委员会委员、书记、副书记。7人当选区纪委常委，并

9月3日，中共南京市栖霞区第十一届纪律检查委员会第一次会议，在南京市委党校举行
（中共栖霞区纪委/供稿）

产生区纪委书记、区纪委副书记。

□王 凯

·党风廉政建设·

◆**概况** 2021年，区纪委监委全面贯彻落实党的十九大和十九届历次全会精神，按照中央、省市纪委全会及省市区委全会精神，围绕上级各项工作部署和全区中心工作，发挥监督保障执行、促进完善发展作用，推动监督工作取得新成效。深化政治监督，推动疫情防控、安全生产、长江流域生态保护等重点工作落实，围绕供销合作社系统腐败问题整治、农村乱占耕地建房问题治理、政法队伍教育整顿、公共停车领域贪腐问题整治、违建别墅专项治理等方面跟进监督。对“两个责任”（党委主体责任、纪委监督责任）落实情况开展常态化监督，牵头做好全面从严治党主体责任和监督责任“双报告”工作，全程跟踪监督换届选举工作，压紧压实管党治党政治责任。常态化监测精文减会情况，根据中共南京市纪委要求面向全区街道、部门开展基层减负专题调研，定向督促问题整改，压实减负主体责任。紧盯节假日重要节点，统筹街道、派驻等监督力量分赴各街道和机关部门、事业单位，开展明察暗访112次，全年共查处违反中央八项规定精神问题84人。在物业、“三资”、养老机构等市级规定动作基础上，精选渣土运输管理、医药耗材购销、残疾人两项补贴等领域持续开展民生领域系列专项监督，深挖侵害群众利益的腐败和作风问题，结合日常监督检查，全年综合运用“四种形态”处理79人。省、市纪委多次推广肯定栖霞区专项监督经验做法和工作成效，“三资”领域专项监督工作成效在“学习强国”江苏平台登载。

◆**“两个责任”落实** 2021年，区纪委监委对照全市“两个责任”清单内容，协助区委制订《栖霞区2021年度落实全面从严治党党委主体责任、纪委监督责任清单》，督促区属各党（工）委、党组、纪（工）委、派驻纪检监察组严格对照清单逐条落实，严格执行全面从严治党主体责任和监督责任“双报告”制度，要求区属各党（工）委、党组于年中、年末报送阶段性全面从严治党主体责任（监督责任）落实情况报告，全年收到主体责任落实情况报告98份，监督责任落实情况报告36份。修订编印《2021年度落实“两个责任”履责纪实手册》900余份，向全区各级党（工）委、党组领导班子成员发放，督促各级党组织紧贴部门职责和廉政风险点制订个性化防控措施，压实管党治党责任。加大“一案双查”力度，推动各级党组织增强履行主体责任意识，全年共问责领导干部30人。

◆**中央八项规定精神贯彻落实** 2021年，栖霞区纪委监委持续深入贯彻落实中央八项规定精神要求，紧盯“关键少数、关键节点、关键领域”，多措并举纠治“四风”（形式主义、官僚主义、享乐主义、奢靡之风）顽疾。强化节假日督查，重点关注元旦春节、五一端午、中秋国庆等重要时间节点，围绕风险高发领域靶向施治，聚焦违规吃喝、违规收送礼品礼金、违规发放津补贴、违规公款旅游、公车私用等突出问题，加强作风建设监督检查，抽查走访各街道和机关部门、事业单位40余家，深入大型购物商超、酒店饭店会所、内部接待场所、旅游景点、窗口单位等重点场所5大类180处，开展明察暗访112次，南京电视台《钟山清风》廉政专题节目宣传报道栖霞区相关工作。推动基层减负走深走实，坚持发挥街道监测点作用，每月定期向上报送基层收文参会数据，面向辖区9家街道开展走访调研，通过问卷、座谈、实地查看等方式，广泛收集基层工作人员反映强烈的负担过重问题，不定期针对苗头性问题向相关单位发出提示提醒，深入分析问题背后客观因素，编写形式主义、官僚主义典型问题辨析指导性材料，推动优化工作机制。全年共查处违反中央八项规定精神问题61件84人，通报曝光典型案例24起30人。

◆新冠肺炎疫情防控督查 7月，区纪委监委根据疫情防控形势变化及全区防控工作整体部署，联合工信、商务、市场、卫健、交运等部门组建重点领域督查组5个，聚焦风险漏洞，对驻区企业、冷链食品、公共场所、医疗机构、公共交通开展专项督查。成立督导组9个和集中隔离场所专项督导组1个，全覆盖检查指导全区9个街道、企业工地、公共场所、医疗机构、冷链食品、公共交通等10个关口，紧盯风险隐患问题、聚焦上级反馈问题及时督促整改，构筑全方位疫情防控监督体系。定期召开防疫督查工作例会，编发防疫督查专题简报共55期，被区委区政府主要领导多次批示。通过开展疫情防控督查工作，全年为区委、区政府提供决策参考意见150余项，协调和推动整改具体问题1500余个，牵头督办涉疫问题线索2件，围绕减轻基层防疫工作负担提出意见建议12条。

□唐世珍

◆廉洁文化建设 2021年，区纪委监委协助区委召开全区领导干部警示教育大会，充分发挥典型案例的警示教育作用，以案明纪、以案示警，引导全区各级党员领导干部切实增强遵规守纪的自觉性、崇廉拒腐的坚定性。在年度民主生活会上，区委常委会及班子成员结合典型案例，开展批评与自我批评，进一步夯实纪律底线。以查处的典型案例为素材，拍摄警示教育片《迷失》，用身边事教育身边人。成立纪法宣讲团，深入基层开展纪法宣讲230余次，现场接受警示教育5900余人次。在金陵廉政文化教育馆开设警示教育专版，结合中央省市查处的典型案例开展警示教育。挖掘辖地廉洁文化资源，制作《清官徐九思》廉洁文化宣传片，推出“带你了解党的纪律建设历程”系列微党课，在“红枫廉韵”公众号进行展播，弘扬廉洁文化。联合辖区内龙潭海事局、龙潭街道举办“携手话清廉、共聚水一方”廉政主题广场演出，不断扩大清廉建设的群众参与度。

◆栖霞区党的纪律建设教育馆

6月，栖霞区党的纪律建设教育馆正式对外免费开放。馆内设有展厅6个，围绕《中国共产党章程》纪律变化这一主线，分为奠基淬炼（1917—1949年）、曲折发展（1949—1976年）、迈向成熟（1976—2012年）、伟大创举（2012年以后）等四个部分，从纪律的起源、内涵、机构、处分、依据、典型案例等多方面展示了中国共产党自诞生伊始至今有关纪律建设的全过程。9月，为进一步拓展受众面，推出栖霞区党的纪律建设教育馆全景VR线上云展馆，将廉政文化从“有时”的线下搬到“时时”的线上，让广大党员干部足不出户就能感受中国共产党纪律建设走过的足迹。10月8日《中国纪检监察报》刊登《南京运用党史资源深化纪律教育将纪法观念融入精神血脉》一文，报道栖霞区党的纪律建设教育馆。教育馆全年接待接待各级机关、企事业单位党员干部等参观学习人员80批2400余人次，被南京市纪委监委命名为第七批“南京市廉政教育基地”、被南京市司法局命

名为第五批“南京市法治文化宣传教育基地”。 □王文韬

·审查调查·

◆**概况** 2021年，全区纪检监察组织履行《中国共产党章程》和《中华人民共和国宪法》赋予的职责，持续保持反腐败高压态势。全年共受理各类信访举报147件，转立案49件，按期办结率达98.3%；处置问题线索689件，立案170件，线索成案率24.7%。从处置方式来看，谈话函询511件次，初步核实175件次，暂存9件次，了结570件次，给予组织处理467人。从线索来源看，监督检查中发现452件，信访举报52件，巡察中发现49件，上级交办19件，审查调查中发现31件，公检法机关移送23件，审计中发现22件。全年结案243件，给予党纪政务处分167人，立案后给予组织措施的69人。其中，违反廉洁纪律的69人；违反群众纪律的10人；违反工作纪律的21人；违反生活纪律的2人；有职务违法犯罪行为或其他违法犯罪行为的153人。全年共制发纪检监察建议10份，为受错告干部澄清正名34人。

◆**监督执纪“四种形态”运用** 2021年，全区纪检监察组织运用监督执纪“四种形态”810件次，其中运用第一种形态谈话函询、提醒批评636人次，占比78.5%；运用第二种形态给予轻处分、组织调整143人次，占比17.7%；运用第三种形态给予重处分、职务调整2人次，占比0.2%；运用第四种形态处理违纪违法问题29人次，占比3.6%。全年共立案查处违纪违法案件170件，其中，政务立案86件、主动投案50人；自办件159件，占立案总数的88.3%；职务犯罪立案13人，留置8人，移送司法12人。区属9个街道纪工委、3个监察员办公室立案106件，占立案总数的62.4%；7个派驻纪检监察组立案47件，占立案总数的27.6%。 □丁 卯

◆**检举控告处理** 2021年，区纪委监委严格落实《纪检监察机关处理检举控告工作规则》，规范扎口管理制度，全年共受理各类信访举报147件，接待来访群众160批次161人次。强化跟踪督办制度，加强转交办件过程管理，建立信访件办理情况预警数据库，实时开展黄红预警，加强对办理质量的审核把关，实施报结前预审制度，信访按期办结率达98.3%，信访转立案49件，立案贡献率达34.8%。推进检举举报平台基层版、派驻版规范化运行，确保签收率、去向明确率均达100%。积极稳妥开展澄清正名工作，营造干事创业的良好氛围。在全国两会、建党100周年庆祝活动期间等重点时期，推动化解稳控和监督问责“双重责任”的有效落实，实现全年业务范围内进京到省访“零登记”。 □聂宝萍

◆**案件审理** 2021年，区纪委监委推进适用简易程序审理案件试点工作，全年适用简易程序审理案件121件。组织“案件质量提升月活动”，各级纪检监察组织从查案件质量、查思想认识、查行为习惯、查责任担当等方面，多维度检查、全方位审视，促使纪检监察干部思想认识得以重塑、责任意识得以增强、行为习惯得以规范、业务素质得以提升，在南京市纪委监委案件质量评查中，抽检案件全部合格，被评为优秀案件2件、审理文书被评为优秀文书1篇，案件质量整体水平处于全市第一方阵。聚焦主业主责，及时审理审结案件206件，其中移送司法机关职务犯罪案件12件，全年案件审结率100%；开展回访教育103人次，列席支部大会或向被处分人所在单位宣布处分决定106场次。坚持系统思维，针对监督办案过程中发现的权力运行环节、内部管理方面存在问题，督促案发单位、职能部门建章立制堵塞漏洞，全年共制发纪检监察建议书10份，推动案件查办工作取得良好的政治效果、纪法效果和社会效果。 □李荣荣

◆**信息化建设** 2月，区纪委监委组建全市首个区级监督审查技术室。11月14日，全省纪检监察信息化工作现场推进会在南京召开，

栖霞区纪委监委机关作为实地观摩点，接待全省41个县区纪委书记参观学习，智慧监督办案经验向全省推广。区纪委监委以现场会召开为契机，认真贯彻落实《江苏智慧纪委监委建设指南》要求，进一步升级优化大数据查询研判中心，设置业务受理、信息查询、信息研判、电子数据调查、同步录音录像、谈话智能辅助工作区6个，通过完善大数据平台“智搜”查询场所，推动技术服务更加集约、高效、规范。紧贴实战需求，迭代升级手机取证、便携式办案、音视频智能感知分析等装备，为智慧监督、智慧办案提供科技保障。按照“数据不搬家，可用不可见”要求，汇聚全区中共党员3万余人、财政供养人员7000余人，以及区人大代表、政协委员等9类人员信息，对接区机关事务管理局、城管局、行政审批局等多家单位，接入公务用车、城管信访举报、食品经营许可管理等查询专线，构建栖霞纪检监察数据资源体系。依托省大数据平台，全年查询信息649人次，智慧检索3371次，账单查询467人次，话单查询17人次，基本实现“初核查询不出门”目标。 □李兴亚

·民生领域监督·

◆概况 3月起，栖霞区纪委监委深入贯彻中央和省、市、区纪委全会部署要求，坚持“人民至上”根本立场，关注群众急难愁盼突出问题，立足“小切口”解决“大问题”的监督思路，从群众最关心、最直接、最现实的利益问题着眼，紧盯“小微权力”运行，开展民生领域专项监督，让群众在反腐“拍蝇”中增强获得感、幸福感、安全感。根据全市“两个专项监督”工作部署与区情实际，紧扣辖区民生领域难点痛点热点，在物业、“三资”、养老机构等市级规定动作基础上，精选困难群众保障、渣土运输执法管理、医药耗材购销等“小切口”28个，持续开展民生领域系列专项监督，发现问题线索71条，立案58人，制发纪检监察建议10份，推动实现“解决一批问题、总结一类规律、治理一个领域”的监督质效。江苏省纪委《江苏纪检监察信息》、南京市纪委《专项监督工作情况》等多次刊登推广栖霞区专项监督经验做法，“三资”领域专项监督工作成效在学习强国App江苏平台登载，物业专项监督做法被《南京日报》刊载。结合渣土车治理小切口监督成效，拍摄警示教育专题片《迷失》，切实做好以案示警、以案促改“后半篇”文章。 □唐世珍

◆渣土运输执法管理专项监督 2021年，栖霞区纪委监委派驻第一纪检监察组，开展整治渣土运输执法管理中存在的突出问题专项监督工作。依据制度规定，核查重点为是否存在有法不依、执法不严等问题；围绕工作作风，重点核查是否存在不作为、乱作为等懒政惰政现象；围绕廉洁自律，重点核查是否存在吃、喝、卡、拿、要等谋取不正当利益问题。专项监督开展以来，发现协管员存在利用协助渣土运输执法管理职务便利，为管理服务对象谋取利益，并收受管理服务对象钱款违纪违法问题5人，立案审查调查7人（公职人员5人，行贿人2人），其中因涉嫌犯罪被移送司法机关起诉2人，给予党纪政务处分5人。针对辖区渣土运输执法管理中存在的薄弱环节以及廉政风险，从强化警示教育、严格人员管理、完善制度规定等方面向区城市管理局制发监察建议书，促进了渣土运输执法管理人员依法严格履责，有效预防群众身边的腐败行为和不正之风。 □陈奇峰

◆国有物业资金管理规范化监督 2021年，栖霞区纪委监委派驻第二纪检监察组，组织开展国有物业资金管理规范化专项监督工作。围绕住宅专项维修资金、国有物业管理、物业监管责任等方面开展监督检查，重点纠治资金违规审批，职能部门履职不力，党员干部吃拿卡要以及其他群众反映强烈的突出问题，推动监管部门依规履职，提升物业管理行业治理能力。专项监督按照动员部署、梳理排查、监督检查、责任追究、巩固提升等5个阶段进行，共发现问题线索12条，立案查处10件10人，制发工作提醒函5件。

◆农村集体费用收支管理监督 2021年，栖霞区纪委监委派驻第二纪检监察组，组织开展农村集体费用收支管理规范化专项监督工作。聚焦农村集体“三资”管理中群众反映强烈问题、易发多发的违规违纪问题，围绕盘清底数、规范流程、整合平台等工作重点，推动健全基础数据库，强化数据比对和案例分析，严肃查处违规违纪违法问题。专项监督按照动员部署、梳理排查、监督检查、责任追究、巩固提升5个阶段进行，发现问题线索8条，立案查处6件6人，制发工作提醒函3件。

□陈　华

◆医药耗材购销专项监督 2021年，栖霞区纪委监委派驻第三纪检监察组会同相关街道纪工委、区审计局、栖霞医保分局等单位，开展医药耗材购销专项监督工作。结合以往医保稽核材料和审计报告，有针对性地抽取部分药品、耗材、医疗服务项目，通过医院信息系统查看采购、调价、收费等情况，并调取近三年的药品、耗材进销存台账和财务账册，检查资料完整性，核对数据逻辑。对检查中发现的收费系统控制措施不全面、药品代采制度不完善等问题，形成问题清单及时反馈，提出完善制度、细化内控措施、加强教育管理等工作建议，督促相关单位及时堵塞漏洞。对暴露出的苗头性、倾向性问题，委托党委主要负责人进行谈话，督促履行全面从严治党主体责任。针对查准核实的违纪违法案件，严格执纪执法，立案查处3人，并对案件反映出的药品和财务管理等漏洞，向相关单位制发监察建议1份。

□王苏珂

◆农村乱占耕地建房问题监督 2021年，栖霞区纪委监委派驻第四纪检监察组，根据省市部署，开展农村乱占耕地建房问题专项整治监督工作。督促南京市规划和自然资源局栖霞分局在日常巡查中强化实时监管系统、执法监管智能信息系统的应用，切实做到“发现在初始、解决在萌芽”。建立农村新增乱占耕地建房线索周报制度，及时发现、及时制止新增问题线索。全年核查江苏省纪委监委下发134处图斑中的105处，未发现存在“五种情形”问题（即贯彻落实党中央和省委省政府相关决策部署阳奉阴违、弄虚作假，搞形式主义、官僚主义的问题；履职不当、包庇纵容、违法审批特别是遏制新增不力等失职渎职的问题；利用职权强占多占耕地建房，特别是顶风违建的问题；与工商资本勾结、巧立名目乱占耕地建房的问题；涉黑涉恶，为黑恶势力强占耕地建房充当保护伞、利益共享的问题）。推动整改2020年土地卫星图片执法检查未销号的地块10处，提醒在整治工作中出现的苗头问题2件。督促南京市规划和自然资源局栖霞分局整改农村乱占耕地存量问题18宗，面积2.02公顷（30.37亩），耕地面积1.85公顷（27.82亩）。

□潘　赟

◆危险化学品监管执法专项监督 2021年，栖霞区纪委监委派驻第五纪检监察组，组织开展危险化学品监管执法专项监督工作。制订《栖霞区危险化学品监管执法专项监督实施方案》，按照排查摸底、督查落实、巩固提升的步骤，统一部署推进督查内容、督查时间、人员安排以及职责分工等工作。联合区应急管理局开展全区城市安全运行联动督导督查工作，排查整治生产经营企业、特种设备等方面的安全风险隐患。依托南京应急管理181信息化平台，全程跟踪和监督问责隐患排查、行政执法、应急救援等存在的问题，提醒督促平台内部分工单未及时填写整改情况的问题。专项监督过程中，对区应急管理局存在执法文书制发不规范、现场执法检查未留痕、安全生产综合监管不细致等问题制发监察建议1份；查处形式主义、履行安全综合监管职责不到位的问题，立案调查并诫勉处理相关人员1人。

□杜　娟

◆残疾人两项补贴专项监督 2021年，栖霞区纪委监委派驻第六纪检监察组，开展残疾人两项补贴（生活补贴和护理补贴）专项监督工作。重点围绕残疾人教育专项补贴、南京市用人单位按比例安排残疾人就业补贴和超比例奖励、残疾儿童基本康复训练救助、残疾人机动轮椅车燃油补贴、栖霞区残疾人保险补贴（养老保险和医疗保险）等五类残疾人专项补贴政策落实执行情况，督促区残联做好残疾人补贴专项整治，监督检查资金审核、发放、使用等情况，定期开展抽查复核和绩效评估工作，加强对残疾人基本信息实时监测、比对、归纳分析和动态管理，做到残疾人专项补贴应补尽补、应退尽退，确保政策按时、足额享受到位，防止出现漏发、错发、重发等情况，防止出现挤占、挪用、套取等违法违规现象，切实维护残疾人合法权益。通过运用台账筛查、数据比对、平台预警监管等方式，结合审计报告，发现残疾人护理补贴与农村特困供养救助金重发、因死亡信息更新不及时造成残疾人补贴多发等问题，移送问题线索4条，立案3件。

◆教育领域学校食堂管理监督 2021年，栖霞区纪委监委派驻第六纪检监察组，组织开展教育领域学校食堂管理专项监督工作。围绕全区中小学校、公办幼儿园食堂日常管理、财务管理、物资采购、食品安全、内部控制机制等方面情况，开展专项监督检查。重点检查食堂经营、食材采购、账目收支、食堂从业人员等环节，监督检查学校食堂管理是否合规，资金核算是否准确、日常经营服务是否达标，是否存在利益输送、截留克扣、违规招标采购等问题。通过调取全区9家街道20所学校食堂财务账册，联同各街道纪工委、案管室、办公室财务共同开展集中检查。通过监督检查发现52条问题，已移交问题线索3条，立案3件，处理、处置40人。 □崔俊山

◆园区平台差旅培训费开支监督 2021年，栖霞区纪委监委派驻第七纪检监察组，按照《园区平台差旅、培训费开支情况专项监督工作方案》要求，联合园区平台纪工委、监察室等部门组成专项检查组，围绕园区平台因公外出开会、学习、考察、培训等活动，监督检查差旅费、培训费开支情况。组织园区平台参照监督重点自查自纠2017年1月1—2019年12月31日本单位差旅、培训费用开支情况，排查是否存在超标准超范围列支、无计划安排培训、未经审批出差、以差旅调研名义公款旅游、转嫁摊派费用、无合法票据报销等违规违纪问题，单位自查面达到100%。随机抽查南京栖霞科技发展投资有限公司以及南京栖霞山文化休闲旅游度假区管委会下属3家企业2017年记账凭证、活动方案，核实自查情况是否属实，有无瞒报漏报情况，以及报销程序是否合法合规。专项监督中，梳理差旅费314笔，培训费126笔，合计4252815.22元。同时，紧盯问题整改不放，督促园区平台对照清单逐项整改问题10个，及时总结体制机制问题和制度漏洞，制发纪律检查建议书1份，推动完善制度1个。 □李延芳

◆协议征转人员纳入社保监督 4月，栖霞街道纪工委联合第三派出监察员办公室，组织开展协议征转人员纳入社会保障工作专项监督，检查辖地6个村的协议征转用地人员纳入社会保障的工作情况，重点关注是否存在征地对象弄虚作假骗取征地补偿资金的、移花接木多占征地补偿资金的以及存在的其他违纪违法问题；干部收受钱物让不符合条件但是享受代劳政策的、失职渎职让不符合条件但是享受代劳政策的、贪污挪用侵占征地补偿资金等违纪违法问题。专项监督中，梳理协议征转工作期间发生的信访举报、负面舆情、12345工单，根据群众反映的情况，针对性查摆问题。查看各村代劳工作台账，比对各村不同工作留痕和工作成果，根据各村工作之间的差异查找问题，再与上级工作要求二次比对，发现涉嫌违纪违法的问题线索。截至年底，比对出问题线索2件，政务立案2人，由监察室制发监察建议书1份。 □周　培

◆自管小区临时停车费收缴监督 4月，迈皋桥街道纪工委联合第二派出监察员办公室，组织开展自管小区临时停车费收缴专项监督，监督检查2016—2020年辖地范围内

迈皋桥物业管理服务有限公司管辖小区项目部临时停车费收缴情况。街道纪工委成立专项监督工作组，抽调街道财政所财务人员1人、物业公司财务人员1人、纪工委纪检干事1人、监察员办公室兼职监察员1人，通过信访举报、听取汇报、调取凭证、检查台账、谈话函询、实地检查等形式，核对各项目部原始票据、公司账面数据以及会计凭证；以群众举报为突破口，调取重点人员微信、支付宝、银行流水等记录及明细，研判相关数据，分析工作方向和核查重心，发现问题线索，综合运用监督执纪“四种形态”进行处置。截至年底，依据党纪立案1人，依据政纪立案10人。 □李　蓉

民主党派·工商联

·民主党派·

◆概况　2021年，栖霞区有中国国民党革命委员会（民革）、中国民主同盟（民盟）、中国民主建国会（民建）、中国民主促进会（民进）、中国农工民主党（农工党）、中国致公党（致公党）、九三学社等民主党派基层组织7个，成员506人。其中，民革有总支1个，支部5个，总支主委王欣，成员117人；民盟有1个基层委员会，支部6个，基层委员会主委谢晓燕，成员104人；民建有基层委员会1个，支部5个，基层委员会主委吕德宝，成员104人；民进有总支1个，支部3个，总支主委雷诗华，成员86人；农工党有总支1个，有支部3个，总支主委汪爱莲，成员41人；致公党设综合支部1个，支部主委徐欣，成员14人；九三学社设支社1个，支社主委任秋娴，成员40人。

◆民进栖霞总支换届　7月8日，中国民主促进会（民进）栖霞区总支换届会议，在栖霞区机关小礼堂二楼会议室召开。民进南京市委专职副主委孙宇彤，中共栖霞区委常委、统战部部长郭昌标，民进市委会秘书长陆铮铀、组织处处长胡刚、办公室副主任陈启、中共栖霞区委统战部副部长徐小健出席，民进栖霞区会员20余人参加会议。会议选举产生了新一届总支委员会，雷诗华任民进栖霞总支主任委员，许志勇、李志缤任副主任委员，赵琰、许芳、何春兰、李新任委员。雷诗华报告了上一届总支委员会工作，代表新一届委员做表态发言。孙宇彤、郭昌标分别发言并提出希望

◆民革栖霞区总支班子届中调整　9月8日，中国国民党革命委员会栖霞区总支班子调整会议，在栖霞区机关小礼堂二楼会议室召开。民革市委专职副主委王真理，中共栖霞区委常委、统战部部长章晶，中共栖霞区委统战部副部长徐小健出席会议。民革栖霞区总支委员参加会议11人。会议由民革市委组织处处长严艳主持。严艳简要说明民革栖霞区总支班子成员调整情况。经民主选举，由王欣任民革栖霞区总支主委，童道荣任总支委员。原总支主委陈学，新任总支主委王欣做表态发言。王真理、章晶分别发言并提出要求和希望。

◆农工党栖霞区总支成立　9月9日，中国农工民主党（农工党）南京市栖霞区总支部委员会成立大会，在栖霞区机关小礼堂二楼会议室召开。农工党南京市委会专职副主委奚建彬，中共栖霞区委常委、统战部部长章晶等出席，会议由农工党南京市栖霞区综合支部主委徐锦程主持。农工党栖霞区支部参加会议10余人。会议严格按照组织程序，选举组建农工党栖霞区总支部委员会并产生首届总支部委员会委员，汪爱莲任农工党总支部主任委员，章争任副主任委员，恽丽君、袁慧婷、李红萍、崔鑫任委员。 □周　军

·工商联·

◆概况　2021年，区工商联坚持以习近平新时代中国特色社会主义思想为指导，深入贯彻学习党的十九大和十九届二中、三中、四中、五中、六中全会精神，始终围绕中心服务大局，把握“两个健康”（非公有制经济健康发展、非公有制经济人士健康成长）主题，发挥工商联职能优势，主动作为，精心履职，为全区非公经济高质

量发展做出积极贡献。是年，栖霞区工商联被中华全国工商业联合会评为全国“五好”（领导班子好、会员发展好、商会建设好、作用发挥好、工作保障好）县级工商联，栖霞区工商联被《中国工商时报》评为“构筑民营经济舆论阵地”先进单位。

◆**区工商联组织建设** 2021年，区工商联规范商会组织建设，按照不求数量，只重质量，成熟一个发展一个的原则。是年，全区9个街道商会和青年企业家协会根据栖霞区基层商会换届工作指导意见，按照市工商联文件精神，已经有序完成换届工作，全区新增会员200人。区工商联（总商会）也按照南京市工商联要求，完成换届。第九届栖霞区工商联（总商会）拟设执委100人，较上届增加6人。常委以上人员37人，占比37.0%。班子成员21人，较上届增加1人。其中，主席1人，常务副主席1人，副主席9人，副会长10人，设秘书长1人。11月30日，栖霞区工程机械商会在南京白金汉爵大酒店举行成立大会。栖霞区委统战部副部长、区工商联党组书记、常务副主席王俊宣读商会成立批复，南京市工商联党组成员、副主席郑德巍和区委常委、统战部部长章晶为商会揭牌。会议选举江苏匠人进出口贸易有限公司董事长李秋余为商会首任会长，陈木成、周光明、姜陶等6人为常务副会长，李清、吴为来、沈建华等9人为副会长，苏开通任秘书长。商会首批会员90家。

◆**工商联服务会员工作** 2021年，区工商联联合区委统战部开展以“进百企门、访百企情、送百企暖”为主题的“三百”民企走访活动，走访辖区9个街道企业60余家，切实发挥工商联桥梁、纽带作用。7月6日，联合区公安分局举办“反电信诈骗”主题讲座活动，邀请区反诈中心负责人现身说法，区江海集装箱运输商会和栖霞街道商会的骨干会员参加活动40人。9月14日，区工商联联合区检察院召开企业家代表座谈会，新浪江苏、南京炼油厂、南京红杉生物等10家企业代表参加会议，现场解答知识产权纠纷、劳动争议处理等方面问题。11月6日，区工商联与南京信息职业技术学院联合举办栖霞区工商联（南信院）专场招聘会，参加招聘会企业20家，提供岗位62个，招聘名额300人。12月15日，区工商联联合江苏省人民医院，举办第二期“名医进民企”院企共建活动，江苏省人民医院副主任医师，栖霞区工商联健康顾问，内科学（内分泌与代谢病）博士，副教授付麒开设题为“高尿酸血症和痛风的防治”健康讲座。

◆**光彩事业** 2021年，区工商联积极倡导民营企业家树立“致富思源、回报社会”的理念，立足光彩事业，积极履行社会责任。发扬“一方有难、八方支援”的精神。在今年抗击新冠疫情期间，全区民营企业家积极为各个防疫点捐资捐物50余万元。12月，区工商联对接青海省西宁市湟中区，组织开展冬日暖阳·情系湟中·圆梦微心愿认领活动，以该区群加民族学校贫困学生为主，一共收集到微心愿50个，栖霞区青年企业家商会牵手贫困学生28人，帮助他们实现梦想，传递社会正能量。 □管 冠

群众团体

·区总工会·

◆**概 况** 2021年，栖霞区有基层工会组织1013家，工会会员89558人。是年，区总工会加强工会系统党的建设，完成“我为群众办实事”7项。4月，区总工会举办江苏省首家县（市、区）非公快递行业职业技能竞赛。9月由海陵药业、凯米膜、恒电电子、立志美丽、奥尼斯等五家重点企业6个“职工创新工作室”组成的江苏省首家街道层面的“职工创新工作组”成立。全区工会委员会5家、工会小组（分会）6个、工会干部2人，被市总工会评为南京市“模范职工之家”“模范职工小家”和“优秀工会工作者”。

是年，区总工会深入推进产业工人队伍建设改革工作，制订

《2021年度栖霞区产业工人队伍建设改革工作方案》，明确海陵药业等四家企业为产改试点单位。与南京工业职业技术大学签订合作协议，制订《新时代栖霞优秀产业工人素质提升培训实施方案》（“火种”计划），举办“新时代栖霞产业工人职业素养提升专题培训班”4期，参训企业72家，参训人员近1200人次。

是年，区总工会持续深化党工共建工作，认定栖霞区首批党工共建示范项目10个。4月，南京德邦物流有限公司工会委员会成立，首次在非公快递企业建立工会组织。联合区委组织部，举办年度党工共建优秀微服务项目评选会，认定一、二、三等奖及优秀奖项目19个。重点联系的非公企业由原先的33家拓展到100家。10月，与区委组织部联合申报的“持续激活‘五根’链条（即党建统领筑牢政治链、沉底到边织密组织链、赋能成长构建创新链、培育先锋铸造示范链、共建共享完善服务链，探索打造工会参与社会治理“枫桥经验），聚力打造工会版社会治理‘枫桥经验’”项目（持续激活“五根”链条，获全省“庆建党百年·推动新时代党建带工建创新发展”优秀成果奖。

是年，区总工会继续开展集体协商“春、秋”季要约行动，被评为南京市和谐劳动关系示范企业9家，被评定为南京市集体协商质效评估三星级企业25家，审计全区基层工会经费30家，获全市工会审查工作规范化建设特等奖。

是年，区总工会继续稳妥做好劳模关爱服务保障工作，组织各级劳模先进免费健康体检190人，组织劳模先进参加市区二级疗休养活动38人，为劳模（含享受劳模待遇）、困难劳模182人发放慰问金、帮扶金22万余元，为生病劳模23人理赔5万余元。

◆**普惠性帮扶工作**　2021年，区总工会扎实做好普惠性帮扶工作。推广建立工会救助、基层协助、社会（企业）参与的合作救助模式。精准帮扶，建立区级困难职工档案10人，累计发放生活补贴、慰问金、慰问品11.68万元。加大互助互济保险工作力度，全区328家企事业单位为职工缴纳社会保险，包括养老、医疗、工伤、失业和生育保险2.7万人，理赔321人次，共计108万元。关注重点时节、重点人群，累计为困难家庭实现“微心愿”88个。关心关爱新业态就业群体，为全区快递员免费健康体检515人，面向快递员、外卖配送员、网约车司机、货车司机等群体开展“工会进万家·新就业形态劳动者温暖行动”；累计为创业职工25人申请小额贷款540万元，为创业者及时解决融资困难。“求学圆梦行动”为农民工申报圆梦助学金90人。组织40名农民工子女参加“同心向党、赋能成长”夏令营活动。组织到江宁、溧水、浦口等区参加民宿疗休养职工16批次、478人。积极搭建女职工关爱空间，建设区级爱心母婴室13家，市级爱心母婴室9家，建成市级女职工康乃馨服务站6家。持续做好“爱心驿站”建设，全区共建驿站101家，仙林党群服务中心户外劳动者服务站点获评全国总工会2021年“最美工会户外劳动者服务站点”和省总工会五星级“安康·爱心驿站”，获省级“最美爱心驿站”2家，获评市级“爱心驿站”10家。

◆**法律维权服务**　2021年，区总工会切实维护职工合法权益。出台《进一步加强工会法律服务工作实施意见》，开展法律服务站（点）达标评估工作，构建区—街—社区（村、商圈、企业）为一体的工会法律援助服务体系，开展法治宣传、法律咨询、法律监督、协商调解和法律援助等“一站式”维权服务。建设法律服务站点100家。与人社局合作开设南京市第一家劳动人事争议仲裁工会分庭，全年累计处理劳动争议案件94件。委托专业律师开展企业法律体检活动，累计对30家企业进行法律体检。9月23日，区总工会和江阴市总工会在栖霞高新区党群人才服务中心签署《共建工会法律援助异地协作机制协议》，这是江苏省首个区域工会之间共建的法律援助异地协作项目。

◆**先进模范典型选树**　2021年，区总工会大力弘扬劳动精神、劳模精神和工匠精神。不断提升劳动者技能水平，率先在全省举办区县首届非公快递行业职业技能竞赛，联合举办幼教行业、妇幼健康、人社窗口技能竞赛，开展首届职工优秀科技创新成果、先进操作法评选，认定职工优秀科技创新成果6项、先进操作法6项，南京银茂铅锌矿业有限公司获南京市职工优秀发明专利成果1项。区总工会继续做好劳模先进评选工作，姚期智等5人获评江苏省劳动模范和先进工作者，高慧华等23人获评2021年度南京市劳动模范。区总工会持续推进劳模（职工）创新工作室创建工作，全年认定区劳模创新工作室1个、五一劳动奖章人才创新工作室5个、职工创新工作室30个。周福安劳模创新工作室获第四批“江苏省示范性劳模创新工作室”。

是年，区总工会继续开展五一劳动奖章和工人先锋号创建工作。五一前夕，南京洲磊蔬菜专业合作社理事长吴昆、栖霞区西岗街道桦墅村村民委员会党委书记蔡云、南京长江工业炉科技集团有限公司设计师杜恒标、图灵人工智能研究院（南京）有限公司董事长姚期智被中共江苏省委、江苏省人民政府授予“江苏省五一劳动奖章”，南京市栖霞区医院大外科主任黄其根，被中共江苏省委、江苏省人民政府授予“江苏省先进工作者”。“三八”妇女节前夕，栖霞区医院血液透析室治疗室医护组等5个先进集体被市总工会评为“南京市五一巾帼标兵岗”，俞金花等5人被市总工会评为“南京市五一巾帼标兵”。2022年1月，高慧华等23人，被中共南京市委、南京市人民政府评为2021年度“南京市劳动模范”。

◆**精神文明建设** 2021年，区总工会开展庆祝中国共产党成立100周年“十个一”系列活动，举办以“不忘初心担使命 凝心聚力建新功”为主题的庆祝“五一”国际劳动节大会，选树“栖霞文明职工”10人。选树区级“书香企业”4家、区级“优秀职工阅读组织”13家、“职工阅读明星”15人、“职工书架”36家（处），江苏合润企业投资管理有限公司“行知书香社”等3个组织，被选树为2021年度南京市优秀职工阅读组织。是年，区总工会加大“职工心理关爱”项目建设，每月开展1场心理讲座和团辅活动2项，在高新区党群服务中心每周开设心理个体咨询服务；推进“新活力+”项目，为基层免费赠送文化类、体育类活动28场，组织百名职工代表参加“栖友空间”线下阅读之“邂逅长江路”“夫子庙文化”等走读活动；线上开展“我们的风采”系列主题活动，参与人员近4000人次；开展“安全隐患随手拍”活动；开展“传承好家风，发扬好家训”家风家训征集活动。组织职工参加南京市委网信办和南京市总工会联合举办的“网聚职工正能量 争做中国好网民”主题活动，区总工会获市级优秀组织奖。在南京市总工会举办的首届职工器乐大赛取得优异成绩。开展100场线下“学雷锋见行动”志愿服务，评选区级职工公益服务品牌8个、优秀职工志愿服务队10支、优秀职工志愿者15人。被评为南京市“优秀职工志愿者”21人，被评为南京市“优秀职工志愿服务组织”服务队3支。

◆**服务职工优质项目获奖** 1月，江苏省总工会组织开展2020年服务职工优质项目评选活动，评出优质项目100个，栖霞区获奖项目3个。其中，南京缘派蔬菜专业合作社工会的“一棵葡萄·一个梦想”、区八卦洲中心小学工会的“鹂岛大脚巴”党工共建微服务项目获一等奖，南京东郊科技集团工会的“探索‘线上+线下’双模式助推员工发展”获三等奖。

◆**职工代表提案、微视频获荣誉** 2月，江苏省、南京市厂务公开协调小组办公室先后印发的《关于命名2021年度全省优秀职工代表提案的通报》《关于通报表扬全市企业民主管理优秀微视频和优秀职工代表提案的通知》公布，区总工会推荐的《设立技能人才津贴》和《完善技术创新建制保障》职工代表2个提案，分别获评江苏省国有企业、非公企业类别优秀职工代表提案。微视频《以班组民主管理筑牢职工安全生命线》获评南京市企业民主管理优秀微视频，《建议完善职工技术创新保障机制的提案》等职工代表8个提案，获评南京市优秀职工代表提案。

◆区总工会七届六次全委会议 4月6日，区总工会在区机关小礼堂组织召开工会第七届委员会第六次全体委员（扩大）会议，区总工会第七届委员会、经费审查委员会、女职工委员会委员及会员代表参加会议82人。区人大常委会副主任、区总工会主席胡达贵发表题为《担当新使命 奋进新征程 为高质量建设“强富美高”新栖霞贡献智慧和力量》讲话，总结2020年工作，部署2021年任务。

◆党建带工建创新发展成果获奖 10月22日，江苏省总工会在徐州召开全省“庆建党百年 推动新时代党建带工建创新发展”优秀成果发布会，命名表彰优秀成果20个和典型案例48个，推动新时代江苏党建带工建重整行装再出发。区总工会与区委组织部联合申报的“持续激活‘五根’链条，聚力打造工会版社会治理‘枫桥经验’”项目获优秀成果奖，全省20家获奖单位，南京市仅栖霞一家入选。栖霞区人大常委会副主任、区总工会主席胡达贵以《党建引领“四融入”探索打造工会参与社会治理的“枫桥经验”》为主题，在大会做交流发言。

◆党工共建优秀微服务项目 12月17日，区委组织部、区总工会在区委党校联合举办“2021年度党工共建优秀微服务项目评选会”，评出一等奖3个，二等奖6个，三等奖6个，优胜奖4个。区人大常委会副主任、党组副书记、区总工会主席胡达贵出席，南京市总工会组织部，栖霞区委政研室、区级机关工委、区“两新工委”和区总工会相关领导参加评审。江苏星宇芯联电子科技有限公司实施的“‘3+’模式赋能产业工人队伍建设三维度”、南京长江工业炉科技集团有限公司实施的“树旗帜凝初心 立标杆促发展”、扬子江药业集团南京海陵药业有限公司实施的“知行合一 工匠海陵”3个微服务项目，获评一等奖。

□梁予君

·共青团南京市栖霞区委员会·

◆概况 2021年，共青团栖霞区委（团区委）以习近平新时代中国特色社会主义思想为指引，在中共栖霞区委和共青团南京市委领导下，围绕团的政治责任、根本任务、工作主线，真抓实干、奋发改革，进一步提高团的凝聚力、组织力、号召力，为栖霞高质量发展走在前列汇聚青春力量。是年，团区委获江苏省共青团工作先进单位、南京市共青团工作先进单位，团中央“青少年维权岗”、团省委网络领域“青少年维权岗”等荣誉称号。“梦想小屋”、青春社区行动等重点工作均得到团中央、团省委、团市委领导肯定。

是年，团区委联合区农业农村局、燕子矶街道组织开展“河小青”活动，助力美丽栖霞建设集中服务日暨“长江护鱼青春志愿行动”。向市民宣传“十年禁渔”相关政策。团区委组织开展“青春志愿心向党，栖霞青年在行动”学雷锋志愿服务活动，组织全区青年团员、志愿者从“河小青”巡河护河、“垃圾分类 青春助力”、净滩打卡、关爱青少年等方面开展学雷锋志愿服务。团区委联合驻区高校实施社区（村）共青团工作助理项目，召开栖霞区社区（村）共青团助理岗前培训会，为社区（村）共青团助理进行岗前培训。

是年，团区委党支部联合区委办党支部、区妇联党支部到南京大学开展党史学习教育，重温百年党史，缅怀革命先烈，传承红色基因。南京大学文学院与团区委共建创新实践基地启动仪式在团区委会议室举行。栖霞区委宣传部、团区委、栖霞区委党史办联合举办青年党史知识竞赛，区机关各部门、各街道、学校、园区、两新组织等青年代表队参加。

是年，团区委和区教育局共同组织党员辅导员10人，组建“红领巾讲师团”，面向少年儿童开展“学党史、强信念、跟党走”宣讲活动。栖霞区“学党史、强信念、跟党走”主题团日活动在区委党校举行。由团区委、栖霞区金融监督局、马群街道工委主办的“以爱筑家 点亮梦想”栖霞区第二批困境青少年“梦想改造+”关爱计划在马群街道太阳城小学正式启动。团区委开展2021年栖霞区“十大青年先锋，百名身边榜样”评选工作。团区委、栖霞区关工委联合驻区高校团委组织学生到南京十月军校开展“探寻红色足迹，学习百年党史”主题实践活动。团区委联合江苏省中医院、区卫健委、燕子矶街道组织开展“我为群众办实事——青年义诊团进社区”活动。团区委召开习近平总书记给淮安市新安小学五（8）中队少先队员回信精神座谈会，学习习近平总书记给淮安市新安小学五（8）中队少先队员回信精神。团区委与南京幕燕建设发展有限公司在南京幕燕滨江风貌区青年志愿服务站“向阳屋”内签订志愿服务共建协议。团区委联合仙林大学城管委会科教服务处、栖霞区科协，举办“活力仙林 逐梦之旅”仙林大学城高校开放日科普专场活动。组织区内中小学生走进驻区高校，了解校园特色。

是年，团区委联合区人社局、相关驻区高校团委，在栖霞区机关小礼堂举办2021年栖霞区暑期大学生实习启动仪式暨就业创业培训会活动。湖南大学9名师生代表齐聚栖霞，开展为期一个月的实习工作。上海交通大学国际与公共事务学院暑期社会实践团一行6人到栖霞区调研。团区委积极组织团员青年、志愿者助力疫情防控。栖霞共青团发起2021年“我要上大学”助学项目，凝聚大家的爱心力量，累计募集爱心资金9.7万余元，用于资助栖霞区低收入家庭大学本科新生圆大学梦。栖霞团区委慰问在栖霞白金汉爵大酒店隔离的扬州青少年。栖霞共青团面向区内困境青少年家庭开展“团团送温暖”中秋走访慰问活动，为他们带去月饼等慰问品，并送上节日问候

是年，团中央社会联络部社区服务处副处长张德科、四级调研员李佳轩一行调研栖霞区共青团“社区青春行动”试点社区王子楼社区工作开展情况。团南京市委书记荣飞调研栖霞共青团工作。上海团市委副书记邬斌一行调研栖霞高新区非公团建工作情况。南京市中职中学在校生模拟法庭大赛在栖霞区文化馆举办。江苏省暨南京市“共青团与人大代表、政协委员面对面”活动在栖霞区开展，活动主题聚焦于“缓解城市青年租房住房压力”。团江苏省委副书记张迎春，荣飞，和全国、省、市人大代表、政协委员参加调研活动。栖霞区青年联合会第五届委员会全体会议成功召开。栖霞区“青马工程”社会组织班开班。团区委组织全区各集团校总辅导员学习《中共江苏省委关于全面加强新时代少先队工作的实施意见》，并在学习后交流学习的收获和体会。

◆ **“梦想改造+”关爱计划** 2021年，团区委聚焦“事实孤儿”群体，发起实施“梦想改造+”关爱计划，着力完善“物质帮助+精神关爱”的帮扶体系，推动困境青少年关爱“从学校向家庭拓展、从学习向生活拓展、从帮人向育人拓展”，切实把党和政府的温暖传递给困境青少年群体。通过组织机关团干部和各团街道工委书记召开专题会进行部署，对接民政局等部门，获取在库“事实无人抚养儿童”、农村低保家庭青少年群体数据，并组织镇街、村（社区）团干逐户摸排调查，详细了解全区困境青少年家庭情况、居住环境、改造意愿等，综合考虑房屋条件、当前需求等因素，确定梦想小屋建设服务对象。广泛发动社会化力量募集爱心资金，委托专业的施工单位按照“三面（顶面、墙面、地面）到位、六物（床、书桌、衣柜、窗帘、台灯、小书架）配齐”的标准改造“梦想小屋”，为困境青少年提供良好的学习和生活空间，并提供结对帮扶、课业辅导、心理咨询等精神关爱，完善全方位帮扶体系。2021年通过摸排确定改造服务对象30人。在爱心企业11家和394位爱心人士支持下，线上线下累计募集爱心资金48.5万余元，按照“三面到位、六物配齐”的标准，分两批改造完成30间“梦想小屋”并交付入住，“梦想小屋”建设工作得到共青团省、市委领导肯定。

◆青年先锋、身边榜样评选 2021年，为深入学习贯彻习近平新时代中国特色社会主义思想，进一步激励全区广大青年不忘初心、牢记使命，集中展示新时代栖霞青年的精神品质和价值追求，选树表扬在疫情防控、乡村振兴、创新创业、岗位一线等领域做出重要贡献的团员青年。团区委于2021年3月在全区工作、生活的团员青年中开展2021年栖霞区“十大青年先锋，百名身边榜样”评选工作。经材料审核、资格审查、现场评审、组织考察等环节，选树出栖霞区十大青年先锋、栖霞去优秀青年12人，栖霞区青年身边榜样90人。并在五四主题团日活动中公布评选结果，在“栖霞青年”微信公众号中宣传“十大青年先锋”事迹宣扬，激励广大团员青年见贤思齐。

◆团区委被确定为改革试点单位 6月28日，团中央办公厅印发《确定县域共青团基层组织改革试点地区（中青办发〔2021〕55号）》文件，列入县域共青团基层组织改革的试点地区江苏省共25个。其中，南京市6个，栖霞区名列其中。该项改革旨在通过改革团的工作力量选用机制、组织设置和运行机制、团员发展和教育管理机制以及推动完善地方党的领导机制和支持保障等4个方面的体制机制，推动改革不断向基层延伸。团区委对基层组织改革工作高度重视，成立改革工作专班，结合上级工作要求和辖区实际，制订《栖霞共青团基层组织改革实施方案》。11月7日，中共栖霞区委召开常委会，听取栖霞共青团改革工作进展并审议通过《栖霞共青团基层组织改革实施方案》。

◆团区委第三次全体会议 3月23日，共青团栖霞区第十四届委员会第三次全体（扩大）会议召开。中共栖霞区委副书记孙爱军出席会议并讲话，团区委书记陈珺珺做工作报告。会上通报表扬2019—2020年度“栖霞区优秀共青团员”“栖霞区优秀共青团干部”“栖霞区先进团组织”“2020年度全区共青团工作先进单位和先进工作者”。团区委书记陈珺珺做题为《青春心向党·奋斗新征程 为栖霞“十四五”高质量开局贡献更大力量》的工作报告。全会审议通过《关于团区委委员卸职的确认案（草案）》《关于2021年组织动员广大团员青年在建设“强富美高”新栖霞奋进现代化新征程中开展“青春建功行动”的年度实施意见（草案）》。全会号召，要在习近平新时代中国特色社会主义思想的指引下，在区委和团省、市委领导下，紧扣围绕区委区政府中心工作，围绕“三力一度”（团的组织力、引领力、服务力和大局贡献度）工作布局，以“两争一前列”（争当表率、争做示范、走在前列）为遵循，严格按照区委和团市委工作要求，对标找差、创新实干、奋勇争先，不断开创栖霞共青团高质量发展的新成效，为庆祝中国共产党成立100周年交出青春答卷。

◆栖霞区青年工作联席会议 3月23日下午，栖霞区青年工作联席会议第二次全体会议召开。中共栖霞区委副书记、联席会议召集人孙爱军出席会议并讲话，区委常委、区政府副区长、联席会议副召集人陈松主持会议。团区委书记陈珺珺传达江苏省青年工作联席会议第二次全体会议、南京市青年工作联席会议第二次全体会议精神。会议还审议通过《关于青春助力乡村振兴战略工程的实施意见（讨论稿）》。区农业农村局、区卫健委、八卦洲街道三家单位会上分别做交流发言。区青年工作联席会议成员单位分管负责人，各街道分管负责人，团区委班子成员参加会议。

◆大学生创业暨人工智能产业赛 2021“中国（南京）智谷”栖霞区青年创新创业大赛暨人工智能产业赛，由区政府主办，团区委、区人力资源和社会保障局、南京中医药大学共同承办，自4月大赛启动以来，全国各地青年大学生创业者积极响应、广泛参与，先后收到国内外多所高校申报的参赛项目236个。初赛评审分为创业和创意两个组别，南京经开区、专业投资机构、重点孵化器、创业企业家的5位专家担任初赛评委。7

月8日，2021“中国（南京）智谷”栖霞区青年创新创业大赛暨人工智能产业赛初赛评审会在南京中医药大学举行。9月11日，2021“中国（南京）智谷”栖霞青年大学生创业大赛暨人工智能产业赛决赛在南京中医药大学举行。从初赛中选拔的优质参赛项目共45个，以线上路演答辩的方式依次进行项目展示和答辩。经过专家评审和现场问答等环节，在2021“中国（南京）智谷”栖霞青年大学生创业大赛暨人工智能产业赛决赛中，最终胜出的项目12个。其中，获创业组一、二、三等奖项目6个。“智能视频隐私安全计算软硬件研发”项目获一等奖。“地铁车辆轨旁在线检测系统研发与产业化”项目、“‘悦轻’中医瘦身养生管家”项目获二等奖。“基于光谱的药品检测传感器”项目、“小乐色智能垃圾桶”“智能巡检机器人与机器视觉在电力运维行业的应用”项目获三等奖。获创新组一、二、三等奖项目6个，其中，“船舶轴系智能卫士”项目获一等奖，“电站‘天耳’——设备故障声学定位系列装置”“益安医疗器械”项目获二等奖。“万‘雾’生鲜智能保鲜检测一体喷雾”“陈氏瘿科”“六五AI绘画”项目获三等奖。

◆少先队栖霞区第四次代表大会 10月14日，中国少年先锋队南京市栖霞区第四次代表大会，在栖霞区政府大礼堂召开。共青团江苏省委中少部部长、一级调研员张志方，团市委学少部部长、一级调研员、南京市少先队总辅导员朱薇薇，栖霞区委副书记黄伟民等领导出席大会。栖霞区委教育工委书记、少工委主任沈芸致辞。团区委书记、区少工委主任陈珺珺代表区第三届工作委员会向大会做题为《传承星星火炬 志成强国少年 为加快建设“强富美高”新栖霞时刻准备着》的工作报告。大会选举产生中国少年先锋队南京市栖霞区第四次代表大会第一届工作委员会委员26人，审议通过栖霞区少工委工作报告。大会闭幕后，举行中国少年先锋队南京市栖霞区第四届工作委员会第一次全体会议，审议通过《中国少年先锋队南京市栖霞区第四届工作委员会第一次全体会议选举办法》《中国少年先锋队南京市栖霞区第四届工作委员会主任、副主任候选人名单》，选举产生区少工委新一届领导班子。

◆区青联第五届委员会全体会议 12月24日，栖霞区青年联合会（区青联）第五届委员会全体会议，在栖霞高新区紫东国际创意园党群服务中心召开，共青团南京市委副书记吴丹等出席会议。全区各界青联委员130人，分别在四个分会场参加会议。中共栖霞区委副书记黄伟民开幕式致辞。随后吴丹、黄伟民为区青联第四届优秀委员代表颁发证书。团区委书记、栖霞区第四届青联主席陈珺珺做题为《联聚青力量 砥砺新征程 在栖霞高质量发展中谱写青春华章》的工作报告。大会选举产生栖霞区青年联合会第五届委员会主席、副主席、常务委员。区青联委员会全体会议闭幕后，区青联举行第五届常务委员会第一次全体会议，会议通过区青联秘书长、副秘书长建议名单。

□吴文蕴

·栖霞区妇女联合会·

◆概况 2021年，全区共有各类妇联组织246个，其中栖霞区妇联1个，街道妇联9个，村妇联29个，社区97个，其他110个。

是年，栖霞区妇联指导全区村（社区）妇联组织开展换届工作，换届后有村（社区）妇联主席127人，专兼职副主席385人，执委1931人。在全区重点推进新领域、新业态、新阶层、新群体等“四新领域”妇联组织建设，新建万达茂商圈、新尧新城管委会、栖霞保安公司、中建五局泰康医院项目、栖霞区阳光天使幼儿园、栖霞山管委会等妇联组织10个，其中栖霞保安公司妇联为全市首家保安公司妇联。全区共有“四新”领域妇联组织80个、妇女微家100个。全年评选出南京市最美妇女微家5家、“最美宁姐——优秀微家主人”5人。申报市级美丽庭院示范户32户。

是年，辖区妇联组织成立“讲党史、颂党恩”栖霞区巾帼党史宣讲团，开展巾帼宣讲进高校、进企业、进社区、进园区“四进”行动，开展“我为妇女儿童办实事”执委大走访活动，组织各级妇联执委领办公益项目100个。实施“领头雁”培育计划，举办三八国际妇女节111周年纪念活动，选树省、市、区级三八红旗手（集体）、巾帼文明岗（星）等各类典型73个，获评全国最美家庭1户、江苏省最美家庭1户、江苏省绿色家庭1户、南京市最美家庭7户，寻访区级最美家庭100户。通过南京新闻综合广播（FM106.9）开展为期15天家庭事迹宣讲，栖霞视点、栖霞妇联微信公众号等媒体上点击访问量达8万余次。

是年，区妇联落实省级民生实事项目，推进省级家庭教育指导服务试点示范社区建设。在全区建立省级家庭教育指导服务示范社区6个。建立家庭档案832户，招募志愿者246人，累计制作家教横幅、标语、展板、海报等1248件，开展特色家教活动85次，受益家长1888人次。全区各级妇联接待到访、电访咨询1131人次，参与调解165例，调解率成功69%。

是年，区政府妇女儿童工作委员会办公室，牵头多部门联合制订区“十四五”妇女儿童规划，牵头拟制《2021—2022年区政府妇儿工委十件实事任务分解和职责分工》。区妇联发动区女企业家协会捐赠现金约4万元以及消毒水、方便面等物资至各个街道。开通心理咨询热线。投入15万元帮扶单亲贫困母亲192人，组织辖区青少年特别是留守困境儿童到十月军校开展重走“长征路”活动，组织区级机关20多家单位慰问区残疾人康复中心。开展九九公益日慈善捐助活动，组建爱心战队29支，共募集善款11.9万余元。组织女干部、女企业家和驻区共建高校女教师61人，参加宁波银行2021南京仙林半程马拉松迷你赛。联合栖霞区生态环境局、南京经开区环保局共同开展“绿色未来·善毅有‘她’”暨“四史”学习教育共建活动。

是年，全区妇联系统有获国家级表彰集体2个，获省级表彰集体7个、个人14人；获市级表彰集体40个、个人15人。区妇联先后获第三届江苏女性融媒体大赛全国邀请赛优秀组织奖、入选中国妇女报社《2021年度全国妇联宣传舆论阵地建设先进榜》，区妇联推荐的“栖小妹在您身边——栖霞区女性形象IP及工作品牌打造与建设”，入选2021年度全省妇联优秀融媒体工作案例。姜爱舜家庭获全国最美家庭称号。

◆女性进“两委”参选参政 2021年，区妇联与区委组织部、区民政局共同落实女性进村（社区）“两委”工作。区妇联梳理全区村（社区）“两委”女性人员情况，通过面对面交流座谈、走访村（社区）级组织等方式，了解各街道女性参选情况及存在问题和困难。为基层女干部、村（社区）妇联主席、女大学生村官、致富女能手、优秀女性参选骨干等开设乡村振兴巾帼骨干培训班，通过集中授课、现场教学等形式，让优秀女性代表提升综合能力，增强参选竞争力。新一届妇联主席全部进村（社区）“两委”，在参选后就任“两委”班子的成员中有女书记35人，女副书记88人，女委员225人，女书记人选较上届提高59%。

◆“三八”妇女节庆祝活动 3月4日，区妇联举办主题为“百年巾帼绽芳华 筑梦前行新栖霞”栖霞区优秀女性代表庆祝“三八”节活动。区委副书记、区长王生等为江苏省、南京市、栖霞区三八红旗集体，三八红旗手代表及南京市巾帼文明岗、巾帼岗位明星颁奖。其间，会议宣布区妇联和区委党史办联合成立“讲党史、颂党恩”栖霞区巾帼党史宣讲团。区委常委、组织部部长黄伟民为栖霞区巾帼党史宣讲团授旗。区妇联主席吕文伟、区委党史办主任刁志福为栖霞区巾帼党史宣讲团颁发聘书。十二届全国最美家庭陆巧玉家庭，区女企业家协会会长、区妇联兼职副主席、江苏卡思迪莱服饰有限公司董事长从金林等5位优秀女性代表会上分享其巾帼故事。中共栖霞区委书记、南京经开区工委书记、仙林大学城党工委书记黎辉致辞。

◆市级女童保护示范基地授牌 9月23日，“吾护花开——南京市女童保护示范基地”授牌仪式，在栖霞区特殊教育学校举行。南京市妇联权益部、南京市教育局基教处、栖霞区妇联、区教育局、太阳花家庭教育指导中心相关负责人参加活动。该项目是市妇联重点推动的公益项目，其内容分为三个部分：一是帮助残障女童了解自己的身体，掌握自我保护的基本知识和方法；二是帮助家长了解残障女童的保护；三是培训和辅导在校老师了解和掌握女童保护的知识和方法。该项目的分项目“同在阳光下”——栖霞区特殊教育学校残障女童保护项目落地栖霞，旨在持续展开残障女童保护活动进校园、线上线下课程以及个案辅导等活动，帮助残障女童学会保护自己、欣赏自己、悦纳自己，努力达到身体与心灵一同健康成长。南京市妇联权益部负责人为学校授予“吾护花开——南京市女童保护示范基地”铜牌；校长汤一梅汇报学校建设教学以及女童保护工作开展情况。

◆邀请赛决赛暨创意力量分享会

12月6日，区妇联承办第三届江苏女性融媒体创意大赛全国邀请赛决赛暨女性创意力量分享会。全国妇联宣传部副部长綦淑娟，江苏省妇联副主席席玉峰，江苏省委统战部二级巡视员郭剑文，南京市妇联主席吴曦，南京市栖霞区委副书记黄伟民等出席活动。各设区市妇联分管主席、宣传部长、新媒体工作相关负责人，栖霞区妇联执委、辖地各街道、系统工委以及园区（平台）妇联主席参加活动。黄伟民、席玉峰先后致辞。专家评审团点评决赛作品路演并量化打分。大赛评选出一等奖6个、揭晓优秀组织奖等，同时启动“喜迎二十大 巾帼建新功”2022年度江苏女性融媒体创意系列行动。其间，各设区市妇联分管主席、宣传部长、媒体记者一行40余人，专题调研乡村振兴美丽家园建设、巾帼创业创新孵化基地建设、党建带妇建，新领域妇联组织建设、女子创新创业基地建设等妇联创新工作品牌。

◆维权暨反家暴系列工作

2021年，区妇联探索妇联+网格工作模式，建立基层反家暴工

12月6日，栖霞区妇联代表区委、区政府，在白金汉爵酒店承办第三届江苏女性融媒体创意大赛全国邀请赛决赛暨女性创意力量分享会

（区妇联/供稿）

作联动机制。利用大数据平台，建立红、橙、黄、绿“四色信号灯”预警显示与转换机制，在迈皋桥兴卫村社区探索建立“栖小妹·家事关护工作站”。与检察院、公安、民政、卫健等多部门联动，在仙林鼓楼泰康医院推动辖地“一站式”未成年人保护中心建设，一站式开展人身检查、证据提取、案件询问、心理疏导、综合救助、预防教育等工作。与区法院签订《家事诉讼纠纷多元化解协议书》，每周组织诉中棘手家事案件的调解协调会，实现妇联调解和法院诉讼调解的优势互补。3月17日，区妇联和区公安分局联合在迈皋桥街道兴卫村社区召开反家庭暴力工作座谈会。11月25日，区妇联、迈皋桥街道妇联联合南师大法学院志愿团队，在兴卫村社区开展“反对家庭暴力，创建平安家庭，共享和谐生活”——反家暴日宣传活动。11月25日，由区妇联、栖霞区民政局联合举办的“爱是零暴力”《反家庭暴力法》宣传进校园活动走进南京师范大学附属中学燕子矶新城学校小学部。

◆妇女儿童和家庭公益服务项目 7月23日，区妇联召开妇女儿童公益项目线上评审会。市政府妇儿工委办公室主任王玉梅等担任评审专家，各申报机构项目负责人及各街道妇联副主席参会。评审内容涵盖女大学生幸福引领、巾帼志愿服务、家庭教育指导服务、儿童友好城市（社区）创建四大类，有项目申报14个。根据专家评审打分、现场点评、组织审核，确定“微创投”公益项目6个，项目实施周期为2021年8—2022年7月。9月6日，组织相关机构举行2021年妇女儿童和家庭公益服务签约仪式。

◆女企业家协会活动 3月8日，栖霞区女企业家协会在海陵药业开展“爱自己”主题活动暨2020年度表彰会议，全区各行各业女企业家代表50人参加，区委统战部部长郭昌标，区妇联主席吕文伟，区妇联兼职副主席、区女企业家协会会长、江苏卡思迪莱有限公司董事长从金林等出席。5月20日，区妇联、团区委、区慈善总会、八卦洲街道、南京农业大学，在八卦洲百合基地联合举办的“520鹂岛百合情——带走我的百合，留下你的爱意”主题活动上，区女企业家协会35位女企业家共购买百合3338束，募集善款33380元。5月22日，江苏省2021届高校毕业生“百校千场万岗”就业促进活动，南京师范大学专场设立女企协招聘专区，江苏卡思迪莱服饰有限公司等8家成员单位参与现场招聘。2021年区女企业家协会捐赠约4万元现金以及消毒水、方便面等物资支援抗疫。 □何旭明

·区科学技术协会·

◆概况 2021年，区科协以实施创新驱动发展为指引，加大落实科协系统深化改革方案，加大科普宣传、系统改革、科普阵地建设力度，进一步提高全民科学素质。是年，推荐光声超构材料研究院有限公司董事长卢明辉入选2021南京“十大科技之星”。开展各级各类科普宣传培训活动近400场。其中，围绕“科技周”“全国科普日”等主题开展科普活动100场以上，“小小太阳系 宇宙探险之旅”活动获评中科协“全国科普日”优秀活动。区科协组织驻地高校9家与辖区9个街道的中、小学校15所，开展结对共建行动。重点依托南师大珍稀动植物博物馆、南大化学与新材料科普基地等高校科普基地，开展高校科普游、学者进校园等活动20余场。6月，首次邀请中国科学院院士吴培亨走进燕子矶中学，以“努力培养创新能力”为主题与广大高中生面对面交流。2021年科技周期间，以“活力仙林 逐梦之旅”为主题开展“高校开放日”科普专场系列活动，带领青少年学生，走进南财美术馆、南大左涤江天文台、南大化院，体会科学实验的魅力，拉近中、小学生与高校的距离。区科协与中科院南京植物研究所签订共建合作协议，开展以“植物‘稀捍’行动”为主题科普活动，获得南京

市科协肯定；创建各类科普教育基地20余家，其中国家级1家，省级9家；建成运营科普中国社区e站、乡村e站和校园e站72家；建有社区科普大学47所，科普惠农服务站5家，农村科技服务超市2家，农技协（联合会）3家；每个街道建立一个具有鲜明科普特色的党群服务中心。“以党建带科建、以科建促党建”，推进新时代文明实践中心科技与科普平台建设。已在全区9个街道建立有科普特色的党群服务中心。建成社区科普能力建设试点社区9家，并在八卦洲街道八卦花园社区建立首家科普特色阵地。实施“社区科普益民计划”“基层科普行动计划”，依托社区科普大学、科普e站、科普惠农服务站开展各类群众性科普活动百余场。注册成立栖霞区科技志愿者服务大队，科技志愿者注册人数2553人，平均每月发布3场科技志愿者服务活动信息；组织发动学校和社区（村）发展科普中国App科普信息员，总注册人数17171人，传播总量达75万次；在社区、学校等人流密集场所，部署安装交互式网络科普电子屏130台，社区（村）覆盖率超80%。为科普防控知识，提高群众自我保护意识，区科协积极开拓防疫宣传模式和渠道，通过线上线下相结合的方式，组织科协大讲堂、社区科普大学教学活动，走进企业、学校、社区开展科学防疫和复工复产宣讲，印制并发放《新冠肺炎防控企业复工员工防护指南》宣传折页及科普防疫挂图5000余份。带领全体科协工作人员下沉一线驻点测温、引导核酸检测、开展商铺防疫巡查，及时协调、发放防疫物资。结合元宵节开展防疫灯谜有奖竞答，针对南京疫情录制“居家隔离怎么做”“关于德尔塔变异毒株你了解多少”等科普防疫视频5部，在“家住栖霞”、区政府网站等媒体发布，在全区各街道、社区科普大屏滚动显示；累计播放中科协制作的“科学预防新型冠状病毒肺炎”等科学预防病毒视频87部，时长11920多小时。入选江苏省“基层科普行动计划”1项，获南京市科协“双百工程”项目3项，获市科协“金桥工程”活动优秀项目5项，获南京市科协“讲理想，比贡献”表彰6项，先进个人2人，在国家、省、市科普比赛中获奖7人，项目12项；新成立企业科协3家，补助区级项目77项，共计39.8万元。南大科技园挂牌“中国科协海智计划江苏（南京）南大科技园海智基地”。是年，栖霞区新成立江苏省地理信息产业园科协、中建八局三公司科协、中煤长江地质集团有限公司（江苏煤炭地质局）科协企业科协3家。

◆全国科普日 2021年，区科协以“百年再出发 迈向高水平科技自立自强”为主题，组织开展全国科普日活动，开放辖区内所属各类科普馆以及省、市、区各级科普教育示范基地20多个，组织发动广大公众参观旅游和学习交流累计超过1200人次，举办各类科普活动50余场。积极组织区内各级群众参与公民科学素质知识竞赛，线上答题人数超42万人次，排名全市前列。线下组成代表队参加现场比赛，获2021年第四届南京市公民科学素质知识竞赛二等奖，区科协获优秀组织单位称号；实施智慧助老行动，马群街道成立全市第一支老年人科普志愿服务队，开展老年人智能机科普培训，通过培训参赛的老年人获得南京市首届老年人智能手机操作大赛二等奖。区科协组织发动学校和社区（村）发展科普中国APP科普信息员，全区有注册人数17171人，相关信息传播总量达75万次。在社区、学校等人流密集场所，部署安装交互式网络科普电子屏130台，社区（村）覆盖率超80%，让居民更加便捷地获取科普资源。新冠疫情期间，转发播放中国科协制作的“科学预防新型冠状病毒肺炎”等科学预防病毒视频87部，累计播放时间11920多小时。通过微信群、QQ群转发科普信息近10万条，50多万人次从中了解到疫情防控信息及科学预防病毒知识。

◆区级科普活动 4月，区科协组织9家街道开展“南京科普游–栖霞区专场”活动9场，前往南京江豚科教中心、昆虫博物馆等科普场所，开展丰富多彩的科普活动。5

月22日，全国科技活动周暨栖霞区第31届科普宣传周活动以“科技为宁 奋斗有我”主题的区科协基层组织力“三长一家”（即医院院长、学校校长、科技站站长、科技型企业家）图片展中，展出全区9个街道的科技科普工作、特色亮点活动和全区“三长一家”及科技工作者的工作风采，全方位开展科普宣传活动。5月30日，在“全国科技者工作日”期间，发布致敬科技工作者视频，选树辖区科技工作者10人，在各平台宣传。6月11日，首次邀请中国科学院院士吴培亨走进燕子矶中学，以“努力培养创新能力”为主题与广大高中生面对面交流。暑假期间，栖霞区组织“南京公益爱心暑托班”青少年参观南京古生物博物馆。9月16日，全国科普日活动中，与中科院南京植物研究所签订共建合作协议，开展以“植物‘稀捍’行动”主题的科普活动，致力拓展区外高校、科研院所科普资源。

◆区级科普项目 2021年，区科协继续全面推动科普项目建设，全区积极进行项目申报，共立项77项，相关经费39.8万元。其中主题活动类有龙岸花园社区的“走近科学——党队携手打造“智趣龙岸”、大棚村村委会和蔬菜基地的“科技志愿者说故事+为民传播农业惠民政策”、飞花村村委会的“百年回望 从科学家故事看百年科技发展缩影”、龙潭街道龙潭街社区的少年学习党史、铭记百年征程——走进大金山国防园科普游、栖霞街道摄山村的“我是小小科学家玩转科技”亲子科技手工制作、栖霞街道科协的“科学探索乐趣多奇思妙想助成长”活动、南炼新村社区的“七彩少年”走进南京科技馆，探索科技奥秘科普游、五福家园社区的“溺水急救”青少年科普讲座、栖霞街道科协、栖霞社区的“科技改变生活，文明绿色发展”活动、西岗街道仙林湖社区的“天文现场观测”活动、西岗街道齐民路社区的“建党百年VR沉浸式党史宣教馆”活动、西岗街道科协的“登顶紫金山，科普天文史”科普游、仙林湖社区、江苏省天文学会的“天文科普拓视野，筑梦太空爱航天”活动、齐民路社区的“科普日”青少年科普云课堂活动、尧化街道尧胜社区的“百年回望：中国共产党领导科技发展”活动、尧化街道尧安新村的“党史、科普文艺演出”活动、尧化街道科协的“南京地质博物馆科普游”活动、尧新社区的"党史润初心，礼赞凝初心"科普日活动、尧辰社区的“学习百年辉煌党史 加强科技自立自强”活动、仙林街道科协的红色科普宣传进校园活动——“渡江胜利路”追忆党史、仙林街道科协的“我与科学的一场约会”活动、仙林街道科协、南师附中仙林小学的南京森林警察学院动物标本科普基地科普游、仙林街道科协、南大化学化工学院的天气瓶里的“小天气”活动、马群街道科协的“关爱老年群体，智能手机操作科普”活动、马群街道科协的“小昆虫 大奥秘”南京昆虫博物馆科普游、马群街道科协的“全国科普日启动仪式”、马群街道科协的“发展老年科技志愿者 推动老年智能手机科普进程”活动、紫金社区的“铭记历史，振兴中华”科普教育活动、芝嘉花园社区的“宫颈癌科普知识讲座”、迈皋桥街道兴卫村兴卫村社区“智慧大脑”展示会活动、迈皋桥街道科协的“留住长江的微笑”江豚科教中心科普游、晓庄社区的“走近科学——水质监测知识科普”活动、迈皋桥街社区的“小小太阳系 宇宙探索之旅”活动、华电社区的“碳达峰 碳中和，绿植行动”、山水园社区的“冬季常见病及养生科普讲座”、汇虹园社区的“科学就在身边——看不见摸不着的空气”、东井村社区的“跟着祝融号看火星”活动、燕子矶街道祥和雅苑社区的“百年回首 科技强国”太阳谷科普教育基地”活动、燕子矶街道幕府山庄社区的“青少年桥梁架构手工科技操作”活动、燕子矶街道科协的“科技点亮梦想”主题科普游、燕子矶街道科协的“全国科普日防震减灾科普宣传”活动、幕府山庄社区的“追求低碳生活，拥抱绿色时尚”活动、八卦洲街道科协的“科技成果展之百合岛参观及全国百合高端交流论坛”活动、八卦洲街道中桥村的“组织开展农业蔬菜高效种植技术推广培训会”活动、八卦洲街道科协的“百年红色路 科普万里行”活动、八卦洲街道科协的“紫清湖野生动物世界科普游”“勿忘国耻 科技强国”活动、八卦花园社区的“趣味小实验 玩出大科学”活动、南京栖霞高新技术产业开发区管委会的“AI技术与未来社会”活动、栖霞山管委会的“栖霞山研学游”。市级以上评比表彰类有南京安昕多肉植物家庭农场的“菊章玉的引进及培育研究与应用”、南京平乐蔬菜种植专业合作社的“藕虾综合种养示范与推广”、南京冠佳科技有限公司的“OLED手机折叠屏铜合金与石墨的开发与应用研究”、南京华东电子集团有限公司的“基于FPGA的图形板卡设计”、南京红杜鹃果蔬种植专业合作社的“蟠桃高产栽培技术示范与推广”、江苏开元药业有限公司的“卡络磺钠注射液仿制药研究”、南京康之春生物科技有限公司的“大型食药用真菌优质新菌株成果推广与新产品开发产业化应用”。示范创建类的有龙潭街道的试点社区：靖安佳园社区、栖霞街道的试点社区：五福家园社区、西岗街道的试点社区：观梅社区、尧化街道的示范创建类试点社区：尧辰社区、仙林街道的试点社区：南大和园社区、马群街道的试点社区：百水芊城社区、迈皋桥街道的试点社区：山水园社区、燕子矶街道的试点社区：下庙社区、八卦洲街道的试点社区：上坝村、南京师范大学珍稀动植物博物馆、南京大学化学与新材料科普教育基地、江苏省天文学会、南京立乾花卉苗圃科普基地、江苏森林警察学院动物标本馆、南京邮电大学通信科普教育示范基地、江苏森林警察学院动物标本馆、优白口腔健康科普教育示范基地、红杜鹃科普馆、南京市十月军校、南京金都金箔技艺博物馆、南京市青秀城小学、南京金线金箔总厂。

□罗　鋆

·红十字会·

◆**概况**　2021年，区红十字会在应急救援、人道救助、生命健康、组织建设、宣传等方面完成年度工作目标，致力发挥红十字会作为党和政府在人道领域的助手和联系群众的桥梁纽带作用。是年，区红十字会获南京市红十字会表彰的2021年度南京市红十字工作优秀单位，救护培训、博爱家园、组织建设、宣传、志愿服务、艾滋病预防教育6项工作获单项工作先进单位。

是年，区红十字会开展救护培训21664人。其中，普及培训10465人，CPR+AED（心肺复苏术+自动体外除颤器）救护员培训9967人，持证救护员培训1232人；以“4+X”[（救护培训、“三献”（献血液、献造血干细胞、献人体器官组织）、博爱超市、养老照护）]模式为基础，在西岗街道广志路社区、仙林街道和园社区、迈皋桥街道景和园社区建立红十字“博爱家园”；在博爱家园社区开展生活照料、康复保健、精神慰藉、安全援助、文体娱乐等养老照护服务；在《中国红十字报》《江苏红十字报》、省、市、区红十字会网站、江苏省、南京市文明网、龙虎网、栖霞党建网、《金陵晚报》《栖霞简报》等媒体上登载工作信息及专题报道近400篇；组织志愿者参加造血干细胞采样，加入江苏省造血干细胞捐献者资料库264人；全年募集款物价值271.02万元，用于公益事业支出279.12万元，占年度捐赠总收入的103%；2021年“博爱送万家”活动发放款物总计约89.67万元（含省市下拨约3.98万元），其中区红会和街道配套合计合计85.7万元，全区1255户家庭受益，受益人数2761人。

◆**组织建设**　11月9日，区红十字会第五届理事会第五次会议因疫情防控在线上召开，会议审议通过《南京市栖霞区红十字会第五届理事会第五次会议工作报告》《南京市栖霞区红十字会2020年1月至2020年12月接受捐赠款、物收支情况的报告》和《关于南京市栖霞区红十字会第五届理事会拟调整理事候选人情况的报告》；以区红十字会、区教育局、团区委、中小学校等单位代表组成学校红十字工作委员会，全区中小学建会率达到70%，南京市金陵中学仙林分校中学部、南京市栖霞区实验小学和南京市中电颐和家园小学成功创建“南京市红十字示范学校”，南京一中马群分校成立红十字社团。

◆救护培训 2021年，区红十字会走进机关、企事业单位、社区（村）、大中小学校开展救护培训21664人，其中，普及培训10465人，CPR+AED救护员培训9967人，持证救护员培训1232人；区红十字会连续五年和区教师发展中心联合对新入职的教师开展救护员培训。开展“红十字应急救护培训和国防教育相结合”活动，为燕子矶中学和栖霞中学高一新生开展CPR+AED救护员培训；继续实施在公共场所配置心脏自动除颤器（AED）行动，2021年合计配置74台，其中，应急完成区卫健委提出的4个隔离酒店AED安装任务。11月26日，栖霞区教育局、栖霞区红十字会联合举办第二届“爱心满校园，‘救’在你身边”中小学校园应急救护技能比赛。

◆宣传 2021年，区红十字会在《中国红十字报》《江苏红十字报》、省、市、区红十字会网站、江苏省、南京市文明网、龙虎网、栖霞党建网、《金陵晚报》《栖霞简报》等媒体上登载工作信息及专题报道近400篇。其中，《中国红十字报》刊登信息19篇，省红十字会网站信息录用240篇，市级以上系统外媒体报道录用39篇，江苏省红十字会网站用稿量排名全市第一位；“栖霞红会”微博连续五年获区委宣传部授予的栖霞区“十佳政务微博”称号。栖霞红会微信公众号积极宣传红十字职能使命、宗旨理念和业务，及时反映工作动态，红十字会影响力日益提高；区红十字会选送的《孟庆宇，加油！》微视频在江苏省红十字会组织的“永远跟党走——坚守人道初心 弘扬奉献精神”主题宣传活动中，获得微视频组三等奖。由区红十字会推荐的南京工业职业技术大学学生孟庆宇和南京市金陵小学教师王兴艺，分别当选4月和5月“南京好人”；在中国红十字会总会2021年度报刊宣传工作先进集体评选中，栖霞区红十字会获县级红十字会三等奖。

◆无偿捐献 5月8日，区红十字会与南京红十字血液中心、迈皋桥街道办事处于第74个“世界红十字日”，在迈皋桥街道万谷惠广场联合开展造血干细胞集中采样活动。辖区9个街道和区级机关工委、卫生、教育系统红会的志愿者报名参加采样120人。其中，100名志愿者采样成功。4月19—21日，区红十字会联合南京信息职业技术学院红十字会开展造血干细胞采样活动，志愿者采样成功80人。是年，成立南京市栖霞区红十字无偿献血志愿者服务队，注册志愿者22人，并在“中国红十字志愿者”平台登记；积极组织辖区市民关注南京红十字会和南京红十字血液中心微信公众号，报名成为无偿献血志愿者人数超过2000人。

全年新增“志友”181人，实现遗体捐献26人。截至2021年底，全区登记捐献遗体、器官的志愿者人数达1699人，实现遗体捐献212人。南京市“志友”协会栖霞区分会，在辖区九个街道全年共开展30场志友“两献”（造血干细胞捐献与遗体器官捐献）宣传活动。

◆备灾救助 7月20—8月18日，按照省、市、区新冠疫情防控工作要求，区红十字会认真做好捐赠款物的接收和发放工作。其间，区红十字会接收防控捐赠款物合计183.18万元（上级红十字会下拨物资除外）。其中，接收捐款25.17万元，接收捐赠物资价值合计158.01万元。捐赠款物全部用于疫情防控。

是年，区红十字会发挥人道救助作用，向区内贫困学生及患大病困难家庭发放救助金、助学金1.95万元。继续开展东西部扶贫协作，与青海省西宁市湟中区红十字会、陕西省商洛市商州区红十字会对接，协调落实援助资金12万元。开辟红十字网络筹资新途径，抓住“99公益日”契机，在全区推动“栖小红”助力计划和“小区众筹AED项目”，共筹集资金10.61万元。在“南京栖霞红会”微信公众号上开通网上捐款。与区退役军人事务局合作，设立困难退役军人帮扶援助关爱金网络筹资项目，通过网络筹资，社会募集款物30.97万元。

◆**艾滋病预防教育** 2021年，区红十字会组织辖区大中专院校及中学学生参加“南京市在校学生预防艾滋病警示教育校园行活动”，观看警示教育片和参加网络答题，年度组织参加活动学生人数超过1.7万人。11月12日，南京市红十字会联合栖霞区红十字会、南京特殊教育师范学院举办在宁高校预防艾滋病讲座。11月30日下午，由江苏省红十字会指导、南京市人民政府艾滋病防治工作委员会办公室主办，南京市红十字会、南京市栖霞区红十字会承办、南京特殊教育师范学院红十字会和南京中医药大学红十字会协办的"世界艾滋病日"主题宣传活动在南京钟山宾馆举办。12月20日，由栖霞区红会指导的南京特殊教育师范学院红十字会“携手同伴为爱防艾”项目，获江苏省红十字会2021年防艾优秀项目。

□李正勇

·栖霞区残疾人联合会·

◆**概况** 2021年，全区有持证残疾人10853人。栖霞区残疾人联合会（区残联）贯彻习近平总书记关于加强残疾人工作的重要指示精神，围绕巩固残疾人小康，推进共同富裕，开展残疾人就业、康复、教育、扶贫、文体、维权等工作。被省政府残疾人工作委员会授予2021年“全省残疾人工作先进区”。是年，栖霞区完成用人单位按比例安排残疾人就业年审225家，通过区地税部门征收残疾人保障金4160万元。发放“困难残疾人生活补贴”2904人、2272.707万元；发放“重度残疾人护理补贴”3799人、616.38万元；为残疾人购买城镇居民基本养老保险1244人、购买残疾人城乡居民医疗保险2314人，合计投入资金238.98万元；实现残疾人养老保险、医疗保险、公共交通意外伤害险全覆盖。向68名残疾学生发放各类助学补贴11.18万元。发放机动轮椅车燃油补贴6.7万元。春节前夕走访慰问全区困难残疾人2570人，慰问金额191.93万元；实施残疾儿童康复救助325人，完成辅具适配348人、低视力康复72人、假肢适配13人、家庭无障碍改造13户。辖区相关残疾人法律救助机构，为有需求的残疾群众提供免费法律咨询和援助近300人。

◆**残疾人数字化就业** 2021年，依托辖区5G时代数字经济产业，促进重度残疾人就业。举办“红色筑梦·科技赋能”栖霞区首届残疾人职业技能创新大赛，无就业能力的重度残疾人实现灵活就业40余人。全国首个“中国残疾人互联网营销师教培基地”和“栖霞区残疾人数字化就业创业基地”揭牌，成为全国首批残疾人互联网营销师4人。基地孵化项目“彩虹之光”获得联合国教科文组织第三届全球媒介与信息素养青年编程马拉松大赛团队最高奖。《依托5G时代数字经济带动重度残疾人实现更高质量就业》获“2020年度南京市社会主义核心价值观教育实践创新十佳案例”，成为栖霞区唯一上榜案例。

◆**残疾人“医康教”融合试点** 2021年，栖霞区出台《栖霞区“医康教”融合试点工作实施方案》（宁栖残字〔2021〕16号），围绕“适合的教育、个性的服务、精准的康复”，不断推进特需儿童少年的康复服务体系建设，实现特殊教育公平高质量发展，促进特需儿童少年更好地融入社会生活。将康复服务由康复机构向学校、社区、家庭（托育中心、幼儿园、义务教育）延伸，由义务教育向学前教育、职业教育阶段延伸。8月，启动实施方案，在3所托育机构、4所幼儿园、5所小学进行为期2年的“医康教”融合试点校园，以试点单位为基础，以定点儿童康复机构为补充的工作机制，为残疾家庭、特需儿童少年提供教育、康复、心理疏导等服务。发挥托育机构、学校（幼儿园）、家庭、康复机构作用，实现残疾儿童的早期发现、诊断评估与康复、教育有效衔接。《聚焦特殊儿童发展需求实践“医康教”融合服务路径》获评2021年区委重点创新项目，同时入围江苏省残联创新创优示范项目和栖霞区工作创新奖。

◆**栖霞区残疾人康复托养** 全区建成运营“残疾人之家”25个，其中区级1个、街道级9个、社区（村）级15个。超额完成省、市民生实事项目，为有托养需求的409名残疾人，提供寄宿制、日间照料和居家服务。居家照护服务经验的“托养+”创新模式获《人民日报》点赞。深化综合型助残服务平台建设，构建托养、康复、教育、就业“四位一体”的复合型服务平台。为全区重度残疾人提供个性化精准康复服务2354人，提升残疾人差异化、精准化、人性化服务。

◆**全国助残日** 5月16日，栖霞区举办主题为“党建引领谋福祉，科技助残展新篇”第三十一次全国助残日活动。活动由区残联、区科技局主办，区卫健委、区民政局、区人社局、区司法局、仙林街道协办，南京广电集团十八频道、金鹰湖滨天地承办。江苏省残联二级巡视员、组联处处长胡俊，栖霞区委常委、统战部部长郭昌标，栖霞区副区长袁文峰，南京市残联，区残联、区科技局、区卫健委、区民政局、区人社局、区司法局分管负责人，各街道分管领导、残联理事长、残疾人专职委员，残疾人专门协会，爱心企业和残疾群众代表200余人参加。南京欧泰钢格板制造有限公司等企业10余家，为残疾人朋友提供广告设计、广告后期制作、物流调度等就业岗位70多个。南京鼎誉辅具机电设备有限公司为全区9个康复示范点捐赠轮椅9辆，免费提供给有需求的群众使用。中建三局集团有限公司南京分公司捐赠多媒体教育一体机给栖霞区残疾人康复中心。是年，积极响应南京市残联“千企助残”活动，动员全区献爱心企业106家，募集资金53.66万元。

◆**残疾人文体队伍建设** 6月5日，区残联在燕子矶街道“残疾人之家”组建全市首支智力残疾人旱地冰壶队，全国冠军队队长王胜宝到场指导。为促进残疾人健身体育发展，宣传“共融共建共享”理念，唤起全社会对残疾人更多的认可与尊重。3月20日，区残联与南京特殊教育师范学院阳光学院联合组建聋生瑜伽队，打造出一批更加贴近残疾群众的文体队伍，打造“百年再起航”节目，并多次参加省市活动的演出。栖霞街道选送的书画摄影作品获全省残疾人书画摄影展二等奖2个、全市残疾人书画摄影展二等奖2项、三等奖3项。栖霞区乒乓球运动员闫硕，在东京残奥会勇夺单打和团体双料金牌，获全国残特奥会金牌2枚、铜牌1枚。

◆**家庭医生签约** 6月21日上午，辖区龙潭街道营防村残协协助靖安卫生服务中心，在好邻养老社开展相关辖区内持证残疾人的家庭医生签约工作。营防村已完成家庭医生签约60余人，占辖地持证残疾人63%。在7月7日，迈皋桥街道春晓园社区携手党建共建单位丁家庄卫生服务中心，为社区内残疾人提供家庭医生签约服务，开展家庭医生签约服务，是沟通家庭医生与社区残疾人联系的有效渠道。是年，辖区相关机构为全区重度残疾人提供个性化精准康复服务3600人。

□李彦昊

法治·军事

Rule of Law, Military Affairs

南京市栖霞区人民法院　　杨　铁/绘

责任编辑　赵建华

政法委与社会综合治理

◆概况 2021年，区委政法委发挥领导和管理政法工作的职能作用，推动政法工作规范化管理和政法队伍正规化建设，推进政法领域综合改革，防控风险隐患，巩固社会治理，服务安全、稳定、法治的工作大局。召开高校人民防线联席会议，推进“网格+防线”工作模式，规范国家安全工作体系建设。围绕“筑牢政治忠诚、清除害群之马、整治顽瘴痼疾、弘扬英模精神”四项任务，部署开展政法队伍教育整顿。牵头开展风险隐患防范管控工作，化解一批涉众型风险隐患。推动扫黑除恶从专项斗争向常态治理转变，持续平安栖霞建设工作。开展执法监督，推进案件在线协同，维护司法执法公平正义。在全市首次将铁路公安作为政法网格员纳入属地网格化治理体系，在铁路安全法制宣传、线路隐患排查、路地联勤联动等方面推进铁路、地方融合，提升铁路沿线平安创建工作。开展举报平台涉法涉诉信访案件评查化解行动，牵头组织区政法各单位对易滋生司法腐败、执法不公的特定范围案件和涉法涉诉类信访问题集中核查，发现问题，逐一整改。开展法学研究，组织区法学会会员参与省市组织的各类征文活动，多项课题被市法学会列为2021年度法学研究自选课题。开展《民法典》宣传月活动，邀请高等院校法学专家讲授《民法典》的制度创新及解释适用；联合区司法局以“美好生活，法典相伴”为主题，组织《民法典》进乡村、进社区、进校园、进企业等“六进”宣传活动。是年，区群众安全感测评满意度为99.58%，居全市第一；区委政法委承担的市对区党建工作考核的两项指标，分别获得第一等次和满分成绩；区人民防线办被市国家安全局授予基层防线工作先进单位，有关专项调研获中央领导批示。

◆区域社会治理 2021年，区委政法委统筹推进区域社会治理现代化三年行动的各项工作，建立健全一批社会治理机制，初步形成社会治理制度基础。组织1500人次专兼职网格员参加培训，提升网格员服务力，夯实网格化社会治理的组织基础。10月，建成区网格化社会治理指挥调度中心，升级完善平台联动处置、综合查询、绩效考核等功能，非警务类警情、公共安全应急、舆情分析等数据资源实现互联共享，形成网格化社会治理的技术基础。防范化解社会风险，牵头开展“大排查、大整治”行动，全面摸排风险隐患，分类落实管控措施。统筹推进重点工程涉及的风险评估、行政诉讼、拆迁纠纷、案件执行，对87个工程项目组织开展风险稳评工作，保障栖霞重大项目顺利推进。成功化解涉房涉拆、重点工程建设等一批涉众型风险隐患，维护建党100周年大庆等重要时间节点的社会平安稳定。

◆治安综合治理 2021年，栖霞区部署开展信息网络、自然资源、交通运输、工程建设4个领域的整治工作，推动扫黑除恶由专项斗争向常态化整治转变。全年侦办摧毁涉黑恶集团1个，破获涉恶案件114起，抓获212人。在重点区域开展毒品科技监测，为精准打击毒品犯罪提供准确信息，是年，丁家庄保障房重点小区毒品滥用案件比上年下降40%。鼓励居民参与治安治理，全区建有150个群防群治组织，3.8万名平安志愿者活跃在巡逻防护、矛盾化解、隐患排查一线。调整充实社区专职巡防队伍，开展网格巡防，增加夜间巡防力量，联合区特警中队在辖区主次干道和案件多发路段、部位蹲点盘查。发挥平安志愿者、社区保安的作用，与路面监控系统、专职巡逻队形成点面结合的防范格局。是年，全区电信诈骗、入室盗窃案发数比上年分别下降20.6%和10.6%。

◆平安栖霞建设 2021年，区委政法委牵头成立知识产权保护组织机构，依法打击侵犯知识产权犯罪，保障企业合法权益。将法治化营商环境服务保障能力不强的问题，纳入政法系统顽瘴痼疾整治内容，统筹推进重点工程涉及的风险评估、行政诉讼、拆迁纠纷、案件执行，保障区域内重大项目顺利推进。2月，区委政法委和区公安分局、区卫健委联合印发《栖霞区购买精神障碍患者监护人责任保险方案》，方案明确为全区精神病人监护人购买责任保险事宜，拓宽精神障碍患者管控工作渠道。4月，区委政法委印发《2021年平安护民举措》，制定电动自行车安全整治等10项平安护民措施，解决群众反映强烈的治安问题。9月，印发《关于深入推进全区系列平安创建活动的意见》，明确平安校园、平安医院等9个平安创建项目的牵头单位、配合单位和工作目标。

◆规范国家安全人民防线工作 4月16日和5月19日，区人民防线办两次召开驻区高校人民防线联席会议，12所高校保卫处相关人员参加。联席会议进一步明确相关职责，夯实国家安全工作基础，依托区网格化指挥平台，搭建人民防线子系统，形成区人民防线办、街道人民防线小组、社区网格的三级工作指挥流转体系和“网格+防线”工作模式。5月19日，区人民防线办走进南京大学开展国家安全宣传教育活动，南京大学各学院分管思想政治工作的领导、相关管理干部参加活动。区人民防线办工作人员围绕当前高校反间防谍面临的形势、高校师生警惕境外反华势力渗透等内容，介绍发生在高校师生身上的典型案例，解读《国家安全法》《反间谍法》。11月4日下午，市国家安全局在栖霞区召开全市国家安全人民防线工作现场会，面向全市介绍推广栖霞人民防线工作的经验和做法。

◆防止干预司法“三个规定”宣传 6月，区委政法委组织开展防止干预司法“三个规定”（《领导干部干预司法活动、插手具体案件处理的记录、通报和责任追究规定》《司法机关内部人员过问案件的记录和责任追究规定》《关于进一步规范司法人员与当事人、律师、特殊关系人、中介组织接触交往行为的若干规定》）的宣讲活动。区公检法司“四长”宣讲团分片对区50个机关单位和9个街道的领导班子成员以及内设机构、直属机构、派出机构主要负责人开展集中宣讲。组织800余名政法网格员下沉网格，面向社区群众广泛宣讲；在社区公告栏等处张贴倡议书2000份；在栖霞电视台播放防止干预司法“三个规定”的宣传动漫。通过宣传活动，干部、群众对“三个规定”的知晓率和支持度得到提升。 □张航航

公　安

·专项行动·

◆概况 2021年，区公安分局推动“十大攻坚提升行动”升级优化，加快构建适应新发展阶段要求、具有栖霞特色的现代警务体系，“五个现代”警务战略落地落细落实。开展常态化疫情防控，建立分局疫情防控应急指挥体系，年内地区协防专班核查涉疫人员4.8万余人；自主研发区“疫情防控服务平台”，率先在全市试点推广“疫检通”，实现“扫码通行”，有效助力区域疫情防控。

◆防诈反诈“秋风行动” 2021年，区公安分局开展“秋风行动”，通过警民联动、政企（校）联动、社区网格联动，广泛持久开展“四进”（进社区、进企业、进学校、进住户）活动，实现反诈宣传社会面全覆盖、入户全覆盖、重点人群精准覆盖。累计走访居民36.07万户、企业财会人员9000余人，重点覆盖学生家长及教职员工30余万人；开展补盲宣传，分发张贴防诈反诈海报10万余份；聘用180名高校学生为“反诈专员”，指导督促驻区16所高校162个院系，建立1500余人的“大学生反诈宣讲志愿者”队伍；在500余家企业设置反诈专员，集中培训，在职工中开展反诈宣传和指导。全区反诈联盟队伍不断壮大，品牌效应日益凸显。是年，全区电信网络诈骗发案数，比上年下降34.6%。

◆“梳网清格”专项整治 2021年，区公安分局对辖区181家危险物品单位持续开展安全隐患排查，累计检查列管危化品单位2136家次，整改隐患51处；对列管的73家三级消防单位和3660家一般

消防单位开展多轮隐患排查。全年列管单位检查率100%，排查隐患1417处，责令督促整改1401家次，处罚16家次。持续对“梳网清格”风险隐患库录入的1726条隐患逐条核查，全年整改隐患1720条，整改率99.65%。会同住建、应急、规划、市场监管、消防救援等部门建立联动机制，摸排商住型重点楼宇13幢，检查重点商户570家，发现消防隐患23处，均督促及时整改。

◆护航长江生态大保护建设 2021年，公安分局立足辖区八卦洲、燕子矶、栖霞、龙潭等沿江阵地，用好全区配套资源优势，推动建立区域长江禁渔联动执法中心。常态化做好长江禁捕禁钓专项执法工作，全年对长江干流沿江巡查700余次，出动警力2200余人次，劝阻江边钓捕人员240余人次，依法侦办长江非法捕捞刑事案件9起，抓获涉案嫌疑人12名。主动对接长江经济带、长三角一体化建设等重大国际战略项目，保障地铁1号线北延、宁句线建设、栖霞山国际邮轮码头、和燕路过江通道等重大项目建设顺利推进。

◆助力文明典范城市创建 2021年，区公安分局组织分局机关和各派出所警力开展文明养犬、流浪人员集中整治，最大限度覆盖街面、小区、单位，加大违规查处和宣传教育力度，收到警示震慑效果。对上级检查发现的问题，一律从速整改，严肃问责，确保措施落实落细。全年开展文明养犬宣传活动90余场次，发放宣传单7000余份，办理养犬登记证1965张，处罚不文明养犬行为2029起，捕捉流浪犬684条，在文明典范城市创建迎查工作中，为全区实现“不失分、得高分”目标提供公安支撑。 □石金加

·案件侦办·

◆概况 2021年，区公安分局深化改革创新，坚持情报主导、专业打击，案件侦办成效凸显。年内，成功侦破一起年前隐案，破获涉及27个省市区的公安部挂牌涉毒案件，抓获涉案嫌疑人80名。收网公安部督办的涉嫌组织他人偷越国（边）境案件，抓获主要犯罪嫌疑人13名。突出本地案件侦破，盯住本地民生小案，切实提高破案率，不断提升群众的获得感、安全感。是年，刑事案件破案率比上年提升20.1%，抓获犯罪嫌疑人355人；破获电诈案件290起，为群众挽回经济损失410万元，专业化打击考核位列全市第一。

◆特大跨省敲诈勒索团伙案 2021年，区公安分局成功捣毁一个特大跨省敲诈勒索团伙。串并省内外一百余起案件，分局专案组持续攻坚半年多，投入精干警力50余名，先后在中、西部4省7市开展调查追踪，最终抓获主要犯罪嫌疑人37名，起诉25名。

◆跨国毒品走私案 2021年，区公安分局侦破部督走私毒品案件，成功捣毁一个多类型跨国犯罪团伙。该案涉及多个国家和国内多个省份，先后查证并抓获涉案人员300余名，缴获大量麻精药品和制毒原料，冻结涉毒资金47万余元，串并破获其他各类刑事案件26起，被最高人民检察院列为年度督办案件。 □石金加

·治安管理·

◆概况 2021年，区公安分局完成全国“两会”、庆祝建党100周年的安保维稳任务以及李克强总理视察南大、孙春兰副总理调研指导疫情防控、仙林半程马拉松、中高考等重大活动的安保工作。查获安全风险较大的公安部督办重点嫌疑人员，及时消除重大安全隐患。深化警网融合，实施“六联六共”，做到警务网格与社会治理网格人员联动资源共享、信息联系数据共用、矛盾联排纠纷共解、风险联判隐患共治、全员联动平安共建、服务联做责任共担，构建共建共治共享的社会治理新格局。

◆社会面治安防控提档升级 2021年，区公安分局深化显性用警，构建立体巡防网络，严格按照等级勤务要求，优化警务站和派出所警力调度，最大限度将警力压向街面、社区和学校，确保党政机关、学校医院、商贸区、旅游景

点、人员密集场所等重点区域、重点时段巡防警力全覆盖。常态化与市局特警支队密切协作，强化街面武装盘查，在迈皋桥地铁站、仙林金鹰设置2个快速反应点，提高街面见警率、管事率，增强震慑力、控制力。进一步严密护学举措，充分优化完善公安机关高峰勤务和“护学岗”工作机制，合理调配全区158个护学岗，实行科学护学；指定专人每日抽取30家学校开展视频巡查，发现问题及时通报整改。

◆“放管服”改革持续深化 2021年，区公安分局聚焦辖区单位、人民群众关切点，在各派出所综合窗口办理203项业务的基础上，在行政审批服务中心综合窗口再增加52个项目业务一窗通办，最大限度为群众办事提供方便。实行流动服务车进高校、进企业上门服务，群众满意度测评位列全市前列。优化出台2021年新版《服务企业服务高校十项措施》，依托分局合成服务分中心，建立“警企会客厅”机制，提升服务效能，助力区域经济发展。

◆行业规范管理强化 2021，区公安分局以行业场所规范经营为抓手，建立检查、隐患整改情况例会通报制度，加强对重点阵地的管控力度。全年累计检查娱乐服务场所2347家次，查处违规行为31起。运用“慧印刷”系统采集传输承印信息8360条，对查报的2条疑似敏感承印信息逐条“见底”。“慧寄递”监管系统安装使用率100%。开展汽车租赁行业专项治理，逐家核查从事汽车租赁业务的企业1557家；及时采集未纳入管理的汽车租赁行业单位相关信息并录入平台，纳入管理，做到应管尽管。

◆出入境管理网格化 2021年，区公安分局推进出入境管理创新工作，实现警网融合，有效提升管理水平和专业化打击能力。“外国人网格化治理”试点工作通过省厅验收，成为全省出入境管理方面两个试点项目之一。在东方天郡小区建立全省首个移民事务服务站和涉外警网融合工作站，协调处置涉外纠纷67起；查处出入境案件103起，其中非法居留案件27起、非法就业案件24起、非法入境案件7起、违反外国人住宿登记规定案件4起。是年，行政处罚外国人63人，遣送出境15人。

□石金加

消　防

◆概况 2021年，区消防救援大队贯彻“祛火源、降荷载、强设施、畅通道、重管理”的防控理念，落实“党政同责、一岗双责”要求，持续推行“1234+N”消防安全管理机制。印发《南京市栖霞区消防安全委员会成员单位工作职责》，细化各街道（园区）、各部门的消防工作任务和责任。结合季节性特点和火灾事故案例，向相关行业部门发送消防执法建议函、工作提示函52份。在消防重点单位推广应用社会单位消防安全管理系统，规范单位的日常管理，压实主体责任。坚持问题导向，紧盯弱项、联合各街道（园区）和相关政府职能部门，开展消防隐患排查整治，推进消防基础设施建设，提升综合应急救援能力。是年，共接处警情368起，出动消防车749辆，出动消防员3786人次，其中火灾262起，抢险救援和社会救助106起。全年区域内火灾形势持续平稳，未发生较大及有社会影响的火灾事故。

◆消防专项整治行动 2021年，区消防救援大队开展消防安全专项整治三年行动、夏季火灾防控、建党百年消防安保等专项行动。持续推进打通“生命通道”工程，按照“一区一策”“一栋一策”方案，推动老旧小区消防车通道治理。联合区商务、卫健部门对全区10个大型商业综合体和2家大型医疗建筑开展“体检式”检查，督促整改隐患333处。联合政法委、派出所、住建等部门开展“群租房”整治，累计检查326家（次），督促完成整改隐患700余处。落实文明城市创建要求，联合街道、社区整改电动车“飞线充电”836处、堵塞消防车通道128处、楼道堆放杂物3465处、公共消防设施问题162处。联合派出所、街道、社区开展“三合一”场所专项整治，累计取缔533处。完成九乡农贸市场、马群南湾营集贸市场等5家市级挂牌督办重大火灾隐患单位的整改工作。

◆灭火救援能力提升 2021年，区消防救援大队开展全员岗位练兵活动，不断提升自身专业水平和救援能力。组织开展高层建筑、地下建筑、化工企业等火灾处置对策研训，打造专业化队伍；围绕高层建筑火灾、作战训练安全、典型灾害事故处置等课题展开研讨，结合情景模拟，提升指挥员、消防员的业务理论素养；对金陵石化泵站火灾、智谷大道车辆撞击起火、栖霞街道敦武商贸厂房火灾事故等案例，开展战例研讨，从火灾起因、救援过程和处置结果等方面进行分析探讨，总结经验教训，提升专业化水平。

◆消防安全教育宣传 2021年，区消防救援大队结合“安全生产月”“消防宣传月”等活动，广泛开展“消防进万家”等火灾警示教育、培训演练活动，强化居民消防安全意识，提升居民自救逃生能力。依托消防巡查员、“红枫志愿者消防服务队”、网格员等队伍，开展“敲门入户”宣传活动300余次。开放辖区消防站，组织群众和单位预约参观，累计接待2000余人次。以《高层民用建筑消防安全管理规定》颁布为契机，开展电动车违规停放、充电专项整治。制作消防安全公益视频、电子海报，在LED户外大屏、楼宇视频、单位电子屏持续滚动播放；在居民小区醒目位置张贴海报2000余份，悬挂横幅300余条，营造消防安全宣传氛围。

◆消防搜救犬技能大赛创佳绩 9月24—26日，第六届全国消防搜救犬技能大赛在云南搜救犬机动专业支队举行，区消防救援大队搜救犬消防救援站代表江苏消防救援总队参赛，取得团体总分第五名的历史最好成绩。赛前，区搜救犬消防救援站选送队员赴南京警犬研究所、山东搜救犬基地集训，并提前一个月赴云南昆明开展赛前适应性训练。比赛期间，参赛队员不畏强手、奋勇争先，经过三天四个项目的角逐，参赛训导员、搜救犬在单项比赛中获得废墟搜救第四名、定向目标搜救（箱体搜救）第五名及野外搜救第十一名的出色成绩，获得全国团体总分第五名，展现南京消防“忠勇勤实”队风，创江苏消防新佳绩。 □承　奇

9月24日，栖霞区消防救援大队代表江苏消防救援总队，参加第六届全国消防搜救犬技能大赛，获团体总分第五名 （区消防大队／供稿）

交通安全

·交警七大队·

◆概况 2021年，交警七大队管辖区域包括栖霞区、南京经济技术开发区、仙林大学城，辖区道路总长2000千米，其中国道、省道4条，长25.77千米；主干道111条，长45.3千米；次干道175条，长112.22千米；县乡道路40条，长948.07千米；村级道路224条，长507.5千米。辖区内有高等院校13所、驻区部队某部、南京第十干休所等多个单位，金陵石化公司、石油公司栖霞油库等大型石油化工企业20多家，以及龙潭大型深水港码头、大公二手车交易市场

等。辖区有车辆运输单位2651家，驾驶员1.02万人，车辆2.08万辆，其中危险品运输单位35家，车辆2086辆；出租公司4家，出租车435辆。是年，交警七大队完成疫情防控、复工复产、高校开学、文明城市国查省查市查、八卦洲抗洪抢险救灾、栖霞山枫叶节、八卦洲龙舟赛、南京马拉松、国家公祭日等多项交通管理工作任务。全年，七大队辖区发生一般程序事故102起，比上年下降28.7%；致33人死亡，比上年增长26.9%；致69人受伤，比上年下降40.5%；发生安全生产事故7起，致7人死亡，1人受伤。

◆交通安全宣传 2021年，交警七大队持续加大交通安全宣传力度，会同区政法委以发生在辖区内的两个真实事故案例为蓝本，拍摄两部交通安全宣传微电影，依托全区119个社区的网格员、警格员，将交通安全宣传片带进各个居民小区。在仙林大学城建立全国首家交通安全违法犯罪警示教育基地，分批组织雏鹰小队的学生及家长开展专题安全教育8场次。联合司法部门，对危险驾驶罪社区服刑人员开展教育矫正活动。建立开学季危险驾驶宣传进校园制度，使该项宣传活动常态化。在南京交通台开辟专题节目，每周安排事故民警走进直播间，宣讲交通安全知识和案例。组织车管民警到企业、部队、机关等单位，开展安全驾驶授课125场次。

◆道路交通隐患排查 2021年，交警七大队持续开展交通隐患排查，将此作为长期性工作来抓。坚持每月“一期一报”隐患梳理，各中队在路面巡逻时，将道路交通隐患梳理统计表及时上报大队汇总，由大队报安委会和应急管理局，交由路政部门实施整改。大队设路政民警2名，以312国道为南北界限，分片巡逻道路设施。各中队发现隐患若不能当场处理的，微信群联系路政民警，路政民警第一时间安排人员排除隐患。针对八卦洲、龙潭、栖霞等地的临水临崖路段，通过对交通事故和路面巡逻梳理分析，列出危险路段，推动辖区临水临崖路段安装隔离护栏，避免车辆发生落水事故。每月召开辖区运输企业负责人例会，通报近期典型事故案例及上月重点违法数、违法比，分析原因，有针对性地做好整改；与企业签订交通安全管理责任书，要求企业与驾驶员签订责任书；结合一车三方发现的疲劳驾驶、凌晨2:00—5:00超速等重点违法行为，上门通报，及时要求整改。

◆交通科技设备投入 2021年，交警七大队在支队支持下先后安装不礼让行人抓拍探头7套、沿江高等级区间测速4套、移动卡口1套、鹰眼战车1台、过街管控提醒桩4套、不停车称重系统3套等科技设备。扩大智能电子警察覆盖面，增加全自动不礼让行人抓拍探头，配备“鹰眼”战车，移动查缉布控系统。运用科技手段，实行“一起一案”专项追缉措施，对故意遮挡、伪造、变造号牌，驾照暂扣或吊销后驾驶机动车等高危违法行为严加查处。是年，查处“高危”违法行为601起，其中伪造变造号牌63起，驾照暂扣或吊销后驾驶机动车17起。

◆为疫情防控提供保障 7月20日，南京突发局部疫情，大队所有民警、辅警放弃休假，迅速归队。大队按照支队和区委、区政府要求，在仙林大道三环路、338省道、312国道等处设卡，协助保障医护人员和交通运输部门开展测温检查工作。先后出动警力2800余人次，警车900余趟，检查来往车辆12.4万辆，检出红码18人，黄码78人。其间，按照区委、区政府要求，在马群亚朵酒店、和燕路亚朵酒店增派警力，保障隔离酒店进出安全。在前后5次全面核酸检测中，大队全体民警、辅警昼夜运转，在现场维持核算检测点周边的交通秩序。 □侯 萌

·交警高速二大队·

◆概况 2021年，交警高速二大队管辖区域包括南京八卦洲长江大桥和南京绕城公路北段共40千米，有大型立交互通14处、全开放式匝道60处、主线收费站1座、服

务区4个。管辖路段日均流量，八卦洲大桥段9万辆左右，绕城公路段13万辆左右。是年，高速二大队出动警力约1.6万人次、巡逻车约1万台次，巡逻里程约130万千米。开展各类交通整治70余次，现场查处交通违法2.6万起。核查登记入境人员30万人次，核查“两客一危一货一面”重点车辆2.9万辆，查处非法运输烟草行为27起、醉酒驾驶行为13起、饮酒驾驶行为22起。处罚涉牌涉证违法行为30起、“两客一危”违法行为1.7万起，查处非机动车和行人上高速行为457起，查处其他各类重点交通违法行为3576起，暂扣过检车辆793辆次。

◆**创优主业保畅通** 2021年，高速二大队围绕“疫情防控保畅安”和“安全生产生命线”主业要求，不断提升队伍整体管理水平和高速公路交通安全现代化治理能力，做强主业、创优作为，在保障畅通的同时绷紧安全生产之弦，疏堵保畅，消堵消患，服务为民。坚持显性用警，释放空间，高效应对每一轮车流潮汐，快速响应每一个突发警情，以最佳面貌维护管区平安。在节假日免费通行期间继续实行收费站分流通行，大流量期间单向开放部分应急车道借道通行、控制支流、压缩匝道汇流车辆。多措并举压防事故风险，设置安全警示教育岗亭，每一起非机动车、行人违法必须抄交通规则、看视频、写保证，联系家人或居住地街道开具证明，完成全部流程后现场罚款并带离高速公路。4月份完成八卦洲大桥高速首起非机动车驾驶人阻碍执行职务案件，当事人被行政拘留6天。与社区、派出所、媒体以及相关医院、收容单位形成联动，严密防范精神障碍人群误上高速公路，全年完成查找并妥善处理此类警情17起。强化科技创新赋能，试点图灵云眼智能系统和总队恶劣天气预警系统应用，及时应对恶劣天气与突发路况，增强解决难题能力。持续长效实施重点车辆源头管理“三必谈”“三必带”挂钩约谈机制（“重点违法必谈、交通肇事必谈、‘带病’上路必谈”，谈则“营业执照必带、管理台账必带、内部惩处必带”），形成“两客一危一货”车辆运输企业针对性管理，遏制重点车辆违法，保障路面交通安全畅通。

◆**隐患排查“十个不放过”** 2021年，高速二大队结合管区特点，实行风险隐患发现与消除的激励机制，处理事故“一案一析”，消除隐患“一点一策”。巡逻组、辅警全部挂钩消除隐患降低风险工作，全面落实高速公路巡逻压防事故“十个不放过”，即：行人非机动车不放过，车辆低速行驶不放过，超载超限运输不放过，货车靠左行驶不放过，违法停车倒车不放过，施工无防撞车不放过，路面掉落物体不放过，雨雾冰雪天气不放过，道路设施损坏不放过，排队追尾隐患不放过。优化指挥室智能调配作用，落实视频巡查和路面巡逻制度要求，激励视频巡查岗点“跑在警单到来前”，激励路面巡逻岗位“抢在事故发生前”，收到隐患问题发现快、调度快、处置快的效果。

◆**节假日交通管理** 2021年，高速二大队连续做好春运、春节、清明和五一、端午假期大流量疏堵保畅工作。节假日期间，南京八卦洲大桥流量连破历史纪录，且浦仪公路开通后，大流量直接汇入桥面，对北汉桥通行造成较大压力，“五一”当天桥面峰值达到15.98万辆次。为提高通行能力，避免车辆积压，高速二大队确定“释放路面空间、收费站灵活分流和桥面显性用警”思路，具体做法有三：规范开放马群枢纽、南汉桥和北汉桥应急车道，并在南京八卦洲大桥各匝道汇流处进行压缩、引导，保障主线通行效率；免费通行期间执行收费站广场“D字”分流上桥措施，实行大小车左右通行，避免挤压争行引发拥堵，提高上桥衔接效率；安排桥面每千米驻守1名警力指挥疏导，增强现场管理能力。同时，专人专岗每天开展“实地勤务检查+视频监控巡查+警车巡逻轨迹倒查+执法记录仪图像回查+当班民警电台定位及工作数据核查”五位一体勤务检查模式，全警参与路面巡管，最大限度布警路面一线，保障事故快处、隐患排查，增强违法查处效能。是年节假日期间，辖区高速公路全线畅通，无重大交通事故。

◆专项整治行动 2021年，高速二大队落实省、市组织开展的道路交通安全专项整治行动、全省高速公路入口拒超以及超限超载车辆集中整治工作，依托八卦洲大桥收费站和公安检查站，针对货车、渣土车超载超限等违法行为开展重点查处整治。在20:30至次日8:30时段，分3个班次加大对外地车、面包车、依维柯等易发多发超员、非法营运车辆的检查力度。同时，按照上级要求落实“自选动作”，先后开展“百日行动”“冬季攻势”“飓风行动”“逢五整治”等专项行动；常态化组织“断电行动”“扫雷行动”“系带行动”，开展晚间、夜间收费站周边秩序管理，联动“一路三方”共同“拒超”“治超”。专项行动中，查处面包车改装65起，客车超员413起，货车不按道行驶1823起，货车（含渣土车）超载882起，危险品运输车不按规定线路行驶235起。 □张琦民

检　察

◆概况 2021年，区检察院落实“讲政治、顾大局、谋发展、重自强”总要求，以政治自觉、法治自觉、检察自觉，深入推进司法体制改革，忠诚履行法律监督职能。优化涉企案件办理机制，完善涉企案件快速审查、实地走访、风险评估、综合研判、审慎处置“五协同”工作机制。优化涉案企业风险评估和企业合规审查，促进企业依法合规经营。联合区司法局建立社区矫正人员“外出同步监管”机制，减少涉企社区矫正人员外出审批环节，便于在矫的企业人员能够正常外出从事生产经营活动，减少对企业生产经营的不利影响。细化服务高质量发展举措，秉承审慎谦抑的司法理念，强化“有利于企业生存发展、有利于科技人才保护、有利于企业自主创新、有利于维护企业经营秩序”的办案原则，对企业涉案人员依法慎用逮捕强制措施，严格把握批捕、起诉条件，依法对涉案企业人员12人作出不批捕、不起诉决定，同时开展训诫、帮教等措施。注重追赃挽损，维护企业合法权益，协同公安机关帮助企业挽回经济损失30余万元。联合区工商联共建“检企联心桥”服务新载体，开展“护航民企发展”检察官进园区进企业专题宣讲、召开检企座谈等活动，助力企业行稳致远。

持续推进社会综合治理，强化涉法涉诉矛盾化解，维护一方平安稳定。将检察建议作为促进社会治理的重要抓手，针对办案中发现的社会治理问题发出检察建议10份。在办理涉案金额58亿元、涉案投资人1.7万余人的紫金财富非法吸收公众存款案中，兼顾“法理情”，耐心细致释法说理，钝化矛盾，注重修复受损社会关系，促成22件涉案矛盾在检察环节达成和解。做优刑事检察，发挥“捕诉一体”工作优势，提前介入引导侦查，推进案件办理繁简分流、提质增效。全年依法办理审查逮捕、审查起诉案件849件1252人，办理各类刑事诉讼监督案件64件；成功办理最高人民检察院、公安部挂牌督办的涉案65人的“3·12”走私毒品案等一批具有重大影响的案件。推进认罪认罚从宽制度，加大适用宣传，完善具结程序，规范量刑建议，通过释法说理和教育转化，不断提升被告人认罪认罚的积极性和自愿性，认罪认罚适用率94.38%。探索不起诉案件非刑罚处罚规范化试点，与行政执法机关联动，在教育、惩戒、社会关系修复等方面，进行积极有益的尝试，做好不起诉案件跟踪帮教的后半篇文章。开展财产刑执行监督和刑罚变更执行监督，核查“减刑、假释、暂予临外执行”案件223件。做强民事、行政检察工作，聚焦虚假诉讼重点领域，与公安、法院建立信息共享、线索移送、联合查办等常态化协作机制，会签《虚假诉讼联合办理协作办法》。畅通行政执法监督渠道，全面对接区行政执法综合平台、12345政府热线，与法院、行政执法机关加强沟通联动，推动行政争议实质性化解。做实公益诉讼检察工作，妥善办理生态环境公益诉讼案件，发出诉前检察建议45件，全部得到落实。与

区生态环境局会签《关于加强检察公益诉讼诉前协商与生态环境损害赔偿磋商衔接实施办法》，将检察职能与行政执法相关工作无缝衔接，实现双赢多赢共赢的社会效果。承办由市检察院、市生态环境局、栖霞区委区政府共建的“八卦洲生态环境司法修复基地”项目，不断完善环保执法与司法联动机制，收到生态公益保护综合效果。持续培育擦亮“新苗工程”未检工作品牌，深化未成年人特殊司法保护制度，建成未成年人“一站式”保护中心及法治教育基地，推动未成年人检察工作专业化、精准化发展。从严办理侵害未成年人权益犯罪14件15人；秉持“宽容不纵容”原则，对犯罪情节较轻的24名未成年人依法不批捕、不起诉；引入司法社工、高校专家资源，对涉案未成年人开展社会调查、临界预防、司法训诫、矫治帮教225人次，帮助19名涉罪未成年人复学就业回归社会，并保持多年“零再犯”记录。助推新时代法治校园建设，围绕预防校园欺凌、性侵等专题开展法治宣讲37场，受众2.2万人次。未成年人检察部门获评“南京市三八红旗手工作室”。

坚持党对检察工作的绝对领导，开展政法队伍教育整顿和党史学习教育，开展“新时代检察理念”大讨论，通过典型案例检视、新理念征文和研讨交流等活动，进一步转理念、转作风、提质效。将“我为群众办实事”要求落细做实，组织干警开展“精准普法月月行”等系列活动。与区委政法委联合发文，探索建立巡回检察工作机制，先后开展法治宣传、制发风险提示、公益调查等各类便民利民活动80余次。加强核心能力建设和人才梯队培养力度，成立“德法同行文润栖检”读书会，常态化开展优秀法律文书评比、课题研讨、诉辩对抗岗位练兵活动，推荐年轻干警赴上级机关跟班学习。1名干警被评为全省检察机关“守正有为检察人”，13人次在全市检察业务竞赛中获标兵能手称号，3名干警被列为全省检察机关优秀年轻干部，12项研究成果在各级期刊发表。压实党风廉政建设“两个责任”，落实领导干部干预司法活动记录的“三个规定”，完善内部管理机制15项，强化八小时内外监督，检察队伍继续保持零违纪。自觉接受外部监督，向区人大常委会专题报告护航民营企业发展工作情况，推进代表委员联络工作常态化，通过开展检察开放日、邀请参与检委会、公开听证、旁听庭审等活动联络代表委员200余人次。执行全员业绩考评公示制度，通过办案数据通报、绩效分析“两月三会”等落实业务日常监管，营造奋发有为的工作氛围。是年，区检察院共有集体12次、个人33人次受到市级以上表彰；获评南京市先进基层检察院、全区机关作风建设先进单位、全区五星级基层党组织等。

◆“检察建议回头看”活动 4月初，区检察院开展英雄烈士纪念设施保护公益诉讼“检察建议回头看”活动，针对区检察院制发的保护英烈的检察建议落实情况再次调查，察看整改效果。其中，区检察院此前发现抗日英雄、国际友人辛德贝格庇护中国同胞旧址破损情况较为严重，该处民国建筑历史意义重大，但是并没有相关人员负责维护和修缮，不少房屋已成危楼，并有某单位员工在危楼附近居住，不但安全隐患较多，纪念设施也未能得到很好保护。对此，区检察院向相关部门发出检察建议，要求开展整改修缮工作。检察建议发出后，某单位对列为文物保护的建筑陆续进行修缮。在区检察院开展“回头看”活动到现场察看时，看到先前破败的房屋、危楼等建筑，已变成平整的房屋，恢复到原来的模样，单位员工宿舍周边的安全隐患也已排除。经过察看，区检察院认为修缮工作到位，整改情况良好。

◆“派驻+巡回”监督新模式 4月15日，区检察院公益诉讼办案组一行前往八卦洲街道，调研街道“派驻+巡回”检察需求暨长江大保护相关情况。调研座谈时，区检察院与街道就“派驻+巡回”工作深入交流，了解街道工作的开展情况。街道从矛盾化解、长江保护、农用地保护等方面做具体介绍，双方就工作模式达成一致意见：以“线上监督，线下巡回”

新型工作模式展开，分别确定街道司法所和区检察院公益诉讼检察组作为联系部门。4月22日，区检察院公益诉讼办案组在八卦洲街道牵头开展活动，设立八卦洲线上线下“派驻+巡回”检察站。八卦洲7个行政村和1个社区及司法所、派出所相关人员参加活动，并成为首批八卦洲检察站联系员。

◆“支持起诉+庭前调解” 4月份，区检察院依法办理6起支持务工人员追索劳动报酬起诉案，并组织参与庭前调解，促成当事双方达成调解协议。在庭前调解过程中，承办检察官了解到，被告并非不愿发放务工人员工资，而是近期资金较为紧张。为钝化社会矛盾、化解纠纷，针对案件情况，检察官为涉案双方提供可行性建议方案，双方均认为检察官建议可行有效，一致同意该方案，并签署调解协议。2020年以来，区检察院通过与法院、法律援助机构、劳动争议仲裁委员会、信访等部门建立务工人员讨薪信息交流共享机制，为农民工开辟快速办案绿色通道，共办理支持起诉16件，涉及务工人员16人，支持务工人员讨回薪资50余万元。

◆《民法典》进社区宣传活动 5月25日，江苏省人民检察院、南京市检察院联合栖霞区检察院在八卦洲街道开展“检察为民办实事，精准普法月月行”进社区宣传活动。在八卦洲街道八卦社区的宣讲现场，省检察院六部检察官姚广建针对八卦洲街道城乡接合部的特点，以30个案例所涉及的法律，讲解《民法典》的最新规定，涵盖侵权责任、拆迁纠纷、婚姻家庭、遗嘱继承以及农村土地承包等方面的问题。活动现场设置互动环节，不少居民结合自身的实际情况提问，省、市、区的检察官轮流耐心细致做出解答，此举既是对所讲法律知识点的巩固，也唤起现场听众学法的热情。

5月25日，省市区三级检察院在八卦洲街道联合开展民法典进社区宣传活动
（区检察院／供稿）

◆污染环境案入选省典型案例 “6·5”世界环境日前夕，省生态环境厅、省人民检察院联合发布江苏省生态环境损害赔偿十大典型案例，其中，栖霞区检察院办理的某印刷厂废显影液通过下水道排入城市污水管网生态环境损害赔偿磋商一案，成功入选全省生态环境损害赔偿十大典型案例。该案将公益诉讼检察职能和生态环境部门的磋商赔偿探索主动对接、大胆融合。根据生态环境部门对案件进行磋商的迫切需求，区检察院主动提出在刑事案件或行政处罚案件办理过程中，对于有赔偿意愿的侵权行为人进行确认后，启动检察诉前听证程序，将生态环境磋商融入听证和解过程中，促使侵权行为人认识到自身行为的违法性，主动向检察院交出承诺书，与环保部门达成磋商赔偿协议。

◆社区矫正禁止令执行指引 8月份，区检察院与区司法局在开展禁止令执行专项调研基础上，联合制定《社区矫正禁止令执行监管及监督工作指引》（以下简称《工作指引》）以及配套的执行情况评估表。

《工作指引》的制定，旨在纠正社区矫正存在的禁止令执行不规范问题，更准确地对矫正对象实施分类管理，提高矫正质量。《工作指引》明确入矫宣告、谈话教育、定期报告、走访核实、解矫宣告等要求的具体操作和规范流程，为基层司法所开展禁止令执行工作提供可操作的具体方案，也明确区司法局、区检察院对禁止令执行监管和监督的工作重点。配套的禁止令执行情况评估表还明确矫正小组定期进行评估的意见，做到评估情况与考核奖惩挂钩，以督促和提醒矫正对象严格遵守禁止令和社区矫正的其他管理规定。是年，《工作指引》中的相关工作经验由最高人民检察院转发推广。

◆高空抛物案进社区公开听证 12月29日，区检察院第一检察部在尧林仙居社区对一宗高空抛物案召开公开听证会。因本案是全市首例高空抛物案，有较强警示教育意义，区检察院第一检察部走进尧林仙居社区，邀请人民监督员、群众代表、侦查机关代表等参与公开听证。会上，承办检察官介绍基本案情，侦查机关代表、犯罪嫌疑人及其辩护人均依次发表意见。最后，各评议员经评议一致认为，犯罪嫌疑人的行为不仅仅是砸坏一辆车的个人行为，而且对小区道路上行走的群众以及公共安全具有严重的危害性，因此均认为应当对犯罪嫌疑人提起公诉。此次召开居民“家门口”的听证会，运用大家身边的真实案例，既是促进检务公开，又为市民送上一堂法治公开课。

□彭　鹏

法　院

◆概况 2021年，区法院服务大局、司法为民、公正司法，狠抓审判执行工作，扎实推进司法改革，全面加强队伍建设，各项工作实现整体提升。全年新收案件16264件，办结15042件，比上年分别上升33.46%和20.22%。全院审判运行态势良好，通过执法办案、履行审判职能，为疫情防控和经济社会发展提供有力司法服务和保障。是年，区法院获“南京市优秀法院”称号，11个集体、51名个人受到上级记功表彰；区法院民一庭被南京市中级人民法院记集体三等功，民二庭被评为省级青年文明号。在全省法院2020年度优秀司法建议评选、全市法院“3·15”十大典型案件评选和2020年度十大典型案件评选中，区法院申报入选的件数均有新的突破。

坚持依法履职，维护社会和谐稳定，办结非法吸收公众存款等多起敏感案件；依法惩治电信网络诈骗、网络传销、跨境赌博等犯罪；参与“净网”“断卡”专项行动；妥善审理房地产开发、买卖、租赁案件803件。推进家事审判方式改革，实行家事案件集中专业化审理，用司法手段防治家庭暴力，发出人身保护令11份。探索施行心理评估干预、庭前财产申报等举措，启用“家事三员”查明案件事实、调解家庭矛盾、解开家庭成员心结，维护家庭和谐。坚持常态化执行攻坚，开展涉民生、金融债权等专项行动，保持执行力度只增不减。强化善意文明执行理念，出台《关于规范财产保全工作的实施意见》，扩大“活封”范围，降低处置成本，尽可能降低对企业生产经营的影响，办理集中保全案件3091件。开展“民营企业服务月”系列活动，走访“仙林金鹰”“万达茂”“九霄置业”等11家企业，了解企业法律需求及现实困难，助力企业提升依法经营意识和风险防范能力。落实南京市营商环境100条工作要求，聚焦由法院牵头的“办理破产”和“执行合同”指标，以及重点参与的“中小投资权益”指标，找差距、补短板、固优势。打造“心宁栖和”多元解纷诉调对接工作品牌，在马群街道试行取得成功的基础上，继而在燕子矶、尧化等六个街道复制推广；“一庭一站一室”（巡回法庭、律师工作站、调解工作室）实体化运作的经验做法，被国家发改委的《改革内参》刊载。是年，区法院为疫情防控提供司法服务和保障，累计抽调干警1100余人次下沉社区参加筛查保障、卡口执勤等工作；推广互联网司法，线上调解案件250件，线上开庭286次，线上执行1855次，跨域立案50件；网上立案7551件，网上立案审核通过率92.54%，列全市基层法院第一。

深化以审判为中心的刑事诉讼改革，推进庭审实质化，强化控辩平等对抗。试行"家门口式"诉讼服务，探索纠纷化解、诉讼服务等工作事项智能化、集约化管理；诉前加强与相关行政机关、行业协会对接，集中调处类型化矛盾纠纷。与多部门共建道路交通事故损害赔偿纠纷"网上数据一体化处理"平台。加大长期未结案件清理力度，每周通报案件清理进度。坚持从严管党治院，持续打造高素质法院队伍，以"办精品案件、推知名法官"活动为抓手，开展办案竞赛、精品案件和优秀裁判文书评选、书记员及警辅业务技能竞赛等活动，邀请高校教授开展疑难案件研讨，开设《民法典》系列讲座，不断提升专业能力。是年，区法院被省高院评为"全省法院执行工作先进个人"1人，被评为南京市劳模1人，被市中院记个人三等功1人，被市中院评为"优秀法官"3人，被市中院评为"优秀工作者"3人，被市中院授予院领导个人嘉奖1人。

◆**依法惩治刑事犯罪** 2021年，区法院审结刑事案件615件，判处罪犯912人。依法办结涉紫金财富、金光荣非法吸收公众存款等多起案件。依法惩治电信网络诈骗、网络传销、跨境赌博等犯罪，审结帮助信息网络犯罪活动案件16件43人，电信诈骗案件14件32人，掩饰、隐瞒犯罪所得案件50件159人。对腐败犯罪保持高压态势，审结职务犯罪案件6件6人。做好安保维稳工作，加强源头防控，严格落实上级法院工作部署，开展重大敏感案件、重点人员、重大涉稳风险排查，助力维护全区大局稳定。

◆**民生权益保障** 2021年，区法院新收民事案件8966件，审结7889件，比上年分别上升43.32%和24.94%。合理平衡劳动者与企业利益，审结劳动争议案件822件。妥善审理房地产开发、买卖、租赁案件803件。推进家事审判方式改革，实行家事案件集中专业化审理，办结离婚、赡养等家事纠纷案件779件。彰显司法人文关怀，为13名当事人申请司法救助金23万元。在执法办案过程中注意弘扬社会主义核心价值观，中央电视台《今日说法》播出两档以区法院审结的民事案件为题材制作的专题片。

◆**破解执行难题** 2021年，区法院新收执行案件3291件，执结3102件，比上年分别上升11.33%和20.22%，执结到位金额7.72亿元。全年组织集中执行活动32次，拘传440人次，搜查582件次，拘留93人，罚款4件次12.3万元。完善失信惩戒分级分类和守信激励修复机制，纳入失信名单2106人，限制消费2204人；对及时履行义务的被执行人实行信用修复，依法撤销失信被执行人信息454条。迭代升级执行"854"模式，实现执行工作智能化、规范化管理，首执案件实际执行到位率24.36%，列全市基层法院第二；恢复执行案件实际执行到位率72.87%，列全市基层法院第一。继续探索网络司法拍卖方式，VR看样、法官"带货"，被执行财产展示更加鲜活具体，先后在淘宝网上传拍品417件；成交金额超2亿元，成交率81.13%，比上年分别上升32.28%、30.52%。

◆**持续优化法治营商环境** 2021年，区法院落实南京市营商环境100条工作要求，受理商事案件1943件，办结1591件，比上年分别上升51.92%和21.29%。加强破产审判，服务保障供给侧结构性改革，受理企业破产清算案件90件，办结57件，比上年分别上升83.67%和119.23%。持续推进"执转破"工作，受理"金吉鸟""微石青禾"等公司企业破产案件20件，化解"执行不能"案件136件。强化解纷功能，设立金融纠纷调解工作室，与区工商联共建商事调解中心，引入专业调解力量，共同打造纠纷多元化解平台。先后依法稳妥办理苏宁票据追索权纠纷、高科集团股权转让纠纷、"互融宝"P2P平台借款合同纠纷、爱乐教育培训机构服务合同纠纷等敏感、群体性案件，有效化解区域金融安全风险。

◆**区域治理品牌打造** 2021年，区法院打造"心宁栖和"多元解纷诉调对接工作品牌，通过“一庭一站一室”（巡回法庭、律师工作站、调解工作室）实体化运作，诉前化解矛盾1579起。携手区司法局及各街道共创“无讼社区”，主动融入基层社会治理新格局。持续开展“审务进社区、法官进网格”活动，选派90名干警对接辖区9个街道担任政法网格员，为辖区内基层网格员、基层自治组织解决纠纷提供指导和帮助；妥善将桦墅村二十户农村承包土地租赁纠纷化解在诉前，该做法入选全市政法网格员月度十佳案例。落实普法责任制，深入社区、学校、企业开展《民法典》系列宣讲33次，巡回审判53次，与金陵中学仙林分校等学校共建法治教育基地，在区法院官方网站、微博、微信公众号发布原创信息490余条，在各类媒体发稿260余篇。

◆审判监督管理机制强化 2021年，区法院严格审判管理，狠抓案件质效提升。加大长期未结案件清理力度，每周通报案件清理进度，审委会对12个月以上长期未结案件逐一研究，确定清理方案。严格规范审限调整，明确12个月以上未结案件审限变更一律由院长审批。完善案件质量评查机制，对二审改判、发回重审、长期未结、涉诉信访等案件开展重点评查，促进规范司法。至11月底，法定审限内结案率81.97%，比上年上升9.28个百分点；平均审理天数82.21天，比上年减少24.81天；12个月以上未结案件28件，比上年下降54.84%，核心指标全面优化。

◆诉讼制度改革推进 2021年，区法院推进以审判为中心的刑事诉讼改革，落实认罪认罚从宽制度，对案情简单、证据充分、认罪认罚的轻微刑事案件，简化办案环节，刑事案件简易、速裁程序适用率80.21%，平均审理天数缩短至35天。持续深化民事诉讼程序繁简分流改革试点，推动改革落地见效；加大立案环节繁简分流力度，立案庭速裁团队由2个增至4个，办结案件2513件，平均审理天数38.55天。发挥简易程序“简、快、灵”制度优势，与小额诉讼程序、普通程序形成合理区分、有效衔接，一审简易程序适用率达91.70%，在评比中居全省基层法院前列。

◆“一站式”体系建设深化 2021年，区法院与多部门持续共建道路交通事故损害赔偿纠纷“网上数据一体化处理”平台，诉前调解成功862起，调解成功率为67.66%。与区妇联共建“满庭芬芳”家事纠纷调解室，调解家事纠纷51件。加强对诉前调解工作的支持保障力度，赋予调解协议与法院判决同等法律效力，办理司法确认案件111件。一站式提供立案、缴费、查询、咨询、鉴定等9类服务，将线下服务项目全部集成到线上，全面提供自助服务，基本实现“一窗通办、一站全办、跨域联办”。建立集中送达中心，线下邮寄送达成功14637次；线上电子送达成功30887次，线上送达成功率60.23%，在全市评比中，居基层法院第二。

◆侵犯公民个人信息案判决 2021年，林某在网上看到车险销售员肖某求客源的信息后，表示自己有“资源”，可以给肖某提供许多车主信息，最低1万条起卖，只需500元。肖某给林某转账后，收到林某发送的一个表格，里面有10800条车主的姓名、住址、身份证号、手机号、车牌号以及车架号之类的详细信息。林某表示，自己平日里喜欢8这个数字，还多送800条信息。后林某因出售个人信息被公安机关抓获。栖霞区人民法院经审理认为，被告人林某违反国家有关规定，向他人出售公民个人信息，数量较大，情节严重，其行为已构成侵犯公民个人信息罪。被告人归案后如实供述主要犯罪事实，系坦白，可从轻处罚。被告人主动退赃，酌情从轻处罚。被告人认罪认罚，可依法从宽处理。最终判决林某有期徒刑7个月，缓刑一年，并处罚金人民币2000元；对违法所得予以没收并上缴国库。

◆电信网络诈骗案判决 是年，受疫情影响，文某一直待业在家，于是在网上找了一份利润诱人的“兼职”工作，只需简单几步就可获得高额回报。文某花15000元购买一套包含路由器、网关电话、手机卡的设备，将设备安装在汽车上；由对方远程设置设备的IP地址和呼出线路，开车时打开设备，即可按手机卡数量和设备运行时长结算金额。文某还喊上自己的两个发小来帮忙，刘某负责租车、开车，白某负责装卡、换卡，自己负责跟上线联络，三人一起共同“致富”。做了几回之后，三人逐渐意识到自己的行为其实是帮助境外诈骗团伙伪装国内号码进行电信诈骗。境外号码如果直接打过来，手机会显示“境外来电”，诈骗很难成功；而通过网关设备，境外诈骗团伙就可以通过无线网使用国内号码拨打电话，更容易取得受骗者的信任，完成诈骗犯罪。不足一月，公安机关便发现异常，通过技术侦查，确定三人为犯罪嫌疑人，将其抓捕归案。栖霞区人民法院经审理认为，三人犯帮助信息网络犯罪活动罪。最终三人被判处有期徒刑七个月至一年二个月不等，并处罚金3000元至1万元不等；违法所得予以追缴，涉案设备被全部没收。

□冯存国　柳俐慷

司法行政

◆**概况**　2021年，区司法局编制《栖霞法治社会建设实施方案（2021–2025）》《2021年度法治建设监测评价工作实施方案》，明确全面依法治区工作要求、目标和任务。从区域群众关切问题出发，推动民生保障与法治建设良性互动，印发《2021年法治为民十件实事》。聘请20名各行业代表担任特邀法治观察员，推动社会力量参与法治建设。落实《关于进一步规范国有土地上房屋征收行政裁决的工作意见》，代表区政府依法作出征收决定4件，作出征收补偿决定3件，申请人民法院强制执行16件，参与市妇幼丁家庄院区、马高路北延等重点征收项目的协调、论证并提出法律建议。办结行政复议案件42件，其中城建征收类10件。办理以区政府为被告的行政应诉案件90件，其中城建征收类75件。分析近三年城建征收领域内的行政败诉案件，向区政府及职能部门提出进一步规范征收拆迁工作的建议，为地铁S6等4条轨道交通、仙新路等3条过江通道以及和燕路快速化改造工程加快施工提供法治保障。完成《栖霞区区长质量奖评定管理办法》等规范性文件备案审查工作，文件备案报备率、及时率、规范率均达100%；完成立法征求意见的回复37件。组建新一届区政府法律顾问团，按照区政府领导分管业务领域设立决策咨询评估、经济运行发展、金融秩序管理等7个专业团队，为区政府领导依法决策提供法律支持。法律顾问常态化列席区委常委会、区政府常务会议、区长办公会和专题会议，提出法律意见213件，审查文件合同159件。支持配合卫健、住建等部门依法处理跨省违法接种新冠疫苗、万达茂商改住集体纠纷等疑难问题。印发《栖霞区村（社区）法律顾问服务绩效评估办法》，在全区开展村（社区）法律顾问“遇八有约天天有约”活动。法律顾问协助村居起草、审核、修订村规民约和土地流转合同等规范性文本，为村居经济、民生和社会治理等提供法律支持。依托区内33家律师事务所352名律师，组织编写《栖霞区企业全生命周期法律服务指导手册》，向区内企业发放，组建多个法律服务团队，为全区企业提供专业法律服务。全年走访企业344家，“一对一”解答企业知识产权咨询50余次，开展各类讲座、培训活动8场，收集排查企业法律风险服务需求321件，帮助企业化解风险、解决问题853起，为企业建立长效机制22项，为企业挽回经济损失258万余元。与区知识产权局合作，在栖霞高新区企业服务中心设立区知识产权维权法律援助分中心，组建知识产权维权服务团队，为创业创新主体提供集法律咨询、纠纷调处、案件办理等功能于一体的服务平台。参与办理电商平台知识产权侵权咨询案件40件，开展大型知识产权专题宣传、培训活动3场，进驻辖区内展会，提供知识产权维权服务3场。推进街道综合执法规范化建设，制定栖霞区第一批集中由街道办事处行使的行政处罚权项共计53项目录清单。督促相关执法部门按照合法合理可行的原则，落实不予处罚、从轻处罚、减轻处罚“三类事项清单”的编制工作。推进基层民主法治示范村（社区）创建，全区126个村（社区）全部完成村规民约、居民公约的梳理修订工作，55个村（社区）被评为省级法治示范村（社区）。

打造“线上+线下”公共法律服务平台，运用“法律援助线上申请”“不见面调解”和“远程视频公证”等“智慧+”项目，不断提升公共法律服务效能。丰富区电视台《法律诊所》栏目的形式和内容，通过现实生动的案例让媒体法制宣传更贴近生活，累计录播151期。优化“法润栖霞”微信公众号和“栖霞司法行政”微博宣传形式，及时发布普法动态，关注普法热点，传播法治文化，累计阅读量3000多万次，推送各类法制宣传信息2万余条，连续三年被区委宣传部评为十佳政务微博。全年各级人民调解委员会共受理各类纠纷8788起，调解率100%；调处成功8782起，成功率99%。成立区街两级社区矫正委员会，制订《南京市栖霞区社区矫正委员会工作规则》等文件，明确职能定位，细化委员会各成员单位的具体职责，强化搜集优质证据，完善证据链佐证，细化工作流程。实施对社区矫正对象信息化核查全覆盖，落实日巡查、周研判、旬分析制度，严格执行线上巡查、线下排查、专岗分析，实施巡查通报制度，即时督促整改反馈。对“三无”“三假”、有重新违法犯罪倾向等重点安置帮教对象，协调多部门化解，及时书面向公安机关送达列管通报，协助做好监管工作。探索村（居）民委员会依法协助社区矫正机构开展矫正对象教育帮扶工作，在迈皋桥街道山水园社区成立矫正教育帮扶工作站，利用社区各类资源对矫正对象开展灵活多样的教育帮扶，此种做法受到省司法厅肯定和表彰。

是年，区司法局办理各类法律援助案件1467件，接听来电12510人次，接待来访5036人次，收到锦旗6面。与区民政局合作，依托微信公众号“全景云社区”，入驻公益救助服务平台，通过推送、对接指引等方式，引导有需求的群众知晓、申请法律援助，为困难群众提供免费的法律咨询、法律援助，并视情况开展预约、上门服务。在龙潭监狱建立区法律援助中心驻龙潭监狱法律援助工作站，面向民警、职工、罪犯及其亲属，通过预约、现场、网络、自助等形式开展法治宣传教育，解答法律咨询、提供法律援助和法律服务。完善更新法律援助“不见面审批”系统，申请人完成在线刷脸验证和电子签名即可申请法律援助服务，对缺少材料的申请案件，及时指导申请人补充完善，实行“受理可容缺”，最大程度维护群众的合法权益。全年办理公证事项3141件，其中国内民事公证2653件，经济类公证105件，涉外事项383件。落实公证“放管服”改革，立足“减证便民、优化服务”，为办理家事类公证法律事项的当事人推荐公证员担任“专属公证管家”，提供个性化、定制式服务。针对不同家庭的公证需求，提供公证方案设计、免费法律咨询、相关事项代办、委托调解等升级服务。

◆《民法典》颁布后首份继承公证书 2021年，栖霞公证处适用《民法典》新规定，办结一起继承公证申请，开出全区首份继承公证书。市民张某于2021年1月因意外事故去世，名下留有一辆车、银行存款若干。张某的父母向车辆登记管理部门、银行了解相关法律规定后，来到栖霞公证处咨询，要求办理继承公证。栖霞公证处公证员助其填写继承公证咨询单，并根据其家庭实际情况列出材料清单，一次性告知办理继承公证所需相关材料。同时，公证员也主动向张某的父母宣传绿色继承服务，最大限度地为其提供便捷、高效的公证服务。张某的父母顺利备齐材料，再次来到栖霞公证处正式申请办理继承公证，公证员按照《民法典》的最新要求，明确告知申请人办理继承、放弃继承的权利义务，适用新的告知书、继承声明书文本、询问笔录等。

◆“四款产品”服务小微企业 2021年，区司法局结合履职实际，发挥公证惠民、律师服务、法律援助等职能优势，投入“四款产品”，服务小微企业。成立“知识产权保护团队”：加大知识产权保护力度，固定电子证据，防止证据灭失，为诉讼提供可靠的证据依据，有效维护当事人权益。“品律企服通”服务平台：在开展“法企同行”系列活动过程中，成功研发“品律企服通”程序服务平台，为中小微企业提供法律支持，至年底，区域内有100多家企业使用；该平台被省司法厅评为“企业全生命周期公共法律服务优秀产品奖”。《新冠病毒疫情防控法律法规分类汇编》系列文件：这些文件由区司法局组织人员围绕疫情、收集整理相关政策法规制作而成，年内已连续出版10期，内容为疫情期间企业复工复产政策法律指引；组织律师为企业送书上门，同时帮助解决问题，累计走访小微企业94家，调解纠纷35起，提供咨询、代写法律文书175件，帮助企业化解风险、解决问题39件。“私人订制”服务：成立由200名司法人员组成的政法网格员队伍，一企一策为企业提供“私人订制”法律服务；组织“12348法律服务队”主动上门，为企业“法治体检”；实行分类执法、精准监管，规范涉企轻微处罚和减免处罚事项。

◆未成年人合法权益保障 2021年，区司法局持续夯实普法基础，加强阵地建设，完善纠纷排查，增强学生尊法学法守法及依法维权意识，最大限度降低校园欺凌、“校园贷”等案件发生率。联合公安、街道、社区等单位主动作为，邀请法援名优律师、法学教授等定期开展送法进校园系列活动。依据学校师生提出的涉法社会热点、难点问题，及时答疑解惑，以案释法，注重宣传《民法典》侵权责任篇、婚姻家庭篇、人格篇等内容。坚持法治教育“从娃娃抓起”，印制漫画说、民法典法治绘本发放给中小学生；组织法律明白人、宣传员、志愿者等多元力量进校园，零距离宣传法律法规。通过校园调解组织、12348热线、法律援助办案律师等及时搜集校园纠纷案件，归纳整理，找准症结，用活法润民生微信群，推送普法小贴士，普调结合、援助跟进，将矛盾化解在初始状态。整合公调、诉调、访调等各级人民调解组织资源力量，调查摸排人身损害、借贷、邻里纠纷等事件中是否存在黑恶势力渗透，做到预测预警。调解员尽职尽责，心理疏导与法理相融，理顺当事人的情绪，助推各类矛盾圆满解决。

◆“法律参谋”参与四大领域 2021年，区司法局引导政府法律顾问围绕区政府决策部署，履行“法律参谋”职责，推进法治政府建设。参与政府重大决策制定，出台《栖霞区人民政府法律顾问委员会工作规则》，创新法律顾问列席区政府常务会议制度，发挥法律顾问的“法治参谋”和“智囊团”作用；建立政府部门法制机构与政府法律顾问交叉双审制度，对信息公开、信访复查、征求意见等以区政府为办理主体的重大疑难法律事项，开展合法性审查，全年审查200余件。参与政府合同审查，审慎研究合同内容的合法性、合理性、严谨性，提出修改意见，防范合同风险，规范政府的经济行为；预先研判，堵塞漏洞，减少合同履行过程中的争议和扯皮现象，全年参与政府合同审查126次。参与处置法律风险，法律顾问根据区域经济社会发展实际需要，运用法治思维和法治方式解决实际问题；在涉及征地拆迁、群体性案件方面，原则问题上“敢于说不”，解决问题时“善于说行”，为区政府妥善化解风险提供法律支撑，全年处置此类涉法事务200余次。参与突发事件处理，编撰印发《新型冠状病毒肺炎防疫期间法律事务指引》，为区属各单位妥善应对疫情提供法律依据和法治保障；审查把关政府出台的房租减免、税收降低、劳动用工、融资等方面的特殊政策，梳理宣传企业员工应当享有的工资、年假、社会保险等权利，权衡扶持政策规定，研判复工复产法律风险，协助政府将矛盾解决在萌芽状态。

◆助力退役军人创业就业 2021年，区司法局采取“多”宣教、“聚”力量等举措，助力退役军人创业就业，维护退役军人合法权益。落实“谁执法谁普法”“谁服务谁普法”责任制，联合法院、公安、街道等宣传《劳动合同法》《退役军人保障法》《军人抚恤优待条例》等法律法规；落实“法律拥军”结对机制，走访部队，了解官兵对法律的需求，归纳反映较多的涉法涉诉问题，邀请法官、法援名优律师、专家学者协同开展“定制化”“清单式”送法进军营活动。“一扇门”“一站式”为退役军人提供个性化法律服务，对符合条件的涉军法律援助案件，畅通绿色通道，确保案件零等待、马上办、满意办；对退役军人申请的劳动合同、婚姻家庭、伤害赔偿等纠纷调解案件，联动区、街、村（居）调委会，开展公调、诉调、访调对接调解，及时化解；对家庭困难、身体残疾的军人军属，实行预约服务、上门服务，并提供必要的经济帮扶与就业指导。发挥“老兵调解工作室”作用，提升调解员调处退役军人纠纷的实战能力；建立退役军人阅览室及“退役军人之家”活动室，帮助退役军人扩大眼界，找准创业就业方向。依托“网格化+”治理优势，组织楼栋长、网格员、法治宣传员、法律援助志愿者等“全天候”排摸涉军矛盾，用法治思维和方式化解涉军矛盾。

◆ **“应援优援”五项措施** 2021年，区司法局紧盯务工人员、残疾人等群体法治需求，开展民事法援案件协作、推进刑辩全覆盖向审查起诉阶段延伸等“五大行动”。与区法院、区检察院开展民事法律援助案件协作，法律援助律师在办理赡养、抚养、扶养、人身损害、务工人员讨薪等案件时，对于符合检察院支持起诉条件的案件，及时告知当事群众到检察院申请支持起诉；引导当事人申请法律援助，检、法、司三方配合做实法律援助、支持起诉、立案办理、减免诉讼费用、给予司法救助等环节的惠民工作。推进刑辩全覆盖向审查起诉阶段延伸，在审查起诉阶段，对不认罪又没有委托辩护人的犯罪嫌疑人，由区检察院通知区法律援助中心指派法律援助律师为其提供辩护，发挥律师在刑事诉讼中的辩护作用。开展合作救助服务，不断完善受援对象发现机制，针对民政救助对象基本也是法律援助重点对象的实际情况，与区民政局合作，入驻公益救助服务平台，参与宣传帮扶工作，扩大法律援助扶危济困的影响力和知晓率，引导群众申办法律援助事项。设立区法律援助中心驻龙潭监狱法律援助工作站，通过预约、现场、网络、自助等形式，面向监狱民警、职工、罪犯及其亲属，开展法治宣传教育，解答法律咨询，提供法律援助。开展法援宣教活动，聚焦《民法典》《未成年人保护法》等重点法条和典型案例，制作常见法律问题解答、不见面审批申请指南等六种折页，在法润栖霞、栖霞司法行政微博及法润民生微信群持久宣传；在“三八”节、世界知识产权日、全国助残日等时间节点，与街道、区知识产权局、区残联等合作，举办法治讲座，为群众答疑解惑；联合区残联成立助残普法讲师团，法律援助律师定期开展“涉残法规宣讲”“送法进社区”等活动，引导残疾人依法理性维权。

2021年栖霞区法律援助和“148”法律服务情况表

表6　　　　　　　　　　　　　　　　　　　　单位：件

办理各类法援案件数	1467	刑事案件	173
		民事案件	1294
	0	非诉案件	0
接待来访数	5036	—	—
“148”法律援助专线来电数	12510	—	—

◆**“禁捕禁钓”监督执法** 2021年，区司法局落实《长江保护法》，牵头农业农村局等单位在长江岸线持续开展联合执法巡查，确保长江禁捕禁钓执行到位。在全市率先开展涉渔行政执法委托试点工作，将对非法捕捞的行政检查权和部分非法垂钓的行政处罚权下沉到街道一线。3月份，区司法局见证农业农村局与燕子矶街道办事处签订《行政执法委托书》，使燕子矶街道综合行政检查执法大队在幕燕风光带14.7千米的长江岸线上，做到既能劝、又能管、还能执法；同时，渔业行政执法关口前移，依法、快速、有效打击涉渔违法违规行为。建立“定点守、动态巡”的小时禁渔巡查管控机制，与市水上公安分局下关派出所、区公安分局燕子矶派出所等单位建立监控资源共享、联合执法机制，高压遏制长江沿岸垂钓行为。是年，登记重点垂钓人员信息95人，立案查处违法垂钓案件3起。

◆**六项措施服务民营企业** 2021年，区司法局实施六项措施，服务民营企业高质量发展。推进“减证便民”，拟定《栖霞区全面推行证明事项告知承诺制工作方案》，降低制度性交易成本，减轻企业和群众负担，解决群众办证多、办证慢、多头跑、来回跑等问题；组织梳理全区第一批告知承诺证明事项清单29项，督促相关单位全面完成公示。制定街道综合执法“三项制度”工作方案，完成执法主体公示，增加行政执法全过程记录设备；组织行政执法专项培训考试，办理综合执法人员执法证件105份。督促药店落实各项疫情防控工作要求，牵头市场监督管理局及区特邀行政执法监督员，开展辖区民营药店防疫及经营情况专项执法监督检查。推进公正文明执法，规范行政执法程序，保障民企及其个人合法权益。统一辅助执法人员工作证件，集中培训辅助人员400余人次，经过考试办理辅助人员工作证373本。为民企“法治体检”，组织擅长劳动争议、经济合同、建筑工程、婚姻家事、人身损害、知识产权、融资债券等方面的优秀律师，走访民营企业256家，收集排查企业法律风险1173项，帮助企业化解风险、解决问题261件，帮助民企挽回直接经济损失277万元，建立长效机制41条。完善法律顾问制度，有针对性地提供法治讲座、调研座谈、疑难解答等法律服务，引导民企依法经营、规范管理；解答民企员工在劳动保障、工伤赔偿等方面的法律困惑，对员工在日常生活中遇到的邻里纠纷、婚姻家庭矛盾等提供法律意见，撰写法律文书等，引导民企员工通过法治方式维护自身维权。

□张应亮

人民武装

◆**概况** 2021年，栖霞区人民武装部（栖霞区国防动员委员会）坚持以习近平新时代中国特色社会主义思想为指导，贯彻落实省军区、市警备区党委（扩大）会议精神，在上级党委和区委、区政府领导下，围绕有效履行新时代国防动员使命任务，牢牢把握党的领导和党的建设新要求，举旗铸魂，尽责担当。持续强化理论武装，开展系列国防教育活动，加强民兵队伍建设和训练。实干作为，严正风纪，党委班子和单位建设进一步巩固加强。

◆**思想理论武装** 2021年，区人武部以迎庆建党百年为契机，深化思想政治引领，牢牢把握党管武装正确方向。持续深入学习党史，以“四本规定书目”学习为主线，用活“小夜校”和周五教育时间，辅之以红色教育基地现地教育，灵活多样开展“五小活动”。强化党管武装，抽调组织部、人社局、教育局等部门人员组成联合考评组，集中考评街道党工委书记党管武装落实情况；牵头区委、区政府、挂钩高校及各街道负责人，召开年度武装工作推进会，推动全区武装工作落地落实。开展国防教育，结合学生军训，利用大屠杀纪念日、国防教育日和八一建军节等，广泛开展全民国防教育活动；利用暑期学生夏令营有利时机，在“十月军校”开展“国防大课堂”；以“九一八”事变90周年为契机，与人防办、消防大队联合开展“牢记历史、强我国防”宣传教育和疏散演练活动，强化广大群众的忧患意识和备战观念。

◆**战备训练** 2021年，区人武部聚焦练兵备战，把握职能任务新定位和能力建设新要求，稳步推进战备训练扎实落实。改善专武干部队伍结构，召开专武干部队伍建设研讨会，拟定改善专武干部年龄结构方案，调整任命年富力强专武干部7名。化解人力资源矛盾，以第三方人力派遣方式，从区退役老兵中为区人武部招聘补充训练骨干6名。从严加强战备训练，在重点时段和重大节日前组织战备教育，全员强化战备意识；紧扣实际，修订完善战备方案，常态组织战备知识学习，严格落实民兵应急排、应急连轮训备勤制度，确保随时遂行战备任务。通过上级集训、本级自训和外请施训等方法，组织5批民兵和专武干部，开展补差训练和相关课目强化训练，备战援战能力进一步提升。在疫情反弹情况下，下发专项通知，发动民兵投身一线“战疫”“防汛”，此种做法由中央级媒体报道10多次，被市防汛抗旱指挥部表彰为“防汛抗洪工作表现突出集体”。

◆**征兵工作** 2021年，区人武部贯彻“两征两退”改革政策规定，高标准选拔输送优质兵员。广泛动员发动，印发征兵宣传册，保持橱窗专栏、横幅标语的征兵宣传经常性、鲜活性；保持征兵宣传进校园、进街道、进社区、进人才招聘会现场等；针对征兵新形势，分三个波次组织高校征兵调研座谈活动，以大学毕业生为重点，组织各街道上门入户做宣传，做到对每一名适龄青年思想发动到点到位。协作机制高效运行，区卫健委协同配合，加班加点、连续作战，保证体检工作按时完成；区公安分局与街道专武干部密切配合，落实“五个见面”“六个查清”等要求，内查外调，严格把关，杜绝蒙混过关、带“病”入伍。是年，适龄兵役网上登记率100%，上半年和下半年实际兵员征集人数超额完成市预定任务；大学生比例继续位列全市第一方阵。

◆**规范化建设** 2021年，区人武部同步推进软硬件建设，建、管、治有机结合，全面加强建设管理。坚持不懈抓班子，以贯彻《军队党的建设条例》和军队思想政治教育“三个文件”为牵引，深化党委班子岗位练兵，从严落实党建工作制度；开好例会，严格各类工作程序，发挥组织领导作用。科学统筹抓建设，以新办公楼投入使用为契机，对照中央军委国家动员部“四个秩序”规范，健全办公场所，完善“三铁一器”，严格规章制度，从细节和日常入手，不断提升管理质量；以基层武装部建设达标“清零”活动为抓手，严卡标准尺度和时间节点，指定样板，制定模板，拉单列表，拉榜排名，动态跟踪指导，逐步提升基层规范化建设水平。常态从严抓安全，组织学法规、学事故案例通报、学习上级指示要求，重点时段组织专项教育，始终绷紧安全弦。严抓正规上下班、请销假等人员管理制度，严格值班、交班、请示报告等工作制度，对倾向性问题及时点评纠治，不断强化自律养成。深入开展“流毒”清查清理，有效维护单位安全稳定和纯洁巩固。

2021年栖霞籍官兵立功受奖情况表

表7

街　道	姓　名	奖励情况	街　道	姓　名	奖励情况
燕子矶	孙叶明	三等功	栖　霞	李松贤	优秀士兵
八卦洲	秦吉伟	三等功	八卦洲	高宇宸	优秀士兵
尧　化	胡浩宇	三等功	龙　潭	孙长渲	优秀士兵
马　群	朱明康	优秀士兵	龙　潭	施　赟	优秀学员

续表

街道	姓名	奖励情况	街道	姓名	奖励情况
栖霞	赵框框	三等功	龙潭	吴帅	优秀士兵
迈皋桥	陈炎	优秀士兵	迈皋桥	周海宸	三等功
西岗	尚仁平	优秀士官	森林警察	江富强	优秀士兵
迈皋桥	张政	优秀军官	八卦洲	管道君	三等功
燕子矶	吴骏	三等功	燕子矶	史学伟	三等功、优秀军官
迈皋桥	王鹏	优秀军官	马群	赵明	三等功
迈皋桥	李康康	优秀军官	栖霞	黄超	三等功
仙林	张辉	优秀军官	八卦洲	王卫	三等功
尧化	张国康	优秀士兵	迈皋桥	尹生	三等功
仙林	汪文思	优秀军官	栖霞	葛信晨	优秀士兵
西岗	朱凯	三等功	八卦洲	徐章辉	优秀士兵
尧化	郭恒	三等功	仙林	石小凤	优秀士兵
尧化	王健	优秀士兵	仙林（南大）	张天卓	优秀士兵
迈皋桥	王瑞珏	优秀军官	仙林	李凯凯	优秀士兵
仙林	王金林	优秀军官	龙潭	王宣	优秀士兵
迈皋桥	王之杰	三等功	仙林	王凯	优秀士兵
仙林	周子力	三等功	仙林	阿布力提	优秀士兵
仙林	孙浩	三等功	马群	何志全	优秀士兵
龙潭	蒋道如	三等功	迈皋桥	王琛	优秀士兵
八卦洲	杨宏坤	优秀士兵	马群	杨舒龙	优秀士兵
马群	宋静恒	优秀军官	仙林	蔚鹏举	优秀士兵
栖霞	刘寒	优秀士兵	仙林	黄子瑜	优秀士兵
仙林	李昊	优秀军官	仙林	鲍嘉涛	优秀学员
龙潭	李军	优秀士兵	龙潭	施昊然	优秀士兵
仙林	姜敏	优秀军官	栖霞	朱龙	三等功

□马泽宇

人民防空

◆**概况**　2021年，栖霞区人民防空办公室（以下简称区人防办）聚焦“人民防空是国之大事”战略定位，践行“战时防空，平时服务，应急支援”使命任务，强化新时期党组织和党风廉政建设。发挥人防组织指挥职能，开展人防疏散演练，持续加强人防设施和建设、监管和利用，推动人防工作高质量发展。区人防办被省人防办表彰为“2021年度江苏省人防工作先进单位”，被市人防办表彰为“南京市人防工作综合工作先进单位”。

◆**人防工程监管** 2021年，区人防办落实“党政同责、一岗双责、齐抓共管、失职追责”等相关要求，召开党组会及安全专题会，制定季度检查机制，与各街道人防办签订安全生产目标管理责任书。发挥基层网格化管理优势和效能，形成人防工程维护管理区、街道、社区和工程使用主体人四方协同机制，推进人防工程使用单位安全生产主体责任落实。研究制定《栖霞区人防工程维护管理计划》，明确目标、任务和措施，强化检查督促，提升安全整治效果。创新监督方式，聘请第三方对区属人防工程全面检查，指导主体责任单位实施技术整改，及时消除安全隐患，监管效率明显提高。

◆**指挥通信系统建设** 2021年，区人防办建立全区人民防空工作联席会议制度，完善区人防基本指挥所建设，加快战斗力生成模式转变。探索联合协同指挥机制，组织区人防机关指挥机构人员参加全市人防指挥所保障演练，实现与9个街道及区内重要经济目标的互联互通，构成反应快速、顺畅高效的组织指挥体系；注重与市人防办、大学城管委会、规划等部门工作协调和融合，提升战时应急指挥能力。加快推进姚坊门人防工程建设，二号湖人防工程立项前期准备工作，以及西岗街道区域人防疏散基地建设。做好共学共建活动，争取省、市人防办的支持，推进石景山人防主题公园设计立项准备工作。根据《人民防空训练与考核大纲》要求，区人防办整组并建立救抢修、医疗救护、治安、消防、防化防疫等专业队。抓好区、街道、社区三级防空袭方案和重要经济目标防护预案的制订工作，协同政府办、武装部等职能部门开展方案修编讨论，完成本级《防空方案》修编工作。组织全区人防骨干参加区级培训，组织人员参加省、市人防办举办的各类培训，提升人防队伍整体素质。

◆**人防宣传与演练** 2021年，区人防办加强人防机关准军事化组织建设，组织人防部门开展培训、训练、演练活动。结合“5·12”全国防灾减灾日，组织所属街道、社区、学校开展人员紧急疏散演练，参与人数1100多人；协调指导重要经济目标单位大唐电厂开展空袭防空演练；“9·18”防空警报试播日，与市人防办共同组织区机关、街道、社区、学校、企业等500余人开展紧急疏散掩蔽、应急急救、心理防护、专业队点验等课目演练，国家、省、市级多家媒体给予宣传报道。依托栖霞青少年民防教育馆和7个社区人防教育馆，把人防宣传教育融入重大节点活动，使群众感受到人防就在身边。“5·12”前后，组织开展以“防范化解灾害风险，筑牢安全发展基础”为主题的人防知识竞赛线上答题活动，吸引近8万余人次参与答题。组织开展人防法律法规学习教育培训，邀请专家授课，组织案件研讨，聘用律师参与问题处理，通过多种形式，强化法治思维，提升法治素养。落实“双随机一公开”监管要求，聘请法律顾问，依法依规处理人防工程中遇到的问题和历史遗留问题，依法查处涉及人防场地违规买卖、出租车位等问题，完成“12345”平台投诉办理工作。

□杨哲琼

南京经济技术开发区

Nanjing Economic & Technological Development Zone

南京经开区管委会办公楼　　杨　铁/绘

责任编辑　赵建华

综　述

◆概况　南京经济技术开发区（以下简称“南京经开区”）成立于1992年9月18日，坐落在南京市东北郊，紧邻亚洲内河第一大港南京港新生圩外贸港区和龙潭深水港。2002年3月被批准为国家级经济技术开发区，2003年3月获国务院批准，在区内设立国家级南京出口加工区。2011年12月获得国家级生态工业示范园区授牌。2012年9月国务院批准设立南京综合保税区（龙潭片）。南京经开区先后设立国家级高新技术产业园、海峡两岸科工园、显示器件产业园和省级高校科工园、电子信息产业园以及市级生物医药科工园、韩国工业园、LG产业园、液晶谷等十多个国家和省市级特色产业园。区内集聚各类企业近5000家，其中外资企业300余家、100亿级企业6家。

2021年，南京经开区秉持新的发展理念，按照高质量发展要求，全力推进园区各项重点工作，实现“十四五”良好开局，综合实力在全国217家国家级经开区中位列第十一，营商环境位居全国第五。统筹推动经济发展与疫情防控，保持稳定向好的发展趋势，坚持“外防输入、内防反弹，人、物、环境同防”，全年累计完成12.46万人次疫苗接种，保障中韩“快捷通道”入境人员集中医学观察36批次3168名，新生圩水运口岸换班入境船员集中医学观察95批次662名，始终保持园区新冠疫情零感染。是年，南京经开区把推进重大项目、培植高端产业作为发展的“主旋律”和“压舱石”，全面做好产业链建链、补链、强链文章，园区产业实现链条化、集群化、高端化发展。全年实际利用外资7.4亿美元，完成全年目标的101.3%；实际利用内资285亿元，完成全年目标的115.3%；全年新开工重大产业项目20个，新竣工重大产业项目22个。聚焦南京东部科创大走廊建设，深入实施“121”战略，加快推动“两落地、一融合”，新增科技型企业超过700家，获批全省首家“外籍留学生见习（实习）工作站”、市级特色型（人工智能）数字经济产业园区。大力提升企业创新能力，新增省级众创空间1家、市级2家；新增市级科技孵化器企业3家，省级工程技术研究中心3家、市级6家，市级工程研究中心6家；净增高新技术企业82家，培育独角兽企业21家、瞪羚企业6家。持续推动中国（南京）智谷建设，新引进人工智能企业50家，新孵化人工智能企业100家，全年人工智能核心产业收入突破60亿元，占全市一半。强化知识产权保护，有效发明专利同比增长20%，实现技术合同成交额33.4亿元，比上年增长13%；园区1家企业获中国专利奖优秀奖，4家企业获批江苏省科学进步奖，5家企业获市优秀专利奖，6家企业入选江苏省智能制造示范车间名单。加快建设人才强区新高地，全年新增各级高层次人才77名，比上年增长9.6%。全面深化“放管服”改革，在全市率先设立“外资企业一站式服务”综合窗口，新建政务服务中心红枫分中心，政务服务中心进驻事项达506项，权力事项进驻率达100%，不见面审批率达98%，一刻钟政务服务圈初步形成，营商环境持续改善提升。

是年，南京经开区实现地区生产总值1260亿元，比上年增长10%；一般公共预算收入108.3亿元，比上年增长11.4%；工业总产值3297亿元，比上年增长14.5%；全社会固定资产投资215亿元，其中工业固定投资112亿元；外贸进出口总额952亿元，比上年增长10%。

◆获评中日韩产业合作示范园区

2月10日，经集中评审，江苏省商务厅认定南京经开区等7家开发区为首批中日韩（江苏）产业合作示范园区。是年，以LG、夏普为龙头的日韩企业持续增加在南京经开区的投资，展现日韩企业对园区的信心。南京经开区先进制造业产业基础成为日资、韩资企业扎根南京的投资佳话，被商务部称为LG集团在华投资的“南京经开区现象”。

◆技术转移工作站合作协议签订

4月28日，区委书记、南京经开区党工委书记黎辉率队赴西南交通大学，开展校地对接活动，双方就促进校地融合发展进行座谈交流。活动期间，签订“西南交通大学—南京经济技术开发区技术转移工作站”合作协议。协议内容包括共建技术转移工作站，围绕南京经开区创新能力建设、产业转型升级开展工作；西南交通大学每年为南京经开区提供一批可转化落地的科技成果，同时做好科技服务、科技成果转化、人才交流与合作、合作平台建设；双方协同推动校地融合发展，把南京经开区打造成为西南交通大学科技成果转化基地。

◆海峡两岸新型显示产业高峰论坛 5月28日上午，由南京平板显示行业协会、台湾显示器产业联合总会、南京经开区管委会共同主办的2021第八届海峡两岸（南京）新型显示产业高峰论坛在南京召开。论坛围绕自主可控、创新强链、合作共赢的主题，邀请38位演讲嘉宾，从科技与产业融合的视角出发，深入探讨新型显示技术发展，谋求突破“卡脖子”关键技术，共同推动新型显示产业链的创新融合。一年一度的海峡两岸（南京）新型显示产业高峰论坛，充分发挥研讨交流的平台作用，旨在促进两岸乃至全球显示产业技术、产业链和人才交流方面的合作，推动新型显示产业结构调整和产业创新升级，打造极具生命力的显示产业链，推进新型显示产业生态圈健康发展。

◆起源太空等项目落户南京智谷

6月15日，中国（南京）智谷项目集中入驻暨重点人工智能项目集中签约仪式在新港高新园举行。起源太空AI+航天总部项目、AI精准医疗项目、高通量蛋白质芯片项目等6个重点人工智能项目正式签约，落户中国（南京）智谷；奇绩创坛南京创新中心、德风科技等一批项目前期已集中入驻。

◆中国人工智能峰会开幕 6月22日，第五届中国人工智能峰会（CAIS 2021）在南京国际博览会议中心开幕。工信部科技司副司长朱秀梅，南京市人民政府副秘书长王承江，中国信息通信研究院副院长魏亮，中国国际青年交流中心副主任贾铁松，南京市外办主任张志超等出席峰会。图灵奖得主、清华大学交叉信息研究院院长、中国科学院院士姚期智，南京大学人工智能学院院长、欧洲科学院外籍院士周志华，微软（中国）首席技术官韦青，出门问问创始人、CEO李志飞等业内大咖出席，峰会由创新奇智首席战略官路一鸣主持。活动现场，南京经开区与中国信息通信研究院签署《“十四五”期间深化人工智能领域合作框架协议》。

◆生物医药产业列百强园区第13位 7月，根据赛迪发布的《2021生物医药产业园区百强榜》显示，南京经开区生物医药产业综合发展水平列全国百强园区第13位，其中，“企业集聚TOP10”排名第10位，“产业贡献度TOP10”排名第9位。生物医药产业是南京经开区三大主导产业集群之一，园区落户生物医药企业55家，其中销售额超10亿元的企业10家，设有省级以上工程中心、工程技术研究中心或企业技术中心的企业15家，拥有生物医药类新型研发机构8家，符合GMP标准的制药厂房超过50万平方米。

位于南京经济技术开发区的中国（南京）智谷外景　　（南京经开区／供稿）

◆综保区首次对接中欧班列 8月中旬，南京首列中欧班列汉堡—南京中欧回程（进口）班列顺利抵达南京龙潭港专用铁路场站。这是南京综合保税区（龙潭片）首次通过“一体化通关”模式对接中欧班列，实现综保区保税优势与中欧班列运输便捷的无缝对接，从而实现中欧货物快速流转。这标志着南京综合保税区（龙潭片）在全市率先开辟国际铁路货物通关新模式——将南京中欧班列的“终点站”延伸至综保区。

◆粤港澳（深圳）投资推介会 12月1日，“南京‘十四五’产业创新发展粤港澳（深圳）投资推介会”在深圳举办。会上，南京与香港、广州、深圳等地企业举行重大项目签约仪式，南京经开区与港华智慧能源产业基地、万达光电智造公司、起源太空公司总部相继签约，三大项目落户南京经开区，总投资57亿元。

◆6家企业入选专精特新“小巨人” 12月，江苏省工业和信息化厅发布2021年度省级专精特新小巨人认定企业名单，南京经开区6家企业入选，分别是南京电气高压套管有限公司、南京高华科技股份有限公司、南京中山制药有限公司、南京正科医药股份有限公司、南京高光半导体材料有限公司、南京捷希科技有限公司。截至年底，南京经开区共有国家制造业单项冠军企业3家，国家级专精特新小巨人企业4家，省级专精特新小巨人企业23家，市级专精特新培育企业37家。

◆营商环境便利度全国第五位 12月，21世纪经济研究院发布《全国经开区高质量发展报告2021》（以下简称《报告》），在国家级经开区营商环境评比中，南京经开区营商环境便利度评价位居全国第五位，也是连续两年保持全国前五。《报告》中以南京经开区为例作出如下评价：国家级经开区作为先进制造业集聚区，全力推进产业链升级、加大关键技术攻关力度，在战略新兴产业领域布局颇多，包括新能源汽车、信息技术、生物医药、新材料等领域。比如，南京经开区聚焦光电显示、高端装备、生物医药三大主导优势产业，同时，新能源汽车和人工智能两大地标性新兴产业集群建设卓有成效。 □周 凌

12月1日，南京产业创新发展粤港澳（深圳）投资推介会现场（南京经开区／供稿）

产城融合与平台建设

◆概况 2021年，南京经开区抢抓南京东部地区建设发展机遇，实施转型升级高质量战略，推动经开区由工业园区向产业新城转型。开展国土空间总体规划及专题编制、仙林湖东地段城市设计、新港大道以南区域控规单元图则编制等各类规划编制40项。《南京经开区兴智中心综合交通专项规划设计》获评2021年南京市优秀城乡规划设计一等奖，《南京市兴智中心城市设计》和《南京东部龙潭新城城市设计》收录于2021年出版的《2020年南京市城市设计成果汇编》。坚持土地集约利用高质量发展模式，2021年度集约利用评价国批范围土地开发利用率99.17%，在全省55个国家级工业主导型开发区土地集约利用综合分值排序中位列第四。举办经营性用地招商推介会，推进经营性用地上市，提升城市服务能级。片区开发取得重大进展，龙潭新

城核心区建设稳步实施，兴智中心商业住宅和配套基础设施加快建设，苏宁广场、宝龙商业综合体、滨江集团、卓瑞地产等商业和住宅项目开工建设。

◆新港高新技术产业园建设 南京新港高新技术产业园创建于1992年9月，1997年1月经国家科委批准升级为国家级高新技术产业园。2014年10月，国务院批复同意建设苏南国家自主创新示范区，新港高新园作为江苏省13家独立组成园区纳入建设范围，成为省、市建设苏南国家自主创新示范区着力打造的“创新核心区和高新技术产业策源地”之一。2017年11月，南京市委、市政府出台《南京市科技园区整合设立工作方案》，整合后的新港高新园由原南京新港高新技术工业园、南京液晶谷及红枫科技园三大板块组成，规划面积39.2平方千米。新港高新园以光电显示、人工智能+、生命科学、检验检测为主导产业，集聚科技企业超过1200家，高层次人才超过650名。2021年，南京新港高新技术产业园提升精细化管理水平，在疫情中求突破、在变革中谋发展，全面完成目标任务，年度新增企业823家，累计落户科技型企业超过1500家。全年完成企业营业收入超200亿元，实现税收8亿元。新增市级备案新型研发机构6家、净增高新技术企业74家、新增科技型中小企业516家，其中诺唯赞、吉诺思美、地平线等科技企业当年新增融资105亿元。

◆综合保税区（龙潭片）建设 南京综合保税区（龙潭片）于2012年9月17日获国务院批准设立，位于南京经开区东区，规划面积3.83平方千米，一期封关面积1.15平方千米。规划定位是探索建立与国际接轨的自由贸易园区，连接国际国内两个市场，发挥集约用地和要素集聚辐射带动作用，提升对全球资源的配置能力，优化开放格局、提升枢纽功能，打造成南京开放型经济新体系的重要载体。产业定位是以货物贸易、服务贸易及高端制造为发展主导，打造一条集采购、加工、研发、配送、展示、贸易于一体的产业链条；重点发展以国际采购、分拆集拼、分拨配送为主的高端物流业务；以电子信息、生物医药、高端装备等为主的先进制造业以及以研发设计、检测维修、跨境电商、展示交易、服务外包、金融服务等为主的专业增值服务业。2021年，南京综合保税区（龙潭片）实现监管货值145.37亿美元，比上年增长20.75%，完成跨境电商通关187.04万票。在全省率先实施“保税展示交易”“货物状态分类监管”等自贸试验区创新监管政策，持续提升投资与贸易便利化水平。围绕核心功能业务，持续打造南京龙潭跨境电商产业园、龙潭综合物流园、南京港口型（生产服务型）国家物流枢纽等产业发展平台。至年底，南京龙潭跨境电商产业园聚集跨境电商企业近140家，实现“1210”保税进口、“9610”一般出口、“9710”直接出口以及“9810”海外仓出口等跨境电商业务模式全覆盖，形成较为完善的跨境电商生态体系。

◆时空智联研究院落户经开区 3月3日下午，南京时空智联研究院暨烽火集团产业化项目签约仪式在

南京综合保税区（龙潭片）龙港科技园　　（南京经开区／供稿）

南京经开区管委会举行。本次签约研究院的专家团队由中国邮电科学研究院内光纤通信技术和网络企业国家重点实验室赵梓森院士领衔，多位行业领域的顶尖专家集结。协议内容显示，未来五年，研究院在人才引育、科研攻关、产业集聚方面实现突破，引进培养高端人才100人，开展技术研发合作超过50项，实现产值5亿元以上。该项目用顶层设计解决行业智慧化管理平台，签约总投资达10亿元。

◆视客跨境电商平台落户综保区 3月31日，南京市跨境电商发展推介会在杭州国际会议中心举行。推介会上，南京经开区与南京视客网络技术有限公司签订投资协议，视客跨境电商平台落户南京综合保税区（龙潭片），项目总投资1.5亿元。南京综合保税区（龙潭片）跨境电商产业园集聚电商相关企业近130家，实现跨境电商业务模式全覆盖，各项发展指标位居全省前列。其中，跨境电商“1210”业务单量位居全省第一，“9610”业务单量位居全省第二。产业园先后获得“江苏省电子商务示范基地”“南京市电子商务示范园区”“全国首批智慧物流配送示范园区”“南京市跨境电子商务创业创新孵化基地试点”等称号。

◆“宁达e企通”平台上线 7月中旬，南京经开区依托大数据不断完善企业服务体系，全新推出“宁达e企通”平台，将原来单一的“互联网+科技人才创新创业服务”系统，升级为园区统一的企业服务平台和数据中心。平台推出惠企政策管家、政策计算器等“神器”，对企业实现政策精准匹配、精准推送等智能化服务。“宁达e企通”不仅是一个企业服务平台，还是整个园区共建共用的大数据中心，为园区提升数字政府服务能力、拓展创新应用场景提供更多的想象空间。由各业务部门多种渠道积累企业数据，通过人工比对、清洗、分析、补全后入库。截至年底，数据中心已经累积数据九大类60万条。

◆众创空间和企业孵化器创建 8月下旬，江苏省科技厅公布2021年度省级备案众创空间名单，南京经开区南京智谷人工智能研究院有限公司“易达励创众创空间”获批省级众创空间。11月，南京市科技局发布2021年度市级科创载体入选名单，南京经开区3家载体入选市级科技企业孵化器，2家载体入选市级众创空间。是年，南京经开区共有各级众创空间和科技企业孵化器24家，其中国家级5家，省级6家，市级13家。

◆沙利文头豹人工智能研究院启用 10月15日，中国南京金秋经贸洽谈会（简称“金洽会”）系列活动之一“2021中国人工智能洞察发布会暨沙利文头豹人工智能研究院揭牌仪式”在南京经开区兴智科技园举办。江苏省人工智能学会秘书长房伟，弗若斯特沙利文咨询公司全球合伙人兼大中华区总裁王昕出席活动并致辞。沙利文头豹人工智能研究院是由全球最大的企业增长咨询公司——弗若斯特沙利文，携手国内领先的原创大数据平台和优质内容提供商——头豹科技公司，在南京经开区建设的全国唯一的人工智能研究院。研究院设有产业数据研究、企业商业案例探索

10月15日，沙利文头豹人工智能研究院启用仪式现场　（南京经开区／供稿）

及企业服务等平台，通过开放合作的研究平台，为人工智能企业提供行业和企业数据库服务。

◆**新增工程技术研究中心9家**
11月，江苏省科技厅发布2021年省级工程技术研究中心名单，南京经开区新增省级企业工程技术研究中心3家。同月，南京市科技局发布2021年市级工程技术研究中心立项名单，南京经开区“IGZO平板显示工程技术研究中心”等6家被认定为市级工程技术研究中心。截至年底，南京经开区共有企业工程技术研究中心67家，其中国家级2家、省级35家、市级30家。

◆**政务服务红枫分中心建成投用**
12月28日上午，南京经开区举行政务服务中心红枫分中心暨苏南国家自主创新示范区（红枫）一站式服务中心揭牌仪式。红枫分中心作为政务服务提档升级的一个重要举措，标志着南京经开区“1+3+3”一刻钟政务服务圈全面建成投用（“1”：南京经开区政务服务中心；“3”：设在兴智科技园、税务分局、红枫科技园的3个分中心；“3”：设在综保区、LG新能源、红枫科技园的3个“24小时自助服务区”）。红枫分中心位于红枫科技园A区4幢（九龙山路）一楼，总建筑面积310平方米，开设服务窗口7个，可办理民生和企业服务事项111项，满足“人工+自助”“线上+线下”等多种服务需求，辐射红枫科技园及周边液晶谷、华侨城及龙潭片区的百余家企业和数万名员工。 □周　凌

政务服务红枫分中心之一——兴智科技园　（南京经开区／供稿）

招商引资与项目建设

◆**概况**　2021年，南京经开区落实南京市招商引资“质效提升年”部署，在做好疫情防控的同时，全力抓好招商引资和项目推进。坚持一把手带头抓招商，运用线上招商、以商引商等多元手段，全年完成实际使用外资7.4亿美元，完成全年目标的101.3%；实际利用内资285亿元，完成全年目标115.3%；亿元以上签约项目150个，完成全年目标的119%；签约项目投资总额1560亿元，完成全年目标的100%。全年组织开展第八届海峡两岸（南京）新型显示产业高峰论坛、2021国际卓越运营南京年会暨南京经开区高质量发展合作交流会、2021中国下一代汽车高质量发展论坛、南京经开区新能源三电行业圆桌论坛、东亚企业家太湖论坛南京经开区推介活动等专业化招商活动17场，不断扩大在新型显示、高端装备、生物医药、新能源汽车等产业的影响力。《人民日报》《新华日报》《南京日报》、江苏电视台、南京电视台、今日头条、学习强国、《江苏经济报》等多家媒体平台对经开区招商活动均做过专题报道。

◆**一批高“含科量”优质项目签约**
2021年，南京经开区继续做大做强光电显示、高端装备、生物医药三大主导产业，培育下一代汽车和人工智能两大地标性新兴产业集群，持续推动产业转型升级，以有效投资创造新需求、激发新动能，一批高科技项目先后签约。电子信息产业方面，引进总投资38亿元的杉金光电偏光片、总投资10亿元的菲特晶石英芯片及材料研发生产总部基地等项目。智

能装备制造产业方面，引进总投资1亿欧元的丹佛斯半导体功率器件、总投资10亿元的天和防务无线通信及军工防务专用材料等项目。生物医药产业方面，引进总投资13亿元的诺唯赞生物科技生产基地、总投资8亿元的颐兰贝体外诊断设备及试剂研发生产等项目。新能源汽车产业方面，引进总投资5.5亿美元的LG新能源圆柱形汽车动力电池三期、总投资3亿美元的LG麦格纳新能源汽车电机等项目。人工智能产业方面，引进总投资2.3亿元的小钴科技Inter AI智能硬件、总投资1亿元的爱奇艺智能VR研发总部暨华东业务中心等项目。是年，南京经开区坚持以项目落地为中心，对项目开展全生命周期管理、全流程跟进服务，推动重大项目尽快开工建设、实质性落地。12月15日，经开区举行年末重点科技项目签约仪式，签约的4个项目是博科资讯苏皖总部项目、普塔科技全国总部项目、奥诺道智慧机器人总部项目以及卡秋医疗生物抗体试剂总部项目；签约项目规划总投资20亿元，产业方向涵盖自主平台软件研发、智能网联汽车、智慧机器人、智慧医疗等领域。

◆一批重点产业项目开工 2021年，南京经开区有20个项目先后开工，总投资360多亿元。其中，龙潭产业园项目，由中国能源建设集团投资200亿元建设，将建成100万平方米的科研和工业载体，以及商业、道路、基建等相关配套设施。LG电子新能源汽车零部件项目，由南京乐金汽车零部件有限公司和南京LG新港新技术有限公司投资21亿元建设，改造南京LG新港新技术有限公司现有建筑物内部约11240平方米，购置组装/检测汽车零部件生产线6条，预计年产汽车零部件500万件。盛禾药业新药研发及生产基地项目由南京盛禾生物科技研发有限公司投资10亿元建设，建筑面积约2万平方米，预计年产单克隆抗体注射液120万支、注射用右旋兰索拉唑1000万支及注射用左旋奥拉西坦1000万支。颐兰贝体外诊断设备及试剂研发生产项目由南京颐兰贝生物科技有限责任公司投资6亿元建设，总建筑面积约1.3万平方米，拟建集研发、办公及生产于一体的综合生产基地，预计年产各类医疗器械设备3万台（套），年产各类临床诊断、医学研究用试剂100万盒。捷希5G通信测试设备总部及研发制造基地由江苏韦伯通讯科技有限公司投资5亿元建设，总建筑面积约2万平方米，新建生产线11条，预计年生产各类通信测试设备500台（套）。

2021年南京经开区市级重点产业项目开工一览表

表8

序号	项目名称	项目建设单位	项目建设内容	总投资（亿元）	开工时间
1	龙潭产业园	中国能源建设集团	建设100万平方米科研和工业载体，商业、道路、基建等相关配套设施	200	2021年一季度
2	LG电子新能源汽车零部件	南京乐金汽车零部件有限公司 南京LG新港新技术有限公司	一期改造南京LG新港新技术有限公司现有建筑物内局，改造面积约11240平方米，购置组装/检测产线6条；二期利用改造后生产车间，新增各类汽车零部件产线，预计年产汽车零部件500万件	21	2021年一季度
3	晶升能源设备生产基地	南京晶升能源设备有限公司	租赁红枫科技园B4栋一层厂房及液晶谷1栋车间，总建筑面积约0.8万平方米，建设研发及生产基地；新增建筑面积约2万平方米，建设生产中心基地，建成后从事12英寸半导体硅片长晶炉生长设备及SiC半导体材料生长设备研发生产	10	2021年一季度
4	盛禾药业新药研发及生产基地	南京盛禾生物科技研发有限公司	建筑面积约2万平方米，投资建设研发生产基地，预计年产单克隆抗体注射液120万支、注射用右旋兰索拉唑1000万支及注射用左旋奥拉西坦1000万支	10	2021年二季度

续表

序号	项目名称	项目建设单位	项目建设内容	总投资（亿元）	开工时间
5	南京粮食应急保供中心	南京市下关粮食仓库有限公司	总建筑面积约为12万平方米，二幢低温储备库，一幢配送中心	8	2021年二季度
6	华生皓LED新型照明器件研发生产	南京华生皓光电科技有限公司 南京华生皓特种光源有限公司	总建筑面积约4.5万平方米，新建检验车间、厂房等，项目建成后预计年产LED路灯6万盏，LED投射灯25万盏，LED日光灯管15万只，LED球泡灯30万只	6.7	2021年二季度
7	智能化柔性中药汤剂煎制基地	南京中山制药有限公司	总建筑面积约1.68万平方米，拟新增柔性生产线6条，配置智能化自动煎药机，建成后预计日产中药袋装汤剂20万袋	6	2021年一季度
8	颐兰贝体外诊断设备及试剂研发生产	南京颐兰贝生物科技有限责任公司	总建筑面积约为1.3万平方米，拟建研发、办公及生产为一体的综合生产基地，预计年产各类医疗器械设备3万台（套），年产各类临床诊断、医学研究用试剂100万盒	6	2021年二季度
9	夏普8K液晶产线扩建	南京夏普电子有限公司	改建建筑面积约0.1万平方米，对原有产线进行升级改造，拆除部分设备，新增空压机、8K检查机等设备，新增高精度设备主体一条。项目全部投产后，预计新增营业收入8亿元	5.5	2021年二季度
10	捷希5G通信测试设备总部及研发制造基地	江苏韦伯通讯科技有限公司	总建筑面积约2万平方米，新建生产线11条，预计年生产各类通信测试设备500台（套）	5	2021年二季度
11	翔腾光电薄膜器件研发生产	江苏翔腾新材料有限公司	总建筑面积约12万平方米，建设光电薄膜器件生产中心等，预计年产光学膜1100万PCS，偏光片500万套	5	2021年二季度
12	天和防务南京彼奥电子无线通信及军工防务专用微波旋磁氧体材料	南京彼奥电子科技有限公司	总建筑面积约2万平方米，建成后进行无线通讯及防务专用微波旋磁铁氧体材料生产，预计年产旋磁铁氧体7亿片	5	2021年二季度
13	同力建设集团研发基地	南京同力建设集团股份有限公司	总建筑面积约7.46万平方米，包括研发中心等	5	2021年二季度
14	中泰药业研发及生产基地项目	江苏中泰药业有限公司	位于西站货场以北，恒通大道以南，新建厂房10栋，总建筑面积约5万平方米，建设中泰药业研发及生产基地。该项目将采取新分子实体创新药物、高端仿制药物制剂相结合的发展战略，瞄准国内、国际市场，打造抗肿瘤药物和抗风湿类免疫药物的成品药生产基地，2022年年底前将获得5个新产品生产批件	7	2021年四季度
15	维觉雷达整机生产项目	南京维觉科技有限公司	位于恒通大道以南、西站货场以北，主要是包括雷达整机和通信系统的研发设计、装配、测试、调试和可靠性检测等生产的全部研发生产流程	5.5	2021年四季度
16	白云电气数字化工厂项目二期	南京电气集团有限公司	位于恒广路100号厂区内，新建数字化工厂，包括玻璃元件熔制成型车间和玻璃绝缘子数字化装配线车间，建筑面积约2万平方米；再建一条玻璃装配线，一个玻璃绝缘子现代化成品中转中心，包括一幢中转厂房和一幢立库厂房，约1.3万平方米。现代化成品中转中心包括智能立库1座，智能分发线1条。项目分期建设，建成后年产玻璃绝缘子产品约36000吨。厂区总面积8.6万平方米，一期已建成项目占地3.47公顷，预留三期用地约0.6万平方米。	5	2021年四季度

续表

序号	项目名称	项目建设单位	项目建设内容	总投资（亿元）	开工时间
17	顺丰科技智能制造项目	深圳拓丰产业园管理有限公司	位于恒飞路20号，一期投资7亿元，改造原有2栋厂房，1栋综合楼，投资建设智慧物流装备制造，智慧包装、仓储及终端设备组装测试，智慧供应链系统测试机应用基地及装备研发、数据服务、金融服务等产业服务中心；二期新建1栋厂房，主要为物流科技研发延展区。产品包括搬运分拣机器人、穿梭车、智能输送设备、智能手持设备等	20	2021年二季度
18	苏宁易购综合体	南京万智源置业有限公司	位于兴智科技城，总占地面积19.95万平方米，其中商业办公部分约8.93万平方米，建设建筑面积约33.84万平方米的商业办公酒店等	33.8	2021年一季度
19	南京苏逸实业有限公司新港试验中心项目	南京苏逸实业有限公司	位于尧新大道以东、仙新以西、恒通大道以南、纬四路以北地块，总建筑面积约32600平方米，其中地下建筑面积约9800平方米；地上建筑面积约22800平方米，包含配套研发用房约19100平方米；电气试验中心1900平方米，研发应急保障库1800平方米	2.27	2021年三季度
20	南京星葵建设有限公司智能制造总部基地项目一期	南京星葵建设有限公司	位于恒飞路11号1.65万平方米地块，一期计划新建厂房1栋，建筑面积约36000平方米（四层，每层约8000平方米）；新建配套设施约5000平方米。总建筑面积约41000平方米。二期计划拆除原有一栋办公楼并新建厂房	2	2021年三季度

◆**一批重点产业项目竣工** 2021年，南京经开区先后有22个重点项目竣工，项目总投资约100亿元。其中，LG化学新能源电池项目由爱尔集新能源（南京）有限公司投资31.5亿元建设，预计年产圆柱形电池49800万只，ZSS Pouch型电池12120万只。南京天加空调低温余热发电机组项目建筑面积约10万平方米，由南京天加热能技术有限公司投资20亿元建设，预计年产螺杆式冷热水机组、离心式冷热水机组、风冷冷热水机组等共计1000余台，以及其他压力容器3000余台。晶升能源设备生产基地项目总建筑面积约8000平方米，由南京晶升能源设备有限公司投资10亿元建设，建成后从事12英寸半导体硅片长晶炉生长设备及SiC半导体材料生长设备研发和生产，预计年产值3亿元。华生皓LED新型照明器件研发生产项目总建筑面积4.5万平方米，由南京华生皓光电科技有限公司和南京华生皓特种光源有限公司投资6.7亿元建设，预计年产LED路灯6万盏，LED投射灯25万盏，LED日光灯管15万只，LED球泡灯30万只。

2021年南京经开区市级重点产业项目竣工一览表

表9

序号	项目名称	项目建设单位	项目建设内容	总投资（亿元）	竣工时间
1	LG化学新能源电池	爱尔集新能源（南京）有限公司	投资建设超小型电池、汽车动力电池以及电池电极生产线，预计年产圆柱形电池49800万只，ZSS Pouch型电池12120万只	31.5	2021年三季度
2	LG电子新能源汽车零部件	南京乐金汽车零部件有限公司 南京LG新港新技术有限公司	一期改造南京LG新港新技术有限公司现有建筑物内局，改造面积约为1.124万平方米，购置组装/检测产线6条；二期利用改造后生产车间，新增各类汽车零部件产线，建成后实现年产汽车零部件500万件	21	2021年四季度

续表

序号	项目名称	项目建设单位	项目建设内容	总投资（亿元）	竣工时间
3	南京天加空调低温余热发电机组	南京天加热能技术有限公司	新增建筑面积约10万平方米，建设发电系统集成与制造，以及高效能换热器、离心机组等产品研发生产基地。预计年产螺杆式冷热水机组、离心式冷热水机组、风冷冷热水机组等共计1000余台，以及其他压力容器3000余台	20	2021年四季度
4	晶升能源设备生产基地	南京晶升能源设备有限公司	租赁红枫科技园B4栋一层厂房及液晶谷1栋车间，总建筑面积约0.8万平方米，建设研发及生产基地；新增建筑面积约2万平方米，建设生产中心基地，建成后从事12 寸半导体硅片长晶炉生长设备及SiC半导体材料生长设备研生产，年产值达3亿元	10	2021年四季度
5	华生皓LED新型照明器件研发生产	南京华生皓光电科技有限公司 南京华生皓特种光源有限公司	总建筑面积约4.5万平方米，新建检验车间、厂房等，项目建成后预计年产LED路灯6万盏，LED投射灯25万盏，LED日光灯管15万只，LED球泡灯30万只	6.7	2021年四季度
6	智能化柔性中药汤剂煎制基地	南京中山制药有限公司	总建筑面积约1.68万平方米，拟新增柔性生产线6条，配置智能化自动煎药机，建成后预计日产中药袋装汤剂20万袋	6	2021年四季度
7	夏普8K液晶产线扩建	南京夏普电子有限公司	改建建筑面积约0.1万平方米，对原有产线进行升级改造，拆除部分设备，新增空压机、8K检查机等设备，新增高精度设备主体一条。项目全部投产后，预计新增营业收入8亿元	5.5	2021年四季度
8	冠石科技新型显示	南京冠石科技股份有限公司	拟新建厂房、办公楼及辅房约3.2万平方米。其中，一期建设厂房及辅房约1.2万平方米，用于超高清大尺寸液晶面板中后段产品的生产，预计年产能200万台；二期建设办公楼及厂房约2万平方米，用于人员办公及OLED柔性光学材料的研发生产，预计年产能100万套	5	2021年四季度
9	电池一工厂改造项目	乐金化学（南京）信息电子材料有限公司	位于恒谊路17号原电池一工厂约1.73万平方米地块，拆除原一工厂建筑物面积18864平方米，拆除后新增建筑物总建筑面积3.11万平方米，其中包括主厂房3.09万平方米，泵房95平方米，水箱117平方米，立体停车库用于工厂生产活动	5	2021年四季度
10	优科生物小容量注射液车间升级项目	南京优科制药有限公司	位于恒竞路28号，新建1栋科技研发楼和1栋与其配套的质检办公楼；新增研发试验设备约200台，用于盐酸法舒地尔注射液、兰索拉唑冻干粉针剂等的研发试验及小试	1.9	2021年四季度
11	奇瑞变速箱安装生产线技术改造	博世汽车转向系统金城（南京）有限公司	位于润博路1号，项目无新增用地，对现有的奇瑞变速箱安装生产线进行技术改造，引入变速箱项目追溯系统1套，新项目刀具2套，ELOP 安装线1套，新增进口设备：产线机器人1台、SW 加工中心1台、槽磨床1台、刷光机1台，变速箱泵测试台1台，电子泵清洁度测试仪1台，ELOP 测试台1台，ELOP 闪光测试台1台，ELOP 转定子加工线1台，技改完成后，年新增奇瑞变速箱产品20万（台）套	5	2021年四季度
12	新增MiniLED背光模组组装生产线项目	喜星电子（南京）有限公司	为配合乐金显示（南京）有限公司的生产变化，在兴友路30号原有H2号工厂1层内部新增2条MiniLED背光模组组装生产线。为配合前述两条新生产线的生产，喜星电子2021年将改造2条原有eMPS-Module模组组装生产线为MiniLED背光Tablet模组组装生产线，配套生产采用MiniLED背光技术的液晶显示产品。截至2021年年底，预计形成年产35.6万台采用MiniLED背光技术的液晶显示产品的生产能力	2	2021年四季度

续表

序号	项目名称	项目建设单位	项目建设内容	总投资（亿元）	竣工时间
13	中医药大健康产业地标项目	南京中山制药有限公司	拟建厂房一栋，总建筑面积约为16800平方米，其中10800平方米用于现代智能中药车间，约5400平方米用于现代物流仓储，约600平方米用于卸货平台	2	2021年四季度
14	南京宇杰物流园项目	南京宇杰物流有限公司	位于宝港路以西、四方源物流科技产业园项目以北，新建物流仓库、分拣厂房及附属设施等，共4栋建筑	2.48	2021年四季度
15	LED新型照明器件生产及研发项目	南京华生皓光电科技有限公司	位于仙新路乐金显示以西、恒飞路以南、兴友路以东、恒达路以北地块，新建1栋检验车间及2栋厂房，建筑面积约4.5万平方米，建成后年产LED路灯6万盏，LED投射灯25万盏，LED日光灯管15万只，LED球泡灯30万只的生产规模	1.7	2021年四季度
16	年产12120万只ZZSPouch型锂离子电池项目	乐金化学（南京）信息电子材料有限公司	恒谊路17、18号，在现有厂区的电池5厂、6厂新增ZZS Pouch型电池产线10条，对现有Pouch型电池产线进行升级改造，项目投产后，预计年产ZZS Pouch型电池12120万只	5.5	2021年四季度
17	江苏曼恩新材料科技有限公司新材料研发基地	江苏曼恩新材料科技有限公司	位于仙新东路以西一幢研发办公楼，三幢厂房，一条钢材开平线，预计项目投产2年后钢材出货量达到190万吨	3.1	2021年四季度
18	四方源物流科技产业园项目	南京四方源物流有限公司	项目位于三江路东侧地块，用地108381.07平方米，总建筑面积约19万平方米，建设物流仓库17.5万平方米。一期2栋楼已竣工	7	2021年四季度
19	中电熊猫产品小型化结构调整生产线技改	南京中电熊猫平板显示科技有限公司	购置关键生产工艺设备94台（套），利用现有厂房，对现有生产线及辅助设施进行改造，产能不变，以达到节约成本调整产能结构目的	5.26	2021年四季度
20	美药星年产100万件电子医疗器械项目	美药星（南京）制药有限公司	美药星公司年产100万件电子医疗器械项目位于兴和路以西、恒达路以南约4.97万平方米地块，总投资2000万美元，建设5栋厂房、2栋仓库及配套设施，总建筑面积59918.56平方米，主要生产新型电子医疗器械	1.3	2021年四季度
21	试剂研发及产业化项目	南京诺唯赞生物科技股份有限公司	租赁刀枪河路9号南京康士洁洗涤服务有限公司厂房，建筑面积8800平方米，新购相关生产、办公设备30台（套），项目建成后，主要用于分子诊断试剂等的研发中试；租赁润华路5号南京贝特思制衣有限公司厂房，建筑面积15000平方米，新购相关生产、办公设备70台（套），项目建成后，可形成年产普通科研试剂、高通量文库构建试剂等30000升的生产能力	1.3	2021年四季度
22	笔记本及平板液晶显示模组线体改造项目	乐金显示（南京）有限公司	利用恒飞路59号原有厂房，采用Panel投入－清洗－偏光板贴附－贴附Drive－IC－脱气泡－FOG检查－组装－Aging（老化）－最终检查－内包装工艺流程，通过购买老化机、自动检擦机、机器人、修理机等相关设备，对现有的笔记本及平板液晶显示模组线体进行升级改造，改善线体运行性能，提高线体智能化程度，以满足相关产品生产技术要求。产能不变，也无新增建筑面积	1.235	2021年四季度

□周　凌

中国（南京）智谷

参见“科技”类目“中国（南京）智谷”分目

入驻企业选介

◆乐金显示（南京）有限公司
乐金显示（南京）有限公司（以下简称LGD），是韩国LG Display株式会社（原LG.Philips LCD株式会社）在海外投资建厂的第一家生产法人。公司成立于2002年7月，注册资本4.07亿美元。LGD入驻南京经开区后，带动一批韩国、中国台湾地区和大陆地区的相关产品配套企业入区发展。LGD主要从事研究开发、生产液晶显示模组系列产品及相应的配套产品，并提供相关产品的售后服务，是全球较大的液晶显示模组生产工厂之一。主要产品有苹果PAD模组、车载显示模组、笔记本模组等。2021年，LGD生产光电子器件5975万只，实现主营业务收入227.1亿元，比上年增长7.7%；实现工业总产值227.7亿元，比上年增长0.9%。

◆南京华新有色金属有限公司
南京华新有色金属有限公司是1993年12月由中国台湾华新丽华股份有限公司控股的华贵国际有限公司与南京高科技股份有限公司、苏逸实业有限公司、江苏省电信公司、华新（中国）投资有限公司共同设立的合资企业（格力旗下公司）。经过增资、吸收合并，公司注册资本6.2亿元，投资总额8.1亿元，主要从事新型铜合金材料、电气化铁路架空导线及相关产品开发、生产、销售。公司主要生产以8毫米铜条及2.6毫米铜线为主要规格的铜线材产品，该产品是各类电线电缆及扁平线、极细线材的原材料。产品被广泛应用于漆包线、极细线、通信线、电力线、电子及计算机配线、电源用线、汽车用线、扁平线、电车线及电解铜箔原料等，年产能为40万吨。公司连续多年销售收入保持在100亿元以上，为江苏省百强企业。2021年，公司实现主营业务收入263.2亿元，比上年增长30.2%；工业总产值142.6亿元，比上年增长31.2%。

◆南京LG新港新技术有限公司
南京LG新港新技术有限公司（以下简称LG新港）1997年9月25日注册，1998年8月17日建成投产，是中韩合资企业，总投资5620万美元。LG新港由韩国LG电子株式会社与南京新港开发总公司、乐金电子（中国）有限公司、南京新港高科技股份有限公司共同投资兴建，专业生产电脑显示器和液晶电视。产品1999年4月通过ISO 9002认证，2000年5月通过ISO 14000认证。LG新港总占地面积16公顷，是LG显示器的全球生产基地和LG显示器研发中心，也是全球主要显示产品供应商。2021年，LG新港生产显示器811万台，笔记本80万台，产量比上年增长11.9%；实现工业总产值132.1亿元，比上年增长26.1%。

◆南京京东方显示技术有限公司
南京京东方显示技术有限公司于2016年入驻南京经开区，占地约78.26公顷，累计总投资291.5亿元。主要从事液晶面板的生产、销售等。公司作为行业内领先企业，获得多项荣誉称号。公司重视创新能力建设，着力研发98" 8K4K、5.5" in-cell、15.6"4K2K、13.3FHD、15.6FHD、5.0HD等新产品。2021年，公司实现主营业务收入83亿元，比上年增长39.7%；工业总产值88.2亿元，比上年增长75.3%。

◆爱尔集新能源（南京）有限公司 爱尔集新能源（南京）有限公司于2003年入驻南京经开区，累计投资15.8亿美元。主要从事偏光板和锂电子电池的生产、销售等。作为行业内领先企业，获得南京市循环经济示范企业等荣誉称号。2021年，公司生产锂电池16.4亿只，实现主营业务收入262.3亿元，比上年增长0.3%；工业总产值255.3亿元，比上年减少0.6%。

◆**喜星电子（南京）有限公司** 喜星电子（南京）有限公司于2002年入驻南京经开区，是韩国独资企业，注册资本3400万美元，累计投资9900万美元。公司主要从事TFT-LCD模组、显示器及其零部件、平板数字电视机及平板数字电视机零部件的研发、生产和销售。2021年，喜星电子（南京）有限公司实现主营业务收入225.4亿元，比上年增长10.2%；工业总产值225.4亿元，比上年增长10.2%。

南京天加环境科技有限公司获2021年度“保尔森可持续发展奖”

（南京经开区／供稿）

◆**邦基（南京）粮油有限公司** 邦基（南京）粮油有限公司成立于2006年，为邦基公司在华独资企业。公司致力于研发、加工和生产蛋白饲料豆粕，国标一级、四级大豆油，浓缩磷脂和大豆深加工过程中派生的相关产品和附属产品等，向长江流域众多的饲料加工企业和小包装生产商提供优质的产品与服务。2021年，邦基（南京）粮油有限公司实现主营业务收入48.9亿元，比上年增长42%；工业总产值45.6亿元，比上年增长41.1%。

◆**博西华电器（江苏）有限公司** 博西华电器（江苏）有限公司于2004年入驻南京经开区，注册资金6300万美元。公司主要从事开发、生产、销售家用电器和燃气具。2021年，公司实现主营业务收入60.1亿元，比上年增长15.4%；工业总产值58.5亿元，比上年增长15.7%。

◆**南京天加环境科技有限公司** 南京天加环境科技有限公司成立于1991年，是集研发、制造、销售、服务于一体的洁净环境及热能利用的专业化公司，是中国中央空调四大品牌商之一，是中国微电子行业、生物制药、医院、地铁最大的空气净化设备和中央空调设备供应商。2021年，公司实现主营业务收入24.1亿元，比上年增长17.2%；工业总产值23.6亿元，比上年增长6.5%。

◆**艾欧史密斯（中国）热水器有限公司** 艾欧史密斯（中国）热水器有限公司是美国A.O.史密斯公司1998年在南京经开区投资成立的独资公司，主要从事热水器、净水机、空气净化器等产品的生产、研发、销售等。作为行业内领先企业，先后获得省高新技术企业、省企业技术中心、国家级CNAS实验室等项认证以及江苏省著名商标等称号。2021年，公司实现主营业务收入52.5亿元，比上年增长16.7%；工业总产值52.3亿元，比上年增长15.7%。 □周 凌

南京仙林大学城

Nanjing Xianlin University Town

南京师范大学·图书馆

杨 轶/绘

责任编辑 张永芳

综　　述

◆**概况**　2021年，仙林大学城管委会围绕仙林大学城“促转型、提品质”和南京东部片区“拉框架、出形象”，各项工作取得新成效。8个市重大项目总投资135亿元，年度计划投资29.4亿元，当年完成投资32.56亿元。把握新城开发规律，统筹项目空间时序，在完善规划、攻坚前期的同时，坚持谋定后动、平衡运作，基础设施先行布局，逐步拉开南京东部片区建设框架。强化土地运作，完成2幅经营性用地和1幅科研用地的土地出让。践行“城建惠民”理念，不断挖掘空间资源、完善城市功能、提升环境面貌，让建设发展成果更多惠及群众。发挥大学城创新策源地的最大优势，实施资源整合、布局优化、生态提升，持续推动大学城向科技城转型。

◆**重大项目建设**　2021年，8个市重大项目总投资135亿元，年度计划投资29.4亿元，当年完成投资32.56亿元，超过年度投资计划11%。瑞声科技（南京）全球研发中心7月主体封顶，8月开始组织实施幕墙、钢结构及安装工程，至年底完成1号楼2层的幕墙干挂、地下室负一层安装。中国电子科技集团公司第二十八研究所仙林新所区建设项目完成投资4.5亿元，B、C地块62万立方米的土方外运任务全部完成，地下室底板结构完成约55%。完成地中海俱乐部（南京度假村）酒店及公寓粉刷、砌筑，机电管线及空调设备在安装中。德基文化艺术高端商业中心项目商业中心的12栋主体建筑全部封顶，二次结构地上部分基本完成，机电安装施工中；艺术中心地块继续办理省级公益林占补手续。东南青年汇一期6月竣工，9月运营。泰康（南京）国际医学中心主体结构全部封顶，砌体完成75%，停车楼完成四层结构。苏园·养老社区地下室施工完成100%，主体施工完成70%。省中医院紫东院区门诊全面建成，并于12月22日开诊。

◆**土地运作**　2021年，仙林大学城管委会完成2幅经营性用地和1幅科研用地土地出让工作。完成元化路以东、纬地路以南地块土地出让工作，成交出让金额为381000万元。地块编号No.2021G43，地块位置东至光启路，南至规划道路，西至元化路，北至纬地路。规划面积70029.37平方米，实际出让面积70029.37平方米，用地性质R2二类居住用地，容积率≤2.13，竞得方江苏兰华投资开发有限公司，成交日期5月22日。完成广志路以北、光启路以东基层社区中心地块土地出让工作，成交出让金额为2300万元。地块编号No.2021G60，地块位置南至广志路，西至光启路。规划面积5844.55平方米，实际出让面积5844.55平方米，用地性质Rc基层社区中心，容积率≤1.5，竞得方为南京仙林大学城科技园有限公司，成交日期6月24日。完成广志路以南、元化路以东地块土地出让工作，成交出让金额为1035万元。地块编号No.2021GY09，地块位置西至元化路，北临广志路。规划面积4590.53平方米，实际出让面积4590.53平方米，用地性质科教用地，容积率≤2.4，竞得方江苏东来信息产业集团有限公司，成交日期8月11日。

◆**泰康（南京）国际医学中心建成封顶**　11月16日，泰康（南京）国际医学中心主体结构全面封顶。该中心位于泰康仙林鼓楼医院西南侧，占地面积约9.53公顷，总建筑面积约18.2万平方米，总投资18亿元。该项目由泰康仙林鼓楼医院与美国西奈山医院共同合作，拟按照三级标准建设综合医院。

仙林新市区建设

◆**概况**　2021年，仙林大学城管委会把握新城开发规律，完善整合综合交通、市政专项、中央绿脉等各项规划，统筹道路、房建、景观等设计工作，深化孟北、东流地下空间详细规划，强化孟北路隧道等重点工程方案设计。加强基础设施建设，完善骨干路网。强化民生保障，加快推进医院、学校、保障房等民生项目建设。践行低碳城市、韧性城市理念，推进绿色低碳项目，建成投用区域首个“土方银行”。紧密结合开发建设需求，有序推进数字底座、数字应用等项目。获批土地出让金、配套费返还政策，取得东南基金返还和政府专项债，确保资金平衡，可持续发展。推进交通路网建设，优化公交线路，新建停车场和公共自行车点位，改善公共交通出行条件。建成区域首个爱国主义主题公园，开展水环境治理、绿化提升和市政设施维修补缺，提升环境面貌。举办首届南京大学生龙舟赛和2021南京仙林半程马拉松，与高校共建栖阅时光·仙林大学书房，地区人文氛围更加浓厚。

◆基础设施建设 2021年，仙林大学城管委会保障城市三环二期主线通车，建成灵山北路东西延、孟北路、七乡河西路等骨干道路标段，新增东西、南北向重要通道，实现与仙林、江苏园博园快速互通。加快建设捷运大道、龙王山大道等15条主次干道，拉开“三横四纵”路网框架。建设西岗公交场站和桦墅地铁站停车场，完成东流11条市政道路验收移交，协调公交线路优化调整。省中医院紫东院区门诊全面建成开诊。优化西岗幼儿园、龙王山小学方案设计，具备开工条件。交付完成30万平方米西岗保障房，推动60万平方米东流保障房全面开工。

◆数字城市建设 2021年，仙林大学城管委会有序推进数字底座、数字应用等项目。新建14个5G宏基站，实现新片区5G网络需求全覆盖。先行建成BIM系统，新片区被列为全市BIM报规和审图试点区域。建成智慧基建一期，初步实现在建项目、渣土管控利用的全流程可视化管理。启动CIM、智慧水务等平台建设，推进市政务云平台开放利用，推动数字治理和共建共享。

◆片区规划优化 2021年，对接新一轮国土空间规划，优化九乡河沿线用地布局，释放龙王山沿线约13公顷建设用地，将桦墅小镇26.67公顷住宅用地纳入城市开发边界，进一步拓展建设空间。盘活土地资源，完成仙林湖南侧商业用地、仙鹤片区大浦塘地块控规调整和龙王山社区中心图则调整。

◆市政配套建设 2021年，仙林大学城管委会打通元化路，成为仙林连通312国道的又一快速通道。建成鲤鱼山及大浦塘周边7条道路，保障住宅和酒店项目投用。加快推进仙鹤片区和仙林湖片区2所中学、2所幼儿园建设。启动二号湖人防停车设施和中心区C7高端商务地块建设，推进停车设施完善和地下互联互通。高标准策划2处社区中心，顺应群众多元化需求。协调公交公司新增345路公交线路，同步撤销B4路线接驳，调整优化公交站点，改善仙林湖居民出行条件。

◆环境景观建设 2021年，仙林大学城管委会建成区内首个以爱国主义为主题的邓廷桢文化公园。新建、改造7.7公里雨污水管道，实施230公里雨水管道养护，对衡阳泵站前池、新老十里长沟等重点设施，强化清淤保洁等综合举措，确保岸绿水清。完成灵山北路等道路大修及绿化建设，开展羊山公园等23处节点改造，构建仙林湖公园水下生态循环系统，保持地区窗口形象清新宜人。全方位开展“城市体检”，推进桥梁、路灯等市政设施维修补缺，实施10千伏杆线下地，保障市民安全出行。

◆控规及城市设计成果获批 1月16日，南京东部片区控规及城市设计成果获市政府批复，成为推动该片区规划建设的法定依据和重要指引。规划因应丘陵起伏、山水林田交相融合的自然特征，遵循“生态优先、绿色发展；科技引领、创新驱动；幸福宜居、功能混合；安全韧性、低碳节能”四大理念，提出“南京城市副中心、宁镇扬同城化发展的区域HUB、数字城市建设示范区、高质量创新发展先行区”的目标定位，充分发挥对整个南京东部地区乃至宁镇扬区域的带动作用，打造未来南京高质量发展的样板。在空间结构上，规划形成“一脉、一带、两心、五组团”的空间结构。一脉即中央绿脉，依托龙王山、晨山、妙山、长寿山等重要山体，形成Y字形延伸的绿脉；一带指中央活力带（CAZ），串联孟北中心、妙山周边活力地段、东流中心，是该区域最富活力的公共设施服务带；两心指孟北中心、东流中心；五组团分别为袁家边居住综合组团、东流商务综合组团、孟北商务综合组团、北部居住综合组团、锁石研发组团。

◆仙林半程马拉松 4月11日，2021南京仙林半程马拉松在羊山公园鸣枪开跑，全国各地的1.1万名跑友参赛。业余跑友吴冰荣获女子半程组冠军，1:15:08的成绩创造赛会新纪录。该届比赛被世界田联列为标牌赛事，跻身世界级赛事行列。

◆南京大学生龙舟赛 5月9日，2021首届南京大学生龙舟赛在仙林大学城羊山湖举行，南大、东南大学等12所高校的近300名在校大学生参赛。赛事由南京市委创新委员会办公室、南京市人力资源和社会保障局、共青团南京市委主办，南京市体育局、仙林大学城管委会、栖霞区政府承办。经过一天角逐，三江学院、江苏联合职业技术学院、南京信息职业技术学院分获此次龙舟大赛的前三名。南大、南京理工大学获“最佳组织奖”，南京航空航天大学、南京工业大学获得“最佳团队奖”，“最佳鼓手”“最佳舵手”分别由南师大和河海大学获得。

◆江苏省中医院紫东院区门诊开诊 12月22日，江苏省中医院紫东院区*门诊对外开诊。作为区内首个公立三甲医院，省中医院紫东院区项目总建筑面积约15万平方米，床位800张，重点打造名医堂中医高级诊疗、中西医结合肿瘤、危急重症、妇产生殖、网络医院等多学科联合（MDT）诊疗中心，与省中医院本部实行一体化、同质化的运营管理。

相关链接

江苏省中医院紫东院区

紫东院区一期占地面积约4.55公顷，设有本部国家区域（中医）诊疗中心建设项目5个，国家重大疑难疾病中西医协作牵头试点项目2个，国家临床重点专科6个，国家中医药管理局重点专科12个，江苏省重点专科20个，江苏省示范专科5个，设有内科：肾病科、脾胃病科、心血管科、血液科、呼吸科、肿瘤内科、脑病中心、内分泌科、儿科、放疗科等；外科：普外科、肿瘤外科、妇科、产科、生殖医学科、骨伤科（运动医学科）、泌尿外科、男科、乳腺外科、肛肠科、耳鼻喉科、眼科、皮肤科、整形外科、心胸外科等；中医传统诊疗中心：针灸康复科（含中医外治等）、推拿科；医技部：消化内镜科、放射科（介入医学科）、超声医学科、功能检查科、检验科、病理科、核医学科。

◆栖阅时光·仙林大学书房开放 12月31日，由仙林大学城管委会与栖霞区政府合作建设，栖霞区图书馆承建的全区第二家城市书房——栖阅时光·仙林大学书房开放。书房位于仙林萧宏石刻公园旁，面积200平方米，藏书6000余册，设有阅览座位40个。从外部看起来，书房庭院呈汉代建筑风格，回廊错落有致、古色古香，与萧宏石刻公园融为一体。整个书房呈“L”形，分别设有自助服务区、综合阅览区、智能互动体验展示区、多功能活动区、少儿阅览区等区域，在为市民提供“智能化”“一站式”阅读服务的同时，书房还能展示文创作品、非遗手工艺作品等，利用电子屏播放各种宣传视频，充分展示栖霞区、仙林大学城的特色风貌，促进校地文化交流。

科技创新及载体建设

◆概况 2021年，仙林大学城管委会发挥大学城创新策源地的最大优势，深入整合资源、优化布局、改善生态，推动大学城向科技城转型升级。通过强化政策引导和学科融合，支持高校不断创新，新增南大、南邮及中科院相关的2所国家重点实验室、2个国家级创新平台，区内国家级重点实验室有9个、省部级以上科研平台有199个，成为南京打造引领性国家创新型城市的重要力量。依托南大、南工职大2个国家级双创基地及一批市级以上科技园、众创空间和孵化器，环高校创新产业带成为高校科技成果溢出转化的重要承载区；以中电科28所、瑞声科技等龙头院所为支撑的技术创新体系加速形成；围绕数字经济、5G等前沿技术领域，南大校友智能制造和工业互联网研创园、东瑞产业园等多元化创新载体加速崛起。先后组建7家新型研发机构，孵化引进企业近200家；服务助力江苏省地理信息产业研究院入选2021年度南京市高水平培育名单。高企申报突破200家、通过认定95家，科技型中小企业评价入库590家。围绕校地协同、高企培育等，对82个项目兑现奖励资金。发挥桥梁作用，协同对接科技成果和企业需求240多项。加大知识产权工作力度，区内发明专利授权、PCT专利申请数同比分别增长47%、41.5%。深入实施紫金山英才计划，汇聚海内外高层次创业人才250多名，南京市科技顶尖专家和创新型企业家7名。

◆仙林科技城发展联盟第十次理事会 4月29日，仙林科技城发展联盟第十次理事会在仙林大学城召开。会上发布了2021年度科技创新奖励政策，主要包括加快科创载体高质量发展、培育壮大科创森林、加速推动技术交易、强化知识产权创造和运用、培育仙林文化品牌和完善科技创新服务机制6个方面内容。会上还发布134项仙林地区高校院所科技成果，108项区内科技企业技术需求，涉及11个产业领域，进一步推动高校院所科技成果就地转化。南邮和中国电科28所的专家学者，围绕如何服务地区发展、全力推进数字城市建设作了主旨发言；数字产业联盟微信公众号正式上线；举行科技攻关“揭榜挂帅”聘任仪式；6所高校图书馆负责人共同启动“栖阅时光·仙林大学印象书房”。

◆高校开放日活动 6月11日、12日，为迎接“2021南京创新周”，仙林大学城管委会科教服务处联合栖霞区科协、团区委，举办“活力仙林逐梦之旅”仙林大学城高校开放日科普专场活动。11日下午，30名栖霞中学高一学生参加天文与空间科学学院科普专场活动，走进左涤江天文台，探索宇宙之美。12日上午，25名南京市金陵小学的四年级学生参加南大化学化工学院科普专场活动，走进化学化工学院基础实验楼，动手做实验，感受化学的无穷意义。

◆东南青年汇广场（仙林）开业 9月19日，历时2年建成的东南青年汇广场（仙林）租赁住房项目正式开业运营。项目位于仙林大学城中心区，紧邻地铁2号线仙林中心站和学则路站，地理位置优越。项目总建筑面积9.4万平方米，其中，租赁公寓3.82万平方米，提供租赁公寓743套，办公面积1.58万平方米，商业面积0.94万平方米，是一个集中式“居住+办公+社交”的全新平台。 □常晓敏

进驻院校

·南京大学·

◆概况 2021年，南大有33个院系，本科生13350人、硕士研究生17201人、博士研究生8385人、留学生1117人。现有一级学科国家重点学科8个、二级学科国家重点学科13个、“双一流”建设学科16个、江苏高校优势学科建设工程三期项目立项学科19个、江苏省一级学科重点学科18个、本科专业88个、博士学位授权一级学科点42个、博士学位授权二级学科点（不含一级学科覆盖点）1个、专业博士学位授权点5个、硕士学位授权一级学科点4个、专业硕士学位授权点28个、博士后流动站38个、国家基础学科人才培养基地12个、国家生命科学与技术人才培养基地1个、基础学科拔尖学生培养基地14个。有国家实验室（筹）1个、国家重点实验室7个、国家工程技术研究中心1个、国家科技资源共享服务平台1个、国家应用数学中心1个、国家发展改革委国家地方联合工程研究中心1个、国家野外科学观测研究站

1个、教育部前沿科学中心1个、教育部重点实验室9个、教育部高校国际合作联合实验室1个、教育部野外科学观测研究站1个、教育部工程研究中心3个、环境保护部工程技术研究中心1个、江苏省重点实验室10个、江苏省工程研究中心（工程实验室）12个、科工局重点学科实验室1个、国家测绘地理信息局重点实验室1个、国家级2011协同创新中心2个、江苏高校协同创新中心5个、教育部人文社会科学重点研究基地4个、国家高端智库建设培育单位1个、江苏省重点高端智库3个。是年，南大有中国科学院院士28人，中国工程院院士5人，国家级领军人才327人，国家级青年人才347人，国家科技重大专项、“973计划”“863计划”、国家重点研发计划等重大项目首席科学家103人，国务院学位委员会学科评议组成员22人，国家级教学名师11人。10月15日，第三届教学大师奖、杰出教学奖和创新创业英才奖颁奖典礼举行，南大外国语学院人文社会科学资深教授王守仁获杰出教学奖。11月18日，南大常务副校长、大气科学学院教授谈哲敏当选为中国科学院地学部院士，物理学院教授马余强当选为中国科学院数学物理学部院士。此外，南大校友张平、宋保亮、朱敏当选中国科学院院士，校友杨为民当选中国工程院院士，校友鲍哲南当选为中国科学院外籍院士。

◆李克强考察　3月26日，中共中央政治局常委、国务院总理李克强在国务委员兼国务院秘书长肖捷、教育部部长陈宝生、中共江苏省委书记娄勤俭、江苏省省长吴政隆等陪同下，考察南大仙林校区。李克强了解基础研究情况，查看研究成果转化应用，鼓励科研人员加强跨领域协作，推动融合创新。李克强十分关心毕业生就业，专门听取学校汇报，与学生们交流。

◆南大团队在《自然》发文　9月15日，物理学院教授王雷课题组的科研成果“探索转角过渡金属硫化物中量子相变的临界行为”在线发表在《自然》（*Nature*）上。9月29日，物理学院教授刘晓峻和程营课题组的科研成果以“非厄米拓扑耳语回廊（Non-Hermitian topological whispering gallery）”为题，在线发表在《自然》（*Nature*）上。

◆第七届中国国际“互联网+”大学生创新创业赛获佳绩　10月12—15日，第七届中国国际“互联网+”大学生创新创业大赛全国总决赛在南昌大学举行。南大参赛团队获两项金奖、五项银奖和三项铜奖。其中“大山里的孩子在编程”“基于宽禁带半导体光电器件的光谱法快速水质分析监测技术与产品”分别获金奖；“仙启：通用智能决策系统”“医如反掌——基于射频成像技术的移动超声设备的研发及产业化”“体外鹰眼——IVD原料开发GO”“OpenCat机器人”“鹰视星视频目标结构化与定位系统”分别获银奖；“极讯——基于移动平台的光量子链路”“体内梦工厂——自组装系统驱动的个性化靶向小核酸药物”“AI+韧性防灾减灾智慧型城市综合洪涝灾害风险管理方案”分别获铜奖。　□王　雷

·南京师范大学·

◆概况　2021年，南师大拥有仙林、随园、紫金三个校区，设有二级学院28个、独立学院2个，在校普通本科生18369人，在校研究生13701人（其中博士研究生1654人、硕士研究生12047人），成人高等学历教育在籍生10795人。拥有全国重点马克思主义学院、国家地方联合工程研究中心、教育部人文社会科学重点研究基地、教育部重点实验室、公安部重点实验室等各1个。有本科招生专业（类）49个、国家级一流本科专业建设点29个、博士学位授权一级学科25个、硕士学位授权一级学科40个、博士后科研流动站22个。拥有世界一流大学、一流学科“双一流”建设学科1个、国家重点学科6个、国家重点（培育）学科3个，ESI全球前1%学科10个，江苏高校优势学科14个。有在职教职工3276人，专任教师2149人，专任教师中，正高级职称658人、副高级职称747人；国家级有突出贡献专家9人，教育部创

新团队1个、教育部重大人才工程入选者12人，国家重大人才计划A类特聘专家3人、青年人才4人，国家重大人才计划B类领军人才6人、青年拔尖人才4人，国家杰出青年科学基金获得者6人，国家优秀青年科学基金获得者12人，国家级教学名师4人，国务院学科评议组成员5人，教育部高校教学指导委员会委员30人，教育部“新世纪优秀人才支持计划”人选15人，科技部创新人才推进计划领军人才3人，中国科学院“百人计划”人选2人，全国高校辅导员年度人物1人，国家级教学团队4个，首批“全国高校黄大年式教师团队”1个。

是年，南师大获批“教育部人工智能助推教师队伍建设试点高校”，为江苏省唯一入选的试点高校；入选江苏高水平大学建设高峰计划A类建设高校。南瑞电气与自动化学院被评为国家级首批现代产业学院；入选国家级一流本科专业建设点13个，获教育部首批新文科研究与改革实践项目3个，有基础学科拔尖学生培养基地1个，有2部教材被选做“马克思主义工程”重点教材；2名教师获第二届全国高校思想政治理论课教学展示二等奖，1名辅导员获评江苏省高校辅导员年度人物；南师大入选江苏省课程思政示范高校；1名研究生入选第二批全国高校“百名研究生党员标兵”创建名单，获“挑战杯”红色专项赛全国特等奖1项；获评江苏省研究生教育综合评价A等。获省教学成果奖特等奖3项、一等奖2项、二等奖3项；出台教师教育创新示范区实施方案，加快教师教育创新示范区建设；师范专业完成第二级认证进校考查5个。首次在教师职称评审中试行代表作制度，新增国家重大人才计划领军人才1人、青年学者2人，国家优秀青年基金获得者4人，江苏特聘教授4人，教育部高校思政课教学指导委员会委员2人；入选省“青蓝工程”优秀教学团队培养对象1个、中青年学术带头人3人、优秀青年骨干教师5人。获批教育部重大项目1项，国家社科基金36项；获批国家社科基金重大项目7项。获第六届全国教育科学规划优秀成果奖7项；入选《国家哲学社会科学成果文库》科研成果2项；入选“首批向全国推荐经典古籍及其整理版本”书目著作5部。获批国家重点研发计划项目3项、国家自然科学基金121项；协同创新中心成果4个均入选《江苏高校协同创新中心二期建设重大创新成果汇编》；获首届江苏省科技创新发展奖先进个人1人；获全国地理信息科技进步奖特等奖1项。地理信息科学专业成功入选省“十四五”国际化人才培养品牌专业首批立项建设重点项目；获批教育部“高层次国际化人才培养创新实践项目高校”；参与发起成立苏港澳高校合作联盟，担任首届副理事长单位和常设秘书处单位。新增昆士兰科技大学孔子学院1所、德国汉华中文学校孔子课堂1所；获批2021年度高端外国专家引进计划2项、外国青年人才计划2项、科技部国际联合研究中心1个；获评江苏省来华留学生教育先进集体。新建5所附属学校。体育科学学院被评为2017—2020年度全国群众体育先进单位；学报影响因子持续提高，学报自然科学版首次获2020年度中国高校百佳科技期刊称号。

是年，南师大启动120周年校庆活动。其间，与中国科学院紫金山天文台签署战略合作协议，编号216446号小行星被命名为“南师大星”。

◆**教科研学科建设新突破** 2021年，在首届全国教材建设奖评选活动中，南师大教师主编的教材获特等奖1项、一等奖3项、二等奖12项。中央电视台《国家记忆》栏目播出纪录片《统编教材》，集中报道南师大教授鲁洁主编的《道德与法治》教材编写情况，该教材获全国优秀教材特等奖，每年有一亿多中小学生使用。南师大社会科学总论、计算机科学首次进入ESI全球前1%，连续7年新增ESI前1%学科，累计共有10个学科进入ESI全球前1%，数量位居全国高校并列第38位，江苏高校并列第五，全国师范大学第三。化学科学学院教授韩维课题组在细胞色素P-450（Cytochrome P-450）单加氧酶仿生催化氧化领域取得突破性进展，在《科学》

（*Science*）上发表题为“铁催化芳碳-氢的羟基化反应”的论文。

◆**王成斌任南师大党委书记** 11月22日，南师大在仙林校区召开全校干部大会，宣布中共江苏省委关于学校党委书记调整的决定。江苏省副省长马欣等出席会议。中共江苏省委组织部副部长洪浩宣读省委决定：王成斌任南京师范大学党委委员、常委、书记，免去胡敏强南京师范大学党委书记、常委、委员职务。

◆**发起成立苏港澳高校合作联盟** 12月16日，苏港澳高校合作联盟成立大会以视频连线方式，在南京和香港同步举行。中共江苏省委书记吴政隆出席主会场大会并致辞，香港特区行政长官林郑月娥在分会场致辞，教育部部长怀进鹏以视频形式致辞，江苏省委副书记、代省长许昆林出席大会。澳门特区行政长官贺一诚委托特区政府社会文化司司长欧阳瑜以视频形式致辞。学校参与发起成立苏港澳高校合作联盟，校长陈国祥、副校长程天君应邀作为联盟首届副理事长单位和常设秘书处单位领导代表出席会议。

□殷志伟

12月16日，苏港澳高校合作联盟成立大会举行（南师大/供稿）

·南京财经大学·

◆**概况** 2021年，南财拥有仙林、福建路和桥头3个校区，占地面积120.7万平方米，总建筑面积71.36万平方米，设有教学机构23个。有普通本科在校学生16067人，在校硕士研究生3730人，博士生63人。是年，录取博士研究生18人，硕士研究生1546人，本科生4311人。南财连续12年获评江苏省研究生优秀招生单位。南财获批审核增列且需要加强建设的博士学位授予单位和应用经济学一级学科授权点，入选江苏省高水平大学建设高峰计划建设B类建设高校。新增一级学科硕士学位授权点1个、硕士专业学位授权点2个。工程科学学科首次进入ESI国际学科排名全球前1%。新增国家级一流专业建设点5个，新增省级一流专业建设点17个。8月，南财“粮食流通与安全国际合作联合实验室”入选“十四五”首批高校国际合作联合实验室建设项目立项名单，这是南财首个获批立项的省级国际合作联合实验室。获评江苏省高校课程思政示范专业1个，30门课程获首批省级一流本科课程认定，2门本科课程获批江苏省高校课程思政示范课程，2门获批全省高校“信仰公开课”省级示范课课程。5部教材获评首批省级优秀培育教材，8部教材立项为省级重点教材。1项课题获评教育部新文科研究与改革实践项目，1项课题获批省级新文科研究与改革实践重点培育项目，获批江苏省高等教育教改研究立项课题9项。获评江苏省教学成果特等奖1项、一等奖2项、二等奖1项，高等次获奖数量创历史新高。获首届全国高校教师教学创新大赛二等奖1项，获首届江苏省高校教师教学创新大赛特等奖1项。获评省级团队优秀毕业论文（设计）3项，获评江苏省优秀硕士学位论文6篇。获批江苏省研究生科研与实践创新计划项目164项，获批江苏省学术创新论坛1项、江苏省研究生科研创新实践大赛1项，新增江苏省优秀研究生工作站1个。入选全国百篇优秀管理案例1篇，入选中国专业学位教学案例中心案例3篇，入选全国应用统计专业学位教育教学案例库案例1篇，入选中国金融专业学位案例中心案例1篇，入选中国管理案例共享中心案例2篇。获第八届全国管理案例精英赛华东赛区亚军和季军各1项。获第五届全国MPA管理案例大赛二等奖1项、三等奖2项。在第20届中国大学生田径锦标赛中，获金牌1枚、银牌1枚。在全国第六届大学生艺术展演中，原创学生作品获艺术表演类一等奖及优秀创作奖3项、艺术实践工作坊一等奖1项，获高校美育改革创新优秀案例一等奖1项、艺术表演类二等奖1项。

是年，南财获批国家自然科学基金41项、国家社科基金31项，获国家重点研发计划项目1项。获教育部人文社科基金项目10项、江苏省社科基金项目20项、江苏省科技厅各类科技项目20项、江苏省高校哲学社会科学研究重大项目2项，获江苏省科学技术奖二等奖1项、教育部第六届全国教育科学研究优秀成果奖三等奖1项、财政部第七次全国优秀财政理论研究成果奖一等奖1项。获江苏省高等学校哲学社会科学研究成果奖12项、江苏省高等学校科学技术研究成果奖二等奖1项、江苏省社科联精品工程优秀成果奖4项。

是年，南财获国家级人才称号4人、江苏省“333高层次人才培养计划”第一层次培养对象1人。全职引进高水平人才31人，弹性聘用高水平师资1人、师资博士后2人。持续实施“青年学者支持计划”，新增入选48人次。获批省高校优秀科技创新团队1个。入选江苏高校“青蓝工程”培养对象8人，获批江苏省双创计划“双创博士”27人，获批南京市留学人员科技创新项目择优资助4人，获批江苏省博士后科研资助计划项目1人。

◆南财—省演艺集团战略合作签约 6月11日，南财与江苏省演艺集团战略合作签约仪式在仙林校区举行。江苏省演艺集团党委书记、董事长郑泽云，南财党委书记张利民等先后讲话。其间，与会领导和嘉宾一同观看江苏省演艺集团和南财宣传片。江苏省演艺集团总经理柯军和南财校长程永波代表双方在“南京财经大学、江苏省演艺集团战略合作协议”上签字。签约仪式结束后，与会人员一同参观南财校史馆、数码摄像实验室和美术馆，并观看党史学习教育专题情景剧《一代楷模周恩来》。

◆校地共建合作新平台 9月24日下午，南财与栖霞区委统战部联合举行南财栖霞区总商会大学生实践就业基地揭牌仪式。南财党委常委、统战部部长吕戎，栖霞区委常委、区委统战部部长章晶共同为实践就业基地揭牌。吕戎及栖霞区工商联党组负责人先后讲话。管理科学与工程学院、营销与物流管理学院负责人分别为4家大学生实习就业基地授牌。

◆第三届“南非中文日”活动 9月17日，由中国驻南非大使馆主办、南财中国文化和国际教育交流中心孔子课堂承办的“南非中文日”庆典暨南非汉语教学成果展演在线举行，南非汉语教育界人士共聚云端。中国驻南非大使陈晓东、南非基础教育部部长莫采卡、南财校长程永波为活动致贺词，中国驻南非大使馆教育参赞李旭东做工作总结。南非六所孔子学院、两所孔子课堂、两个华文教育机构在线展示近两年汉语教育在南非所取得的成绩。

◆师生篆刻展暨篆刻传承基地揭牌 10月15日，“金石永年 艺心向党”献礼建党百年师生篆刻展暨全国高校中华优秀传统文化篆刻传承基地揭牌仪式，在南财仙林校区举行。江苏省社科联党组书记、常务副主席张新科，仙林大学城管委会主任袁传军，江苏省书法家协会原主席尉天池，南财党委书记张利民等参加活动。揭牌仪式由南财党委常委、副校长时现主持。张利民、张新科等先后发言。张利民、张新科、袁传军、尉天池等共同为全国高校中华优秀传统文化篆刻传承基地揭牌。

□叶玲慧

·南京中医药大学·

◆**概况** 2021年，南中医拥有南京市仙林、汉中门和泰州市3个校区，在校生2万余人，本科专业33个，涉及医、管、理、工、经、文学科门类6个。有“双一流”（世界一流大学、一流学科）建设学科1个，国家重点学科3个，国家重点（培育）学科2个，江苏省高校优势学科4个，江苏省品牌专业3个，江苏省重点学科10个，国家中医药管理局中医药重点学科33个，中医学、中药学、中西医结合、护理学、人文医学一级学科5个及中医专业学位博士学位授权点1个，一级学科硕士学位授予点15个及专业硕士学位授权点5个，博士后科研流动站3个，国家级一流本科专业建设点9个，省级一流本科专业建设点14个，入选教育部课程思政示范项目课程2门、江苏省高校课程思政建设示范课程4门。是年，入选江苏高水平大学建设高峰计划A类建设高校。南中医设有中医学院·中西医结合学院、药学院等教学机构，与中国科学院上海药物研究所全面合作，共建“新中药学院”（中药学“4+5”本博连读9年制）。拥有附属医院（江苏省中医院等直属附属医院6个、非直属附属医院29个、中西医结合临床医学院4个和附属药业3所，各类教学及毕业实习基地逾百处（所）。

南中医拥有国医大师6人，“长江学者”特聘教授4人，国家杰出青年科学基金获得者6人，国务院学科评议组成员3人，中医药传承与创新“百千万”人才工程岐黄学者5人，国务院政府特殊津贴获得者54人，国家有突出贡献中青年专家2人，国家教学名师和中医药高等学校教学名师5人，何梁何利基金科学与技术创新奖获得者1人，全国名中医4人，中国中医科学院学部委员3人。教授段金廒当选国际欧亚科学院院士，教授胡刚当选中国药理学会副理事长。康缘中药学院院长、杰出校友肖伟当选中国工程院医药卫生学部院士。

是年，南中医与意大利罗马大学签署科研与教育合作协议。南中医整合医学学院胡刚团队在国际著名期刊发表论文2篇。南中医教授入选爱思唯尔（Elsevier）2020年中国高被引学者榜单8人。《南京中医药大学学报（社会科学版）》入选《科学引文数据库》来源期刊。药理学与毒理学、临床医学、化学、生物学与生物化学进入ESI全球排名前1%。教授张建斌主持制定的《针灸门诊基本服务规范》由国家市场监督管理总局（国家标准化管理委员会）批准发布实施。国家教材委员会《关于首届全国教材建设奖奖励的决定》文件公布，中医学部获“全国教材建设先进集体”称号，教授吴勉华任第二主编的《中医内科学（新世纪第四版）》获特等奖，教授唐德才任第一主编的《中药学（第3版）》和教授吴承玉任第二主编的《中医诊断学（第3版）》获二等奖。南中医“农民健康百村工程”入选高校思想政治工作精品项目。

◆**在校学生获奖项** 5月15—16日，由教育部主办的第十届中国

5月16日，南中医获第十届中国大学生医学技术技能大赛总决赛护理学赛道金奖

（南中医／供稿）

大学生医学技术技能大赛总决赛在天津举行。参加护理学专业、中医学专业赛道的两支代表队获金牌1枚、铜牌1枚。其中，护理学团队获全国总冠军。8月，教育部办公厅印发《关于公布第二批全国高校“百个研究生样板党支部”和“百名研究生党员标兵”创建名单的通知》，针灸推拿学院·养生康复学院博士研究生徐天成，获创建全国高校“百名研究生党员标兵”称号。

◆**人才培养项目会商协作机制会议** 10月22日，民政部和江苏省政府召开加强养老服务高层次专业化人才培养项目会商协作机制第一次会议，研究推进南中医养老服务与管理学院建设。民政部副部长高晓兵、省政府副省长惠建林出席会议并讲话，省政协副主席、校长胡刚介绍养老服务与管理学院筹建情况，省民政厅厅长吕德明介绍加强养老服务高层次专业化人才培养项目合作协商情况。高晓兵一行会后实地察看学校养老服务与管理学院有关教学、管理场地设施和国家级护理实验教学示范中心，与养老服务与管理学院有关专业师生代表交流。

◆**高校马克思主义学院院长论坛** 12月18日，全国高校马克思主义学院院长论坛在南京举办。论坛采取线上线下相结合的形式，以“马克思主义基本原理与中华优秀传统文化”为主题，研讨马克思主义学院发展与马克思主义理论学科建设。论坛由南中医马克思主义学院·医学人文学院主办，南中医党委书记程纯等出席论坛，全国近30余所高校的马克思主义学院院长，学校马克思主义学院·医学人文学院师生代表120余人参加论坛。 □南中医档案馆

·南京邮电大学·

◆**概况** 2021年，南邮在南京市有仙林、三牌楼、锁金村、江宁校区4个，院（部、中心）29个，在扬州市还办有独立学院——南京邮电大学通达学院，是国家“双一流”（世界一流大学、世界一流学科）建设高校和江苏高水平大学高峰计划A类建设高校。南邮设有博士后流动站3个，一级学科博士学位授权点8个，博士专业学位授权点（类别）1个；一级学科硕士学位授权点23个，硕士专业学位授权点（类别）12个；本科专业59个。有国家重点学科（培育点）1个，国家一流专业22个，国家特色专业建设点7个，国家专业综合改革试点项目1个，通过国家工程教育专业认证专业9个，国家级卓越计划专业8个，4个学科进入ESI学科排名全球前4‰。作为主要协同单位入选国家“2011协同创新中心”2个，作为牵头单位入选省“2011计划”协同创新中心2个。是年，有各类在籍生3万余人，教职工2700余人，其中博士生、硕士生导师1086人。有两院院士（含双聘等）9人，国家“优秀青年科学基金获得者”9人，中科院“百人计划”1人，国家教学名师1人，全国优秀教师1人，享受政府特殊津贴48人，国家级有突出贡献的中青年专家4人，教育部“新世纪优秀人才支持计划”10人，国外院士6人，IEEE Fellow10人。有国家重点领域创新团队1个，教育部“长江学者和创新团队发展计划”创新团队1个，教育部“全国高校黄大年式教师团队”1个。有国家重点实验室1个，国家地方联合工程研究中心1个，国家地方联合工程实验室1个，省、部共建教育部重点实验室1个，教育部工程研究中心2个；国家级实验教学示范中心2个，国家级虚拟仿真实验教学中心3个，国家级虚拟仿真实验教学项目4个，国家级工程实践教育中心1个，国家级校外实践教育基地1个，国家级高校学生科技创业实习基地1个；原信息产业部重点实验室11个；建成国家大学科技园1个，国家技术转移示范机构1个，全国科普教育基地1个，国家众创空间3个；与地方政府共建校地研究院和技术转移分中心8个，与企业共建校企创新平台24个；图书馆拥有纸质文献藏书量260余万册。

是年，南邮获批国家自然科学基金重大研究计划重点支持项目、国家重点研发计划课题等国家级重大重点科研项目14项，其中牵头6项。获得各级各类自然

科学科研奖项27项，在自然科学A类高质量学术成果目录所列期刊/会议上以第一单位发表高质量期刊论文668篇，其中*Nature*, *Science*及其子刊发表论文12篇。教师入选科睿唯安2021年度“全球高被引科学家”名单2人，教师入选爱思唯尔2020“中国高被引学者”名单7人。在校留学生规模700余人，有学生海外交流项目70余项，与美国波特兰州立大学合作成立中外合作办学机构——南京邮电大学波特兰学院。

是年，南邮入选江苏高水平大学建设领导小组办公室公布的江苏高水平大学建设高峰计划A类建设高校名单，获地方普通高校综合考核第一等次，被江苏省委、江苏省政府表彰。自动化学院、人工智能学院教师赵勃获2021年全国五一劳动奖章。

◆国家重点实验室批准建设 2月22日，科学技术部印发文件，批准建设南京邮电大学省、部共建有机电子与信息显示国家重点实验室，学校科技创新平台建设取得历史性突破。该项目旨在紧密围绕新一代信息技术发展对新原理、新材料、新器件的重大创新需求，在有机电子与信息显示领域开展原创性基础和应用基础研究，着力解决重大前沿科学难题、突破共性关键技术瓶颈，打造有机电子领域国际一流的科技创新中心、人才培养高地和产业引领阵地，为国家和江苏省创新驱动发展战略提供智力支持。

◆高校学科竞赛排行居省第一 2月22日，中国高等教育学会公布2021年全国普通高校学科竞赛排行榜，学校位列全国第26名，江苏高校第一名。是年，在校生获中国高教学会认可的学科竞赛奖102项。其中，第七届中国国际“互联网+”大学生创新创业大赛斩获四项国赛金奖，主赛道获金奖总数位居全省第一，并列全国第六，南邮获主赛道高校集体奖（全国仅20所高校）；全国大学生电子设计竞赛获国家级一等奖、二等奖各10项，国家级一等奖获奖数量列全国参赛高校第二名、江苏参赛高校第一名。

◆新增博士学位授权点 10月26日，国务院学位委员会发布相关学位授权点名单，南邮新增数学、物理学、控制科学与工程、网络空间安全和集成电路科学与工程一级学科博士学位授权点5个和电子信息博士专业学位授权点1个。集成电路科学与工程是国家新设置的两个交叉学科之一，学校成为首批获批的18所高校之一。

□冯晓虹

·南京森林警察学院·

◆概况 2021年，南京森林警察学院占地总面积75.47公顷，有仙林、花园路两个校区，总建筑面积20余万平方米。学院设有公安管理学、治安学等本科专业8个，全日制在校生6098人。全年举办各类培训（会议）15期，培训服务学员1000余人。南京森林警察学院现有教职工440人，专任教师309人，其中高级职称教师199人，博士、硕士学位355人。学院有享受国务院政府特殊津贴的专家2人、享受部级津贴1人、国家级教学名师1人、教育部高等学校教学指导委员会委员3人、省（部）级教学名师4人、全国公安教育系统优秀教师9人、江苏省优秀教师1人、江苏省“333工程”第三层次培养对象8人、江苏省“青蓝工程”中青年学术带头人8人、江苏省“青蓝工程”优秀青年骨干教师28人、江苏省“六大人才高峰”高层次人才2人。在教学团队建设方面，学院有江苏省“青蓝工程”优秀教学团队3个、江苏省高等学校优秀教学团队1个、江苏省高等学校优秀科技创新团队3个、江苏高校哲学社会科学优秀创新团队1个。

是年，南京森林警察学院发表各类学术性论文（含报刊）190篇，获批专利52件，获批各类项目65项，获得国家自然科学基金项目等一批有影响的项目。聚焦相关大平台，做好食品药品犯罪研究中心工作；与海关总署缉私局联合设立海关缉私警务研究中心；成立企业犯罪防控与刑事合规研究中心。“无人机警务应用与安全管理”获批立项。公安情报学、警务指挥与战术、刑事科学技术3个专业获批国家级一流本科专业建设点、江苏省一流专业建设点，侦查学、公安管理学专业获批为江苏省一流本科专业建设点。获批“食品药品环境犯罪侦查技术专业”，成为全国首个专门培养食药环执法后备人才的本科专业。

组织青年学生完成各类安保和协勤工作，完成2021年国家公祭仪式、江苏省教育考试院学业测评和高考评卷协勤、“2021南京仙林半程马拉松”志愿服务和协勤等任务，出勤7000余人次。与宁波市公安局、镇江市公安局签订相关合作协议，进一步推动学院与公安部七局、十一局以及长江航运公安局、中国刑事警察学院等多家单位的合作交流，并初步达成合作意向。受理并完成各类案件的鉴定委托2340余起，提升学院美誉度和影响力。

◆学生获奖情况 2021年，南京森林警察学院组织学生参加“挑战杯”等科研创新活动，获第十七届“挑战杯”江苏省大学生课外学术科技作品竞赛三个类别分赛事11个奖项，其中主体赛二等奖2项、三等奖4项，红色专项活动三等奖1项，“黑科技”专项赛二等奖1项、三等奖3项；获第三届“智警杯”全国公安院校大学生大数据技能竞赛线下总决赛一等奖4项；获第十二届中国大学生服务外包创新创业大赛全国二等奖1项、三等奖1项，两个项目获东部赛区一等奖1项、二等奖1项，同时获最佳网络人气奖；获第七届江苏省“互联网+”大赛二等奖2项、三等奖7项。

◆建党百年庆祝活动 7月1日早晨，南京森林警察学院举行庆祝中国共产党成立100周年升警旗重温入警誓词活动，学院党委书记王邱文、院长张高文等出席，学院全体人民警察及在校学生参加。7月1日下午，南京森林警察学院庆祝中国共产党成立100周年大会召开。学院党政领导、全体师生党员、离退休党总支党支部委员及“光荣在党50年”纪念章获得者出席会议。大会向党龄达到50周年的老党员颁发“光荣在党50年”纪念章，表彰先进基层党组织、优秀共产党员和优秀党务工作者。

◆外警培训短期项目精品课程大赛 5月10—12日，由公安部国际合作局主办、南京森林警察学院承办的首届外警培训短期项目精品课程大赛在学院举办。学院党委副书记、院长张高文，公安部国际合作局海外利益保护处、公安部反恐怖局、公安部禁毒局等单位领导，以及26家外警培训承办单位相关负责人出席开幕式。经角逐，“构建普遍安全的人类命运共同体概述”等6门通识课，“要人警卫”等10门专业课被评为首批外警培训短期项目精品课程，相应课程主讲教官被评为首批“外警培训教官”。赛后组织召开外警培训课程建设座谈会。大赛评委和参赛单位、观摩单位人员出席，9位评审专家细致点评，巩固大赛成果，指导外警培训课程建设。

◆海关缉私警务研究中心揭牌暨建设发展研讨 6月10日，公安部十四局与南京森林警察学院联

6月10日，“海关缉私警务研究中心”揭牌仪式暨建设发展研讨会举行
（南京森林警察学院／供稿）

合成立的海关缉私警务研究中心揭牌仪式暨建设发展研讨会在学院举行。十四局党组成员、副局长兼政治部主任李云龙，南京海关缉私局党组成员、副局长奚强，学院党委副书记、院长张高文共同出席揭牌仪式。李云龙与张高文共同为海关缉私警务研究中心揭牌。与会人员围绕“海关缉私警务研究中心”局校共建运行机制、专家人才库建设、面向海关缉私部门就业方向的人才培养方案以及开设“缉私警务研究”论坛等议题进行交流。会后，与会人员实地考察治安学院的智警学堂、侦查审讯俱乐部等机构和设施。

□朱清怡

·南京理工大学紫金学院·

◆**概况** 2021年，紫金学院占地40.87公顷，教学生活用房近30万平方米。学院设有智能制造学院、电子工程与光电技术学院、计算机学院、商学院、人文与社会科学学院5个二级学院，28个本科专业，在校生万余人。电气工程及其自动化专业获批省一流本科专业建设点。录用新教师70人，其中博士3人、副教授7人、高级工程师3人。紫金学院开展高级专业技术资格评审，取得副教授资格13人，取得副研究员资格1人。学院入选2021年省青蓝工程优秀青年骨干教师培养对象2人、“聚智高端人才计划”23人。录取普通本科新生2721人，“专转本”951人，“3+4”转换生48人。毕业生累计毕业率88.03%，考研升学率11%。完成体育馆二次装修工程及相关备案手续、国际交流中心与实训楼建设实施，基础实验楼与培训楼进入施工图设计阶段，完成校园燃气与电力地下管线整改、门禁系统和公安局苏康码系统对接等民生工程。学院获教育部产学合作协作育人项目2项，江苏省知识产权局软科学研究计划项目和江苏教育厅未来网络研究项目各1项，江苏省自然科学面上项目4项。在江苏省哲学社会科学成果奖项评比中，获二等奖5项。获江苏省教师教学创新大赛一等奖1项，江苏省高校微课教学比赛二等奖1项、三等奖2项。省级及以上刊物发表论文253篇，其中英文论文27篇、英文会议论文2篇；申报发明专利7件、实用新型专利40项、外观设计10项，紫金学院被仙林大学城管委会授予“科研创新奖”。设有科研用途实验室8个、研究中心4个，新建校外实习基地33个。紫金学院被确定为科技部国家制造业信息化培训中心产教融合试点示范基地、江苏省外包人才培养试点高校、江苏省产业人才培训基地。

◆**学术、科技竞赛奖项** 2021年，紫金学院在读学生在各级学术、科技竞赛中频频获奖，参加全国、省级及以上各类竞赛73项，211人次获奖。

2021年紫金学院获国家级奖项情况表

表10

序号	获奖项目	级别	获奖数量	
			个人	团队
1	第十六届东风日产杯清华IE亮剑全国工业工程应用案例大赛	全国	—	三等奖1项
2	第十四届“高教杯”全国大学生先进成图技术与产品信息建模创新大赛	全国	二等奖1项	
3	第十三届全国周培源大学生力学竞赛暨第十二届江苏省大学生力学竞赛	全国	优秀奖3项	
4	第七届全国大学生物理实验竞赛	全国	三等奖2项	二等奖1项
5	第四届（2021年）全国大学生嵌入式芯片与系统设计竞赛	全国	三等奖1项	
6	全国大学生集成电路创新创业大赛（集创赛）	全国		三等奖1项
7	第十六届全国大学生智能汽车竞赛	全国		二等奖1项

续表

序号	获奖项目	级别	获奖数量	
			个人	团队
8	中国大学生服务外包创新创业大赛	全国		三等奖3项
9	中国高校计算机大赛	全国		华东赛区二等奖1项 三等奖2项
10	中国机器人技能大赛	全国		二等奖1项 三等奖1项
11	第十二届蓝桥杯全国软件和信息技术专业人才大赛	全国	一等奖1项 三等奖8项 优胜奖25项	
12	第十四届中国大学生计算机设计大赛	全国		二等奖1项 三等奖3项
13	全国大学生数学建模竞赛（江苏赛区）	全国		三等奖2项
14	第七届东方财富杯全国大学生金融精英挑战赛	全国		二等奖1项 三等奖1项 优秀奖13项
15	第六届全国大学生金融创新大赛	全国	二等奖1项 三等奖5项	一等奖1项 二等奖2项
16	第十三届“创新创业”全国管理决策模拟大赛	全国		二等奖1项
17	第二届全国高等院校数智人力大赛	全国		二等奖1项
18	第六届“精创杯”全国大学生人力资源管理知识技能竞赛	全国		二等奖1项
19	第十届“LSCAT 杯”全国口译大赛	全国	三等奖2项	
20	外研社全国英语辩论公开赛	全国	三等奖4项	
21	全国大学生英语辩论赛（CUDC）华东大区赛	全国	二等奖2项	
22	CUDU辩论赛事国际辩论公开赛	全国	二等奖1项	
23	第十二届“高教社杯”商业英语辩论大赛全国总决赛	全国	优秀文案奖4项	
24	第二届“外教社·词达人杯”全国大学生英语词汇能力大赛国家级决赛	全国	二等奖2项 三等奖1项	
25	第13届全国大学生广告艺术大赛	全国		二等奖1项 优秀奖1项
26	第七届全国百强大学生暑期社会实践团队	全国		百强大学生暑期社会实践团队
27	第九届全国高校数字艺术设计大赛	全国	二等奖1项	
28	第十四届全国大学生节能减排社会实践与科技竞赛	全国		三等奖1项
29	第二届“哲寻杯”高校公共管理案例大赛	全国		二等奖1项
30	四川省公共管理案例挑战大赛	全国		优秀奖1项
31	第三届城市管理案例创新大赛	全国		优秀奖1项

◆**第三次学生代表大会** 11月20日，紫金学院第三次学生代表大会在学院小报告厅举行。学院党委副书记、副校长、纪委书记吴恒心，学院党政办、学生工作处、教务处等部门主要负责人及南京理工大学学生会执行主席，各学院党总支书记、团委书记以及各兄弟高校代表、学生代表等出席会议。大会审议通过《南京理工大学紫金学院学生会章程（修订案）》《南京理工大学紫金学院学生会工作报告》和大会议程，选举产生新一届学生会代表委员和学生会主席。

◆**校政合作签约** 12月8日，紫金学院人文与社会科学学院与国家统计局南京调查队校政共建合作交流会暨共建合作基地签约揭牌仪式，在紫金学院举行。国家统计局南京调查队党组书记、队长刘光平，江苏统计局栖霞调查局局长许国强，副校长兼人文学院院长刘智芳及教师代表等出席仪式。刘智芳和刘光平代表双方在民生调查合作基地协议上签字，并共同为基地揭牌。共建双方将在统计调查类人才培养、学科建设与服务地方政府等方面进一步深度融合。 □喻灿蓉

·南京信息职业技术学院·

◆**概况** 2021年，南信院招生总规模为4580人，实际录取4575人，新生报到4428人。2021届毕业生就业率为99.03%，与上年同期相比，提升1.06个百分点，位居省优质校、卓越校和双高校首位；666名贫困学生的就业率为100%。全年引进博士26人，配备专职辅导员67人，配齐配足思政课教师38人。南信院入选全国首批课程思政教学名师7人，全国首批课程思政优秀团队1个，江苏工匠2人，省双创博士项目4人，省中青年学术带头人2个，省优秀青年骨干教师4人，省产业教授4人，省优秀教学创新团队2个；获全国职业院校教师教学能力大赛一、二、三等奖各1项，省职业院校教学能力大赛一等奖4项、二等奖6项。

是年，南信院科研项目获省级以上立项27项，其中数字商务学院教师徐蕾艳申报的国家自然科学基金青年基金项目“条件风险值下双层鲁棒优化理论与算法研究”获立项。服务中小微企业640家，服务企业项目656项，带动产生经济效益4.23亿元。签订横向项目190项，合同经费2791.6万元，实现当年到账经费1406.4万元。在省教育厅2020年高职院校“四技”（即技术开发、技术转让、技术咨询、技术服务）合同成交额统计排名中名列第一。全年累计申请知识产权517项。入选江苏省“科技副总”项目教师15人，获批省教育厅科技创新团队1个、江苏省科协科技创新智库基地1个。全年开展社会培训91项，培训39025人次，培训收入2000余万元。南信院获江苏省2020年度地方普通高校综合考核第一等次，被评为2017—2020年度全国群众体育先进单位、江苏省大学生心理健康教育工作先进集体，当选全国工业和信息化职业教育教学指导委员会副主任单位、省级高技能人才专项公共实训基地建设单位。

◆**学生获奖** 2021年，南信院学生获省级以上竞赛274项。其中，技能大赛获奖28项，包括国家级二等奖2项、三等奖1项，获得省级一等奖7项；在省高等数学竞赛中，40人获专科组一等奖，名列全省参赛高职院校首位。获国家A类创新创业赛事省级以上奖项40项，在中国国际“互联网+”大学生创新创业大赛中获奖11项；“挑战杯”全国大学生课外学术科技作品竞赛中，学生获奖22项，其中获国家金奖、二等奖、三等奖各1项，省特等奖4项、一等奖7项；“学创杯”获国家二等奖1项。

◆**“科技创新智库基地”项目获批** 2021年，依据江苏省科协“科技创新智库基地”申报项目认定评分标准，由南信院数字商务学院组织申报，经专家评审、省科协党组会议审议、社会公示等程序，南信院被认定为2021年度江苏省科协“科技创新智库基地”，成为唯一入选的高职院校。江苏省科协“科技创新智库基地”旨在构筑具有江苏特色的“小中心、大外围”高水平科技创

新智库体系，更好地服务党委、政府科学决策。

◆南信院教师国赛获奖 12月23日，全国职业院校技能大赛教学能力比赛拟获奖项目公示，南信院电子信息学院教师李芳苑、张园、侯倩、陈伟团队获一等奖，马克思主义学院教师吴跃本获二等奖，数码艺术学院教师孙小宏获三等奖，获奖等级和数量综合位列全省第一。

□高　萌

·南京工业职业技术大学·

◆概况 2021年，南工职大有仙林、中山、天堂三个校区。学校是全国第一所公办本科职业学校，全国职业院校中唯一的国务院大众创业万众创新示范基地，全国首批内部质量保证体系诊断与改进试点学校，全国首批职业教育"走出去"办学的试点院校。

是年，南工职大有教职员工1000余人，引进博士81人，全校具有博士学位的教职工270余人，占专任教师的32%；引培"大国工匠"、全国技术能手、世界五百强和行业领军企业的技术专家37人；新增入选省"333"和"青蓝工程"等省级人才项目学术带头人和骨干教师9人、入选2021年江苏省"双创"（创业、创新）博士和产业教授15人，"江苏省先进工作者"1人，江苏工匠1人。南工职大有学院（部、中心）14个，本科专业14个，专科专业47个，全日制在校生14561人。全年录取新生5932人，其中本科专业招生2432人。2021届毕业生就业去向落实率超98%。

是年，南工职大在首届全国教材建设奖评选中被评为全国教材建设先进集体，与柬埔寨王国柬华理事总会、柬华理工大学合作建设全国首家职业教育孔子学院，牵头开发全国首套"中文+职业技能+X证书"系列教材和教学资源库，再次入选国家级职业教育教师教学创新团队立项建设单位，学校团委再次被评为全国五四红旗团委，资助工作再次获江苏省高校学生资助绩效评价"优秀"等级。南工职大获省教学成果特等奖1项、一等奖3项、二等奖2项；获教育部课程思政示范课程、课程思政教学名师和团队2项，全国轻工职业教育教学指导委员会课程思政示范项目2项。积极创建教育部"高校思政工作创新发展中心"，成立辅导员工作室3个，学校辅导员获评江苏"最美高校辅导员"1人。南工职大获第七届中国国际"互联网+"大学生创新创业大赛国赛金奖2项、银奖1项，近三年金奖总数位列高职院校第一；获全国、全省职业院校技能大赛一等奖13项；1名学生获"中国大学生自强之星"称号，1名学生获"江苏省大学生创业人物"称号，1名学生获全国大学生年度人物入围奖。

◆规划"十四五"事业发展 2021年，南工职大推进"制度创新年"建设，制订出台新制度78项。编制学校《"十四五"事业发展规划》，形成"1个总体规划、10个专项规划和14个子规划"的"十四五"学校发展规划体系，明确"2025试点示范""2035特色引领""2050卓越品牌""三步走"发展战略。推进《本科职业教育试点建设方案》，实现江苏省政府支持学校试点的"十二条"政策落实落地，为学校加快建成"全国领军、世界水平"的职业技术大学绘制路线图。

◆校园基础设施建设 2021年，南工职大综合办学条件进一步实现提档升级。25000平方米双创大楼投入使用，周边景观建设同步完成。学生宿舍E组团开工建设，仙林校区西北角建成以校史为主题的文化公园。推进硬件基础设施省级和软件公共业务平台建设。教师、学生、教学、科研四大核心业务平台上线运行，数据治理和学校数据中心建设稳步开展。网上财务报销系统运行，建立"网上预约+自助投递"的财务报销模式，实现全天候自助报销。学生公寓人脸识别系统、大型仪器管理平台等投入使用70个，做到校园教育管理的信息化、精准化，为学校快速发展提供新的引擎。

◆办学成效彰显 2021年，南工职大科研水平和服务社会能力全面提高，校企合作研发成果首次获江苏省科学技术奖三等奖2项。

全年受理专利1333项，授权专利1249项，完成科技成果转化116项，纯科研到账经费3348万元，较上年同比增长67%。深入推进产教融合，大学科技园被评为江苏省科技服务业“百强”机构。全年完成社会培训规模11.95万人次，实现继续教育和社会培训总收入2938万元，较上年同比增长40%。全国职业本科教育办学质量提升研讨会于10月12—14日在学校召开，作为唯一职业本科院校代表，学校特色育人经验在全省职业教育大会上做经验交流，其办学成果首次登上中央电视台《新闻联播》。央视新闻频道《新闻直播间》《朝闻天下》《共同关注》栏目，《人民日报》等国家重要媒体集中报道学校26次，学校在职教战线的影响力和社会美誉度显著提升。 □王昕怡

·南京审计大学金审学院·

◆**概况** 2021年，金审学院占地34万平方米。金审学院设有会计与审计学院、金融与经济学院等7院1部，本科专业22个。有在校生10202人。2021年共录取普通本科学生2378人，省内录取“专转本”学生520人。2021届毕业生2793人，截至12月底，毕业生就业率95.31%。授予学位2723人，学位授予率97.49%。学院为强化宣传阵地建设，上线新版官网，开展新媒体平台管理，在学习强国、中国网、中国江苏网等省级以上媒体发表文章40余篇。学院有教职工422人、专任教师312人，引进教职工65人，其中高级职称7人、副高级职称10人，博士研究生8人。逐步完善职称评审，获评高级职称1人、副高级职称6人。入选省高校“青蓝工程”优秀骨干教师培养对象教师2人。完成数字媒体艺术专业学士学位授权审核的上报和现场审核工作。省级及以上刊物发表论文159篇，其中核心期刊23篇，SSCI期刊发表论文1篇。教师获江苏省高校微课教学比赛二等奖2项、三等奖4项；艺术设计学院教师制作的微课“筑入红色文化、焕新乡村振兴——乡村更新设计”在第五届全国大学生网络文化节和高校网络教育优秀作品推选展示活动中获一等奖。通过整合校内资源成立实践教学中心，先后被省“十四五”高等教育科学研究规划立项为重点课题1个、一般课题2个，江苏省高等教育学会“大学生劳动教育”“基础课课程群”专项课题3个，栖霞区第七次全国人口普查议标课题1项。务实推进校企合作，落地跨境电商1+X项目，推进金融风险管理国际证书及智慧学习工场项目。出台《南京审计大学金审学院教职工大病医疗互助基金管理办法（试行）》。金审学院学生参加各类国家、省、市级学科、技能竞赛获奖560人次。其中，由信息科学与工程学院组成的学生团队，获第十四届全国大学生信息安全竞赛全国二等奖，在第十届“全国软件杯”大学生软件设计大赛决赛中获全国三等奖；视觉传达专业学生获第九届全国高校数字艺术设计大赛全国一等奖和二等奖各一项，金融与经济学院组成的学生团队在第九届全球大学生国际经贸与上午专题竞赛中国地区选拔赛中，获一等奖两项、三等奖一项。

◆**首届教职工代表大会** 1月24日，金审学院召开首届教职工代表大会。金审学院董事长胥正洋出席大会，党政领导班子、教职工代表出席会议，部分高级职称教师代表、中层干部列席会议。会议由纪委书记沈明主持。预备会议审议通过《南京审计大学金审学院教职工代表大会执行委员会选举办法（草案）》《南京审计大学金审学院教职工代表大会提案工作委员会选举办法（草案）》，选举产生首届教职工代表大会主席团。会议审议通过《南京审计大学金审学院教职工代表大会实施办法（草案）》《南京审计大学金审学院教职工代表大会提案工作办法（草案）》，并选举产生首届教职工代表大会执行委员会和提案工作委员会。在随后召开的首届教职工代表大会执委会第一次会议暨提案委员会第一次会议上，选举王薇为首届教代会执委会主任，成庭羽、庄怀军为执委会副主任，成庭羽为首届教代会执委会秘书长，黄鹂为首届教代会提案委员会主任。

◆绿色金融与可持续发展研究院成立 4月7日，金审学院绿色金融与可持续发展研究院成立揭牌仪式暨学术报告会在学院报告厅举行。金审学院董事长胥正洋，金审学院院长、教授方习年，交通银行总行原副行长兼首席信息官侯维栋，金审学院绿色金融与可持续发展研究院院长束兰根等出席会议。方习年致辞。胥正洋、方习年、侯维栋、束兰根共同为“南京审计大学金审学院绿色金融与可持续发展研究院”揭牌。其间，胥正洋与方习年为侯维栋、束兰根两位专家颁发金审学院特聘教授聘书，并为侯维栋颁发研究院名誉院长聘书。随后，侯维栋和束兰根先后做题为《金融创新的路与道》《绿色金融与碳达峰、碳中和》学术报告。该研究院是由金审学院与中研绿色金融研究院共同合作发起成立的校级专业化研究机构，也是江苏省内高校中首家绿色金融研究机构。

◆0~3岁婴幼儿养育研究成果发布暨托育服务学术论坛 5月13—14日，学院举办0~3岁婴幼儿养育研究成果发布暨托育服务学术论坛。论坛深入探讨0~3岁婴幼儿保育教育理论与实践的焦点问题，并发布阶段性的专业研究报告。医学博士兼主治中医师雷爽主讲课题《祖国医学中的儿科发展简史》；南师大教授、博士生导师刘晶波和南师大学前教育学硕士、高级教师李旭主讲课题《新时代家庭教育理论与实践创新》；琳·维恩主讲课题《美国教育部资助的婴幼儿课程研发》；惠洛克国际儿童之家创始人张大伟主讲课题《高品质托育体系建构的理念和实践成果》；南师大发展与教育心理学硕士、国家高级心理咨询师陈宗海主讲课题《南京市卫健委0~3岁婴幼儿托育机构实用指南编制》。 □金财财

·南京技师学院·

◆概况 2021年，南京技师学院占地面积20.87公顷，建筑面积14.11万平方米，设有智能制造系、电气工程系、信息技术系、汽车技术系、现代服务系、基础课部教学部门。有在校学生5582人，教师311人。其中，既能讲授专业理论，又能指导专业技能训练，拥有教师资格证书且具有初级以上专业技术职务和相关职业高级工以上职业资格的“一体化”教师136人，具有企业实践经验教师85人，技术理论课教师和实习指导教师266人，享受国务院政府津贴的教师3人，“333工程”专家3人，省教学名师8人，省专业带头人12人，全国技术能手7人，省级技术能手33人。学院移动机器人、水处理技术获批为国家级实训基地，智能机器人、智能供用电技术实训中心等4个项目获批为省级实训基地，施耐德电气技术与智能照明实训中心获批为学校自建校企联合实训基地。是年，学院投入财政专项资金65万元支持新疆阿合奇县技工学校师资队伍建设、实训室建设、学校图书馆建设和技能培训。为援建学校开办电工、焊工专业师资培训班2个，选派骨干教师承担师资培养教学任务并完成考核，受援学校教师完成培训12人。

◆校企合作 2021年，南京技师学院制订《南京技师学院校企合作管理办法》《南京技师学院校企合作指导委员管理规定》等，成立校企合作指导委员会，并召开委员会会议，与相关企业签订校企合作协议8家。申报企业新型学徒制培1048人，申报企业新型学徒制14家，完成校企共同开发专业课程及教材3本。

◆教学教研成果 2021年，南京技师学院教学教研取得多项成果，发表论文172篇，出版教材10部，取得专利5项。在研省级课题1项，完成省市级课题3项。教科研成果在市级以上教学竞赛中获奖2项，师生在市级以上技能竞赛中，获奖30余人。在移动机器人、水处理技术、商品展示技术、美容4个项目中，5人入围第46届世界技能大赛中国集训队。在江苏省职业学校第三届羽毛球比赛中，教师及学生羽毛球团队在决赛中分别获冠军和季军。该校学生在江苏省第十一届SMT焊接技能竞赛中，获学生组特等奖和二等奖；在江苏省第六届职业学校排球比

赛中，获高职男子组第二名；在第十七届“振兴杯”全国青年职业技能大赛江苏省选拔赛的工业机器人系统操作员项目中，获第二名及优秀组织奖；在第14届全国三维数字化创新设计大赛中，获二等奖；在2021年全国行业职业技能竞赛——全国工业设计职业技能大赛无损检测员项目中，获二等奖。

◆教学实训中心建设 5月，南京技师学院“先进制造与服务”教学实训中心深化设计与项目管理项目，完成单一来源采购。8月20日，验收深化设计方案。10月28日，南京技师学院召开专家论证会，审核标段划分等关键要素。南京市发改委批复配套能力建设项目可行性研究报告，并将该项目列为2021年市政府投资计划A类项目。至年底，完成改造装修项目设计方案、施工图图审、招标清单编制及招标文件编写等招标准备工作并挂网公开招标，完成全过程咨询服务招标工作。

□孙　亚

·南京华东信息工程技工学校·

◆概况 2021年，南京华东信息工程技工学校占地面积20多公顷，建筑面积6万多平方米，绿化面积3万多平方米。教师总数114人，其中，研究生学历19人，本科学历91人，高级教师7人，国家级技能鉴定考评员12个，中级教师19人，双师型教师74人，技师及高级实训教师8人。在校学生2132人，毕业学生1037人。南京华东信息工程技工电气自动化设备安装与维修专业新增标配实训室、单片机实训室、传感器实训室，通过“声、光、电”的立体形式为学生真实直观地演示电路特性。5月至9月，学校进行校园文化建设，以党建引领、职工园地、团学阵地、专业设置、教学科研等多模块建设百米文化长廊，总结校史、增强校园文化氛围。是年，南京华东信息工程技工3名学生获2019—2020学年度中等职业教育国家奖学金。学校团委获南京市栖霞区先进团组织称号，学校教职工团支部获南京市五四红旗团（总）支部称号；1名学生被评为栖霞区优秀共青团员，1名学生被评为栖霞区优秀共青团干部。9月，1名教师获南京市技工院校优秀教师称号，2名教师获南京市技工院校优秀教育工作者称号。11月，学校组织江苏省2021年中等职业学校学生学业水平考试（南京华东信息工程技工学校考点），为广大考生提供考务保障工作。

◆社会培训 2021年，南京华东信息工程技工学校提供技能培训16场，覆盖782人次。在南京市、栖霞区两级人力资源和社会保障局指导下，完成与西岗街道桦墅村“桦墅民宿管家培训班”培训任务。取得经验后，与六合区竹镇镇、栖霞区八卦洲街道等开展民宿管家培训4场。完成特种作业低压电工培训550人次。

◆竞赛获奖 6月，南京华东信息工程技工学校6名教师，参加2021年度江苏省技工院校首届嘉年华活动教师职业能力比赛南京市选拔赛，获优胜奖；9月，教师徐政参加全国乡村振兴职业技能大赛江苏选手选拔赛，获电子商务赛项第二名；10月，学校参加第九届“博导前程杯”全国电子商务运营技能竞赛，学生王冠齐、张洪硕、刘咨辰获江苏赛区三等奖，指导教师徐政、吴君获优秀指导教师称号；12月，学校参加第六届“奥派杯”全国移动商务技能竞赛，孙萌、魏家柱、姚蓉蓉团队，尤子扬、张浩楠、徐志成团队，获江苏赛区三等奖，学校获优秀组织单位称号。

◆校企合作 12月29日，南京华东信息工程技工学校与马勒发动机零部件（南京）有限公司校企合作共建基地签约暨授牌仪式举行。该公司经理裴洁、南京华东信息工程技工学校校长张福林等出席签约仪式，并代表双方签订校企合作共建基地协议。4月至12月，分别与江苏省会议中心有限公司、南京双门楼宾馆有限公司等9家单位签署校企合作协议、授牌校外实训实习基地和人才培养基地。

□徐　政

·南京师范大学附属实验学校·

◆**概况** 2021年，南师大附校占地6.67公顷，建筑面积近4万平方米。南师大附校设有初中部、高中部和国际部，在校学生2454人；国际部有英、美等国际合作项目13个；有教职工362人，2/3以上为博士、硕士学历，1/3以上有国外研修经历或留学经历。学校为每位学生提供钢琴30小时、美术30小时、足球或武术（男生）30小时、舞蹈或健美操（女生）30小时教学，有百门选修课程、百个校内社团、百个讲座供学生选择。学校高中部在“2021年南京市普通高中综合评估”中获规范办学奖、素质教育奖、内涵发展奖、教学质量优秀奖、特色发展奖、教学管理奖等六项大奖。初中部获栖霞区中小学素质教育评估的最高奖——全面发展奖与质量优秀奖。南师大附校被评为江苏省第二批教师发展示范基地校中期考核优秀单位，获2021年南京市少年儿童阳光体育运动联赛健美操啦啦操比赛一等奖、2021年南京市名校杯篮球赛高中篮球队一等奖、南京市校园足球比赛一等奖、全国少年乙组舞蹈啦啦操比赛冠军、全国俱乐部少年混合年龄组舞蹈啦啦操比赛冠军，美术组获第十届南京市普通中小学先进教研组称号，美术组参加全省艺术展演，获省特等奖；高中语文、数学、英语，初中英语、物理等12个教研组获栖霞区第十届普通中小学先进教研组称号。

◆**省中学音乐学科教学研讨** 5月10—12日，由江苏省中小学教学研究室主办的江苏省中学音乐学科单元教学研讨活动在南师大附校举办，全省13个地区市级音乐学科教研员和音乐教师300多人、音乐教育学者参加活动。中国教育科学研究院博士许洪帅，做《以大概念为核心的大单元教学的理解与实践方略——基于顺序性音乐教学13年研究》专题讲座报告。无锡、盐城、苏州的三位教师分别现场为活动展示大单元教学展示课，南师大附校教师凌今朝讲授《经典咏流传——“古韵新创”唱作人》的展示课。上海市教育委员会教学研究室席恒开设题为《核心素养导向的音乐教学实践探索》专题讲座。

◆**党委换届选举** 6月24日，中共南京师范大学附属实验学校委员会第二届党员代表大会，在学校图书馆二楼报告厅举行。中共南师大委员会常委、副校长、南师大附校董事长张序余，南师大附校校长陆一鹏，南师大附校党委书记缪锐锋等参会。缪锐锋代表上一届党委，报告南师大附校党委在过去五年取得的工作成绩、展示学校未来发展蓝图。张序余讲话，肯定过去几年南师大附校所取得的成绩。换届以差额选举、无记名投票方式，选出缪锐锋、谷贺玲、陆春怀、朱春凤、高维达、薛海丽为中共南师大附校新一届委员会委员。

◆**教学开放周** 11月29日至12月3日，南师大附校组织开展第二十二次“教学开放周”活动。学校各学段、各学科的教师采用多元多维方式，向到访的省、市、区各兄弟学校的同行，展示学校在探索“思维可视化的教”方面的努力与成果。其间，开课教师在各学科中融入多种思维可视化教学策略，将原本不可见的隐性的思维路径、思维方式、思维规律显性化，实现提升学生思维能力的高阶目标。 □王 斌

·南京外国语学校仙林分校·

◆**概况** 2021年，南外仙林分校有仙林主校区、仙林西校区、燕子矶等校区，仙林校区占地27.33公顷，燕子矶校区占地6.67公顷。设有小学部、中学部（初一至高三）和国际高中部，有班级231个，在校生9200余人，教职工1112人，专职教师847人，外籍教师50人，其中特级教师4人，教授级高级教师3人，特级教师后备人才2人，市级学科带头34人，市青年优秀教师14人，区学科带头人11人，区青年优秀教师56人。

2021届小学六年级毕业生，在栖霞区小学毕业考试和小升初语言能力测试中保持全市领先的态势。在南京外国语学校本部普

通高中对外招生英语加试中，南外仙林分校入围学生15人，全市名列前三。南外仙林分校中学部被南京市教育局认定为2021年度"南京市教育现代化初中"建设学校，燕子矶校区获评南京市第九批"推进素质教育示范初中"。在2020—2021学年南京市普通高中教育发展性评估中，南外仙林分校获规范办学奖、素质教育奖、质量优秀奖、推进发展奖、教学管理奖5项奖励。合作办学持续推进，2021秋季学期，华侨城中学建成开学。南外仙林分校幼儿园开工建设，学校构建起从学前教育到高中教育的完整K12教育体系。

◆国际高中部成效明显 2021年，南外仙林分校的中澳优飞项目2021届高三毕业生100%被新南威尔士大学、悉尼大学等录取，全部达到皇家墨尔本大学等世界顶级设计学院和建筑学院录取分数线，设计班毕业生15人。理科班、设计班学生获"全球状元"各1人。中德班2021届学生全部达到欧标德语B2水平，申请德国学校的全部被德国各知名文理高中录取，有1人被UWC Costa Rica录取。国际高中部ACT&AP国际课程班2021年增设日本课程，提供赴日留学一系列服务。中美班在2020—2021申请季人均收到录取通知书近7份。T30班近70%的学生被全美综合排名前30大学录取。

◆教师教科研活动获奖 2021年，在第十届南京市普通中小学先进教研组评选活动中，南外仙林分校小学部语文组、初中部英语组被评为先进教研组。在第十届栖霞区普通中小学先进教研组评比活动中，信息技术、科学教研组被评为栖霞区先进教研组。12人获第五届栖霞区"教坛新秀"称号，23人获栖霞区第十届优秀青年教师称号。教师卢山获第十届全国小学英语课堂教学观摩一等奖、第十五届小学英语课堂教学优秀课展评一等奖。教师喻蓉蓉先后出版信息学教学专著两本。在2021年南京市小学心理健康教育优质课展评活动中，教师曾永青获一等奖。

◆学生活动频获奖项 2021年，在江苏省第十四届中小学诗歌竞赛总决赛中，2人获特等奖，1人获一等奖。小学部"人工智能"社团两名学生参加NOC全国中小学信息技术创新与实践大赛，获全国一等奖与二等奖。江苏省"信息与未来"小学生编程思维展示活动中，19名学生获奖。在2021年南京市中小学机器人竞赛中，南外仙林分校小学部学生获市级大奖17人，学校获南京市优秀学校团体奖。在2021年南京市中小学生信息素养提升实践活动竞赛中，南外仙林分校学生15件作品获奖。在2021年南京市中小学生无线电微功率测向比赛中，获一等奖一项、二等奖两项和三等奖两项。小学部篮球队获南京市青少年篮球联赛U8、U10混合组两项冠军。在栖霞区第十八届中小学生田径运动会上，获小学组团体总分一等奖。在栖霞区阳光体育节校园篮球比赛中，初中部男子篮球队夺冠。在南京市阳光体育节比赛中，学校初中部男子篮球队、高中部女子排球队获一等奖。在南京市少年儿童阳光体育乒乓球联赛中，获两项第二名、一项第三名。在第七届栖霞区"区长杯"校园足球联赛中，初中男子足球队获季军。

□宋国斌

农业农村·水务

Agriculture & Water Conservancy

栖霞古寺

杨 轶/绘

责任编辑 唐 恺

农业农村

·概　述·

◆概况　2021年，全区实现农林牧渔业总产值11.26亿元，现价下降0.5%；农林牧渔业增加值8.10亿元，现价下降0.5%。是年，粮食种植面积和产量全面超过去年，粮食和生猪稳产保供任务超额完成；全区高效设施农业面积稳定在2200公顷，主要发展优质蔬菜、特色花卉苗木等主导产业链，建设高标准农田、耕地安全利用、绿色防控和“两无化”（不用化学肥料、不施化学农药）等省市级示范基地733.33公顷，建成芦蒿、水稻省级优质农产品基地2686.67公顷，芳草渡大米销售额同比增长17%。在国内率先研究出芦蒿组培育种技术，实现芦蒿种苗复壮和周年化生产。在全市率先完成9个总投资1.6亿元的重大项目建设目标。开展“绿色银行”等绿化建设142公顷，全区林木覆盖率达31.93%。连片打造美丽宜居乡村18个，累计建成美丽乡村60个，桦墅村、外沙村等先后入选南京市职工疗休养民宿点。全区乡村民宿发展客房114间、床位190张。完成全区43个村（社区）村民委员会账套、社区股份经济合作社账套分开做账。成功举办第十七届南京农业嘉年华活动，陌上花渡园区荣登南京市抖音游玩榜第三位，全区乡村旅游综合经营收入同比增长39%。

是年，区农业农村局被江苏省委、省政府评为江苏省脱贫攻坚暨对口帮扶支援工作先进集体，被江苏省农业农村厅、江苏省应急管理厅评为2021年度江苏省“平安农机”示范区，被南京市委、市政府评为全市高水平全面建设小康社会先进集体，被南京市绿化园林局评为2020年南京市林业工作先进集体；西岗街道桦墅村被中国生态文化协会评为2020年全国生态文明村，被农业农村部评为2021年中国美丽休闲乡村，为南京市唯一上榜乡村。

◆农村地区疫情防控　2021年7月，面对突发疫情，区农业农村局对农村地区25个卡点和204家农贸市场等重点场所进行分类管控，发动全体党员干部到栖霞街道南炼小学、新合村、石埠桥村和银矿社区开展社区疫情防控志愿服务。对全区农产品生产销售信息实行周报制度。利用掌上云社区、微信公众号即时推送、宣传推销待销农产品，整合5家滞销企业产品信息入驻“洲野天成”区域公共品牌平台，帮助农业经营主体销售产品，实现网上营销销售额948万余元。

◆休闲农业　9月26日至10月31日，中国农民丰收节暨第十七届中国·南京农业嘉年华活动在江苏省栖霞现代农业产业示范园陌上花渡核心区举行。活动秉承“农民的节日市民的盛会”办会宗旨，以“富美田园、振兴乡村”为主题，以八卦洲陌上花渡园区为主会场。同时，在江宁、浦口、六合、溧水、高淳5区设立分会场，以“1+5”交融互动模式，紧扣“共庆丰收、共享喜悦、传递幸福”的丰收节主线，组织“购”特色产品，“食”地标美食，“游”美丽乡村的金秋消费季、民俗文化活动。嘉年华主会场活动期间接待游客52万人次，带动地区综合经济收入5600万元。通过抖音程序大数据统计，陌上花渡园区荣登南京市游玩榜第三位。是年，立乾多肉植物体验创意农园被评为2021年江苏省主题创意农园，陌上花渡园区被评为省级农耕实践基地，红杜鹃生态农业园和桦墅村康美基地被评为省级康美基地。

◆新型农业经营主体　2021年，全区新型农业经营主体累计达到342家。其中，列入江苏省优先扶持合作社名录的农民专业合作社41家。创建国家级示范合作社2家、省级5家、市级6家、区级15家，区级以上示范社率达14.5%，较去年提高近8个百分点；创建省级示范家庭农场9家、市级5家、区级12家；创建省级龙头企业1家、市级6家、区级5家。是年，开展农民专业合作社空壳社清理工作，清理空壳社31家。是年，培训高素质农民365人，新认证新型职业农民53人，组织新型农业经营主体申报市级贷款贴息资金66.55万元。

◆**农业信息化** 2021年，区农业农村局利用“互联网+农业”，不断提升农业服务的功能和水平。鼓励支持农业企业、农民专业合作社、家庭农场、专业大户等发展农业电子商务，通过自建平台，借助天猫、苏宁易购、淘宝等第三方电子商务平台开设网店微店等，拓宽农产品销售渠道。是年，全区发展农业电商企业网上销售主体40个，自建平台2个，第三方平台43个，主要销售粮食类、果蔬类、花卉类、农资等农副产品100余种，全年网上营销销售额突破2.43亿元，同比增加约36%。

◆**农林行政执法** 2021年，区农业农村局办理行政处罚案件36件，其中，渔业违法案件24件，农机安全监管案件4件，林业违法案件3件，动物卫生监督案件3件，农产品质量安全监管案件2件。区农业农村局办理行政许可（不含动植物检疫）96件，主要集中在林木采伐、农业机械牌照及驾驶证核发、动物诊疗许可、农药经营许可等领域。是年，区农业农村局一份林业处罚案卷先后被评为全区优秀行政执法案卷、全市优秀行政执法案卷；一份动物卫生监督处罚案卷被评为全市农业行政处罚优秀案卷；一份农药经营许可案卷被评为全市农业农村行政许可优秀案卷。是年，区农业农村局获全省农业农村系统首届农业法治文化节优秀组织奖、优秀作品奖。

◆**农村“三资”管理** 2021年，区农业农村局指导各街道、村（居）开展“村社分账”工作，完成全区43个村（社区）村民委员会账套、社区股份经济合作社账套分开做账。推进股份经济合作社与村委会分账管理，村民委员会依法开展农村基层自治活动，股份经济合作社依法行使集体资产的经营管理权。是年，开展农村集体产权制度改革“回头看”，完成全区集体组织经济登记证书信息变更手续，督促街、村（社区）加快重复人员信息核实、纠错，避免“两头占”或“两头空”情况，确保集体经济组织成员不重不漏。以八卦洲街道为试点，开展“三资”（农村集体资金、农村集体资产、农村集体资源）监管平台预警处置工作，全年预警并办结事件261条。深入推进农村产权交易“应进必进”，是年完成产权交易250笔，总金额6751.6万元，溢价率4.5%。

◆**乡村精品民宿建设** 西岗桦墅村一期民宿，共有民宿4家、床位42张，于2021年4月份正式运营，并入选南京市首批职工疗休养基地。其中，桦墅村茶肆民宿由江苏茶肆酒店管理有限公司投资建设，有客房17间，床位26张。是年，桦墅村民宿累计接待疗休养团队27批、共1530人次。八卦洲外沙村外婆湾民宿（挂牌4户）共计客房58间、床位91张，2021年9月正式运营，累计接待疗休养团队1批，32人次，接待游客5100余人。是年，全区乡村民宿有客房114间、床位190张。

◆**美丽乡村建设** 2021年，全年连片打造美丽宜居乡村18个，总

八卦洲外婆湾民宿　　（区农业农村局/供稿）

投资1643.04万元，围绕八卦洲嘉年华窗口区域、浦仪公路沿线和龙潭街道水一方等精品旅游线路的周边区域，将环境提升、墙面出新、污水管网铺设、休闲广场打造等作为建设重点。是年，污水官网设施全面铺排到位，外立面出新17.5万平方米，开展道路硬化、绿化及河道整治等1.8万平方米，新建或改建市民广场（村民活动室）13个。开展农村人居环境整治和爱国卫生运动，全面巩固252个自然村“四清一治一改”工作成果。开展村庄清洁行动1600余场次、动员村民4.12万人次，清理农村各类垃圾7700余吨。在全市率先启动农村人居环境长效自主管护试点工作，选取基础条件较好的龙潭街道太平村、八卦洲街道外沙村为试点村，两个村全年长效管护实际支出364.33万元，比上年节约资金110.23万元，同比降低30.3%。

·种植业·

◆**概况**　2021年，全区粮食种植面积和产量全面超过去年，粮食实际种植面积4180公顷，同比增加10公顷，增幅0.24%；粮食总产2.53万吨，同比增加0.07万吨，增幅2.85%。是年，蔬菜复种面积5385公顷，总产量1.04亿千克。是年，大力发展绿色优质农产品，加强农产品“二品一标”基地建设及全过程监管，全区种植业绿色优质农产品比重为62%，新认证绿色食品认证产品3个，绿色食品认证面积962.33公顷，有机食品认证面积91.67公顷。八卦洲街道建成市级绿色蔬菜产业基地907.33公顷，龙潭街道建成江苏省绿色优质水稻基地1353.33公顷。是年，栖霞区芳草渡农业科技公司选送的“芳草渡荷香米”在南京农学会、南京市农业技术推广站主办的2021年南京市优质稻米评选大赛中，获“南京好大米”特等奖第一名、“南京好大米”十大品牌称号。区农业农村局被南京农学会、南京市农业技术推广站评为“2020年南京市优质稻米评选大赛活动‘优秀组织奖’”。区农业技术推广站被南京市人社局评为在脱贫攻坚中做出重大贡献的事业单位工作集体。

◆**化肥和化学农药使用减少**　2021年，继续开展沿江5公里化肥和化学农药“两减”工作，全区化肥施用量1312吨（折纯）、农药使用量35.32吨，较2020年分别降低8.44%和1.88%。成立“两减”技术服务组，举办“两减”培训班，推广使用有机肥、绿色防控、轮作换茬等，减少化肥和化学农药使用。是年，完成有机肥替代2.3万吨、生物有机肥替代0.38万吨，开展绿色防控面积233.33公顷、统防统治面积0.21万公顷。持续建设八卦洲133.33公顷“两无化”核心示范基地，是年年底，基地已有部分“两无化”蔬菜上市。

◆**农产品质量安全监管**　2021年，栖霞区农业农村局开展农产品质量安全宣传工作，印发《致广大蔬菜园艺生产者一封信》《农药经营安全告知书》《致全区种子生产经营者的一封信》等1.1万份。组织实施春耕备耕农资市场专项检查、高温期间农产品质量安全检查等专项整治活动，联合区市场监督管理局、区公安分局等7部门开展食用农产品“治违禁、控药残、促提升”三年行动，严厉打击各类违法违规用药和非法添加行为。是年，完成区级样品抽检782批次，接受省、市级抽检样品210批次，主要地产农产品质量安全合格率达99%以上。是年，继续推广承诺达标合格证制度，指导农业生产主体规范用证、主动出证，促进地产准出与市场准入有效衔接。全区新增入网主体62家，累计有113家规模农业生产经营主体纳入江苏省农产品质量追溯平台，开具承诺达标合格证4.06万张，免费发放承诺达标合格证打印纸9万张。

◆**农作物病虫草害防治**　2021年，区农业农村局开展水稻小麦病虫、桔小实蝇、蔬菜病虫等预测预报工作，发布《农作物病虫情报》14期。全年召开专题会议5次，开展技术培训2次，发放技术资料850余份。加强植物检疫工作，控制一枝黄花等有害植物蔓延。加大植保新技术、新装备、新品种推广，宣传推广高效低毒农药新品种，结合化学农药减量降排计划实施，在全区小麦、水稻等作物上推广高效低毒化学农药，高效低毒农药使用量较去年减少9%。

◆高标准农田建设 2021年，区农业农村局开展高标准农田建设项目1个，建设面积273公顷，建设地点为八卦洲街道中桥、新闸、上坝、外沙4个行政村，项目总投资718.2万元。其中：中央财政专项资金376万元，省级财政专项资金65万元，市级财政专项资金259万元，区、街自筹18.2万元。主要建设内容包括建设灌溉站3座，管道35.51公里，农桥1座，渠道5.62公里，涵洞12座，修建田间道路8.06公里。自8月24日至11月底，总体工程建设内容全部完成，并完成工程质量检测、工程审计、财务审计等工作，12月底完成区级验收工作。

◆耕地安全利用 2021年，区农业农村局编制《2021年南京市栖霞区受污染耕地安全利用方案》，明确项目预算费用为621.52万元。安全利用主要措施：施洒生石灰、土壤调理剂、面积阻控剂、水分调控等；以农艺措施为主的多种技术组合模式，减少农作物对重金属的吸收，增施生物有机肥、优化施肥、控制新增污染等。在安全利用措施执行过程中监测灌溉水、农业投入品、土壤与农产品重金属等，实现耕地肥力维护与二次污染的风险防控。是年，全区受污染耕地安全利用率达98.5%，超过南京市受污染耕地安全利用率93%以上的工作目标。

◆农业农村项目建设管理 2021年，区农业农村局以江苏省委、省政府“扩大农业农村有效投资年”为契机，实现9个农业农村重大项目建成投产，完成当年总投资1.6亿元，项目内容主要涉及绿色农业生产、乡村旅游项目提升和农业科技创新等方面。是年，为规范农业项目管理，明确职责分工，提升资金使用效益，根据南京市政府《关于探索建立涉农资金统筹整合长效机制的实施意见》，制定《栖霞区农业项目管理办法》。

◆“大棚房”问题专项清理整治 2021年，区农业农村局开展“大棚房”问题专项清理整治行动“回头看”专项行动，联合区规划资源局建立重大事项会商机制，公布区级“大棚房”问题举报电话。全区共排查大棚5210个，总面积396.8公顷。其中，龙潭街道大棚数1194个，占地面积77公顷；八卦洲街道大棚数3890个，占地面积311.2公顷；栖霞街道大棚数58个，占地面积5.2公顷；西岗街道大棚数68个，占地面积3.3公顷。是年，未发现新增“大棚房”问题。

·养殖业·

◆概况 2021年，全区生猪饲养量5.5万头，出栏2.4万头，年末存栏数3.11万头；鸡年饲养量20.67万羽，出栏11.39万羽；鸭鹅年饲养量0.32万羽，出栏0.20万羽。羊饲养量0.15万只，出栏0.07万只。全区水产养殖统计面积282公顷。其中，池塘养殖260公顷，河沟养殖22公顷。高效设施渔业养殖面积191公顷，特种水产养殖面积236公顷。水产品养殖总产量364.5万千克。是年，栖霞区农业农村局完成第一次全国水产养殖种质资源基本情况普查工作，受到江苏省农业农村厅表扬。

◆畜禽养殖粪污综合利用 2021年，区农业农村局联合栖霞生态环境局认定上报畜禽规模养殖场数3个，其中，规模养猪场1个，规模养禽场2个（停产状态1个）。对散养畜禽养殖情况进行全面摸底和建档，全区家禽散养户2859户，以草鸡养殖为主，平均存栏量30只左右，养殖粪污以家庭蔬菜种植还田利用为主。是年，利用中央农业资源与生态保护专项资金，重点支持栖霞牧原农牧有限公司开展臭气处理、厌氧发酵、密闭式贮存发酵、粪污输送管网等粪污治理设施设备建设。全区畜禽粪污综合利用率达到97%以上，规模养殖场粪污处理设施设备配套率达到100%。

◆**生猪生产** 2021年，南京市下达栖霞区生猪养殖目标：全年完成生猪年末存栏4.2万头，其中，地产存栏3万头，域外保供1.2万头。栖霞区开展域外生猪保供，与盐城市签订生猪保供合作协议，是年5月完成域外保供任务。加强生猪地产养殖，地产存栏3万头目标任务由栖霞牧原农牧有限公司完成。区农业综合行政执法大队二中队2名官方兽医实行轮班制，对规模猪场进行24小时产地检疫跟踪服务。是年，全区地产生猪存栏3.11万头（出栏3万头，域外保供1.2万头），完成率达103.67%。

◆**动物疫病综合防控** 2021年，区农业农村局组织实施春季突击防疫、夏季补免消毒、秋季集中防疫三大行动。全区共使用牲畜口蹄疫苗3.16万毫升、禽流感苗9.02万毫升、猪瘟苗3.03万头份、猪蓝耳苗2.11万头份、鸡新城疫苗61.09万羽、羊小反刍兽疫疫苗0.16万头份；全区共免疫家禽禽流感20.27万羽、鸡新城疫22.64万羽、猪瘟5.18万头、猪蓝耳2.1万头、猪口蹄疫4.07万头、羊口蹄疫1414只、羊小反刍兽疫1214头份，犬类狂犬病免疫8919只；饲养场所全年集中清洗消毒面积约76.92万平方米，灭害面积67.91万平方米，应免畜禽免疫密度达100%，家畜免疫标识佩带率达100%。是年，开展免疫抗体检测550份、病原检测非洲猪瘟85份、羊布鲁氏菌病检测300份、畜禽产品“瘦肉精”和兽药残留安全检测75份，所有检测结果均符合省、市规定标准。是年，开展春、秋两季动物血吸虫病查治工作，采集龙潭街道、八卦洲街道6个重点村的羊血清样品300份，预防服药500头次，检测结果均为阴性，合格率达100%；开展血吸虫病野粪监测10份，检测结果均为阴性，合格率100%。

◆**畜禽规模场疫病风险评估** 2021年5月和11月，组织开展畜禽规模场疫病风险评估工作。5月，符合评估规定的规模户共计9户，其中养鸡户8个，规模猪场1个。经评估，全区有低风险场1个、一般风险场8个，评估12场次，评估率133%。系统录入抗体、病原监测信息7个场次共73条，录入免疫信息8个场次共13条，远程动物疫病网络诊断2次。11月，符合评估规定的规模户共计8户，其中养鸡户7个，规模猪场1个。经评估，全区有低风险场1个、一般风险场7个、评估8场次，评估率100%。系统录入抗体、病原监测信息4个场次共27条，录入免疫信息7个场次共15条，远程动物疫病网络诊断2次，全区规模场（户）动物疫病风险均在可控范围内。

◆**长江禁渔管理** 2021年，区委办印发《栖霞区长江流域禁渔长效管控措施》（栖委办通字〔2021〕23号），在龙潭、栖霞、尧化、八卦洲、燕子矶等五个沿江街道建立长江护渔巡查队伍，区级财政补助工作经费108万元。区农业农村局开发“长江禁渔护渔员管理小程序”，对全区护渔巡查人员实行打卡管理；建立24小时值班制度，对社会公布举报电话；利用中央长江禁渔专项资金，集中采购无人机6架、可对讲移动终端40部，配发至区农业综合行政执法大队和沿江5个街道。启动“栖霞区长江禁渔智能化监控预警服务一期（八卦洲沿江岸线）项目”建设。是年，区农业农村局组织开展渔政执法检查130次，查处违法捕捞案件12起和违法垂钓案件18起。在全市率先开展渔政委托执法试点，与栖霞区人民政府燕子矶办事处签订委托执法协议，办理违法垂钓案件7起。是年1月，区委编办批准“南京市栖霞区农业农村局畜牧渔业科”增挂“南京市栖霞区禁捕退捕办公室”牌子，批准“南京市栖霞区农业综合行政执法大队”增挂“南京市栖霞区渔政执法大队”牌子。是年，栖霞区农业综合行政执法大队一中队在长江禁渔管理工作中受到江苏省渔业执法监督中心表扬。

◆**动物卫生监督执法** 2021年，区农业农村局对畜禽养殖场（户）、产地报检点、兽药和饲料生产企业、动物诊疗场所等开展动物调入、防疫、检疫、病死畜禽处理、假(劣)兽药、非法添加(使用)原料、执业兽医从业行为等日常监督检查,严厉查处各类违规违法行为。是年,依法对辖区内3家兽药经营企业、2家饲料生产企业、20家宠物医院、7个规模养殖(场)户开展监督执法检查93次,出动执法检查人员240人次,责令整改违规行为2起,立案查处3起。全年办理动物诊疗许可4家,生鲜乳准运证续展5个,开具动物产地检疫证272张,分销换证35278张,处理12345工单43起,满意率达97.67%。

◆非洲猪瘟防控 2021年,继续开展非洲猪瘟疫情防控,按照"外防输入、内防发生"的要求,对辖区内生猪养殖场(户)定期开展宣传引导和拉网式排查工作。是年,栖霞牧原农牧有限公司从河南扶沟县等地购入仔猪1.2万头,区农业综合行政执法大队对隔离期满的仔猪随机抽取猪全血样品,开展非洲猪瘟病原检测,检测结果均为阴性,检测合格率为100%。是年,开展秋季非洲猪瘟专项监测工作,在八卦洲街道生猪散养户中随机采集猪血清10份、环境拭子5份,进行非洲猪瘟病原检测,检测结果均为阴性,检测合格率为100%。在沪宁高速收费站等3个公路检查卡点,长期实行24小时值班制度,对调运的生猪及生猪产品进行监督检查,严厉打击非法调入生猪和生猪产品行为。

·林　业·

◆概况 2021年,区农业农村局开展绿化造林、保护森林湿地等生态资源保护工作,推进"绿色栖霞"工程、林长制和长江岸线生态修复工程。是年,全区完成成片造林126.13公顷,其中,新增造林22.73公顷,更新改造103.4公顷。重点完成"绿色银行"基地建设73.87公顷、林相提升48.9公顷、沿江成片造林3.33公顷、农田林网566.7公顷;建成"三化"(珍贵化、彩色化、效益化)示范面积64.93公顷、栽植苗木9.39万株;新建湿地保护小区1个。是年,开展义务植树活动,创建市级义务植树基地1个,义务植树3.87万棵。在西岗、栖霞、尧化3个街道开展森林督查工作,完成整改并等待市级核查验收。是年,全区争取省、市林业资金2174.27万元,落实区级财政配套资金847.7万元。是年,区农业农村局杜继文、八卦洲街道倪文俊当选南京市"最美园林人"。

◆湿地保护 2021年,区农业农村局建立湿地保护工作协调机制,在全区建设3种湿地保护形式,包括1处省级湿地公园、5个湿地保护小区、4处水源地保护区,受保护面积达3712.8公顷,受保护湿地面积占比59.26%。全区先后建成八卦洲省级湿地公园690.6公顷、八卦洲洲北湿地保护小区276.21公顷、八卦洲洲西湿地保护小区197.46公顷、八卦洲洲东湿地保护小区148.18公顷、龙潭天字号洲江滩湿地保护小区634.83公顷、龙潭大划子湿地保护小区616公顷。其中,湿地公园和小区全部按要求完成四至标志、标牌、界桩、界碑等建设,共设立标志标牌18个、界桩167个、界碑35个。是年,八卦洲街道完成湿地修复4公顷。

◆森林防火 2021年,区农业农村局持续开展森林防火工作,全区连续18年未发生森林火灾,实现"无重大森林火灾,无人员伤亡"的工作目标,省、市森林火灾受害率在0.3‰以下,森林火灾控制率平均为1.2公顷次以下。是年,秋冬季防火期全面运用全国"互联网+森林草原防火督查"信息系统,推进落实"防火码"使用,采取人工宣传引导、智能语音播报提醒、多媒体宣传、"大手拉小手"宣传进校园等方式,营造森林防火良好社会氛围。是年,市、区、街三级投入资金3700余万元,重点开展森林防火基础设施、预警监测、通信指挥、队伍等体系建设,全区添置森林防火巡防无人机1架、风水灭火机8台、新型消防水泵2台、灭火弹5500枚、高枝锯1台等。完成森林防火智能监测二期工程8个点位、栖霞山引水上山(覆盖林区4000亩左右)、虎山和射乌山3.2公里消防通道、射乌山消防队营房和分指挥中心、栖霞山2个350吨的消防水池等基础设施建设。全区已修建防火通道60余公里，拥有森林消防蓄水池近30个、护林站点16个，林区路网密度从2016年的4.74%提升到2021年的12%，消防水池蓄水量近4500立方米，较2016年增长55%以上。全区有25个森林防火智能监测点位，实现重点林区全覆盖，森林防火远程智能监控、三维地理信息、无线通信对讲系统已融为一体，基本形成"人防+物防+技防"的防控方式。是年，栖霞山风景名胜区森林消防专业队被南京市绿化园林局评为南京市森林防灭火优秀专业队伍。

◆**林长制工作** 作为江苏省首批林长制试点区之一，2021年10月，栖霞区成立区级林长制工作领导小组，制定出台《全面深入推行林长制实施意见》以及会议制度、督察督办制度等规定，设置林长制新架构。由区委、区政府主要领导担任总林长。是年，全区召开区、街级林长会议15次，区、街、村（社区）三级林长136人已全面上岗履职，累计巡山护林30余次。

◆**林木有害生物防治** 2021年，开展松材线虫病普查、清理工作，普查松材线虫病发生面积605.6公顷、清理病死树3198株，粉碎疫木243.42吨。在危害区域共设置19个松墨天牛诱捕器，在栖霞山公园释放天敌花绒寄甲2000管。开展美国白蛾监测防治工作，全区布设美国白蛾诱捕器65处，范围覆盖全区。是年6月，在八卦洲投放周氏啮小蜂7000蛹，防治美国白蛾；开展杨小舟蛾防控工作，采用高射程喷雾和烟雾剂防治方法，先后防治杨小舟蛾作业面积累计2000公顷，叶片保存率85%。是年，区农业农村局在八卦洲、西岗街道储备100型大型车载式高射程喷雾机2台、背负式烟雾机8台、手推式喷雾机3台、疫木粉碎机1台。

◆**生态公益林管理** 2021年，全区市级及以上生态公益林面积3410.73公顷。其中，国家级公益林339.2公顷，省级公益林784.2公顷，市级公益林2287.33公顷，全部通过ARCGIS系统落界。是年，区农业农村局下拨国家和省市级生态公益林补偿资金281.55万元、区级补偿资金229.52万元，下拨区级湿地保护补助资金50万元。

·农业机械·

◆**概况** 2021年，区农业农村局推广使用大中型农业机械48台。其中，大中型拖拉机11台，旋耕机1台，乘坐式高速插秧机4台，联合收割机2台，农用无人飞行器30台，农业机械化水平达92%。是年，培训农机驾驶员40人，检验农机具223台，农机检验率名列全市第一，上路行驶拖拉机参保率100%。全年未发生农机安全责任事故。是年，栖霞区被江苏省农业农村厅、江苏省应急管理厅评为2021年度江苏省"平安农机"示范区。

◆**农作物秸秆综合利用** 2021年，区农业农村局开展农作物秸秆综合利用工作，全区完成稻麦秸秆机械化粉碎还田面积3155公顷，农作物秸秆综合利用率达97.7%。支持秸秆综合利用企业进行肥料化、燃料化和基料化、原料化利用。

◆**农机安全生产** 2021年，区政府成立"平安农机"示范区创建工作领导小组，督促各街道建立健全农机安全机制，层层签订安全生产责任状，不定期明察暗访全区农机安全生产单位，对联合收割机、大型拖拉机等具有人身伤害危险的农业机械进行安全监管；按照"三见面"（即见人、见机、见证）原则，根据检验标准对农业机械送检下乡；每月不定期进行多次田间路查，对违章人员进行批评教育和行政处罚。是年，全区开展农机安全专项检查200余人次，联合交巡警七大队开展农机路查3次，全年办结行政处罚案件15起。全区实现联合收割机检验率100%、拖拉机检验率93.4%，两项指标均位列全市第一。

□陈　琳

水　务

◆**概况**　2021年，全区水务建设计划总投资1.8亿元，其中争取省市以上投资8547万元，区本级财政投入844万元，相关街道园区平台配套9289万元。全面开展第一次水旱灾害综合风险普查工作，落实防汛责任制，保障全区安全度汛。完成20个“污水处理提质增效达标区”示范建设，2项暗涵整治工程和马群、栖霞两个街道19个片区的雨污水清疏修缮项目，推开八卦洲街道25个自然村污水设施建设，实现全区所有行政村、规划布点村、自然村污水处理全覆盖。水质监测省考断面累计均值达到Ⅲ类、市考断面达到市定目标，同期水质达历年来最优。打造全市首家河长制主题公园；联合南京市水资源管理中心，在南京工业职业技术大学开展南京市首个节水产品类高校合同节水项目；栖霞区国家级县域节水型社会达标建设通过省级验收。动态调整区水务局行政权力事项清单250项。整治河道蓝线范围内违章建筑、违章种植。全年组织安全生产专项培训4次，全区水务建设未发生一例重大质量或安全生产责任事故。防治八卦洲江堤白蚁，江堤控预4千米，经投药检查，达到控制标准。在市水务工作考核中，区水务局被评为市水务工作先进单位。

◆**水旱灾害普查**　2021年，完成全区范围内水库、水闸、堤防基本情况及安全隐患的全面核查，核实2008—2020年全区发生过干旱灾害事件的时间、原因、范围、气象水文情况、农业城镇等受灾及损失情况，并对历年来实施的抗旱措施、投入人力物力、抗旱效果效益等进行全面调查，最终形成2021年栖霞区水旱灾害风险普查成果。

◆**水资源管理**　2021年，全区用水总量约6.67亿立方米，控制在市局下达的7.15亿立方米目标范围内；地下水用水总量约1.5万立方米，未超过市水务局下达的3万立方米目标范围。万元GDP用水量较2020年下降11.45%，万元工业增加值用水量较2020年下降7.1%。（按2021年度水资源公报口径估算）。是年，共完成27个节水载体创建工作（省级10个、市级17个）。4月，联合南京市水资源管理中心，在南京工业职业技术大学开展南京市首个节水产品类高校合同节水项目。10月，栖霞区国家级县域节水型社会达标建设通过省级验收。督察重点取水户、管理重点用水户，利用雨水、中水等非常规水，年利用量0.21亿立方米。完成栖霞山核心景区山体引补水取水行政许可及百水河生态补水等4个取水许可电子证照转换，取水户许可证办理实现全覆盖。2021年共征收水资源费48.62万元，其中水利工程费11.22万元、水资源费37.40万元。长江龙潭水源地经省水利厅核准，纳入水源地管理名录，水质监测站通过完工验收。长江燕子矶、八卦洲（左汊）上坝水源地2020年度长效管理与保护评估结果均为“优”。投入30万元开展长江八卦洲（左汊）上坝水源地标准化建设，达到“水量保障、水质达标、管理规范、运行可靠等”建设标准要求。完成《周冲水库生态水位保障方案》《北十里长沟西支生态河湖状况评估》报告，均已通过市水务局审查。编制栖霞区水质季报，及时填报水利部用水统计直报系统。组织“世界水日”“中国水周”“城市节水宣传周”“第二届全国节约用水知识大赛”等节水宣传教育活动。

◆**水行政执法**　2021年，区水务局开展水政专项执法和集中整治行动，全区巡查845人次，共发现违章9起，立案查处水土保持未批先建案件1起。汛前拆除河道围堰7处，开展2次联合清障，共清理违章种植面积约8000平方米，制作水行政法规宣传册1000份。10月15日，区水政大队联合区堤防管理所龙潭水务站对三江河违章种植进行清理，面积约5000平方米；11月25日，区水政大队联合区堤防管理所西岗农副科、西岗城管对七乡河违章种植进行清理，面积约12000平方米，清理后，区堤防管理所及时添加告示牌。是年，排水许可的批后监管工作共办理排水许可证375户，纳管许可5件。巡查监管临时排水工地75个，共5701个次，发出整改通知单411份，向城管移交处罚案件29件次。排水户巡查6080户次，其中重点排水户818户，检测抽查重点排水户水质164户。

◆水土保持工作 2021年，区水务局在全市率先通过招投标确定河海大学设计研究院有限公司作为水土保持全过程第三方。全年共受理批复生产建设项目水土保持方案76件，系统录入76件；征收水土保持补偿费3519679.2万元；完成水利部及省级图斑核查76个，认定15个国家级违规图斑及5个省级违规图斑，下达整改通知并进行后续跟踪工作。

◆河长制管理 2021年，区级河长巡河216次，街级河长巡河1796次，查摆排口出水、保洁缺失、违法种养等问题近200处。9月，栖霞区河长制主题公园竣工。作为全市首家河长制主题公园，该园依托北十里长沟东支北侧补水口、生态健康步道、水岸及生态台地，共设置河长制主题景观区、栖霞水环境治理区、水情科普教育区、水知识乐园区四大区域。园内以墙体手绘、雕塑小品、廊棚宣传栏、互动翻翻乐等创意展示形式，结合水相关典故、成语故事、诗句等文化元素，打造成为市民休闲游憩场地。10月19日，省水利厅副厅长张劲松参观指导栖霞区幸福河湖建设工程。

◆防汛物资管理 2021年，区堤防管理所开展对防汛物资整理清晒工作，内容涉及防汛仓库养护、防汛物资清理补充等，确保防汛物资充足。新购防汛物资拖车式柴油水泵车1台、吸水膨胀袋2000条、防汛专用沙袋10000条、潜水泵1台、编织袋20000条、雨衣100件、雨伞200把、手电100支。对抗旱排涝机械进行有计划的维修保养，确保机械性能符合正常运转要求。汛期期间配合上级发放防汛物资，做好防汛物资登记。

◆八卦洲跃进河口洲堤消险工程 3月10日，防汛消险项目—栖霞区八卦洲跃进河口洲堤消险工程开工，工程由南京市栖霞区人民政府八卦洲办事处组织实施。工程包括兑南枢纽防渗加固、跃进河反滤铺设、子堤消险加固、兑南低涵加装闸门、泵站拆建等内容，工程批复总投资2814.4万元。八卦洲办事处通过市公共资源交易中心建设工程平台公开招标南京市水利规划设计院股份有限公司为工程勘察设计；招标代理单位为江苏天业工程咨询房地产估价有限责任公司，施工中标单位为南京振高建设有限公司，监理中标单位为南京市水利规划设计院股份有限公司。工程施工中标价2405.346643万元，监理中标价76.57万元。8月31日，工程完工。

◆村级河道整治工程 10月20日，八卦洲街道幸福河等5条村级河道整治工程开工。工程由南京市栖霞区八卦洲街道水务工程建设处组织实施。工程主要内容为河道清淤、岸坡整治，清淤量约为4万立方米。八卦洲街道水务工程建设处通过市公共资源交易中心建设工程平台进行招投标，工程由南京市水利规划设计院股份有限公司设计，施工中标单位为江苏恒禹建设有限公司，项目管理单位为国正咨询（江苏）有限责任公司，监理单位为南京市水利规划设计院股份有限公司，质量检测单位为江苏省工程勘测研究院有限责任公司。工程设计中标价9万元，施工中标价208.947761万元，监理中标价6万元，预计2022年3月底工程完工。

□苏　杨

工　业

Industry

栖霞山·彩虹明镜

杨　轶/绘

责任编辑　张文龙

综　　述

◆**概况**　2021年，全区规模以上工业企业实现工业总产值3353.03亿元，比上年增长14.48%；实现规上工业增加值796.42亿元，比上年增长7.1%；实现营业收入3680.72亿元，比上年增长18.72%；实现利税417.63亿元，比上年增长63.32%；实现利润190.83亿元，比上年增长255.26%。

是年，区工信局统筹做好企业安全生产、新冠肺炎疫情防控、稳定产业链供应链等项工作，解决企业生产要素短缺问题，缓解节能“双控”影响。帮助企业应对大宗原材料价格上涨的不利影响，解决资金周转、员工短缺、产品运输物流不畅等困难。重点抓好全区32家年产值10亿元以上工业企业的生产经营。依托全区新型电子信息、新能源汽车、高端装备、新医药与生命健康等主导产业，做大人工智能等产业，全年工业战略性新兴产业产值占规模以上工业总产值的比重在50%以上。建设中国（南京）智谷、栖霞高新区生命科技创新园等重点园区。建设南京极智嘉机器人智慧工厂系统项目、南京康尼机电轨道交通门系统等工业互联网平台项目。至年底，签约大唐电力“5G+智慧能源发电厂管理”、金陵石化“5G+石油化工生产管理”等5G应用项目30个。全年新认定企业星级上云项目7家。专项治理化工、船舶修造行业及相关危化品，开展“安全月”活动，定期组织问题隐患“回头看”，整改隐患问题60条，化工企业关闭退出8家。协助江苏金桐公司、金桐石化公司在江北选址建设，推进南京烷基苯厂向金陵石化公司现有地块搬迁。限批高能耗项目，监测石化、水泥、玻璃等重点企业能耗。全区进入千企省级培育库企业近80家，完成省级专精特新“小巨人”申报企业24家，获评省级和国家级专精特新“小巨人”企业14家。走访调研重点企业30余家，开展专题培训10余场，培训企业300余家。发放《2021版惠企政策要点解读》500余本、支持企业发展政策汇编1000余本。

2021年栖霞区各街道、经开区工业产值实绩一览表

表11　　　　**单位：万元、%**

序号	单位	当年产值实绩	同比增长率	占全区比重
	合　计	3353.03	14.48	100
1	南京经开区直管	3045.49	13.92	90.83
2	栖霞街道	127.34	16.89	3.8
3	龙潭街道	115.51	25.00	3.44
4	马群街道	29.41	10.59	0.88
5	栖霞高新区	10.28	24.00	0.30
6	西岗街道	8.99	79.58	0.27
7	尧化街道	4.27	1.9	0.13
8	八卦洲街道	4.25	65.11	0.13
9	迈皋桥街道	3.50	5.19	0.10
10	仙林街道	2.76	10.3	0.08
11	燕子矶街道	1.23	32.90	0.04

2021年栖霞区前20强企业产值一览表

表12　　　　**单位：万元**

排序	企业名称	2021年当年实现产值	排序	企业名称	2021年当年实现产值
1	中国石油化工股份有限公司金陵分公司	9021343	11	仕达利恩（南京）光电有限公司	595649
2	爱尔集新能源（南京）有限公司	2553491	12	博西华电器（江苏）有限公司	585151
3	乐金显示（南京）有限公司	2276634	13	艾欧史密斯（中国）热水器有限公司	522833
4	喜星电子（南京）有限公司	2254492	14	邦基（南京）粮油有限公司	455747
5	南京华新有色金属有限公司	1426173	15	瑞仪光电（南京）有限公司	426751
6	南京LG新港新技术有限公司	1320510	16	南京乐金汽车零部件有限公司	388475
7	南京京东方显示技术有限公司	881822	17	华能南京金陵发电有限公司	372794
8	杉金光电（南京）有限公司	746889	18	南京中电熊猫液晶显示科技有限公司	356899
9	爱尔集新能源电池（南京）有限公司	692084	19	南京正大天晴制药有限公司	340417
10	南京夏普电子有限公司	620805	20	中国石化集团金陵石油化工有限责任公司	329427

◆企业技术中心　2021年，全区11家企业被市工业和信息化局认定为市级企业技术中心，其中行政区4家，经开区7家。至年底，全区有市级及以上企业技术中心104家，其中国家级企业技术中心4家（经开区4家），省级企业技术中心45家（行政区14家、经开区31家），市级企业技术中心55家（行政区17家、经开区38家）。被认定为企业技术中心的企业，以软件和信息服务、人工智能、医药与生命健康、智能制造装备、集成电路、智能电网、轨道交通、新能源汽车八大产业链相关企业为主。

◆新医药与生命健康产业　2021年，区工信局发布“新医药政策20条”和三年行动计划。健全产业链工作机制，执行产业链月报制度，跟踪重点项目建设进度，上报产业营收数据，总结产业链工作情况和问题。深挖产业链资源潜力，布局产业链目标规划。全区新医药与生命健康产业主营业务收入超330亿元，占全市相关产业业务收入的近30%。正大天晴、扬子江等15家龙头企业主营业务收入占全区的72.8%。

软件和信息化产业

◆概况　2021年，全区从事软件和信息服务业库内（南京市软件产业统计分析平台）企业200家，实现软件和信息服务收入125亿元，比上年增长6.8%。江苏翔晟信息技术股份有限公司、江苏东交智控科技集团股份有限公司、南京鹰视星大数据科技有限公司获市工业和信息化发展专项资金扶持。全区新认定省星级上云企业7家，其中三星级4家（行政区3家、经开区1家），四星级3家（行政区2家、经开区1家）。至年底，全区有星级上云企业56家，其中三星级44家（行政区28家、经开区16家），四星级11家（行政区5家、经开区6家），五星级1家（经开区1家）。是年，南大科学园、南京新港高新技术产业园被市数字经济发展领导小组办公室认定为首批市数字经济产业园区。

◆软件业发展　2021年，区工信局以产业数字化转型为契机，实施市场主体倍增计划，全年新增软件和信息服务业市场主体4400家。培育区级龙头企业，走访通行宝、量为石、达科信息、东交智控等重点企业，帮助企业解决实际难题。通行宝全年实现营收5.6亿元，增幅57.4%。核心科技产品“调度云”入选全国国有企业数字化转型优秀案例。“ETC生态运营平台”项目列入省战略新兴重点项目，获中国交通投融资年度创新二等奖。全年新增知识产权91

项，公司ETC用户发展突破2000万户，用户总量位列全国第三。辅导组织达科信息、中诚区块链研究院入选省大数据、区块链产业发展试点示范项目。东交智控等6家企业产品入选省人工智能融合创新应用解决方案7个。达科信息软件产品入选省重点领域首版次软件产品推广目录。江苏达科信息科技有限公司、江苏臻云技术有限公司入选省第二批数据管理能力成熟度评估模型评估单位名单，翔晟信息项目获市新一代数字经济重点项目支持，英麦尔（南京）科技有限公司等企业通过省软件企业认定。

◆**省四星级上云企业** 2021年，江苏东交智控科技集团股份有限公司、南京盛航海运股份有限公司，被省工业和信息化厅认定为省四星级上云企业。东交智控公司是智慧工地在线监控运维服务提供商，通过上云，企业实现基础应用成本下降、数据可视化、设备可视化，在数据+模型创新应用上，实现设备远程监控与运维，企业运营分析和预测。盛航海运公司是国家高新技术企业，运输沿海货物。通过互联网管理船舶，开发监管平台、船运系统等基于互联网船管系统。 □许世利

大数据管理

◆**概况** 2021年，区大数据局推进全区信息化建设，统筹管理信息化项目。编制年度建设计划，明确重点建设任务64项。审查区各部门和街道的信息化项目建设方案、可研报告等26份，提交审查报告80余份，组织专家评审、项目验收20多场。

◆**平台建设** 2021年，区大数据局完成数据中心改造、云平台、支撑平台、共享交换平台和三大数据库框架建设，实现与区政府办、区城管局、区委政法委等部门6个系统对接，归集区统计局、区税务局、区行政审批局等部门数据49类2.2亿条。

◆**数据资源应用** 2021年，区大数据局完成“栖霞政策通”政策精准服务平台建设，整合行政区、经开区企业信息6.63万条，汇聚国家及省、市、区4级政策994条，总用户6.68万个、总浏览27万多次、总申报64次。与区税务局合作，建成“企业基础信息查询系统”，归集2020年、2021年税务登记基本信息、申报销售数据、税费入库信息、发票开具信息等涉税数据，获区工作创新三等奖。

◆**保障能力提升** 2021年，区大数据局新增云平台服务器10台、数据服务器6台，为各部门新建虚拟服务器47台，部署新业务系统16个。按照分级分区保护原则，优化调整原有网络结构，新增核心交换机、下一代防火墙、入侵防御等网络安全设备18台，提升网络安全防护能力。 □徐 力

街道园区

·十月公社科技创业园·

◆**概况** 2021年，十月公社科技创业园注册企业1029家，实地经营企业126家。其中，一期租地企业58家，二期租厂房企业67家，自有厂房办公企业1家，带动就业1382人。全年总产值45.61亿元，税收1.77亿元，收租金1044.06万元，因新冠肺炎疫情租金减免24.37万元，收物业费42.45万元，收垃圾清运费17.88万元。园区自建厂房及办公楼10.96万平方米，已使用面积7.76万平方米，剩余可租赁面积3.20万平方米，二期厂房租赁率70.8%。园区以人才引领创新，以科技推动转型，以项目带动发展。重点打造以光电新技术、电子信息及高端装备制造为主导产业的科技创业园。园区先后被授予省重点培育小企业创业基地、市科技企业孵化器、市小企业创业基地称号。

◆**项目招商** 2021年，十月公社科技创业园引进签约南京金兴高科技有限公司、南京智华博智能科技有限公司等高科技企业5家。配合博度文化产业园推进招商。5月13日，盛航海运公司在深交所上市。11月，南京大象映画文化发展有限公司试营业。

◆项目进展　2021年，十月公社科技创业园推进重大项目建设。其中，市重点项目——兆裕智能环保科技研发中心，总投资5.5亿元，用地面积2.02万平方米，建筑面积5.52万平方米。由南京兆力环保科技有限公司负责主体建设。区重大项目——华汇激光气体传感器研发转化生产中心建设项目，总投资5亿元，用地面积1.01万平方米，建筑面积3.29万平方米。由南京华汇智能科技有限公司负责主体建设。至年底，2个项目均完成土地出让招拍挂前期工作。

◆工程建设　2021年，十月公社科技创业园开展各类工程8项。其中，栖霞街道商会阵地建设工程、十月公社科技创业园企业文化展示墙工程、十月公社科技创业园312路口标牌工程、十月园区室外充电车棚工程完成竣工验收。至年底，推进项目4项，分别为S09一楼3号变电所建设项目、S01—S04消防设施改造并网项目、园区智能化系统整合及补缺项目、园区室外导示标牌及文化宣传建设项目。　□周伟健

·马群科技园·

◆概况　2021年，马群科技园完成规模以上工业企业产值29.4亿元。净增规模以上工业企业3家，规模以上服务业企业5家，限额以上商贸企业8家，有资质建筑业企业2家，规模以上文化企业3家。实际利用内资34.37亿元，实际利用外资2023万美元。签约项目投资额63亿元，亿元以上项目8个。江苏山推项目小地块完成土地招拍挂，南邦科技地块完成低效用地再开发手续。完成双电科技地块土地转性手续。明外郭南湾营地块办理征地、杆线下地等前期手续。至年底，6个市、区重大项目按计划实施，其中中石化工程公司研发中心竣工投用，紫金城市广场主体结构竣工，金马路项目完成80%，交通枢纽办理移交手续，紫金智谷项目主体封顶。

◆科技成果　2021年，马群科技园有高新技术企业61家，授权发明专利32件。认定科技型中小企业107家，认定市级培育独角兽企业2家、瞪羚企业1家。认定省级工程技术研究中心2个，市级工程技术研究中心2个。申报区重点研发项目22项、区成果转化项目5项，入选“紫金山人才计划”区级项目5个、省“双创计划”双创人才1人。至年底，有国家级工程技术研究中心1个、省级6个、市级12个。有省科技企业家等各级各类人才近百人。

◆园区服务　2021年，马群科技园引进企业42家，在园办公企业95家。签订办公用房租赁合同13份，出租办公用房面积2740.4平方米，出租人才公寓2间。催缴清欠租金，发送租金逾期催款通知书23份，收回拖欠租金300余万元。10月，核实企业注册地、经营地、税属地，理顺企业归属，营造优质营商环境。维修改造科创中心公共设施，升级停车收费管理系统。清理河道垃圾，推进企业垃圾分类。

◆安全生产　2021年，马群科技园运用181平台，检查巡查1570次，重点监管48家，隐患整改60条，安评体检473家，月度体检2222次。组织企业参加安全培训3次、消防培训及演练1次。园区企业食堂油烟净化器安装率100%。联合街道检查企业食堂燃气安全，采集城建安防系统信息，备案登记厂房装修改造，普及职业健康知识。开展反电信诈骗宣传，向323家企业发放防范电信网络诈骗“秋风行动”宣传资料。　□孔令浩

入驻企业选介

·南京电气（集团）有限责任公司·

◆概况　2021年，南京电气（集团）有限责任公司（简称“南京电气”）在册员工1202人，在岗员工1049人。钢化玻璃绝缘子产量526万片，高压电容套管产量7716只，复合绝缘子产量6.1万只。是年，南京电气面对宏观形势偏紧、新冠肺炎疫情波动、原材料价格和海运费大幅上涨、能耗双控与限电等困难，开拓国内、国际两个市场，抓好白鹤滩—江苏特高压直流工程等项目，为国家重点工程建设、扶贫攻坚和“电力战

疫”做出贡献，产品出口到100个国家和地区。与国家电网公司、南方电网公司科研合作，推进“卡脖子”重大研发项目攻关，替代进口，新型高端套管研制成功、挂网运行，特高压空心复合绝缘子新产品研制成功，并通过中国电力科学研究院高海拔电气性能试验。防坠落玻璃绝缘子新产品畅销全国多个省份。高新材料、电力工程、智能电力设备、气凝胶产业等业务持续发展。1月8日，企业微信公众号建成投用。4月1日，特高压户外试验场建成投用，企业开展对外检测服务新业态。4月，协办直流套管国标和玻璃绝缘子行标修订会议。6月1日，《技术引进线玻璃绝缘子发展大事记》等玻璃绝缘子产品四本专著出版发行。10月25日，市重大项目——南京电气玻璃绝缘子绿色数字化工厂项目开工建设。12月15日，南京电气绝缘子有限公司被南方电网公司授予“昆柳龙直流工程攻坚战特别贡献奖”铜牌。是年，“南京电气（集团）有限责任公司”老厂区基本拆除，逐步停产。新厂区更名为“南京电气科技集团有限公司”。

是年，南京电气科技集团有限公司被南京新工行业协会授予先进企业称号，南京电气绝缘子有限公司和高压套管有限公司分别被工业和信息化部、省工业和信息化厅认定为国家级和省级专精特新“小巨人”企业。

◆白鹤滩特高压工程中标 1月15日，国家电网公司发布白鹤滩—江苏±800千伏特高压直流输电工程招标采购中标结果，南京电气绝缘子有限公司中标直流玻璃绝缘子7万多片。3月19日，南京电气中标该工程直流钢化玻璃绝缘子17.3万片，在白鹤滩—江苏±800千伏特高压直流工程中，中标直流钢化玻璃绝缘子近25万片。11月18日，国家电网公司发布白鹤滩—浙江±800千伏特高压直流工程产品中标结果，南京电气绝缘子有限公司中标直流玻璃绝缘子近37万片。白鹤滩—江苏和白鹤滩—浙江±800千伏特高压直流工程均为国家“西电东送”重点工程。

◆科技成果获奖 2月10日，南京电气高压套管有限公司被南方电网公司授予2020年度成果转化应用三等奖，获奖项目为“550千伏GOE型套管内绝缘诊断分析及治理”。550千伏以上超特高压套管是国家电力装备“卡脖子”产品之一，国内重点项目使用产品长期依赖国外进口。南京电气高压套管有限公司与南方电网公司合作，组织科研人员，投入资金，开展科研攻关，优化完善产品结构设计、电容芯子设计及装配工艺等，攻克多项关键技术，实现550千伏超高压油纸电容式套管国产化，替代进口。

◆绿色数字化工厂项目开工建设 10月25日，市重大项目——南京电气科技集团有限公司玻璃绝缘子绿色数字化工厂项目开工建设。该项目是在玻璃绝缘子一期工程基础上，再建一座玻璃新熔窑、一条玻璃元件生产线和一条数字化绝缘子装配线，主要设备采自世界一流供应商。该项目与原有生产线相比，具有数字化、智能化、绿色、高效等特点。公司克服全球新冠肺炎疫情影响，与外商合作，确保进口设备按计划到货。按照防疫要求，专业消杀和核酸检测所有进口设备，并设置隔离区单独存放设备。 □赵新生

·中石化南京工程有限公司·

◆概况 中石化南京工程有限公司（简称“南京工程公司”）是炼化工程（集团）公司全资子公司，2009年6月，由中国石化集团第二建设公司和中国石化集团南京设计院重组成立，位于南京市栖霞区，注册资本5.56亿元。

南京工程公司是以设计为先导，专利、专有技术、工艺包开发为核心，工程总承包和项目管理、专业施工为主体，面向国内外市场提供技术和管理服务的综合性、一体化国际工程公司。公司在煤化工、天然气化工、环境工程、清洁能源、硫酸磷肥等无机化工、苯系化工、公用工程和工业民用建筑等设计业务方面优势明显；具有设计、采购、施工一体化独特优势和雄厚的国内外项目综合管理能力；具有以大型机组安装、大型储罐安装、大型DCS/ESD安装调试、特殊材质焊接等为核心的施工能力和施工管理能力。

2021年，南京工程公司下设职能部门12个、专业设计室6个、专业分公司3个、区域分公司5个。在册职工2708人，其中经营管理、专业技术和工程项目管理人员1854人，各类技能操作人员436人，具有本科及以上学历1563人，具有中、高级专业技术职称1322人。公司硫磷、化工园区、新能源等业务市场扩大，经营业绩企稳向好，自由现金流近四年首次由负转正。保障集团公司重点项目建设，古雷炼化一体化、镇海基地、洛阳苯乙烯、天津商储、洛阳商储二期、福建商储、中沙聚碳等72项工程顺利交付并陆续投产。5月，工程技术研发中心投用。完成档案库房2万余册档案、1061件实物档案搬迁和开发利用，部分档案被国资委征集。5月7日，95岁的中共党员周奇君向中共南京工程公司党委交纳特殊党费100万元。9月10日，南京工程公司召开第一届科技创新大会。

◆省部级奖项　2021年，由南京工程公司承建的中安联合煤制170万吨/年甲醇及转化烯烃项目，被中国施工企业管理协会评为国家优质工程奖金质奖，全国设计水平成果评价奖一等奖。荆门280万吨/年重油催化裂化装置及系统配套改造项目，获集团公司优质工程奖。古雷炼化一体化项目罐区一工程，被中国工程建设焊接协会评为全国优秀焊接工程一等奖。参编石油化工工程数字化交付标准，获中国石化科技进步二等奖。镇海基地项目，被评为全国能源化工地质工会优秀立功集体，常减压项目管理团队被评为优胜单位，仲启达获“大国工匠”称号。公司被省精神文明建设指导委员会授予2019—2021年度省文明单位称号。

◆技术创新　2021年，南京工程公司全面落实集团公司科技创新、打造技术先导型公司要求，设立重点科研任务支持清单，实行“项目长”负责制，部分项目实施“揭榜挂帅”制度。全年技术开发项目运行102项，计划完成50项，实际完成46项。整理成熟工艺包2项。完成专利申请63件，获授权专利65件。形成企业级工法13项。主编参编国行标31项，主编中石化标准15项、炼化工程集团标准20项，发布公司标准93项。取得市政设计乙级资质、长输管道GA、GB设计许可证，被市城乡建设委员会评为市勘察设计企业信用评价A类企业。

◆组织机构调整　5月，南京工程公司将原管理机构从16个优化整合为12个，撤销二级单位1个和专业设计室1个。“管道工程室”更名为“安装工程室”，组建常设项目部1个，优化二级单位机关部门设置，公司中层机构从原来的32个精简到26个。开展轮岗交流，起用优秀年轻干部，中层干部，现职人数精简8.1%，平均年龄降低2.3岁，管理效能提升。

◆古雷炼化装置开车成功　8月7日，南京工程公司承建古雷炼化一体化EO/EG装置投料开车，经历13个小时，于23时6分顺利产出合格乙二醇产品，创下行业内用时最短原始开车产品合格记录。该装置的全面建成投产，打通了古雷厂区炼油化工全流程重要一环。该装置是当时中国石化系统内单套规模最大EO/EG装置，由环氧乙烷反应单元、乙二醇反应单元、辅助生产单元等组成。装置于2019年6月28日土建开工，历时22个月，4月28日交付。□毕　华

2016—2021年南京工程公司主要生产经营指标表

表13　　　　单位：亿元、项

年份 指标名称	2021	2020	2019	2018	2017	2016
资产总值	51.85	53.36	55.29	55.87	56.81	53.87
设计投资	81.70	60.36	64.17	90.20	93.89	90

续表

年 份 指标名称	2021	2020	2019	2018	2017	2016
主营业务收入	58.84	58.81	67.02	55.98	46.77	70.06
承接工程数量	286	257	239	196	170	162
授权专利数量	65	54	37	48	56	42

2021年南京工程公司完成主要工程项目表

表14

序号	项目名称	中交或完工日期
一	EPC总承包项目	
1	福建漳州古雷炼化一体化项目厂内罐区、汽车装卸设施及火炬等装置工程	4月
2	福建漳州古雷炼化一体化项目厂外码头液体化工品库区等配套设施装置工程	5月
3	福建漳州古雷码头丙烯腈罐组工程	9月
二	施工项目	
1	镇海基地一体化项目给水排水管网土建及安装工程（一级地管）	4月
2	福建漳州古雷炼化一体化项目10万/70万吨EO/EG装置工程	4月
3	中石化资产公司天津石化分公司160万立方米商业原油储备库工程	4月
4	九江石化2021年度装置停工大检修工程	5月
5	中石化洛阳工程公司洛阳原油商业储备基地工程（二期）施工项目	5月
6	福建漳州古雷炼化一体化项目第一循环水场、罐区一、110千伏变电所施工项目	5月
7	镇海炼化有限公司扩建炼油乙烯全压力罐区施工项目	5月
8	中石化油商业储备有限公司福建原油基地工程施工项目	6月
9	镇海基地一体化项目II套常减压改造施工项目	6月
10	中沙（天津）石化公司26万吨/年聚碳酸酯项目12万吨/年双酚A装置安装工程	7月
11	洛阳分公司12万吨/年苯乙烯项目安装工程标段一	7月
12	镇海石化储运公司镇海炼化轻烃基地项目安装工程施工项目（低温罐）	9月
13	镇海基地一体化项目27.4万/60.2万吨/年PO/SM装置工程	11月
14	董家口至东营原油管道工程线路工程项目三标段	12月
三	设计项目	
1	中国石化润滑油滨海分公司润滑油天津南港特种油脂及基础储运项目基础设计	1月
2	镇海炼化分公司扩建1500万吨/年炼油120万吨/年乙烯项目乙烯部分基础工程设计）（含部分主项工程设计）（六标段）详细设计	4月
3	中国石化宁波新材料研究院有限公司新材料研究院研发区详细设计	4月
4	安徽凯泽新材料有限公司50万吨/年羧基丁腈胶乳项目详细设计	6月
5	中国石化扬子石油化工有限公司5万吨/年YDA项目工艺包	7月
6	山东丰源产业发展有限公司峄城化工产业园综合管廊管网和危化品停车场详细设计	8月
7	空气化工产品（中）投资有限公司滨州25000Nm^3/h氧气空分项目详细设计	8月
8	中国石化巴陵石油化工有限公司环己酮己内酰胺装置及配套设施工程详细设计	9月
9	中石化天津南港120万吨/年乙烯及下游高端新材料产业集群项目部分单元基础设计	9月
10	中化重庆涪陵化工有限公司环保搬迁项目80万吨/年硫黄制酸及配套装置详细设计	10月
11	中国石化催化剂有限公司天津新材料生产基地（一期）建设项目基础设计	10月
12	空气化工产品（浙江）公司海盐氢能源和工业气体综合项目（一期工程）详细设计	12月

商贸服务业

Commerce & Service Trade

栖霞山·太虚亭

杨 轶/绘

责任编辑 张文龙

招商引资

◆ **概况** 2021年，全区实际利用内资395.44亿元，实际使用外资9.19亿美元，签约项目投资总额2336亿元，签约亿元以上项目249个，招商项目信息1344条。在二、三季度擂台赛上，栖霞区被南京市投资促进工作领导小组分别授予目标任务进度奖和重大项目推进奖红旗。全区举办重大项目建设推进会、土地招商推介会、新医药与生命健康产业峰会、创新投资座谈会等推介会60余场。到深圳、重庆、武汉、广州、上海、商洛等城市，开展国内招商活动150余次。天加环境科技有限公司被认定为省第十二批跨国公司地区总部，南京经开区成立智能制造中试基地、医疗器械产业园、经东汽车零部件产业园3个实体经济载体。完成山推科技研发中心等重大项目8个。4月8日，在紫东国际创意园企服中心举办国际人才街区政策解读暨南京经开区涟水特别合作区资源推介会。

◆**国内招商考察** 2月24—25日，区长王生，栖霞高新区相关负责人到徐州招商考察，拜访江苏乐筑网络科技有限公司等3家公司，与企业座谈交流。3月22—23日，区长王生，西岗街道等单位主要负责人到广西、深圳招商考察，与中共来宾市委、市政府签约江苏生命科技创新园“产业飞地”项目，考察三江口新区医药化工产业园等，拜访花样年控股集团、中国燃气集团。3月31—4月1日，区委书记黎辉，副区长王靖华，区商务局、燕子矶街道、栖霞山管委会等单位主要负责人，到上海考察张江普洛斯盛银大厦嘉丰达项目、到南通考察南通邮轮码头。4月26—28日，区委书记黎辉，南京经开区、燕子矶新城指挥部等单位相关负责人到重庆、成都招商，考察香港置地重庆光环购物公园等项目，并座谈交流；到西南交通大学犀浦校区开展“百校对接”活动，考察成都京东方光电科技有限公司，推进G108项目扩建。5月11—13日，区委书记黎辉，区金融局、栖霞街道、龙潭街道等单位负责人到广州考察融创文旅城项目，参观展示中心、雪世界、乐园，围绕推进燕子矶老镇、栖霞山文旅项目座谈交流；到深圳拜访中兴通讯，参观科技园总部，与企业座谈交流；拜访深交所，参加驻区企业盛航海运公司首次公开发行A股上市仪式。5月26—27日，区长王生，区发改委、区金融局等单位负责人到上海拜访交通银行股份有限公司、参观浦发银行总部、国泰君安证券股份有限公司，洽谈有关事宜，推介区内营商环境，与部分拟上市企业座谈。7月6—9日，区长王生，马群街道、燕子矶新城指挥部等单位负责人到武汉、重庆考察东湖网谷、宝能集团重庆十八梯项目等，拜访中建三局，与宝能集团协调解决相关项目问题，考察龙湖光年TOD项目，双方初步达成燕子矶新城相关项目投资意向。9月26—28日，区长王生，区政府办、区工信局等单位负责人到上海，考察上海眼控科技股份有限公司等5家公司，并座谈交流。10月15日，区委书记黎辉，南京经开区、龙潭街道等单位负责人到安徽芜湖拜访海螺集团，洽谈项目。11月3—4日，区委书记黎辉，区委办、仙林大学城招商局等单位负责人，到上海参观考察中骏集团总部产业园等重点项目，参观太保家园示范体验中心、LCM旭辉置汇广场，并座谈交流。11月27—29日，区长王生，区政府办、区发改委负责人到青海西宁、陕西商洛考察鲁沙尔阳坡银铜器加工产业项目、商州区绣球菌工厂化生产项目，召开东西部协作座谈会。

◆**数字化人才发展培训** 3月11日，“数字赋能 人才先行——数字化人才发展论坛走进栖霞”培训活动在区委党校多功能厅举行。活动由省数字经济商会、区商务局主办，南京南邮通信网络产业研究院、大任智库承办。活动采用线上、线下相结合形式，区政府相关部门、大学城招商局、经开区投促局、栖霞高新区、街道办事处招商人员及区内重点企业100余人参加。南京南邮通信网络产业研究院营销总监吕磊主持，大任智库总经理、省数字经济商会副秘书长何伟以“数字时代人力资源管理创新”为题，阐述数字时代背景下的人力资源管理，并对如何打造一支具有数字化能力创新管理团队提供解决方案。

◆土地资源招商推介会 3月25日，区土地招商推介会在新地酒店举行。推介会由市规划和自然资源局、区委、区政府、南京经开区管委会、仙林大学城管委会主办。中共市规划和自然资源局党组副书记王东，区委书记、南京经开区党工委书记、仙林大学城党工委书记黎辉，常务副区长宗宁虎，南京经开区管委会副主任徐宁生，仙林大学城管委会副主任张铁波及市、区两级相关部门负责人出席。推介会采用线上、线下相结合形式，吸引华润、金鹰、德基、宝龙、复地等6万余家开发企业、运营企业、银行金融机构和行业商会协会参会。重点推介23宗地块112.47公顷。其中，商品住宅用地10幅，出让面积39.42公顷；商业及商住混合用地11幅，出让面积71.24公顷；社区中心用地2幅，出让面积1.81公顷。活动现场举行“共创栖霞美好生活——城市合伙人”授牌仪式。

◆民营园区专题调研 3月29日至4月21日，区商务局牵头组织相关街道和民营园区到上海、杭州、江宁、雨花等地调研。调研期间，区商务局围绕政策扶持、核心竞争力、项目招引与评估、短期经营压力与中长期发展之间的矛盾、优化营商环境、民营园区对产业发展的支撑作用等话题与园区负责人交流。调研走访普洛斯盛银大厦、盛大天地、万象企业中心等民营园区10家。

◆金秋经贸洽谈会 10月14日，南京金秋经贸洽谈会栖霞板块重大项目签约仪式暨新医药与生命健康产业峰会，在仙林新地酒店举行。活动由区委、区政府、南京经开区管委会、仙林大学城管委会主办。活动采用线上、线下相结合形式，邀请行业领军企业、高新技术企业、新型研发机构、金融机构、知名高校及科研院所院士、教授、高管等130余人参加，吸引万余人在线观看。中共南京市委有关负责人出席并致辞。区委书记黎辉，区长王生，南京经开区管委会主任孙爱军，仙林大学城管委会主任袁传军，区人大常委会主任陈波出席，市、区相关部门，街道和平台主要负责人参加。王生发布《新医药与生命健康产业高质量发展栖霞区三年行动计划（2022—2024）》和《关于促进栖霞区新医药与生命健康产业高质量发展的若干政策措施》。中国科学院院士、南大化学与生物医药创新研究院院长郭子建，国际欧亚科学院院士、南京中医大教授段金廒，火石创造产业研究院院长苗先锋，南京诺唯赞生物科技股份有限公司副总裁许铭，分别围绕新医药与产业融合、中药产业发展、仿制药全球化、疫情下公立医药市场机遇等话题交流发言。在南京金秋经贸洽谈会期间，栖霞板块涉及智能制造、生命健康、城市配套等领域项目落地35个，投资额888.6亿元，其中活动现场签约重大项目28个。

商贸流通

·概　述·

◆概况 2021年，区商务局举办消费促进月、美食节、生活节系列活动，增加消费体验，促进消费潜力释放。抓好限额以上批零住宿餐饮企业新增入库，提高社会消费品零售总额和批零住宿餐饮业销售额指标运行质量。落实区商贸服务安全生产专业委员会职责，联合成员单位开展安全生产联合检查和安全生产专项整治，突出新冠肺炎疫情防控、特殊时节安全管控，商贸服务行业安全稳定。是年，全区实现社会消费品零售总额512.01亿元，比上年增长10.9%，其中限上296.47亿元，比上年增长16.7%。全区限上销售额1078.7亿元，比上年增长15.4%，其中批发业销售额784.7亿元，比上年增长15.6%，零售业销售额275.8亿元，比上年增长14.3%。5月22日，区春季美食节在迈皋桥街道万谷·慧生活广场开幕。

◆新冠肺炎疫情防控 2021年，区商务局持续做好商务系统新冠肺炎疫情防控。印制《新冠肺炎疫情防控指南》《江苏省重点场所重点单位重点人群新冠肺炎疫情常态化防控指南》《栖霞区公共场所、进口非冷链货物和寄递物流两大关口疫情防控指引汇编》等手册4000余份，发送商场超市、宾馆、餐饮场所。做好常态化防疫检查，持续巡查重点点位和重点场所，整改反馈问题，形成闭环管理。全年检查商场、超市、宾馆、农贸市场、进口企业6000余次。

◆安全监管培训 2021年，区商务局牵头，采取定期部门联合检查、重要节点专项检查、日常随机抽查、第三方专业公司逐一排查等方式，检查加油站、大型商业场所、餐饮住宿等单位的安全。各类检查40余次，发现一般安全隐患335条，全部整改。4月9日，区商务局在区委党校召开商贸服务安全生产专委会工作会议，副区长王靖华出席，专委会各成员单位和经开区经发局、安监局分管领导及60家重点商贸服务企业代表参加。5月29日，区商务局与第三方专业公司中安科技签订安全检查协议。6月8日，区商务局在区委党校举办商贸领域安全生产培训会，各街道（园区）、区内大型商业综合体、限上餐饮住宿企业相关负责人100余人参加。6月16日，区商务局联合区消防救援大队、尧化街道，在金地广场开展安全生产培训，金地广场管理方员工、场内商户160余人参加。6月25日，区商务局在亮牌仙林大道加油站组织消防应急演练，全区28座加油站站长参加。6月29日，市、区两级商务部门联合省餐饮行业协会在区开展“餐饮行业高质量发展巡讲全市行活动”，区内重点餐饮（酒店）企业负责人、部分限额以下餐饮单位相关管理人员及各部门、街道（园区）相关负责人112人参加。11月16日，区商务局在商务局中心5楼会议室举办2021版《中华人民共和国安全生产法》解读培训会，江苏安渠消防技术有限公司专家授课，商务系统60余人参加。

◆商贸服务业发展座谈会 3月17日，区政府召开商贸服务业高质量发展座谈会。区政协主席杨白英，区委副书记孙爱军，副区长王靖华，南京经开区管委会副主任沈吟龙，区相关部门、街道园区及经开区经发局负责人出席。会议邀请40家重点商贸服务业企业及金融机构代表参会。根据《栖霞区扶持商贸企业高质量发展促进社会消费品零售总额稳步增长奖励办法》等文件精神，南京中电熊猫现代服务产业有限公司等5家单位被评为“2020年栖霞区商贸服务业高质量发展突出贡献单位”，江苏凤凰新华书店集团有限公司等10家单位被评为“2020年栖霞区商贸服务业高质量发展先进单位”。南京合斯满网络科技公司等6家单位作交流发言。

◆第四届中国国际进口博览会 11月5—10日，第四届中国国际进口博览会在上海举办。区成立交易分团，组织江苏中创供应链等从事进出口、服务贸易、技术装备相关产业的136家企事业单位报名参会。区交易分团参与各类新品发布会、贸易洽谈会、产业对接会等现场活动，成交金额1.12亿美元。其中，八卦洲跨境电商产业园与韩国生活工作所有限公司等品牌签单8200万美元，江苏中创供应链服务有限公司与德国莎露斯集团、德国雅培线上签约3000万美元。副区长郭昌标、韩淼参加签约活动，与复星医药集团等参展企业交流座谈。

◆龙潭稻香节 11月20日，龙潭稻香美食节暨农旅融合发展论坛在龙潭街道水一方生态旅游度假区举办。中共江苏省委农办副主任杨天水、新华日报社总编辑顾雷鸣、区长王生分别致辞。现场举行“芳草渡第一锅”开锅仪式。湖南杂交水稻研究中心副主任袁定阳代表湖南杂交水稻研究中心与龙潭街道负责人签订共建协议，为湖南杂交稻研究中心“芳草渡”实验基地授牌。省农业科学院与芳草渡农业科技公司举行品牌赋能签约仪式。龙潭街道有“水一方荷花节”、味稻“芳草渡”、家香“八大碗”等特色品牌。

·农贸市场·

◆概况 2021年，全区在营农贸市场35家，其中龙潭街道5家，西岗街道2家，栖霞街道2家，马群街道

3家，仙林街道5家，尧化街道4家，迈皋桥街道9家，燕子矶街道4家，八卦洲街道1家。经营面积在3000平方米以上的农贸市场有11家。

◆安全监管 2021年，区商务局依照国家相关标准，检测农药残留、瘦肉精、抗生素等。全区抽检食用农产品932批次，抽检合格率98.6%。35家农贸市场均配建"六统一"食用农产品快检室。

◆新建农贸市场 2021年，区商务局新建三元家园农贸市场1家，位于迈皋桥街道瑞霞路与银贡南路交叉口，由南京众家康农贸市场有限公司经营，12月运营。市场两层，面积4306平方米，摊位110个，基本配套设施完善。市场辐射三元家园、熙景福苑、银贡山庄等小区。

2021年栖霞区农贸市场一览表

表15

序号	名　称	地　点	经营面积（平方米）	开业时间
1	马群南湾营菜市场	百水南路084—10	3500	2010
2	百水芊城净菜市场	百水芊城社区	1380	2015
3	西花岗好邻里菜市场	马群街道西花岗社区	3300	2016
4	仙林菜市场	文枢东路1号	3500	2008
5	风华路菜市场	尚东风华路1号	800	2014
6	仙林湾菜市场	仙隐南路2号地下车库	1784	2018
7	南大和园农贸市场	南大仙林校区旁	1670	2015
8	南邮广场菜场	仙林大学城邮电大学北门	380	2013
9	金尧菜市场	金尧路2号	5800	1998
10	尧欢农贸市场	新城路21号	5500	2019
11	天盾菜市场	尧佳路21号	2900	2006
12	三元家园农贸市场	瑞霞路与银贡南路交叉口	4306	2021
13	联珠集贸市场	燕子矶联珠村	2200	1996
14	幕府山庄菜市场	幕府山庄	350	2001
15	利民菜市场	燕子矶太平村	1706	1996
16	晓庄农贸市场	和燕路468号	2700	2006
17	石埠湾农贸市场	栖霞街道石埠桥保障房南区综合体	4600	2021
18	南炼菜市场	栖霞街道南炼生活区	1783	1996
19	西湖菜市场	西岗街道摄山星城中心区	2800	2006
20	仙林湖农贸市场	西岗街道学森路12号	2100	2019
21	八卦洲菜市场	八卦洲街道小集镇	3800	1997
22	和燕路菜市场	和燕路274号	2100	1999
23	和燕菜市场	和燕路325号	850	2009
24	金盛农贸市场	迈皋桥街2号	4000	2005
25	壹城菜市场	合作村91号	600	2009
26	万寿菜市场	进取村154号	800	2006
27	丁家庄菜市场	丁家庄	5400	2014
28	奋斗农贸市场	奋斗社区	1100	2015

续表

序号	名　称	地　点	经营面积（平方米）	开业时间
29	寅春农贸市场	万鑫嘉苑	1100	2006
30	宇晨农贸市场	和悦街5号	2200	2020
31	龙岸花园农贸市场	龙潭街道龙岸路2号	2400	2019
32	花园农贸市场	花园集镇	1380	2009
33	中泥农贸市场	中国厂社区	850	2017
34	紫园农贸市场	靖安街道营防村	3170	2009
35	长江农贸市场	长江集镇中北巴士对面	1275	2017

·成品油管理·

◆**概况**　2021年，区商务局持续综合整治成品油市场。协同市商务局启动《南京市成品油零售体系“十四五”发展规划》《加油站专项规划》《栖霞区站点规划方案》，完成加油站（点）年检初审。编制区加油站建设规划，按《南京市成品油零售体系“十四五”发展规划》及《加油站专项规划》编制要求，评估全区加油站布局现状，根据全区社会经济发展目标，分析预测需求，提出近期至2025年建设计划、远期至2035年空间布局方案。

◆**成品油流通管理**　2021年，区商务局按照市商务局《关于做好2019年度成品油零售经营企业年检工作的通知》要求，按期完成27座加油站（点）成品油经营年度资格审核年检初审。

◆**成品油市场综合整治**　2021年，区商务局依据市政府办公厅印发的《南京市全面加强成品油市场整治实施方案》，成立区成品油市场经营秩序综合整治领导小组，印发《栖霞区全面加强成品油市场综合整治实施方案》（栖区商〔2021〕40号）。全年通过群众举报、巡查检查，发现并查处流动加油车13辆、黑加油点7个，查获违规汽油7580千克、柴油40千克，行政拘留11人。

对外及港澳台贸易

◆**概况**　2021年，区商务局推进跨境电商发展。5月，八卦洲跨境电商产业园开园，被市商务局授予“南京市跨境电商美妆产业示范园”称号。11月，八卦洲跨境电商产业园和龙潭跨境电商产业园被省商务厅评为跨境电商产业园。提升海外仓建设能级，八卦洲跨境服务产业有限公司韩国仓和南京惠而达供应链管理有限公司美国仓被省商务厅评为公共海外仓。是年，全区完成外贸进出口1079.6亿元，比上年增长10.3%，其中行政区完成150.4亿元，比上年增长32.7%。完成外贸出口582.2亿元，比上年增长11.3%，其中行政区外贸出口83.5亿元，比上年增长41.6%。12月22日，中国（南京）工业品跨境电子商务高峰论坛暨第五届南京跨境电子商务创新创业大赛颁奖仪式在白金汉爵大酒店举行，区商务局获先进组织奖，南京宣泰电子商务有限公司获三等奖。

◆**自贸区联动创新**　2021年，区商务局联动创新发展服务平台，持续对接自贸区南京片区，帮助企业协调解决各类困难。栖霞板块自贸区工作专班，开展符合“两城一中心”和开放型经济定位的企业在示范区注册工作，注册自贸区联动创新企业105家，其中符合“两城一中心”及开放型经济定位的企业有74家。是年，区商务局将“创新外籍人士服务新模式”“栖霞区发出全市首张跨市域营业执照”等5项改革试点案例报送市商务局自贸办。

◆**进口货物防疫**　2021年，区商务局持续做好进口货物防疫，督促企业落实新冠肺炎疫情防控主体责任，实现源头管控、报备追溯、责任定位三到位，从“人、物、环境”三个方面确保防疫安全。对70家进口企业的进口货物密切接触人员进行核酸检测2319人次，新冠病毒疫苗接种875人次，检测进口货物1302批次，完成进口货物消杀1593次，督查走访进口企业1345次。12月8日，区商务局召开进口货物（冷链食品除外）疫情防控技术培训会，规范进口货物疫情防控操作流程。进口货物经营、流转业务企事业单位管理人员及接触进口货物工作人员等60余人参加。市疾控中心赵跃媛、王白茹授课，讲解进口货物疫情现场处置、日常防护、消毒技术应用等，并有针对性地解答进口企业提出的货物消杀具体问题。

◆八卦洲跨境电商产业园 5月18日，八卦洲跨境电商产业园开园仪式在八卦洲街道大同生态产业园举行，中共南京市商务局党委副书记庄岩，市市场监督管理局副局长施冬咏，副区长王靖华，区商务局、各街道、相关行业协会负责人，品牌方代表及南京艺术学院等高校领导出席。产业园占地6.67公顷，投资2亿元，以“互联网+大数据+品牌+外贸渠道”为价值主线，打造跨境美妆智能集散中心、跨境贸易品牌展示交易中心。市电子商务协会和市跨境电子商务协会分别在园区设立“新国货品牌孵化中心”和“栖霞区跨境电商服务中心”，为外贸企业发展跨境电商提供全方位一站式服务，为落户国内外跨境电商企业提供进出口备案、通关报检、公安身份认证、口岸对接等一站式综合服务。

餐饮住宿

◆概况 2021年，全区住宿业销售额3.81亿元，比上年增长12.1%，餐饮业销售额18.29亿元，比上年增长9.3%。限额以上住宿餐饮业与上年同期水平有较大增幅，餐饮单位普遍上涨，区重点餐饮企业南京白金汉爵大酒店有限公司销售额4.11亿元，比上年增长25.41%。

5月18日，八卦洲跨境电商产业园在大同生态产业园举行开园仪式
（区商务局／供稿）

◆餐饮燃气企业摸排 4月，区商务局牵头，各街道、社区参与，调查摸底全区商贸领域餐饮燃气企业燃气泄漏报警装置，相关信息录入181平台。至年底，181平台显示，全区商贸领域有餐饮燃气企业1756家，全部安装燃气泄漏报警装置。

◆金茉莉品牌指导单位 6月，区商务局被省餐饮协会授予“金茉莉品牌指导单位（2021—2022年度）”称号。2014年，国务院侨办推出“中餐繁荣计划”，省餐饮协会作为该计划落实单位，制定行业标准，推动中餐国际化进程，以餐饮标准化促进餐饮产业化。2020年12月，省餐饮协会等单位重新修订标准名称，命名为《餐饮业金茉莉品牌评价》。 □王明仑

商业综合体选介

◆马群招商花园城 马群招商花园城位于中山门大街699号，隶属于招商局蛇口工业区控股股份有限公司。2021年，马群招商花园城项目商业面积5.02万平方米，可租用面积3.16万平方米，车位近600个，全年客流量838万人次。商户从业人员1045名。地上1—3层为商业，4—9层为酒店式公寓，是集购物、娱乐、餐饮、休闲于一体的

体验式、花园式购物中心。管理单位是南京信盛商业管理有限公司。至年底，租赁商户113个，其中主力店4个、餐饮店43个、零售店48个以及配套商户18个。有全国及区域连锁餐饮品牌34个、全国及区域连锁零售品牌39个。拥有华润苏果、华为等知名品牌店。是年，商户销售额4.7亿元，比上年下降22%。全年华润苏果超市销售1.29亿元，孩子王品牌店销售6202万元，肯德基、晋家门销售均过千万元。会员销售完成7290万元，完成率89.04%，比上年下降2.02%。是年，马群招商花园城开展地铁时装周活动，升级重造地铁连接线，改造动线、母婴室等。获省、市放心消费示范街区称号，集团综合满意度排名第一。 □孔令浩

◆金鹰湖滨天地 仙林金鹰湖滨天地位于仙林街道学海路1号。2009年12月开始营业，2011年4月转变为奥特莱斯经营模式。金鹰湖滨天地有主题馆6座，品牌折扣店300余间。主要经营国际名品、时尚男女装、儿童用品、家居礼品、数码电子、主题餐厅等品类，全年提供1—5折货品。金鹰湖滨天地二期位于仙林街道学津路1号。项目占地面积5.85万平方米，总建筑面积16.7万平方米，其中地上建筑面积6.4万平方米，地下建筑面积10.3万平方米，容积率为2。地上5层，建设大型百货零售店、商业餐饮店及休闲娱乐场所；地下2层，设置停车位1300个。2021年，仙林金鹰营业额15.43亿元。其中，一期营业额6.02亿元，二期营业额9.41亿元。开展公关活动260档。

◆东城汇 东城汇位于仙林街道文苑路8号，面积约9万平方米，系高科置业旗下一站式商业综合体。负一楼为东城花街和大牌餐饮，一楼为品牌零售和餐饮，二楼为教育培训、网红小吃和KTV，三楼为儿童教育和培训，四楼为美食和培训，五楼为电影院和教育培训。2021年，东城汇开展营销活动23起，营业额1.8亿元。针对大学生群体，举办街舞文化节、大学生电音节、高校说唱比赛、知乎校园活动；针对培训商户，举办我要上春晚、音乐会、编程挑战赛、年末会演等活动。 □李伟晨

◆白金汉爵大酒店 南京白金汉爵大酒店位于尧化街道智谷大道1号，交通便利，地理位置优越。2021年，销售额4.11亿元，比上年增长25.41%。客房平均出租率88.56%。南京白金汉爵大酒店是由汉爵集团打造，南京白金汉爵大酒店有限公司按五星级标准投资建设的酒店项目，2019年12月18日试营业。该项目总投资15亿元，占地3.53公顷，总建筑面积19万平方米，主楼2栋分别为24层、25层，裙楼4层，拥有豪华客房1200余间、尊贵餐饮包厢60余间、豪华宴会厅及多功能厅20余个、棋牌包厢30余间以及24小时餐厅、咖啡厅等豪华配套设施。其餐饮规模庞大，能容纳8000余人同时就餐，大小宴会厅20余个，最大宴会厅3400平方米，层高12米。 □徐小燕

◆万谷·慧 万谷·慧生活广场项目，由南京万谷商业管理有限公司与南京华东电子集团有限公司联合打造，位于迈皋桥街道华电路1号，建筑面积6.5万平方米，2015年8月1日试营业。定位为南京城北地区标志性商业综合体。万谷·慧生活广场服务定位中高端人群，是集购物、餐饮、超市、休闲、娱乐、亲子等多种服务功能于一体的现代化商业综合体。2021年，万谷·慧生活广场营业额1.9亿元，场内商户106家，员工640人。受新冠肺炎疫情影响，商场客流量与销售额下降。 □仇 敏

◆彩虹广场 南京彩虹广场位于燕子矶街道和燕路408号，总投资7.8亿元，是南京彩虹广场商业管理有限公司运营管理的综合性社区购物中心，控股股东为宇业集团。广场面积3.54万平方米，总建筑面积近15万平方米，地上面积11.05万平方米，地下面积3.68万平方米。集购物、休闲、餐饮、娱乐、亲子、商务于一体。南京彩虹广场2013年8月开业，一楼是时尚街区，二楼是亲子乐园，三楼是休闲场所，四楼是餐饮店堂。2021年，营销收入1947.59万元。 □吴 曦

房地产

·栖霞建设集团·

◆概况 2021年，栖霞建设集团新开工面积61.28万平方米，竣工面积62.97万平方米。新增南京江心洲G 118、河西南G 112商品房项目2个，新承接区人民法院执行局办公楼改造等代建项目5个。全年实现房屋合同销售额91.17亿元，租金收入1亿余元，收取代建管理费4004.57万元。纳税7.7亿元，其中栖霞区2.65亿元。代建保障房项目完成选房1063套，交付4102套。11月29日至12月底，销售人才房197套，销售额8.15亿元。栖霞建设物业服务股份有限公司在南京等地新增管理项目24个，新增管理面积约152万平方米。至年底，公司受托管理项目近100个，受托管理面积1000万平方米，实现营收2.4亿元，净利润1500余万元。

是年，南京栖樾府主体结构验收完成，半山云邸主体结构封顶，星叶枫庭全面竣工备案并交付，欢乐城一期室内精装修和室外工程基本结束，瑜憬尚府除两栋高层外，完成毛坯验收，朝天宫B地块基坑支护和桩基施工基本完成，无锡天樾府、苏州栖园主体工程全部完成。麒麟新市镇社区中心等5个项目交付使用，市工人文化宫完成竣工备案。南京外国语学校仙林分校燕子矶校区智能化工程获省"扬子杯"优质工程奖，南京星叶广场项目、燕子矶新城枣林幼儿园项目获市"金陵杯"优质工程奖。

是年，栖霞建设股份有限公司被省企业信用管理协会评为2019—2020年度省级守合同重信用企业。栖霞建设物业服务股份有限公司被省退役军人事务厅授予省优秀"戎耀之家"称号。刘军军被共青团南京市委授予市青年岗位能手称号。

◆半山云邸开盘销售 1月27日，半山云邸首次开盘。项目位于仙林大学城经天路与纬地路交会处，由12栋7—11层低密度住宅组成。户型建筑面积123平方米、135平方米、165平方米，一梯两户，精装修交付。推出3栋84套洋房房源，户型面积105—165平方米，均价3.86万元/平方米，首付5成。开盘现场，约500组客户购买，除部分1楼底跃户型外，其他全部售出。至6月，项目开盘4次，基本售罄。半山云邸从拿地到项目基本售罄用时11个月，实现合同销售额25.49亿元。

◆熙景和苑二期交付 1月27日，栖霞建设集团有限公司代建熙景和苑二期保障房项目，首批房源交付居民使用265套。项目位于尧化街道太龙路与尧佳路交叉口附近，由7栋18—28层住宅组成，房源984套。项目委托建设方是新尧新城管理委员会，用于安置当地拆迁居民。至年末，熙景和苑二期经过三批集中交付和多次零星交付，交付房源911套。

◆星叶艾佳公司注册成立 3月19日，南京星叶艾佳生活家居用品有限公司注册成立。该公司是由栖霞建设物业服务股份有限公司与江苏艾佳家居用品有限公司合作成立，注册资本300万元，双方各持股50%，法定代表人朱金宁。10月29日，星叶艾佳公司在星叶瑜憬尚府发布全屋家居定制"全品家"模式。该模式整合国际、国内家居品牌供应链，直接从工厂采购，省略中间环节，降低产品价格；同时引入国际设计师平台和反向定制，针对购房者个性化家居需求提供服务。"全品家"模式让购房者能快速实现拎包入住。星叶瑜憬尚府首次开盘时，超过7成购房者购买"全品家"个性化家居套餐。

◆区对口帮扶展示馆开业 5月25日，区对口帮扶展示馆在尧化街道尧佳路7号上城风景北苑商业区开业。市对口帮扶陕西省商洛市工作组组长、商洛市政府副秘书长祝瑞波，商洛市商州区委常委、副区长孔毅远，区政府副区长王靖华，栖霞建设集团有限公司董事长江劲松等参加开业仪式。1996年，栖霞区与商州区被确立为经济协作结对区。区对口帮扶展示馆，展销商州地区农副产品。

◆中期票据发行 8月11日，栖霞建设股份有限公司接到交易商协会《接受注册通知书》，交易商协会决定接受公司中期票据注册。公司本次中期票据注册金额13.30亿元，注册额度自《接受注册通知书》落款之日起2年内有效，由江苏银行股份有限公司、中信证券股份有限公司联席主承销。公司在注册有效期内可分期发行中期票据。8月、11月、12月，栖霞建设股份有限公司发行第一期、第二期和第三期中期票据，票据期限均为3年。其中，第一期中期票据发行金额8.90亿元，票面利率4.90%，第二期中期票据发行金额4.20亿元，票面利率4.60%，第三期中期票据发行金额4.40亿元，票面利率4.30%。

◆两幅地块竞得 11月25日和26日，在市第三批建设用地使用权集中公开挂牌出让中，栖霞建设股份有限公司竞得江心洲市NO.2021G118地块和河西南市NO.2021G112地块使用权。其中，江心洲G118地块位于江心洲岛南，东至规划高中，南至文泰街，西至汇德路，北至文萃街，出让面积1.85万平方米，容积率2.8，总价15.4亿元，楼面地价2.98万元/平方米。河西南G112地块位于双闸街道太清路以南，隆和街以西，出让面积1.84万平方米，容积率2，总价12.9亿元，楼面地价3.50万元/平方米。 □安　明

·高科置业·

◆概况 2021年，高科置业房地产业务新开工面积21.63万平方米，竣工面积10.96万平方米，公司房地产业务实现合同销售面积4.67万平方米，合同销售额14.73亿元，比上年增长116.92%。6月2日，区长王生、副区长王靖华到迈上品院项目现场，调研空气质量。

是年，公司蝉联省房地产行业综合实力50强，为市房地产开发企业信用评价A级企业，市房地产开发企业项目手册备案AAA级企业。高科荣境项目6号楼获省"扬子杯"优质工程奖，高科荣院项目、龙岸花园幸福苑3号楼获市"金陵杯"优质工程奖。

◆道路环境综合整治工程 5月，高科置业代建的尧新大道、仙尧路道路环境综合整治工程项目通过竣工验收。项目施工建设内容为道路出新改造、综合管线下地、道路沿线立面出新及配套绿化等。公司通过增设机动车非护栏和侧分带方式改变机非混行交通现状。整体翻新处理现有路面，更新改造道路范围内的雨污水管网，实现雨污分流。道路景观升级，沿街建筑立面和门面统一设计、整体出新，提升空间视觉效果。道路沿线18个公交站台升级成智慧站台。金尧路至太龙路路段按照"省级宜居街区示范路段"标准，全面提档升级。项目为市精细化施工观摩工地。

◆东南青年汇项目完工 6月30日，高科置业仙林东南青年汇一期建设项目竣工。项目是南京地区首个市场化全自持租赁住宅，建筑面积近10万平方米，投资约8亿元。2019年3月开建，1栋18层人才公寓（743套）、1栋14层办公及配套商业。项目引用海绵城市理念，运用绿色环保材料。项目被评为"市智慧工地""省建筑施工标准化二星级工地"。

◆三元祠项目选房 7月、9月，高科置业分别完成三元祠保障房项目两批次选房，961户拆迁安置群众选择新居1553套。三元祠保障房项目位于尧化街道瑞霞路和太龙路交叉口，规划用地面积9.6万平方米，总建筑面积33万平方米，住宅3024套，分两期开发。一期工程建筑面积23万平方米，包含社区中心、幼儿园、物业用房及8栋住宅，住宅2136套。

◆紫星荣院开盘销售 9月27日，高科置业首个"院"系作品紫星荣院开盘销售。项目位于江宁区麒麟街道，建筑面积6.20万平方米，包含2栋7层、4栋11层住宅，1栋2层社区配套房及地下车库配套。容积率1.7，主力户型建筑面积105—143平方米，整体得房率84%—88%。销售当日，二层及以上楼层全部售罄。 □张　伟

金融业

·工商银行南京紫东支行·

◆概况 2021年，工商银行南京

紫东支行下辖网点7个，分别辐射南京经开区、仙林大学城、龙潭港物流园等区重点发展园区。是年，工行紫东支行实现利润4.78亿元，中间业务收入1.07亿元，营业收入5.56亿元。客户数40.76万户，本外币存款余额156.47亿元，本外币贷款余额165.92亿元。向同方水务集团发放项目贷款3笔，贷款金额2.23亿元，用于省内污水处理厂、环境整治等项目建设。

◆**服务地方经济**　2021年，工行紫东支行支持区内重大项目，服务地方经济发展。支持南京白金汉爵大酒店有限公司9亿元项目营运期银团贷款。助力市城镇低效用地再开发，支持城市更新项目150亿元。其中，南京经开区国有资产运营管理有限公司"新港片区"项目50亿元，南京新港产业投资发展有限公司"智能制造基地"项目50亿元，南京经东产业投资发展有限公司"龙潭产业新城"项目50亿元。

◆**支持中小企业**　2021年，工行紫东支行执行国家"减费让利""延期还本付息"政策，支持中小企业实体经济发展。采用综合抵押贷款与信用贷款并用、降低贷款利率、优化还款方式、拉长贷款期限、盘活企业票据资产等多种金融手段，降低小微企业、制造型企业、民营企业等企业财务成本，减免利息支出。5月26日，投放南京地区首笔e企快贷（快速流程）500万元，全年发放普惠金融贷款12.22亿元，涵盖小微企业80户，个人经营业主262户。

◆**新型金融产品**　2021年，工行紫东支行创新型金融产品，服务地方经济发展。为华御航（南京）房地产开发有限公司上线南京分行首例房产监管智能系统。为烟草个人零售商发放南京分行首笔烟草贷15万元。与澳门分行合作，为南京我乐家居股份有限公司发放首单直贷通4600万元。为韩资供应链核心客户供应商艾斯梯电子有限公司发放线上供应链融资289万元。

◆**社会服务**　3月6日，工行紫东支行到栖霞寺清点收取零钞硬币21.88万枚，金额21.13万元，其中1元硬币21.05万枚，1角硬币0.83万枚。5月26日，为南理工大学生解析校园贷、网络贷等骗局过程，教授风险防范知识。6月11日，为尧新社区居民普及金融知识。6月份，在支行各网点厅堂开展"易新为你"人民币整洁宣传活动。12月，与区公安分局开展银警合作，为红枫科技园园区企业提供上门服务。全年代发农民工工资6402户，金额3755万元。全年为居民办理三代社保卡2万余户。　□叶　晨

·农业银行南京栖霞支行·

◆**概况**　2021年，农业银行南京栖霞支行在职员工236人，下辖营业网点13个，其中栖霞区10个、鼓楼区1个、秦淮区1个、玄武区1个。支行贴近客户需求，实现稳健运营，至年末，各项存款余额301.63亿元，比上年增加29.46亿元。各项存款日均增量83.87亿元。各项贷款余额192.73亿元，比上年增加11.84亿元。实现中间业务收入1.74亿元、营业收入7.69亿元、拨备后利润5.24亿元。9月15日，农业银行南京栖霞紫东支行开业，地址是仙林湖纬地路19—50号。

◆**数字化转型**　2021年，农行栖霞支行整合网点渠道资源，优化岗位配置，布施智能设备，构建网点运营一体化，协同联动营销服务模式，调整网点厅堂布局2家。至年末，全行新开千万元以上客户12户，新开人民币对公结算账户1508户，日均5万元以上客户346户，新拓展3户进出口2000万美元以上的市300强客户，在支行新发生国际业务。新增个人有效客户4.89万户，个人有效客户掌上银行覆盖率84%。新增私人银行客户57户，新增国际业务有效户35户。营销智慧校园项目19户，净增互联网有效场景43个。

◆**普惠业务**　2021年，农行栖霞支行投放普惠贷款9亿元。营销"农保贷""惠农e贷""金农贷"等产品，实现农户多渠道贷款。结合"万人进千村"活动，全年为396户农户投放惠农e贷1.88亿元。强化普惠贷

款批量获客，全年获批“一项目一方案一授权”项目2个，存量“三个一”项目用信率在80%以上。 □张　婕

·南京银行和燕路支行·

◆**概况**　2021年，南京银行和燕路支行在职员工29人，实现营业收入1.3亿元，实现纳税总额3900万元。存款余额53亿元，比上年增加4亿元；贷款余额35亿元，比上年增加7亿元。和燕路支行是南京银行在区体量最大网点。全年线上学习“反洗钱管理”等，预防风险事件发生。

◆**政府隐性债务化解**　2021年，南京银行和燕路支行执行国家政策，完成政府隐债置换业务4笔，金额5.8亿元，化解政府平台公司债务集中到期兑付风险，稳定地方经济发展。其中，为南京领马投资发展有限公司提供两笔项目贷款5.1亿元，为南京鹂岛现代农业发展有限公司提供项目贷款4000万元，为南京钟山创意产业发展有限公司提供流动资金贷款3000万元。

◆**支持小微企业发展**　2021年，南京银行和燕路支行执行国家扶持小微企业政策，全面推广普惠金融，宁科贷、宁创贷、鑫快捷、租金贷、小微贷等以流动资金贷款、经营性物业、基本建设贷款为方向，继续支持中小企业金融需求，解决小微企业资金掉头难等问题。新拓展派佳科技、润建纺织品、才华科技、特视智能等优秀小微企业。全年普惠金融贷款余额2.4亿元。

◆**投行业务**　2021年，南京银行和燕路支行为区政府、全区企事业单位拓展融资渠道。支行创新金融模式，为区重大民生项目建设提供资金支持。支行鼓励优质平台客户在公开市场发行债券降低融资成本，优化债务结构，注册栖霞山定向债务融资工具10亿元。发行燕子矶片区整治开发有限责任公司超短融10亿元。发行栖霞国有资产经营有限公司短期融资券10亿元。 □郝　填

·南京栖霞科技发展投资有限公司·

◆**概况**　2021年，南京栖霞科技发展投资有限公司（简称“区科发公司”）围绕创新驱动发展战略，协助解决中小微企业融资难问题，发挥科技金融在产业转型升级中的作用，推动科技与金融对接、产业与资本互动，吸引社会资本，壮大全区产业投资基金规模。防范化解金融风险，稳妥处理存量债务，确保债务总量不新增，并降低存量债务，至年底，偿还债务1.24亿元。仙林开发投资集团将持有的区科技创业投资有限公司全部股权，通过协议转让方式转让给区科发公司，至年底，完成财务审计、资产评估，相关转让方案已提交市国资委审批。

◆**担保融资**　2021年，区担保公司走访对接中小微企业，不以营利为目的，采取低收担保费的方式帮助中小微企业解决融资难融资贵问题，为中小微企业做好融资服务。区担保公司提供担保额6500万元，担保笔数14笔，其中为4家高新技术企业提供担保2400万元，占比36.92%。6月，区科发公司经区政府同意，新增“栖霞紫金快贷”项目，扶持小微企业。至年底，推荐小微企业35家，申请信用融资额6400万元。

◆**国企改革**　2021年，区科发公司根据《栖霞区国企改革三年行动实施方案（2020–2022年）》《栖霞区国企市场化转型实施方案》等文件精神，推进国企改革。成立区科发公司“企业专办领导小组”，国企改革三年行动重点要求写入公司章程，每月编制国企改革三年行动台账。区科发公司已建立董事会，外部董事4名、内部董事3名。下属公司不设董事会，设执行董事1名。

◆**人才公寓挂牌转让**　2021年，区科发公司为盘活资产，提高资产使用效益，控制债务总额，做到债务只减不增，挂牌转让学仕风华苑人才公寓42套。至年底，售出37套，回笼资金8293.37万元。

□李臣亮

经济综合管理

Economic Management

栖霞山·桃花湖

杨 轶/绘

责任编辑 张文龙

财 政

◆概况 2021年，区财政局改革财政管理，财政平稳运行，财政预算执行情况总体较好。区财政系统有干部职工145人，隶属区财政局管理的事业单位2个、国有企业1个、街道财政所9个。栖霞板块实现一般公共预算收入151.76亿元，比上年增长9.41%，完成年初预算102.26%，税收占比91.45%；实现一般公共预算支出（含市指标）102.54亿元，比上年增长4.47%。其中，栖霞行政区一般公共预算收入43.44亿元，财政总收入82.06亿元；实现一般公共预算支出（含市指标）68.95亿元，财政总支出（含市指标）143.19亿元。是年，区财政局通过财政惠民补贴信息管理系统发放补贴项目64项，发放资金2.64亿元，受惠群众49.45万人次。落实惠农政策，发放补贴资金1230.92万元。宣传《会计法》《预算法》《财政违法行为处罚处分条例》，培训10余场，参训1000余人次，编印《栖霞区财政、财务文件制度摘编》，发放1000余册。12月，区餐厨废弃物处置厂项目被省财政厅评为省级PPP示范项目。实施国企改革三年行动，110项改革任务完成108项（重大进展2项），完成98.18%，综合完成率99.64%。是年，区财政局建成全过程预算绩效管理体系。西岗街道财政所、龙潭街道财政所被市财政局分别评为标准化建设示范单位、标准化建设达标单位。

是年，综合科、政府债务管理科分别被区委、区政府评为2020年度高质量发展先进集体，团支部被共青团南京市委评为市五四红旗团（总）支部。

◆公物仓管理 2021年，区财政局推进行政事业单位国有资产共享共用，构建区级政府“公物仓”，统一调配资产。区政府“公物仓”集中保管20家单位366件原价值1072.07万元的闲置资产，以备调剂使用。是年，从“公物仓”调配台式电脑76台、桌椅2400张、彩电5台，支持全区接种新冠病毒疫苗；调拨台式机、笔记本电脑86台等设备到区委党史学习教育领导小组办公室集中办公点使用。12月，区财政局联合区机关事务管理局，出台《栖霞区公物仓资产管理暂行办法》，遵循能从“公物仓”调配不租赁原则，规范“公物仓”资产的配置、使用、处置。

◆政府采购管理 2021年，区财政局编制《政府采购业务知识手册》，建设政府采购队伍，实行政府采购指标控制全流程管理。全年，通过政府采购办公室审核采购计划金额5.68亿元，实际采购金额5.27亿元，节约资金4106.88万元，资金节约率7.23%。其中，货物类采购资金2.05亿元，采购相关设备7.23万台（套），节约资金1242.94万元，资金节约率5.72%；工程类采购资金8632.47万元，涉及工程109项，节约资金824.66万元，资金节约率8.72%；服务类采购资金2.36亿元，涉及服务项目2.44万项，节约资金2039.28万元，资金节约率7.95%。

◆土地出让收支管理 2021年，区财政局执行《栖霞区国有土地使用权出让收支管理办法》（宁栖政规字〔2018〕1号）。按照市财政局、市国土局《关于加强全市土地出让收支预算编制管理的通知》《关于下达2021年土地出让收入与计划的通知》要求，执行全区土地出让收支预算。梳理分析2016—2020年土地出让收支情况、土地运作方面的土壤防治投入、储备土地资金投入总体情况等。全年，完成地块出让3块，土地出让金收入43.45亿元，土地出让金支出42.9亿元。

◆新非税收入管理系统改革 2021年，区财政局改革新的非税收入管理系统，子项内容为项目启动、基础资料准备、网络调试、接口开发及联调联试、系统初始化、系统操作培训和系统上线8块22个。组织非税试点单位6家，分区级部门、园区平台、街道及学校层面培训业务，参训业务人员200余人。至年底，区级部门、园区平台、学校实现新非税系统开票，街道正在调试中。

◆医疗票据电子化改革 2021年，区财政局按照省、市关于推进医疗票据电子化改革部署要求，配合区卫健委等部门，分层次推进医疗票据电子化相关工作。做好平台搭建、数据采集。建立医疗机构微信群、QQ群，广泛宣传，答疑解惑。区内12家公办医疗机构软硬件基础好、对接关系顺畅，全部实现线上开票，运行情况良好。区内民办非营利医疗机构地处分散、联络不畅，区财政局指定专人负责、指导。至年底，公办医院、社区医疗机构领用电子门诊医疗票据134.3万张，电子住院票据1.34万张；16家民办非营利医疗机构完成在线开票申报。

◆住房惠民资金保障 2021年，区财政局通过区惠民补贴信息系统，按季度发放低收入家庭住房租赁补贴资金，发放住房租赁补贴201.86万元。发放机关事业单位老职工购房补贴174户750.78万元。按照《南京市人才安居办法（试行）》《南京市人才安居购房补贴和租赁补贴资金管理办法》文件规定，全年全区预算安排人才安居购房和租赁补贴区级配套资金719.9万元。至年底，全区拨付人才安居购房和租赁补贴区级配套资金220.13万元，由区住建局汇入市房产局指定专户。

◆不动产监督 2021年，区国资办牵头修订《栖霞区国有（集体）房屋租赁合同》，联合各主管部门构建“大数据+铁脚板+网格化”综合监管模式，核查不动产出租管理软件功能模块运作情况。会同区审计局、区住建局等部门到迈皋桥等片区开展房屋出租专项监督检查，审查单位申报出租资产权证和消防、租金等。全年审核合同197份，收租2.56亿元。25处面积2.81万平方米房屋招标年租2463.91万元，比上年增长11.6%。执行新冠肺炎疫情期间租金减免政策，督促26家申报单位完善租金减免手续，通过区政府常务会，减免中小微等企业两个月租金4962.36万元。

◆资产购销管控 2021年，区财政局依据《南京市栖霞区国有资产管理暂行办法（修订）》等文件，开展业务培训，参加260人次。推行资产配置和预算管理试点，安排专人根据系统核查区结算中心115家代账单位的资产存量和资产登记合理性。明确重大资产转让和处置等具体事项审批、备案流程，拆迁补偿收益必须缴入非税专户管理。是年，办结资产核销业务36宗，资产2530件，核销资产原价值1505.76万元，处置收益640.33万元。拆迁处置收益1028.93万元。办结调拨资产业务34宗，资产1892件，涉及调拨资产原价值2865.71万元。 □杨 斌

2020—2021年栖霞行政区财政收入与支出情况对比表

表16　　　　单位：万元

指　标	2021年	指　标	2020年	比去年增减（±%）
年度财政收入	820579	年度财政收入	787322	4.22
一、上解中央收入	386222	一、上解中央收入	372924	3.57
二、地方财政收入	434357	二、地方财政收入	414398	4.82
地方固定收入	391961	地方固定收入	369376	6.11
农牧业税和耕地占用税	2583	农牧业税和耕地占用税	3677	−29.75
专项收入	21278	专项收入	18631	14.21
行政事业性收费收入	385	行政事业性收费收入	2797	−86.24
罚没收入	189	罚没收入	763	−75.23
国有资源(资产)有偿使用收入	17961	国有资源(资产)有偿使用收入	19154	−6.23
三、基金收入	—	三、基金收入	—	—

续表

指　　标	2021年	指　　标	2020年	比去年增减（±%）
年度支出合计（含市指标）	1431887	年度支出合计（含市指标）	1268633	12.87
一般公共预算支出	689521	一般公共预算支出	692523	-0.43
一般公共服务	82766	一般公共服务	77895	6.25
外交	—	外交	—	—
国防	135	国防	319	-57.68
公共安全	21165	公共安全	28469	-25.66
教育	183819	教育	185318	-0.81
科学技术	40012	科学技术	46361	-13.69
文化体育与传媒	9400	文化体育与传媒	13854	-32.15
社会保障和就业	77907	社会保障和就业	85719	-9.11
卫生健康	56993	卫生健康	45854	24.29
节能环保	14392	节能环保	13483	6.74
城乡社区	63982	城乡社区	69999	-8.60
农林水	38100	农林水	37898	0.53
交通运输	7621	交通运输	6577	15.87
资源勘探工业信息等	6228	资源勘探信息等	12085	-48.47
金融	883	金融	376	134.84
商业服务等	4516	商业服务等事务	6570	-31.26
援助其他地区	4777	援助其他地区	4862	-1.75
自然资源海洋气象等	2702	自然资源海洋气象等	4986	-45.81
住房保障	67796	住房保障	45718	48.29
粮油物资储备管理事务	—	粮油物资储备管理事务	—	—
灾害防治及应急管理	1949	灾害防治及应急管理	2191	-11.05
其他支出（类）	3	其他支出（类）	—	100.00
债务发行费用	10	债务发行费用	22	-54.55
债务付息	4365	债务付息	3967	10.03
基金支出	742286	基金支出	576038	28.86
文化体育与传媒	286	文化体育与传媒	—	100.00
社会保障和就业	—	社会保障和就业	—	—
城乡社区	702381	城乡社区	458096	53.33
农林水	—	农林水	—	—
交通运输	—	交通运输	—	—
资源勘探信息等	—	资源勘探信息等	—	—
其他支出（类）	21861	其他支出（类）	78003	-71.97
债务付息	17691	债务付息	15261	15.92
债务发行费用	67	债务发行费用	178	-62.36
抗疫特别国债支出	—	抗疫特别国债支出	24500	-100.00
国有资本经营预算支出	80	国有资本经营预算支出	72	11.11
国有资本经营预算支出	80	国有资本经营预算支出	72	11.11

金融监管

◆概况 2021年，区地方金融监督管理局集聚金融要素、提升金融贡献、创新金融生态、优化营商环境、赋能实体经济。与区内金融机构合作，邀请区主要领导调研金融机构近20次。联合区金融协会，组建银团走访重点企业40余家。举办政、银、企对接活动8场。新增5家私募股权公司。健全地方金融监管体系，金融机构依法经营发展，全区金融风险总体可控。

◆企业上市 2021年，区地方金融监督管理局落实培育一批、储备一批、申报一批、发行一批的工作推进机制。获批（含境外）上市企业5家，上市3家，在省证监局备案企业8家，入驻券商企业8家，意向上市企业15家。至年底，栖霞板块上市企业16家。新三板挂牌企业15家，省股交挂牌企业90家。4—5月，组织30余家拟上市企业到深交所、上交所和上市公司考察学习，在上海、深圳、南京三地举办多层次资本市场培训会7场。面向20余家企业，拨付市、区两级资本市场补贴727万元。

◆市场主体量质提升 2021年，全区有银行纳税主体20家、一级支行23家、保险机构1家、券商3家。至年底，银行存款规模1751亿元，比上年增长19.2%，贷款规模1557亿元，比上年增长15.4%。行政区银行财政收入4.78亿元，比上年增长29.51%，一般公共预算收入2.6亿元，比上年增长30.12%。地方金融组织规范发展，全区有小额贷款公司等7类机构法人28家，比上年增长8%，小贷公司发放贷款8.23亿元，发放贷款763笔，纳税2107万元。新增金融机构及类金融机构4家，新增基金业协会登记备案私募股权基金公司5家。

◆服务实体经济 2021年，区地方金融监督管理局做好融资服务，落实“一企一案”培育措施，帮助企业纾困，通过区域性股权市场精准助推小微企业发展。新冠肺炎疫情期间，分类梳理28家企业融资需求清单，助推企业复工复产。打造线上银企对接会，宣传推广省综合金融服务平台，省综合金融服务平台接入企业3669家，授信1438笔，授信金额45.4亿元。企业利用转贷互助基金536笔，转贷基金24.74亿元。创新区域金融产品，紫金快贷帮助18家小微企业贷款2310万元。

◆风险防范化解 2021年，区地方金融监督管理局宣传贯彻《防范和处置非法集资条例》，全年无重大金融风险发生。联合区市场监督局、区公安分局及相关街道，会商审批需新设、变更事项的投资类企业46家。现场检查农村小贷、典当行、融资租赁、担保等类金融机构15家。现场检查备案基金公司18家、梳理排查未备案基金公司124家、排查农民专业合作社开展互助业务情况218家。在社区开展宣讲活动15场次，联合地铁动视公司在地铁四号线开展媒体专题宣传。 □朱锦凤

税　务

◆概况 2021年，区税务局组织入库各类收入116.52亿元。组织税收收入73.15亿元，比上年增收5.25亿元，增长7.73%；完成区级一般公共预算收入41.26亿元，比上年增收2.09亿元，增长5.33%。完成各类非税收入43.37亿元，其中社保费入库41.09亿元，其他收入2.28亿元。优化营商环境，融入政务服务一张网，推行“全程网上办”。落实减税降费政策，做好宣传辅导、政策落实、统计核算和效应分析，通过数字化税企服务智能平台精准推送信息。依法治税，推行三项制度，规范执法督察过程，完善行政处罚流程。推动发票电子化，至年底，核定电子专票户数5033户，开具电子专票户数188户，开具电子专票3099份。完成风险应对任务177户，实现应对成效1.46亿元；接收稽查转办受托协查任务820户次，完成762户次，查补税款517.72万元，滞纳金227.64万元；完成2426户自然人异议申诉任务。推进税（费）种管理。围绕内控一体化推进内控机制建设，防控执法风险。提升税收经济分析质效，全年完成税收经济分析报告16篇，其中区委、区政府领

导批示4篇，参与组稿4篇，中共南京市委、市政府主要领导批示1篇。

是年，收入核算科被市妇联评为市巾帼文明岗，纳税服务科被市总工会评为市五一巾帼标兵岗，税政一科被市税务局、共青团南京市委评为市青年文明号。王剑秋被省总工会授予省五一劳动奖章，薛梦影被市总工会授予市五一劳动奖章，崔振兴、马骏、殷玉娇、孙雪莹被市总工会评为市五一创新能手。

◆税种收入 2021年，区税务局税种构成高度集中，增值税、企业所得税、土地增值税、个人所得税分别入库31.15亿元、19.51亿元、7.24亿元和6.77亿元，合计64.66亿元，占税收总额的88.4%，位居各税种收入前四位。消费税等其他11个税种合计占比11.6%。与上年相比，土地增值税增长72.87%，个人所得税增长15.85%，企业所得税下降4.64%，增值税下降1.23%。房地产业、建筑业分别入库税收收入24.9亿元、10.8亿元，比上年分别增长5.6%、8.6%；批发和零售业、金融业分别入库税收收入13.3亿元、5.4亿元，比上年分别增长15.8%、30%；制造业入库税收收入5.76亿元，比上年减少0.28亿元，下降4.6%；软件和信息技术入库税收收入1.7亿元，比上年增长45.7%。

◆税源税户 2021年，区税务局税务登记总户数7.3万户，其中企业5.1万户，个体2.2万户，比上年增加1万户，其中企业0.5万户，个体0.5万户。在税户结构中，重点税源（年入库税款50万元以上）1133户，占比1.5%，小微纳税人税户占比98.5%。一般纳税人2.3万户，占比31%，小规模纳税人5万户，占比69%。

◆纳税服务 2021年，区税务局受理涉税业务21.95万户次，纳税人通过电子税务局等“非接触式”线上办税途径办理业务171.73万户次，非接触式办税占比88.67%。全年收到“好评、差评”48.96万条。实行“首票服务制”，推广退税网上申请，税邮合作，推广发票线上领用、邮寄配送，线上领用率91.6%。全年不间断推送税收政策等76次100.85万条。特服号呼入电话12.01万个，转人工9.24万个，接听9.10万个，人工接通率98.17%，处理自然人电子税务局征纳互动平台留言咨询3282条。12月，特服号新增在线咨询业务。至年底，特服号有语音座席8个，在线座席1个，咨询员13名。

◆区域服务 2021年，区税务局推进“税务+政务”一体化联动发展，加入区政务服务“5+N”模式。新办企业在办理营业执照登记时，可以享受“一站式”服务，领取营业执照等事项集成到一个窗口受理，全年办理纳税人新办套餐1.02万户，平均办结时长7.4分钟，准期办结率100%。2月，在政务服务中心C厅，增开5个窗口办理“一城一策”个人出租住房备案和发票代开业务。7月，区税务局与区市场监管部门合作融入“无感审批—免申通”服务模式，企业在办理营业执照变更后，不用重复提交申请资料，通过部门间共享企业变更登记信息，资料在部门间后台传递，全年办理变更登记1556户。

◆现金税费征缴专项整治 2021年，区税务局两轮自查现金税费征缴问题，分析、筛选、核查各类疑点数据，全量排查兜底数据，5个核查组41名工作人员查找原始纸质发票、票证，确保张张见底。核查广州特派办疑点数据9条、内控监督平台推送指标114条、市税务局下发6批次疑点数据1.4万条。实地核查办税服务厅、燕子矶街道代征点等办税场所。依据《现金税费征缴专项整治“回头看”工作抽查指引》，全面检视现金税费征缴各环节、各岗位制度执行情况。 □季婧文

价　　格

◆概况 2021年，区发改委落实价格调控目标任务，5月，分解落实9个街道和9个区级部门年度目标调控意见。落实房地产价格调控措施，受理商品房销售备案，南京海旭房地产开发有限公司“钟山印象府”等27个项目商品住宅价格申报58次，申报商品住宅1.36万套，销售总面积142.90万平方米。监管收费，受理“公园

世纪苑”等住宅小区物业9家、停车场37家、支路停车7家、民办幼儿园8家收费标准备案。处理民生诉求，办理信访件6件，处理12345工单226件。3月31日，召开12家转供电专班成员单位政策培训会。4月22日，召开落实市物业服务收费政策会议。5月21日，召开差额拨款公办幼儿园11家、民办惠民幼儿园32家收费政策培训会。6月，在区政府网站公示《栖霞区行政事业性收费目录》清单，涉及区教育局等单位29家，“新教师录用招考考试费”等收费项目32个。印制发放涉民收费手册1万份。

◆市场价格监测 2021年，区发改委上报监测表格538份，其中农贸市场监测表249份、苏果超市监测表249份、五星电器商城30份、新港粮油市场10份。全年60余人次，巡查监测超市、农贸市场投放的储备肉质量及其日常销售价格。

◆收费监管 2021年，区发改委开展2020年度行政事业性和政府定价经营服务性收费单位年报及统计。108家收费单位为企业、社会、群众减负905.96万元。其中，幼儿园减免2922人费用871.16万元，小学减免578人费用13.72万元，初高中减免461人费用20.9万元，政府定价经营服务性单位减免4人费用1753.2元。根据“双减”政策（减轻学生的作业负担和压减学科类校外培训机构），做好13所小学、18所初中课后服务收费变更。 □哈文秀 程全好

审　计

◆概况 2021年，区审计局完成审计项目18项，查出主要问题金额19.22亿元，出具移送处理书36份，审计期间整改金额4.49亿元，上缴财政和挽回损失651万元。开发内审整改管理系统V1.0软件，获国家软件著作权。开展区管干部年度经济责任审计和自然资源资产审计，审计5名，审计揭示各类问题53个，提出审计建议24条，下达审计决定书3份，出具移送处理书3份。是年，区审计局审计项目2019年度区本级预算执行及其他财政收支获市二等奖，被市精神文明建设指导委员会授予2019—2020年度市文明单位称号。

◆内部审计指导 2021年，区审计局组织开展内部审计调查，通知一级预算单位72家，收到统计报表216份（包括下属企事业单位）。推动各内审单位成立审计工作领导小组或审计委员会，出台《2021年栖霞区审计局各科室联系指导各单位内部审计机构工作方案》等文件，完善内部审计机构机制建设。组织内审人员参与审计项目，提升内审队伍实务操作能力。推广使用区内部审计整改挂销号系统，跟踪监督内审单位审计查出问题及整改情况。全年组织内审培训交流活动2次。各内审单位开展审计项目212项，涉及审计金额4823.76万元，其中财务审计24项，经济责任审计14项，投资审计117项，其他审计57项。

◆老旧小区整治项目专项审计 3—6月，区审计局专项审计调查区2018—2020年老旧小区整治项目，重点审计调查政策计划执行、目标任务完成、工程建设管理、资金使用及绩效、长效管理机制。审计人员走访居民小区征求群众意见，关注政府投资解决群众上楼难、停车难、适老改造难等问题。审计指出问题18个，管理不规范金额583万元，提出审计建议4条，形成审计专报3篇，获区政府主要领导批示。

◆预算执行审计 3—8月，区审计局审计2020年度区本级预算及其他财政收支情况。采取“两统筹”模式（“两统筹”是统一筹划审计项目和审计组织方式），与财政信息系统审计、老旧小区整治工程审计、街道财力运行调查相结合。大数据分析全覆盖区本级59个一级预算单位，实施现场审计一级预算部门8个，重点抽查一级预算部门资产管理情况5个。审计和审计调查城建交通类、经济发展类、民生保障类、社会事业类17项6.18亿元专项资金管理使用情况。审计结果，反映问题21个，涉及金额9.38亿元。下达审计决定书21份，移送处理书6份，提交审计专报8份，专题报告1份，推动出台制度

文件14个。推动问题整改落实，至年末，全部完成整改，审计工作报告获区人大常委会通过。

◆财政一体化信息系统审计 3—9月，区审计局审计区财政局财政一体化信息系统，重点审计系统建设管理及投入、总体IT控制环境、信息安全控制、系统一般控制及应用控制、预算及收支管理、采购及固定资产管理。审计和延伸审计区财政局、区交通局、龙潭街道、八卦洲街道等相关单位19家，依法出具审计报告。通过大数据技术辅助，多维度关联对比分析预算编制、指标管理、用款计划、国库集中支付、工资统发、政府采购、公务卡管理、财务核算、固定资产、非税征缴等财政业务系统数据，发现问题29个，查出管理不规范金额2.29亿元。提出审计建议6条，向区纪委报送审计移送书33份，向区委、区政府提交审计专报1篇，获区委主要领导批示。

◆疫情防控专项审计 7—10月，区审计局专项审计调查新冠肺炎疫情发生至集中隔离场所撤点期间，全区防疫集中隔离场所征集、场地设置、人员配备、日常运行管理等环节。审计组采取实地调查、大数据审计、送达审计等方式，重点抽查区新型冠状病毒肺炎疫情联防联控工作指挥部、部分防疫集中隔离场所。审计全区自7月20日以来资金收支、物资采购、隔离酒店、核酸检测等情况，其中物资采购专项审计范围包括紧急采购疫情防控物资264.08万件，金额1981.94万元；应急储备库调拨口罩、防护服等物资40.82万件，金额371.57万元；接受捐赠资金248.39万元；接受捐赠物资32.42万个（件、套），折价230.18万元。防疫集中隔离场所专项审计，隔离点33处，保障隔离人员4887人，经费3768.41万元。指导区卫健委核查全区9家核验检测中心，核酸检测数量310.89万人次。

◆西岗街道自然资源资产审计 8—10月，区审计局审计西岗街道2017年2月至2021年5月自然资源资产和生态环境保护责任履行情况。西岗街道位于栖霞区东部，区划范围东至句容市宝华镇，南和江宁区汤山街道接壤，西与仙林街道相连，北至312国道，总面积28.13平方千米。西岗街道成立于2009年8月，现有人口约7.6万人，下辖行政村2个、社区7个。审计组重点审计“河长制”工作落实、垃圾分类处置及耕地保护等。通过实地走访、现场测量及运用ArcGIS地理信息处理技术等方式审计，查出问题9个，提出审计建议5条。 □孙圣东

统　计

◆概况 2021年，区统计局完成第七次全国人口普查数据处理，完成核算、农业、规模以上工业等常规统计10余项，完成居民住户、人口变动、劳动力等专项抽样调查20余项。统计监测高质量发展指标、文化产业等，统计执法单位、行政指导单位和数据核查企业200余家，做好统计监测预警。开展高质量发展考核指标监测预警，建立区高质量发展指标体系数据监测工作机制。全年，撰写统计监测预警分析和调研材料50余篇，发表《栖霞统计信息》内参35篇、《栖霞经济动态监测》内参16篇，撰写统计信息400余条。为全区各类工作会议提供统计资料30余篇，完成2—12月每月《栖霞统计月报》编印，完成《栖霞区2020年国民经济和社会发展统计公报》《2021年栖霞统计年鉴》编撰，发布区第七次全国人口普查公报。9月23日，国家统计局工业司副司长杨玉民，到区调研民营及中小微型工业企业生产运行情况及社会责任履行情况。12月9日，区统计局联合国家统计局南京调查队在紫东国际创意园举行“统计法治宣传月”启动仪式。

是年，区统计局被省第七次全国人口普查领导小组办公室和省统计局评为省第七次全国人口普查工作成绩显著集体，张光伟等6人被评为省第七次全国人口普查工作成绩显著个人，邵春歌、赵希炜被区委、区政府评为高质量发展先进个人。

◆人口普查数据开发利用 2021年，区统计局推进人口普查后续工作，开发利用和研究普查数据。完成第七次全国人口普查数据审核和汇总，发布第七次全国人口普

查数据公报，通过《栖霞统计信息》向区领导报告普查数据总体情况，组织全区各级人口普查机构撰写普查总结33篇。全区常住人口数量98.78万人，比十年前增长53.32%。6月，《南京日报》等媒体解读宣传区人口普查成果。8月26日，区统计局向区人大常委会汇报区第七次全国人口普查工作开展情况。10月，区统计局结合第七次全国人口普查数据与“十四五”规划开展普查课题研究，招标确定高校和科研机构5家。重点课题2个、一般课题6个，课题涵盖教育、就业、住房、养老等多个方面。

◆地区生产总值统一核算 2021年，区统计局运用区级统一核算工作机制，与区统一核算成员单位，按月监测地区生产总值（简称GDP）核心指标完成情况并分析预警，及时分解测算季度GDP核心指标数据。区政府常务会分别在四个季度召开GDP统一核算推进工作会议。是年，区统计局推进GDP向下延伸核算，提请区政府印发《关于印发栖霞区街道（园区）季度地区生产总值统一核算方案》（宁栖政办通字〔2021〕21号），建立街道（园区）统一核算体系，规范街道（园区）GDP统一核算方法，组织完成季度街道（园区）GDP核算工作，形成全区街道（园区）核算体系。

◆居民人均可支配收入统计调查 2021年，区统计局制定《栖霞区住户调查样本轮换工作方案》《栖霞区住户调查管理办法》，完成样本记账户轮换120户。制定《栖霞区住户调查辅助调查员考核办法》。每季度召开工作点评与审核会，通报各街道和调查点记账情况，搜集问题有针对性地点对点培训。建立记账户月度基础数据台账、在电子记账平台实时开展数据审核、定期召开记账户座谈会，全方位审核数据。

◆规上单位申报及数量变动监测 2021年，区统计局监测规上单位（规模以上工业、有资质建筑业、限额以上批发和零售业、限额以上住宿和餐饮业、有开发经营活动全部房地产开发经营业和规模以上服务业法人单位）申报和数量变动，挖掘准四上单位，比对、核实、监测行政区税库达规单位、各季度行政区税库达规序时单位和省局准四上单位。全区月度申报规上单位93家，全年申报规上单位280家。区统计局运用税务部门资料与在库规上单位和名录库单位名单比对，形成达规和达序时进度、录入和未录入名录库、在库状态正常和剔除、在区内和区外等分类清单，梳理核实清单3000余家次，为规上单位培育、跟踪、申报等提供基本底册。区统计局借助各职能部门平台助力规上培育，建设规上工业企业培育机制、分析税库变化，形成季度比对核实机制等。日常维护名录库，结合部门比对资料补充登记，充实统计名录资源，根据税库比对新增和外区调入有关单位60余家。每月撰写规上单位数量变动情况，完成单位变动分析、预测预警10篇，工作动态32篇。

□张光伟

市场监管

◆概况 2021年，区市场监督管理局推进“放管服”改革，优化营商环境。建设江苏知识产权强省示范区域，发挥区高校知识产权服务联盟作用，组织培训41场。组织农贸市场学习、贯彻文明典范城市创建标准，召开专题协调会，组织督察检查10余次，转发各类整改菜单20多次。持续推进新冠肺炎疫情防控工作常态化，摸排冷链环节底数，摸清辖区接触进口冷链食品、国产冷链食品接触人员数量，及涉及超市、餐饮店、农贸市场、冷库数量。监督检查冷链食品经营户，规范使用“江苏冷链”追溯系统，完成首站赋码787条，有码入库5012条。做好冷链食品从业人员核酸检测和新冠病毒疫苗接种，至年底，冷链食品从业人员100%接种疫苗。畅通消费维权渠道，受理投诉举报1.33万件。推进质量强区，形成区、市、省、国家四级质量奖梯次培育机制。全年依法立案查处案件261件，罚没款700余万元。

是年，消费者权益保护科被区委、区政府评为区经济社会发展和党的建设先进集体，特种设备科被市特种设备工作领导小组评为市特种设备先进管理单位。

◆**食品生产经营监管** 2021年，区市场监管局食品监督抽检4696批次。利用食品安全快检车开展“你点我检”活动4次，抽样301批次，合格率99.7%。开展食品快速检测4785批次，不合格66批次，合格率98.6%。检查食品销售经营者1.04万户次，餐饮服务提供者8068户次。开展“双随机”检查7次，抽查食品生产企业（含小作坊）168户次，抽查其他各类食品经营主体928户次，达到一般检查事项5%、重点检查事项20%目标。食品生产企业单位自查率100%、自查报告率100%，学校食堂、集体用餐配送单位自查率和自查报告率均为100%。生产企业参考食安员考试比例为100%、合格率100%，特大型餐饮、中央厨房等业态全部完成自查和培训考试。17家生产企业建成追溯系统，录入追溯数据2241批次。专项检查肉制品、芝麻油、畜禽产品等食品安全。全覆盖检查幼儿园、中小学、高校食堂，检查食堂1200户次、校园周边餐饮店113户次、销售单位291户次、集体用餐配送单位12户次。排查“饿了么”“美团”等平台，不合规商户80余户，上报市市场监督管理局下架处理，责令商户限期整改。规范辖区农贸市场快检室日常管理，37家快检室完成快检30余万批次，不合格904批次，合格率99.7%，溯源信息上传20万余批次。培育省级“名特优”食品小作坊2家。开展食品安全知识培训20余次，参培1000余人次。

◆**食品安全示范创建** 2021年，区食安委印发《栖霞区2021年街道食品安全月度考核细则》，每月组织人员检查街道食品安全、街道网格化监管食品情况。6月，举办“食品安全宣传周”，开展食品安全教育进校园、进社区活动118场，张贴海报8万余张，发放宣传口罩等物品10万余个，开展各类科普宣教活动400余场，参与人员2万余人次。9月10—11日，区通过省级食品安全示范创建检查，12月23—24日，代表市接受国家验收组检查。其间，接受省级食品安全示范区跟踪评价。推进食品安全责任保险，食品生产经营单位参保437家。区食安委协调解决因新冠肺炎疫情导致健康证集中办理难等问题。倡导食品安全志愿服务，在册食品安全志愿者789人，在“南京市新时代文明实践食品安全志愿者平台”登记开展活动174场。全年未发生重大食品安全事故。

◆**药品医疗器械化妆品安全监管** 2021年，区市场监管局全覆盖检查零售药店，监管口罩等防疫产品质量，登记销售发热咳嗽药品。监督检查药品经营使用单位，抽样送检重点品种，抽样各类药品90批次，未出现不合格药品。专项整治中药饮片零售企业194家，专项检查疫苗质量安全、医疗机构药品使用质量、药品零售企业、无菌和植入类医疗器械经营企业。检查医疗器械经营企业296家，组织抽检医疗器械产品5批。检查化妆品经营户196家，抽检化妆品17批，源头把关所经营化妆品，规范网上经营行为。许可审批零售药店开办变更、医疗器械经营，化妆品备案后现场检查，全年审批药品经营许可证176家次，审批医疗器械经营许可审批303家次，化妆品备案后现场检查21家次；所有许可审批事项均在网上办理，办理结果在市市场监督管理局网站上公示，全年无差错，无投诉。

◆**特种设备安全监察** 2021年，区市场监管局发挥特种设备专委会作用，联合执法检查。组织特种设备安全知识培训5次，参加550人次，发放宣传材料1000余份，宣传培训全覆盖生产经营单位。依法办理特种设备案件9件，结案19件，罚没款35.4万元。对气瓶充装单位，叉车、起重机械、大型游乐设施使用单位，医药企业，高校等集中开展专项整治。组织专业技术人员两轮专项抽查液化石油气瓶充装单位3家、气瓶检测单位2家，排查隐患16条。至年底，闭环销号。3月，组织专家、工作人员57人次，专项检查门式起重机使用单位49家，门式起重机157台；抽查28家，排查隐患25条，至年底，全部完成整改。8月，排查快开门式压力容器，排查设备27台，涉及街道6个，使用单位11家，其中医疗行业用消毒锅12台，其他行业用快开门式容器15台，发现隐患4条。至年底，全部完成整改。专项检查化工企业及电厂第三方技术机构，检查单位11家，发现隐患95条。至年底，整改94条。运用“物联网+”手段，落实电梯智能安全管理，聘请第三方技术机构专项抽查保障房小区电梯，抽查电梯60台，发现隐患118条。至年底，全部完成整改。

◆特殊食品监管 2021年，区市场监管局“双随机一公开”（随机抽取检查对象、随机选派执法检查人员，抽查情况及查处结果及时向社会公开）抽查保健食品经营单位52家、婴幼儿配方乳粉经营单位12家、特殊医学用途配方食品经营单位2家。依法查处特殊食品和食盐类违法案件5件，罚没款11.09万元。完成保健食品抽样检验100批次，合格率100%。专项整治婴幼儿配方乳粉，检查经营单位72家，出动执法人员158人次，发现问题单位7家。至年底，全部整改。检查高校食堂及校内餐饮单位的食盐安全情况83家，未发现不符合规定的食盐。专项清理整治保健食品行业，出动执法人员3340人次，检查食品生产主体24家，食品经营主体1660家，发现问题158个，全部依法整改。是年，印发特殊食品宣传折页5万余份，特殊食品警示用语标签3.2万份，宣传手册3万余册。

◆广告监测监管 2021年，区市场监管局防范打击非法金融活动，监测互联网广告247条次、户外广告144条次。落实长江禁渔规定，监测监管捕捞、出售、购买、运输、转让、加工消费长江非法捕捞渔获物广告，监测传统媒体广告265条次、互联网广告734条次、户外广告549条次。监测医疗服务、药品、医疗器械、保健食品类广告98条，监测医疗美容类广告19条，监测教育培训类广告30条。集中整治违法违规商业营销宣传行动，专项整治青少年儿童近视防控产品违法违规商业营销宣传行动。

◆知识产权 2021年，全区新增发明专利授权2067件，比上年增长38.45%。新增商标注册9719件，比上年增长26.67%。新增马德里国际注册商标7件，比上年增长5%。新增版权登记506件，比上年增长40.61%。至年底，全区拥有有效发明专利8549件，比上年净增2063件。

◆知识产权运用 2021年，全区新增知识产权贯标企业37家，新增市级示范企业10家。知识产权质押融资企业97家，融资额4.12亿元。新增扬子江药业集团南京海陵药业等省级知识产权战略推进计划一般项目2家，市级知识产权高价值专利培育中心3家。新增南京南邮信息产业技术研究院有限公司等市级企业专利导航3家。京东城市（南京）科技有限公司“数据共享方法、装置、数字网关及计算机可读存储介质”专利获中国优秀专利奖，南京银茂铅锌矿业有限公司等7家公司7项专利获市优秀专利奖。

◆知识产权保护 2021年，区市场监管局依法查处知识产权案件66件，其中专利标识不规范案件40件、商标侵权案件25件、假冒专利1件，罚款13.89万元，没收侵权商品货值4.16万元，没收违法所得0.13万元。市知识产权维权援助中心区分中心完成电商平台知识产权投诉案件40件，参与知识产权案件线上调解54件。

□胡　冬

安全生产监管

◆概况 2021年，区应急管理局宣传贯彻新修订的《安全生产法》，落实党政、部门、属地、企业四方责任。明确区领导安全生产任务清单，落实45个部门安全生产职责清单。实施联合约谈、专项督查、年度述职、绩效奖励等措施。定期走访重点企业主要负责人、实际控制人，通过安全总监、责任保险、标准化建设、诚信机制等经济行政手段，落实企业主体责任。区安委会重点突出2个专题7个专项整治行动，区整治办通过工作例会等推进各领域整治行动。是年，检查企业人员2.02万人次，检查企业近3万家，排查隐患1.96万项，整改1.85万项，整改率94.62%，其余隐患按期整改。区纪委监委牵头开展安全生产专项整治三年行动监督检查。建立全省首家油气长输管线监管系统，140千米长输管线38处高后果区实现视频监控、物联感知，风险预警全覆盖，在省政府“每日要情”、省“应急管理简报”和市应急管理局网站刊文推广。优化建设工地360度安全管控系统，94个规上工地实现24小时监控，在栖霞山管委会打造智慧工地样板工程。绘制社会面小场所安全脸谱，全区2.3万家小场所在181平台自我安评率在95%以上。应用金陵应急宝，利用小商户联盟、居民议事会等平台，推动小型场所网上预约，联合使用“安全管家”，提升小场所自我安全管理水平。实施“宁企赋能”电动车充电桩安装工程，3000家工业企业安装充电头1.7万个，消减电动车入户充电风险。推进安全生产事前执法，依法查处违法行为案件330件，处罚金额460余万元。行政处罚立案168起，处罚350余万元。完成移送案件2起，重大处罚案件送到区司法局备案13件。组织安全生产考试47场，参考6200余人。10月13日，在高力国际家居港，举办第32个国际减灾日活动。

◆危化品安全生产专项整治 2021年，区应急管理局开展危险化学品企业安全分类整治、医药企业化学品使用整治、化学品罐区整治等危化品专项整治31个，包括290余个方面内容700余项。围绕企业安全，出动执法人员852人次、专家550人次，开具各类文书1009份，发现问题隐患882条，完成整改880条。全年依法立案11起，处罚金额29.58万元。整治“小化工”，以“大数据+网格化+铁脚板”模式，依托181平台“小化工”整治模块，排查企业2.49万家，完成率100%。虚假冠名排查企业1.33万家，完成率100%。

◆网格监管智慧化 2021年，区应急管理局探索精细化、智慧化社会面网格监管新模式。选择龙潭街道打造安全生产网格化监管样板，制定社会面考核细则8大项19条，每季度考核一次，考核结果与年终安全生产考核奖励挂钩。推广应用线索管理系统，全年线索管理系统录入各类数据2.24万条，比上年增长153.33%，处理各类报警工单1703条。应用“金陵气象灾害靶向预警防控系统”，精准应对台风、寒潮等极端天气，及时发布处置预警工单3276条。

◆自然灾害综合风险普查 4月21日，区政府印发《栖霞区第一次全国自然灾害综合风险普查工作方案》，成立普查工作领导小组，常务副区长宗宁虎任组长，普查办设在区应急管理局。6月18日，区政府召开常务会议，动员部署自然灾害综合风险普查工作。8月30日，普查办联合南京经开区、各牵头部门召开栖霞板块普查工作推进会，明确各牵头部门普查范围、责任分工和经费。9月3日，领导小组印发《栖霞区第一次全国自然灾害综合风险普查实施方案》，细化分解部门普查任务。应急系统4轮录入、质检和核查数据2406条，其中承灾体数据354条，减灾能力数据1324条，历史灾害数据728条。删减不符合填报要求数据72条。组织外业核查组4个、内业填报组1个，16人每天分片区分行业外业核查、空间标绘修正、填报录入承灾体和综合减灾资源（能力）调查等系统数据信息。在家庭减灾能力入户调查阶段，基层灾害信息员和网格员，调查社区29个家庭1160户。区普查办发放宣传纪念品5000余份。截至12月，区第一次自然灾害风险普查调查工作完成，并通过市级和省级质检核查。

◆安全生产月活动 6月16日，区安委办联合迈皋桥街道在弘阳广场举办安全生产月咨询日活动，主题为“落实安全责任，推动安全发展”。市应急管理局二级巡视员蔡艺、规划财务处处长陆善标，区委常委、常务副区长宗宁虎参加活动。活动现场工作人员解读安全生产手册，讲解紧急情况下应急逃生方法。组织参会人员和群众观看安全宣传展板，参加疏散逃生、紧急医疗救护、用电安全、逃生帐篷等体验活动。6月22日，区安委会联合南京银茂铅锌矿业有限公司，模拟公司采矿场钻机组，在负725米斜井施工探水作业钻孔过程中发生透水事故，开展井下透水事故应急演练。检验非煤矿山企业生产安全事故应急救援预案科学性。 □陈 翔

城乡建设与管理

Urban & Rural Construction and Management

栖霞山·桃花扇亭

杨　轶／绘

责任编辑　赵建华

城乡规划

◆**概况**　2021年，南京市栖霞规划和自然资源分局（以下简称“栖霞规划资源分局”）统筹保障全域规划建设，拉开城市发展框架，提升城市功能品质，践行集约节约、成片开发、低碳城市和韧性城市理念，推动全域整体发展能级提升，办理各类规划审批案件2278件次，核发“一书两证”821件。其中，建设项目用地预审和选址意见书126件，用地规划许可证76件，建筑工程规划许可证140件，市政工程规划许可证479件。办理规划验线267件，办理规划核实83件，办理规划认定51件。统筹推进区国土空间总体规划编制工作，完成栖霞区国土空间规划近期实施方案编制工作，完成栖化新村、栖霞广厅等片区控制性详细规划优化完善工作。完成八卦洲7个行政村实用性村庄规划编制工作，推动建立“规划师下乡”八卦洲工作站。开展经五路万象天地、泰康国际医学中心、苏园养老社区、宝能燕子矶综合体、燕子矶新城体育公园、宝龙尧化综合体等一批省市区重点项目规划资源服务工作，推进宁宣黄铁路、宁芜铁路、轨道交通6号线、轨道交通7号线、宁扬城际铁路、疏港公路改扩建工程、栖霞大道（炼西路东—七乡河大道）拓宽改造工程等一批重大交通项目建设。做好百水工业园保障房、孟北租赁房、栖霞山红枫片区保障房、靖安佳园三期四期保障房等一批市、区重点保障房项目规划资源手续办理。保障市妇幼医院、开发区“兴智中心”东、西片区中小学及幼儿园、燕子矶观音门小学等一批教育、医卫类设施项目落地建设。完成全区燃气管线占压情况核查工作，完善地下管线数据信息动态更新机制。

是年，栖霞规划资源分局获评“全省自然资源系统法治建设工作成绩突出单位”，获“全市危房治理工作先进单位”“法治南京建设示范单位”“市规划和自然资源系统先进集体”等称号。分局派出机构中心一所获评“全省系统自然资源所标准化建设成效显著单位”。

◆**放管服改革措施落实**　2021年，栖霞规划资源分局推进工程建设项目审批制度改革，推行出让用地事项所涉及的规划条件、建设用地规划许可、用地预审、土地勘测定界“四合一”办理（以下简称“四合一”），实施临时建设用地规划许可和用地审批合并办理，开展建设工程验线告知承诺制改革，全面推广“拿地即开工”，推行“多测合一”改革。深入探索扩大区域评估适用范围，鼓励有条件的区域将部分适宜区域评估的行政审批事项纳入评估范畴。提前介入，前置梳理解决项目审批问题，简化审批流程，压缩审批时限，将审批时间节点精确至小时。是年，办理验线告知承诺制138件，“拿地即开工”7件，“四合一”22件，临时建设用地规划许可和用地审批合并办理57件，实现平均办案周期2.12天，较往年明显缩短。

◆**地下管线数字化管理**　2021年，栖霞规划资源分局坚持共建共享理念，构建管线信息“一套系统”“一个平台”规范管理流程，创新管理机制，推进“互联网+”政务服务。基于微信公众号平台，实现管线供图、批后监督等线上服务功能；基于“南京市城市地下管线地理空间信息系统”，开展管线基础信息更新，为各类报建项目、研究项目提供免费地下管线数据案件359个，涉及管线数据10664千米。接收竣工测量电子数据206件，涉及管线924千米。开辟绿色通道，为轨道交通建设、环境整治、杆线下地、积淹水改造、电力配网、道路快速化改造等重大项目提供管线数据支撑，助推城市建设发展，利民惠民。通过收集各类管线信息数据，提升系统数据库的及时性、准确性，为项目提供精确的管线数据，多种来源合力助推管线数据库闭环。

◆**商务区交通组织方案研究**　2021年，栖霞规划资源分局会同新尧新城管委会组织编制《南京市栖霞商务区交通组织方案研究》（以下简称《方案研究》）。规划研究范围为栖霞商务区，研究对象为商务区核心区，即商务综合发展区和汽车产业片区，面积约87公顷。《方案研究》遵循干路—干路相交信控、干路—支路、支路—支路相交让行的原则，对商务区各主要交叉口及出入口提出相应的控制策略。结合近期内部路网不完善、远期道路实施到位等情况，分别研究商务区南片区、北片区及汽配城区域的交通组织方案，确保该方案精准指导后期道路建设，保障区域道路交通环境的安全、有序、畅通。

◆控制性详细规划优化 2021年，栖霞规划资源分局规范开展控制性详细规划调整相关工作，重点推进栖化新村、栖霞广厅、立力煤矿地块等25个项目控规优化完善工作。优化项目见下表。

2021年栖霞区控制性详细规划调整完成情况一览表

表17

序号	控详名称	分图则号	类 型	备 注
1	《南京市马群单元（NJZCe010)和南湾营单元（NJNBa010）控制性详细规划》	NJNBa010-09	控规修改	宁政复〔2021〕52号
2	《丁家庄单元（MCb050）控制性详细规划》	Mcb050-13	控规修改	宁政复〔2021〕22号
3	《燕子矶新城区（MCb020）控制性详细规划》	MCb020-04	控规修改	宁政复〔2021〕27号
4	《南京市栖霞山片区（NJDBa030）控制性详细规划》	NJDBa030-02	控规修改	宁政复〔2021〕74号
5	《南京市栖霞山片区（NJDBa030、NJDBb011）控制性详细规划》及栖霞山广厅地块城市设计	NJDBb011-03	控规修改	宁政复〔2021〕86号
6	宁句城际线百水桥站规划区城市设计暨《南京市马群单元（NJZCe010)和南湾营单元（NJNBa010）控制性详细规划》	NJNBa010-05、06	控规修改	宁政复〔2021〕100号
7	《南京市仙林副城新港片区（NJDBa010）单元控制性详细规划》	NJDBa010-19	控规修改	宁政复〔2021〕097号
8	《南京市马群单元和南湾营单元控制性详细规划》、南京煤矿机械厂一般历史地段保护规划图则修改及相关城市设计	NJZCe010-03、04	控规修改	宁政复〔2021〕141号
9	《南京市栖霞山片区（NJDBb011）控制性详细规划》	NJDBb011-07、08	控规修改	宁政复〔2021〕135号
10	《南京市栖霞山片区（NJDBb012）控制性详细规划》	NJDBb012-03	技术深化	—
11	《燕子矶新城区（MCb020）控制性详细规划》	MCb020-04	技术深化	—
12	《燕子矶新城区（MCb020）控制性详细规划》	MCb020-01	技术深化	—
13	《南京市丁家庄单元（MCb050）控制性详细规划》	MCb050-04、05	技术深化	—
14	《燕子矶新城区（MCb020）控制性详细规划》	MCb020-10	技术深化	—
15	《马群单元（NJZCe010）和南湾营单元（NJNBa010）控制性详细规划》	NJNBa010-02	技术深化	—
16	《仙林白象片区(EAc030)控制性详细规划修编》	EAc030-15	技术深化	—
17	《黑墨营单元（MCb040）控制性详细规划》	MCb040-06	技术深化	—
18	《仙林白象片区(EAc030)控制性详细规划修编》	EAc030-09	技术深化	—
19	《仙林白象片区(EAc030)控制性详细规划修编》	EAc030-15	技术深化	—
20	《南京市栖霞山片区（NJDBa030、NJDBb011）控制性详细规划》	NJDBb011-04	技术深化	—
21	《燕子矶新城区（MCb020）控制性详细规划》	MCb020-12	技术深化	—
22	《燕子矶新城区（MCb020）控制性详细规划》	MCb020-03、13	技术深化	—

续表

序号	控详名称	分图则号	类　型	备　　注
23	《仙林副城仙鹤片区（EAe020）控制性详细规划》	EAe020-15	技术深化	—
24	《仙林白象片区(EAc030)控制性详细规划修编》	EAc030-15、16	技术深化	—
25	《南京市栖霞山片区（NJDBa030、NJDBb011）控制性详细规划》	NJDBb011-04、06	技术深化	—

◆区国土空间规划近期实施方案

5月31日，《南京市栖霞区国土空间规划近期实施方案》（以下简称《近期实施方案》）获省政府批复。《近期实施方案》实施期限为2021年1月1日至《南京市栖霞区国土空间总体规划（2021-2035年）》批准时日。《近期实施方案》以“十四五”规划战略目标为引领，以落实生态文明建设、高质量发展长江经济带为主线，贯彻创新、协调、绿色、开放、共享发展理念，在严控建设用地总量和强度的前提下，优化城市功能布局，推进城乡协调融合发展，统筹各城市组团空间管控和特色发展。《近期实施方案》以功能区划、城乡规划、产业规划、园区（单元）控制性详细规划为依据，落实预支空间规模指标、追加流量指标及“三条控制线”等国土空间规划相关刚性管控要求，进行“多规合一”一张蓝图分析，新增建设用地空间重点布局在新城或新市镇，依托成片开发范围，优化布局产业园区，统筹布局农村产业融合区和集中生活区。

◆南京煤矿机械厂控详规划及设计　12月8日，栖霞规划资源分局组织编制的《南京市马群单元和南湾营单元控制性详细规划》NJZCe010-03、NJNBa010-17规划管理单元图则和南京煤矿机械厂一般历史地段保护规划图则修改及相关城市设计获市政府批复（宁政复〔2021〕141号）。规划范围北至宁杭公路，西至马群南路，东至宁芜铁路，用地面积24.13公顷。规划编制以保护和利用南京煤矿机械厂区相关历史要素为导向，结合片区现状及历史建筑保护要求，梳理外部条件、细化用地功能，优化相关用地性质及规划指标，完善公共配套设施。规划利用厂区自身及周边优良的历史文化与景观资源，提升园区整体形象。

◆周冲传统村落保护发展规划

12月30日，《南京市栖霞区西岗街道桦墅村周冲传统村落保护发展规划》通过市城乡规划委员会与市历史文化名城保护委员会联合组织的专家评审会。在保护优先的前提下，统筹协调宣传教育、文化旅游、村庄发展和遗产保护的关系，积极改善村庄人居环境，促进历史文化保护和经济社会的协调发展。在规划编制工作中，梳理周冲山水自然资源和历史文化资源，以保护传统村落的完整性和真实性为原则，挖掘自然和文化资源的内在价值，协调保护和发展的关系，传承和弘扬传统文化。确立规划控制建筑的保护、修缮和整治方案，对田园景观风貌和传统环境要素提出保护要求，完善公共服务设施，利用闲置民宅，打造休闲文化场所，建设宜居宜乐的美丽乡村。

□张敬梓

交　通

·道路工程·

◆概况　2021年，区交运局坚持补短板、促发展、强支撑，以交通先行助推高质量发展。牵头部门相关单位，把握交通网络“综合立体”的基本内涵，在调研论证、征集意见、反复修改的基础上，完成《栖霞区综合立体交通网规划（2021—2035年）》编制工作。至年末，区域内交通道路总里程468.77千米，公路网密度118.54千米/百平方千米。其中，国省干线公路总里程80.32千米，农村公路总里程388.45千米。全区公交线路总长1156.6千米，线网长度810.2千米。

◆交通基础设施建设　2021年，区交运局完成仙境北路工程建设，实施庐山路下穿尧兴铁路（小岗下道口平改立）工程建设。开展省市重点工程协调工作，上半年，浦仪公路西段、龙潭港铁路专用线、312国道（绕越高速至仙隐北路段）快速化改造工程主线等建成投入运营；下半年，宁句城际地铁、3条过江通道、3条轨道交通、和燕路—红山路快速化改造、万家楼互通改造、中山门大街（马群段）拓宽改造以及马群综合换乘中心等工程有序推进。协调推进天佑路下穿沪宁城际、京沪铁路工程、青马路东延上跨铁路立交工程。开展宁芜铁路扩能改造工程前期工作和宁宣黄铁路工程线位比选等。是年，区交运局被评为“江苏省交通建设有功集体”。

◆四好农村路建设　2021年，区交运局研究制定栖霞区农村公路养护体制改革实施方案，实现公交线路“村村通”，乡镇农村物流服务站覆盖率80%以上，村级服务点覆盖率60%以上。完成农村公路提档升级建设20千米，安防增补县乡道路12.65千米。完成申报省级“美丽农村路”样板路、“平安放心路”样板路、“水韵江苏”最美乡村桥之“致富小康桥”，均通过先期市级验收，其中八卦洲中心路已入选“2021年度江苏“平安放心路”样板路”。

◆八卦洲鹂岛路养护大中修　2021年，为打通“陌上花渡农业嘉年华”的重要通道，区交运局实施鹂岛路养护大中修工程。八卦洲街道X302西延线鹂岛路跃进桥至双柳河桥段道路全长2.33千米，是东西两个方向进入农业嘉年华场馆的交通要道，因受到先前污水管网改造、浦仪公路、和燕路过江通道等工程影响，存在横向纵向裂隙、路面下沉等问题。区交运局联合市交管局、市客管处（公交集团）、交警七大队、八卦洲街道商讨制订大中修方案。工程总投资约3200万元，6月上旬进场施工，9月20日实现全线完工通车。

◆公共出行优化　2021年，区交运局验收新能源汽车充电设施342台，审批企业新能源充电桩建设项目4家28个。实施栖霞区公共停车设施建设三年行动计划，完成公共停车场建设4处，建成泊位2236个。配合浦仪公路西段正式通车，新开辟公交566号线；配合省中医院紫东院区开诊营业，新开辟仙林循环公交345号线；优化163路、178路、523路及196路公交线路4条，有效缓解鸿福城保障房、八卦洲街道外沙村和龙潭老街等公交出行需求密集区居民出行难题。

·交通行业管理·

◆概况　2021年，全区有道路运输业户3551家，货车31744辆，驾校14家，机动车维修企业287家。全年办理道路货运许可489件，新增道路运输车辆7047辆，审验道路运输证27116本，机动车维修经营备案73家。注销国Ⅲ及以下排放标准营运柴油货车道路运输证1255本，注销4.5吨及以下车辆道路运输证4198辆、许可证1176本。完成1659家企业、8128辆重型柴油车环保在线监控安装工作。

◆交通综合执法　全年巡查国省干线40171千米、县乡公路2639千米，收取路赔费95.87万元。路警联合查扣超限超载车辆586辆，超限总吨位7800.91吨，卸驳载8286.35吨，非法改装现场整改8辆。累计检查维修企业332家次，检查驾校54家次，检查危运企业82家次，检查重点货运企业264家次；约谈“一超四罚”企业110家次，约谈高频超限运输企业44家次。检查道路运输普货2266辆，检查危化品运输车504辆，完成行政处罚416件，罚款73.91万元。建成栖霞区路网中心，累计人工清扫道路2.2万千米，洒水9.4万千米。

◆安全生产管理　2021年，区交运局编发《交通运输安全生产工作简报》9期，开展重点运输企业“一车三方”教育会议10次、企业教育培训4次、危运企业座谈会2次、新安全法宣传贯彻活动3场次，受众超过1200人，开展“百团进百万企业”活动768家次。组织开展栖霞大道沿线交通安全隐患排查，完成铁路沿线环境安全治理24条、公铁并行防护9处。清理整治经营地与注册地不符的货运企业1300家。落实“双随机”和“四不两直”检查制度，首次根据《中华人民共和国安全生产法》对8家违法违规企业实施罚款1.6万元。 □刘 颖

·铁路·港口·

◆概况 中国铁路上海局集团有限公司南京东直属站（简称“南京东站”）坐落于南京市东北郊，是京沪、宁芜干线和宁栖支线、城北环线的会合点，在华东路网中处于重要位置。南京东站管辖里程130余千米，下辖21个自然站，包括路网性编组站1个，一等区段站1个，二等货运站1个，三等站8个，集经公司3个。主要担负京沪、宁芜、宁栖线货物和旅客列车的接发，担负管内24条专用线（铁道）的取送作业和监督管理及周边20多家大型企业及部队、军工单位物资的运输任务，为长三角的经济发展发挥着重要作用。车站下设9个职能科室、14个车间（站）、56个班组、职工1201人。是年，南京东站顺利通过中国铁道企协质量管理委员会和北京中铁质量体系咨询中心质量管理体系行业再认证审核。车站先后获得中国铁路总公司“全路优秀党组织”“江苏省文明单位”、南京市“文明单位”、江苏省“劳动保障诚信示范企业”、全国铁路总工会“财务工作先进单位”、中国铁路上海局集团有限公司安全优质站段等荣誉称号，下辖铜井站获“江苏省工人先锋号”称号。

南京港龙潭集装箱有限公司（以下简称“南京港龙集公司”）位于长江南京段龙潭水道，位于长江和东部沿海“T”形经济发展战略带接合部，是长江规模化、现代化、专业化的集装箱港口，是省市重点打造的海港枢纽经济区。公司铁路辐射范围300—3000千米，其中中亚班列覆盖中亚五国，中欧班列直达俄罗斯莫斯科。是年，公司持续推进岸基供电、场桥节能改造、设备及场地LED照明、拖车LNG改造等环保改造项目；南京港龙潭港区铁路专用线工程建成，全长5.5千米，实现铁路与水路的无缝对接；获四星级“中国绿色港口”、五星级“江苏绿色港口”、2018—2020年度省交通运输厅“文明示范窗口”等称号。

南京明州码头有限公司（以下简称“明州公司”）位于南京龙潭港区，主营煤炭、矿石、建材和化肥等中转业务，同时也中转钢材、大件设备、袋装货等杂货，并为客户提供矿石、煤炭破碎、筛分等高质量深加工增值服务。公司拥有长江岸线700米，陆域纵深1000米，占地70万平方米，有7万吨级泊位2个、5000吨级泊位2个，码头前沿水深常年保持在-14.5米以上。码头配备卸船机2台、装船机2台和门机5台，年吞吐量1500万吨。公司建成32.7万平方米硬化场地，形成一次性散货堆存能力150万吨。是年，公司完成货物吞吐量1376万吨，比上年增长8.2%；被评为南京市文明单位、江苏省模范职工之家、全国交通运输文化建设优秀单位。

◆生产和安全两手抓 2021年，南京东站落实集团公司安全生产文件，坚持生产和安全两手抓，结合实际制订实施147项具体安全工作措施。深化安全双重预防机制运作，建立车站“安全生产问题库管理系统”，加大隐患整治力度。修订车站、车间标准化规范化建设实施细则，“五位一体”整体推进。结合新《中华人民共和国安全生产法》实施，完成新一轮规章清理整合、安全生产责任制和作业指导书修订，持续强化安全管理基础和干部履职督查。强化安全过程控制，扎实开展安全生产月、普速铁路安全环境整治、严重故意违章集中整治、调车和驼峰专项整治等安全专项整治活动，确保七一、十一、中国国际进口博览会等关键时期的安全稳定。至年底，车站实现安全生产连续4009天。

◆经营效益稳步提升 2021年，南京东站实施“四补”经营策略，深化“三个转”落实，制订以货补客、增收节支、提效细化展开表，推进站、机、辆一体化考核。以编

组站综合自动化系统（CIPS）为依托，围绕“技术站抓开车，作业站抓移动，点上抓装卸车”思路，提高计划兑现率，杜绝责任始发晚点（途中增晚）。加强挂图读表，强化运输分析，优化运输资源配置，统筹“到、解、编、发”及“一排、二卸、三装”各环节，确保编组站组织畅通高效。加强天窗综合利用，优化维修单元划分，实施枢纽内全天窗集中修，实现施工、运输两不误。全年，车站办理车数381.19万辆，日均10444辆，比上年日均增加1058辆。运用车保有量3762车，解、编5.5万列，日均151.9列，中时6.1小时（较计划压缩0.4小时），停时25.6小时（超计划4.6小时）。其中，11月17日解94列、编93辆，12月1日办理13093辆，分别创6年来历史新高。

◆企业改革持续推进 2021年，南京东站持续实施企业改革，推动“对标找差、创优争先”和标准化规范化建设融合统筹，做实用好指标体系，引领企业高质量发展。加强法律事务合同管理，推进风险债权清理和各类专项检查，抓好巡察、审计和整改，全面规范经营管理行为。落实国铁集团兼并撤岗要求，规范通用工种管理和非在岗人员清理，转岗95人（包含通用工种45人），清理非在岗人员15人；加大业务外包项目清理，压缩用工成本；深化用人机制改革，探索优化技能人才晋升通道，打开“上”的空间，加大“下”的力度，健全并严格执行考核评价体系，跟进后续配套管理。深化分配制度改革，优化工效挂钩办法，综合运用系数调节、计件计分、标准化等级评定、岗位星级奖惩等多种手段，合理拉开分配差距。强化节支降耗措施落实，优化站场照明控制，全年节约70余万元；撤销浦镇站等6个站共计22个车号员岗位，减员分流24人；合并优化南京北站下行及统计车号员岗位，减员分流6人；撤销出发场车间调车区长岗位5人。

◆“孔健大件工作室”再创佳绩

南京港龙集公司“孔健大件工作室”自2020年11月创建以来，整合作业力量，优化箱货分离和非标大件作业流程，不断提高业务水平，先后完成中电熊猫、上汽名爵、武汉天马、南京华能电厂、绵阳惠科等大型项目货物装卸，成为南京港龙集公司的一张闪亮名片。2021年3月，大件工作室连续作业中外运两批进口光电项目，货物单体重量刷新建港以来大件作业重量纪录。12月，“孔健大件工作室”又刷新建港以来单日箱货分离作业量，并带领营运操作部各组成员协同配合，争创佳绩。公司一天内安全完成箱货分离14件，创造单日箱货分离作业数量之“最”。

◆马士基分拨中心落户港区 7月20日，中国内陆地区首个马士基分拨中心——南京港马士基分拨中心落户南京港龙潭港区。此前，由于受限于光伏产品交货期等原因，光伏企业货物出口模式主要以集卡直拖海港的物流运输模式为主，成本较高，客观上制约光伏企业的发展。南京港龙集公司秉承“客户至上”的服务理念，携手全球航运巨头打造南京港马士基分拨中心。分拨中心采取港区入库装箱出运模式，将公路直拖货源引导至水路，为南京及周边地区光伏智慧能源企业提供高效的物流解决方案，为长江沿线光伏外贸出口企业提供更加稳定、更加高效的运输服务。

◆场桥锂电池动力项目投入使用

11月，南京港龙集公司第一台场桥锂电池动力改造项目完工并投入使用。该项目由龙集公司自主设计、施工，彻底摒弃柴油机，进一步降低场区内污染，实现场桥锂电池动力无缝转场，为推动全场绿色能源发展打下坚实基础。项目完成后，公司通过滑触线充电、锂电池储能以及电能回馈等节能方式，真正实现场桥运行““零排放”目标，开启绿色作业新模式，也使公司向“绿色生态港口”建设目标迈进一大步。同时，场桥使用的BMS（电池管理系统）也与锂电池供电系统控制PLC（可编程逻辑控制器）实时通讯，准确感知每块电池的运行状态，平衡电池电能充放，延长电池使用寿命。

◆**获评“交通运输文化建设”优秀单位**　2021年，明州公司被中国交通企业管理协会和交通行业优秀企业管理成果评审委员会评为“全国交通运输文化建设”优秀单位。是年，明州公司以“建成长江一流的散杂货中转中心”为目标，坚持“立足南京、拓展长江、融入体系、树立品牌”的发展方针，逐步形成以现实问题为导向、以未来发展战略为依据，全体职工普遍认同的文化理念体系。持续筑牢各类宣传教育阵地，定制岗位桌牌、文化摆件、笔记本等宣传品，将“爱港敬业、顽强拼搏、追求卓越”的企业精神贯穿于岗位练兵、技能竞赛、技术比武之中，用“润物细无声”的方式推动“家苑”文化入脑入心，以文化“软实力”带动发展“硬实力”。

◆**专用铁路明州段重载装车试运行**　11月5日上午10时18分，南京龙潭港区专用铁路南京明州段重载装车试运行启动仪式在明州公司举行。上海路局南京货运中心、南京地方铁路有限公司、公司领导及客户单位主要负责人出席仪式。龙潭港区铁路专用线接轨京沪线龙潭站，从车站西引出，跨疏港大道，进入龙潭港区，线路全长5.46千米，总投资9.8亿元。港区铁路专用线已建成集装箱吊装线2条、商品汽车装卸线1条，初步构成港开班列、欧亚班列（东联日韩、西接欧亚）的国际物流大通道。

◆**劳模创新工作室成立**　11月10日下午，明州公司举行“劳模创新工作室”揭牌仪式，栖霞区总工会负责人、公司有关部门负责人及职工代表参加。至此，明州公司已有曹仁杰创新工作室、党员创新工作室及劳模创新工作室等3个创新工作室。公司注重发挥创新工作室的引领带头作用，以一线工匠人才为负责人，激发一线工人的创新热情，提升一线工人创新攻关能力，在安全生产和技术保障等创新增效方面效果明显。

□周钰人　朱明霞　史　薇

新城建设

·新尧新城·

◆**概况**　新尧新城位于栖霞区尧化街道，地处栖霞区中部，面积约10.6平方千米。分为两大板块：新尧新城片区北至栖霞大道、南邻沪宁铁路、西至二桥绕城高速、东接仙新路，规划总面积6.8平方千米；栖霞商务区片区，北至沪宁铁路、南邻312国道、西起仙尧路、东接仙新路，规划总面积3.8平方千米。新尧新城定位为南京城东地区主要生活配套区、南京地区城市更新示范区和生态宜居的现代城区。2021年，围绕年初制定的目标任务，在规划编制、项目建设、招商引资等项工作中取得新业绩。

◆**三元祠保障房项目（一期）竣工**　三元祠保障房项目位于瑞霞路以东，宁洛高速以西，太龙路以北，银贡南路以南，规划用地面积9.6万平方米，总建筑面积30万平方米，总住宅3024套，分为二期开发。一期工程2018年6月开工，2021年6月竣工，2021年8月完成竣工备案。建筑面积23.08万平方米，包含基层社区中心、幼儿园、物业用房及8栋住宅，规划住宅2136套。至年底，分房入住1311套，剩余待分825套。

◆**片区排水管网修缮工程实施**　新尧新城片区排水管网修缮工程项目分布在尧化街道区域内，包括枫林新寓、港尧新村、金尧花园、金尧华府、金尧路门面房、金尧新村、煤医物测小区、南京东站经济开发区公司、三元祠商业街、上城风景南苑、输油南苑、尧辰景园、尧石二村、尧铁新村、高庙城中村、尧化新寓、银河湾卓苑、资金上品苑等18个片区。项目总改造面积66.41公顷，其中雨污水缺陷整改修复约1.1万米，雨污水管网错接混接切换285处，立管改造4683米，化粪池清疏修复144座。

◆**保障房口袋公园景观工程**　三元祠保障房南侧口袋公园景观工程位于太龙路和瑞霞路交叉口，北侧为已经完工的三元祠保障房，南侧为太龙路，占地面积8020.86平方米，用地性质为可建设用地。

主要建设内容为场地整理、硬质铺装、绿化种植、景观小品建设以及其他附属设施，设计面积约8814平方米，绿地率70.82%，透水铺装率55.32%，计划投资549.3万元。项目于2021年10月开工，12月底竣工。

◆配套基础设施工程项目开工 7月份，新尧新城配套基础设施工程项目正式开工，项目内容为尧化门派出所迁建、栖霞区实验小学扩建。项目位于新尧路西侧、太龙路北侧、尧佳路南侧，占地面积23990.07平方米，其中小学占地面积20827.37平方米，派出所占地面积3162.7平方米。项目总建筑面积31008.88平方米，其中地上建筑面积23908.88平方米，地下建筑面积7100平方米。小学拟建教学及教学辅助用房、生活服务用房、风雨操场等相关配套基础设施，总建筑面积21356.88平方米（地上建筑面积18216.88平方米，地下建筑面积3140平方米）；派出所拟建窗口用房、办案用房、业务保障用房、消防警务室等相关配套业务用房，总建筑面积9652平方米（地上建筑面积5692平方米，地下建筑面积3960平方米）。项目总投资19770.94万元，其中栖霞区实验小学改扩建项目9818.1万元，尧化派出所迁建项目9952.84万元。该项目计划交付时间为2023年3月。

□王　喆

·燕子矶新城·

◆概况 2021年，燕子矶新城开发建设指挥部，即南京市江南小化工集中整治工作现场指挥部（简称“燕子矶新城”），继续推进燕子矶片区化工企业搬迁后的整治工作，实施旧城更新工程，完成一批公共设施规划设计和新城建设项目。全年完成实际支出53.1亿元，固定资产投资约100亿元。

◆项目建设推进 2021年，燕子矶新城应对新冠病毒疫情冲击、经济下行等不利因素，抢时间、争速度、补缺口，保持20个市区级重大项目有序推进。11月，南京滨江铂尔曼酒店举行奠基仪式，标志着燕子矶地区首个高端五星级酒店正式启动建设。12月中旬，华润万象天地综合体项目购物中心完成封顶。12月下旬，鲁能PPP项目全面推进，A1、B1区地下结构建设完成预定任务。

◆土壤治理 2021年，燕子矶新城聚力绿色发展，坚持生态优先，完善调查评估、治理修复、跟踪监测体系，扎实推进燕子矶老镇周边、滨江公园区域环境提升。完成化工一厂、燕子矶老镇等8处地块调查评估，推进毓恒码头、原博世老工厂、凯燕片区等3处土壤修复治理，实施宝能A地块、原南京第二热电厂区域土壤和地下水跟踪监测，编制出台《燕子矶新城土壤风险管控和修复企业内部指导价》。是年，燕子矶新城获“江苏省土壤污染综合防治先行区”综合评估第一名，土壤治理经验做法由中央电视台《绿色答卷》栏目专题报道，在第五届中国可持续环境修复大会和第二届全国土壤修复大会做主题发言。

◆征收拆迁 2021年，燕子矶新城指挥部完成二热电、化工一厂部分设施拆迁框架协议签订，完成邮政机械厂土地过户手续办理，完成晓庄西南地块项目前期手续。完成观音门二期项目搬迁协议签订，攻坚完成迈皋桥法庭、文正金象等地块拆迁扫尾。全年，持续推进征收拆迁项目14个，完成保障房选房857户、1661套，实现现房入住479套。

◆市政配套设施建设 2021年，燕子矶新城继续配合推进3条地铁、红山路—和燕路快速化改造及和燕路过江隧道等市级重点项目建设，其中，临江路二期、壮举路一期、燕栖路三期道路具备通车条件。H地块、I1地块、I2地块、J地块、K地块、G01地块、庐山路项目、华山路项目、迈化路等9个保障房建设项目有序推进。南化地块、钟化地块、大CC地块、燕子矶派出所、K地块等5个社区服务中心项目按进度执行。钟化片区社区医院基本建成，燕子矶医院完成方案设计，燕江新城站地铁

TOD项目、燕栖路幼儿园项目取得立项批复。

◆**土地出让** 6月份，燕子矶新城完成滨江商务区二期古渡街北侧、观音街北侧两幅商办地块出让，由新华海有限公司和德宜健康有限公司两家单位竞得。9月份，完成第二热电厂5公顷的G82住宅地块出让，由华发股份有限公司竞得。11月底，完成G81商住用地挂牌出让。

□周　昂　王雅怡

·迈燕新城·

◆**概况** 2021年，迈皋桥地区环境综合整治指挥部（简称“迈整指挥部”）全力推进迈燕新城主要工程项目建设。是年，迈皋桥创业园南侧地块保障房二期项目所有主楼主体结构全部封顶；栖霞区妇幼保健院项目转型为南医大二附院后，通过主体验收，进入扫尾阶段，并开展各专项验收工作。实施万寿片区环境综合整治工程，总投资约8408万元；实施省中西医结合医院东门外连接言和路桥梁改造工程。完成北十里长沟东支L14排口整治、南十里长沟三支新迈尧路截流排口及十字街110号小区排口整治工程。按照“三大纵、三大横”的道路建设框架，继续完善迈皋桥地区路网建设。成功出让新城尚座南侧地块，开展兴卫村南侧地块项目的上市前期工作，启动迈皋桥城市更新策略研究工作。

◆**兴卫村保障房项目** 兴卫村保障房项目位于迈皋桥街道兴卫村片区，地块I，北至兴贤家园，西至广贤路，南至尧红路，东至规划社区用地；地块II，北至兴都花园西苑，西至迎贤路，南至尧红路，东至兴兴路。规划用地22103平方米，总建筑面积5.01万平方米，预算投入40879.92万元，主要建设内容为住宅及配套设施。至年底，项目方案、施工图设计以及前期各项手续报规工作完成。

◆**南医大二附院迈皋桥院区项目**

南医大二附院迈皋桥院区项目为原栖霞区妇幼保健院项目转型升级后的建设项目，建设标准由二级甲等专科医院提升至三级甲等综合医院。建筑面积6.7万平方米，总投资7.7亿元。项目于2016年9月开工建设，2019年6月项目内部所有平面布局均重新设计调整，至2021年年底，完成主体及装修施工，进入扫尾阶段，并开展各专项验收工作，分步、分区域交付。

◆**万寿片区环境整治二期工程**

万寿片区环境综合整治二期工程总投资约8408万元，11月进场施工，主要建设内容是对迈化路（燕尧路—栖霞大道段）和寅春路（迈化路—栖霞大道段）2条市政道路实施整治，对怡园小区13幢建筑实施整治和杆线下地。工程涉及道路总长1174米，涉及小区总建筑面积约4万平方米。至年底，小区出新完工，道路整治完成工程量的65%，杆线迁移有序施工，新建半幅桥梁完成11根桩钻孔灌注。施工期间受10千伏（供电部门实施）、110千伏（燕子矶新城实施）杆线迁移进度和疫情影响，工程进度较原计划滞后，计划完成时间调整至2022年6月底。

◆**水环境提升工程** 迈皋桥片区共涉及南十里长沟水系和北十里长沟水系河道7条，2021年，迈整指挥部先后实施河道综合整治、排口整治、生态修复、生态补水等工程，并落实长效管控措施，辖区内河道水质常态情况下均能稳定达标。在排口整治方面，完成北十里长沟东支L14排口整治、南十里长沟三支新迈尧路截流排口及十字街110号小区排口整治；在生态修复方面，按照生态、简洁、可行原则，对南十里长沟主流、长沟三支种植的水生植物档次进行提升，并增种华电西路桥下水面的水生植物；在生态补水方面，对南十里长沟三支引水管道进行修复及管位安装，于9月份实现常态化补水。

◆**区域内路网建设** 2021年，迈整指挥部继续打造区域内“三大横”“三大纵”路网工程（“三大横”指东西方向的青城路、玉尚路、新迈尧路，“三大纵”指南北方向的北苑东路、逸文路、北苑西路)。至年底,“三大横”方面,青城路东延和青城路一期、二期均竣工移交,玉尚路二期完成路面建设,新迈尧路完成总工程量的90%;“三大纵”方面,逸文路二期、北苑西路一期建成通车,北苑东路一期完成总工程量的90%,逸文路一期完成总工程量的70%。同时,继续建设金浦支路、华飞华三路及抚云路等3条配套道路,其中金浦支路于6月底完工,华飞华三路、抚云路至年底全部建成通车。

◆迈皋桥地区土地上市 2021年,新城尚座南侧地块成功出让,该地块用地性质为R2二类居住用地,出让面积13647.38平方米,于5月22日挂牌上市,成交总额为6.2亿元。兴卫村南侧地块上市前期工作相继开展,该地块北至华电北路,南至尧红路,西至现状山体,东至齐寿南路,用地总面积2.2万平方米,容积率1.8,预计出让金8.7亿元。至年底,完成征地、拆迁、规划条件、勘测定界、水务、市政、用地预审等手续,完成地块周边尧红路、齐寿南路规划线型的调整,计划于2022年南京市第一批集中供地上市。 □赵 琦

征收与安置

◆概况 2021年,区征收办按照环境综合整治专项行动、“城市精细化建设管理”和棚改要求,以区旧城改造、新城开发、环境改善、民生保障为重点,先后组织实施马高路北延道路建设、观音门二期危旧房改造城中村改造、石埠桥朱家场—摄山营危旧房城中村改造等建设工程。完成南京市妇幼保健院丁家庄院区建设、黄龙山矿山整治以及九乡河集贸市场建设等6个项目的征收拆迁工作,涉及住宅49户,非住宅22家,房屋建筑面积7.4万平方米。年初,全区有征收项目扫尾任务64个,涉及住宅370户、非住宅83家,至年底,完成住宅扫尾94户、非住宅扫尾24家。

◆选房安置 2021年,区住建局、征收办根据职责分工,协同各有关职能部门和建设单位,有序办理被征收群众申购拆迁安置房的申报手续,落实房源、户型、面积等事项,选房工作顺利开展。区征收办加强与街道、房改、建设等部门的协调沟通,早计划、早清理,确保被征收户按期拿房入住。是年,全区有37个已征收项目的安置入住及审核任务(含往年结转及今年到期项目29个、2022上半年到期项目8个),涉及被征收群众8650户、房屋17316套,完成的安置总量相当于近三年安置任务的总和。

◆信访办理 2021年,区征收办加入“春风化雨”“积案化解”专项行动,配合街道、社区有针对性地研究制定稳控化解方案,完成一批“征地拆迁”旧案积案化解工作。完善信访工作机制,规范群众诉求办理流程,明确专人负责和解释;发挥信访网络作用,及时掌握信息并反馈到相关部门和街道,共商解决问题的方法,从源头上防范和化解各种不安定因素。全年收到并处理信访会办件124件,出具信访处理意见45件,信访复查3件,化解信访案件31件,接办“12345”工单1145件。是年,全区房屋拆迁领域的信访矛盾占信访总量的70%左右,其中,在“重复访专项治理行动”中,接办信访案件98件,由征收办化解并报结75件,化解报结率76.53%;“春风化雨”握手行动信访积案80件,由征收办化解25件,化解率31.25%。

◆旧房拆除 2021年,区征收办按照安全生产和防尘降噪工作的相关规定,加强对各施工现场的监督检查力度,及时消除安全隐患,确保房屋拆除工作安全合法有序。全年完成拆除面积约7.2万平方米,完成拆除单位招投标项目1个。全年制作安全宣传标语400余条、创建文明城市公益广告牌700块、警示牌600块,安置建设工地围挡3600米,覆盖面积约30万平方米。持续开展现场巡查,形成安全生产检查台账380余份,提出整改要求210条。

◆市妇幼保健院丁家庄院区项目 2月8日,区政府发布《南京市栖霞区人民政府房屋征收决定》

并进行公告，为南京市妇幼保健院丁家庄院区项目建设实施征收与拆迁工作。项目范围东至燕新路，南至华银路，西至寅春路，北至规划青山路，涉及工业企业单位2家，房屋建筑面积1.8万平方米，征收土地面积2.5万平方米。

◆**马高路北延道路建设项目** 为完善城东地区路网结构，加强麒麟与仙林的交通联系，满足狮子坝地块出行需要，根据《南京市国有土地上房屋征收与补偿办法》的相关规定，栖霞区发布宁栖府征字〔2021〕第002号征收公告，实施马高路北延道路建设工程。该项目南起宁杭公路，向北以“路改隧”方案下穿现状沪宁高速公路后至金马路。项目涉及工企单位9家，房屋建筑面积0.7万平方米，征收土地面积约4.5万平方米。 □李 明

市政建设

◆**概况** 2021年，区住建局重点推进城市主干道尧红路（栖霞段）建设，路段长约3千米，工程投资约5.04亿元。同时推进城市快速路312国道（绕越高速公路—仙隐北路段）快速化改造工程。继续配合推进地铁项目4条，即地铁6号线、地铁7号线、地铁1号线北延以及地铁S6宁句城际线。是年，在尽早打通“断头路”方面，区住建局按照先急后缓、先主后次的原则，加强与有关单位协调配合，倒排项目工期，科学有序统筹，确保安全质量，有目标、有分工、有时序地推进，全区5条“断头路”建设进度持续加快。

◆**继续配合推进S6宁句城际线** 地铁S6宁句城际线是南京地铁第一条跨市域线路，建成后可快速连接南京和镇江句容市，是南京都市圈核心区域与句容城际客流的主要通道。工程起于南京东部综合换乘枢纽马群站，途经麒麟、汤山、黄梅、句容北部新城、句容城区等，止于句容高铁站，全长43.7千米，共设车站13座，其中地下站7座，高架站6座。工程设句容车辆段和东郊小镇停车场各一座。工程于2018年12月21日开工建设，2021年12月28日通车运营。

◆**312国道快速化改造** 该工程在栖霞区内为绕越高速公路至仙隐北路段，向西接仙隐北路与312国道交叉处，向东沿312国道老路改扩建，跨过仙新路、仙境路，经南象山风景区南侧再跨过红枫街、九乡河，下穿绕越高速公路，止于栖霞互通，顺接312国道东段，路线全长7.35千米。其中，主线高架快速路采用一级公路标准，双向6车道，设计速度80千米/小时。工程于2018年11月开工建设，2021年6月底建成通车。

◆**捷运大道建设** 捷运大道（龙王山大道—龙其线段）工程北起龙其线，南至龙王山大道，全长698米，宽45米，工程总投资1亿元。建设内容主要为道路工程、箱涵工程、排水工程、景观工程、交通工程、临时便道等。项目于2021年4月开工建设，至年底，主体工程完工。

◆**城市三环道路建设** 城市三环道路（仙林大道—S122）工程北起仙林大道，南至122省道，全长6.03千米，宽60米，本期实施仙林大道至七乡河西路段及孟北路至省道122段。道路主线为城市快速路，辅道为城市主干路，工程总投资26.98亿元，由市城建集团实施。工程于4月通过阶段性验收，主线通车。局部修整和剩余部分绿化于12月底竣工。该道路通车后，成为园博园的保通道路，并为西岗果牧场保障房外围管线接入通道。

◆**危房普查与改造** 2021年，区住建局完成对化建二村2栋C级危房翻建和化纤新村3栋C级危房维修加固工作，总投资800万元。同时，全面开展既有建筑安全隐患排查整治，共排查农村房屋21631栋，复查抽查四类农村房屋4081栋，确定其中13栋存在安全隐患；排查城镇房屋27608栋，确定其中20栋存在安全隐患。在此基础上，组织开展第一次自然灾害风险普查房屋建筑调查工作，委托第三方共计调查图斑93719个，至年底，调查进入扫尾阶段。

◆**小区车辆专项整治** 2021年，区住建局针对住宅小区机动车乱停乱放、非机动车飞线充电等问题，开展“打通生命通道”专项整治工作。督促物业公司在小区消防通道设置提示标志，标画禁停标识，防止消防通道阻塞。针对飞线充电问题，指导各街道在住宅小区安装非机动车充电桩，采用安全宣传、参观学习、市场化引入等方式，逐步推进充电桩覆盖面。至年底，全区9个街道228个小区，已安装充电桩2814组、插头31446个。

◆**老旧小区改造精品项目打造** 2021年，全区老旧小区整治出新市级项目有尧安新村北院、尧化一村等7个，涉及小区总建筑面积23.68万平方米、房屋104栋，惠及居民3382户。区住建局对有关街道加强指导、监管和督察，制定下发老旧小区整治工作方案，对小区整治工作的台账资料、整治内容和标准、现场管理、安全文明施工等进行统一规范，在方案设计、宣传发动、施工招标、倒排工作计划、现场管理和长效管理等环节与街道相互配合、紧密协作，有效推进小区出新工作。在媒体平台宣传老旧小区改造成果，增强居民的获得感和幸福感。是年，尧安新村北院被住建部选为“我为群众办实事”典型项目，并作为先进典型在全国性会议上发言。

◆**既有住宅增设电梯工作推进** 2021年，区住建局发挥栖霞区既有住宅增设电梯工作领导小组区、街道、社区三级工作例会制度的作用，持续推进全区既有住宅增设电梯工作。常态化走访街道和小区，具体指导居民签订施工合同、监理合同和安全文明施工合同。严格落实安全工作责任制，做到管理制度上墙、安全监管到位。及时联系强电、弱电、自来水公司等管线单位实施管线迁移，督促电梯公司按技术规范做好电梯安装工作。是年，全区新签订书面协议增设既有住宅电梯142部，通过规划初审119部，办理规划许可45部，办理施工许可39部，安装完工36部。 □邢可可

城市管理

·市容整治·

◆**概况** 2021年，区城管局推动“十四五”全区城市管理工作开好局、起好步，完成多项重难点任务。全区垃圾分类工作持续走在全市前列，考核成绩获城区组第一名6次、第二名3次。渣土运输执法、工地扬尘管控、道路保洁力度不断升级，助力全区空气质量提升。落实文明城市创建暨落实常态长效，全区298条道路街巷及39个农贸市场，深化落实路（街巷）长制，7646家单位签订门前三包责任书；完成瑞安街、铭鸿路等15条道路的街巷整治，打造完成尧和路、龙韬路2条精品街巷。

◆**门前三包管理** 2021年，区城管局要求全区商户签订门前三包承诺书，录入信息系统，要求门前三包责任书遗失、破损或新增的商户及时补签。6月份，结合门前三包“绿黄红”分色管理要求，制作并安装“栖霞区门前三包分色管理公示牌”，发放门前三包一封信，提高群众对门前三包的知晓率和参与率。10—12月份，对迈皋桥、燕子矶、仙林、马群等街道重点区域开展门前三包专项治理。制定实施《2021年栖霞区门前三包专项整治工作方案》，全面清除背街小巷、出入城道路、建设工地、居民小区以及单位内部的垃圾、渣土、杂物等卫生死角，并对窗口地区、地铁出入口、重点路段开展占道经营集中整治，重拳整治占道烧烤和占道水果车。累计清洗店铺招牌2700余处，清理倚门出摊760家，清除玻璃橱窗广告590余处、“牛皮癣”420余处，清理门前移动店招224个、乱堆乱放364处，对问题商家立案执法10起。

◆**文明典范城市创建** 2021年，栖霞区开展南京市文明典范城市创建活动，在迎接创建检查期间，区文明城市创建道路街巷专项整治组累计出动7万余人次，疏导占道经营，统一划设修旧五小摊点45处、早餐点21处；在全区97条

主次干道每隔500米安装公厕指示牌，共计安装902块；征集35座社会公厕加入厕所开放联盟，公厕内部管养严格按照冲刷、擦洗、消毒工作规范，为49座公厕统一安装无障碍扶手。施画、修补非机动车泊位9万平方米，合理增画泊位2586个，复画泊位859个，清拖违规停放的非机动车8.96万余辆，机动车违停贴单28201张。维修车行道1.03万平方米、人行道350平方米，整修路牙、岛头及树池120米。开展路面整体出新，重点集中整治马群新街、迈化路、华电路等道路，摊铺沥青路面9600平方米，改造树池10套，整治人行道35平方米。全区主干道路机械化清扫率达100%，在南京市开展的路面保洁清扫、垃圾清理、油污清洗等方面的考核中，获主城区组“三连冠”。完成14栋楼宇清洗、14个洗车场标准化改造工作，整改违规洗车点36处、停业整顿1处。

◆市政设施管养　2021年，累计修复道路355（条）次、桥梁107（座）次、人行道25281平方米、坑洞813处、水泥砼路牙13607米、水泥砼路沿13643米、树池551米、花坛330米，安装隔离桩440根。绞拉管道153.19千米，疏通雨水支管76.49千米，清理雨水井13434座、出水口122座、河道雨水篦715套，更换检查井框盖414套。清除垃圾漂浮物278.79万平方米，外运垃圾18494立方米。完成改造隔离桩（栏）283根，清理隔离桩（栏）9根，改造盲道105处，改造缘石坡道603处；对管养范围内103条路的3078座检查井全部安装防坠网。

◆园林绿化养护与改造　2021年，区城管局完成石狮路行道树树池改造、黄马路绿地应季花草景观及节点花镜增设、南十里长沟广场林下绿地改造、环陵路和陶家营路专项景观提升改造等12个项目，全区市政绿化设施完好水平得到进一步提升。全年完成行道树修剪抹芽7.54万株，修剪灌木、绿篱647.57万株，修剪草坪30.27万平方米；清理苗木下垂枝4726株，清理枯枝321处，处理险树221处；补植灌木14.42万株，补植行道树106株、灌木球656株、小乔木566株，补植地被1.01万平方米，修补树洞2530个；维修广场汀步80米，更换地砖48处，维修护栏71处，座椅出新22平方米。

◆积淹水维护与改造　2021年，区城管局建立应急队伍，充实防汛物资储备，落实易积水点“一点一案”工作要求，做好城市排水设施的疏通维护工作。在雨季汛期完成对百水桥南路南湾营菜场、和燕路、华电北路、环陵路、仙林大道、栖霞大桥下低洼路段等重点易淹路段的排水管道清理疏通，累计清理疏通管道221.7千米。完成万兴路积淹水改造工程、百水桥南路积淹改造工程、西道口泵站改造工程，累计改造双箅雨水井24座，雨水检查井3座，雨水口22座，铺设管道213米，管道清淤372米，路面摊铺190平方米；拆除重建西道口泵站管理房、泵房，更换老旧水泵、变压器、控制柜，增设监控等智能设备；工程批复金额692.22万元。

◆生活垃圾分类持续推进　2021年，区城管局持续抓紧抓实生活垃圾强制分类工作，科技助力提升垃圾分类的舒适化和智慧化。全区384个居住小区建成垃圾分类亭房841座，其中，28个小区灵活增设“规范化桶点”87个、流动收集点11个，4个小区试点“图灵小蚁”智能桶盖，25个新建及拟交付小区规划配件垃圾分类收集点68个。开展争优除差行动，定级412个小区、313家单位，评定A级小区19个、B级小区307个、C级小区86个；A级单位15个、B级单位235个、C级单位63个。新建区级大件垃圾分拣中心1座、街道分拣站7座，对低附加值可回收物、大件垃圾、有害垃圾等废弃物分拣打包、集中收运。新改建厨余垃圾中转站2座，日转运规模120吨。组织全区集中宣讲培训会10次，组织各街道社区工作者、小区物业人员和垃圾分类指导员开展各类培训100余场。在居民、社区党员和在校大学生中招募垃圾分类志愿者超1500人，在投放点设置分类指导员1200余人。全年开展垃圾分类专项整治行动210次，办结垃圾分类执法案件349件、罚款11.04万元。全年收运处置生活垃圾38.62万吨，含餐厨垃圾36051.13吨、厨余垃圾38703.71吨、大件垃圾3585.14吨、可回收物77248.26吨，资源回收利用率达40.29%，通过省级试点示范街镇验收评估。是年，成功创建全国垃圾分类专项教育基地——“慧时尚”生活馆和省级达标小区32个。

◆城市管理综合行政执法 2021年，区城管局依法开展违法建设治理、查处违章渣土运输、保障重大项目、取缔占道经营等工作，出动执法人员1.5万余人次、车辆4500余台次，接收报送一般程序案卷2013件（含67件街道案件），处罚金额1492.29万元；接收报送简易程序案卷179件（含113件街道案件），处罚金额3.29万元。落实“四室一厅”执法机制和公职律师制度，办理行政诉讼案件44件（一审诉讼案件21件，二审诉讼案件20件，再审诉讼案件3件），办理行政复议案件19件。是年，区城管局配合区政府开展行政处罚权力下放工作，将39项行政处罚权力事项下放至各街道办事处。在事权下放后向承接单位及时提供裁量规范，明确处罚标准，并组织人员培训，给予案件指导，实行依法行政，推进法治城管建设。

◆安全生产监管 2021年，区城管局将疫情防控、城管管理和安全生产工作同部署、同落实。围绕重大节日和重点时段加强对渣土运输、市政绿化养护、环卫等行业企业的安全检查，共检查各类企业123家（次），实现全区渣土运输企业、环卫企业、市政绿化养护企业检查全覆盖；共检查出各类安全隐患539项，全部完成整改。排查辖区内设置的户外广告牌、门店招牌，包括户外广告设施钢架结构焊接、螺栓连接是否牢固，有无锈蚀、油漆脱落和风化现象，构件连接点有无松动或焊缝裂痕；连接埋置固定部位和连接件之间是否有松动、锈蚀、脱落，广告设施是否存在损坏附着建筑物结构、防水层及其外装饰的现象，根据检查情况对存在安全隐患的户外广告和门头店招实行拆除或修复。全年专题学习《生命重于泰山》警示教育片2次，开展安全生产宣讲培训活动7次，发放安全生产宣传海报500张，悬挂安全生产横幅130条，开展防台防汛抢险和扫雪防冻应急演练活动2场。

□王振海

·物业管理·

◆概况 2021年，区住建局以“住宅小区星级创建”和“党建引领物业”为抓手，加强行业监管，组织业务培训，持续推进全区物业服务水平提升。参与并组织南京市住宅物业小区优质服务和业务技能竞赛活动、南京市物业管理治安秩序优秀小区评选活动。推进省市级党建示范点的项目申报和建设，抓实12345工单办理，做到物业管理专项检查全覆盖，配合做好文明城市创建、生活垃圾分类等工作。是年，怡江苑小区入选住房和城乡建设部100个“加强物业管理　共建美好家园”典型案例；区住建局在市对区高质量发展考核中，被评为市级住宅小区综合治理先进单位。

◆物业行业监管 2021年，全区有小区384个，建筑面积4430万平方米。其中，老旧小区137个（含零散片区及单一院落50个），建筑面积349.5万平方米；商品房小区146个，建筑面积2449.93万平方米；保障房小区68个，建筑面积1434.21万平方米；小产权房31个，建筑面积196.36万平方米。区住建局切实履行行业监管职能，规范物业管理市场主体行为。建立“正面激励、负面清单”红黑榜机制，促进小区综合治理水平提升，每月将全区物业管理项目红黑榜情况在区住建局公众号通报；委托区物业商会全覆盖检查督查住宅小区，每月通报检查情况，并呈报区政府，下发各街道，发现问题及时处置。

◆住宅小区星级创建推进 2021年，区住建局结合物业管理工作形势发展新需求，修改和完善星级评比实施办法，明确要求申报五星级必须符合生活垃圾分类有关要求。区住宅小区物业管理工作委员会对申报的住宅小区加强日常指导和年终考评，结合矛盾投诉处理、媒体曝光、违建管控、平安小区创建等内容综合评定星级住宅小区。通过住宅小区星级创建活动，推动小区物业企业为小区业主提供规范和优质服务。将保障房社区补贴与星级评比小区考核挂钩，促使社区更加重视保障房小区的物业管理工作。

◆“红色物业”示范项目建设 2021年，区住建局落实省住建厅要求，在全区推进“红色物业”全覆盖省级示范项目建设，促进美丽宜居城市建设目标与民生实事落地衔接。强化党建工作在物业服务管理中的核心作用，推动全区红色物业全覆盖与社区治理相融合，发挥红色引擎引领作用，为美丽宜居城市建设提供可复制、可借鉴的“栖霞模式”。鼓励社区书记和街道物业公司经理交流任职，推进社区居委会和社会物业企业“双向进入、交叉任职”，将物业管理进一步融入社区治理。开展省市区党建示范点建设，是年，省电建宿舍、万谷慧等2个项目获评省级党建引领工作示范点，凤和西园等5个小区获评省级党建引领工作示范点。

◆物业12345工单办理 2021年，区住建局加强对物业管理12345工单梳理分析，聘请第三方公司每月对全区工单进行统计，在停车管理、物业服务、环境绿化等11个方面细致分析，作出报告。每月召开12345工单分析会，分析查找原因，研究措施对策，约谈工单超过100件的物业企业。针对新交付的商品房问题较多等情况，区住建局办公室牵头，物业科、质量安全检查站参与，召集开发商、总包单位、物业企业召开约谈会，分析原因，落实措施，促进企业做好新房交付工作，降低工单投诉。是年，全区物业管理类工单总数18474件，比上年下降13%。 □邢可可

·建筑安装管理·

◆概况 2021年，区住建局新受监建设项目235个，建筑面积384.11万平方米，造价1186420.51万元。竣工验收备案项目226个，建筑面积326.83万平方米，合格率100%，竣工工程质量达到国家标准或规范要求的比例为100%。全年新开工建设装配式建筑项目19个，新建装配式建筑面积210.86万平方米；新开工建设面积384.12万平方米，新建装配式面积占新开工建设面积比重54.89%。全年开展房建市场日常行为检查75次，审查建设单位72家、总承包单位75家、分包单位296家、监理单位75家。实名制日常检查69次，配合市服管中心实名制联合检查6次。1—12月，接待各类投诉190件，涉及民工2381名，追讨回民工工资2405.13万元。是年，投诉案件数比上年下降45%，投诉金额比上年下降20%。

◆建筑企业管理 2021年，区住建局审核当年度建筑业企业统计报表1502家，其中一季度364家，二季度404家，三季度416家，四季度318家；审核报表补报企业132家次。受理、审核、上报建筑业企业资质申报864家，其中首次申请资质400家，增项申请资质139家，升级申请资质8家，企业重组合立317家。1—12月，累计审核建筑业企业专业技术职称人员备案1045人次、特种证书人员备案1149人次、专业技术职称人员解聘备案862人次、特种证书人员解聘备案695人次。

◆工程质量安全监督 2021年，区住建局开展工程质量安全监督抽查600余次，大型高危工程巡查抽查40余次，其中非工作时间检查50余次；发现安全隐患数1100余条，下发整改通知书160余份，下发停工整改通知书20余份。全年约谈企业58个，挂牌15个（涉及6个企业、3个项目经理），扬尘通报批评11个项目，疫情防控通报批评3个项目，发出安全通报21期（139个项目），一般行政处罚23起，简易行政处罚103起。组织开展安全生产文明施工现场观摩活动4次，组织督促施工企业收听收看“2021年建筑施工安全生产公益讲座”，推广市建委“风险管控”微信小程序，增长施工人员安全防护知识，增强施工人员自我保护意识和能力。

2021年栖霞区优质结构工程名录

表18

序号	工程名称	施工单位	监理单位
1	栖霞区红枫片区保障性住房一期J地块7#楼	南通长城建设集团有限公司	南京苏宁工程咨询有限公司
2	栖霞区红枫片区保障性住房一期J地块3#楼	南通长城建设集团有限公司	南京苏宁工程咨询有限公司
3	仙林东南青年汇（一期）建设项目-1#公寓楼	南京建工集团有限公司	江苏建发建设项目咨询有限公司
4	仙林东南青年汇（一期）建设项目-2#公寓楼	南京建工集团有限公司	江苏建发建设项目咨询有限公司
5	仙林东南青年汇（一期）建设项目-地下室	南京建工集团有限公司	江苏建发建设项目咨询有限公司
6	栖霞区实验小学前塘路校区	苏华建设集团有限公司	南京苏宁工程咨询有限公司
7	仙鹤片区北部中学-地下室	江苏双楼建设集团有限公司	南京江城工程项目管理有限公司
8	仙鹤片区北部中学-教学楼	江苏双楼建设集团有限公司	南京江城工程项目管理有限公司
9	NO.2019G10栖霞区龙潭新城（一）地块房地产开发项目1#楼	江苏润固建设工程有限公司	江苏顺悦工程咨询有限公司
10	NO.2019G10栖霞区龙潭新城（一）地块房地产开发项目8#楼	江苏润固建设工程有限公司	江苏顺悦工程咨询有限公司
11	栖霞区红枫片区保障性住房一期J地块J-2#	江苏通州四建集团有限公司	江苏建科工程咨询有限公司
12	栖霞区红枫片区保障性住房一期J地块J-6#	江苏通州四建集团有限公司	江苏建科工程咨询有限公司
13	栖霞区红枫片区保障性住房一期J地块地下室项目	南通长城建设集团有限公司	江苏建科工程咨询有限公司
14	栖霞区红枫片区保障性住房一期J地块J-1#工程	南通长城建设集团有限公司	江苏建科工程咨询有限公司
15	栖霞区红枫片区保障性住房一期J地块J-5#工程	南通长城建设集团有限公司	江苏建科工程咨询有限公司
16	节能机电设备制造项目-厂房	江苏润扬建设工程集团有限公司	贵州百胜工程建设咨询有限公司
17	燕子矶新城保障房项目三期K-1#楼	南京宏亚建设集团有限公司	南京宁政工程咨询有限公司
18	燕子矶新城保障房项目三期K-2#楼	南京宏亚建设集团有限公司	南京宁政工程咨询有限公司
19	燕子矶新城保障房项目三期K-地下车库	南京宏亚建设集团有限公司	南京宁政工程咨询有限公司
20	紫金城市市场1号商务楼	中国建筑第八工程局有限公司	南京工大建设监理咨询有限公司
21	NO.2019G67地块项目一标段13#楼	中国核工业华兴建设有限公司	南京峪峰建设工程项目管理有限公司
22	NO.2019G67地块项目一标段17#楼	中国核工业华兴建设有限公司	南京峪峰建设工程项目管理有限公司
23	节能机电设备制造项目-职工宿舍	江苏润扬建设工程集团有限公司	贵州百胜工程建设咨询有限公司
24	南京宇杰物流园项目1#仓库	江苏润来建设集团有限公司	南京海宁建设工程咨询有限公司
25	靖安佳园保障房三期二标A-01#楼	南京海晟建设集团有限公司	南京高科工程咨询有限公司
26	靖安佳园保障房三期二标A-03#楼	南京海晟建设集团有限公司	南京高科工程咨询有限公司
27	靖安佳园保障房三期二标A-05#楼	南京海晟建设集团有限公司	南京高科工程咨询有限公司
28	靖安佳园保障房三期二标A-07#楼	南京海晟建设集团有限公司	南京高科工程咨询有限公司

续表

序号	工程名称	施工单位	监理单位
29	靖安佳园保障房三期一标A-10#楼	南京高科建设发展有限公司	南京盛运工程监理咨询有限公司
30	靖安佳园保障房三期一标A-12#楼	南京高科建设发展有限公司	南京盛运工程监理咨询有限公司
31	靖安佳园保障房三期一标A-13#楼	南京高科建设发展有限公司	南京盛运工程监理咨询有限公司
32	靖安佳园保障房三期一标A-15#楼	南京高科建设发展有限公司	南京盛运工程监理咨询有限公司
33	靖安佳园保障房三期一标地库	南京高科建设发展有限公司	南京盛运工程监理咨询有限公司
34	燕子矶新城枣林基层服务中心及社区医院项目A-A02栋	苏州第一建筑集团有限公司	江苏铭城工程项目管理有限公司
35	南京恒生科技园16#楼项目	龙成建设工程有限公司	南京航专建设工程咨询有限公司
36	德信南京云狐时代中心F、G-1地块南京仙林智谷项目G-1-1#公寓楼	扬州天成建设工程有限公司	江苏省经纬建设监理中心
37	NO.2018G23地块A区（1#楼）建筑安装总承包工程	中国建筑第八工程局有限公司	江苏宏嘉工程项目管理有限公司
38	NO.2018G23地块A区（2#楼）建筑安装总承包工程	中国建筑第八工程局有限公司	江苏宏嘉工程项目管理有限公司
39	德信南京云狐时代中心F、G-1地块南京仙林智谷项目G-1-2#商业楼	扬州天成建设工程有限公司	江苏省经纬建设监理中心
40	南京恒生科技园13#楼项目	龙成建设工程有限公司	南京航专建设工程咨询有限公司
41	南京恒生科技园15#楼项目	龙成建设工程有限公司	南京航专建设工程咨询有限公司
42	靖安佳园四期保障房（经济适用房）项目16#楼	江苏锦禾建设集团有限公司	南京高科工程咨询有限公司
43	靖安佳园四期保障房（经济适用房）项目18#楼	江苏锦禾建设集团有限公司	南京高科工程咨询有限公司
44	靖安佳园四期保障房（经济适用房）项目20#楼	江苏锦禾建设集团有限公司	南京高科工程咨询有限公司
45	靖安佳园四期保障房（经济适用房）项目21#楼	江苏锦禾建设集团有限公司	南京高科工程咨询有限公司
46	靖安佳园四期保障房（经济适用房）项目22#楼	江苏锦禾建设集团有限公司	南京高科工程咨询有限公司
47	龙潭新市镇经济适用房01-01地块4#楼	南京市第四建筑工程有限公司	江苏建科建设监理有限公司
48	龙潭新市镇经济适用房01-01地块7楼	南京市第四建筑工程有限公司	江苏建科建设监理有限公司
49	龙潭新市镇经济适用房01-01地块8楼	南京市第四建筑工程有限公司	江苏建科建设监理有限公司
50	龙潭新市镇经济适用房01-01地块9栋	南京市第四建筑工程有限公司	江苏建科建设监理有限公司
51	龙潭新市镇经济适用房01-01地块5栋	南京市第四建筑工程有限公司	江苏建科建设监理有限公司
52	龙潭新市镇经济适用房01-01地块1楼	南京市第四建筑工程有限公司	江苏建科建设监理有限公司
53	龙潭新市镇经济适用房01-01地块2楼	南京市第四建筑工程有限公司	江苏建科建设监理有限公司
54	龙潭新市镇经济适用房01-01地块3楼	南京市第四建筑工程有限公司	江苏建科建设监理有限公司

续表

序号	工程名称	施工单位	监理单位
55	龙潭新市镇经济适用房01-01地块11#楼	南京市第四建筑工程有限公司	江苏建科建设监理有限公司
56	龙潭新市镇经济适用房01-02地块2栋	南京市第四建筑工程有限公司	南京苏宁建设监理有限公司
57	龙潭新市镇经济适用房01-02地块1栋	南京市第四建筑工程有限公司	南京苏宁建设监理有限公司
58	龙潭新市镇经济适用房01-02地块3栋	南京市第四建筑工程有限公司	南京苏宁建设监理有限公司
59	龙潭新市镇经济适用房01-02地块5栋	南京市第四建筑工程有限公司	南京苏宁建设监理有限公司
60	龙潭新市镇经济适用房01-02地块6栋	南京市第四建筑工程有限公司	南京苏宁建设监理有限公司

2021年南京市优质工程奖“金陵杯”公示名单（房屋建筑工程）

表19

序号	工程名称	申报单位	建设单位
1	仙林新所区建设项目A地块土建安装工程施工总承包A1及地下室工程	中国建筑第八工程局有限公司	中国电子科技集团第二十八研究所
2	仙林新所区建设项目A地块土建安装工程施工总承包A9	中国建筑第八工程局有限公司	中国电子科技集团第二十八研究所
3	南京马群科技园C地块3#楼工程	上海嘉实（集团）有限公司	南京栖霞建设集团科技发展有限公司
4	NO.2007G81A2地块项目六标段10#	南京大地建设（集团）股份有限公司	南京高科仙林湖置业有限公司
5	体育学院北侧地块配套社区中心及幼儿园项目幼儿园施工（幼儿园）	江苏省东海建设集团有限公司	南京仙林开发投资集团有限公司
6	NO.2017G29地块项目D地块3#楼	南京大地建设集团有限责任公司	南京华铎房地产开发有限公司
7	栖霞区检察院办案和专业技术用房	南通四建集团有限公司	南京市栖霞区人民检察院
8	NO.2014G88枣林村CD地块项目建安工程三标段14#楼	通州建总集团有限公司	南京金浦东方房地产开发有限公司
9	NO.2014G88枣林村CD地块项目建安工程三标段15#楼	通州建总集团有限公司	南京金浦东方房地产开发有限公司
10	栖霞区石埠桥片区保障性住房南片区F地块2#楼工程	江苏省建筑工程集团有限公司	南京栖霞山建设发展有限公司
11	燕子矶新城保障性住房三期工程（C地块）C-04栋	南京建工集团有限公司	南京燕诚建设发展有限公司
12	燕子矶新城保障性住房三期工程（C地块）C-08栋	南京建工集团有限公司	南京燕诚建设发展有限公司
13	燕子矶新城枣林村（钟化片区）幼儿园项目施工工程	江苏宏马建设有限公司	南京市燕子片区整治开发有限责任公司
14	中花岗保障性住房地块公建配套项目（社区中心）	江苏通州四建集团有限公司	南京万晖置业有限公司
15	NO.2017G29地块项目D地块4#楼	南京大地建设集团有限责任公司	南京华铎房地产开发有限公司
16	NO.2017G29地块项目D地块5#楼	南京大地建设集团有限责任公司	南京华铎房地产开发有限公司
17	龙潭经济适用房二期地块三3-03栋工程	南京建工集团有限公司	南京高科置业有限公司

□邢可可

防震减灾

◆概况 2021年,区应急管理局多措并举,开展防震减灾工作,防震减灾宣传演练形式多样,科普活动常年开展。民生保险覆盖率不断提高,街道、社区采用面对面、微信群、志愿者到户宣传等方式,增强居民防灾减灾、规避风险的意识。是年,全区投保自然灾害人身意外伤害保险59.6万元,投保自然灾害家庭财产综合保险35.2万元,合计94.8万元。至年底,全区共理赔484起,合计113.67万元。

◆防震减灾示范社区创建 2021年,区应急管理局持续有序推进“全国综合减灾示范社区”创建工作,2月末,申报创建项目区1个(石埠桥社区),申报“市级防灾减灾演练社区”2个(龙岸花园社区、向上社区)。经过方案制订、辅导、创建和验收等环节,至年底,栖霞街道石埠桥社区成功创建为“全国综合减灾示范社区”,成为全区第11个“全国综合减灾示范社区”;龙潭街道龙岸花园和马群街道向上社区也成功创建为“市级防灾减灾演练社区”。

◆自然灾害风险普查 2021年,按照国家、省、市普查办部署安排及进度要求,栖霞区下发《关于做好栖霞区第一次全国自然灾害综合风险普查的通知》,成立由常务副区长任组长的普查工作领导小组,成员包括栖霞板块的有关部门、街道和园区平台共27个,普查办设在栖霞区应急管理局。4月21日,印发普查工作方案;6月18日,区政府召开常务会议,专题动员部署,压紧压实各部门责任;8月30日,普查办联合南京经开区召开普查工作推进会,明确三区各牵头部门的普查范围、责任分工和经费落实等。普查工作采取“分类调查,线上填报,逐级核实,集中录入”的办法,前后4轮对承灾体数据、减灾能力数据、历史灾害数据共计2406条数据进行录入、质检和核查。在家庭减灾能力入户调查阶段,发挥基层灾害信息员和网格员队伍作用,对被抽取的29个社区、1160户家庭开展入户调查;利用周末及下班时间,户户见面,逐一讲解调查核心指标,超额完成国家规定的数量任务。截至12月中旬,栖霞区第一次自然灾害风险普查工作完成,并通过市级和省级的质检核查。

◆防灾减灾宣传演练 年初,区应急管理局制定《2021年栖霞区防灾减灾工作要点》并调整区减灾委单位成员;“5·12”全国防灾减灾日期间,以“防范化解灾害风险,筑牢安全发展基础”为主题,组织各社区开展防灾减灾演练活动。是年,区应急管理局协调各街道,利用短信、微信公众号、广告牌、电视插播等形式宣传防灾减灾知识;组织区、街(镇)、村(居)灾害信息员开展业务培训;开展防灾减灾专家讲座进课堂、地震应急演练室内推演辅导等活动。“10·13”国际减灾日,市防灾减灾委联合栖霞区在高力家具港开展以“构建灾害风险适应性和抗灾力”为主题的大型宣传活动。11月,将区内13个Ⅲ类应急避难场所的详细信息录入全国应急避难场所综合信息管理服务系统。

◆防震减灾科普活动 1月25日,区应急管理局制订《栖霞区2021年防震减灾科普宣传工作计划》。4月底,成功申报省级防震减灾科普宣传特色活动1个(迈皋桥街道中电颐和家园小学)。6月初,再次更新灾害信息员160名,并对新加入的信息员进行培训,进一步提升全区地震和灾害信息员队伍素质。10月中旬,完成2021年栖霞区危险源汇总表更新。6月份至年底,逐步实施区域内地震易发区房屋设施加固工程,先后召开房屋加固工程工作方案和协调机制工作推进会,编制并印发《栖霞区地震易发区房屋设施加固工程工作方案和协调机制》《栖霞区房屋设施抗震设防信息采集工作方案》。12月,在龙潭街道龙岸花园社区开展防震减灾科普一日游活动。是年,在南京市第七届防震减灾科普知识小学生手抄报比赛中,迈皋桥中心小学翁杺桐获得一等奖。

□陈 翔 方 振

生态环境

Ecology and Environment

栖霞寺·月牙池

杨 轶/绘

责任编辑 赵建华

环境质量

◆概况 2021年，南京市栖霞生态环境局（简称“栖霞生态环境局”）继续贯彻落实全国生态环境保护大会精神及省、市生态文明建设和环境保护决策部署，守住生态环境质量底线，持续提升区域环境质量。出台多项措施，增强环境监管力度，深入打好污染防治攻坚战，狠抓污染源治理，推进生态区域建设，总体完成年度目标任务。是年，全区环境质量稳步提升。

◆国控空气自动监测点监测情况 2021年，南京市有国控空气自动监测点13个，其中位于栖霞区的空气自动监测点有2个，分别为迈皋桥中学和仙林大学城南师大校区。是年，全区空气质量目标为：PM2.5年均浓度低于31.1微克/立方米，空气优良率达83.1%以上。下表空气质量情况显示，2021年1–12月，全区PM2.5平均浓度为27.4微克/立方米，比上年下降11.9微克/立方米，达环境保护目标；空气优良率为81.9%，比上年减少1.2个百分点，但未达年度目标（表中数据来源于南京市空气质量监测站）。

2021年1—12月栖霞区空气质量情况表

表20

项　　目	2021年（1—12月）			2020年（1—12月）	全区与2020年同期相比（%）	年度环境保护目标
	仙林大学城	迈皋桥	全区			
PM 2.5(微克/立方米）	26.5	28.1	27.4	31.1	−11.9	已达标（较去年下降11.9%）
优良率（%）	77.5%	83.3%	81.9%	83.1%	−1.2	未达标（未达83.1%）
优良天数（天）	283	304	299	304	—	—

◆降尘监测情况 2021年，栖霞区降尘考核点总计15个，其中2个点为国控点，其余13个例行监测点分别位于尧化门、燕子矶中学、紫金学院、南大仙林、仙林湖、马群、八卦洲（2021年3月新增）、栖霞街道十月公社（2021年3月新增）、龙潭街道侯工楼（2021年3月新增）、开发区大贺数码、开发区乐金显示公寓、开发区管委会办公楼、开发区博西华有限公司（有关降尘数据见下表）。截至2021年12月底，全区全年降尘平均浓度为4.06吨/平方千米·月，较2020年上升25%，未达3.2吨/平方千米·月的年度环境保护目标。

2021年1–12月栖霞区降尘情况表

表21

区	街道	降尘点位	1月	2月	3月	4月	5月	6月	7月	8月	9月	10月	11月	12月	年均值
行政区	仙林	仙林大学城	3.63	1.81	3.58	4.00	5.57	3.67	3.82	3.79	2.26	4.37（均值）	2.63（均值）	1.86	3.40
		紫金学院	5.16	3.72	4.49	5.45（均值）	5.53（均值）	3.28	4.00（均值）	4.17（均值）	3.44（均值）	4.37（均值）	1.58	1.77	3.33
		南大仙林	5.07	2.97	2.87	5.45（均值）	6.65	3.02	4.82	2.13	3.40	3.31	2.02	1.86	3.47
	马群	马群	4.61	3.15	2.32	4.43	2.62	3.05	2.95	3.17	2.39	2.79	2.62	2.20	3.03

续表

区	街道	降尘点位	1月	2月	3月	4月	5月	6月	7月	8月	9月	10月	11月	12月	年均值
行政区	燕子矶	燕子矶中学	5.91	4.29	5.31	6.13	4.94	6.07	4.00(均值)	5.36	3.44(均值)	3.78	2.90	2.85	4.75
	尧化	尧化门	4.69	10.66	3.36	6.43	5.53(均值)	2.96	4.00(均值)	4.17(均值)	8.53	3.13	2.86	1.81	4.94
	西岗	仙林湖	5.51	3.71	4.44	4.75	5.93	3.70	3.55	4.17(均值)	2.75	3.65	3.45	3.16	4.05
	迈皋桥	迈皋桥	5.53	4.08	4.48	4.47	4.40	3.83	3.40	3.48	2.78	3.38	2.76	2.72	3.78
	八卦洲	八卦洲	—	—	3.19	5.73	11.41	3.94(均值)	4.03	7.35	2.40	2.64	3.21	2.16	4.68
	栖霞	十月公社	—	—	4.17	5.47	2.72	5.84	5.46	4.96	2.69	2.78	2.45	1.99	3.85
	龙潭	侯工楼	—	—	1.15	7.68	5.53(均值)	3.94(均值)	4.00(均值)	6.35	3.44(均值)	4.37(均值)	2.63(均值)	2.39	4.39
	平均值		5.01	4.30	3.58	5.45	5.53	3.94	4.00	4.57	3.40	3.18	2.65	2.25	3.99
南京经开区		大贺数码	5.71	2.47	3.00	5.28	10.00	2.59	3.39	4.17(均值)	3.24	11.52	1.92	2.07	4.65
		乐金显示公寓	5.28	4.26	3.31	3.64	3.99	5.34	4.7(均值)	4.17(均值)	5.58	3.17	2.10	3.00	3.97
		管委会办公楼	6.93	1.61	4.98	3.12	4.80	2.26	41.25?	3.20	2.00	7.94	3.73	1.96	3.87
		博西华有限公司	10.11	3.64	5.77	5.28	7.31	3.16	4.75	1.88	3.28	—	—	2.27(均值)	5.02
	平均值		7.01	3.00	4.27	4.33	6.53	3.34	4.07	2.54	3.53	7.54	2.59	2.34	4.26
总平均值			5.68	3.86	3.77	5.11	5.86	3.75	4.02	4.17	3.44	4.37	2.63	2.27	4.06

◆ **水环境质量** 2021年，栖霞区地表水国控断面2个：长江九乡河口、长江三江河口断面。省考地表水水质断面5个，分别为：北十里长沟西支化工桥、北十里长沟东支红山桥、九乡河石埠桥、七乡河摄山东和便民河—大道河龙靖线。纳入省考的集中式饮用水源地为燕子矶水源地（城北水厂取水口）、长江八卦洲（左汊）上坝水源地。2021年，水质考核标准为《地表水环境质量标准》（GB3838-2002）Ⅲ类，四季度省考集中式饮用水源地水质达标。是年，栖霞区共有南京市“十四五”地表水环境质量考核断面6个，分别为：滨江河三峰石化门口、三江河河口、便民河西段、运粮河双麒路桥、百水河燕西路桥、小江河下坝泵站和南十里长沟动物园北门断面，所有断面均达考核目标，达标率100%。

2021年1—12月栖霞区省考以上地表水断面水质情况表

表22

序号	水　体	控制断面	2021年考核目标	1—12月情况	备注
1	长江	九乡河口	II	II	国考
2	长江	三江河口	II	II	国考
3	北十里长沟西支	化工桥	Ⅲ	Ⅱ	省考

续表

序号	水　体	控制断面	2021年考核目标	1—12月情况	备注
4	北十里长沟东支	红山桥	Ⅲ	Ⅱ	省考
5	九乡河	石埠桥	Ⅲ	Ⅲ	省考
6	七乡河	摄山东	Ⅲ	Ⅲ	省考
7	便民河-大道河	龙靖线	Ⅲ	Ⅱ	省考

2021年栖霞区区级以上集中式饮用水源地水质情况表

表23

序号	河流/湖库	所在河流/湖库	水源地名称	2021年考核目标	1—12月水质
1	长江	长江八卦洲汊道左汊右岸	长江八卦洲（左汊）上坝水源地	Ⅲ	II
2	长江	燕子矶水源地	城北水厂取水口	Ⅲ	II

注：按照《地表水环境质量标准》（GB3838-2002）表一21项评价，水温、总氮和粪大肠菌群不参与评价

◆土壤环境质量　2021年，栖霞区按照市环保局确定的土壤重点监管企业，开展土壤污染隐患排查，夯实全区土壤环境管控工作。先后对25个地块的土壤污染状况展开调查内审，确保建设用地安全利用，全区建设用地土壤安全利用率为100%。3月中下旬，省审计厅开展全省土壤污染防治工作专项审计，栖霞区做好配合工作，协调各部门调阅相关资料，对重点土壤防治项目请专家做好专业辅导，完成全区土壤污染防治省级审计工作。　□孙守书

自然资源管理

◆概况　2021年，南京市栖霞规划和自然资源分局（简称“栖霞规划资源分局”）严格落实耕地保护责任，完成辖区9个街道耕地保护考核奖励工作，编制完成2021年度耕地保护补贴发放方案，发放耕地保护补贴资金2313.91万元，发放面积5140公顷，涉及农户17407户。开展八卦洲全域土地综合整治国家级试点工作，深化完善全域土地综合整治实施方案，整体推进农用地整理、建设用地整理和乡村生态保护修复。推进节约集约用地，完成低效用地再开发项目23宗，有效盘活存量土地113.4公顷，完成《栖霞区城镇低效用地再开发2021年度实施计划》编制，清理批而未供土地239.8公顷。加强土地执法监察，扎实做好耕地保护督察反馈问题整改，开展违建别墅、“大棚房”等专项整治行动“回头看”工作，稳步推进农村乱占耕地建房问题专项整治。全年新增违法用地查处率100%，实现卫片执法检查“零约谈、零问责”的“双零”目标任务。完成2020年度国土变更调查工作，开展八卦洲省级湿地公园自然资源确权登记，协调破解农房及宅基地部分占用江堤等国有土地登记难题，完成农村房地一体不动产登记10847宗，发放不动产权证书10460宗。编制完成《栖霞区2021年度地质灾害防治方案》，全面开展地质灾害隐患排查，有效防范应对台风“烟花”等恶劣天气造成的不利影响；完成栖霞老街古镇07和08栋仿古建筑东侧、迈皋桥弘燕名居386号南侧、迈皋桥合班村245号以及栖霞山虎山片区消防通道连接线沿线等4个地质灾害治理工程项目，汛期无生命伤亡和财产损失。加强矿山安全生产管理，委托第三方对南京银茂铅锌矿业有限公司栖霞山铅锌矿实施矿山监理；中国水泥厂有限公司青龙山水泥用灰岩矿、江南—小野田有限公司乌龟山砂岩矿等2座矿山企业采矿许可证于1月26日公告注销。

是年，栖霞规划资源分局实施的南京市灵山、桂山、龙王山

生态修复项目获评江苏省首届“最美生态修复案例”；南京金马路综合交通枢纽项目获评江苏省“节地模式（技术）先进典型案例”；栖霞规划资源分局分别被评为“全省自然资源系统法治建设工作成绩突出单位”“全市危房治理工作先进单位”“法治南京建设示范单位”“市规划和自然资源系统先进集体”等；分局派出机构中心一所获评“全省系统自然资源所标准化建设成效显著单位”。

◆项目报批与供地 2021年，栖霞规划资源分局对省、市、区重大项目、重点招商项目等实行跟踪保障，其中责任单位为分局的市级以上重大项目25个，已核发规划许可23个，已完成供地20个，实现重点项目应保尽保。先后取得12个项目的土地征收和农用地转用批复，批准用地总面积107.26公顷，新增建设用地37.76公顷。全年供应土地100宗，供地面积386.67公顷，出让金额203.64亿元，其中经营性用地出让13宗，面积49.7公顷，成交金额188.65亿元；收取土地年租金32.29万元。

2021年栖霞区（招拍挂出让）供地情况汇总表

表24 **单位：公顷**

序号	用地单位	土地坐落	用　　途	年限	面积
1	南京长江油运有限公司	东至滨江村芦组，南至镕裕大道，西至现状，北至孙庄村晓庄组	工业用地	50	7.64
2	南京绿联环境科技发展有限公司	东至国有土地，南至现状，西至国有土地，北至小漓江路	工业用地	50	0.73
3	江苏东来信息产业集团有限公司	东至栖霞区仙林街道衡阳村纪家边组集体土地，南至国有土地，西至元化路，北至广志路	工业用地	50	0.46
4	江苏山推工程机械有限公司	东至江苏山推工程机械有限公司，南至金马路，西至仙林大道，北至南京南邦科技开发有限公司	工业用地	50	0.87
5	南京国诚置业有限公司	东至怡园路，南至燕恒路，西至经五路，北至松花江路	商住混合用地	70	4.11
6	南京安居保障房建设发展有限公司	东至寅春路，南至青山路，西至创新路，北至飞雪路	社会福利用地、商办混合用地	50/40	3.97
7	珠海华发实业股份有限公司	东至规划绿地，南至燕恒路，西至怡园路，北至松花江路	二类居住用地	70	4.99
8	中海企业发展集团有限公司	东至天佑路，南至规划二路，西至白象路，北至西湖大沟	二类居住用地	70	5.28
9	安徽卓瑞地产有限公司	东至经十三路，南至纬七路，西至规划支路，北至恒竞路	二类居住用地	70	2.96
10	杭州滨江房产集团股份有限公司	东至尧新大道，南至恒发路，西至经十三路，北至恒竞路	二类居住用地	70	5.16
11	江苏德宜健康产业发展有限公司	东至规划绿地，南至观音门街，西至嘉善路，北至古渡街	商办用地	40	1.17
12	南京水木星生态环境科技有限公司	东至国有土地，南至珠江路，西至钟燕路，北至燕化路	商办混合用地	40	1.03
13	南京新华海科技产业集团有限公司	东至国有土地，南至燕化路，西至钟燕路，北至新燕路。	商办混合用地	40	0.58
14	南京仙林大学城科技园有限公司	东至现状，南至广志路，西至光启路，北至现状	基层社区中心	50	7.00
15	江苏兰华投资开发有限公司	东至光启路，南至规划道路，西至元化路，北至纬地路。	二类居住用地	70	1.36

续表

序号	用地单位	土地坐落	用　途	年限	面积
16	江苏富园房地产开发有限公司	东至北苑东路，南至迈尧西路，西至现状居住小区，北至规划绿地	二类居住用地	70	3.28
17	长沙玫瑰园房地产开发有限公司	东至宁芝路，南至规划白鹅山路，西至规划白鹅山路，北至规划美芝嘉路	二类居住用地	70	8.79
合计	—	—	—	—	59.38

2021年栖霞区（划拨）供地情况汇总表

表25　　　　单位：公顷

序号	建设项目名称	用地单位	建设用地批准书编号	用　途	面积
1	马群综合换乘中心A地块P+R进出通道	江苏中垠青旅投资发展有限公司	用字第320113202010215号	公共设施用地	0.21
2	栖霞山红枫片区市政工程及便民河路项目（湛墅路）（乐江路至官窑山路段）	南京栖霞山旅游发展有限公司	用字第320113202010295号	道路用地	1.34
3	花园路一期工程	华夏幸福产业新城(南京)建设发展有限公司	地字第320113201910354	道路用地	3.24
4	“兴智中心”东片区市政设施工程（支路一）	南京新港东区建设发展有限公司	用字第320113202010324号	道路用地	0.16
5	“兴智中心”东片区市政设施工程（恒发路）	南京新港东区建设发展有限公司	用字第320113202010306号	道路用地	3.77
6	“兴智中心”东片区市政设施工程（经七路）	南京新港东区建设发展有限公司	用字第320113202010322号	道路用地	1.17
7	广志路东段	南京仙林开发投资集团有限公司	用字第320113202010391号	道路用地	2.25
8	栖霞区红枫片区保障性住房（经济适用房）一期项目F地块	南京栖霞山建设发展有限公司	地字第320113201910412号	城镇住宅用地、商服用地、商务办公用地、社区中心用地	7.16
9	便民河路（九乡河路至五福路段）道路建设项目	南京栖霞山旅游发展有限公司	地字第320113201810317号	道路用地	2.81
10	燕子矶新城怡园路（宜春街—寅春西路段）建设工程	南京滨诚整治开发有限公司	用字第320113202010297号	道路用地	0.43
11	燕子矶新城嘉善路（吉祥街—燕城大道段）建设工程	南京市燕子矶片区整治开发有限责任公司	用字第320113202010293号	道路用地	0.46
12	中国邮政集团南京分公司安置项目	南京市江南小化工集中整治工作现场指挥部	用字第320113202050017号	公共设施用地	3.27
13	花岗保障房片区南侧规划支路建设工程	南京市栖霞区住房和建设局	地字第320113201310339号	道路用地	1.37
14	抚云路（北崮山路—新港中等专业学校）建设工程	南京迈燕建设发展有限公司	用字第320113202010353号	道路用地	0.49
15	营防路一期工程	华夏幸福产业新城（南京）建设发展有限公司	用字第320113202020001号	道路用地	5.36

续表

序号	建设项目名称	用地单位	建设用地批准书编号	用　途	面积
16	钟山风景名胜区东部入口旅游配套设施	南京钟山风景区建设发展有限公司	用字第320100202050001号	公园与绿地	1.88
17	仙林湖北部中学	南京仙林开发投资集团有限公司,南京市仙林大学城管理委员会	选字第320113201810481号	科教用地（初中）	4.11
18	迈皋桥创业园地块保障性住房项目09-01地块（社区中心）	南京万晖置业有限公司	地字第320113201910449号	社区中心用地	1.59
19	金浦地块支路（丰清路—北苑西路）建设工程	南京迈燕建设发展有限公司	用字第320113202010240号	道路用地	0.28
20	华飞路、华三路道路整治工程	南京迈燕建设发展有限公司	用字第320113202010200号	道路用地	1.41
21	川气东送金陵支线摄山阀室	国家管网集团川气东送天然气管道有限公司	地字第320113201011179号	公共设施用地	0.01
22	南京龙潭新城花园路等13条道路及花园河等4条河道工程（平港路）	南京新港东区建设发展有限公司	用字第320113202010123号	道路用地	3.24
23	南京龙潭新城花园路等13条道路及花园河等4条河道工程（知和路）	南京新港东区建设发展有限公司	用字第320113202010124号	道路用地	0.73
24	南京龙潭新城花园路等13条道路及花园河等4条河道工程（金港南路）	南京新港东区建设发展有限公司	用字第320113202010127号	道路用地	4.36
25	南京龙潭新城花园路等13条道路及花园河等4条河道工程（东升路）	南京新港东区建设发展有限公司	用字第320113202010129号	道路用地	0.64
26	南京龙潭新城花园路等13条道路及花园河等4条河道工程（知兰路）	南京新港东区建设发展有限公司	用字第320113202010121号	道路用地	0.85
27	南京龙潭新城花园路等13条道路及花园河等4条河道工程（金港西路）	南京新港东区建设发展有限公司	用字第320113202010120号	道路用地	0.89
28	鲤鱼山幼儿园	南京仙林开发投资集团有限公司,南京市仙林大学城管理委员会	用字第320113202050018号	科教用地（幼）	0.50
29	燕子矶新城枣林中小学新建天桥项目	南京市燕子矶片区整治开发有限责任公司	用字第320113202010351号	公共设施用地	0.01
30	百水保障房配套道路一期建设工程	南京安居保障房建设发展有限公司	地字第320113201810920号	道路用地	5.94
31	南京220千伏尧化门变电站扩建工程	国网江苏省电力有限公司南京供电分公司	地字第320113201690005号	公共设施用地	0.91
32	地铁四号线孟北站地块保障房（一期）项目（商住、住宅地块）	南京安居保障房建设发展有限公司	地字第320113201910022号	城镇住宅用地（混合）、商服用地、商务办公用地	9.65
33	燕子矶新城蓝燕路	南京鲁能城建开发有限公司	用字第320113202010203号	道路用地	0.62
34	省中西医结合医院东门外连接言和路桥梁改造工程	南京迈燕建设发展有限公司	用字第320113202100035号	道路用地	0.00

续表

序号	建设项目名称	用地单位	建设用地批准书编号	用　途	面积
35	八卦洲新市镇保障性住房及配套设施	南京市栖霞区建设投资有限公司	用字第320113202010083号、地字第320113201910049号	城镇住宅用地（混合）、社区中心用地、科教用地（幼）	10.79
36	太阳城路（陶家营路—中山门大街）道路建设工程	南京领马投资发展有限公司	用字第320113202100010号	道路用地	1.52
37	尧化二路道路建设工程	南京姚坊门建设发展有限公司	用字第320113202050007号	道路用地	0.25
38	栖霞区上城路（一期）建设工程	南京姚坊门建设发展有限公司	用字第320113202100011号	道路用地	0.08
39	南京经济技术开发区靖安佳园周边道路工程（禧乐路）	南京新港红枫建设发展有限公司	用字第320113202010266号	道路用地	1.94
40	商信路道路建设工程	南京东部商务区投资发展有限公司	用字第320113202010388号	道路用地	0.17
41	紫金城市广场麒麟有轨电车换乘廊道	江苏中垠青旅投资发展有限公司	用字第320113202100049号	公共设施用地	0.05
42	南京龙潭新城花园路等13条道路及花园河等4条河道工程（后曹路）	南京新港东区建设发展有限公司	用字第320113202010122号	道路用地	0.59
43	南京市栖霞区餐厨废弃物处置厂	南京市栖霞区城市管理局	用字第320113202010013号	公共设施用地	2.73
44	南京鼓楼医院紫东院区一期工程	南京市仙林大学城管理委员会	用字第320113202100036号	医卫慈善用地	7.59
45	灵山北路东延	南京仙林开发投资集团有限公司	用字第320113202010109号	道路用地	0.57
46	灵山北路东延二期工程	南京仙林开发投资集团有限公司	用字第320113202100038号	道路用地	0.46
47	栖霞区姚坊门文化中心项目	南京东部商务区投资发展有限公司	用字第320113202050021号	文体娱乐用地(文化)	0.32
48	南京师范大学附属中学晓庄校区新建工程项目	南京师范大学附属中学	用字第320113202100006号	科教用地（高中）	6.72
49	栖霞商务区环聚路（栖霞段）建设工程	南京东部商务区投资发展有限公司	用字第320113202050012号	道路用地	0.23
50	312国道、338省道南京龙潭港至绕越高速公路段改扩建工程	南京市公路事业发展中心	宁政供地复〔2021〕6161号	公路用地	113.90
51	110千伏骆家变电站主体工程	南京市仙林大学城管理委员会	用字第320113202010357号	公共设施用地	0.46
52	地铁四号线区间	南京地铁集团有限公司	宁政供地复〔2021〕6182号	轨道交通用地	52.57
53	地铁四号线站点	南京地铁集团有限公司	宁政供地复〔2021〕6181号	轨道交通用地	14.44
54	栖霞山红枫路（一期）道路扩宽工程项目	南京栖霞山旅游发展有限公司	地字第320113201910358号	道路用地	4.50
55	栖霞山红枫路（二期）道路建设工程（五福路段）	南京栖霞山旅游发展有限公司	地字第320113201910113号	道路用地	1.56
56	燕子矶新城体育公园	南京鲁能城建开发有限公司	选字第320113201910278号；用字第320113202010326号	文体娱乐用地（体育）	3.59

续表

序号	建设项目名称	用地单位	建设用地批准书编号	用　途	面积
57	栖霞区红枫片区保障性住房二期项目（B地块）	南京枫林置业有限公司	用字第320113202050020号	城镇住宅用地,商服用地,商务办公用地	8.47
58	地铁四号线孟北站地块租赁住房	南京安居保障房建设发展有限公司	用字第320113202010215号	城镇住宅用地（混合）	10.53
合计	—	—	—	—	315.14

◆废弃露采矿山生态修复通过验收　7月14日，栖霞区长江沿线龙潭片区6个废弃露采矿山宕口顺利通过省财政厅和自然资源厅的联合验收，至此，自然资源部下发栖霞区的11个宕口生态修复任务全部完成。此轮修复共投入约1.1亿元，实际修复完成61.2公顷，超出自然资源部下达的37.11公顷目标任务。宕口修复过程中，将土地复垦融入生态修复，新增农用地4.63公顷，新增耕地面积4.10公顷，废弃工矿用地资源得到有效盘活。施工中，注重协调解决设备和构筑物拆除、治理区拆迁、场地内坟地搬迁、项目资金筹措等复杂矛盾，及时消除西岗射乌山脉、黄龙山废弃宕口、东华采石场等5处地质灾害隐患。注重消除裸露坡面产生的视觉污染，治理边坡11个，总体量115.98万立方米；破损山体植被恢复数量11处，计34.86公顷，收到改善当地生态环境、从源头遏制偷盗采行为的成效。

◆21-01号土地征收成片开发方案　8月9日，栖霞区21-01号土地征收成片开发方案获省政府批复。土地征收成片开发是指在国土空间规划确定的城镇开发边界内的集中建设区，由县（市、区）政府组织的对一定范围的土地进行的综合性开发建设活动，县（市、区）政府通过编制土地征收成片开发方案，确定成片开发的具体内容和有关事项，经依法批准后，开展土地征收审批。此次土地征收成片开发方案包含4个片区，分别为栖霞山东片区及栖霞片北、中、南片区，总面积525.13公顷，拟征收土地236.88公顷。方案坚持“以人民为中心、促进地方经济社会可持续发展”的总体原则，在国土空间规划与“十四五”建设规划的引导下，拟定成片开发片区的建设项目、开发建设时序与实施计划，分析成片开发的公共利益属性，明确公益性用地比例，分析生态、社会、经济效益，以提高土地开发效率与城市开发建设品质，达到征收一片、建设一片、完成一片的目的。综合考虑栖霞区社会经济发展状况、资金筹措等因素，方案实施期限计划为60个月。

◆农房占用江堤登记难题破解　12月29日，八卦洲街道首批20户农房占用江堤国有土地农户在全市率先取得农村不动产权证书，标志着栖霞区农房占用江堤国有土地登记发证难题破解始见成效。自农村房地一体不动产登记发证工作开展以来，农民建房占用江堤国有土地等历史遗留问题导致无法办理不动产登记的现象集中凸显。栖霞规划资源分局根据市规划资源局的指导，在现场调研、研讨和多次会商等大量前期工作基础之上，秉持“尊重历史、遵循法律、保障权益”的原则，通过技术创新、机制创新，成功破解登记难题，有效减少因权属和界线争议引发的矛盾纠纷，并为全市乃至全省农房实际占用河堤、道路等国有土地情形的确权登记工作提供现实参考依据。　□张敬梓

环境监管

◆概况　2021年，栖霞生态环境局持续打好污染防治攻坚战，增强环境监管力度，严格落实安全生产措施，对栖霞区实行“水、陆、空”全方位督查与执法，推动区生态环境

高质量发展。加强环境风险防范和环境应急管理，落实应急值守制度，做好突发环境事件应急处置。是年，有效处置由3起交通事故、2起火灾事故引发的突发环境事件，均在第一时间启动应急响应机制，按照预案组织物资和应急力量，强化指挥调度，使突发环境事件得到及时、安全和高效处置。

◆环境监管执法　2021年，栖霞生态环境局按照年度工作计划和市局统一部署，先后开展环境专项执法检查行动20多项，主要有：污染防治攻坚战"首季争优""春夏攻坚"专项行动、大气污染因子协同管控专项执法行动、太湖流域安全度夏专项执法互查行动、危险废物非法处置及自动监测数据弄虚作假犯罪活动专项执法行动、涉挥发酚企业专项执法检查、VOC治理活性炭吸附处理设施专项排查、涉氟化物企业专项排查以及长江入河排污口排查整治、涉铊企业排查整治、挥发性有机物污染防治设施旁路排查整治、火电水泥炉窑专项执法检查等。对78家重点排污单位开展"一企一档"审核工作，分批次建立完善"一企一档"电子台账；以排污许可证为重点开展"一证式"执法，规范依证执法工作内容，重点检查许可事项和管理要求落实情况。强化移动源污染执法监管，配合市环保局大气科开展机动车尾气达标排放执法监管，每月完成机动车路检、停放地检测数量不少于150辆的指标任务，抽检过境机动车辆尾气23台。强化辐射执法监管，指导街道开展辖区辐射单位月度常态化巡查，压实辐射单位属地管理责任，完成年度63家辐射单位日常监管执法检查任务。对环保部5轮次帮扶的71家企业开展全面回头看活动，对其中14家企业的164个储罐进行全面梳理，形成问题清单，实行上门核查和帮扶。开展汽修专项整治，完成源头替代企业2家；开展汽修行业环境管理培训，督促汽修企业安装在线监控。落实省、市、区安全生产专项整治三年行动计划，开展安全生产专项整治和夏季环境安全大排查，分组分片执法检查，发现环境安全隐患线索240条，完成整改236条，安全隐患线索同步输入"181"平台。全年累计检查各类企业2800余家次，立案查处环境违法行为160起，罚款701万元；对照环保法配套办法处理案件9件，其中查封8件，移交司法机关1件。

◆环境应急管理　2021年，栖霞生态环境局根据省生态环境厅关于开展"以案促建提升环境应急能力"专项活动及市生态环境局《2021年全市环境应急管理工作要点》，牵头开展全区突发环境事件风险评估、企业环境安全达标建设、环境应急预案体系建设等工作。全年完成15家企业应急预案修编、11家企业环境安全达标建设和"八查八改"工作；对26家有较大环境风险企业开展环境应急重点工作提升行动，督促企业结合环境风险特点，突出拦污截污等环节开展季度应急演练；制订栖霞区突发水污染事件应急防范实施方案及"一河一策一图"方案。联合南京经开区环保局承办高科水务突发环境事件应急演练；牵头组织核与辐射突发环境事件应急演练；参加区应急局、区发改委分别组织的苏浙沪输气分公司高后果区突发事件应急演练和银茂铅锌矿业井下生产安全事故应急演练。建立健全突发事件应急工作机制，科学应对突发事件，保障生态环境安全，有效处置"7·27"智谷大道、"9·24"智谷大道、"12·28"十月广场等3起交通事故和"7·31"敦武商贸、"12·27"南师大实验室2起火灾事故引发的突发环境事件。

◆安全生产责任落实　2021年，栖霞生态环境局依托安全发展示范城市创建活动，谋划生态环境领域安全生产工作。把省26项经验做法融入日常业务学习和工作指导之中，紧扣"落实安全责任，推动安全发展"主题，结合生态环境系统实际，细化各类工作方案，层层压实安全生产责任。层层签订《安全生产目标责任书》，细化相关科室和人员安全生产职责，履行监督管理责任，实现安全责任"零缺位"。拟制印发《栖霞生态环境局"安全生产月"活动计划》等，开展

"五进""安全生产月""6·5"环境日等系列宣传教育活动。突出重点部位，将全区58家危险固体废物（以下简称"固危废"）和危险化学品（以下简称"危化品"）重点监管企业、60家核辐射单位、34家污染治理设施重点企业、17家有较大环境风险企业和29家加油站纳入栖霞生态环境局安全生产专项排查整治重点，在积极推动"一年小灶"问题整改的同时，持续推进"三年大灶"隐患排查整治工作；在重点时期、重要节日期间，深入一线开展督查检查；突出重点领域，强化"固危废"分类分级管理、核辐射安全监管、六类环保治理设施安全隐患排查以及突发环境事件应急响应。与应急管理部门实行审批联动，形成监管合力；在危化品、医疗卫生、汽车维修、检验检测等行业领域与应急管理、交通运输、卫生健康等部门联合执法。

◆重污染天气应急管控 2021年，栖霞生态环境局开展夏季臭氧管控，对全区重点行业28家印刷厂、61家汽修厂、30个加油站及其他重点涉VOCS企业实施应急管控；开展秋、冬季颗粒物管控，确定42家重点管控企业，分别落实红、橙、黄色预警，实施一企业一策。实行管控巡查，督促企业落实错时错峰生产，强化源头治理，提升末端治理效率；实行三区联动、部门联防、全员管控，全面压除本地污染排放，确保"削峰保良"。 □孙守书

污染源治理

◆概况 2021年，是"十四五"开局之年，也是全区巩固污染防治攻坚战成果、实现生态环境质量再提升的决胜之年。区打好污染防治攻坚战指挥部办公室协调全区各街道、各部门，共同坚守生态环境质量底线，结合区域生态环境实际，制订年度目标责任书，逐条落实污染源防治重点任务清单。规范化治理"固危废"，整治长江入河排污口，资源化利用农村畜禽粪污，污染源防治工作取得成效。

◆污染防治目标攻坚 2021年，栖霞生态环境局按照市对区年度环保目标责任书要求，做好各类文件起草、编制、汇编工作，制订《栖霞区2021年环境保护目标分解方案》及9个街道目标责任书。在3月16日的攻坚例会上，区攻坚办负责人通报责任书分解情况，对各街道、各部门提出的修改意见采纳情况和理由做出说明；随后，《2021年深入打好污染防治攻坚战目标责任书分解方案》获得参会单位一致通过并下发。方案落实过程中，问题曝光和逐个回访双措并举，通过区电视台对工地扬尘、餐饮油烟扰民及工业污染等方面问题予以曝光，回访督促整改。全年办理省市级交办件11件、省市级曝光件6件、区级曝光件71件，截至年底均已销号。

◆项目环评与排污许可审批 2021年，栖霞生态环境局落实国家、省、市关于行政审批制度改革、环评改革以及排污许可证一证式管理的各项要求，严格法律法规和各项准入规定，强化源头管控，把好建设项目环评审批关。全年，审批建设项目34个，其中报告书3个、报告表31个，网上备案登记表项目216个。完成7家排污单位的许可证首次申请发证、2家企业的延续申请、7家持证企业的重新申请发证及116家企业的许可证变更审核发证。实行排污许可规范性审核，完成石油化工、火电、水泥、印染、污水处理、砖瓦、肥料制造、塑料制品、机动车燃油销售、危险废物处置等12个行业44家企业排污许可证的技术复核。

◆长江入河排污口整治 2021年，栖霞生态环境局根据生态环境部《关于交办长江入河排污口清单的函》和《市政府办公厅关于印发南京市长江入河排污口分类整治工作方案的通知》要求，对全区所有的长江入河排污口开展现场核查和溯源工作。经核减和新增，确定全区长江入河排污口总数为419个，完成对全部排污口的重新分类、命名、编码和市级审核，完成对274个重点排污口的跟踪采样监测。编制并通过区政府印发的《栖霞区长江入河排污口分类整治工作方案》，牵头制定《栖霞区长江入河排污口"一口一策"分类整治实施方案》，明确街

道属地主体责任及相关部门牵头监管责任。是年，竖立排污口资料标志牌210个，通过排污口整治并获系统审核175个。

◆“固危废”规范化治理 2021年，栖霞生态环境局按照省、市部署，开展新《中华人民共和国固体废物污染环境防治法》执法大检查，趁势把全区固体废物监管工作推上新高度。全年，区域内各类企业产生废物6112.33吨，安全处置6093.43吨，年末库存量102.42吨，完成年初制定的“减库存、降风险”目标。自3月份始，省、市两级主管部门每周调度“江苏省危险废物动态管理系统”向“江苏省危险废物全生命周期系统”过渡，栖霞区组织街道、园区和重点行业企业利用视频会议系统，聘请专家宣讲新系统操作使用，每天在工作群公示各街道、园区的企业推进情况；组织经营单位、专业第三方上门指导，6月底前圆满完成全区247家各类企业新旧系统的衔接工作。下半年，在南京新冠疫情防控形势严峻时期，栖霞生态环境局克服困难，一面配合卫生健康等部门做好全区防疫工作，一面加强对各街道临时涉疫废弃物收集的监管指导，规范完成全区涉疫废弃物处置工作。11月，按照“十四五”固危废管理方案要求，对全区企业开展危废规范化管理评估；其中有52家重点企业接受省厅评估，达标率100%。

◆生态环境保护专项整改 2021年，栖霞生态环境局对照市局下发关于区内生态环境存在的问题，牵头有关街道和部门逐个讨论分析，制订整改措施，持续推进整改销号。水源地保护区方面，八卦洲（左汊）水源地一级保护区内遗存的5处建筑物完成拆除；八卦洲（主江段）水源地保护区内，协调组织属地街道对七里外圩泵站、抽水站等抗旱排涝设施实行规范管理，确保水源地保护区日常巡查管护规范化，各类标识牌及护栏设置符合达标要求；燕子矶水源地，一级保护区城北水厂生产退水排口、二级保护区燕尧分公司生产退水排口以及二级保护区滨江游乐场（游泳池），均完成改造或拆除；龙潭水源地，保护区水质监测站建设完成并通过验收，水源地整体达标建设方案编制完成并通过专家评审；华能电厂水源地，温排口迁移工程开工建设。森林、湿地公园方面，汤山、方山国家地质公园存在侵占红线和生态管控区域的问题点位，均完成整改；幕燕省级森林公园的问题点位，亦整改完成。此外，11月，组织相关部门开展“绿盾2019回头看”，完成对违法违规项目的查处，生态空间保护区域实现刚性管控，确保没有关联性或衍生性环境问题发生。

◆农村污染治理 2021年，栖霞区以畜禽粪污资源化利用为抓手，加大农业农村污染源治理力度。坚持源头减量、过程控制、末端利用原则，以畜禽粪污肥料化、能源化利用为主要方向，以涉农行政村（居）为单位，建立畜禽养殖场户清单，整区推进规模养殖场和非规模养殖场户畜禽粪污治理和多元利用工作。年初，栖霞生态环境局、区农业农村局联合认定上报畜禽规模养殖场数3个，其中规模养猪场1个，规模养禽场2个（停产状态1个）。规模养猪场采取固液分离厌氧发酵后还田模式；规模养禽场采取林下养殖、粪便堆积发酵后还田模式。利用中央农业资源与生态保护专项资金，重点支持栖霞牧原猪场的臭气处理、厌氧发酵、密闭式贮存发酵、粪污输送管网等粪污治理设施设备的改造和建设。全年，全区畜禽粪污综合利用率在97%以上，规模养殖场粪污处理设施设备配套率达100%。是年，栖霞生态环境局还牵头印发《栖霞区2021年秸秆禁烧和综合利用工作方案》，明确秸秆综合利用以秸秆还田为主，其他多种形式利用为辅。全年，全区秸秆综合利用率为97.7%，未发生秸秆燃烧事件。

□孙守书

生态区域建设

◆概况 2021年，栖霞区继续践行“绿水青山就是金山银山”建设发展理念，贯彻落实省市生态环境保护工作总体部署，加强辖区生态环境保护工作，稳步推进生态区域建设，保卫蓝天碧水，守护一方净土，助推全区生态环境高水平保护和经济建设高质量发展。是年，市级以上报刊或网络媒体刊登栖霞区污染防治及生态区域建设动态的宣传报道达121篇次，栖霞生态环境局被省污染防治攻坚办公室评为2021年度宣传工作先进单位。

◆ 科学施策打好蓝天保卫战

2021年，栖霞生态环境局科学施策，继续打好蓝天保卫战。强化点位长制，压实治气责任，严格落实“四级点位长”责任制，狠抓挥发性有机物、工地扬尘、餐饮油烟等专项治理和工程减排，推进312智谷大道道路喷淋系统安装，压降道路扬尘及机动车尾气。深化校府合作，多手段溯源分析，聘请南京大学环境规划院对仙林国控点VOCS（5参）数据进行跟踪分析溯源；协调中国科学院上海光学精密机械研究所南京公司，对区域内2个国控点开展臭氧扫描雷达试点测试，实施扫描分析；聘请南京大学浦蓝大气环境与绿色发展研究院为全区大气污染治理提供气象分析和预警，并在2个国控点开展VOCS在线监测。扎实推进污染物排放治理，组织对工业园区的14家涉VOCS企业展开排查，全面梳理这些企业的164个储罐，形成问题清单，上门帮助核查，督促问题解决；部署推进“码上换”专项行动，对全区360套活性炭装置全面实施“码上换”；全年整治无组织排放企业30家，整治有组织排放企业15家。开展汽修行业专项整治，完成源头替代企业2家；开展汽修行业环境管理培训，督促汽修企业安装在线监控。开展锅炉、窑炉整治，3月底，江南小野田公司达到超低排放要求，新实力食品公司亦完成燃气锅炉安装，润泽华纺织公司完成华能电厂蒸汽安装，实现生物质锅炉淘汰。开展移动源治理，联合区交运局对全区288家柴油车用车大户展开排查；组织企业签订责任书并安装OBD在线系统；联合交警七大队、高速二大队，开展柴油货车尾气检查检测，完成柴油货车尾气检测3600余辆；组织第三方对全区在用非道路移动机械进行油品及尾气检测，至年底完成检测285辆。开展餐饮油烟专项整治，制订全区餐饮整治方案，重点对仙林和迈皋桥两个管控区实施全面整治，其中整治仙林街道餐饮档口近2000家，完成迈皋桥街道高家村40余家餐饮企业油烟净化设施的提档升级；在其他区域，安装油烟在线监控35家，并经逐一排查，确定在尧化金地等22个排口新增在线监控安装。

◆ 科学治理打好碧水攻坚战

2021年，栖霞生态环境局落实直通“断面长”工作机制，围绕国考、省考、市考水质断面，推进全区国考、省考断面水质达标工作。组织开展水质波动断面排查溯源和整治，配合区水质提升办公室编制河流达标方案，实现国考、省考、市考13个断面1—12月全部达标。对重点流域水体持续开展跟踪调查和预警监测，每月开展两次国考、省考关联排涝泵站水质监测，落实监测报告和数据共享制度，为水质情况做好研判。强化工业企业废水监管，开展全区涉水企业事故排放及应急处置设施专项督查整治，加强重点涉水企业污染防治和应急排污设施环境监管，提升突发事故应急处置能力。从源头开始统筹推进，综合施策，系统提升，实施五棵松涵、环陵路桥暗涵等2项城市暗涵整治；在居民小区、公共建筑及企事业单位内部，实施雨污管网排查检测、清疏修缮；在全区25个自然村新建污水处理设施，覆盖率100%。落实宁镇跨界水体联合治理方案要求，加强双方共治合作，强化便民河—大道河、句容河、七乡河等跨界联合整治；加强上游来水监测，做好沿线污染物溯源排查，为区域内水质保障打好基础。推进水质自动站建设，完成省市下达入江支流标准水质自动站建设任务，为实时监控地表水体环境质量，发挥实时监视和污染事故预警功能；至年底，在部分跨地交界断面完成5个微型水质自动监测站设置。是年，按照国家、省、市“三水统筹”总体原则，编制完成栖霞区“十四五”水生态环境保护规划，系统谋划“十四五”水生态环境治理工作，明确治理目标和主要任务。

◆ 常态管理打好净土守护战

2021年，栖霞区作为省级土壤污染防治先行区，继续扎实推进土壤治理各项工作，在治理修复、风险管控、机制建设等方面先试先行。在全省范围内率先开展污染地块“后监督”工作，确保治理效果有效性、安全性，即：在土地流转前，对已完成修复的污染地块，连续三年开展三轮后期跟踪监测；对已出让地块，在基坑开挖过程中派驻环境监理、环境检测单位，跟踪土壤污染治理与修复效果，管控现场风险；在项目环评审批时，明确禁止利用地下水或有限度明确地下空间开发利用。建立土壤治理单位信息库，对从事污染地块治理的单位，依据业务类型分为场地环境调查与评估、修复技术方案设计、修复工程环境影响评价、修复施工监理监测与效果评估等，按类型分别纳入数据库，实行档案管理，确保风险可控，源头可溯。强化重点监管企业责任，严格管控重点行业企业土壤污染状况，督促其严格控制有毒有害物质排放、建立土壤污染隐患排查制度、制定年度自行监测方案。严格建设用地环境管理，对存在土壤污染风险或用途变更为住宅、公共管理与公共服务用地的地块，开展土壤污染状况调查，防范人居环境风险。是年，完成区内3家土壤重点监管企业的土壤和地下水监测工作，监测结果持续向社会公示；完成区内25块建设用地土壤污染调查报告评审工作，并在全国污染地块土壤环境管理系统建档。

◆长江岸线生态修复　2021年，栖霞生态环境局制订《全面推进栖霞区长江流域禁捕退捕工作实施方案》《栖霞区长江流域禁渔长效管控措施》，定期调度长江禁捕退捕工作，禁渔效能得到提升。实行“人防+技防”模式，在全市率先开发“长江护渔员管理小程序”，率先推进渔业行政执法系统的委托执法工作方式；整合公共视频监控资源，打造八卦洲环洲长江禁渔智慧岸线。长江岸线治污成果进一步巩固，协同区长江保护办公室，牵头每季度对国家、省《长江污染警示片》披露的问题开展“回头看”，完成2021年省《长江污染警示片》披露的黄龙山宕口相关问题整改。“一口一策”分类整治443个长江入河排污口，与句容加强共有流域联合监测，全区国考、省考、市考断面实现稳定达标。建设污染土壤资源化利用中心，实施毓恒码头等4个地块的土壤和地下水治理修复工程。是年，高质量高标准完成仙林地区灵山、桂山、龙王山一线废弃矿山的整治修复，该工程入选全省“最美生态”修复案例。

◆三个基地建立　2021年，栖霞区成功建立三个生态功能基地，分别为：市级生态修复基地——栖霞八卦洲船厂旧址生态修复基地，11月10日，由南京市人民检察院、南京市生态环境局共同举办的生态环境保护执法司法联动机制合作协议在八卦洲签约，南京八卦洲生态环境司法修复基地揭牌仪式亦同时举行。区级生态修复基地——栖霞西岗桦墅东山矿山生态修复基地，该基地总面积2.5万平方米，融合桦墅美丽乡村建设和民宿试点项目等内容。生态观测站基地——长江岸线与江心洲岛生态观测站八卦洲基地，主要功能是对长江南京段岸线利用、湿地生态环境状况变化等进行系统观测，以便更加科学合理地评估长江南京段生态修复成效；12月，栖霞生态环境局与中国科学院南京地理与湖泊研究所、南京市生态环境保护科学研究院三方，在八卦洲签署关于开展长江岸线和洲岛生态系统长期观测与研究的合作协议，并举行揭牌仪式。

◆生态环境损害赔偿　2021年，栖霞生态环境局探索生态环境损害赔偿“栖霞模式”，建立多部门联合协作的生态环境损害赔偿工作机制，在生态损害赔偿制度改革、生态环境保护行政司法联动、生态修复基地创建等方面走在全市前列，“创新生态环境损害赔偿工作机制”获评栖霞区政府2021年度“工作创新奖”。出台《关于加强检察公益诉讼与生态环境损害赔偿磋商衔接实施办法》等文件，全年办理生态环境损害赔偿案件7件，赔偿金额94.95万元。与区检察院联合办理的“南京市栖霞区某印刷厂废显影液通过下水道排入城市污水管网生态损害赔偿磋商案”，入选全省生态环境损害赔偿十大典型案例。

□孙守书

教　　育

Education

南京市栖霞中学新校区　　　　杨　轶/绘

责任编辑　陈美萍

综　述

◆**概况**　2021年，栖霞区有幼儿园90所，中小学66所。幼儿园教职工4111人，其中专任教师2095人；中小学教职工6530人，其中专任教师5856人。幼儿园共有班级933个，在园幼儿28181人；中小学共有班级1778个，在校学生66302人。职业中专学校1所，有教职工241人，其中专任教师210人，共有班级71个，在校学生2078人。特殊教育学校1所，有教职工24人，其中专任教师22人，班级数7个，在校学生74人。另有区教师发展中心、栖霞开放大学各1所。

是年，全区教育现代化建设水平持续提升，江苏省教育现代化建设监测得分95分，位列南京市第二。省义务教育标准化建设监测全区所有小学、初中100%达标。国家义务教育优质均衡监测32条指标达标率87.5%。全年新建成中小学、幼儿园9所，新开工建设中小学、幼儿园10所。秋季开学1所中学、4所幼儿园投入使用，新港中等专业学校新校区建设项目开工。栖霞区创建成省幼小衔接实验区，南京市栖霞中学创建成省四星级普通高中，创建省优质幼儿园1所、市优质幼儿园5所，南师附中仙林学校初中部、金中仙林分校中学部创建成第四批市“教育现代化初中”学校。八卦洲中心小学获省基础教育类教学成果一等奖，燕子矶中学成为省基础教育前瞻性教学改革实验学校，区特殊教育学校挂牌为南京特殊教育师范学院第二附属学校。全区中考成绩进入全市第一方阵，高考质量逐年攀升。是年，公开招聘中小学、幼儿园教师415人，引进高层次骨干教师28人。区教育局认定第三轮区级名师工作室21家，校级名师工作室17家。被评为省正高级教师1人、第十六届省特级教师2人，获省“优秀教育工作者”称号1人、市“优秀教育工作者”称号10人。分层次遴选优秀骨干教师140人作为省特级教师、市学科教学带头人、市优秀青年教师培养对象，并进行跟踪培养。坚持立德树人，扎实开展青少年“四史”（党史、新中国史、改革开放史、社会主义发展史）学习教育活动，编印“四史”学习教育读本《星星之火》。联合南师大推进大中小学思政课一体化建设。坚持“五育”并举，举办第十八届中小学生运动会、综合素养大赛、艺术展演等活动，以创建全国中小学劳动教育实验区为抓手加强劳动教育。

2021年栖霞区幼儿园、中小学基本情况一览表

表26

类别	学校数（所）			班级数（个）			在校学生数（人）			教工总数（人）			专任教师数（人）		
	共计	教育部门办	其他	共计	教育部门办	其他	共计	教育部门办	其他	共计	教育部门办	其他	共计	教育部门办	其他
幼儿园	90	41	49	933	486	447	28181	15764	12417	4111	2171	1940	2095	1157	938
小学	43	42	1	1099	1081	18	40526	39854	672	3159	3051	108	2979	2928	51
初中	17	17	0	314	314	0	11619	11619	0	1433	1433	0	1342	1342	0
高中	2	2	0	74	74	0	3556	3556	0	353	353	0	337	337	0
完全中学	1	0	1	53	0	53	1844	0	1844	354	0	354	250	0	250
九年一贯制学校	1	0	1	45	0	45	1866	0	1866	203	0	203	176	0	176
十二年一贯制学校	2	0	2	193	0	193	6891	0	6891	1028	0	1028	772	0	772

续表

类别	学校数（所）			班级数（个）			在校学生数（人）			教工总数（人）			专任教师数（人）		
	共计	教育部门办	其他	共计	教育部门办	其他	共计	教育部门办	其他	共计	教育部门办	其他	共计	教育部门办	其他
职业中专校	1	1	0	71	71	0	2078	2078	0	241	241	0	210	210	0
特殊教育学校	1	1	0	7	7	0	74	74	0	24	24	0	22	22	0
总计	158	104	54	2789	2033	756	96635	72945	23690	10906	7273	3633	8183	5996	2187

注：小学、初中、高中统计数据不含完全中学、九年一贯制学校、十二年一贯制学校相应学级学生数。

◆高质量发展大会　2月20日，全区教育系统“深化改革推动高质量发展大会”在金陵小学召开。区政府副区长卢静，区纪委第六纪检监察组组长陈熙，辖区各街道分管领导，教育局领导班子成员，中小学幼儿园校长、园长及机关科室相关人员参会。与会人员观看2020年栖霞教育工作回眸专题片，会议通报区教育局先进科室表彰决定、区教育发展共同体考核结果。燕子矶中学等5家单位代表交流发言，栖霞中学等10家单位负责人递交《安全工作责任书》。会议部署2021年全区教育发展目标任务、重点工作和工作要求。

◆特殊教育学校挂牌　3月19日，“南京特殊教育师范学院第二附属学校”揭牌仪式，在栖霞区特殊教育学校举行。区人民政府副区长卢静，市教育局、区教育局、南京特师、燕子矶街道等领导，以及栖霞特校全体师生、家长参加活动。栖霞特校校长致辞，南京特师校长提议两校建立长效合作机制，为区特殊教育学校提供更高的发展平台。会议提出两校合作办学工作要求，与会领导共同揭牌并合影留念。

◆教育督导工作会议　4月13日，栖霞区人民政府教育督导委员会工作会议，在区教育局会议室召开。区政府教育督导委员会23个成员单位分管领导参加会议，与会人员首先观看2020年栖霞教育工作回眸专题片，会议通报2020年全区义务教育优质均衡监测情况，区教育督导室负责人汇报2020年督导工作总结与2021年工作计划，督导委员会各成员单位分管领导交流发言，为全区教育发展建言献策。

◆“四史”学习教育现场推进会　4月22日，区青少年“四史”学习教育现场推进会，在金陵中学仙林分校中学部举办。南京市教育局、市委宣传部、中共栖霞区委常委、区委宣传部、区教育局、区委党史办、共青团栖霞区委、区关工委相关领导及区各中小学基层党支部书记等参加会议。会议通过微队课、微团课、音乐剧、诗歌朗诵、红色故事讲述、情景剧表演等，多维度展示区青少年“四史”学习教育阶段性成果。会上正式发布区青少年“四史”学习教育红色矩阵，推动“四史”学习教育逐步进课堂、进家庭、进社区。

◆少年法学院网络学院　6月16日，栖霞区少年法学院网络学院启动仪式，在区教师发展中心举行。南京市关工委、区委常委、区组织部、区关工委、区委教育工委相关领导出席启动仪式。与会领导共同为区少年法学院网络学院揭牌。区关工委负责人介绍区少年法学院网络学院和市关心下一代党史国史教育基地网络地图基本情况。教师代表和学生代表在线发言。通过网络向全区中小学、幼儿园师生直播市公安局交通管理局第七大队录制的《交通安全知识大讲堂》专题普法教育宣传片。

◆教育履职情况考评　6月23—24日，南京市政府参事、南京晓庄学院原党委书记王国聘带领省市专家一行10人，现场考评区政府2020年履行教育职责情况。汇报会在区委党校会议室举行，区人大常委会、区政府、区教育局相关人员参加汇报会，副区长卢静代表区政府汇报2020年教育履职情况。随后，考评组查阅相关档案资料，访谈相关负责人，分别召开各级人大代表、政协委员、辖区学校校长和教师座谈会，实地察看学校9所。6月24日下午，考评组召开反馈会，王国聘总结反馈考评情况，并指出存在问题，提出整改建议。

◆教师节庆祝大会 9月10日，区第37个教师节庆祝及表彰大会在金陵中学仙林学校初中部举行。南京市委教育工委、市教育局及栖霞区委、区政府、区人大常委会、区政协等相关主要领导出席会议。与会人员观看了专题片《开启新征程，砥砺谋新篇》，区长代表区委、区政府向全区广大教育工作者致以节日问候。情景剧《用爱导航》展现栖霞教师爱岗敬业的精神，沙画《教育家风传百年，最是书香能致远》呈现一家五代人从教的故事。会议还表扬了一批省、市、区各级各类先进集体和个人。

◆师德教育基地揭牌 10月24日，栖霞区师德教育基地揭牌仪式暨纪念陶行知先生130周年诞辰活动在行知园师德教育馆举行。区委教育工委、晓庄学院领导、区教育局、区教师发展中心相关领导及当年入职教师300多人参加活动。区委教育局工委书记致辞，晓庄学院领导讲话。双方领导签署师德基地合作协议并为基地揭牌。新教师在陶行知塑像前庄严宣誓，并有序参观纪念馆。

◆仪—栖教育融合发展交流会

11月8日，仪征市教育局副局长王吉东率教育代表团一行5人，到栖霞区教育局考察交流，共商两地教育合作发展事宜。仪征市教育代表团到区教师发展中心考察，感受园林式校园和行知文化氛围，观看反映区教师发展中心奋进历程的专题片《改变与前行》。王吉才介绍仪征教育发展情况，期待两地教育合作交流，携手共进，共同发展。两地教师发展中心校长共同签署合作交流框架协议。

◆“双减”专项督导及推进会

11月22日，省教育厅原副巡视员步锦昆，带领市专项督导组一行9人，专项督导栖霞区“双减”（减轻学生作业负担和压减学科类校外培训机构）工作落实情况。汇报会在区委党校举行。区政府副区长卢静汇报全区“双减”工作落实情况。督导组查阅相关档案资料，召开相关部门领导座谈，实地察看小学2所、初中2所、校外培训机构2所。下午，在反馈会上，专项督导组肯定栖霞区开展“双减”工作取得的成绩，并指出存在的问题，提出整改建议。区委编办、区教育局等相关部门、领导参加汇报会。12月28日，栖霞区“双减”工作推进会在南京市中电颐和家园小学召开。省教科院教育发展研究中心、《江苏教育》编研室、市教科所、市教研室小班化研究室、区教育局、区教师发展中心等相关领导出席会议。会议对市基础教育前瞻性教学改革实验项目做结项展示，观摩了中电颐和家园小学优秀作业设计展、国画、篆刻、书法及管乐、街舞、击剑操表演等课后服务活动，各校分享课后服务开展的具体工作和实践成果，表彰区第一期教育科学规划“弹性离校”专项课题结题获奖人员。

◆东西部教育扶贫协作常态化

2021年，区教育局选派骨干教师18人，分赴青海省西宁市湟中区、陕西省商洛市商州区开展长期支教工作。栖霞区还同步接待安置商州区、湟中区骨干教师12人，分别在金陵中学仙林分校中学部等6所中小学校跟岗研修，还接待商州区到访学习骨干教师199人。两地教师重点就学校管理、班主任队伍建设、课堂教学、教师培养、“三特”（特色教师、特色活动、特色学校）评审等工作进行研讨交流，同时通过线上线下开展多项学生参与的特色活动。在两地签订教育扶贫协作框架协议的基础上，部分学校也与商州区、湟中区部分中小学幼儿园签订结对帮扶协议。

学前教育

◆概况　2021年，全区有幼儿园90所，其中公办41所，民办49所（其中民办惠民园32所）。在园幼儿有28181人，区域内适龄户籍儿童学前3年毛入园率达100%；专任教师2095人，师生比为1∶13.45；在编在岗教师数485人，比例为1∶58.1。全区幼儿园班级数933个，保育员数958人，达到“两教一保”（两教指负责教学的主班及配班老师，一保指的是保育员）标准，保健人员185人，与幼儿的配备比例为1∶152。

是年，区教育局成功创建为江苏省幼小衔接实验区，西岗幼儿园天佑路园被评为全国足球特色幼儿园，南外附属幼儿园获得“全国新教育实验优秀实验学校”称号，燕子矶幼儿园新城园区、迈皋桥幼儿园丁家庄第三分园、马群幼儿园润康苑分园、爱德美幼儿园被省教育厅认定为省优质幼儿园，南师附中燕子矶新城幼儿园、仙林实验幼儿园光启路分园、栖霞幼儿园石埠湾园、迈皋桥幼儿园愉璟湾分园、西岗幼儿园经天路园被市教育局认定为市优质幼儿园。全区幼儿园中，省级优质园65所，市级优质园14所。

◆区域课程游戏化项目建设推进会　4月21日，区域课程游戏化项目建设推进会暨课程游戏化项目建设示范园观摩活动，在迈皋桥幼儿园丁家庄第一分园举行。区教育局、迈皋桥街道等相关领导、全区幼儿园园长参加会议。与会领导共同观看《区域推进课程游戏化项目建设活动剪影》专题片，回顾项目推进过程及取得的成效。区教育局分管负责人宣读“成立课程游戏化项目建设专家指导组”文件，区教育局主要负责人为省教研室博士毛曙阳、省特级教师贾宗萍颁发聘书。推进会后，与会专家、领导观摩幼儿园室内外游戏项目并进行相关研讨，毛曙阳代表专家团队对栖霞区课程游戏化项目建设给予专业指导。

◆学前教育与高校合作签约　11月2日，南京师范大学合作项目基地园成果展示会暨区教育局与南师大合作签约仪式，在马群幼儿园第一分园举行。区教育局、马群街道办事处相关领导，南师大专家组成员及合作基地园幼儿园园长等参加活动。马群幼儿园以“感恩自然　乐享丰收”为主题，汇报展示幼儿园二十四节气课程研究的阶段成果。南师大刘晶波和李旭分别介绍该课程研究及探索历程，并对课程研究成果进行点评。双方还共同签订未来三年合作协议。

◆学前教育协同发展结对帮扶签约　12月23日，栖霞区幼儿园协同发展结对帮扶签约仪式暨八卦洲幼儿园园本课程展示活动，在八卦洲幼儿园举行。区教育局、八卦洲街道办事处、区教育局托幼办负责人等参加活动。与会人员观摩八卦洲幼儿园丰收节闭幕式，听取该园田园特色的园所文化和课程建设汇报。全区10组幼儿园在签约仪式上结成帮扶对子，签订帮扶协议。八卦洲园长做主题汇报，区教育局副局长总结讲话。

初等教育

◆概况　2021年，全区有小学43所（含民办1所），民办九年一贯制学校小学部1所，民办十二年一贯制学校小学部2所，有班级数1099个，在校学生40526人，义务教育入学率100%。小学教职工3159人，其中专任教师2979人。金陵小学获批第三批全国中小学中华优秀传统文化传承学校。八卦洲中心小学的《乡村儿童“田野学习”20年实践探索》，获省基础教育类教学成果一等奖；金陵小学《链接世界的小学生生态科技体验学习》、南京晓庄学院附属小学《“生活实践”教育的25年探索》，获2021年省基础教育类教学成果奖二等奖；金陵小学《指向“世界儿童”培养的生态科技体验学习研究》，获2021年省基础教育前瞻性教学改革实验项目优秀实施项目。南师附中仙林学校小学部南邮校区《打开美的儿童世界：从“小小青花”出发的美育课程基地建设》，通过省内涵建设项目评审。龙潭中心小学、化纤厂小学、青秀城小学被省教育厅认定为江苏省文明校园、江苏省科普教育基地，南师附中仙林学校小学部南邮校区被市教育局评定为市园林式校园。

◆全区小学教育教学工作研讨会 1月22—25日，区教育局将辖区小学分为东、中、西部教育发展共同体，分别召开小学教育教学工作专场研讨会。区教育局副调研员、基础教育科、区教师发展中心负责人及相关学校领导等参加会议。与会校长重点交流2021年学校的办学目标、工作思路和创新举措，研讨《栖霞区小学素质教育质量评估细则》和《小学教学质量奖励方案》的修订稿。

◆“三特”评审工作专题培训会 7月20日，栖霞区特色学校、特色项目、特色教师“三特”评审工作专题培训会，在青秀城小学召开。区教育局相关负责人、各中小学相关领导、教师参加培训会。南京市教研室主任严必友做《学校发展：由特色创建走向文化品质》专题报告，南师附中仙林学校小学部南邮校区等三家学校进行交流发言，区教育局基础教育科负责人布置2021年“三特”创建和申报工作。

◆“双减”工作研讨会 11月23日，栖霞区小学“双减”工作研讨会，在龙潭中心小学龙岸花园校区召开。区教育局局长徐观林、龙潭街道书记武晓路及小学教育集团校长等参加会议。会议围绕“‘双减’工作对学校管理的挑战与应对”专题，省教师教育专委会副秘书长张桂生做专题讲座，并与参会校长进行互动交流，宋福云布置近期重点工作，徐观林就全区“双减”工作的深入推进提出工作要求。

◆龙潭中心小学百年校庆 12月9日，龙潭中心小学在龙岸花园校区举办“百年龙小，赓续华章”建校一百周年庆典活动。市教育局副局长戴兴海，区委常委、副区长郭昌标及区政府、区人大常委会、区政协、南京经开区管委会、区教育局主要领导参加活动。与会人员观看了文艺节目，龙潭中心小学校长陈志军致辞，爱心企业代表与校方为龙小教师活动中心揭幕，市区主要领导依次发言。

普通中学教育

◆概况 2021年，全区有公办初中17所，公办高中2所，民办完全中学1所，民办九年一贯制学校1所，民办十二年一贯制学校2所。在校中学生25776人，其中，公办初中学生11619人，公办高中学生3556人，民办中学生10604人；中学教职工3371人，其中专任教师2877人。是年，全区参加高考1249人，文化类本科达线758人，体育艺术类本科达线253人，合计本科达线1011人；参加中考3490人，总均分532.72分，高于全市总均分16.53分。是年，南京市栖霞中学被省教育厅认定为江苏省四星级普通高中，金陵中学仙林分校中学部被认定为省文明校园，八卦洲中桥中学被认定为市园林式校园，南京师范大学附属中学仙林学校初中部、金陵中学仙林分校中学部、南京外国语学校仙林分校被授予“南京市教育现代化初中建设学校”称号，伯乐中学、南师大附属实验学校被授予“南京市教育现代化初中培育学校”称号，南京市第一中学马群分校、南外仙林分校燕子矶校区被授予“南京市推进素质教育示范初中”称号。

◆初中教学质量分析会 1月28日，区教育局在教育招生考试中心召开2020—2021学年度第一学期期末教学质量分析研讨会。区教育局主要领导、分管领导，基础教育科、区教师发展中心主要负责人以及全区初中校长、教学副校长参加会议。会上，花园中学、区实验初中尧化校区、迈皋桥初级中学分别做交流发言。区教师发展中心中学研训处分析了全区初中三个年级期末考试数据。区教师发展中心校长、基础教育科科长针对疫情期间线上教学平台、优化备考方案、强化内涵发展等方面提出意见，徐观林总结讲话。

◆西部教育发展共同体德育主题研训 5月24日，区中学西部教育发展共同体德育主题科研活动在伯乐中学举行。区教育局基础教育科负责人及区中学西部教育发展共同体德育校长、德育主任、班主任代表参加活动。活动分为两个会场。伯乐中学、华电中学、南师附中燕子矶新城学校初中部、南外仙林分校燕子矶校区的四位班主任依次进行班会研讨课展示，迈皋桥初级中学、中桥中学两位老师分别开设主题讲座。

◆南大—燕中科创课程开班　11月7日，南京大学科技创新课程研修班开班仪式在燕子矶中学报告厅举行。南大国际创新创业学院副院长、区教育局副局长等出席。燕子矶中学校长致辞，创新创业学院代表讲话，家长和学生代表依次发言。参会领导共同触动南大—燕中科技创新课程启动球，研修班正式启动。燕子矶中学与南大国际创新创业学院合作，第一期研修班由南大物理学院八位教授、博导陆续为燕中学生授课。高一高二特招班的学生聆听了由南大物理学院教授刘佐伟主讲的第一讲《粒子暗物质》。

◆南师大“科学大篷车”进校园　11月17日，南师大物理科学与技术学院公益科普活动走进南师大附属中学丁家庄初级中学。南师大物理科学与技术学院院长张力发致辞。活动现场，南师大物理科学与技术学院书记与区委教育工委书记共同为“南师大物科院教育科普实践基地（江苏省中学物理名师工作站）”揭牌。

职业教育

◆概况　2021年，全区有中等职业学校1所。南京新港中等专业学校是首批国家级重点职业学校、省高水平现代化职业学校、省优质特色职业学校，建有省现代化专业群2个，省现代化实训基地2个。学校有现代物流、机电工程、信息服务和财务管理4个系部，共有在校生2078人，教职员工241人，其中专任教师210人，“双师型”教师占比76.6%。学校拓展人才培养途径，具有综合高中、五年制高职、3+3中高职衔接和中职4种办学模式，其中，综合高中开设有电子技术应用、会计电算化、休闲体育服务与管理、美术绘画4个专业；高职教育开设有电子商务、计算机网络技术、财务管理、物流管理、汽车营销与服务、表演艺术（幼师方向）6个专业；中职教育开设有物联网技术应用、物流服务与管理、电子技术应用、汽车运用与维修、计算机网络、计算机数码及产品维修、休闲体育服务与管理、会计电算化、无人机技术应用9个专业。

是年，学校中职毕业生就业率96.9%，对口率97.7%，升学率94.7%；高职毕业生就业率93%，对口率79%，升学率24%，均超南京市城区标准。学校获得“南京市文明校园”“南京市脱贫攻坚工作记功单位”“南京市中小学校党建文化品牌示范点”等荣誉称号，在市职业教育年度综合考核中获二等奖。学校师生获省技能大赛金牌1枚、银牌2枚、铜牌5枚，获省教学大赛二等奖1项，获省创新创业大赛一等奖1项、二等奖2项、三等奖1项。

◆新校区开工仪式　12月18日，南京新港中等专业学校新校区开工仪式在龙潭新城举行。中共栖霞区委、江苏联合职业技术学院、

12月18日，南京新港中等专业学校新校区开工仪式在龙潭新城举行
（区教育局／供稿）

市教育局、南京经开区管委会等有关领导参加活动。新港中等专业学校校长介绍新校区的前期规划设计筹建情况，在场领导共同为新校区奠基。

◆**合作共赢办学新模式** 7月6日，区教育局组织职业社会教育科负责人和南京新港中等专业学校校长、教师一行，赴西宁湟中职业教育中心，参加两校联合办学签约仪式。两家职业学校校长签署物联网专业双方合作办学协议，两校将共同制订人才培养方案，合力打造优秀师资队伍，为湟中学生打通在东部地区升学、就业的通道，为南京与西宁职业教育联合办学探索新的道路。

社区教育

◆**概况** 2021年，全区有江苏省标准化成人教育中心9所，居民学校120所，专职教师及管理人员53人，兼职教师456人。组织各类职业技能培训14.52万人次、各类职业资格证书培训966人次、成人学历教育1428人次、居民社区教育活动53.5万人次、社区教育观摩活动9场；创建市级终身学习活动品牌、市级教育服务乡村振兴优秀项目、省级社区教育特色品牌项目各一个；30集线上优质资源被收入省老年教育学习资源库子库项目；社区教育中心获省级“党史进社区”宣传工作先进集体二等奖1个；社区教育文艺成果展示获省级二等奖1项。栖霞开放大学被评为2021年省社会教育先进集体和2021年市优秀办学单位、先进教学管理单位、社区教育先进单位。

◆**栖霞社区教育调研** 6月2日，市教育局职业社会教育处、市社会教育工作调研组到栖霞区调研社区教育工作。区教育局、区社区培训学院相关领导陪同调研。上午，调研组参观八卦洲街道社区教育中心，观摩现场活动。区教育局做专题汇报，调研组现场反馈。下午，调研组实地查看仙林校外培训机构，观摩“金陵学堂·名师工作室——丹枫乐学剪纸工艺坊”、街道社区教育中心书画、职业技能培训等现场教学活动。

◆**社区教育“一社一特”评审活动** 7月18日，2021年栖霞区社区教育第四批“一社一特”（一个街道一个品牌、一个社区一个特色）评审活动在栖霞社区学院举行。区教育局、栖霞开放大学、各街道社区教育中心以及各社区居民学校代表参加活动。评审活动邀请市教育局职业社会教育处、市成人职业教育协会、终身学习服务指导中心等专家担任评委。经过各申报单位现场答辩，专家看材料、听汇报、现场打分，共评定社区教育“一社一特”项目20个。

◆**全民终身学习活动周启幕** 12月23日，以“庆建党百年华诞，谱善学栖霞新篇”为主题的2021年栖霞区全民终身学习活动周在八卦洲陌上花渡会议厅举行开幕式。市终身教育服务指导中心、市教育局职业社会教育处、区教育局、八卦洲街道办事处等部门和社区教育中心相关负责人及居民代表参加开幕式。与会人员观看了《江润八卦洲》宣传片、视频《守正创新善学栖霞》。与会领导一起为“2021年栖霞区全民终身学习活动周”启幕。开幕式分“善学促善治，善学促创新，善学塑品质”三个篇章，回顾过去一年栖霞社区教育情况。 □滕 萍

驻区院校选介

·金陵科技学院·

◆**概况** 2021年，金陵科技学院栖霞幕府校区位于栖霞区晓庄。学院占地总面积101.64万平方米，校舍总面积65.72万平方米，固定资产原值27.72亿元，馆藏纸质图书170万册。全日制在校本科生20606人，与河海大学、南京林业大学等联合培养硕士研究生86人。设有马克思主义学院、商学院等二级学院（部）20个。开设七大学科门类本科专业63个，省重点建设学科5个，市重点学科15个。会计学专业为国家级特色专业建设点，国家一流本科专业建设点2个，省级品牌专业4个，省级一流本科专业建设点21个，省级特色专业4个，省级重点专业类4个，材料科学与工程专业为教

育部卓越工程师教育培训计划试点专业，通信工程、软件工程为省级卓越工程师（软件类）教育培养计划试点专业。入选国家首批一流本科课程9门，首批省级一流本科课程27门。现有教育部专业综合改革试点项目2个，省级优秀教学团队3个、优秀科技创新团队1个、高校重点建设实验室2个、高等教育人才培养模式创新实验基地1个、重点产业学院建设点1个、实验教学示范中心5个、实践教育中心4个（含建设点）。

学校现有教职工1500余人，其中，正高级职称教师137人，双聘院士1人，另聘国内外荣誉（名誉）院士、教授4人。有一批国务院特殊津贴获得者、全国优秀教师，省级教学名师、有突出贡献中青年专家、"333高层次人才培养工程"培养对象、"青蓝工程"培养对象、"六大人才高峰"高层次人才培养对象、创新创业"双创计划"人才及市中青年拔尖人才、"紫金人才计划"、劳模等优秀人才。

学校有国家精品在线开放课程6门，"爱课程网"中国大学MOOC平台上线慕课48门，全国地方高校UOOC（优课）联盟在线课程33门，"金科创客汇"被科技部认定为国家级众创空间。学校有教育部批准的中美园艺（生物技术）、中澳软件工程、中英通信工程、中英土木工程等中外合作办学项目4个。

近三年，学校获授权专利近1300件，承担国家自然科学基金、国家社会科学基金等各类纵横向项目近1800项，获省市级科技进步奖和哲学社会科学研究优秀成果奖近50项。建有江苏省信息分析工程实验室等市级以上政产学研合作创新平台69个。

近三年来，学校平均就业率达96%以上，累计为社会输送应用型人才近12万名。

◆硕士学位授予单位获批　2021年，根据国务院学位委员会下发的《关于下达2020年审核增列的博士、硕士学位授予单位及其学位授权点名单的通知》（学位〔2021〕13号），金陵科技学院被批准为需要加强建设的硕士学位授予单位，信息、土木水利、会计专业获批为硕士学位授权点，标志着学校办学层次迈上新高度，学校发展进入新阶段。

◆校际高质量合作　2021年，根据市委书记《关于金陵科技学院赴闽江学院调研学习并缔结姊妹学校情况的报告》批示，学校与闽江学院缔结为姊妹学校并开展相关合作。学校还分别与南京大学、南京信息工程大学签订合作协议，借助名校资源，助推硕士点建设、人才培养、科技创新、平台建设等方面实现高质量发展。此外，学校与英国罗汉普顿大学、韩国东明大学等7所高校签署合作备忘录，推进中外合作交流。

◆教育教学科研成果　2021年，学校获国家级教学成果二等奖1项，省教学成果一、二等奖14项，省教育研究成果二等奖1项，省高教学会2020年度高等教育科学研究成果二等奖1项。获批"十四五"省重点学科5个、"十四五"市级重点学科15个。获批国家级一流本科专业建设点2个、省级一流本科专业建设点4个（新一轮公示获批9个）、"十四五"市级一流专业7个、"十四五"市级产业学院（产教融合重点基地）6个。2021届毕业生在宁就业人数名列驻宁高校前茅，被市授予"引凤奖"。科研成果取得新突破，国家级项目立项13个，首次突破两位数；省部级项目立项40个，高质量专利授权438件（其中发明专利授权106件），专利转化金额增长率达160%，科技活动费达到1.39亿元。全年在科技创新竞赛中获得省级及以上荣誉学生1103名，学生获得专利授权200项，新增大学生创业国家高新企业2家，累计达6家。

◆人才引培"质""量"提升　2021年，学校推进人事制度改革，制（修）订了《金陵科技学院教职工突出管理业绩奖励实施办法》《金陵科技学院教师低职高聘管理办法（试行）》《金陵科技学院专业技术资格评审办法（试行）》《金陵科技学院教师专业技术资格条件（试行）》等方案，促进教师队伍"质""量"双提升，博士数量增至518人，占专任教师总数的41.5%。聘任专家学者19位，担任名誉、客座（兼职）教授，聘任产业教授57人，获批省产业教授4人。获评正高职称

10人、副高职称35人。入选省“青蓝工程”培养对象6人，获批省“双创博士”12人、市有突出贡献中青年专家1人、市“五个一批”人才1人、市青年文化人才1人，获省、市级先进个人表彰4人。 □刘思思

·钟山职业技术学院·

◆概况 2021年，钟山职业技术学院占地面积36公顷，建筑面积20余万平方米，馆藏纸质图书47.66万册，教学仪器设备5483.36万元。全日制在校生7641人，校外实训基地70余个。学校有专、兼职教师400人，其中专任教师252名，副高级及以上职称教师48人，占专任教师19%；具有研究生学位教师98人，占专任教师人数38.8%。学院共引进人才23人，入选省“青蓝工程”培养对象1人。通过教师资格认定24人，通过正高职称评审1人、副高职称评审8人、中级职称评审10人。学院构建以大健康为主体、多专业协调发展的专业结构，设有经济与管理学院、数据管理与智能工程学院、健康管理与康复学院、基础医学与护理学院、人文艺术学院、继续教育学院等教学单位6个，专业29个。是年，学院获省高等学校大学生实践创新训练计划项目立项20个、省哲学社会科学一般课题立项10个、省哲学社会科学思政专项课题立项7个；教师在各级各类期刊发表论文101篇，主编或副主编高职高专教材近10本；通过“专转本”考试被本科院校录取学生60名。全年发展党员80名，其中教职工党员4名，学生党员76名；举办入党积极分子培训班1期，培训198人。2月，学院经济与管理学院财经商务专业群获评省高等职业教育高水平专业群培育点。

◆教学管理 2021年，钟山职业技术学院在强化常规教学管理的基础上，全面实施绩效考核制度，优化教师教学质量评价办法。修订《教学事故认定办法》《质量工程建设与管理办法》等教学管理制度，促进师生在职业技能大赛、教学能力大赛、省级质量工程建设等方面多出成果，持续推进“1+X”证书制度试点。推进人才培养模式改革，深入开展“规划论证”工作。制定学校人才培养战略定位和专业群建设规划，出台《关于推进财经商务专业群建设的意见》《英语教学改革方案》《课程思政实施方案》，凸显学校人才培养特色，持续推进“2+1”人才培养模式改革，以专业群建设为核心，深化教育成果导向教学改革。

◆竞赛获奖 2021年，学院师生在教育主管部门举办的技能比赛中屡获奖项：在省职业院校教师教学能力大赛中，护理类项目获三等奖；在省高等职业院校技能大赛中，护理技能等5个赛项全部获奖；作品“走进疫苗——揭秘新冠疫苗”获省高校微课教学比赛三等奖，代表省参加第三届长三角民办高校教师技能大赛并进入决赛1人；由5名教师组成的团队获“外研社杯”全国英语教师“教学之星”大赛江苏赛区高职组二等奖；刘佳豪博士参加英国物理学会（IOP）出版社与X-MOL科学知识平台联合举办的“3分钟学术视频演讲大赛”，获一等奖第一名。在“外研社国才杯”全国英语大赛（高职组）中，演讲获一等奖1人，二等奖2人；写作获一等奖1人，二等奖1人。“鹰图杯”第十一届华东区大学生CAD应用技能大赛机械类工程图绘制、建筑类工程图绘制赛项获二、三等奖3人；“外教社·词达人杯”省大学生英语词汇大赛获特等奖15人，全国决赛奖二、三等5人。

◆学生管理 2021年，学院组织开展心理健康健步走、海报设计比赛、微笑征集活动、手语操大赛、团体辅导、专题讲座等专项活动17场。贯彻落实学生评优和资助工作，获国家奖学金1人、国家励志奖学金92人、国家助学金1737人，共286.605万元；学生助学贷款141人共116.4万元，减免残疾学生25人学费13.3万元；补偿服兵役学生学费70.38万元，减免学费81.54万元，发放退役士兵助学金64.35万元；发放河南洪涝灾害学生临时困难补助金0.6万元。获批省三好学生3人、优秀学生干部3人、优秀毕业生2人、文明班级2个。学院推进校园红色文化建设，

创建第七届周恩来班，被评为“周恩来班”2个。 □郭海红

·南京交通技师学院·

◆概况 2021年，南京交通技师学院招收新生1543人，其中技师学院979人，交通中专564人。毕业生970人，就业率达到98.2%，对口率86.7%，用人单位满意率100%。学院新增省教育厅批准的“3+3”专业4个，完成中专类新设专业（工程测量、数字媒体技术应用）申报2个，改造机电一体化技术（高级）等老专业8个。创建汽车应用品牌特色专业，建设宋云波一体化教学名师工作室。汽车运用与维修专业群被认定为江苏省中等职业教育现代化专业群。通过技工院校高质量发展评估并位居全市第一。完成省高水平技工院校、省品牌特色专业群和省一体化教学名师工作室、省技工院校重点建设项目。完成中德舍弗勒合作项目内涵和智能制造实训平台项目建设，组建新一届舍弗勒双元制班。完成CAD机械设计世界技能大赛项目南京市集训基地建设项目。完成3号学生公寓楼修缮出新、东大门改造出新、创业教育园、金陵实训基地男生宿舍楼屋面防水维修等多项校园校舍修缮消险出新项目。

学院对内设机构进行调整，部分科级职位（正科职3人、副科职6人）实行任职人选选拔制度。完成教师职称聘任25人、教职工职称评审22人。完成事业编制职工人事档案专项整理工作，公开招聘引进事业编制新教师4人，聘用教师7人。

是年，教职工在省级以上刊物发表论文175篇，其中教科研成果获奖22项；立项申报省级以上课题10项，结题国家级课题4项和校级教科研课题27项；举办第2期“南京科协大讲堂”活动和第十六届校园技能节。教师参加教学大赛，获省级一等奖1个、市级一等奖3个；参加技能竞赛，获国家级优胜奖1个，省级一、二等奖各1个。学生参加技能大赛获国家级一等奖金牌1个、省级金牌2个、市级金牌5个。1名学生入选第46届世界技能大赛国家集训队10进5选拔赛第四名。啦啦操队、足球队获省赛团体一等奖，乒乓球队获省赛团体二等奖。学生获市关工委奖学金40人，被评为市三创优秀学生5人；市文明风采大赛获奖作品9件，市创新创业大赛三等奖作品1件。本年度，学院开展党史宣讲3次，完成“为民办实事”项目16个，发展中共党员6人。学院被评为“南京市作风建设先进单位”“南京市廉政文化建设示范点”。获批市首批技能等级认定第三方评价机构，开展社会培训和技能等级认定10210人次。狮麟驾院招收学员6855人，培训结业7162人。

根据人社部、省人社厅安排，学院对口支援建设新疆克州技工学校、西藏技师学院，捐赠教学设备价值70万元，制定选派教师赴西藏对口援教计划，服务技能强国战略和西部建设发展。

◆技能大赛获大奖 6月22—25日，学生程杨敏慧在2021年全国职业院校技能大赛中职组汽车营销赛中获得冠军，这是江苏省在该比赛中获得的首个冠军，也是学院师生再次问鼎国赛金牌。11月23—25日，周梦飞在第46届世界技能大赛车身修理项目首轮阶段性考核赛中，经过车身诊断与校正、模拟结构件更换、非结构件更换、钢制面板修复、铝制面板修复和塑料件修复6个模块的比拼，成功进入国家集训队第二阶段集训选拔。

◆狮麟驾院公司化改革完成 12月18日上午，在狮麟驾驶学院，举行“南京交通狮麟驾驶学院有限责任公司”揭牌仪式，党委书记邹振和院长陈世林共同揭牌，公司执行董事及职工代表分别作表态发言。至此，原属南京交通技师学院的狮麟驾驶学院由全民所有制企业改制为有限责任公司，原有人员和机构设置同时进行调整，标志着驾驶学院公司化改革完成。

◆学生公寓楼和东大门改造出新 2021年，学院在市财政局、市交通运输局支持下，投入资金1400多万元，分期对校舍进行全面修缮改造出新，重点修缮改造3号学生公寓楼和东大门。3号学生公寓由外墙砖改为真石漆，房间、走廊、楼梯、盥洗间等重装出新；同

时，全面更新床柜、空调等家具和消防、监控、通信、广播、能源管理等配套设施，增添了开水炉、直饮水机、洗衣机、烘干机、电吹风等多项生活服务设施设备，提升了学生的住宿条件和生活环境。对东大门进行重新设计和改造出新，融入交通桥路和学院标识等特色学院文化元素。 □胡叶霞

·南京特殊教育师范学院·

◆概况 2021年，南京特殊师范教育学院（简称南京特师）为全国卓越特殊教育教师培养改革项目单位、中残联首批残疾学生高等融合教育试点学校、全国残疾人职业教育师资培训基地、中国盲文手语推广服务中心、省特殊教育发展指导中心、省特殊教育师资培训中心、江苏视障人员教育考试支持研究中心。图书馆馆藏纸质文献82.27万册，数据库16个，电子图书318.8万余册，盲文、大字本图书1万余册，盲文期刊10种，无障碍电影330余部。中国特殊教育博物馆馆藏特殊教育与残疾人事业相关实物2700余件，相关历史文献资料3200余册。南京特师现有燕子矶主校区和江宁分校区，设有学院11个，本科专业22个。全日制在校生8150人，其中残障大学生341人。是年，新增国家级一流本科专业建设点2个，省级一流本科专业建设点9个，获批省首批一流本科课程14门，获“全国优秀教材一等奖”1部，新增省级课程思政示范专业1个，思政示范课程2门，省级虚拟教研室培育项目1个；“十三五”省重点建设学科“教育学”“公共管理”通过验收考核，新增国家社科基金项目2项。建有校内实验（实训）室93个，校外实习基地176个。其中，省级实验教学与实践教育中心2个，省重点建设实验室、国家虚拟仿真实验教学项目、国家语言文字推广基地建设项目、省级大学生创新创业实践教育中心建设点各1个。省重点建设学科2个，科研创新平台9个。有国家级精品资源共享课程2门，省级在线开放课程9门，立项省级及国家级重点教材10余本。

是年，学校招聘引进各类人才107人，入选省青蓝工程优秀教学团队1个，中青年学术带头人2人，优秀青年骨干教师3人。学生在省级以上学科竞赛中获奖137项，在省级以上文艺与体育竞赛项目中获奖26项。

◆一流本科专业建设点认定 2月22日，《教育部办公厅关于公布2020年度国家级和省级一流本科专业建设点名单的通知》（教高厅函〔2021〕7号）公布，南京特师特殊教育、公共事业管理2个专业被认定为2020年度国家级一流本科专业建设点，学前教育、音乐学、服装与服饰设计3个专业被认定为2020年度省级一流本科专业建设点。12月3日，省教育厅公告，英语、小学教育、数学与应用数学、教育技术学、计算机科学与技术、应用心理学6个专业被认定为2021年省级一流本科专业建设点。

◆残疾人就业联合招聘 5月14日，由江苏省残联、省教育厅、省人社厅主办，南京特师承办的省“就业帮扶 同心圆梦”残疾人就业联合招聘活动暨2021年春季全省高校残疾人毕业生就业专场招聘会在南京特师举行。省残联，省委教育工委、省人社厅、省残联、市残联及学校领导出席活动。活动共有60多家用人单位为高校残疾人毕业生提供了优质岗位近200个，参加招聘的残疾人毕业生300余人。

◆黄军伟任校党委副书记、院长 6月2日，南京特师召开干部大会，宣布省委调整学校主要领导岗位任职决定。省委组织部领导宣读省委关于黄军伟任职南京特师党委副书记、院长的决定。副省长马欣，省委组织部、省教育厅等领导出席大会，学校全体校级领导、中层以上干部、高级职称教师代表、区级以上“两代表一委员”、民主党派负责人等参加了会议。

◆聋人女子篮球队获残运会冠军 7月5—10日，在中华人民共和国第十一届残疾人运动会暨第八届特殊奥林匹克运动会三人制聋人篮球比赛中，南京特师聋人女子篮球队以6战全胜成绩夺得冠军，聋人男子篮球队获得第11名，取得江苏省在该项目全国比赛中的最好成绩。 □金诸雨

科　　技

Science and Technology

燕子矶·燕江楼　　　　杨　轶/绘

责任编辑　张文龙

综　　述

◆ **概况**　2021年，区出台“科技创新22条”，推进创新驱动战略。出台“新医药政策20条”和三年行动计划，打造生物医药产业创新药物研制高地。全区高新技术企业净增131家，达到901家，高新技术产业投资比上年增长14.4%，全社会研发经费投入占GDP总量的4.3%，新型研发机构市级绩效评估一等奖5家，列全市第一。举办国际对接交流活动119场，在南京海外协同创新中心绩效考评中，优秀、良好各一家，获绩效奖励90万元。新医药与生命健康产业营收超330亿元，产业链龙头企业11家，获市生命健康专项立项6个。新增省农业科技型企业1家，新增紫金山英才先锋计划1人、省“双创计划”科技副总23人。是年，区科技局被评为全省科技宣传工作成效突出单位，“霞科行”（集评估、发布、查询、撮合、交易、路演、中介、金融于一体的区域技术转移一站式服务综合体）被列入市技术转移机构培育库，“霞科行”运营团队被团区委授予青年文明号称号。

◆ **企业创新**　2021年，区科技局培育科技型企业，壮大创新主体集群。科技型中小企业入库1714家，比上年增长70.2%。本土培育净增高新技术企业115家，全年有效申报高新技术企业通过率48.02%，列全市第一。行政区新增高新技术企业培育库入库（区库）179家，新增省民营科技企业87家，新增省科技企业上市培育计划入库企业1家，新增市创新型领军企业培育库入库企业8家，新增省潜在独角兽企业入库企业2家。全区12家科技服务企业成为省科技创新券服务机构。入选市“十大创业之星”企业5家，入选市“十大科技之星”1人，入选省研发型企业1家。

◆ **市级新型研发机构**　2021年，行政区市级新型研发机构57家，其中新增3家。认定图灵人工智能研究院为市级重点平台型新型研发机构，认定省地理信息产业研究院、图灵人工智能研究院为市级高水平新型研发机构培育对象。

2021年栖霞行政区新增市级新型研发机构名录

表27

序号	名　称	共建单位	备案批次	所属单位、平台
1	南京宝和大数据研究院	中科院大数据分析与计算技术国家地方联合工程实验室	第一批	南大科学园
2	南京仙谷高新技术产业研究院	韩国科学院	第二批	栖霞高新区
3	南京恒电先进微波技术研究院	哈尔滨工业大学	第二批	马群街道

◆ **省市级工程技术研究中心**　2021年，省（海陵）化学药物制剂工程技术研究中心有限公司、省数字孪生智慧建设工程技术研究中心有限公司、省高速公路绿色养护工程技术研究中心，获省级工程技术研究中心立项。省类脑智能交通诱导系统与装备工程技术研究中心通过省级工程技术研究中心验收。市重组蛋白药物工程技术研究中心、市工业废水深度处理与资源化利用工程技术研究中心、市船舶危险品运输工程技术研究中心等10家研究中心，被认定为市级工程技术研究中心。

◆ **高新技术企业**　2021年，行政区内江苏联翼环境科技有限公司等205家企业被省高新技术企业认定管理工作协调小组认定为国家高新技术企业。全区（含经开区）高新技术企业901家，其中行政区580家。

2021年栖霞行政区新增高新技术企业名录

表28

序号	企业名称	所属街道、平台	序号	企业名称	所属街道、平台
1	江苏联翼环境科技有限公司	八卦洲街道	35	南京维钢机械科技有限公司	龙潭街道
2	南京汉谷信息科技有限公司	八卦洲街道	36	南京勇聚新材料科技有限公司	龙潭街道
3	南京灵兰谦网络科技有限公司	八卦洲街道	37	南京迦南炉业有限公司	龙潭街道
4	南京特惠信智能科技有限公司	八卦洲街道	38	江苏景奥机电有限公司	马群街道
5	南京优利博电气科技有限公司	八卦洲街道	39	江苏凯米膜科技股份有限公司	马群街道
6	江苏中恩网络科技有限公司	八卦洲街道	40	南京丹迪克电力仪表有限公司	马群街道
7	南京弘杉电子科技有限公司	八卦洲街道	41	南京丹迪克科技开发有限公司	马群街道
8	南京明珠肥料有限责任公司	八卦洲街道	42	江苏现代工程检测有限公司	马群街道
9	南京末梢信息技术有限公司	八卦洲街道	43	南京璟宏电子有限责任公司	马群街道
10	江苏徐苏新能源科技有限公司	八卦洲街道	44	南京埃德媒互联网科技有限公司	马群街道
11	南京昌鸿卓电子科技有限公司	八卦洲街道	45	南京安顺自动化装备有限公司	马群街道
12	南京创数信息科技有限公司	八卦洲街道	46	南京河豚智能科技有限公司	马群街道
13	南京德赛尔信息技术有限公司	八卦洲街道	47	南京睿思捷信息技术有限公司	马群街道
14	南京力步机械有限公司	八卦洲街道	48	南京钜典飞图影像科技有限公司	马群街道
15	南京万舟发机电科技有限公司	八卦洲街道	49	南京百源通能源技术有限公司	马群街道
16	南京新中磁电技术工程有限公司	八卦洲街道	50	南京才华科技集团有限公司	马群街道
17	南京耀义仪器设备有限公司	八卦洲街道	51	南京凯基特电气有限公司	马群街道
18	南京长江工业炉科技集团有限公司	龙潭街道	52	南京群威精密机械制造有限公司	马群街道
19	南京神鹏机械设备有限公司	龙潭街道	53	南京萨特科技发展有限公司	马群街道
20	南京永亮炉业有限公司	龙潭街道	54	南京三宝智能科技有限公司	马群街道
21	招商局物流集团南京有限公司	龙潭街道	55	南京尚志电子科技有限公司	马群街道
22	南京宽超通信技术有限公司	龙潭街道	56	南京讯联智能科技有限公司	马群街道
23	南京森立诚信息科技有限公司	龙潭街道	57	南京迎嘉科技有限公司	马群街道
24	南京腾涌干热设备有限公司	龙潭街道	58	南京易联瑞智科技发展有限公司	迈皋桥街道
25	江苏宝威机械科技有限公司	龙潭街道	59	江苏智呼云信息科技有限公司	迈皋桥街道
26	江苏普创热工科技有限公司	龙潭街道	60	南京灯虎网络科技有限公司	迈皋桥街道
27	南京百夫诺机械设备有限公司	龙潭街道	61	南京戈锐科技有限公司	迈皋桥街道
28	南京飞林飞机电有限公司	龙潭街道	62	南京合纵电力设备有限公司	迈皋桥街道
29	南京冠佳科技有限公司	龙潭街道	63	南京金宁微波有限公司	迈皋桥街道
30	南京华灏楼宇科技有限公司	龙潭街道	64	南京勒思隆物联网科技集团有限公司	迈皋桥街道
31	南京慧宇自动化有限公司	龙潭街道	65	南京润瑞自动化系统工程有限公司	迈皋桥街道
32	南京凯欧机械制造有限公司	龙潭街道	66	南京亚电电力自动化有限公司	迈皋桥街道
33	南京平顺微波设备有限公司	龙潭街道	67	南京智循电力科技有限公司	迈皋桥街道
34	南京普伦迪机械有限公司	龙潭街道	68	南京曦圣智能科技有限公司	迈皋桥街道

续表

序号	企业名称	所属街道、平台	序号	企业名称	所属街道、平台
69	南京鑫达泰科技有限公司	迈皋桥街道	103	南京怡得健康管理有限公司	栖霞高新区
70	江苏苏纯环保科技有限公司	迈皋桥街道	104	人民智慧信息技术（江苏）有限公司	栖霞高新区
71	江苏研致系统工程有限公司	迈皋桥街道	105	达科小艾（南京）人工智能技术研发有限公司	栖霞高新区
72	南京步微通信设备有限公司	迈皋桥街道	106	江苏开元药业有限公司	栖霞高新区
73	南京国科软件有限公司	迈皋桥街道	107	江苏诺丽人工智能有限公司	栖霞高新区
74	南京九品莲华环保科技有限公司	迈皋桥街道	108	江苏思行达信息技术有限公司	栖霞高新区
75	南京柯支机电设备有限公司	迈皋桥街道	109	江苏中创碳投低碳科技有限公司	栖霞高新区
76	南京泰祺瑞新材料科技有限公司	迈皋桥街道	110	匠人智慧（江苏）科技有限公司	栖霞高新区
77	南京威松利科技有限公司	迈皋桥街道	111	南京奥捷墙体材料有限公司	栖霞高新区
78	南京和光智能制造研究院有限公司	南大科学园	112	南京佰抗生物科技有限公司	栖霞高新区
79	南京土拨鼠信息科技有限公司	南大科学园	113	南京佰麦生物技术有限公司	栖霞高新区
80	江苏润环环境科技有限公司	南大科学园	114	南京滴海信息技术有限公司	栖霞高新区
81	江苏省建筑工程质量检测中心有限公司	南大科学园	115	南京分分钟信息科技有限公司	栖霞高新区
82	南京纳贝信息技术有限公司	南大科学园	116	南京广祺医药科技有限公司	栖霞高新区
83	江苏新东博建筑科技有限公司	南大科学园	117	南京哈柏医药科技有限公司	栖霞高新区
84	江苏东交智控科技集团股份有限公司	栖霞高新区	118	南京华威医药科技集团有限公司	栖霞高新区
85	江苏凯美普瑞工程技术有限公司	栖霞高新区	119	南京淮塔信息科技有限公司	栖霞高新区
86	江苏中安科技服务有限公司	栖霞高新区	120	南京火零信息科技有限公司	栖霞高新区
87	南京北极光生物科技有限公司	栖霞高新区	121	南京莱弗特环保科技有限公司	栖霞高新区
88	南京赤马信息技术有限公司	栖霞高新区	122	南京联智科技有限公司	栖霞高新区
89	南京地心坐标信息科技有限公司	栖霞高新区	123	南京绿慧能源科技有限公司	栖霞高新区
90	南京法恩化学有限公司	栖霞高新区	124	南京码讯光电技术有限公司	栖霞高新区
91	南京科之普教育科技有限公司	栖霞高新区	125	南京米萨信息技术有限公司	栖霞高新区
92	南京诺润机械科技有限公司	栖霞高新区	126	南京能瑞自动化设备股份有限公司	栖霞高新区
93	南京栖木智能技术研究院有限公司	栖霞高新区	127	南京谱利健生物技术有限公司	栖霞高新区
94	南京赛佳环保实业有限公司	栖霞高新区	128	南京乾海通信技术有限公司	栖霞高新区
95	南京伊顿电力科技有限公司	栖霞高新区	129	南京图灵悟道信息技术有限公司	栖霞高新区
96	南京鹰视星大数据科技有限公司	栖霞高新区	130	南京推币广知网络科技有限公司	栖霞高新区
97	南京远淑医药科技有限公司	栖霞高新区	131	南京微星通信技术有限公司	栖霞高新区
98	南京注势智能科技有限公司	栖霞高新区	132	南京汉图信息技术有限公司	栖霞高新区
99	南京卓立行思软件技术有限公司	栖霞高新区	133	南京汉欣医药科技有限公司	栖霞高新区
100	南京叱咤信息科技有限公司	栖霞高新区	134	南京慧图信息科技有限公司	栖霞高新区
101	南京英田光学工程股份有限公司	栖霞高新区	135	南京集思慧远生物科技有限公司	栖霞高新区
102	南京友谱信息科技有限公司	栖霞高新区	136	南京靖健生物科技有限公司	栖霞高新区

续表

序号	企业名称	所属街道、平台	序号	企业名称	所属街道、平台
137	南京蓝盾生物科技有限公司	栖霞高新区	172	江苏骆驼环保科技有限公司	栖霞街道
138	南京立顶医疗科技有限公司	栖霞高新区	173	南京聚联输变电安装有限责任公司	栖霞街道
139	南京萌宝睿贝教育科技有限公司	栖霞高新区	174	南京浦江合金材料股份有限公司	栖霞街道
140	南京南邮通信网络产业研究院有限公司	栖霞高新区	175	南京雨阳自动化设备有限公司	栖霞街道
141	南京派爱电子有限公司	栖霞高新区	176	江苏西博尔电气有限公司	西岗街道
142	南京少昊网络科技有限公司	栖霞高新区	177	南京艾特斯科技有限公司	西岗街道
143	南京硕禾新材料有限公司	栖霞高新区	178	南京高商机电科技有限公司	仙林街道
144	南京思孚泰科信息技术有限公司	栖霞高新区	179	南京国准数据有限责任公司	仙林街道
145	南京图菱视频科技有限公司	栖霞高新区	180	南京山鹞航空科技有限公司	仙林街道
146	南京维数软件股份有限公司	栖霞高新区	181	南京先欧微波技术有限公司	仙林街道
147	南京文道自动化系统有限公司	栖霞高新区	182	南京鑫荣汇信息科技有限公司	仙林街道
148	南京新网科技有限公司	栖霞高新区	183	南京文图景信息科技有限公司	仙林街道
149	南京医事达生物科技有限公司	栖霞高新区	184	南京宜小萌网络科技有限公司	仙林街道
150	南京云开数据科技有限公司	栖霞高新区	185	南京力旷机电科技有限公司	仙林街道
151	南京运立仪器有限公司	栖霞高新区	186	南京月之恒环保科技有限公司	仙林街道
152	南京紫图科技有限公司	栖霞高新区	187	南京中兴信雅达信息科技有限公司	仙林街道
153	怡科罗（南京）异味控制技术有限公司	栖霞高新区	188	南京欧赛尔齿业有限公司	燕子矶街道
154	江苏都万电子科技有限公司	栖霞高新区	189	南京凡艺智能科技有限公司	燕子矶街道
155	江苏申基生物科技有限公司	栖霞高新区	190	南京君桥文化传媒有限公司	燕子矶街道
156	江苏享阅智能科技有限公司	栖霞高新区	191	南京普讯管理软件有限公司	燕子矶街道
157	江苏臻云技术有限公司	栖霞高新区	192	南京瑞松信息科技有限公司	燕子矶街道
158	南京博沛达环保科技有限公司	栖霞高新区	193	南京亨乾电子科技有限公司	燕子矶街道
159	南京冠格科学仪器有限公司	栖霞高新区	194	南京唯捷豪信息科技有限公司	尧化街道
160	南京海珀生物科技有限公司	栖霞高新区	195	南京明豪环保科技有限公司	尧化街道
161	江苏翔腾新材料有限公司	栖霞街道	196	江苏创好业科技有限公司	尧化街道
162	南京市中宇智讯交通科技有限公司	栖霞街道	197	南京高泰科技有限公司	尧化街道
163	南京银茂铅锌矿业有限公司	栖霞街道	198	南京何苗生物技术有限公司	尧化街道
164	傲迪特半导体（南京）有限公司	栖霞街道	199	南京苏泊威自动化科技有限公司	尧化街道
165	南京桂瑞得信息科技有限公司	栖霞街道	200	南京硕乐科技有限公司	尧化街道
166	南京合邑电子有限公司	栖霞街道	201	中建八局第三建设有限公司	尧化街道
167	南京华东电子真空材料有限公司	栖霞街道	202	江苏长江建设工程质量检测有限公司	尧化街道
168	南京嘉视信电子有限公司	栖霞街道	203	南京岱亿科技有限公司	尧化街道
169	南京瑞栖智能交通技术产业研究院有限公司	栖霞街道	204	南京恺迩智能科技有限公司	尧化街道
170	南京萨利智能科技有限公司	栖霞街道	205	中建安装集团有限公司	尧化街道
171	南京云析科技有限公司	栖霞街道			

科技服务

◆概况　2021年，区科技局突出企业创新主体地位，提升科技服务水平和质效。建立引育体系，组建技术专家与财务专家20余人的专家团，服务企业100余家。企业注册科技金融新系统1122家，行政区审核通过科技贷款申请651条，授信金额12.69亿元。孵化小微企业、引育高新技术企业，打造孵化水平高、产业发展贡献度高的载体。

◆孵化载体　2021年，区科技局建设科创载体550万平方米，新增民营园区70万平方米。孵育、服务科技型企业5000余家，成长出瞪羚企业、独角兽企业38家，上市企业15家。11家科技孵化器参与省级绩效评价，评A率63.64%，列全市第二。南京栖创科技孵化器管理有限公司ABC人工智能专业孵化器，被认定为市级科技企业孵化器。江苏南邮十月科技园管理有限公司青柚创客空间，为省级备案众创空间，南京丹迪克科技开发有限公司为市级备案众创空间。

◆成果转化　2021年，区科技局做优“霞科行”技术转移平台，推动校企合作，建高校合作联盟，完善成果转化和技术转移市场化体系。收集科技成果项目347项，企业技术需求137个。举办线上、线下校企对接活动近100场，服务企业近2000家，解决企业需求超200项，线上签约技术合同额2.13亿元。帮助33家企业获省、市级技术转移奖补资金110余万元，促成产学研及科技成果转化项目140项。60名高校技术人才担任企业首席科学家，88位高校教师担任企业科技副总。市专家到区讲解有关享受政策、指导技术合同登记注意事项，全年完成技术合同成交额66.4亿元。

科技成果

◆概况　2021年，区以项目促发展，以创新促升级，鼓励和引导企业申报各级科技创新项目。行政区帮助企业争取省级科技计划项目2项，扶持资金170万元。获省、市级科技项目（含区级配套、兑现市级政策资金）737项，补助经费1.24亿元。区级科技专项经费扶持429项，补助经费3077.35万元。

◆省市级科技项目　2021年，南京光声超构材料研究院有限公司“基于增材制造技术的减振降噪超构材料研发”获省重点研发计划（产业前瞻与关键核心技术）专项资金120万元；南京绿领种业有限公司“优质、特色大白菜新品种‘金贝’‘秋宝149’‘秋宝800’选育及应用”获省重点研发计划（现代农业）专项资金50万元。南京恒电电子有限公司与哈尔滨工业大学联合开展“SiP封装小型化通用化微波/毫米波组件研发及产业化项目”，获省科技成果转化专项资金1000万元。2020年度市级新型研发机构绩效评估奖补4家、补助经费1450万元，2020年度市科技创新创业载体培育高成长性科技企业奖励8家、补助经费360万元。第一批省高新技术企业培育资金125家、补助经费1875万元，市重大科技专项1家、补助经费600万元，省科技成果转化专项资金项目1家、补助经费1000万元，省高新技术企业培育库2020年度入库企业奖励233家、补助经费1165万元，市2020年度高新技术企业认定奖励3235万元。

◆区级科技项目　2021年，区社会发展类科技项目（后补助）3家、补助经费18万元，区促进科技成果转移转化奖励16家、补助经费60.35万元，区高新技术企业培育库入库企业奖励179家、补助经费179万元，区高新技术企业招引奖励27家、补助经费1380万元，区高新技术企业培育库入库企业申报高企奖励146家、补助经费730万元。2020年度创新型企业家扶持资金3家、补助经费150万元，2020年度高新技术企业培育奖励资金奖励55家、补助经费560万元。　□金　霄

中国（南京）智谷

◆概况　中国（南京）智谷位于紫金山以东、宝华山以西、长江以南、灵山以北，坐拥“三山一水”绝佳生态环境，面积约70平方千

米。由栖霞区、南京经开区、仙林大学城联合规划建设，是南京市打造的人工智能产业地标核心区，已成为南京市乃至江苏省区域产业集聚程度高、创新能力强、综合配套环境优的人工智能产业基地，形成集群发展态势。

2021年，中国（南京）智谷在产业能级、创新动能、生态营造、品牌打造等方面实现发展。人工智能企业超过320家，实现核心产业收入60亿元，比上年增长33%，占全市一半。培育及引进培育独角兽、瞪羚企业17家。东交智控、泰普森2家企业获批建设省级工程技术研究中心；烽火云、快轮智能等3家企业获批建设市级企业技术中心。南栖仙策、摄星智能等5家企业获南京“十佳创业之星”称号，占全市一半。开展龙头企业产业链精准招商，重点引进中兴发展人工智能总部等项目，依托新研机构、孵化器、加速器，孵化各类软件和人工智能企业近百家。重点推进出门问问中国总部项目、后摩智能全国总部项目等行业领军企业入驻办公。中国（南京）智谷和中科院计算机网络中心、武汉邮电科学研究院新建南京宝和大数据研究院、南京时空智联网络研究院2家新型研发机构。南邮信息产业研究院入选省生产性服务业优秀公共服务平台，南京智谷人工智能研究院升级为“省级众创空间”。6月22日，工信部副司长朱秀梅，省工信厅副厅长池宇调研中国（南京）智谷。10—11月，智谷推进办牵头起草《加快中国（南京）智谷人工智能产业集聚发展的若干指导意见》（送审稿），分别通过南京经开区常务会议、行政区常务会议审议。

◆项目落户　2021年，中国（南京）智谷引进人工智能重点项目50个。中兴发展人工智能总部、起源太空、沙利文、能利芯、博科资讯、普塔科技、奥诺道一等项目落户智谷。后摩智能全国总部、出门问问中国总部、微软南京分公司、奇绩创坛创新中心等项目入驻运营。智谷推动栖霞板块人工智能产业高质量发展，优推精选优质单体项目及平台类项目，全年组织两批次优质人工智能项目评选。4月，评选优质人工智能项目18个。11月，评选生命大健康人工智能优质项目9个。拨付资金扶持优选项目840万元。

◆资源集聚　2021年，中国（南京）智谷支持海智湾建设，集聚国际创新资源。引进“紫金山人才计划”人工智能领域人才18名，新增高新技术企业40家，市级新型研发机构5家。新增国家级、省级、市级众创空间4家，新型研发机构引进和孵化企业60余家。图灵人工智能研究院、南邮信息产业研究院、省地理信息产业研究院三家人工智能新研机构获市新型研发机构绩效考核一等奖，占全市一等奖总数的21%。9月，中央电视台专题报道图灵人工智能研究院科技创新工作。

◆应用示范　2021年，中国（南京）智谷围绕“AI+制造”“AI+医药”“AI+城市”“AI+交通”发布海陵药业移动5G无人仓储项目等AI+应用场景28个。建设“5G+AI云边一体化创新应用示范路”，形成“车—路—云”协同产城融合发展模式。依托英特尔系企业打造2500平方米未来科技智慧应用园区创新标杆。凤凰龙猫校园智能体测平台、企业级网络搜索引擎TCAM芯片等8个人工智能创新产品入选《南京市创新产品应用示范推荐目录》。

◆智谷生态打造　6月25日，中国（南京）智谷主办“长江新视野 智谷新征程”智谷生态发展论坛。9月28日，智谷推进办与市外办联合主办南京—北美及澳洲经贸商机交流会。10月21日，智谷推进办与省人工智能学会，联合主办第二届中国（江苏）智能网联汽车人才创新创业大赛·中国（南京）智谷选拔赛。全年统筹协办中国人工智能峰会、65亿AI+新场景项目齐聚中国（南京）智谷、烽火项目签约等活动19场。与省、市工信、科技等部门联动，以智谷为核心推进南京市申报国家人工智能创新发展试验区和创新应用先导区。5月，结合“智谷大道”快速化改造，在兴智科技园、汇智科技园、红枫科技园增挂标识，改名中国智谷（红枫科技园）公交站台，提升智谷品牌影响力。　□高　健

栖霞高新技术产业开发区

◆概况 栖霞高新技术产业开发区（简称“栖霞高新区”）聚焦人工智能与数字经济、新医药与生命健康两大主导产业，聚焦高端人才，培育科技企业，重点发展智能互联、医药研发、文化创意等八大领域。

2021年，完成一般公共预算收入3.83亿元，完成规模以上工业总产值10.28亿元，完成全社会固定资产投资6.2亿元，完成社会消费品零售总额7.17亿元，完成外贸进出口额24.3亿元，实际利用内资12.73亿元，规模以上服务业营业收入完成55.38亿元，化解隐形债务12.45亿元。搭建招商统筹专班新体系，围绕生命健康与人工智能两大主导产业，招引亿元项目34个，签约项目百余个，其中引进中兴机器人总部项目、紫金信投等龙头项目。全年新增市级瞪羚企业1家，市级培育独角兽企业7家，认定高新技术企业77家，认定科技型中小企业434家，新增三站三中心（院士工作站、博士后科研工作站、研究生工作站、工程技术研究中心、企业技术中心、工程研究中心）9家，企业发明专利授权207件。制定先收后返管理制度，市场化运作，全年协调企业补齐款项1720万元，释放载体面积3.4万平方米，清退违约企业30家。6月，栖霞高新区南京金港科技创业中心等三个国家级孵化器被国家火炬中心和省科技厅评为优秀（A类）等级。9月30日，栖霞高新区第三方平台招商联盟成立。10月14日，新医药与生命健康产业峰会在新地酒店举行，栖霞高新区数字化赋能与创新孵化项目等3个项目参加签约。

是年，紫东国际创意园被南京文化产业协会评为市第九届文化产业金梧桐奖，园区被市发改委授予市现代服务业集聚区称号，飞马旅平台备案国家级众创空间、ABC人工智能基地获评市级众创空间。

◆产业发展指数报告发布 6月11日，“栖霞高新区TOP20明星企业颁奖典礼暨产业发展指数报告发布活动”在紫东国际创意园举行。市统计局副局长方爱军、市工业和信息化局科技创新处处长吴小云，区相关部门负责人、获奖企业代表、金融机构和服务机构代表等150余人参加活动。3月，栖霞高新区邀请专业评估机构分析园区产业发展绩效，编制《2020年度栖霞高新区产业发展指数报告》，反映高新区产业发展水平、产业发展趋势、产业政策等基本情况，提出建议。

◆金融服务活动 6月28日，“新医药与生命健康产业专场金融服务”活动在紫东国际创意园举行。区人大常委会副主任、总工会主席胡达贵，中信银行南京分行行长助理徐震，区地方金融监督管理局、栖霞高新区负责人及企业代表60余人出席活动。栖霞高新区聚集新医药与生命健康企业250余家，形成创新药物研发、医疗器械供应链服务平台两大产业特色集聚区，全年营收完成51亿元。中信集团研究员、知名券商保荐人及股权投资机构有关人员点对点为路演企业解答，分享融资要点。

◆中兴项目签约 9月9日，“中兴发展人工智能总部项目”签约仪式在栖霞高新区举行。中兴通讯股份有限公司创始人、中兴发展有限公司董事长侯为贵，中共南京市委常委、常务副市长杨学鹏，区相关领导、相关部门负责人等70余人出席活动。中兴发展人工智能总部专注人工智能和机器人核心关键技术研究，重点攻克机器人自主移动、智能感知、多传感器融合等技术难点，提供5G工业时代智慧产业解决方案。中兴发展人工智能总部与栖霞高新区引进一批机器人和人工智能产业领军人才，举办产业峰会和技术论坛，成立人工智能产业基金。

◆紫金项目落户 10月20日，“紫金投资集团战略合作暨信投公司总部项目”签约仪式在栖霞高新区举行。南京紫金投资集团有限责任公司董事长李方毅等相关负责人，区相关领导、相关部门负责人参加活动。栖霞高新区与南京市信息化投资控股有限公司携手，实现双方资源共享、优势互补。栖霞高新区与市信息化投资控股有限公司签订合作协议，市信息化投资控股有限公司分别与中国汽车芯片产业创新战略联盟、江苏佰集星区块链科技有限公司、贵州德坤大数据集团有限公司等签订战略合作协议。

◆**数字文化产业街区揭牌**　11月19日，“ABC数字文化产业街区”揭牌仪式暨项目集中签约活动在栖霞高新区紫东国际创意园举行。中共南京市委宣传部常务副部长纪增龙，区委常委、副区长郭昌标，市、区相关领导及相关部门负责人出席活动。栖霞高新区在紫东国际创意园打造数字文化产业发展集聚区，推动文化产业招商。“ABC数字文化产业街区”发展动漫、直播等产业链，签约数字文化企业82家。“ABC数字文化产业街区”打造数字文化产业服务平台和数字文化产业街区功能区两个方向，搭建人才引进平台、产业金融服务平台、产业知识产权服务平台，成立数字文化企业总部经济区、数字文化企业服务区、创业生活区。栖霞高新区、ABC数字文化产业街区与首批15家文化企业代表签订入驻协议。　□刘　露

11月19日，ABC数字文化产业街区在栖霞高新区揭牌　（栖霞高新区/供稿）

南大科学园

◆**概况**　2021年，南大科学园发挥自身资源优势，克服新冠肺炎疫情影响，招商、科技等主业完成目标任务。其中，整体出租率比上年增长8%。引进人工智能、绿色环保等项目82家，注册资金6.6亿元。园区企业纳税1.09亿元。完成园区内载体租赁1.26万平方米，园区外商业设施新增租赁600平方米，园区外拓展新增出租临时场地10块。完成北部社区、老管委会等项目业务划转，明确南部社区、仙林湖社区、北部社区等代管项目权利义务，完成租金收缴约3123万元，租金收缴率92%。完成数字产业园前期策划、可行性研究、环评、修建性详细规划等前置报告，开展广志路商业配套中心等项目商业策划、建筑设计、运营方案等。

◆**项目招引**　2021年，南大科学园引进南京宝和大数据研究院，获市级新型研发机构认定。园区培育市级新型研发机构6家，列为省新型研发机构3家。4月，光声超构研究院获市科技局新研绩效评估二等奖。市外招引高新技术企业11家。5月29日，在南大科学园举办江苏大学生创新创业交流会及南大科学园创新环境推介会，签约创业团队10个。6月23日，参加紫金山英才发展国际峰会暨海智湾创新论坛等市创新周招商活动。7月8—11日参加西安国际科学技术产业招商活动。10月11日，参加南京金秋洽谈会。引进润天新材料、江苏修身生物科技集团总部、江苏职德教育培训创新中心等超亿元项目6个。完成市、区两级招商活动6场。

◆**科技创新**　2021年，南大科学园培育科技型中小企业61家。新增高新技术企业16家，新增民营科技企业4家。入选区级紫金山英才先锋计划高层次人才项目1个，紫金山英才先锋计划创新型企业家项目1个。发明专利授权32件。园区企业获各级各类奖励2467万元。组织联盟单位现场金融对接会2场，载体现场推介1场，协助企业科技申报45次。

◆**国企改革**　2021年，南大科学园成立国企改革三年行动改革专班，制定《三年行动实施方案任务清单》。实施改革方面7个，目标任务68项，具体改革举措及成果形式100余项。至年底，完成任务

超50%。是年，南京仙林智慧科技有限公司下属资产管理公司，人员及业务并入南京仙林大学城科技园有限公司，实现一体化运营。明确南京仙林大学城科技园公司是以开发建设和经营管理国有资产国有企业。明确科技园公司主业为科研载体建设运管、社区中心等公共服务项目建设运管，科技创新项目投资。科技园公司从单纯园区经营引擎，转型升级为专业化资产管理公司。2个公司6个平行部门整合精简为3个综合部门，原智慧公司代管资产公司11名员工人事关系划转至科技园公司。大学城商务大楼、社区中心等优质资产整合到科技园公司，自持载体面积增加到25万平方米。

◆品牌打造 2021年，省计算机学会会员之家落户南大科学园，南大科学园加入省国际科技合作协会，通过市现代服务业集聚区复核，被市数字经济发展领导小组办公室授予市首批数字经济产业园区称号、被中共南京市委宣传部、市文化和旅游局授予市文化产业园区称号、被共青团南京市委员会授予南京大学生社会实践岗工作实践基地称号，被仙林街道评为“最美网格”。年末，园区筹备申报省级双创示范基地、省级大学科技园、省级文化产业园。

◆安全防范 7月20日，南大科学园配合属地政府部门，在商务中心等处设立核酸检测点位，全体职工到现场服务，组织开展核酸检测6次，检测约3万人次。各项目内部管理岗及一线岗每日管控人数600余人次，各项目外部人员每日管控人数5000余人次。建立常态化、专项化巡查机制，完成所有管理项目安全协议书签订及安全资料建档。监督检查用火用电、应急处理、设备设施及非机动车充电85次，发出安全联系函40份。聘请第三方安全机构鉴定南部社区、园区等多个项目房屋结构安全，为园区、商务中心、公园及南部社区购买公众责任险。邀请区应急管理局、区消防大队专业工程师开展新《安全生产法》培训2次。全年开展消防器材使用、初级火灾扑救、人员应急逃生等演练4次。科学园全年安全生产无事故。 □赵齐月

东南大学国家大学科技园栖霞园区

◆概况 东南大学国家大学科技园栖霞园区成立于2013年，园区载体面积2.4万平方米，是东大与区政府合作共建的大学科技园。2021年，园区在园企业80家，销售收入4.9亿元，缴纳各项税收1700万元。园区组织企业申报政府各级各类项目资质61项。其中，高新技术企业申报8家（通过2家）、省中小型科技企业32家、省农业科技型企业1家、省民营科技型企业1家、省优秀大学生创业项目1个、省双创人才项目1个、省科技副总项目3个、省产学研合作项目4个、紫金山人才计划（区级）项目2个、紫金山人才计划（市级）项目1个、区重点研发计划项目7个。园区企业获各类知识产权授权101件，其中发明专利授权12件、实用新型专利33件、软件著作权56件。

◆融资服务 2021年，园区为企业融资服务，融资金额2197万元。江苏瑞永建设公司分别与建设银行、紫金农商行、南京银行融资645万元，南京宸德新材料公司与南京银行融资200万元，南京永禾环保公司与南京银行融资50万元，南京胜景环保工程有限公司与民生银行融资172万元，捷泰鸿科南京技术有限公司与南京银行融资30万元，南京杏红韵商贸公司与交通银行融资500万元，南京捷科生物公司与南京银行融资600万元。

◆产学研合作 2021年，园区7家企业通过科技园与高校开展产学研合作。南京索乐优公司与南京晓庄学院、南京柏威达环境科技有限公司与南京信息职业技术学院、江苏瑞永建设公司与金陵科技学院、星腾通信公司与苏州职业技术学院、鹏派新材料公司与徐州工程学院、点滴生物公司与南工大、智链记忆公司与南航分别开展产学研合作，合作金额120万元。 □吴 曦

文化·旅游·体育

Culture & Tourism and Sports

江南水泥厂民国建筑·小黄楼

杨 轶/绘

责任编辑 唐 恺

文　化

·概　述·

◆**概况**　2021年，栖霞区接受文化场馆总服务人次为374.89万人次，人均接受文化场馆服务次数4.32人次。区、街、社区（村）三级公共文化服务体系共开展各类群文活动4982场次。区属文化场馆实行“12小时开放”，区文化馆、图书馆延长闭馆时间至晚9点，区图书馆新增图书43221册，开展各类图书导读、阅读分享等全民阅读活动及夜间特色公益艺术培训班。全区新建少儿图书室（阅读空间）11家，新建图书分馆8家和栖图驿站7家。栖霞区第二家城市书房——“栖阅时光·仙林大学书房”建成启用。是年，区文化馆入选国家一级馆区文化馆。全市公共文化星辰奖评选中，区文化和旅游局、区文化馆选送作品，获星辰奖3个，获入围奖2个。2021年，区文旅局对全区17场社会艺术考级活动进行检查，对7家注册地在栖霞区的艺培机构进行线上初评、实地检查等考级机构等级评定相关工作，市局终评结果为优秀1家、合格6家。做好文物保护工作，开展文物监控一期维保、监控二期工程建设，初步实现区级以上文物保护单位24小时实时监控。推进文物保护项目建设，争取国家文物保护修缮经费134万元；南朝陵墓石刻（梁新渝宽侯萧暎陵墓石刻）提升及加固工程保护项目通过验收；陈文帝陈蒨永宁陵石刻景观提升工程正式启动；市级文物保护单位“府前路张氏住宅”修缮工作持续推进；“江南水泥厂旧址修缮工程”被评为“首届南京市十大优秀古迹遗址保护工程项目”。区文旅局被江苏省广播电视局表彰为2021年度全省境外卫星电视传播秩序专项整治工作成绩突出单位、江苏省广播电视依法行政示范单位。是年，检查文旅体各类市场2645家次，取缔无证娱乐场所6家。

·群众文艺·

◆**概况**　2021年，区文化馆以庆祝建党百年作为贯穿全年工作主线，组织开展系列主题艺术创作和文化活动。先后开展“永远跟党走　奋进新栖霞”群众歌会、“百年百场”优秀群众文艺作品巡演、第二届“红五月　追光青春　舞庆百年”大学生舞蹈艺术沙龙、“童心向党——庆祝中国共产党成立100周年暨首届栖霞区青少年书画大赛”活动，征集作品1200余件。组织参加庆祝建党100周年全省群众美术书画摄影作品大展。完善文化馆场地开放及预约管理规定，场馆开放时间延长至晚间9点。是年，全区场馆教室预约服务12000人次，馆办团队培训2600人次，参与文艺演出11场，公益培训20个班级，培训12360人次，完成剧场演出18场，受惠群众4824人。栖霞区文化馆微信公众账号粉丝10164人，公众号共推文161篇，总浏览量75072次，转发3297次，留言1016条。在端午、中秋、国庆等重大节日开展线上活动，参与人数8660人次。4D展览共发布6场，数字文化馆现有实名注册用户21370人，页面访问人数404872人次。舞蹈《金陵折扇》《追光者》等文艺作品，在比赛中获奖；栖霞区文化馆入选国家一级馆。

◆**区群众歌会**　6月24日晚，由中共栖霞区委宣传部、区委区级机关工委，栖霞区文化和旅游局，各街道党工委、办事处共同主办，栖霞区文化馆承办的“永远跟党走　奋进新栖霞”栖霞区群众歌会，在仙林金鹰湖滨天地广场举行。区四套班子领导、区机关各部门、各直属单位代表及社会各界群众参加活动，来自全区各条战线的13支合唱队伍登台献唱。歌会分为开天辟地、改天换地、翻天覆地、经天纬地四个篇章。

◆**首届栖霞区青少年书画大赛**　6月6日，“童心向党——庆祝中国共产党成立100周年暨首届栖霞区青少年书画大赛”颁奖典礼及现场书画展示活动在区文化艺术中心广场举行。区文旅局、区文联相关负责人出席活动并为获奖选手颁奖，大赛获奖作者、指导老师和家长约300多人参加活动。本次大赛由区文明办、区文旅局、区文联主办，区书法家协会、区美术家协会、羲墨书画馆协办，省硬笔书法家协会、市青年书法家协会指导，区文化馆承办。大赛作品内容以“童心向党”为主题，共收到软笔、硬笔及美术作品1230件，评出一等奖作品67件。

◆第二十二届“金秋栖霞”艺术节 9月17日，第二十二届金秋栖霞艺术节开幕式在仙林金鹰户外广场举行。活动由南京市文化和旅游局、南京市商务局、南京市体育局主办，区文旅局（体育局）、区商务局承办，此次艺术节主题为：“栖待已久 仙林GO”美好生活节，分为“美好生活+自然”“美好生活+青春”“美好生活+艺术”三大系列。活动期间，先后开展中国南京农业嘉年华、“夜之金陵·点亮仙林”之水幕电影周、“红五月·追光青春 舞庆百年”第二届大学生舞蹈比赛暨沙龙交流会、致青春活动栖霞乐队专场、“枫味栖霞”美食节、龙潭稻香节等系列活动。

◆大学生舞蹈比赛暨沙龙交流会 5月22日，由栖霞区文旅局、共青团栖霞区委员会、栖霞区文学艺术界联合会主办，栖霞区文化馆承办，南京市舞蹈家协会指导的第二届大学生舞蹈比赛暨沙龙交流会在栖霞区文化馆3楼青春剧场举行。本次活动为期2天，包含比赛、讲座、沙龙等环节。比赛共吸引南京市内7所高校11支代表队的近百名舞者参加。其中，来自东南大学的舞蹈剧目《青春的逆行》获得第二届大学生舞蹈比赛一等奖。5月23日，第二届大学生舞蹈沙龙交流会在栖霞区文化馆408教室举行。

◆文化惠民进基层 2021年，区文旅局举办迎新春新年音乐会、送春联进机关和社区等活动，送出春联2500幅，为群众送去新春的问候与祝福。组织省、市、区多名传统非遗大师开展系列传统佳节活动，开展腊八节、传统剪纸、传统泥塑、传统糖画、传统布艺等非遗项目展示活动20场次。以“峥嵘百年 与党同心”庆祝中国共产党建党100周年为主题，开展文化惠民演出活动9场。文艺小分队专场演出与“百场公益演出广场行”活动相结合，联合各区开展公益专场交流演出，全年完成百场公益演出9场，送戏下乡3场。

◆首届“星辰奖”作品获奖 11月，在南京市文化和旅游局主办的首届南京市公共文化“星辰奖”评选活动中，由栖霞区文旅局、区文化馆选送的4个作品涵盖舞蹈、声乐、戏剧和曲艺4个门类，其中作品群舞《游园》《追光者》获得舞蹈类“星辰奖”；作品相声《时代印记》获得曲艺类“星辰奖”；独唱《一路长歌》、小品《社区那点事》分别获得音乐类、戏剧类“星辰奖”入围奖。区文旅局、区文化馆获得首届南京市公共文化“星辰奖”组织奖。

5月22日，“红五月 追光青春 舞庆百年”2021大学生舞蹈比赛暨沙龙交流会在栖霞区文化馆青春剧场举行
（区文旅局／供稿）

2021年栖霞区获奖文艺作品名录

表29

艺术类别	作品名称	获得奖项	获奖时间	授予单位
舞蹈	群舞《游园》	首届南京市公共文化舞蹈类“星辰奖”	2021.11	南京市文化和旅游局
舞蹈	群舞《追光者》	首届南京市公共文化舞蹈类“星辰奖”	2021.11	南京市文化和旅游局
曲艺	相声《时代印记》	首届南京市公共文化曲艺类“星辰奖”	2021.11	南京市文化和旅游局
声乐	独唱《一路高歌》	首届南京市公共文化声乐类“星辰奖”入围奖	2021.11	南京市文化和旅游局
戏剧	小品《社区那点事》	首届南京市公共文化戏剧类“星辰奖”入围奖	2021.11	南京市文化和旅游局
非遗	《南京绢花制作技艺》	“传艺百年”南京非物质文化遗产视频征集入围奖	2021.6	南京市文化和旅游局

·图书馆·

◆概况 2021年，栖霞区图书馆新增图书43221册，图书总藏量达516416册，总流通424652人次，图书外借596405册次，新增注册读者3615位。2021年元旦起，区图书馆除周五外，每天将开放时间延长至21点。全年在迈皋桥街道秋韵园社区、迈皋桥街道瑞丰园社区、仙林派出所、中机华东、栖霞街道南炼社区、武警南京仓库、马群街道蛇盘社区、仙林街道南大和园社区新建图书分馆8家；在区融媒体中心、南京恒晟科技有限公司、全区5个残疾人之家增设栖图驿站7家。是年，区图书馆共举办各类阅读活动205场，发布微信236条，服务67万余人次。

◆区图书馆新少儿借阅室建成启用 2021年年初，区文旅局对各街道的少儿阅读空间情况进行调研摸底，并将包含区图书馆在内的9家少儿阅读空间作为建设目标。12月27日，区图书馆新少儿借阅室正式启用，将原少儿借阅室改造为专为0–6岁孩子们提供服务的亲子借阅室，让各个年龄层的孩子都有专属的阅读空间。

◆线上文化活动 2021年，区图书馆以线上活动为主、线下活动为辅，充分利用微信公众号，官方网站等渠道，及时发布各项馆情通知，开展线上讲座、线上答题、线上互动等各类活动，全年共开展线上活动145场，让更多的市民足不出户就能享受到阅读活动。

·文化遗产保护·

◆概况 2021年，区文旅局先后举办全国第16个“文化和自然遗产日”系列活动、“文物映耀百年征程”南朝石刻主题四地联展和“文物映耀百年征程——南京市栖霞区文化遗产主题摄影比赛”活动，会同栖霞山管理处联合举办“拓片研学活动”。是年，组织实施陈文帝陈蒨永宁陵石刻景观提升工程；启动市级文物保护单位“府前路张氏住宅”修缮工程。完成区内15处全国重点文物保护单位及4处省级文物保护单位的文物本体核定工作。跟踪服务好鼓楼医院紫东院区、栖霞山城市客厅、姚坊门文化中心、燕子矶老镇等重大项目考古调查、勘探和发掘工作。根据省《文物安全直接责任人公告公示指南》，2021年为全区各级各类文物保护单位、一般不可移动文物、文物收藏单位及文物保护工程项目等制作安装文物安全直接责任人公告公示牌，并向社会公告公示。是年，“江南水泥厂旧址修缮工程”被评为“首届南京市十大优秀古迹遗址保护工程项目”。南京南朝陵墓石刻（南朝梁新渝宽侯萧暎陵墓石刻）保护项目提升及加固工程顺利通过验收。

◆萧暎陵墓石刻保护项目通过验收 南朝梁新渝宽侯萧暎陵墓石刻位于栖霞街道甘家巷北董家边村，萧暎墓石刻现存神道石柱一件，高3.44米，上刻24道束竹纹，1988年作为南京南朝陵墓石刻之一，被国务院公布为第三批全国重点文物保护单位。该保护工程实施前，石刻周边自然环境恶劣，柱身一半浸泡于水中。保护提升及加固工程，对文物本体采用整体顶升方式整体抬升6.1米，在对石刻本身进行保护的同时，整理周围环境景观，整体改善文物及周边环境质量。经专家组认真讨论和实地踏勘，认为萧暎陵墓石刻保护项目提升及加固工程符合文物保护工程检查验收要求，验收合格。项目顺利通过验收。

◆“江南水泥厂旧址修缮工程”获奖 4月18日，在南京市2021“国际古迹遗址日”启动仪式上，“江南水泥厂旧址修缮工程”被评为“首届南京市十大优秀古迹遗址保护工程项目”。首届“优秀古迹遗址保护项目”奖项评选活动由南京市文旅局主办，评选南京市自2016年至2020年期间实施完成的所有未发生安全事故且验收合格的文物保护修缮项目。“江南水泥厂旧址修缮工程”投资1600万元，坚持“修旧如故”原则，着重恢复建筑的历史原貌。修缮设计和施工中，根据各栋不同残损情况，科学确定修缮方式，确保对文物建筑的干预降低到最低程度，最大可能实现文物建筑及环境的完整性、真实性，同时进行适当的绿化和环境整治，展现整体历史风貌。

◆专题南朝石刻主题四地联展 6月11—22日，由栖霞区文旅局、江宁区文旅局、句容市文体广电和旅游局、丹阳市文化广电和旅游局共同主办的“文物映耀百年征程”南朝石刻主题四地联展在栖霞山风景名胜区开幕。本次南朝石刻主题四地联展首次把四个地区现存的南朝石刻通过图片和文字的形式集中展示。本次主题展上摆放有用3D打印技术制作出来的辟邪实物，让现场观众通过VR眼镜在虚拟博物馆里参观南朝石刻。

◆文化遗产主题摄影比赛 2021年，举办“文物映耀百年征程——南京市栖霞区文化遗产主题摄影比赛”。该活动由栖霞区文旅局、市摄影家协会主办，栖霞区摄影家协会协办。本次摄影比赛作品为近两年拍摄于栖霞区行政区划范围内的文化自然遗产，共收到186位作者投送的1508幅（组）作品。比赛期间，区文旅局同时开展文物影像记录工作，由专业摄影师对辖区内30余处各级文物进行影像记录存档。

◆开展非遗活动 2021年，栖霞区全年组织非遗活动26场，总服务人次6万余人。3月，在“传艺百年南京非物质文化遗产视频征集活动”中，栖霞区文化馆选送“南京绢花”视频，获入围奖。4月25日，栖霞区文旅局组织在镇江市民间艺术博物馆举办千锤万打始出来——栖霞的国家宝藏“南京金箔”图片实物展。6月12日，“文化和自然遗产日”期间，栖霞区文化馆组织非遗集市活动。

◆公布非遗名录 1月22日，区政府下发《关于公布第二批南京市栖霞区非物质文化遗产名录的通知》（宁栖政字〔2021〕8号），同意栖霞区文旅局上报的12项栖霞区非物质文化遗产项目。全区在传统技艺、传统美术、传统音乐、民间文学、民俗5个类别，12项非遗项目，代表性传承人17人，入选栖霞区第二批非遗名录。

·栖霞区融媒体中心（原栖霞区人民广播电视台）·

◆概况 2021年，栖霞区融媒体中心（原栖霞区人民广播电视台）顺利完成“庆祝中国共产党成立100周年”等多个重点保障期的安全播出工作。承办“宝藏南京——赏最美花海观长江新貌”网络直播活动，承办区级机关庆祝中国共产党成立100周年“党的光辉照栖霞”文艺会演、栖霞区“高质量发展看栖霞”现场观摩活动、一“栖”学习第九届党史知识大赛决赛等大型活动。全年共完成电视新闻播出近3000条，栏目制作播出260余期，新闻资讯、专题等近300条，安全播出“零事故”。全年为区委区政府及各街道、部门制作完成宣传片、全程视频、活动背景视频等67个，协助制作拍摄短视频若干。“两微一端”（微信公众号、新浪微博、手机客户端：“云栖霞”App）发布信息约1万条，总阅读量达374.5万人次，总转发量达168万人次。“云栖霞”App和“微栖霞”视频号开展全媒体直播共计29场，总点击量达156.46万人次，最高点击量突破15万人次，平均点击量达3万+。融媒体作品共获得全国性新闻一等奖1个、三等奖3个，省级公益广告类铜奖1个，市级类奖项7个。是年，完成新台址整体搬迁和新设备的调试使用，由电台向融媒体中心整建制划转改革工作进程过大半，完成中心所属的南京栖广融合传媒有限公司的企业改制和股权转让工作。

◆专题栏目制作 2021年，中心围绕“庆祝中国共产党成立100周年”主题宣传，在《栖霞新闻》中推出《奋斗百年路 启航新征程》专栏，开设《学党史 悟思想 办实事 开新局》《我为群众办实事》《共庆百年华诞》《光荣在党50年》等多个子专栏，累计制作播出新闻专题、简讯近200条。结合区“十佳微党课”评比活动的开展，开设《奋斗百年路 启航新征程 栖霞区“十佳微党课”展播》周播社教节目，并在新媒体平台同步展播。疫情防控期间，开设《“栖”心协力 感谢有“宁”》《疫情通报》《党旗飘扬在防疫一线》《战疫速览》《栖霞主播说》等多个子栏目，共播出新闻资讯、专题等近300条。春节期间，策划推出《新春走基层》新闻专栏和《今年我在栖霞过年》系列报道。

◆构建全媒体矩阵 2021年，“栖霞融媒”（原“家住栖霞”）微信公众号共发布图文1140篇，总阅读量达158.8万人次。“栖霞电视台”新浪微博日均推送信息5-10条，日阅读人数3000人次。“微栖霞”视频号共计发布短视频268条，总阅读量达106.2万人次，最高阅读量达12.3万人次，超过1/3的短视频阅读量达1万+，总评论数达5000人次，朋友圈总转发量达20.1万人次。“云栖霞”App和“微栖霞”视频号开展全媒体直播29场，总点击量达156.46万人次，最高点击量突破15万人次，平均点击量达3万+。6月，与现代快报合作摄制MV《唱支山歌给党听+在灿烂的阳光下》，作品经ZAKER南京、现代快报网、现代快报官微、凤凰号、企鹅号、网易号发布，同时纳入省委网信办“百年向党 E心辉煌”主题活动，总点击量达超30万人次。

◆线上微课获“学习强国”报道 “悦读云听”是栖霞区委宣传部依托“云栖霞”App创新打造的网络视听精品项目。2月13日，“悦读云听”项目模块在“云栖霞”App正式上线。4月4日，“悦读云听”模块陆续上线《晓庄英烈》系列精品微课程，六集网络教学视频分别讲述《晓庄英烈》《晓庄的诞生》《乡村教育先驱》《伟大的人民教育家》四个篇章的栖霞红色故事，系列微课程被“学习强国”平台和多家省、市媒体重点报道。

◆承办大型户外直播活动 3月21日，由市委网信办指导，区委网信办、南京旅游集团主办，区融媒体中心承办的“宝藏南京——赏最美花海 观长江新貌”网络直播活动，在燕子矶幕燕滨江风貌区举行。此次直播是中心首次承办的大型户外直播活动，也是首次使用指挥中心调度平台进行远程通信的实践活动。直播信号供流给新华网总网及客户端、南京发布抖音、栖霞视点微博、“云栖霞”App等网络平台同步播出后，网民总阅读观看量达112万。

◆融媒体中心改革 7月，南京钟山广播电视信息传播中心（原栖霞人民广播电台广告公司）从全民所有制企业整体变更为国有全资有限责任公司，企业名称变更为南京栖广融合传媒有限公司，股权转让同时完成。10月，经区国税审核，公司从小额纳税人升级为一般纳税人。12月，经中心与区文化和旅游局双方公证，“家住栖霞”微信公众号完成主体变更，更名为“栖霞融媒”，初步实现区级媒体在机构、内容、渠道、平台、人员、经营、管理等方面的深度融合和全面升级。

◆融媒体作品获奖 2021，区融媒体中心制作的各类融媒体作品，共获得全国性新闻一等奖1个、三等奖3个，省级公益广告类铜奖1个，市级奖项7个。其中，电视长消息《栖霞区9名白衣战士增援武汉加入战役总攻》获评中国广播电视社会组织联合会县级融媒体中心委员会广播电视节目一等奖；电视新闻专题《“AR”助力传统汉字学习 70岁美国“汉字叔叔”荣获“金陵友谊奖”》等3部作品获中国广播电视社会组织联合会县级融媒体中心委员会广播电视节目三等奖；《致富奔小康 共筑中国梦》获第七届“紫金奖”文化创意设计大赛铜奖。

·文化市场管理·

◆概况 2021年，区文旅局把疫情防控和安全生产工作作为市场管理重点，与经营场所签订《安全生产经营责任书》《突发事件应急预案》《疫情防控应急预案》，督促企业落实主体责任。对互联网上网服务营业场所、娱乐场所进行专项安全检查及无证经营专项整治行动。是年，区文旅局协调市文化综合执法总队对辖区6家无证娱乐场所进行多次联合取缔。是年，辖区注册登记文化场所107家，实际经营74家，其中互联网上网服务营业场所45家、歌舞娱乐场所25家、游艺娱乐场所3家、文艺表演团体1家。开展境外电视传播秩序专项整治工作，全年共检查销售市场16家次，检查宾馆酒店91家，检查小区及道路两侧46处，拆除“小耳朵”68个。是年，区文化和旅游局被江苏省广播电视局表彰为2021年度全省境外卫星电视传播秩序专项整治工作成绩突出单位、江苏省广播电视依法行政示范单位。

◆文化市场管理安全教育培训 6月9日下午，区文旅局在区文化艺术中心举办安全生产月教育培训应急演练活动。区文旅局和下属事业单位工作人员，以及全区文化、旅游、体育市场近200家场所负责人参加活动，组织观看安全教育宣传片《典型火灾案例警示录》，市消防部门工作人员对参加人员进行安全教育培训及应急演练指导。

◆境外电视传播秩序专项整治 2021年，区文旅局在区电视台、区文化艺术中心播出《告广大市民一封信》，宣传擅自安装境外卫星地面接收设施行为的违法性。在全区各街道、社区（村）利用电子屏、掌上云社区等平台，反复播放南京市文旅局打击“小耳朵”动漫宣传片。全年共检查销售市场16家次，检查宾馆酒店91家，检查小区及道路两侧46处，拆除“小耳朵”68个。是年，区文旅局被江苏省广播电视局表彰为2021年度全省境外卫星电视传播秩序专项整治工作成绩突出单位、江苏省广播电视依法行政示范单位。 □孙朝阳

·档　案·

◆概况 2021年，区档案局（馆）完成单位档案规范化建设单位10家，列入区2021年经济和社会建设工作目标的推进档案新馆建设和省级业务测评等指标全部完成。

是年，档案信息化建设持续推进。“长三角一体化民生档案异地查询示范区”建设成功并获全区创新项目三等奖；24小时自助查档机正式投入使用；优化升级“小栖e站通”系统功能，维护拓展“小栖e档通”服务范围，提升服务成效；联合区大数据局，对数字档案系统、数据库中心全面进行检测和升级维护，完成档案馆（室）数据备份和电子档案数据迁移，增强数字档案的安全保障。

是年，档案规范化评价有序完成。对照“全区十家建档单位列入南京市档案规范化建设评价工作”的年度工作目标，联合市档案馆测评组，分三批次圆满完成区退役军人事务局、区级机关工委、区委办等10家建档单位的档案规范化评价工作，其中市优秀档案室2家，特色档案室8家；联合区农业局、区卫健委等部门，组织做好对精准扶贫档案（龙潭、栖霞、西岗、八卦洲街道）、新生儿初生证明档案的规范化监管；首批防疫档案按时依规接收进馆（已接收进馆1991卷、文书档案1141件、照片40张、光盘1件）。

是年，共接待到馆查档5772人次，调阅档案19872卷（件）次，出具证明3510份，电子档案1800份；电话接待2614人次，调阅档案4251卷（件）次；远程终端查档1913人次，出具证明1800份。为群众核定工龄和职称、办理养

老保险、办理贷款、买房、卖房、补办新结婚证、公证、拆除违法建筑等提供档案支持。留言簿收到赞誉27人次，查档服务满意率达100%。尤其在新冠病毒疫情期间，制订查档应急方案，在做好防疫工作的前提下确保查档服务不停歇。

是年，接待国家档案局、市档案馆有关领导到栖霞调研档案工作。“两在两同”建新功行动（与群众想在一起、干在一起，风雨同舟、同甘共苦）相关做法在人民网、《新华日报》等媒体登载。宣传工作再次受到省档案馆通报表彰。在全区庆祝中国共产党成立100周年大会上，单位2名同志分别获得创新奖、优秀党员称号。

◆档案新馆建设推进 区档案局（馆）邀请市档案馆相关专家进行研究，坚持每周参加新馆内装协调会，推进工作具体落实，并在施工中时刻筑牢安全防线，各项工作均取得较大进展：新馆库房密集架安装完成并通过竣工验收；根据档案存放要求完成档案定位工作；完成库藏文书档案和业务档案的分类并认真编制档案库房搬迁方案；完成档案消毒柜搬移实施方案并签订搬迁协议；新馆机房可行性报告通过，机房建设招标代理、全过程项目监理、项目基础设施建设（一标段）的招标工作均已完成；开展新馆展厅展陈大纲调研，联系并成立展陈大纲专办小组；新馆大楼logo已制作完成并安装上外墙，新馆建设基础工作顺利推进。

◆业务测评准备工作 是年，区档案馆对照《江苏省市县级国家综合档案馆业务建设评价办法》，制定任务分解表，把70项测评指标进行细化分解，按国家综合示范档案馆标准逐条对照完善；克服单位人手少、疫情等影响，联合第三方公司，全面自检、查漏补缺，对库藏档案进行重新清点，补充完善佐证材料，完成全宗指南、全宗卷、档案利用事例和查阅利用分析等编研工作。经过市档案馆业务处（室）长多轮次检查指导和不断充实调整，做好档案业务测评准备工作，力争以“示范级”通过测评，建设全国示范数字档案馆。

◆档案年检和宣传工作 2021年，区档案局（馆）对全区30家单位进行档案执法检查的过程中，创新工作方法，现场对存在问题予以反馈，事后及时督促整改到位；针对新《档案法》颁布实施这一重大举措，加强学习宣传和贯彻落实，邀请省市档案馆专家到区面向全区档案员进行新《档案法》知识培训；制作新《档案法》宣传片和横幅、海报，结合“6·9”国际档案日等关键节点，深入建档部门、街道、社区开展多场次专项宣传培训活动，扩大受众范围，提升档案工作影响力。

◆精准扶贫工作开展 是年，区档案局（馆）联合区农业农村局制发《关于进一步做好全区精准扶贫档案工作的通知》，结合工作实际制定精准扶贫档案收集归档实施方案；举办精准扶贫档案业务培训班。先后7次到街村现场进行指导与检查，提高精准扶贫档案管理人员水平。截至2021年年底，全区1292户农户“一户一档”纸质材料按照要求全部整理入馆并数字化；街道、村产生扶贫材料已交各街道集中整理归档保管；区扶贫办产生文书档案1141件、照片档案40张、光盘档案1张、机读目录1189条、数字化副本11462幅面全部进馆。

□孙 蕾

·地方志·

◆概况 2021年，区志办围绕庆祝建党百年和党史学习教育谋划中心工作，聚焦主责主业，完成年初制定的主要目标任务。《栖霞年鉴（2021）》编纂出版；启动《师之魂——陶行知在南京栖霞》编纂工作；推进《栖霞山志（新修）》编纂，加大现当代时期资料收集；《贞石——南京栖霞地区历代碑刻集成》正式首发，并获2021年度市县地方志特色创新项目。是年，与区电视台合作制作《栖霞记忆》专栏；举办方志大讲堂栖霞专场。是年，开展“六进”活动，深入社区、学校；与省地方志、省档案局、省档案馆进行省、市、区开展“共学共建”“两在两同”建新功活动3次。

◆**《师之魂》启动编纂**　4月27日，《师之魂——陶行知在南京栖霞》一书编纂启动会在南京市栖霞区政府档案馆六楼会议室召开。来自市地方志办公室、区教育局、晓庄学院等单位的专家、学者参加会议，共商编撰计划。《师之魂——陶行知在南京栖霞》一书讲述陶行知先生在栖霞晓庄开启中国近代乡村教育的先河，致力社区教育运动，热心支持民主革命，倾囊支援中共事业的主要事迹。

◆**《栖霞年鉴（2021）》出版**　12月，《栖霞年鉴（2021）》印刷出版。《栖霞年鉴（2021）》编纂过程中，遭遇新冠肺炎疫情。区志办利用网络组稿、校稿，确保年内如期出版。2021卷年鉴继续围绕栖霞区经济、政治、文化、社会和生态文明建设“五位一体”目标，突出时代特色、年度特色，收录“科学防治　精准施策　打赢疫情防控阻击战”一文，与卷首专题彩页“栖霞区2020年新冠疫情防控实录”，反映三区联动打赢防控阻击战的事迹；卷首还设置“视觉栖霞——奋进中的栖霞”等专题彩页，展示栖霞在全面建成小康社会收官之年在经济社会发展等领域取得的新成就、新业绩。全书360页，总字数89.7万字，设22个类目、112个分目、119个副分目、1100个条目、表格67个，配图片200余幅，手绘钢笔素描22幅，全面客观系统地记述栖霞人民2020年建设“强富美高”新栖霞的历程。书中附有二维码，手机一扫即可下载阅读，便于读者快捷利用。书后编制相关索引1200余条，以方便读者检索使用。

◆**《贞石》出版发行**　7月9日，大型城市碑刻文献《贞石——南京栖霞地区历代碑刻集成》出版首发仪式在第十一届江苏书展举行。《贞石》一书历经十年，经过资料整理、前期策划、拓片制作、拓片搜集、文字编辑审校等数个阶段。该书内容体量颇大，为8开本，正文共380面，分为“六朝”“唐宋”“明朝”“清朝”“民国”五章，前有专家撰写的长篇研究性序言，后附栖霞区佚失碑碣石刻表等。收录的每件石刻均有“释文”“拓图”“简介”三项内容，书中收录碑版、墓志、地券、摩崖题刻、造像记、砖铭等近300件计350幅拓片影印照，时间跨度自三国孙吴至民国近1700年。

◆**方志文化“六进”活动**　2月7日，区志办在龙潭街道太平村史馆开展方志文化“进农村”活动，向村委会赠送《栖霞简志（英文版）》《栖霞年鉴（2020）》《原罪》三部曲等志鉴文化书籍。12月13日，在第八个南京大屠杀死难者国家公祭日，区志办在栖霞区实验初级中学举办国家公祭日主题纪念暨方志文化“进校园”活动。活动中，区志办工作人员播放《“江南”方舟抗日传奇》《栖霞记忆——铭记历史》等讲述日军暴行的纪录片，作《南京大屠杀史实》专题讲座，并向学校赠送《贞石——南京栖霞地区历代碑刻集成》《风雨如磐忆江南》等栖霞地区地情文献书籍10余册。

7月9日，《贞石——南京栖霞地区历代碑刻集成》新书发布会举行　（区志办／供稿）

◆ **“南京方志大讲堂”栖霞专场** 11月18日，“南京方志大讲堂”栖霞专场在栖霞山风景区举行。本期大讲堂邀请全国政协委员、南京大学历史学院教授、博士生导师，南京大学文化与自然遗产研究所所长贺云翱教授，作题为“一座栖霞山、半部金陵史——栖霞山的文化故事”的专题讲座。活动由南京市地方志办公室主办，栖霞区地方志办公室承办，栖霞山文化休闲旅游度假区管委会协办。本次活动首次以网络直播的方式同步进行，据统计，全网有关“南京方志大讲堂”栖霞专场的信息总量共7万余条，总传播量超50万。 □区志办

旅　　游

·概　述·

◆ **概况** 2021年，栖霞区旅游产业收入83.6亿元，同比增长55.67%，旅游接待人数477.4万人次，同比增长31.4%。区内有AAAA级景区1家（栖霞山景区），AAA级景区2家（长江观音阁景区、南京欢乐谷），省乡村旅游重点村1家（西岗街道桦墅村），乡村旅游点2家（龙潭水一方生态旅游度假区、八卦洲陌上花渡景区），主题乐园1家（万达乐园），三星级宾馆2家，旅行社39家。是年，区文旅局应对新冠疫情影响，结合2021南京国际消费节（秋季）活动，推出2021秋栖霞文旅消费券。先后组织举办幕燕“滨江灯光节”“牡丹节”“幕府登高季”、栖霞山“山·寺桃花节”“红枫节”活动、欢乐谷2021蓝鲸音乐节、水一方“荷花节”、稻香美食节、八卦洲农业嘉年华等系列品牌旅游节庆活动。合作举办六朝石刻亲子研学体验营、金陵骑士团春游栖霞暨摩友摄影大赛等。是年，开展旅游品牌推广工作，参与南京电视台《乡村发现》栏目“局长邀您来栖霞”活动；印制《遇见栖霞》旅游期刊2期共8000册、自驾游骑行折页300份，在车站、商场、宾馆、景区等公共场所的免费投放；在江苏广播电视塔显示大屏及地铁二号线车厢动视投放栖霞旅游宣传片；利用南京交通广播发布栖霞文旅信息；在2021年苏州国际旅游博览会上，发布栖霞区的文旅资源，推广栖霞旅游品牌。是年，西岗桦墅村和八卦洲外婆湾两个民宿集聚区正式对外营业。其中，桦墅村先后入选江苏省乡村旅游重点村名录，以及首批南京市职工疗休养基地民宿村。“宝藏栖霞·探秘六朝石刻”项目获全省创新文旅产品二等奖。南京欢乐谷获批国家AAA级旅游景区。

◆ **微媒体运营** “南京栖霞旅游”微信公众号2021年度共发布原创微信173组、共340篇次，年度微信总阅读量达55万。2021年粉丝数量67948，年度粉丝增长5704。全年策划举行“送新春祝福，留建议和意见”“丽人节独家宠爱”“最想入住的桦墅民宿”“秋天第一场栖霞之旅”“致亲爱的老师”“关于我爱栖霞的理由”“栖霞废话文学大赛”“你想和谁一起跨年”等线上话题活动8次。

◆ **六朝石刻亲子营活动** 探秘六朝石刻亲子营活动由省教宗文化和智慧旅游发展中心、区文旅局、六朝博物馆指导，省文旅厅智慧文旅客服平台“苏心游”主办，区文化馆承办。亲子研学体验营活动精选四处石刻遗址，由专业学者全程讲解南朝陵墓石刻及其文化艺术、历史故事。全年，共组织开展活动10次，参与人数共计400人次。是年，由省文旅厅、省文化投资管理集团联合主办的“水韵江苏·苏心产品”创新大寒活动中，区文旅局推荐的“宝藏栖霞·探秘六朝石刻”项目获创新文旅平台二等奖。

◆ **2021年中国·南京国际登高季** 10月14日至11月30日，2021年中国·南京国际登高季在南京幕燕滨江风貌区开幕。活动由南京市文旅局、南京旅游集团、栖霞区人民政府、鼓楼区人民政府主办，栖霞区文旅局、鼓楼区文旅局、南京幕燕风景名胜管理处等单位承办。期间，组织数十场登高活动。同时，幕燕景区积极参与都市圈消费补贴政策，实施半价入园，并设置大学新生免票入

园政策，扩大登高季在学生群体中的影响力。

◆南京欢乐谷获批国家AAA级旅游景区 南京欢乐谷作为江苏省"十三五"旅游业重大重点项目、南京市2017年经济社会发展重大项目计划，总投资近60亿元。是年，栖霞区文旅局推荐欢乐谷景区申报国家AAA级旅游景区，并根据《旅游景区质量等级的划分与评定》国家标准与《旅游景区质量等级评定管理办法》，邀请专家指导景区对照标准自检自查，优化整合景区旅游资源，完善旅游配套设施，充实景区内涵，不断提高服务质量和管理水平。10月，经南京市旅游资源规划开发质量评定委员会考核评定批准为国家AAA级旅游景区。

◆第二十一届"秋栖霞"红枫艺术节 10月9日，南京市第十二届（森林）旅游登山节暨第二十一届"秋栖霞"红枫艺术节在栖霞山开幕，活动延续至12月19日。本届红枫艺术节以"栖霞胜境、山水枫情"为活动主题，先后举办江苏省林业局2021"绿美江苏·生态旅游"推介活动会、"穿越森林"亲子运动会、"枫光流影"摄影大赛暨"栖霞红了"摄影周、"森林环保"公益课堂、江苏省"未来金话筒"主持人大赛、"摄山研学"小课堂、摄山手造节、国风汉服巡游、"秋栖霞"登山大赛、到栖霞古镇故事馆中寻找"我和栖霞山"的故事、栖霞山"夜枫"等20项线上线下系列活动。

◆桦墅村列入省乡村旅游重点村名录 是年，在省文旅厅、省发改委组织开展的江苏省乡村旅游重点村名录建设中，经区文旅局、区发改局推荐，省文旅厅、省发改委共同组织专家评审，2021年6月，西岗街道桦墅村成功入选江苏省乡村旅游重点村名录。桦墅村面积8.8平方公里，山林面积7700余亩，森林覆盖率超80%，先后被评为"全国休闲农业与乡村旅游示范点""江苏省特色田园乡村"和"江苏省传统村落"。

10月9日，第二十一届"秋栖霞"红枫艺术节在栖霞山风景区开幕

（区文旅局／供稿）

◆民宿集聚区打造 2021年，栖霞区以"品质品位能示范、造价控制能推广、服务标准能复制"为原则，打造一批具有栖霞特色的民宿示范样板。其中，西岗桦墅村和八卦洲外婆湾两个民宿集聚区分别于2021年4月和9月正式对外营业，桦墅村民宿6家、外婆湾民宿4家共计客房148间，床位206张。4月，西岗桦墅村入选首批南京市职工疗休养基地民宿村。

◆稻香美食节暨农旅融合发展论坛 11月20日，2021南京龙潭稻香美食节暨农旅融合发展论坛，在龙潭街道水一方生态旅游度假区开幕。"世界杂交水稻之父"袁隆平院士之子、湖南杂交水稻研究中心副主任袁定阳应邀出席活动，代表湖南杂交水稻研究中心与龙潭街道签订共建协议，为湖南杂交稻研究中心"芳草渡"实验基地授牌，并就"农旅融合发展下的美丽乡村"进行微访谈。在农旅融合发展论坛上，扬州大学副校长刘巧泉、农业农村部水稻生产机械化专家组原常务副组长于林惠、江苏省农业科学院副院长黄俊先后发言，为龙潭农业农村发展提供新思路。

◆**第十七届中国·南京农业嘉年华**　9月26日上午，由江苏省农业农村厅、南京市人民政府主办，南京市农业农村局、栖霞区人民政府承办的第十七届中国·南京农业嘉年华在栖霞区八卦洲街道陌上花渡园区开幕。市委办公厅、省农业农村厅、南京农业大学等有关领导以及全市各相关部门分管负责人出席活动。本届农业嘉年华活动以“富美田园、振兴乡村”为主题，集科技农业展示、特色农产品展销、花卉游园、农业赛事、农旅文化于一体。同时在江宁、浦口、六合、溧水、高淳5区设立分会场，以“1+5”交融互动模式，精心组织“购”特色产品，“食”地标美食，“游”美丽乡村的金秋消费季、民俗文化活动。此次嘉年华还特别上线“南京数字农业嘉年华”，利用5G、VR直播等技术，构建实景嘉年华、产业嘉年华、美味嘉年华、好梦嘉年华以及乐购嘉年华等五大功能板块，打造永不落幕的“云端”嘉年华，让广大市民足不出户就能玩转南京都市圈的美丽乡村。

◆**文旅产业**　2021年，区文旅局组织指导区内文化和旅游企业申报省（市）文化和旅游、广播电视发展专项资金，全区4家企业申报项目，共获得288万元专项资金补助。其中南京栖霞山文化旅游开发有限公司的栖霞文旅产业融合文化展览馆建设项目获得省级文化和旅游类发展专项资金80万元补贴，南京玲珑天文化发展有限公司的动画片的槑好时光·城南忆事获得省级广播电视类发展专项资金100万元补贴，南京道物工房文化发展有限公司的第十六届深圳文博会（2020年举办）项目获得省级广播电视类发展专项资金68万元补贴，江苏凤凰智慧教育研究院有限公司的凤凰龙猫校园智能体侧项目获得省级体育产业发展专项资金40万元奖励。组织指导相关企业完成2020年度各类发展专项资金扶持项目跟踪检查工作。是年，区文旅局组织文旅企业参加中国特色旅游商品大赛、申报南京特色文旅商品研发基地等各类活动，南京玲珑天文化发展有限公司的槑好时光——新版阿槑鸭血粉丝汤获得2021中国特色旅游商品大赛金奖，南京玲珑天文旅商品研发基地拟被收入“南京特色文旅商品研发基地”名录库。　□孙朝阳

·栖霞山文化休闲旅游度假区·

◆**概况**　2021年，栖霞山文化休闲旅游度假区管理委员会（简称栖霞山管委会）克服疫情影响，围绕重点项目时序，基本建成红枫路二期、天佑路下穿、红枫片区乐江路、红枫片区保障房，栖霞古镇主体工程等项目。优化调整栖霞广厅、戴家库、龙山度家等地块。完成征收扫尾拆迁面积2.73万平方米，九乡河农贸市场157户及北村24户商主体拆除，其中大洼地区13户抢占房已全部清退并完成拆除。全年完成新增签约项目投资总额100亿元，亿元签约项目5个和实际使用内资20亿元，实际使用外资1410万美元，固定资产投资完成44亿元，市区重大项目投资完成19.33亿元。完成经营性融资46.93亿元。完成栖霞山以西片区90亿元城市更新银团经营性贷款审批。

◆**项目建设**　2021年，栖霞古镇项目主体工程已完工一、二标段室外管线施工，室外铺装，景观、亮化、水系等配套设施建设有序推进；完成游轮母港片区的江南路、护厂河路、水泥厂路3.2公里的底层沥青摊铺；完成天佑路下穿铁路箱涵顶进及涵洞融通；完成山门跨九乡河桥主拱结构；完成栖云山房二期改造项目约1万平方米。省重点项目九乡河治理二期工程，已完成全长4.46公里的主体工程；红枫保障房一期HGJ地块已基本建成，I地块一标段主楼已完成18—23层，D地块红枫保障小学红线外正在主体施工，C地块红枫保障房幼儿园现场试桩河前期图纸完成；修复破损严重的齐民北路；实施16个片区雨污分流修缮工程；投资6000万元出新改造红枫路沿线老旧小区；投资138万元新建五福家园附近农贸市场。

◆**景点出新**　2021年，打造半馆中草药文化园，其中建筑面积1300平方米，占地约0.5公顷；治理虎

山地质灾害0.5公顷；市水上山工程铺设管道6.5公里，埋设增压泵4座，供水水箱250立方米。推进虎山片区综合治理工程。完成500平方米游客中心及1000平方米游客展示中心的改造，并对外运营，新增骑行租赁点多处。在景区周边更新休憩座椅、垃圾箱等设施200余处。

◆活动宣传 2021年，栖霞山管委会实施“栖霞胜境”年度活动，先后开展“春游栖霞山”“夏亲子研学”“汉服巡游”“研学课堂”“秋栖霞红枫节”等品牌活动。红枫节期间，央视新闻连续4次报道，《人民日报》微博平台以“最佳枫叶观赏期”为关键词冲上全国热搜榜，抖音平台“南京栖霞山满山红叶”话题量在同城榜排名第三。同期宣传的视频单条阅读量累计达42万，以视频形式寻找栖霞山故事累计播放量60万次。

□张　军

·栖霞山风景区·

◆概况 2021年，栖霞山风景名胜区管理处（简称管理处）围绕栖霞山文化休闲旅游度假区和文化创意产业集聚区建设总体目标，推进栖霞山综合开发建设工作。致力于旅游服务质量提升和园林生态景观建设，推进景区基础设施改造提升及环境综合整治，确保森林安全形势良好。先后主办南京市第十二届（森林）旅游登山节暨第二十一届“秋栖霞”红枫艺术节、2021“绿美江苏·生态旅游”系列推介活动之“走进秋栖霞”等系列活动。是年，管理处总收入2729.6万元，其中门票收入2012万元，观光车收入296万元，停车场收入163.6万元，其他收入258万元。全年接待人数987776人次。

◆景观提升 3月12日至清明前后，管理处义务植树活动开放约20亩林地，种植地点位于景区内南门区域、饮马池区域、桃花湖区域三处片区，共计接待1500名游客，栽植2、3厘米鸡爪槭1600余株。是年，冬春林相景观提升项目完成林相清理面积约13000平方米，栽植鸡爪槭4020株；南门停车场景观提升项目完成大小乔木栽植1716株，地被草花约4000平方米。在深耕播种园林树木的基础上，管理处持续做好古树名木的动态监测和养护管理工作，对长势衰弱的古树红果榆进行扩大树围、改良土壤、病虫害防治等救治复壮工作，对正在养护期内的古银杏进行修复复壮工作。

◆项目建设 2021年，管理处加快推进景区基础设施建设，加固出新读枫阁和始皇临江处，面积约800平方米；维修出葡萄沟周边和九龙坡至试茶亭游步道，拆除并新建游步道约690平方米；对景区12座旅游厕所进行标准化改造；新建钢筋混凝土蓄水池150平方米，蓄水量225立方米，清理原有蓄水池淤泥850立方米；完成16200平方米木栈道木油保养，更换破损木地板756块，面积242.4平方米；改造出新霜红苑游步道176平方米。在升旗广场、明镜湖、桃花扇亭—桃花湖栈道等区域，安装各类亮化灯具1733盏，铺设管线8000米，打造西门核心景区多区域、多点位的夜赏枫叶景观。建设栖霞山森林消防半专业队营房，新建营房686.34平方米，铺装396.76平方米，绿化278.9平方米，改造出新管理房245平方米。已按照要求办理相关手续，计划于2022年5月完工并交付使用。

◆花事园事活动 10月9日，南京市第十二届（森林）旅游登山节暨第二十一届“秋栖霞”红枫艺术节在栖霞山风景名胜区开幕，活动延续至12月19日。活动主题为“秋天，我在栖霞山等你”。其间，组织策划红枫节打卡氛围体验、“南京方志大讲堂”栖霞专场、“栖”迹之旅·海聚人才——追“枫”之旅、“手机摄影大师班”“古风达人创作打卡”、栖霞山陆羽茶文化节等系列文化活动。10月23日至12月19日每周五、六、日（17：00—19：00），管理处利用栖霞山现有亮化设施、建筑和枫树布局，着重打造中草药文化回廊、明镜湖、桃花扇亭—桃花湖栈道、始皇临江处、陆羽茶庄等区域的“夜枫”模式；通过举办小型音乐会，以家庭为单位，组成枫彩部落营，结合“摄山夜肆”，打造栖霞山全新夜间经济模式。10月23日，开展2021“绿美江苏·生态旅游”系列推介活动之“走进秋栖霞”活动，活动主题为游森林步道·赏红枫美景·享健康生活。活动期间，先后举办“枫光流影”优秀摄影作品颁奖、“穿越森林”亲子运动会等活动。

◆**研学游** 2021年，管理处依托栖霞山八大文化和林业资源，结合传统民俗文化、节日节点，陆续开展地质、拓片、中草药等系列研学游活动，以及感恩母亲节、童心向党等公益研学游，活动采用现场趣味教学和创意手工体验的形式。红枫节期间，重点打造枫叶剪纸DIY、天文研学课、森林环保公益课、“童声传栖霞之森林小卫士”选拔活动、“我的航天梦”航天知识课等系列主题研学游。是年，共计举办各类研学游活动19场，吸引259组亲子家庭参与。

◆**融合宣传** 2021年，管理处通过管理和运行景区网站、微信公众号、微博、抖音四大自媒体平台，以及联合各大媒体平台结合植树节、红枫节等活动开展宣传工作，全年媒体发布信息140条。截至年底，栖霞山抖音粉丝数1.2万，微信粉丝数已增至20万，微博粉丝数已增至21.6万，“栖霞胜境”话题阅读量达1.4亿。是年，管理处着力打造的“夜枫音乐会”于11月5日登上CCTV-2《消费主张》栏目。12月1日，央视总台在栖霞山进行直播，同步在央视频App中播出，同一天栖霞山的相关新闻报道也出现在CCTV-13晚间的《共同关注》栏目，并在次日早间在CCTV-2《第一时间》栏目再次播出。依托景区历史文化以及丰富的文物馆藏，微博连续三年推出“栖霞宝藏”话题，面向大众征集老物件，2021年话题量2785.7万。红枫节开幕式当天，江苏电视台、南京电视台、人民网、新华网、《南京日报》等20余家媒体在栖霞山进行现场报道。活动期间，与喜马拉雅App、南京头条以及《现代快报》、江苏广播电台FM93.7及FM101.1、达人旅游网、抖音达人、微博大V以及其他自媒体开展多项合作，在抖音、微博、携程、蚂蜂窝、小红书等平台同步发布。 □李思佳

·南京水一方生态休闲旅游区·

◆**概况** 2021年，南京水一方生态休闲旅游区结合区域生态绿廊、湿地景观的地貌特色，在龙潭街道陈店村、靖安村、太平村等美丽乡村733.33公顷（1.1万亩）农用地整治基础上，利用当地井田式水系布局，将该旅游区打造成独具南京水乡特色，集观光休闲、乡村美食、八鲜（莲藕、茭白、荸荠、水芹、芡实、慈姑、茭儿菜、菱角）采摘、亲子度假、农业科普、文化创意于一体的生态休闲旅游景区。水一方景区内分四大核心区。栈桥核心区，新建400米“荷缘”长廊栈道贯穿荷塘；选定20余个荷花品种划分片区种植，近处种植花色鲜艳、花期长久的品种，中间深水处种植附加值较高的水果莲，兼顾经济效益与观赏效果。长廊两边种植睡莲、菖蒲等水生植物，形成高低错落的水生植物景观区。配备内步道、环岛道路、周围游船，形成三个层次的景观效果，盛夏时节形成“万亩荷塘、千米栈桥”的独特美景。水玲珑文化街区，融合民俗文化、餐饮休闲、精品民宿、营地教育、直升机低空飞行旅游，打造民国边城风情文化街区。小树林片区，利用百亩逸杨林配套建设玻璃阳光房、露天烧烤台、休闲垂钓等设施，重点打造设施游玩片区。荷花基地片区，与南农大开展产学研合作，建设龙潭荷花基地。种植精品荷花、睡莲，研发推广荷花新品种，改善水体环境，维护良好的生态系统平衡，建成“荷趣乐园”，挖掘农业旅游、文化、科普、教育资源，发展乡村旅游。

◆**景区功能项目建设** 2021年，景区利用原龙潭街道陈店村老村委会旧址，改建成新时代文明实践站并增设水一方景区游客服务中心。在一楼游客服务中心设置购物、寄存、休息、阅读等功能区，二楼设置儿童休憩、会务、宣教等功能区。改建景区入口广场，安装彩色显示屏，通过大屏

龙潭“水一方”　　（龙潭街道/供稿）

播放景区游玩项目及发布景区须知；在水八鲜路沿线安装音箱、布置灯笼；完善景区停车场建设，安装收费设施设备，规范景区停车秩序；增设休闲就餐区域。

◆**景区游乐项目建设**　2021年，景区增设6艘“荷塘月舍”水上船民宿和5艘在水一方水上船餐厅，满足游客休闲休憩需求。在核心区新建长700米的有轨观光荷塘小火车，配合“火车+童趣”为主题的墙绘，打造“水一方”景区网红打卡项目。在栈桥核心区，新建400米“荷缘”长廊栈道贯穿荷塘，实现景区栈道游览全域化。

◆**2021龙潭“水一方”云游荷花节**　7月，受新冠肺炎疫情影响，原计划举办的“水一方”荷花节改为线上“云游水一方”，通过网络宣传“水一方”景区VR全景影像和“水一方”荷花美景照片，介绍不同品种的荷花科普知识，让游客足不出户也能游遍“水一方”。

□蒯　乐

·美丽乡村八卦洲·

◆**概况**　2021年，八卦洲街道乡村旅游工作着力打造小江河旅游示范带，完成外婆湾民宿集聚区一期建设，接待南京市总工会第一批职工疗养团队。完成青春里特色街区一期建设，引进八卦洲砂锅菜、霞客文创小店、四季渔歌等经营项目，进一步拓展产业链，丰富业态元素。完成小江河游船采购及景观码头建设，开辟水上精品旅游线路，逐步实现观光休闲一站式体验目标。开展“视觉乡村丰收岁月”摄影展、第二届八卦洲乡土地标美食节、首届农民体育节和第五届田园印迹定向赛、小勇士障碍赛等嘉年华系列活动。其中，小勇士障碍赛获南京亲子活动排行榜第四名。十一期间，八卦洲各景点抖音总曝光量达到397.9万，陌上花渡园区登上南京市游玩榜第三名。

◆**青春里特色街区**　2021年，在青年桥片区集中打造以“青春”为主题的集特色餐饮、文创书吧、农业休闲等于一体的特色街区。以水、田园、林地为载体，以特色农业资源为基础，以乡居体验、产业发展和自身文化为出发点进行策划，创造生态乡土的田园主义人居环境，打造都市郊野休闲旅游驿站。一期已引进八卦洲砂锅菜、霞客文创小店、四季鱼歌等企业。

◆“视觉乡村　丰收岁月”摄影展　9月26日—10月31日，该摄影展举办。摄影展以建党100周年老照片展为开篇，从不同侧面、不同角度记录新农村建设发展。用镜头记录农业生产之美、农村生态之美、农民生活之美，展现南京市农村农业发展成就及美丽乡村新风貌。本次展览设“镜头下的农业生产、农村生态、农民生活、农业产业链、都市农业圈”五条主线，同时设有“农业老照片展”。

◆第二届八卦洲乡土地标美食节　9月26日，第十七届中国南京农业嘉年华在八卦洲街道开幕，同时举办第二届八卦洲乡土地标美食节。分别在陌上花渡地标美食馆设主会场，外婆湾民宿区和青年桥特色街区设分会场。来自苏州、无锡、泰州、淮安、徐州等13家地标非遗老字号企业入驻现场制售地标小吃等美食产品。八卦洲砂锅菜、东台鱼汤面、连云港板浦凉粉、宜兴葱油饼、泰兴黄桥烧饼、徐州羊汤、金丝茶馓等全省特色美食也进行了集中展示。　　□祁　峙

·美丽乡村桦墅·

◆概况　2021年，桦墅村有合作社1家、农家乐23家，主要通过桦墅大米、水果种植销售以及饭店运营，推动村民增收、村庄发展和乡村振兴。全年共接待各级部门、企事业单位、老干部等调研交流100余次，约6000余人。是年，桦墅村获选南京市党史教育基地，与南京大学、浙商银行等50余家企事业单位签订共建协议。是年，获得中国美丽休闲乡村、江苏省乡村旅游重点村、江苏省美丽家园、江苏省“最美公共文化空间”、江苏省基层党组织书记实训基地、江苏省乡村休闲旅游农业康美基地、第二批南京市党史学习教育基地、南京市第一批职工疗休养基地、南京市城市文学客厅、南京市栖霞区生态基地、南京市先进基层党组织等荣誉称号。

◆民宿项目打造　3月，桦墅村启动精品民宿打造工程，对标高端民宿，以“留住乡愁”为主线，挖掘桦墅村文化内涵，把民宿作为地区文化展示的窗口，给予游客不同体验的新鲜感，形成区域风格。优先选择村内院落位置较大、房屋质量较好的村屋进行民宿建设。统一民宿打造标准，室内装修不低于三星级酒店标准；统一规定最低挂牌价，引导民宿产业健康良性发展；统一设置“叁语”早餐点，吸引咖啡馆、茶餐厅等不同形态社会资本餐饮入住。同时在村内丰富陶瓷手作、古琴工作室等业态，提高桦墅接待游客的能力，满足游客多样化需求。配合市总工会进行劳模接待，通过举办健康讲座、压花扇、掼蛋比赛等活动丰富疗休养安排。是年，共接待全市疗休养团队27批次，共765人，累计民宿收益58.5万元，餐饮及其他收益26.5万元。

◆有事好商量协商议事会　9月24日上午，江苏省政协主席黄莉新到桦墅村参加并指导桦墅村“农村人居环境改善提升”有事好商量协商议事活动。协商议事会前，黄莉新宣讲习近平总书记“七一”重要讲话精神。会后，黄莉新对街道政协工委打造“有事好商量”协商议事室、开展桦墅美丽乡村建设及协商议事活动等工作表示肯定。

◆稻田文化节　10月，桦墅村“稻田文化节”在桦墅村周冲村口稻田举行。现场举行“首稻收割仪式”，同时邀请吉他乐队现场伴奏，村民们也纷纷登台表演节目，共同庆祝丰收。活动中，南京大学化学化工学院科普志愿团队进行了户外科普，全村有20名学生参与活动。

◆桦墅村获荣誉称号　1月，农业农村部发布中国美丽休闲乡村

推介和监测结果，全省共12家入选。其中，桦墅村为南京市唯一入选乡村。近年来，桦墅村开展农村人居环境整治和美丽乡村建设，实施房屋整治、杆线下地、污水处理、登山步道建设、村庄绿化等系列环境提升工程，打造白墙黑瓦、山青水绿徽派乡村风格。桦墅村空气质量一直处于优级状态，水体质量好，达Ⅲ类以上，无黑臭污染水体，绿化覆盖率达80%以上。

◆游客服务中心打造 2021年，桦墅游客服务中心由桦墅印象文化旅游有限公司负责全面管理，游客中心设在周冲村中心区域。中心提供问询、热水、雨伞免费租借、应急药品等服务，为游客提供休息场所。中心设计有半日游、一日游、两日游等不同的旅游方案，为游客提供旅游信息及周边游攻略。设置专区陈设、销售全市各种不同类别的农产品，特别堆叠摆放本区农产品桦墅“南粳46”大米，形成品牌示范效应。中心对全村农家乐、民宿等经营业态实施统一监管，接受游客投诉，化解商户和游客之间矛盾。 □宋圣昌

体　　育

·概　述·

◆概况 2021年，栖霞区体育工作紧紧围绕“广泛开展全民健身活动，加快推进体育强国建设”总体要求，大力开展全民健身活动，努力提升竞技水平，着力加强体育产业发展，重点打造品牌赛事。先后举办仙林半程马拉松、区第十八届全民健身运动会、首届农民体育节、八卦洲田园印迹定向赛、区业余围棋大奖赛等，承办中国田径街头巡回赛（南京站）、首届南京大学生龙舟比赛、第三届市健身瑜伽社区大联赛等。全年区、街两级开展群众性体育活动达250次。是年，组队参加市阳光体育联赛，获金牌66块、银牌61块、铜牌49块。

◆区全民健身中心 区全民健身中心是栖霞区政府投资建设的大型综合性体育场馆，前后投入8000多万元，占地面积21533.3平方米，建筑面积达2万多平方米，中心经营健身、游泳、羽毛球、瑜伽、跆拳道、棋院、少儿培训、体育舞蹈、国民体质检测、老年人健身等项目。2021年，场馆每日人流量在950人次，场馆各项目会员总计22000多人。是年，中心先后承办栖霞区第十八届全民健身运动会、“栖霞电力杯”栖霞区第七届业余围棋大奖赛等大型赛事。

·群众体育·

◆概况 2021年，全区群众体育工作聚焦群众需求，大力开展体育惠民行动，提升体育在群众生产生活中的服务水平。不断优化城市社区“10分钟体育健身圈”，新建更新健身路径91套，建设体育公园1个，灯光篮球场6个。利用“体育设施巡检修平台”，加强器材日常监管，确保群众健身安全。开展国民体质监测9场，监测5087人；举办科学健身大讲堂5期；“你点我送”体育健身进社区30场；三级社会体育指导员培训5场；承办市二级社会体育指导员培训2场。推进“体医融合”，在迈皋桥社区卫生服务中心建立“运动促进健康站”，并完成阶段性验收。先后举办仙林半程马拉松、区第十八届全民健身运动会、首届农民体育节、八卦洲田园印迹定向赛、区业余围棋大奖赛等，承办中国田径街头巡回赛（南京站）、首届南京大学生龙舟比赛、第三届市健身瑜伽社区大联赛等。栖霞区南京龙言狮语文化传媒有限公司队获得第十四届全运会群众赛事活动展演项目广场舞比赛广场龙舞分项企事业单位组一等奖。全年区、街两级开展群众性体育活动达250次。

◆区第十八届全民健身运动会开幕 4月23日，以“踏上新征程，健身再出发”为主题的2021年南京市栖霞区第十八届全民健身运动会、南京市栖霞区第十六届老年人体育节开幕式在栖霞区全民健身中心广场圆满举行。此次活动由栖霞区文化和旅游局（体育局）、栖霞区体育总会和栖霞区老年人体育协会共同主办。区四套

班子、市体育局、区文旅局、市区老年人体育协会等有关领导以及全区各街道和区退休教师协会选派的12支健身秧歌展演代表队，200余人参加开幕式。开幕式上设有为栖霞区老年人体育协会12个专项委员会授旗等环节。

◆中国田径街头巡回赛（南京站） 5月15日，中国田径街头巡回赛在栖霞区金鹰湖滨天地举行。该赛事由中国田径协会与江苏省体育局共同主办，南京市体育局、栖霞区人民政府、江苏省体育竞赛管理中心、江苏省田径协会承办，南京市体育竞赛和社会体育指导中心、栖霞区文化和旅游局（体育局）协办。本次赛事设立男子跳高、男子60米两个项目，共有17位国内优秀运动员参与。本次比赛首次面向在宁高校学生设置60米高校邀请赛，邀请南京市栖霞区仙林大学城内12所高校，百余名大学生参赛。

◆区第十八届羽毛球比赛 5月22—23日，栖霞区第十八届全民健身运动会羽毛球比赛在南信院举行。比赛分为机关组、社区组两个组别。经过两天的比赛，区住建局李杜一获得机关组青年男子单打第一名，区公安分局温秀荣获机关组青年女子单打第一名，区环保局苏小新获机关组中年男子单打第一名，区公安分局匡莉莉获中年女子单打第一名，区住建局李杜一和杨静获混合双打第一名，栖霞街道单磊获社区组青年男子单打第一名，仙林街道黄琦获社区组青年女子单打第一名，燕子矶街道曹唐亮获社区组中年男子单打第一名，栖霞街道吴玲获中年女子单打第一名，燕子矶街道张宇和张弦获社区组混合双打第一名。

◆栖霞区第七届业余围棋大奖赛 6月2—4日，由栖霞区体育总会和栖霞区老年人体育协会主办，栖霞区棋类运动协会和栖霞棋院承办，栖霞区电力设备安装工程公司赞助的2021年“栖霞电力杯”栖霞区第七届业余围棋大奖赛在栖霞区全民健身中心举行。经过九轮角逐，张翔宇凭借小分获冠军，童锐获亚军，周振宇获季军。陶汉文、白宝祥、简中凡、李星彤、孟繁雄、段博尧、周祥分获4-10名。团体前三名由超越围棋队、栖霞电力队、飞扬队获得。

◆区第十八届乒乓球比赛 6月19—20日，栖霞区第十八届全民健身运动会乒乓球比赛在南信院体育馆举行。此次比赛设机关组、社区组两个组别。经过两天比赛，区水务局毕欢获机关组青年男子单打第一名，区文化和旅游局戴昌媛获机关组青年女子单打第一名，区政法委余晓晋获得机关组中年男子单打第一名，区卫健委王丰敏获中年女子单打第一名，区市场局张曙和王丰梅获混合双打第一名。栖霞街道濮传威获社区组青年男子单打第一名，仙林街道毛迪娅获社区组青年女子单打第一名，仙林街道潘清跃获社区组中年男子单打第一名，栖霞街道杨久美获中年女子单打第一名，仙林街道蔡任和毛迪娅获社区组混合双打第一名。

◆区跆拳道项目技能培训班 7月11日，由栖霞区文化和旅游局（体育局）主办，栖霞区跆拳道协会承办的2021年栖霞区跆拳道项目三级社会体育指导员技能培训班在栖霞区马群街道南湾营小学体育馆举办。参加培训学员均来自栖霞区各高校和各体育健身俱乐部跆拳道爱好者，邀请南京市跆拳道协会专业老师授课，经过两天理论和实践的学习，60名培训人员均通过考核，并发放社会体育指导员证书。

◆第十四届全运会群众赛事获奖 8月29日，第十四届全运会群众赛事活动展演项目广场舞比赛圆满收官。十四届全运会群众赛事活动展演项目广场舞比赛，采取上传视频线上参赛，通过线下评审最终选出各类奖项。赛事设健身舞、健身秧歌（鼓）、广场龙舞3个分项，每个分项又设农村乡村组、城市街道（社区）组、企事业单位组3个组别。共有来自全国30个省、自治区、直辖市、生产建设兵团共124支队伍1904名广场舞爱好者参加。最终，经过线下评审后产生一等奖9个，二等奖

27个，三等奖34个。栖霞区南京龙言狮语文化传媒有限公司队获得第十四届全运会群众赛事活动展演项目广场舞比赛广场龙舞分项企事业单位组一等奖。

◆首届农民体育节 10月17日，由第十七届中国·南京农业嘉年华执委会主办，栖霞区人民政府八卦洲办事处、江苏省栖霞现代农业产业园区管委会、栖霞区文化和旅游局（体育局）承办的“新时代 新风采”八卦洲首届农民体育节在八卦洲街道陌上花渡园区开幕。首届农民体育节共有100余位农民运动员参与，在陌上花渡园区、红杜鹃生态农业园两个会场同步进行。比赛设有全民健康跑、运粮接力、手搓玉米、趣味拔河等比赛项目以及水果采摘等农耕农事体验。

◆第五届八卦洲田园印迹定向赛 10月23日，第十七届中国·南京农业嘉年华系列活动之2021第五届八卦洲田园印迹定向赛暨首届南京八卦洲小勇士障碍赛在八卦洲陌上花渡园区起跑。赛事由第十七届中国·南京农业嘉年华执委会主办，栖霞区人民政府八卦洲办事处、江苏省栖霞现代农业产业园区管委会承办，江苏四季年华旅游发展有限公司协办，体育集团旗下青奥产业南京有限公司执行。该比赛为南京首个考验儿童体能的赛事活动。赛场全程2.5公里，设置翻滚轮胎，悬空绳梯，穿越火线等12个闯关障碍点标，参赛小选手需要独自完成比赛。

◆区国民体质监测 11月10日，2021年栖霞区国民体质监测工作完成，2021年度国民体质监测工作全区实际完成的测试样本为5087人，其中男性2526人，女性2561人，20–29岁年龄段有438人，30–39岁年龄段有1372人，40–49岁年龄段有1614人，50–59岁年龄段有1514人，60–69岁年龄段有149人。体质测试的项目包含身高、体重、肺活量、台阶指数、握力、纵跳、俯卧撑（连续）、仰卧起坐（一分钟内）、坐位体前屈、闭眼单脚站立、选择反映时间，根据测试对象的年龄段选择相应的测试项目。测试完成后，每位受测人员都得到一份体质测定综合报告。

·体育训练与竞赛·

◆概况 2021年，全区深入推进校园阳光体育运动，优化游泳、柔道、跆拳道、击剑、赛艇等项目布局，加强体育类校外培训机构（民办非体育俱乐部）监管。配齐配强体育教练员队伍，以赛促训，组队参加市阳光体育联赛，获金牌66块、银牌61块、铜牌49块。女子足球队参加市少儿足球锦标赛和“省长杯”，分获第一名和第三名。射击队参加省冠军赛、锦标赛，共获金牌12块、银牌5块、铜牌4块。全年向市运动队输送优秀运动员30名。

◆南京市阳光体育运动联赛获奖 2021年，栖霞区青少年业余体育运动学校组队参加了由市体育局和市教育局联合举办的2021年南京市少年儿童阳光体育运动联赛。比赛包括柔道、跆拳道、击剑、赛艇、游泳、武术等项目，共获得金牌66块、银牌61块、铜牌49块。

◆省青少年校园足球联赛获奖 5月12日，2021“省长杯”卡尔美江苏省青少年校园足球联赛暨全国青少年校园足球夏令营选拔赛在常州市新北区常工院足球场正式开赛，6月26日比赛结束。全省约200支代表队，超过4000名校园足球运动员参赛。南京师范大学附属中学仙林学校小学部晋级决赛，并获得小学女子组第三名。

◆区第二届“足协杯”八人制足球赛 7月11日，栖霞区第二届“足协杯”八人制足球赛在丁家庄中学落幕。比赛由栖霞区文化和旅游局（体育局）主办，栖霞区体育总会、栖霞区足球运动协会承办。本届“足协杯”八人制足球赛于5月15日拉开帷幕，历时两个月，共有机关组13支球队、社会组7支球队，349名运动员参赛。最终，马群街道、迈皋桥街道、八卦洲街道分别获社会组前三名；区教育局、区纪委、区卫健委分别获机关组前三名。

◆省青少年射击（飞碟）冠军赛获奖 10月10—17日，江苏省青少年射击（飞碟）冠军赛在江苏省方山体育训练基地举行。栖霞区青少年业余体育运动学校代表南京市参加比赛，共有15名运动员参加12个小项比赛。最后，王宇豪获U18男子多向金牌；李杨润添获U16男子多向金牌；夏尹轩获U16男子双向金牌；司鲁宁获U14女子双向个人金牌；王楠获U16女子双向金牌；李杨润添、张智远、周天翼获U16男子多向团体金牌；吴雅妮获U16女子多向银牌，张毓民获U18男子双向个人铜牌；张智远获U16男子多向个人铜牌。代表队同时还获体育道德风尚奖。

◆省青少年射击（飞碟）锦标赛获奖 10月25—30日，江苏省青少年射击（飞碟）锦标赛在江苏省方山体育训练基地落下帷幕。栖霞区青少年业余体育运动学校代表南京市参加比赛，共有14名运动员参加12个小项比赛。最终，张智远获U16男子多向金牌；张毓民获U16男子双向金牌；吴雅妮获U16女子多向金牌；李杨润添、张智远、王天开获U16男子多向团体金牌；吴雅妮、赵葛悠然、司鲁宁获U16女子多向团体金牌；张毓民、夏尹轩、费扬皓获U16男子双向团体金牌；李杨润添获U16男子多向银牌；夏尹轩获U16男子双向银牌；王楠获U16女子双向银牌；王楠、司鲁宁、黎馨宁获U16女子双向团体银牌；赵葛悠然获U16女子多向铜牌；司鲁宁获U16女子双向个人第三名。

·体育产业·

◆概况 2021年，区政府出台《栖霞区开展国家体育消费试点城市工作实施方案》，成立栖霞区开展国家体育消费试点城市工作领导小组，在区文化和旅游局（体育局）设领导小组办公室，负责加强对体育消费工作的组织领导。是年，搜集整理全区体育资源20多个，编入《2021南京体育产业资源推介手册》，通过市产业资源发布大会对外发布。指导区内9家企业完成省、市体育产业资金申报。联合区农业农村局，组织龙潭大棚村水天堂、西岗桦墅村、八卦洲下坝村等5家单位申报南京市乡村特色体育基地。抓好体育市场监管，严格控制高危险性体育项目许可。全年行政执法检查85次，行政处罚1家。开展区级游泳救生员职业技能评测1期，确保了体育场馆全年无事故。组队参加市游泳社会体育指导员职业技能比赛，获团体第一名和特别贡献奖。

◆企业申报引导资金 6—8月，栖霞区文化和旅游局文体产业科积极组织指导辖区内体育企业开展2021年度省级体育产业引导资金申报。申报项目涉及体育场地设施建设类、体育场馆运营管理和健身服务类、体育培训类、体育赛事活动类、职业体育类、体育装备制造创新类、体育融合创新类、体育旅游与休闲类等多个方面。辖区内的江苏凤凰智慧教育研究院有限公司的凤凰龙猫校园智能体测项目获得2021年度江苏体育产业发展专项资金40万元。

◆高危项目（游泳、攀岩）审批 6月至8月，栖霞区文化和旅游局开展经营高危险性体育项目（游泳、攀岩）换证及审批工作，组织审核小组对申报单位进行验收。经过查阅台账、现场核查和硬件器材设施检查，最终，南京汇优健身管理服务有限公司、江苏南大招待所、南京珂凡体育服务有限公司、南京美斯铂甬利健身服务有限公司、南京宁东体育发展有限公司、南京帛铭健身服务有限公司、南京力诺健身服务有限公司、南京迈库帛体育运动服务有限公司、南京风之曲体育俱乐部9家经营高危险性体育项目（游泳）单位通过验收，获得换证资格及经营许可证书；江苏极格信息科技有限公司获得经营高危险性体育项目（攀岩）换证资格。

◆第二届救生员技能考核 2021年度栖霞区游泳场所救生员职业技能考核工作于6月17—20日

在金奥健身馆游泳池开展。考核本着“以考带练，明确标准，寻找差距”的原则，按照《游泳救生员国家职业技能鉴定考核实施细则（2019版）》制订的新标准执行。共有来自全区各游泳场所的160名救生员参加考核。考核内容包括25米速度游、20米潜泳、心肺复苏（CPR）、解脱技术、赴救技术。考核结束后，针对考核不合格的救生员，要求各场馆暂停其救生工作，进行技术和理论知识的再培训，培训合格后方可继续上岗，如果经过再培训仍然不合格，各场馆应将其辞退。

◆区游泳场所安全管理工作会议 7月9日，区文化和旅游局在仙林商务中心办公区召开2021年全区游泳场所安全管理工作会议暨溺水事故应急救护演练。区全民健身中心、南京市委党校、南京大学、南京师范大学等26家游泳场所的行政负责人和救生员负责人参加了会议。会上，区文化和旅游局分别与辖区内所有游泳场所签订了《高危险性体育项目经营单位安全生产责任书》。

◆市游泳救生职业技能大赛获奖 12月11—12日，2021年度南京市职工职业（行业）技能大赛游泳社会体育指导员技能竞赛总决赛在梅钢公司游泳馆开赛。来自全市的12支代表队，共40名优秀职业技能选手进入决赛。大赛分理论知识预赛和技能操作决赛两个阶段。经过比赛，栖霞区代表队参赛队员韩朝成、颜子翔、姚宇琪、胡纪羽分获个人总分第一名、第二名、第五名和第六名。栖霞区代表队获团体总分第一名，这是栖霞区第5次蝉联冠军。

□张　帆

·江苏省体育局训练中心·

◆概况 2021年，江苏省体育局训练中心（简称训练中心），是江苏省最大规模的竞技体育训练单位。训练中心设有田径、篮球、排球、武术、自行车、小球、手曲棒垒球和冬季等运动项目管理中心8个，拥有田径、篮球、室内排球、沙滩排球、武术套路、武术散打、场地自行车、山地自行车、公路自行车、小轮车、橄榄球等多个项目的运动队近30支；同时内设办公室、党群科、训竞科、青训科（仙林体校）、人事劳资科、财务科、资产科、医务科、安保与场管科、工程设备科、供应科、膳食科等行政科室12个。是年，中共训练中心委员会书记徐雪萍被评选为省级机关优秀党务工作者，排球运动管理中心负责人毛武扬获“江苏省先进工作者”荣誉称号，田径第一党支部在江苏省“服务高质量发展先锋队”活动中获“先锋队党支部”荣誉称号，小球中心女子橄榄球运动员陈铭，获省级机关青年比赛二等奖。是年，国家体育总局排球运动管理中心与江苏省体育局训练中心共建国家沙滩排球队三亚训练基地续约仪式在训练中心举行，国家体育总局排球运动管理中心领导和江苏省体育局领导出席签约仪式。

◆竞赛获奖 2021年，训练中心共有12名运动员入选东京奥运会中国代表团，其中，田径项目有隋高飞、王嘉男、高阳3人，排球项目有张常宁、龚翔宇2人，沙滩排球项目有薛晨1人，橄榄球项目有杨敏、王婉钰、闫美玲、陈可怡4人，曲棍球项目有张影、罗甜甜2人。田径项目运动员隋高飞获男子4×100米接力第四名；橄榄球项目4名江苏队运动员助力中国女子橄榄球队取得东京奥运会女子7人制橄榄球比赛第七名。是年，训练中心运动员在第十四届全国运动会中获得金牌21枚、银牌19枚、铜牌10枚，第4名10个、第5名6个、第6名7个、第7名6个、第8名10个，总分781分，助力江苏代表团完成“参赛成绩稳居全国第一方阵”的目标任务。是年，训练中心在全国一类比赛获得金牌14枚、银牌9枚、铜牌12枚。在全国二类比赛获得金牌4枚、银牌9枚、铜牌4枚。在第十四届全国运动会中，训练中心运动队获“体育道德风尚奖”2支、运动员27人。训练中心在第十四届全国运动会中篮球项目、橄榄球、男子棒球、武术套路项目、自行车项目均获金牌。据统计，江苏省20岁以下获第十四届全国运动会金牌运动员45

人，其中训练中心有34人，占比为75.6%。

◆省首届橄榄球训练营开办 11月25日—12月2日，江苏省青少年橄榄球训练营暨世界橄榄球协会“步进橄榄球”训练营在训练中心开办，是江苏省举办的首届以橄榄球为主题的青少年训练营。江苏省内10个地市共有教练员及适龄运动员200人参与。训练营开设运动员教学训练及比赛、教练员专题座谈以及形式多样的学习教育系列活动。相关授课导师开展专业个性化教学，从橄榄球基本知识、基本技术、基本常识，比赛常规、战术训练和指导等方面入手，使学员更准确、迅速、扎实地掌握技术要领。通过授课导师的专业测评与综合考核，运动员获江苏橄榄球“未来之星”荣誉称号10人，教练员获“最佳进步教练员”奖项5人。

江苏省青少年橄榄球训练营暨世橄协“步进橄榄球”训练营开营 江苏省体育训练中心
（江苏省体育局训练中心／供稿）

◆赛风赛纪和反兴奋剂工作 第十四届全国运动会前，训练中心各项目中心第一责任人与训练中心签订《第十四届全运会赛风赛纪与反兴奋剂责任书》。是年，训练中心共举办反兴奋剂工作相关会议或讲座8次，并将讲座视频转发给外训队伍学习；举办第二届训练中心反兴奋剂知识竞赛，并参加江苏省体育局举办的全省反兴奋剂知识竞赛，获省体育局反兴奋剂海报设计大赛最佳组织奖。配合省体育局青少年训练与反兴奋剂管理中心完成兴奋剂台账检查工作。相关人员接受国际、国内和省内自查兴奋剂检查350人次。每月发布训练中心“纯洁体育”App排名情况，每月开展运动员公寓宿舍卫生大检查。是年，训练中心着手推进省体育局反兴奋剂拓展基地设计方案的制订和实施，力争早日竣工。

◆训练中心基础设施建设 2021年，训练中心全力做好专项建设工作，改造行政楼至东门道路，整体出新运动员公寓、橄榄球场地及周边环境，维修出新综合A、B馆屋面及墙面，更换高压配电房设备，改造老体能馆，完成田径馆跑道塑胶面层的维修改造。做好各项零星维修工程，完成各类大小项目50余项，主要包含东田径场跳远跑道面层改造，游泳馆的维修出新，医疗中心的防水维修，橄榄球场灯光工程、多功能厅及南门保安室的维修出新等，确保训练中心各场馆及公共设施的正常使用，为运动员的正常训练和生活提供保障。 □胡爱华

卫生健康

Health

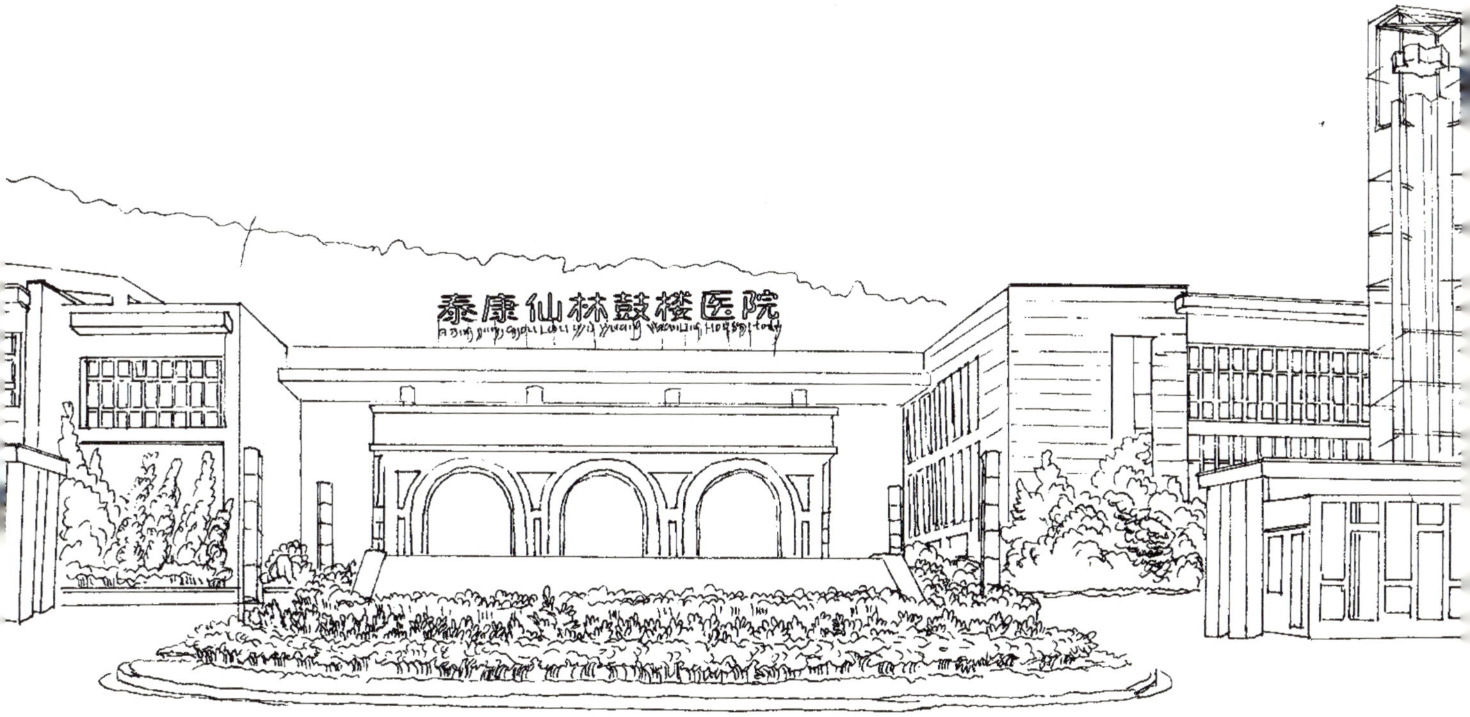

泰康仙林鼓楼医院　　杨　铁 / 绘

责任编辑　张双全

综　　述

◆**概况**　2021年，辖区内有各类医疗卫生机构266家（含驻区医疗机构）。其中，三级医院4家（省中西医结合医院、南医大第二附属医院、省中医院紫东分院、泰康仙林鼓楼医院）、二级医院9家（栖霞区医院、南京瑞东医院、南京新颐和康复医院、南京万寿医院、南京明洲康复医院、南京钟山老年康复医院、南京贝鹤雅康口腔医院、银城康复医院、南京瑞霞明州康复医院），公共卫生单位3家（区疾控中心、卫生监督所、妇保所），社区卫生服务中心10家、社区卫生服务站28家，另外还有社会和企事业单位举办的门诊部以上医疗机构34家，护理院（站）19家，诊所、卫生所和医务室等159家。全区编制床位3266张，实际开放床位3101张，卫生技术人员5461人。其中，执业（助理）医师2135人，护士2312人，全区平均每千人口有床位4.44张、卫技人员7.42人、执业（助理）医师2.90人、注册护士数3.15人（以全区常住人口73.59万人测算）。

是年，辖区综合医改连续4年位居南京市前列，获评首批江苏省社区医院建设示范县（市、区），国务院副总理孙春兰视察社区医疗卫生工作，江苏省委书记娄勤俭两次调研指导疫情防控，均给予肯定。是年，栖霞区卫健委参加国家区域全民健康信息互联互通四级甲等的测评，以南京市2021年区县申报第一名的成绩通过四级甲等测评。该项测评通过不仅完成信息化年度的考核完成任务，也为各基层单位的"优质服务基层行"创建、全区应急示范区复评、综合医改效果评价、真抓实干表彰激励等工作提供有效支撑。

2月26日，2020年度基本公共卫生服务项目省级绩效考核评估反馈会，在区委党校举行　　（区卫健委/供稿）

◆**医疗质量和行风管理**　2021年，区卫健委继续加强医疗质量常规监督管理，强化主要领导为安全管理第一责任人意识，继续推行医疗责任险和第三方调解，推动"平安医院"创建。区质控管理委员会每半年开展全区医疗质控检查一次，邀请江苏省、南京市专家为辖地内各级各类医疗机构开展培训、开设讲座。开展智能化医疗卫生服务，推进区域远程医疗、网上预约挂号、现场自助机挂号及交费，优化社区预约、智能化自助医疗等公众健康服务功能。江苏省基层卫生信息化提档升级试点工作初见成效，试点以来，由江苏省卫健委基层处牵头，相关各处室配合，基层处处长负责，省内分别由张家港市、溧水区、雨花台区和栖霞区承担试点工作，在基层卫生业务系统标准统一、提高效率、加强监管、信息惠民四个方面开展试点，两年来的试点为栖霞区居民健康档案数据采集、家庭医生业务流程梳理、医疗和公卫融合、电子病历标准规范等工作提供很大帮助，9月底由江苏省卫健委基层处带队、省内相关专家到辖区西岗社区医院现场考核，通过试点工作第一轮验收。建立栖霞区码表管理长效机制，成立病案管理（ICD10、ICD9）、药品、耗材、检查、检验等专业码表管理小组9个，区卫健委定期召开例会，讨论工作中遇到的难点。在对码过程中，创新采用无感、精准、高效对码工具，尽最大可能减少对临床医务人员工作的影响，为今后智慧医疗深度应用打下的基础。通过政务服务热线12345、信访投诉等方式，发现和解决群众最关心的突出问题。政务服务热线12345全年相关受理投诉咨询工单11662件，均在规定时限依法依规妥善处理完毕。区卫健委坚持实行月通报制度，要求后进单位限时整改。

12月5日，2021年栖霞区中医药知识岗位技能竞赛，在江苏省中西医结合医院全科医师规培基地举行（区卫健委／供稿）

◆中医药服务体系建设 2021年，区卫健委继续巩固全国基层中医药工作先进单位成果，以提升社区卫生服务中心（站）中医药服务能力为抓手，围绕基层中医科室建设、中医药人才培养、中医慢性病指导、中医治未病、健康生活方式引导等方面，与南京中医药大学和江苏省中医院继续深入开展合作，建成社区卫生服务站“中医阁”18个。区卫健委致力发挥中医药适宜技术培训基地作用，邀请南京中医药大学和江苏省中医院专家给基层中医师和西医人员培训常用中医药技术。加强《中华人民共和国中医药法》与《江苏省中医药条例》普法宣传，为65岁以上老人开展中医体质辨识和中医药保健指导服务58218人，为0—36个月龄儿童开展中医药健康管理服务16483人。

◆“院府合作”成果 2021年，栖霞区政府与南京医科大学第二附属医院携手，“健康大篷车+专科轻骑兵”巡回医疗项目正式启动。6月10日起，陆续在全区10家社区卫生服务中心开展巡回诊疗行动，以实际行动为基层群众送去健康。开展区域“互联网+护理服务”试点，构建以江苏省人民医院、南医大二附院等优质医疗资源为支撑、以栖霞区医院为纽带、以10家社区卫生服务中心为基础、护理站为补充的区域“互联网+护理服务”体系，“互联网+护理”共服务患者4901例。

10月28日，栖霞区政府与南

6月10日，栖霞区与南医大二附院联合开展的“建康大篷车+专科轻骑兵”巡回医疗进社区活动启动（区卫健委／供稿）

京市口腔医院签署“院府合作”战略协议，推动人才、技术、管理“三个下沉”，促进区域口腔医疗服务能力整体提升。10月20日，江苏省中医院紫东院区正式启用，南医大二附院迈皋桥院区年底前交付使用，南京市妇幼保健院丁家庄院区、泰康国际医学中心、燕子矶新城医院建设有序推进。南医大二附院迈皋桥院区与八卦洲社区卫生服务中心、栖霞区医院与龙潭社区卫生服务中心共建联合病房，让远郊居民能够就近就便享受优质医疗服务。

◆**老龄健康工作** 2021年，栖霞区认真贯彻落实党中央国、务院和省、市政府关于做好老龄健康工作的方针政策，坚持以老为本，为老服务，致力构建老龄工作服务体系，有序推进老龄健康工作开展。是年，全区建立健全老年人健康服务体系，加强老年人健康管理，共完成老年人健康体检5.7万人次。联合区民政机构推进养老院、居家养老服务站点开展老年人健康体检工作，开展精神障碍类疾病早期预防及干预，继续推进健全政府主导、部门协作、社会参与工作机制，致力推进医养结合工作，提高医养结合单位医疗服务能力，开展医养结合服务质量提升行动，新增护理院2家。开展老年智能技术培训2000人。持续推动安宁疗护服务工作，新增安宁疗护服务机构2家。

疾病预防控制

◆**概况** 2021年，区卫健部门根据南京市、栖霞区目标任务，加强疾病预防控制、传染病管理、计划免疫、结核病、艾滋病、血吸虫病、地方病、寄生虫病防治、卫生监测检验、健康教育等各项业务工作技术指导，妥善处置突发公共卫生事件，做好鼠、蟑、蝇等病媒防制。紧密围绕全年疾病预防控制工作目标，坚持“预防为主”工作方针，不断完善疾控体系建设，全面落实国家基本公共卫生服务和重大传染病防控项目管理，提升疾病预防控制能力，稳步推进疾病预防控制各项工作有序开展。

是年，区卫健机构持续开展消毒与病媒生物监测。医疗机构消毒质量监测采样311份，合格率94.5%。托幼机构消毒质量监测采样188份，合格率95.2%。开展国家点病媒生物（鼠、蟑、蚊、蝇）密度监测，协助区爱卫办对各街道进行病媒生物卫生检查工作。对登革热、乙脑、疟疾等传染病的病人和疫源地开展消杀处理。

是年，全区慢性病和严重精神障碍患者管理工作持续推进。高血压病人健康管理62980人，任务完成率110.72%，规范管理45031人，规范管理率71.50%，血压控制率55.73%；糖尿病病人健康管理23479人，任务完成率125.86%，规范管理16929人，规范管理率72.10%，血糖控制率54.92%。全区严重精神障碍累计录入1950份，检出率2.65‰，检出患者管理率98.36%，规范管理率98.36%。全区全年成立省级慢病患者自我管理小组12个。其中，包括糖尿病6个、高血压3个、骨质疏松3个自我管理小组。卫健机构开展慢阻肺防控项目工作，西岗、迈皋桥社区作为江苏省慢阻肺监测点，全年问卷调查及“小肺筛查”项目3122人，“大肺检测”项目279人，确诊155人。

是年，卫健机构继续组织开展爱国卫生月、“职业病防治法”宣传周、健康江苏服务市民大型广场义诊、5·31世界无烟日、10·8全国高血压日、12·1世界艾滋病日等宣传咨询活动，倡导健康生活方式，增强群众自我保健意识，线上线下覆盖人数约5万余人。编印健康教育印刷资料23种，制作健康知识宣传展板40块，横幅25条；为辖区10家社区卫生服务中心统一设计制作健康教育宣传栏12期，海报5000张，发放制作各类折页近100000份。

◆**传染病防治** 2021年，根据“中国疾病预防控制信息系统”统计，全年辖区内累计报告甲、乙类传染病9种，报告病例总数925例，比上年增加11.58%，全年累计发病率为125.72/10万，无死亡病例报告。甲、乙类传染病中发病数排名前5位为梅毒、肺结核、肝炎、淋病、痢疾。丙类传染病本年累计报告法定丙类传染病4种，报告病例总数1011例。全区调查处理新型冠状病毒肺炎确诊病例1人，密切接触者（密接）316人，密切接触者的密切接触者（次密）1109人，中高风险人员94人，一般接触者136人，其他人员885人。收发协查1885次。开展流行病学调查出动医卫人员2365人次，对辖区内重大会议、考试等活动实施防疫保障254场次，出动专业人员500多人次。

◆艾滋病防治 2021年，全区医疗机构筛查HIV抗体检测71077人次（占全区总人口的比例达7.2%），新报告60例。累计发现530例，其中艾滋病人117例。累计死亡17例。全区医疗机构开展PITC门诊服务3家，相关检测3000人次，发现HIV阳性3例；监管场所干预检测1310人次；全区VCT门诊服务3家，合计检测880人次，发现HIV阳性1例。开展校园智能干预检测工作，合计购买投放HIV抗体自助检测机9台，辖区一级院校达到全覆盖，相关检测730人次。

◆结核病防治 2021年，辖区各医疗卫生机构发现疑似肺结核病人182例，网络报告病人182例，报告率100%；全年报告结核病患者/可疑患者338例，通过转诊、追踪等方式，患者以及疑似患者均被要求至南京市公共卫生医疗中心再诊，总体到位率达100%；病原学阳性患者126例，密切接触者210例，筛查率达100%。登记肺结核病人182例，治愈+完成疗程169例，治疗过程中诊断变更3例，成功治疗率为97.1%。大疫情报告的活动性肺结核患者188例，登记管理的活动性肺结核患者188例，登记管理率100%。应管理肺结核患者188例，实际管理188例，规范管理率达100%，已完成治疗169人，其中规则服药169人，规则服药率达100%。是年，已报疑似麻风病人17例，已完成全年任务数100%；麻风治愈存活者7人，每季度随访一次。

◆血吸虫防治 2021年，辖区承担血防任务的街道6个，卫健机构组织查灭（钉）螺专业队伍7支。血防查螺工作从3月16日开始至4月15日结束，完成查螺面积3925.2万平方米，完成全年任务的103.2%。查出有螺面积434.1万平方米，查螺调查总框数39830框，有活螺框2990框，捕捉活螺数5554只，活螺平均密度为0.14只/框，比2020年的0.09只/框，增高55.6%，活螺最高密度为7只/框，全部进行解剖，未发现阳性钉螺。春季灭螺工作从3月30日开始至5月下旬结束，全区4个相关街道共投入喷洒机7台，使用灭螺工日1277个，使用药品25%杀螺胺乙醇胺盐悬浮剂11.4吨，50%杀螺胺乙醇胺盐可湿性粉剂2.6吨。春季完成药物灭螺681.8万平方米，秋季灭螺工作主要在辖区龙潭街道进行，涉及龙潭街道重点滩块3个，自10月28日开始11月11日结束，共使用灭螺工日153个，使用药品25%杀螺胺乙醇胺盐悬浮剂1.22吨，50%杀螺胺乙醇胺盐可湿性粉剂0.46吨。秋季完成药物灭螺83.9万平方米。全年使用灭螺工日1430个，使用药品25%杀螺胺乙醇胺盐悬浮剂12.62吨，50%杀螺胺乙醇胺盐可湿性粉剂3.06吨。春季完成药物灭螺765.77万平方米，完成全年任务的109.40%。

◆计划免疫管理 2021年，全区致力开展预防接种服务，免疫规划疫苗接种率保持在较高水平。全区为适龄儿童认真开展扩大免疫规划疫苗接种服务，并按照“知情、自愿、自费”的原则，致力为广大群众提供非免疫规划疫苗接种服务。全区全年免疫规划疫苗接种128625剂次，免疫规划疫苗接种率达到98%以上，非免疫规划疫苗接种154126剂次，其中配送全区新冠疫苗1120484支，1713601剂次，对全区集中接种点11家、流动接种点30家，配送860家次。全区全年发现并报告疑似预防接种异常反应88例，其中一般反应70例，异常反应13例，偶合症3例，心因性反应2例，疑似预防接种异常反应及时报告率、及时调查率、规范处置率均达100%。区疾控中心按照有关要求，认真做好免疫规划疫苗、新冠疫苗的分发、非免疫规划疫苗采购供应和所有疫苗储存运输管理工作，全力保障全区疫苗特别是新冠疫苗的供应和预防接种服务正常开展。全区所有非免疫规划疫苗均由区疾控中心从省疫苗网上采购平台采购。为辖区各级各类27个预防接种门诊配送各类疫苗1280户次、合计1368766支，确保全区预防接种服务正常开展。对每批次疫苗进行扫码出入库工作1—12月共扫描出、入库各类疫苗分别为1368766支、1403367支疫苗，每月完成库存疫苗扫码盘库工作，确保账、苗一致、疫苗信息可以追溯。及时回收处置各预防接种门诊报废疫苗，按照规范要求，统一销毁全区报废疫苗。规范开展疫苗采购、分发和管理，全力保障疫苗供应。结合江苏省、南京市各类预防接种门诊督导表，全年督导各类预防接种门诊202户次，督导覆盖率100%，多轮次督导全区各类预防接种门诊在新冠疫情下的安全接种，同时多次现场指导承担新冠疫苗接种的相关单位10家，确保接种安全。对检查发现的问题及时提出整改建议，并及时跟进督促整改落实情况，全区安全接种管理水平进一步提高。按照免疫规划相关疾病监测方案和上级业务部门有关要求，全区全年及时流调处理麻疹疑似病例16例，及时报告率、及时调查率等免疫规划相关疾病监测指标均达到考核要求。

◆**公共卫生与医疗机构监测** 2021年，依据江苏省、南京市疾控系统2021年消毒质量监测工作方案，区卫健部门全年监测辖区医疗机构26家，监测频率二级机构为2次/年，二级以下机构为1次/年，监测覆盖率为100%；采样311份，总体合格率94.5%。全年监测幼儿园9家，满足市级监测方案要求，监测频率1次/学年，采样188份，总体合格率95.2%。按照《2021年栖霞区生活饮用水监测方案》，全年监测辖区内集中式供水单位4家、二次供水监测点10个，市政末梢水监测点10个。全年监测各类型水样92份，检测1744项次，合格率100%。根据南京市安排部署，2020—2021学年完成中、小学校18所、教室教学环境卫生108间的监测工作。在区疾控中心和各哨点医院共同协作下，全年采集病例信息214例，零报率为0。栖霞区医院（省级哨点）报告122例，完成率102%（122/120）；检测标本50份，完成率100%（50/50）；标本检出率12%（6/50），阳性菌株为沙门氏菌1株、副溶血性弧菌5株。全年监测食品16类、样品69份，任务完成率100%。其中化学污染物9类、样品35份，微生物污染物7类、样品34份。区疾控中心承担化学污染物样品14份和微生物样品20份检测77项次工作，其余样品及检测项目由市级疾控中心承担。是年，区卫健机构开展国家人体生物监测项目，在燕子矶街道化纤新村小区、马群街道百水芊城小区、龙潭街道上坝村共分层抽取152人，开展问卷调查、健康体检，及时完成后期的数据整理录入工作。

◆**职业卫生监管** 2021年，区疾控中心开展职业性尘肺病患者随访调查工作，完成尘肺病病人随访114例，并录入省级平台，完成工业企业职业病危害摸底调查126家，配合市疾控中心完成区企业工作场所职业病危害监测工作14家。做好职业病与健康危害因素监测信息系统数据审核工作，审核用人单位信息4条，职业病鉴定2例，职业性有害因素监测信息37条，职业病随访数据录入43例。指导职业健康检查机构完成职业病报告迟报、漏报自查工作2家。配合市职防院完成职业健康检查机构重点职业病监测及信息报告质量控制考核2家；完成辖区新港医院和瑞东医院2021年重点职业病监测数据复核，复核体检数据6041条。

◆**新冠病毒核酸检测** 2021年，区疾控中心PCR（基因扩增）实验室累计完成重点人群样本检测54550人份，其中隔离点各类人群44436人份；突发事件应急检测79起，样本1352份；禄口疫情期间对封控小区、扬州转栖霞隔离人员等的专项检测（含和燕花苑、白金汉爵、仙林社区）5948人份；环境样品监测（含农村环境及隔离点环境）1495份。完成进口冷链食品相关单位420家、冷链从业人员37831

份样本采集。采集辖区内医疗机构发热门诊、呼吸科等重点场所样本450份。采集公共场所相关人员、环境样本1500余份。

◆**职业卫生工作**　2021年，区卫健部门积极开展职业病防治知识宣传周活动，与江苏省卫健委、江苏省民政厅、江苏省人力资源和社会保障厅、江苏省总工会和南京市卫健委等十余家省市单位在辖区南京市工业职业技术大学，举办江苏省暨南京2021年《职业病防治法》宣传周启动仪式。区卫健委联合各街道、园区举办多种形式的《职业病防治法》宣传周主题宣传活动。

是年，区疾控中心指导辖区职业健康体检机构，做好职业病及健康危害因素监测信息系统使用和数据上报工作，审核用人单位信息34条，疑似职业病报告信息2条，职业病诊断信息3条，职业病鉴定信息7条，职业性有害因素管理信息38条；依据《2021年南京市职业病防治项目工作方案》要求，配合市疾控中心完成辖区企业工作场所职业病危害监测工作14家；完成工业企业职业病危害摸底调查网报数据区级审核126家和网报数据市级审核工作220家；完成区级相关质量控制工作，包括摸底调查现场质量控制企业5家及数据质控企业10家。开展职业性尘肺病患者随访调查。随访调查辖区内职业性尘肺病患者，并完成随访信息录入国家信息平台和省相关平台651例。

是年，区卫生监督所完成职业危害因素用人单位“双随机”（在监管过程中随机抽取检查对象，随机选派执法检查人员）监督检查单位90家，试点在线监管职业危害因素用人单位52家。

妇幼保健

◆**概况**　2021年全区妇幼保健工作秉承“儿童优先　母亲安全”宗旨，努力克服疫情等不利影响，组织开展妇幼健康技术服务，不断提升全区妇女儿童健康水平。落实各项妇女儿童健康工作指标。是年，孕产妇健康管理98.34%，孕产妇系统管理率96.61%。发生孕产妇死亡1例，孕产妇死亡率17.85/10万。3岁以下儿童系统管理率99.23%，7岁以下儿童健康管理率99.67%，婴儿死亡率1.61‰，新生儿死亡率0.89‰，5岁以下儿童死亡率2.32‰，严重致残出生缺陷发生率0，围产儿死亡率1.37‰。除孕产妇死亡外，各项指标均达省、市要求。

◆**保健与临床融合**　2021年，辖区全年妇幼保健门诊完成29474人次，实现门诊预约微信公众号全覆盖，预约率保持在95%以上。妇幼保健机构在门诊服务中把健康教育也融入其中，引导孕妇做好自我保健，安全度过妊娠期，保障儿童健康。推行院外服务。为托幼机构儿童上门体检27534人次，及时完成受检人员省级妇幼信息系统的录入。做好疫情防控，加强院内感染管控。参照上级有关规定，修订健全辖区妇幼保健机构医疗质量管理制度，优化就诊流程，认真把好门诊预检第一关，督导室内消毒保洁高质量完成。严格疫情防控措施，确保员工及就诊者健康安全。

◆**重大妇幼卫生项目**　2021年，辖区妇幼保健机构落实预防母婴艾滋病、梅毒、乙肝等传播性疾病项目。孕产妇艾（滋病）、梅（毒）、乙（肝）相关项目检测5986人次，受检率100%。突出孕前优生健康服务为特色的生殖健康服务，完成1018对次的体检服务。“两癌（乳腺癌、宫颈癌）一筛”项目，宫颈癌检查完成17686人次，完成率104%；乳腺癌检查完成17805人次，完成率105%。全区避孕药具完成发放256061板/只/本/盒/套，使用人次近万。为落实免费避孕药具“四进”（进高校、进医院、进企事业单位、进机关）工作，遵照南京市统一部署，摸查全区免费避孕药具“四进”工作具体落实情况，全区机关、企事业单位194家，发放工作已落实到位的有136家。按照《关于做好栖霞区2021年度出生缺陷综合防治民生实事项目的通知》要求，为全区常住人口中符合生育政策的孕妇及所生新生儿提供产前筛查、新生儿疾病筛查即先天性心脏病筛查等三种遗传代谢性疾病筛查项目和听力初筛的免费服务，累计完成新生儿疾病筛查1466人次。严重致残出生缺陷发生率为0。

◆基层社区妇幼卫生 2021年，区妇幼保健机构按照高危孕产妇分类分级管理制度，分级管理存在不同危险因素的孕妇，及时做好高危孕产妇的筛选和管理工作，改善妊娠结局，降低孕产妇、围产儿及新生儿死亡率。按照高危新生儿分类分级管理，加强儿童健康管理工作，做好高危新生儿的筛选和早期干预，降低新生儿死亡率以及智力低下、脑瘫等疾病发生率，提高出生人口素质和儿童健康水平。组织基层妇幼专职人员各类培训18次，受训人员267人次。开展对基层业务指导230人次。落实妇幼信息统计例会，参会人员计264人次。组织辖区有关单位参加南京市围产协作组例会、5岁以下儿童死亡评审片会6次，参会人员人32次。

◆卫生保健管理 2021年，区妇幼保健机构完成新开办0–3岁托幼机构招生前卫生评价7家。新开办幼儿园招生前卫生评价2家。为全区托幼机构工作人员核发健康证累计4838余人次，持证上岗率百分之百，保障幼儿身心健康。对辖区内4家接产医院开展爱婴医院、助产技术及出生医学证明的督导考核。有针对性地对接产单位开展评估及评审，肯定亮点发现问题，提出整改建议，以关键指标考核医疗质量，促进医疗安全，严控非医学需要的剖宫产、会阴侧切、产后出血等超标行为的发生，不断提升产科及爱婴医院质量。

社区卫生

◆概况 2021年，区卫健机构巩固完善国家基本药物制度，深化社区卫生服务运行机制改革，建立居民健康档案、电子病历、区域影像检验区域卫生信息化平台，推进医疗卫生基础工程建设，提升社区卫生服务质量。执行公立医疗机构实行药品采购“两票制”（即药品从药厂卖到一级经销商开一次发票，经销商卖到医院再开一次发票），全区公立医疗机构全面配备、优先使用基本药物，优先使用国产医用耗材。试点医联体之间建立以基本药物为核心、慢性病用药为主的基本用药，统一目录，统一品质规格，统一管理。加强短缺药品监测、报送和储备管理，执行省短缺药品监测预警“每月零报告”制度。推进药品集中采购工作，全年采购药品24142.98万元。加强重点监控药品、基本药物、中药注射剂、抗菌药物、麻醉药品和精神药品、肿瘤治疗药及辅助药物等临床使用监管，提升临床合理用药水平。推进家庭药师居家药学服务，指导居民合理用药，提升药物治疗效果，进一步提升药学服务能力。加强医用耗材（试剂）采购使用监管。

◆社区卫生服务 2021年，区卫健委按照国家、江苏省、南京市要求，继续深入推进“优质服务基层行”活动。辖区内10家社区卫生服务中心均达到基本标准，达到推荐标准社区卫生服务中心5家，达标率居江苏省、南京市前列。区卫健部门继续推进江苏省社区医院建设试点工作，加快构建优质高效基层医疗卫生服务体系，提升基层医疗卫生服务能力。全区已建成社区医院3家，达标率30%，位于全市前列。大力推进发热诊室建设，将靖安、龙潭、八卦洲、西岗、栖霞社区卫生服务中心列入建设计划，年底前基本完成发热诊室主体工程建设，覆盖率达50%。

◆基本公共卫生服务 2021年，全区进一步加强家庭医生签约信息化工作，通过主动电话沟通、上门宣传和签约等精准服务手段，稳步推进家庭医生签约服务工作。全区成立家庭医生签约服务团队85支，一般人群签约28.04万人，签约率38.1%；重点人群签约21.45万人，签约率81.1%。同时，进一步加快推进家庭医生工作室建设，通过整合共享社区居家养老中心、便民服务中心资源，在各社区建立家庭医生工作室，全区共建成56个家庭医生工作室，努力实现健康零距离服务。加强离休干部家庭医生签约服务，相关工作受到江苏省相关部门、中共南京市委老干部局和南京市卫健委肯定。是年，西岗社区卫生服务中心开展预约上门和家庭病床服务，为签约居民提供上门服务、错时服务、预约服务、家庭病床管理；迈皋桥从“两病”基层首诊签约入手，再造家庭医生服务流程，探索建立以慢性病患者为中心的连续健康管理。经江苏省卫健委专家现场评估和集中评审，两家社区卫生服务中心获2021年度家庭医生签约服务模式创新单位。仙林社区卫生服务中心徐昌宏家庭医生工作室获评省星级家庭医生工作室。西岗社区卫生服务中心代表栖霞区参加市卫健委、总工会、人社局、团市委联合举办的家庭医生岗位练兵暨职业风采大赛获个人和团体三等奖；马群、迈皋桥社区卫生服务中心筛查站，在江苏省举办的优秀基层糖尿病并发症筛查工作站遴选竞赛活动中，分别获一等奖和三等奖；迈皋桥社区卫生服务中心“基层医疗机构慢性病管理中心（CMC）服务规范”经省卫健委推荐获省市场监督管理局2021年江苏省地方标准项目立项，“加强医防融合促进区域基层医疗机构慢病管理服务标准化”项目获评区委2021年重点创新项目。在2021年江苏省基本公共卫生服务项目指导中心组织的区县级基本公共卫生服务支付标准评比活动中，栖霞区绩效考核方案获优秀方案称号。

◆**卫生基建工程**　2021年，区卫健部门改建“黄码”（健康码为黄色）医院1个，协调推进马群（中花岗）社区卫生服务中心新院区建设，积极对接迈皋桥社区卫生服务中心扩容建设，做好二期置换工作；推进燕子矶和栖霞新卫生服务中心建设。成功创建省级基层特色科室1个（八卦洲社区医院康复科）、市级基层特色科室1个（马群社区卫生服务中心糖尿病专科），是年，全区有基层特色科室20个（省级5个，市级15个），涉及中医科（药浴）、康复医学科、糖尿病专科、呼吸内科、针灸科、骨伤科。医疗卫生服务体系健全率达到100%。

8月6日，栖霞区区长王生（右四中）在栖霞社区卫生服务中心调研“黄码”医院改造工作
（区卫健委/供稿）

爱国卫生运动

◆**概况**　2021年，区爱国卫生运动委员会办公室（区爱卫办）继续加强病媒生物防制，加大除“四害”重点片区、示范片区建设，完成防控设施标准化建设街道全覆盖示范片区1个。举办爱国卫生月、世界无烟日广场宣传、义诊活动，推进医疗卫生机构控烟监督执法工作。深入开展健康教育与健康促进，加强多品类“健康细胞”工程建设，健康支持性环境不断完善。全年成功创建市级“健康细胞”单位74个，其中健康街道2个、健康社区（村）47个、健康促进医院7个、健康宾馆3个、健康农贸市场4个、健康商场1个、健康驿站7个、健康步道3条。积极推进无烟机关创建工作，成功创建市级无烟机关（部门）52家，全区无烟机关全覆盖。

◆**病媒防制**　2021年，全区9个街道公共区域病媒生物防制全部购买第三方有害生物防制公司服务，完成示范片区防控设施标准化建设1个，委托第三方监理公司评估、监测全区病媒生物防制效果；区爱卫办定期组织区疾控中心、卫生监督所督查全区农贸市场、小区、各类学校、各类综合体、产业园区和六小行业（小餐饮店、小食品经营店、小理发美容店、小旅店、小公共浴室和小歌舞厅），并公开通报督查结果。

◆爱国卫生月活动 4月，栖霞区根据南京市爱卫办的统一部署，结合辖区实际情况，开展系列以"文明健康，绿色环保"为主题的全国第33个爱国卫生月专题活动。通过多形式、多渠道健康教育，切实提高居民健康素养水平。全年全区共发放健康教育印刷资料228种、775282份，举办相关健康教育讲座161次，举办健康教育咨询活动133次。通过活动，引导居民增强主动参与爱国卫生的意识，培树健康生活方式，取得有效的社会宣传效果，为加快推进"健康栖霞"建设进程起到推进作用。

人口和计划生育

◆概况 2021年，栖霞区人口和计划生育工作坚持党政一把手亲自抓、负总责，深化综合改革，推进人口服务管理体制机制创新，着重在"强化基础、推进重点、深化特色、突破难点"上下功夫，努力促进人口全面发展。全区户籍人口56.18万人，流动人口42.6万人，育龄妇女20.5万人。全区出生人数5071人，其中男孩2688人，女孩2383人。出生政策符合率稳定在99%以上，孕前优生健康检查完成率在90%以上，出生人口性别比基本正常，流动人口管理服务率在95%以上，妇幼保健和计划生育服务达标率在95%以上，人口信息化建设达标率95%以上，计划生育机构队伍建设达标率95%以上，计划生育奖励扶助政策兑现率达100%，计划生育事业经费投入达到标准要求。

◆计划生育优惠扶助政策落实 2021年，区人口计划生育机构建立生育三孩政策动态监测机制，每月及时汇总上报全区生育登记办理数、出生及孕产等情况。全年办理生育登记服务4433例（其中一孩3137例、二孩1244例，三孩52例），再生育审批30例。落实计划生育各项惠民措施。落实各项惠民措施，做好特别扶助对象、农村部分计划生育家庭奖励扶助对象、持证退休人员、公益金对象、失业人员独生子女父母等五类计生人员扶助资金发放。特别扶助对象1216人，发放资金790.65万元；农村部分计划生育家庭奖励扶助对象3256人，发放资金316.93万元；持证退休人员一次性奖励金结算3536人，发放资金1272.96万元；公益金对象126人，发放资金32.3万元；为5411名失业人员发放独生子女父母奖励金32.46万元；不断完善扶助关怀，推动各项措施落到实处。在开展"1+1+N"（街道1名工作人员、社区1名工作人员、志愿者或家庭医生或社会组织1名工作人员）联系人心理关爱试点工作（在燕子矶、龙潭、栖霞、仙林、迈皋桥5个街道进行项目试点）基础上，努力让"1+1+N"落地生根；充分利用医疗卫生资源，做好特殊家庭成员家庭医生签约服务，以迈皋桥街道为试点，开展家庭医生上门服务。为65岁以上特扶人员提供免费健康体检，49—64岁的女性特扶人员每两年提供一次"两癌一筛"服务；在栖霞区医院和社区卫生服务中心开通就医"绿色通道"，提供挂号、就诊、取药、缴费等优先便捷服务。

◆计划生育关怀服务 2021年，辖区人口和计划生育机构做实"生育关怀行动"。广泛开展计生特殊家庭关怀活动，推进"连心家园——关爱失独家庭行动"实施，开展"春节、中秋"慰问，重点对计划生育特扶家庭和部分无退休待遇的老计生干部开展慰问工作，相关慰问金发放1204人、61.93万元；发放特扶人员公交吉利卡、游园年卡补贴47.31万元；为计划生育特别扶助对象家庭相关人员统一购买中国人寿团体重大疾病保险1056人，第一时间将保单送到每个特别扶助对象人员手中，并及时帮助特别扶助对象人员协调大病住院等报销事宜，为计生特殊家庭构筑关爱网；与区民政局合作，通过政府购买服务的方式，在涉及失独家庭相对较多的街道引进“枫情关爱”社会组织，为计划生育特殊家庭提供心理疏导、生活照料、看病就医等服务。并在有条件的街道（龙潭、栖霞）建立连心家园，开展帮扶工作；做优“青春健康工程”。认真贯彻落实《南京市青春健康工作五年行动计划》，不断拓展创新活动内容，坚持每年举办高质量的同伴教育师资培训，全年共开展同伴教育活动200场。致力开展专家团队“青春健康知识讲座”进校园活动。南京邮电大学被命名为2021年南京市青春健康校园项目点。不断深化辖区基层群众自治，进一步规范基层计生协会工作内容，依法依规开展工作。推进生育登记手机App服务，加强后台审核，让群众及时拿到生育服务登记证明（纸质或电子），到相关医院建卡或兑现生育险报销政策。西岗街道观梅家园社区、尧化街道青田雅居社区的“社区建会项目”、龙潭街道龙岸花园社区的“青春健康教育项目”获市级优秀项目点荣誉；结合“5·15”国际家庭日、“7·11”世界人口日等重大纪念日，在全区范围内广泛开展“婚育新风进万家”“关爱女孩”“幸福家庭创建”等主题活动。全年开展相关宣传活动20场，受众1.2万余人。

◆0—3岁婴幼儿早期发展工作 2021年，栖霞区坚持“政府主导、部门监管、社会参与、家庭配合、共建共享”工作思路，致力推动婴幼儿照护服务事业发展。是年，全区将婴幼儿照护服务机构建设，列为栖霞区民生实事项目，新建、改扩建婴幼儿照护服务机构4家。新增市级普惠托育机构3家。免费为辖区内0—3岁婴幼儿家庭提供亲子早教活动、科学育儿讲座等服务。新增公共场所标准化母婴室6家。全区加强对托育机构监管，联合消防、教育、市场、街道开展督查工作，对全区范围内备案机构进行综合执法、监督，全面排查园内各类设施、消防安全、食品及饮用水、卫生保健、师资队伍等情况安全隐患，确保托育机构内的婴幼儿安全。

卫生监督

◆概况 2021年，区卫生监督机构以落实“行政执法的公示制度、行政执法全过程的记录制度、重大执法决定的法制审核制度”为契机，深入推进卫生监督重点工作，致力探索医疗卫生行业多元化监管新模式，完成各项目标任务。利用区、街道、社区三级综合卫生监督执法网络，上下联动、明确职责，打造一支专业高效、统一规范、纪律严明的综合监督协管队伍。结合政府机构改革带来的职业卫生职能划转，调整科室设置、充实监督人员，有序开展工作，认真履行好职业健康监管职责，保障广大劳动者健康。进一步推进栖霞区卫生健康智慧监管平台项目建设，在原有4个在线监测监管系统模块的基础上，新增系统模块3个，相继形成相关系统模块7个、在线监管单位96家。分别为医疗废物27家、医院污水2家、民营医疗机构电子病历4家、二次供水在线监管5家、游泳场馆水质监测2家、辐射在线监测监管4家、职业健康在线监管52家；结合卫生监督工作实际，增加新模块，优化和改进各系统，新增智慧平台功能升级提醒、异常告警推送等功能，不断完善智能化监管体系。

◆卫生行政许可优化 2021年，区卫生监督机构全面推行公共场所卫生许可告知承诺制，将现场审查后置，材料齐全当场发放卫生许可证；取消医疗机构（诊所）设置许可，诊所执业登记改为备案管理；医疗机构执业登记实行电子化注册登记，医疗机构、医师、护士全部实现电子证照的亮照用照；再生育审批权限下放至辖区街道，减少审批环节，优化审批流程；全面精简办理材料，管理平台能查询到的信息均不再要求办事人提供。全年共受理卫生行政许可项目1796件，办结1796件，按时办结率100%。其中公共场所卫生许可312件，其中新办172件，延续76件，按照证照分离制度改革要求，全部实施告知承诺制，公共场所变更46件，注销18件。医疗机构执业登记及校验337件，新办医疗机构29家、注销医疗机构21家；放射诊疗许可87件，饮用水供水单位卫生许可1件，医师注册及变更534件，护士执业注册511件，母婴保健技术服务机构许可14件。是年，再生育一孩审批权1月1日开始下放到辖区各街道。依托电子化注册系统，实行医疗机构执业登记、医师执业注册、护士执业注册等事项网上办理，进一步压缩审批时限，理顺内部工作流程。

◆**日常卫生监管** 2021年，区卫生监督所加强日常卫生监管，通过“双随机一公开”“信用+综合监督”“在线监测监管一”等监管方法，抓牢关键环节，深入推进疫情防控、公共卫生领域监管。配合区爱卫办开展“防疫有我，爱卫同行”爱国卫生月主题活动，对辖区医疗机构采取“四不两直”（不发通知、不打招呼、不听汇报、不用陪同接待、直奔基层、直插现场）方式进行控烟检查；全面开展卫生健康行业信用评价，共完成对1030家法人或非法人组织、5030名自然人的评价工作；每季度检查辖区内集中式供水单位7家，开展集中式供水单位防汛救灾卫生应急监督，全面检查水厂消毒设备运转、水质检测、源水巡查等情况，严格水质检测，消除供水隐患，确保辖区居民用水安全；完成学校复学前及学校饮用水疫情防控检查，与区教育局联合共同检查中小学64所、幼儿园84所、高中3所，大学17所（包含职业学院），监督检查全覆盖；认真开展全区用人单位行业类别、主要职业病危害因素等信息摸底调查，掌握职业卫生本底数据，加强重点行业领域、重点环节监督，坚持服务与监管并举，督促企业落实职业病防治主体责任，组织开展尘毒危害等专项治理行动，达到专项治理4个“95%”（用人单位粉尘危害申报率达到95%以上，粉尘浓度定期检测率达到95%以上，接尘劳动者上岗前、在岗期间、离岗时职业健康检查率达到95%以上，主要负责人、职业健康管理人员和劳动者培训率达到95%以上）任务指标。加大职业卫生监督执法工作查处力度，行政处罚2家用人单位违法行为，责令整改到位；深入医疗机构、公共场所、学校、企业等全面开展卫生监督和疫情防控工作，针对医疗机构预检分诊、发热门诊、港口、“三站一场”（高铁站、地铁站、汽车客运站、飞机场）等重点领域全方位多轮次督查，成为辖区疫情防控重要组成部份。检查各类场所2300余户次，出动执法人员4050余人次，下达整改意见3700余条。

◆**卫生行政执法** 2021年，区卫生监督机构进一步完善“行政执法公示制度、行政执法全过程记录制度、重大执法决定法制审核制度”在卫生执法过程中的运用，推进卫生行政执法全过程记录工作。建立健全行政执法事前、事中、事后公开机制，全面、及时、准确公开有关行政执法信息。全年公示行政许可信息789条、行政处罚信息26条；医师不良执业行为记分涉及医师2人次、医疗机构6家。针对媒体关注、群众反映强烈、社会影响恶劣危害群众健康突出问题，不断加大惩治打击力度，发现的不规范行为，开展“行政约谈”，责令限期或停业整改，依法查处涉及违法、违规的行为。全年停业整改违法违规医疗机构44家，约谈相关人员33次，行政处罚48件，罚没6.27万元。其中，立案查处工作人员放射防护管理不规范单位2家，实现放射卫生监管零处罚突破。进一步完善投诉举报制度，畅通投诉举报渠道，强化社会监督。对发现的违法行为，一律依法依规严肃查处。全年区卫生监督机构受理投诉举报52起，所有举报均做到事事有着落，件件有反馈，做到受理及时，处置及时。

驻区医院选介

·南京市栖霞区医院·

◆**概况** 2021年，栖霞区医院（简称医院）编制床位388张，占地总面积24446平方米。在职职工530人，中高级卫技人员203人，是一所集医疗、预防、保健、康复、科教研于一体的综合性二级甲等医院，是江苏省人民医院与栖霞区人民政府“院府合作”项目定点医院，江苏省人民医院栖霞分院，南京市栖霞区红十字医院，南京市中医药大学见习医院，国家级爱婴医院。医院按照二级综合医院的标准进行科室设置。开设急诊医学科、内科（呼吸内科、心血管内科、消化内科、神经内科、内分泌科、肾内科）、外科（普通外科、泌尿外科、骨科、神经外科）、妇产科（妇科、产科、计划生育）、儿科、眼科、耳鼻咽喉科、口腔科、皮肤科、康复医学科、麻醉科、医学检验科（临床血液体液学、临床化学、临床免疫、血清学、临床微生物学、临床分子遗传学）、病理科、输血科（血库）、医学影像科（DR、CT、MR、乳腺、超声、心电、介入）、中医科、公共卫生科等一级科室，标准化住院病区8个。配备128排螺旋CT、DSA、核磁共振机、钼靶、DR4台、口腔全景机、高端彩超4台、日立全自动生化仪、罗氏免疫发光仪、富士超细电子胃镜、电子肠镜、纤维支气管镜、Storz腹腔镜、胆道镜、施乐辉关节镜、钬激光碎石机、前列腺电切镜、Storz宫腔镜、肌电图、脑电图、各种康复设备、数字化体检车等大型医疗设备。医院落实医疗支付方式改革。紧扣医改指标，推进“三医”（医疗、医药、医保）联动各项制度落实，以“打击骗取医保基金”为工作抓手，指导医务人员科学合理用药，及时沟通反馈不合理用药情况，将医师执业行为纳入绩效考核。全面实行“4+7”带量采购，进行医疗耗材、药品的国家统一编码并加入南京市医疗保险监管平台。

是年，南京禄口机场疫情发生后，医院迅速响应，参与全员核酸检测，全力保障疫苗接种，发热门诊规范化改造并通过验收，配合黄码医院建设。DSA手术室正常运行，全力保证心肌梗死患者生命安全，脑外科手术实现零突破，开展老年友善医院、文明典范城市、食品安全城市创建。医院异地新建于十月广场东北角，建设规模22万平方米，建成后可满足当地群众基本医疗及地区急诊急救需求。医院拥有定期到院开展门诊、手术、查房、江苏省人民医院示教专家40余人、专家团队线上线下无缝对接5个。江苏省人民医院张劲松专家团队领衔急诊体系建设初具规模，江苏省人民医院叶新华超声专家团队定期坐诊。

◆医联体建设 2021年，栖霞区医疗联合体（医联体）依托江苏省人民医院与栖霞区政府“院府合作”平台，以栖霞区医院为龙头，辐射带动栖霞周边社区卫生服务中心医联体建设7个，医院与龙潭社区卫生服务中心成立联合病房，探索医共体诊疗模式。已建成区域“4+1”（消毒供应中心、内镜中心、检验中心、影像中心+1个区域信息平台）诊疗中心，承担辖区内约50万人医疗、康复任务。3月，“栖霞区医院医联体巡讲月”活动开展，数位专家走进基层开展巡讲交流，专科联盟携手并进。

◆智慧医疗 2021年，医院护理部重视全院护士专科内涵建设，全年培养国家级专科护士3人，国家级专科护士临床教学基地落户医院康复医学科；深化“互联网+护理服务”工作内涵，重点做好线下服务的质控工作，质控督导辖区10家社区医院及微护护理站10余次，组织医院护理专家下基层举办专科培训4次，并做好基层互联网+护理服务项目的延伸拓展，提升基层护士的专科能力，使基层的线下服务项目由原来的4项提升至6项，致力满足辖区内市民需求，是年，医院“互联网+护理服务”“栖霞模式”先后获评选栖霞区职工先进操作法二等奖、南京地区医疗机构“医疗护理服务典型案例和经验做法”优秀奖，并被推荐至江苏省卫健委。医院在院内开展安宁疗护共造工作，同时发挥医院区域龙头作用，做好栖霞区基层安宁疗护质控和培训工作，在南京市安宁疗护案例2021年汇报竞赛中获二等奖，并被评为南京市安宁疗护优秀单位。

◆“智慧医疗”深入推进 2021年，栖霞区医院在全市二级医院中首家取得“互联网医院”资质，提供线上线下服务。支持医保脱卡付、“我的南京”、微信公众号、12320平台等多种网上开通挂号预约支付方式，自助挂号缴费机使用率排在全市前列。作为辖区内首家二级医院申请互联网医院，医院已通过相关机构评审。以栖霞区医院为核心，打造互联网+护理服务体系，开展专科护士线上预约，线下护理服务模式，解决特需患者的需求，获居民好评。同时与相关三级医院、社区联动，打造三级联动体系；实现医保脱卡付，方便患者就诊及预约服务；开通线上预约申请，病历快递到家服务；疫情防控期间开通网上咨询服务，电子胶片暨云胶片自助服务系统，通过扫描报告单上的二维码即可浏览、下载检查报告和胶片。 □朱命国

·江苏省中医药研究院·

◆概况 2021年，江苏省中医药研究院（江苏省中西医结合医院）（简称医院），有职工1377人，规划床位1538张。拥有省国医名师1人、省名中医7人、省名中西医结合专家17人；博士、硕士生导师70人；享受政府特殊津贴专家11人；国家“优青”1人、国家卫健委和江苏省突出贡献专家10人、江苏省“333工程”27人、江苏省“六大人才高峰”29人、江苏省“双创（创新、创业）人才”1人、江苏省“卫生领军人才”5人、江苏省“卫生拔尖人才”15人、省“科教强卫”人才7人；国家、省级名老中医工作室7个，国家、省中医师承导师14人，全国、省老中医药专家继承人30人。拥有国家药物临床试验机构及I期临床试验研究室；拥有国家中医药管理局中药口服制剂释药系统重点研究室、国家中医药管理局瘿病证治重点研究室、江苏省现代中药制程技术研究中心、省天然药物研究与创制实验室、国家专利产业化江苏中医药试点基地、细胞与分子生物学实验室及中医药试点基地。是年，医院认真贯彻落实习近平新时代中国特色社会主义思想，按照省卫生健康委和省中医药管理局决策部署，持续以抓好防控、安全、管理、服务、发展、党建工作为主线，着力推进公立中医医院绩效考核工作，完成院“十四五”规划编制，通过大型中医医院巡查，完成省属公立医院综合改革调研和建立健全现代医院管理制度试点单位建设中期评估；主楼及裙楼已完成外立面及内部主要管材安装，辅楼以下主体结构施工已经完成，各项专业图纸审查已经完成，相关专业招标已初步完成。

◆中医药事业传承发展 2021年，医院多渠道传播中医药文化，致力推进“岐黄校园行”活动，全年举办中医药文化宣传教育活动20场。医院“呦呦杏林”志愿者联盟，获第十三届中国青年志愿者优秀组织奖。持续开展中医惠侨工作。与纳米比亚、马来西亚、坦桑尼亚等地华侨组织惠侨活动，积极发挥中医药专业优势，开展远程诊疗服务，分享抗疫经验。在江苏省委统战部指导下，医院结合今年党史学习教育安排，联合江苏省欧美同学会，举办“我服务　您健康，中医惠侨深体验”活动。

◆新冠疫情防控 2021年，医院按照形势和政策的变化，持续更新并完善新冠疫情防控方案及相关措施。积极推进发热门诊规范化建设和核酸采样点建设工作。全年发热门诊共诊疗9722人次，留观9人次，会诊39例，完成疫苗接种工作1377人次，全员核酸检测33批次，共完成核酸检测399235例。开展人员培训10轮、组织医疗人员新冠肺炎知识竞赛1次、应急演练22次。承担栖霞区和玄武区4个接种点的疫苗接种和现场医疗保障任务。派出核酸检测支援人员600多人、966人次支援栖霞区、江宁区等大规模人群核酸采样工作。选派医务人员102人整建制接管南京市公共医疗卫生中心C2-2病区，完成确诊病例诊疗54人；派出医务人员参与新冠康复医院诊疗工作15人，派出医护人员进驻玄武区入境人员隔离酒店提供医疗服务15人。收到相关区政府感谢锦旗2面。

◆疫情常态化下医疗水平提升 2021年，医院智慧医疗服务水平医技系统、血透系统、血糖管理系统全面上线。临床辅助决策支持系统移动医生站的采购和初步建设完成。膳食系统上线使用，院内导航基本实现，百度精准搜索业务正式上线。院官方微信公众号增加核酸检测线上开单、线上医院满意度调查、关键词自动回复、电子票据查询等多种功能。其一，医院健全医疗质量组织管

理体系，细化措施落实。成立高值耗材点评小组、抗菌药物点评小组等专项质控小组。加强医疗制度管理，开展检查巡查工作，全年查病历3329份、值班交接班本185本，形成质控小结81份。其二，医院强化临床路径管理。制定并实施中西医结合临床路径81个，上线电子临床路径管理系统，试运行科室4个，审核新增病历模板29个，更新电子病历模板7个。完成国家三级公立医院绩效考核病案首页上传工作，逻辑校验通过率平均为96.15%。其三，医院积极推进平安医院建设。构建平安医院建设组织领导体系、治安防控体系，完善风险隐患排查处理机制、检查考评奖惩机制，从提升医疗服务能力、改善群众就医感受等10方面，列出重点工作清单及时序进度；其四，医院强化护理质量管理。设立“护理品质管理委员会”专项组15个，“护理研究发展委员会”专项组7个，护理品质管理委员会3个，护理管理4个。新增护理规范内容1项，修订内容10项。其五，医院加强药事管理。医院HIS系统药品库维护，做好药品集中带量采购和南京市创新药的供应。省药品阳光采购平台药品网上采购率达99%以上；制订完善抗肿瘤药物管理、合理用药监管、麻精药品管理、病区药品管理等方案细则，制订临床科室每月考核指标。全年完成药历100份，医疗查房工作记录1039份，用药教育1728人次，药学查房1831人次，会诊及疑难病例讨论14份；中药制剂备案成功3个（平疡白玉散、舒肛洗剂、栀茵清肝颗粒）；医院配方颗粒调配室于投入运行。其六，医院持续推进行风建设。认真贯彻落实《2020年全省卫生健康行风工作要点》要求，执行《医疗机构从业人员行为规范》《加强医疗卫生行风建设“九不准”》，将规范内容纳入医务人员考核考评、教育培训之中。对院内272份经济合同、32场次253名研究生面试全程监督。全年收到病人和家属赠送的锦旗、表扬信313面（封），医务人员主动退还病人赠送的“红包”、礼品礼金55人次、9.27万余元。通过院OA平台开展以案释纪、以案释法、以案讲责、以案讲德等教育。组织院级层面的警示教育19场，900余人参加；深入支部和科室开展警示教育6场，300余人参加，达到警示教育全覆盖。开展院级层面和党支部层面廉洁教育和谈心谈话21场，约500余人参加，实现中层干部、全院党员全覆盖。与医药生产经营企业、施工单位等签署《廉洁购销协议》，监测高值医用耗材使用情况。运用“反统方”软件实施监控，点评结果与评先评优、职称聘任、职务晋升和绩效考核等挂钩，并纳入医务人员医德医风考评和年度综合考评。

◆科研工作建设 2021年，医院科研项目中标数共计102项。其中，国家自然科学基金杰出青年项目1项，国家重点研发计划项目1项，国家自然科学基金项目9项，其中青年基金项目6项，面上项目3项；省部级项目7项，其中省社发项目2项，省青年基金项目1项，省面上项目3项，软科学项目1项。资助经费共计1716.86万元，科研项目中标数及新增经费较上年均有较大提升。全院发表论文214篇，其中SCI论文105篇。获江苏省卫健委医学新技术引进奖、泰州市科技创新奖、江苏省卫健委医学新技术引进奖、中国医院协会医院科技创新奖、江苏省瑞华慈善基金会临床研究创新奖等奖项；获授权专利44项，发明专利14项，实用新型专利30项。院内制剂注册备案通过4项。持续推进与浦口区中医院、与扬子江药业、中山制药合作研发。依托国家级技术转移中心平台向社会推介转化优势院内制剂3项。签订对外服务横向课题7项。中药制剂“平疡白玉散”与南京金陵药业股份有限公司初步达成合作意向。 □杨 鸣 王熹微

·泰康仙林鼓楼医院·

◆概况 2021年，泰康仙林鼓楼医院（简称医院），是世界500强企业泰康保险集团旗下首家集医、教、研于一体的三级综合医院，前身为南京市仙林鼓楼医院。医院为南京大学医学院附属医院、南京鼓楼医院集团成员、美国西奈山医院附属医院、武汉大学临床

学院。医院有职工900余人。其中，副高以上职称医师近1百人，中级职称约260人；多人具有硕士生导师、博士生导师，省、市级主任委员、副主任委员资质。医院有床位524张，手术室12间、重症监护床位16张、牙椅12张、透析床位20张。是年，医院门急诊67万人次，出院1.6万人次，体检7.3万人次。医院开设内科、外科、妇产科、急诊医学科、儿科、健康管理中心等30多个临床医技科室，着力建设卒中中心、创伤中心、胸痛中心，提升医院综合救治能力。

医院配备有直线加速器、大孔径CT模拟定位机、3.0T核磁共振、GE256排螺旋CT、方舱CT、数字乳腺X射线摄影系统（钼靶）、数字减影造影机（DSA）、四维彩超等大型医疗设备。是年，医院二期工程项目封顶。医院二期项目建设床位822张，逐步形成急症救治、综合医疗、慢病管理、康复颐养等功能完善、集医、康、养于一体的综合机构。医院进一步提升特需医疗服务。特需客户可预约国内知名医疗专家，体验优选护理、一对一客服团队、健康管理师全程陪诊服务。特需医疗项目不断创新升级，推出中医正脊、针灸等系列诊治项目。10月，医院推出24小时特需医疗急诊服务，为特需客户提供紧急医疗保障。

是年，医院获批为南京市干部保健委员会定点医院，“泰康仙林鼓楼医院眩晕诊疗中心”正式挂牌。江苏“丁氏肛肠”第九代传人“丁义山工作室”揭牌。医院自媒体平台输出大量科普文章与短视频，提升民众健康素养，医院连续三年获中国医疗机构品牌传播百强榜——非公医疗机构50强荣誉。是年，医院获批南京市卫健委医学科研专项7项，学术比赛获奖15项。出版《注射剂护士安全使用指南》《儿科住院医师手册》著作2本。医院专业技术人员在SCI期刊发表论文18篇、相关核心期刊24篇，获专利证书11件。医院新增江苏医药职业学院、南京卫生高等职业技术学校、安徽医学高等专科学校实习基地合作院校3家。

◆重要战略合作相关项目 2021年，泰康仙林鼓楼医院与南京鼓楼医院在人才、技术、教学、科研、管理等方面开展深度合作，双方共建科室，打造特色专科和重点学科，以提升医院整体医疗服务水平。经南京鼓楼医院推荐，国内知名消化病学专家、南京鼓楼医院集团副院长、中华医学会消化内镜学分会副主任委员、江苏省医学领军人才、江苏省有突出贡献中青年专家、教授邹晓平担任泰康仙林鼓楼医院院长。南京鼓楼医院神经内科变性亚专科带头人、中国卒中学会脑小血管病分会副主任委员、中国医促会神经病学分会青委会副主任委员、江苏省老年医学学会神经病学分会副主任委员、教授柏峰担任医院医疗副院长。

南京鼓楼医院增派专家到医院出诊、查房、带教。消化内科、普外科、神经内科确定为首批合作科室。多名专家已常驻医院开展诊疗工作。

◆区域总体急救能力持续提升 2021年，医院抢救急危重症患者2600人次，抢救成功率达95%。医院加强急诊预检分诊，有效分流非急危重症患者实施急诊分区救治，建立住院和手术的“绿色通道”。建立急性心肌梗死、严重创伤、脑卒中、急性呼吸衰竭等重点病种的急诊服务流程，运用ECMO技术，确保危急重症患者可得到及时救治。

是年，医院开展相关人员急救培训2000人次。作为南京市急救中心仙林分站、南京市红十字救护培训基地、美国心脏协会（AHA）心血管急救培训中心，医院多次在仙林大学城高校、企事业单位和社区等地组织开展应急救护与体验活动、普及自救互救知识和逃生避险技能。

◆国际合作 2021年，医院与美国排名前十的西奈山医院已建立合作四年，双方医院在医疗技术、医院运营管理、人才培养等方面持续深入合作。医院与西奈山医院的合作项目已成为南京城市国际化重点项目。是年，医院医技护和管理人员通过线上视频方式，与美国西奈山医疗集团专家开展远程会诊与交流学习近1000人次。西奈山医疗集团专家组依据国际医院标准，以实时视频方式，常态化审查医院日常医疗工作现场，并提供改进建议，促进医院在医疗质量、患者安全、护理、设施安全、信息技术和肿瘤治疗方面获得提升实效。

◆医联体建设 2021年，医院与毗邻句容市宝华卫生院、区内栖霞社区卫生服务中心、八卦洲社区卫生服务中心、迈皋桥社区卫生服务中心、南京大学医院签署医联体合作协议，通过双向转诊、技术指导、人才培训等方式帮扶医联体合作单位提升医疗服务能力。是年，医院派驻内分泌科、中医科、眼科、妇产科、皮肤科等科室专家到相关医联体合作单位定期出诊，全年出诊约200人次。医院对转诊患者开通绿色通道，提供就医咨询、检查预约、急救绿通等专项服务，接待合作单位转诊患者约1000人。医院多次联合相关医联体单位，全年组织开设义诊、科普讲座、免费筛查等公益活动58场，覆盖社区市民约8000人。

◆泰康大健康战略 2021年，医院所在的泰康仙林国际医养园区，是泰康保险集团打造的国内首个“医、教、研、养、康”五位一体的医养综合体，占地约26.67万平方米（400亩），规划总建筑面积超43万平方米，计划总投资100亿元。园区由泰康仙林鼓楼医院、泰康之家·苏园养老社区两大主要部分组成，分四期开发建设，构建医院、养老社区等多机构联动照护体系，打造兼具医疗、养老、康复、健康管理、教育培训“五位一体”全功能区域。是年，泰康仙林鼓楼医院作为园区的医疗主体运行稳健。在多机构协同下，医院参与完善泰康国际医养园区管委会架构，协助筹开旗舰版泰康大健康体验中心，落地泰康拜博口腔、泰康安宁疗护合作项目，通过健康大使、健康沙龙、健保通驻点服务等项目，联合支付端创新医疗保险项目，形成全方位全周期大健康服务业态。

◆新冠疫情防控 7月，南京爆发新冠肺炎疫情。医院积极履行社会责任，支援南京江宁、溧水、雨花、鼓楼、栖霞五个区域各核酸采集点，累计派出医护人员近2000人次，完成核酸采样近200万人次，并派出骨干力量支援定点收治医院、集中隔离点的医疗保障工作。同时，医院每天完成大量市民核酸检测，保障门诊、急诊、发热门诊、病房、手术室的正常运转，医院也是栖霞区唯一24小时发热门诊验收通过单位。

□潘贤贤

·南京医科大学第二附属医院迈皋桥院区·

◆概况 南京医科大学第二附属医院迈皋桥院区（简称医院），由栖霞区政府与南京医科大学第二附属医院通过“院府合作”方式，于2019年在原栖霞区妇幼保健院基础上设置成立。医院始建于1949年，先后获评省、市“文明单位”、南京市“十佳医院”等称号，是省、市医保定点AAA级单位。医院地处迈皋桥和燕路290号，全院有职工378人；编制内人员155

8月2日，参加防控新冠疫情的康泰仙林鼓楼医院又一批次医疗队47人，在医院大门前整装待发

（康泰仙林鼓楼医院／供稿）

人，编制外人员220人，文员13人。其中卫生专业技术人员301人，占总人数79.6%，医生107人，护士152人，医技人员42人；高级专业技术人员54人，中级专业技术人员116人。医院实际开放床位169张，是年，总诊疗304563人次，出院5673人次。

医院设有内、外、妇产、儿、血透、中医、康复、五官、口腔、体检等20个一级科室。其中内科专业组（心血管、内分泌、消化、神经内科、呼吸）5个；外科专业组（普外、泌尿、骨科、乳腺）4个；妇产专业组（产科、妇科、妇保、计划生育）4个；儿科专业组（普儿、新生儿、儿保）3个。医院还设有医学检验科、病理科、医学影像科、超声诊断专业、心电诊断专业、血透中心、体检中心等12个医技科室。配备GE16排CT、64排CT、飞利浦DR、口腔全景机、E8彩超、Storz宫腹镜、电脑胎儿监护仪、奥林巴斯电子胃镜、电子肠镜、爱尔博电外科工作站、TCT检查系统、电子阴道镜、大型全自动生化分析仪、全自动化学发光免疫分析系统以及血液净化设备等大型设备200余台。

◆院府合作 2021年，南医大二附院迈皋桥院区坚持公立医院公益性基本定位，切实履行政府办医社会责任。扎实开展援疆援藏援陕和对口支援工作，使优质医疗资源布局更加均衡。针对栖霞区地域广，医疗资源可及性弱的特点，联合栖霞区人民政府开展“健康大篷车+专科轻骑兵”巡回医疗行动，以巡回医疗服务车为载体，配备眼科、耳鼻咽喉科、口腔科等专科医生，携带便携式医疗设备，定时定点到栖霞区各社区卫生服务中心开展巡回诊疗工作。该模式是公益医疗的一次创新性实践，是在国家政策和医院大力推动“集中力量为百姓办实事”期盼下应时代而诞生的医疗服务模式。医院新院区建设，是纳入栖霞区政府重点建设的项目，新院区地处北崮山路与和燕路交界处，占地约1.67万平方米（25亩）、总投资近10亿元，开放床位400张。是年，新院区机电设备安装、室内装修及室外市政及绿化工程基本完成。同时完成气动物流、太阳能设备采购、变配电设备采购及抗震支架采购等，水电气等相关手续办理完成，年底初步装修及相关施工基本完成，

◆新冠疫情防控 2021年，医院严格落实“外防输入、内防反弹”总体防控策略要求，疫情防控和日常服务相结合，坚持“守土有责、守土担责、守土尽责”。通过分级分区、精准施策、科学防控，有效阻止病例输入和院感事件的发生。根据疫情变化，坚持“人、物、环境”共防，制订实施物流入院管理规定，落实落细常态化疫情防控，为各项诊疗工作有效开展提供坚实保障。扎实开展核酸检测应检尽检，根据各级政府防控要求制定全院人员采集方案和排查、抽查、倒查制度，完成全员核酸检测32轮，中高风险岗位排查、抽检45次，通过信息化手段实现应检尽检人员身份信息快速登记比对，累计检测超17万人次。智能防控策略深入实施。将5G技术运用于门禁闸机，实现身份识别、核验健康码、体温检测半秒内完成。在职员工新冠疫苗接种完成率超95%。长效防控机制进一步完善。实行健康管理员制度，常态化个人健康申报、应检尽检、离宁申请等日常防控措施。禄口机场疫情发生以后，医院院长顾民受江苏省、南京市政府委派担任省市联合医疗队队长，全面指挥调度南京市公卫中心省市联合救治力量抗击疫情，医院选派支援市公卫中心医疗队员96人，随江苏省医疗队支援湖北抗疫10人，经43天奋战实现“病患零死亡、医护零感染”的工作目标。

□黄信明

民生保障

Livelihood Security

燕子矶 · 燕矶夕照　　杨　轶／绘

责任编辑　陈美萍

劳动就业

◆概况 2021年，区人社部门坚持以“就业优先、民生为本”为工作主线，围绕“六稳”“六保”工作任务，积极应对新冠疫情冲击影响，全力以赴稳就业、保民生，全区就业形势保持总体稳定向好态势。全年实现城镇新增就业28492人、再就业9868人、援助困难人员就业2248人。培育自主创业者8943人，创业带动就业28200人；大学生就业27110人，大学生创业658人；扶持农民创业1394人。全区完成城乡劳动者就业技能培训155621人，新生代农民工职业技能培训19520人；新增高技能人才1013人，职业鉴定取证8981人次，新增职业技能等级认定机构备案数22家，全面超额完成指标计划，位列全市各区前列。

是年，区人社部门深入辖区内的企业、高职院校调研，聚焦区域内人工智能、新能源等新型产业，搭建政校企合作平台，共组织区内近40家重点企业及高新技术企业分别到南京信息工程职业学院、南京技师学院、南京工业职业技术大学开展校企座谈会，校企共同制定人才培养或职工培训方案。在南信院、南工职大学挂牌成立栖霞区产业技能人才培养实训基地，探索创新校企合作机制，促进校企合作，共建共享共赢。

◆“不见面审批”工作推进 2021年，区人社部门按照“互联网+”工作要求，多渠道开展“不见面审批服务”，全流程跟踪指导。对人力资源服务许可事项及证明材料实行告知承诺制，对愿意承诺的企业，现场发证；对申请劳务派遣经营和特殊工时许可的企业，通过优化审批服务流程，将行政许可审批时限压缩至3个工作日以内。在审查阶段，推行在线核查，以远程视频勘验替代传统人工现场勘验，做到“提速、提质、提效”。全年依法受理行政许可申请77份，发放行政许可决定书77份。其中，人力资源服务许可23份，劳务派遣经营许可38份，企业实行不定时工作制和综合计算工时制度审批11份，审批民办职业培训学校5份。

◆和谐劳动关系推进 2021年，区人社部门共推荐评定省级和谐劳动关系示范企业1家、市级和谐劳动关系示范企业6家、区级和谐劳动关系企业220家。促成企业开展集体协商并完成签订集体合同及审查680家。针对辖区小微企业众多的特点，和工会合作推行行业协商、片区协商，指导企业知法、懂法、守法，促进和谐劳动关系。全年共受理工伤认定申请1174件，严格有序客观认定工作，既维护受伤职工的权益，又分解企业经营的风险，还保障了工伤保险基金的安全。

◆企业薪酬调查工作 2021年，区人社部门根据国家、省有关工作要求，认真贯彻落实上级人社部门关于做好企业薪酬、人工成本和最低工资政策实施效果评估专项调查工作，完成企业在岗职工工资水平和企业人工成本调查71家。调查对象涵盖登记注册的农林牧渔业、采矿业、制造业等18个行业门类（90个大类）。完成社区社会保障情况直报7个，涉及辖区140户，居民约420人。

◆就业扶持政策落实 2021年，区人社部门持续加大就业扶持政策宣传兑现，通过用足用好高校毕业生住房租赁补贴、用人单位岗位补贴、小微企业社保补贴等政策，促进各类企业吸纳高校毕业生、就业困难人员等就业群体。全年，审核发放高校毕业生住房租赁补贴15880人次，计2588.9万元，外地高校毕业生到栖霞就业面试补贴70.4万元；用人单位岗位补贴9.99万元，单位社保补贴26.8万元，灵活就业人员社保补贴4091.5万元，小微企业社保补贴101.1万元；企业开业补贴21.2万元、场租补贴211.1万元；优秀项目配套奖励110万元，创业贷款141万元，贴息25.6万元。

◆线上线下就业服务 2021年，区人社部门加大对省智慧就业云平台、微信公众号、掌上云社区等线上招聘发布渠道宣传力度，确保线上服务不间断。全年累计发

2021年3月23日，“春风行动”广场招聘会在尧化街道新尧金地广场
（栖霞区人社局／供稿）

布“就业援助月”“春风行动”“大学生毕业季”等系列线上招聘65期，提供2.8万余个工作岗位。拓宽线上就业服务渠道：通过掌上云社区对1041个居民微信群进行全覆盖岗位信息推送，促进本地居民就业；点对点针对就业困难人员推送适合的就业岗位；整合本区企业人才岗位需求信息，在专业相对匹配的高校就业网站发布，为高校毕业生就业提供信息。在区、街道人社系统，设置企业用工服务专员13个，完善24小时线上就业服务，定期向辖区企业宣传惠企政策，搜集岗位信息。全年累计走访企业1500余家，提供就业服务超过5000家次。举办校园就业沙龙活动，组织辖区重点企业到驻区高校座谈交流。市区联动依托智联招聘平台，为栖霞区开元药业、凯米膜科技、量为石科技等3家重点企业举办直播带岗活动。进园区进校园进企业，开展政策宣讲活动18场，促进辖区企业各项优惠政策应知尽享。通过市人社招聘平台、高校就业网站等信息渠道，发布“春风行动”线上招聘会20期，促进居民就业、服务企业复工复产。根据疫情防控形势，适时举办线下广场招聘会9场，免费发放各类宣传资料3600份，提供公共就业创业服务5500人次。

◆高校毕业生就业创业推进 2021年，区人社部门聚焦高校毕业季，搜集面向高校毕业生的人才岗位5000余个，在12所高校就业招聘网站线上发布人才岗位招聘信息；主动对接驻宁高校，在南中医、南理工等高校举办专场公益招聘会10场，有200余家区重点企业参加；先后组织辖区内的中建八局、中建安装南京公司、金陵石化、江苏东交智控、江苏百绿园林等10余家企业在华中科技大学、山东大学、武汉理工大学等高校举办高校招聘和校企对接活动7场。制定出台《栖霞区“霞聚英才”青年大学生就业创业引领计划实施办法》，为优秀大学生创业项目落户栖霞提供场地租金、配套奖励、金融贷款等全方位支持。举办“赢在南京”青年大学生创业大赛栖霞分赛活动，征集50余所高校参赛，创业项目有236个。程宇豪、夏猛被评为“南京市第三届青年创业潜力新星”。

◆东西部对口劳务协作 2021年，区人社部门制定出台《栖霞区东西部就业协作补贴办法》，通过综合补贴、服务机构补助、就业补助、慰问补助等形式，支持对口地区脱贫劳动力来宁来苏转移就业135人（陕西省商州区92人、青海省湟中县43人）。建立线上对接机制，搜集适合的企业招工岗位信息，累计向商州区、湟中区推送发布空岗信息3000余个，两地人社部门联合举办网上招聘会12场。应对疫情影响，采取包机票、车票点对点接送方式，集中组织转移就业，与湟中区联合组织来宁就业2批次43人。

◆特色研修班和特色技能培训 1月和11月，区人社部门分别举办两期企业管理人员职业能力提升专题研修班，全区80余家重点企业和高新企业中高层管理人员参加。研修班邀请南京大学和南京师范大学教授现场授课，重点研讨企业管理文化、薪酬制度改革、创新思维及能力、高效团队建设等，旨在拓宽管理人员视野、打开思路，提升管理水平，促进企业高质量发展。各街道结合区域和产业特色，开展特色培训，龙潭街道组织辖区内失业人员参加低压电工、焊接与热切割作业等特种作业类培训；西岗、八卦洲街道结合美丽乡村建设，围绕民宿文化、沟通技巧、客房及餐饮服务等方面，对相关从业人员进行技能提升培训；尧化街道开展非遗手工制品培训，仙林街道开展视频剪辑培训。全年共开展各类特色培训22个班次，参加培训人员684人。

◆项目制培训 9月，区人社部门召开专家评审会，对企业教育经费税前扣除奖励、项目制培训进行初审，推荐海陵药业公司、盛航海运公司、一粹科技公司进入市级复审，其中一粹科技公司成功入选市级项目制培训项目，海陵药业公司、盛航海运公司获得2021年执行职工教育经费税前扣除政策奖励30万元，激励企业人才培养积极性、主动性。

◆企业稳岗纾困 2021年，区人社部门指导781家企业在春节期间组织外地户籍员工开展培训884班次，发放“留宁补贴”1.72万人，共计864万元。8月，对受疫情影响较大的旅游、娱乐、餐饮、物流等行业企业，开展“稳岗项目制培训”，并给予相应补贴。通过微信公众号、企业服务群、咨询热线等方式，宣传解读政策文件。发放稳岗项目制培训补贴5.4万余人，共计2111万余元。

6月2日，打通“最后一公里”服务企业“零距离”政策宣讲

（栖霞区人社局／供稿）

◆劳动人事争议仲裁 2021年，区人社部门构建“1+5+10+N”多元化案前调解工作模式，全力推进“一站式服务”。以区劳动人事争议联合调处中心为阵地，在区仲裁机构组建5个类型化调解小组，辐射全区10个劳动争议调解组织。区人社部门注重延伸仲裁职能，开展“百案惠民生”“3分钟——栖仲云课堂”活动。通过100场公开庭审、12期以案释法，提高群众和企业对劳动法律法规的理解与掌握，宣传仲裁工作的经验、做法和成效，形成正确舆论导向。全年，区劳动人事争议仲裁机构共收到仲裁申请1105件，其中立案处理812件，当期审结812件，结案率100%，涉及劳动者819人，追回各类经济损失近2000万元。处理案件中，调解结案489件，裁决结案238件，其他方式结案85件。全区网上调解平台受理案件466件，调解成功405件，成功率86.91%。仲裁管理信息系统按期运行率100%。

◆劳动保障监察 2021年，区劳动保障监察部门共办理各类劳动纠纷案件1545件，追讨各类工资、补偿款共计3650余万元（其中农民工工资3450余万元），涉及劳动者2350余人（其中农民工人数1550余人），行政处罚严重违反劳动法律法规企业4家，处罚金额共计2.78万元，依法移送拒不支付劳动报酬罪案件2件，依法移送人民法院申请强制执行案件1件。区劳动监察部门专项检查辖区范围内207家在建施工项目农民工工资支付情况，检查覆盖面达95.1%，限期整改存在问题施工企业71家；开展养老保险扩面专项检查，检查企业266家，涉及劳动者人数5000余人，要求未签订劳动合同、未缴纳养老保险单位及时整改；专项清理整顿人力资源市场秩序，检查职业中介机构33家，检查用人单位150家。 □孙　健

社会保障

◆概况　2021年，区人社部门围绕民生保障工作，区、街道、社区相关部门三级联动，利用线上线下宣传平台，全力推进参保进度。依托信息平台，实现数据共享，高效掌握基础信息。加强分类实施，通过系统比对方式，精准梳理，定点催缴，扩大参保覆盖面。推进扩面征缴专项行动，要求新成立且正常纳税的用人单位及其职工未参加社会保险的进行参保登记，宣传并督促用人单位依法参保缴费。加强部门协作，积极对接劳动监察大队，配合进行现场执法检查，完成135家企业的扩面任务。优化办事流程，提升服务质量，继续织密扎牢全覆盖的社会保障网。全区企业职工养老保险净增缴费15734人，五项社会保险费征收549956.49万元，本市户籍中断缴费续保4519人，新增参保单位户数5125户。全区机关事业单位参保人数9081人，完成2020年前机关事业单位退休“中人”待遇核定140人，完成2021年机关事业单位退休“中人”待遇申领复审入库102人。办理养老保险转移3895人，失业补助金领取3030人，失业保险金领取5162人。办理医保零星报销4054件，基金支付总额1522.68万元。

2021年12月份栖霞区城市居民最低生活保障工作情况统计表

表30

街道	非农人口总数	保障对象情况												保障资金情况							
		户数					人数						保障对象占非农总人口比例	本月发放金额	上月发放金额	本月新增金额	本月减少金额	本月调增金额	本月调减金额	本月人均补差金额	当年累计发放低保金额总额
		本月数	上月数	本月新增数	本月减少数	本月调整数	本月数	上月数	本月新增数	本月减少数	本月调增数	本月调减数									
	万人	户	户	户	户	户	人	人	人	人	人	人	(‰)	元	元	元	元	元	元	元	元
尧化街道	—	98	97	1	0	2	125	125	1	0	0	1	—	86762	86398	985	0	0	621	694.10	1065588
迈皋桥街道	—	325	325	3	3	1	420	420	3	3	0	0	—	363456	364863	2423	2522	0	1308	865.37	4226802
燕子矶街道	—	136	136	2	2	0	155	155	2	2	0	0	—	140352	140351	1970	1969	0	0	905.50	1720346
龙潭街道	—	206	205	1	0	0	253	252	1	0	0	0	—	216216	214935	1281	0	0	0	854.61	2538037
八卦洲街道	—	6	6	0	0	0	8	8	0	0	0	0	—	6201	6201	0	0	0	0	775.12	72645
马群街道	—	445	448	2	5	1	575	579	2	5	0	1	—	522885	527205	1970	5417	0	873	909.37	6249249
栖霞街道	—	112	114	0	2	0	132	134	0	2	0	0	—	115749	117621	0	1872	0	0	876.89	1719069
西岗街道	—	366	372	0	6	0	431	437	0	6	0	0	—	328597	333592	0	4995	0	0	762.41	4071398
仙林街道	—	41	41	0	0	0	59	59	0	0	0	0	—	31041	31041	0	0	0	0	526.12	381228
合计	37.15	1735	1744	9	18	4	2158	2169	9	18	0	2	—	1811259	1822207	8629	16775	0	2802	839.15	22044362

2021年12月份栖霞区农村居民最低生活保障工作情况统计表

表31

街道	农业人口总数	保障对象情况										保障资金情况						
		户数				人数					保障对象占农业总人口比例							
		本月数	本月新增数	本月减少数	本月调整数	本月数	本月新增数	本月减少数	本月调增数	本月调减数		本月发放金额	本月新增金额	本月减少金额	本月调增金额	本月调减金额	本月人均补差金额	当年累计发放低保金额总额
	万人	户	户	户	户	人	人	人	人	人		元	元	元	元	元	元	元
龙潭街道	—	425	0	2	0	618	0	2	0	0	—	451877	0	1970	0	0	731.19	5571952
八卦洲街道	—	205	1	2	1	279	2	4	0	1	—	202955	1576	961	0	342	727.44	2479937
栖霞街道	—	1	0	0	0	2	0	0	0	0	—	2167	0	0	0	0	1083.5	25194
西岗街道	—	34	0	0	0	43	0	0	0	0	—	37139	0	0	0	0	863.7	430944
合计	12.0891	665	1	4	1	942	2	6	0	1	—	694138	1576	2931	0	342	736.88	8508027

◆**社保扩面深入推进** 2021年，区人社部门深入开展困难群体个人医保及养老参保免缴费政策宣传，确保应保尽保；实行全市统一的困难人员医保倾斜政策，减轻困难群体的经济负担；专项检查全区精准扶贫情况，提高医保经办业务水平。全区城乡居民基本养老保险参保缴费8001人。城乡居民医疗保险参保人数13.87万人，办理居民医疗门诊大病准入手续80人，跨省异地就医手续1600人。实现困难群体参保缴费、代缴保费、待遇享受3个100%，困难群体城乡居民基本医疗保险参保5180人，养老保险参保1701人。规范做好征地人员及退捕渔民的社会保障工作，办理征地进保118人；采取专人负责，每月跟踪，做好退捕渔民29人的参保情况动态管理工作，确保劳动年龄段人员"应保尽保"，养老年龄段人员"应发尽发"。

◆**业务技能练兵比武** 2021年，根据人社部党组统一部署，在全系统窗口单位开展业务技能练兵比武活动中，全区人社系统参加"日日学、周周练、月月比"活动500余人，实现区、街道、社区（村）全覆盖，前后台人员、编制内外人员全覆盖。在市人社系统窗口单位业务技能练兵比武活动中，

12月，区人社局参加人社窗口单位业务技能练兵比武全国总决赛获二等奖
（栖霞区人社局／供稿）

区人社局获练兵比武团体一等奖、优秀组织奖。在省人社系统窗口单位业务技能练兵比武活动中,区人社局在全省96个区县代表队中脱颖而出,获得省团体第一名。12月16日,在人社部组织的2021年度人社窗口单位业务技能练兵比武全国总决赛中,区人社局的闫林焱、程雅雅代表省参加全国总决赛,获全国二等奖。在整个练兵比武活动中,闫林焱获市练兵比武个人一等奖、市人社知识通、市五一劳动奖章、市技术能手、省五一创新能手、省技术能手奖项和称号等省人社知识通奖;程雅雅获市练兵比武个人二等奖、市人社知识通、省五一创新能手、省人社知识通等奖项和称号;于志远、于婷获市练兵比武个人二等奖、市人社知识通、省岗位练兵先进个人等奖项和称号;周小枝获市练兵比武个人三等奖;欧爱洁、张天华获市练兵比武个人优秀奖。

◆社保服务创新优化 2021年,区人社部门有序开展企业退休职工的社会化纳入工作,全面提高社会化管理服务水平。通过系统内的信息比对、异地居住人员寄送认证回执单、QQ视频及"我的南京""江苏智慧人社"App线上办理方式,完成辖区内退休人员领取养老金资格认证。协助异地退休人员办理认证54人次,QQ视频认证17人次。组织退休人员参加免费健康体检41100名。全区城乡居民养老保险待遇领取人数16445人,被征地农民、"三线""三无"待遇领取人数8662人,发放生活补助10996.53万元。深化"放管服"改革,将企业社保业务全面延伸至街道办理。打造区、街两级通办的标准化社保服务平台,将区企业社保业务仅由区社保中心经办点1个,增加到10个,企业可以选择区或街道"就近办",提升惠企便民服务能力。在省人社厅社会保险一体化信息系统上线后,印刷《栖霞社保业务线上办》彩色宣传资料4000份,设置"线上注册专窗",安排专人指导"线上办",实现"互联网+社保"服务效能的大升级。11月11日,邀请市社保中心业务科长在全区开展社保政策宣传直播活动,构建高效的社保线上服务平台。

□孙　健

医疗保障

◆概况 2021年,栖霞区医保部门围绕医药服务、基金监管、医疗救助、带量集采等主业主责以及疫情防控、民生保障等重点任务,全力做好区医疗保障工作。积极参与辖区防疫物资采购、疫情统计分析、值班值守、疫苗接种等工作,采购防疫物资捐赠给集中隔离点和相关医疗机构。完成区内定点医药机构考核,落实高血压、糖尿病门诊用药保障机制以及单病种、长处方管理,规范医疗价格审批和备案工作。完成全区定点医药机构和医保医师、护士、药师在国家医保信息系统的国家码赋码,推进定点医疗机构的贯标验收。召开医院医保管理及Diagnosis Related Group(即诊断相关分组,简称DRG)业务培训会,深入推进DRG支付方式改革。在全区全面推广医保电子支付凭证开通使用,优化"互联网+医保"服务模式。加大"医保高铁"信息新平台宣传使用力度,实现定点医药机构、医药企业对医保政策法规、文件信息的实时共享。全区职工基本医保和城乡居民基本医保政策范围内住院医疗费用基金支付比例,分别稳定在85%和70%左右,大病保险政策范围内报销比例稳定在60%以上,符合条件的各类救助对象参加城乡居民医保个人缴费部分100%全额资助。

◆参保缴费 2021年,区医保部门落实基本医疗保险参保动员主体责任,优化参保缴费经办服务,加快构建区级医保经办网。统筹完善城乡居民医保分类资助参保政策,实现困难人群应保尽保、参保动态全覆盖。积极对接辖区人社、税务、民政、教育等部门,加大医保政策宣传力度,推进城乡居民基本医疗保险扩面征缴工作,宣传推介宁惠保二期补充商业医疗保险。是年,全区完成参保缴费人数136368人(含被征地人员16678人,困难人员4819人),目标完成率为105.47%。

◆**基金监管**　2021年，区医保部门加大医保基金监管力度，联合卫健、市场、纪委、城管等部门，采取随机抽查、交叉互查、第三方检查、专项督查、驻点嵌入监督等方式，开展药品耗材进销存核查、康养融合医保规范管理、医保信息系统规范、医保资格资质审核4个专项整治。4月，开展以“宣传贯彻条例，加强基金监管”为主题的集中宣传月活动，进机关、进社区、进企业、进高校、进“两定机构”（医保定点医疗机构和定点零售药店）等，播放宣传视频，张贴宣传标语，发放各类宣传海报、宣传袋、册页近万份；组织全区304家定点医药机构法人（负责人）、医保医师、药师、护士签署承诺书4323份。11月，出台《栖霞区基本医疗保险定点医药机构量化分级管理办法》，按定点医疗机构、零售药店分别设置评定内容、评价指标和量化标准，进行综合评定，强化医保医师、药师监管向机构分级分类量化推进，打造监管“全链条”。完成对辖区定点医疗机构128家、定点零售药店176家现场检查全覆盖，处理违规机构232次，其中约谈警告34家，通报批评5家，限期整改119家，暂停结算1家，拒付12家，立案2件，追回医保基金174.14万元，处罚违约金80.61万元，共计254.75万元。

◆**医疗救助**　2021年，区医保部门落实医保救助政策，7998名困难人员全部纳入基本医疗保险、大病保险、医疗救助三重制度保障范围。制订全区医疗救助对象健康保障方案，完善相关医疗救助补充医疗保险，与区民政、区退役军人事务管理局、区残联、区总工会等部门联合，建立防止因病致贫返贫预警机制。采用印发宣传单、宣传手册等多种宣传形式，加强医疗救助和政策宣传，防止发生特困群众因病致贫，确保特困群众能够“病有所医”。探索实行全区医疗救助对象大病补充保险，明确救助对象和标准，对医疗救助后个人和家庭负担仍然较重的人群，加大医疗救助力度。是年，全区纳入医疗救助5093人，实施救助72354人次，实际救助金额2000余万元，有效发挥医疗救助兜底保障作用。

◆**失能照护**　2021年，区医保部门致力推进失能照护保险。区政府常务会、区长专题会专门调度，成立失能照护保险工作专班，调查摸底，落实经办服务、宣传培训及评估、照护机构遴选等各项工作。截至7月，南京市失能人员照护保险制度正式实施，全区有评估机构6家、照护机构39家（机构6家、“机构+居家”14家、居家19家）。实行“评估差异问询单”“照护服务派单”制，建立健全失能评估结果可纠正机制，聘请专家成立评估委员会，定期对评估结果抽查、审核和复评，把好“评估关”“服务关”。加大稽核监督，联合承办机构制定照护服务业务规程，开展定点评估机构和照护服务机构全覆盖巡查稽核。建立健全社会举报机制，使保障更透明、更安心。组织承办机构定期开展日常评估，对服务对象满意率、照护护理人员人均服务数量等指标跟踪分析。全年经评估认定为重度失能、并开始享受相关服务的有2114人，其中入住机构557人，居家1557人，失能基金支付结算金额591.9万元。

□王翔宇　侯亚星

住房保障

◆**概况**　2021年，区住建部门扎实推进保障性安居工程建设，新建靖安佳园保障房三期等项目6个，共计138.74万平方米；竣工三元祠保障房等项目2个，共计37.24万平方米。完成市场化租赁住房筹集1777套。累计审核发放新增户租赁补贴169.7万元、公租房租赁补贴106.53万元、外来务工人员租赁补贴6480元、人才安居补贴（区级部分）资金721.4万元。

◆**保障房建设**　2021年，南京市下达栖霞区保障房建设目标为新开工91万平方米，竣工25万平方米。其中，新开工靖安佳园保障房三期、南京经开区红枫片区保障房A-B地块、燕子矶新城保障房三期（L、L1、S1、T地块）、红枫片区保障房二期（B地块）等项目6

个，共计新开工138.74万平方米；竣工燕子矶新城保障房三期（F、R地块）、三元祠保障房项目2个，共计竣工37.24万平方米。

◆**棚户区改造** 2021年，市下达栖霞区棚户区改造任务目标6万平方米（含新开工项目及往年已开项目扫尾量）。计划开工石埠桥朱家场、摄山营等5个组危旧房城中村改造项目（国有一期）4个，南水社区（原水泥厂家属区）城中村危旧房改造项目（二期），观音门二期改造项目和晓庄西南地块项目，总面积为3.02万平方米。截至年底，石埠桥朱家场、摄山营等5个组危旧房城中村改造项目（国有一期），观音门二期改造项目已进场动迁。已完成住宅39户，企业3家，新开工项目0.21万平方米，加上往年已开工项目扫尾完成6.2万平方米，共完成棚改面积约6.41万平方米。

◆**住房保障资格审查** 2021年，区住建部门严格审核各类住房保障申请（共有产权房、租赁补贴、公租房），共受理各类住房保障申请132件，其中通过审核并公示64件。审核城市中低收入、新增户租赁补贴和发放，共新增56户，实时在册保障共计206户，累计发放租赁补贴金额169.7万元。公租房轮候期间发放租赁补贴实时在册保障共计144户，累计发放租赁补贴金额106.53万元。外来务工人员租赁补贴新增1名，累计发放租赁补贴金额6480元。做好公租房和租赁补贴年审。

◆**人才安居工作推进** 2021年，区住建部门与区发改、商务、人才办、科技局、人社局等部门联动，完成企业和人才安居资格申请审核。根据区政府相关细则、部门职责和操作流程，认定区政府重点引进企业（项目）核心团队成员，配合做好区高层次人才购买商品住房服务工作。多措并举，落实资金保障，根据市房产局的数据反馈，区及时足额划拨人才安居租赁补贴和购房补贴（区级部分）资金。全年共计发放人才安居补贴（区级部分）资金721.4万元，其中租赁补贴443.7万元，购房补贴277.7万元。

◆**征收安置审核** 2021年，区住建部门完成江家村、笆斗东里及笆斗西里危旧房城中村改造项目（一期）、石埠桥村西河湾等5个组危旧房城中村改造项目（集体一期）、府军卫地块危旧房城中村改造等项目审核14个，共计4325户、房屋征收安置6114套。

□邢可可

社会救助与福利

◆**概况** 2021年，区民政部门围绕民生保障全覆盖，建立健全社会救助体系，做好“兜底线”民生保障工作，确保城乡低保应保尽保、应退尽退，困难群众精准救助率达100%。全区城乡低保2400户，3100人，累计发放低保金3055.24万元，“两项补贴”（残疾人生活补贴、护理补贴）2836.35万元。临时救助95人，发放救助金184.45万元；支出型救助124人次，发放救助金47.73万元；特困供养人员214人，发放生活补助433.45万元。慰问困难群众和优抚对象37256户，累计发放慰问金（物品）2772.58万元。区慈善总会募集善款1740万元。其中，7月份募集善款210.22万元，微信公众号平台募集3.9万元，冠名基金募集900万元，合同认捐募集168.8万元，“爱心草莓”募集48.3万元，劝募资金192.78万元，“慈善一日捐”活动募集216万元。全年累计发放各类救助资金2030万元，其中，疫情期间支出善款213万元，慈善救助款发放297万元，累计救助2917人次；冠名基金支出1140万元，其他救助支出380万元。全区福利彩票销售网点128个，完成福利彩票销售额102799232元，其中电脑传统彩票79999432元，即开型福利彩票销售额23019800元。

◆**社会救助** 2021年，栖霞区继续实行城乡低保统筹同标，并随社会水平逐年提标，相应增至985元/人·月标准。区民政部门强化以金融资产为重点，核查比对低保对象家庭经济状况，做到精准认定和精准退出。持续扩大一级、二级重度残疾人和精神、智力三级残疾人单独进入最低生活保障覆盖面，保障社会救助在精准扶贫工作中托底作用。发挥阳光惠民监管系统的监督作用，抓实“阳光救助、主动救助，及时救助、实时监管”。先行先试探索“物质+服务”的多元化社会救助方式，11月27日通过国家验收，并入选全国社会救助创新实践优秀案例。是年，栖霞区被民政部批准为“全国社会救助改革创新试点单位”。

◆流浪乞讨救助管理 2021年，栖霞区持续开展流浪乞讨人员救助管理服务质量大提升专项行动和“寒冬送温暖”“夏季送清凉”专项救助行动，共出动网格员、志愿者等800余人次，劝导或救助8人。区民政部门按照“有便利的位置条件、有统一的救助标识、有实用的服务场所、有专门的工作人员、有美观的实体环境、有上墙的管理制度、有标准的工作台账、有统一的热线电话、有多元的救助服务”的“九有”标准建设街道救助服务点，发现流浪乞讨人员，及时报告，及时做好临时救助服务和临时庇护。构建四级救助管理服务网络，强化基层发现报告和末端处置功能，建立扁平化救助服务模式，实现“咨询引导在社区，过路救助到街道，过夜救助进站点，危重或精神病人进医院，救助安置进福利机构”的衔接无缝隙、地域全覆盖的工作格局，打通为民服务“最后一公里”。

◆未成年人保护 2021年，栖霞区落实分类实施保障困境儿童420人。其中，孤儿11个，事实无人抚养儿童36人，重病重残儿童153人。山水园社区开展“困境儿童之家”创建，通过“小小心愿环游记”活动，帮助辖区内18名困境儿童实现心愿，稳妥处置个案6起。5月26日，区民政局召开第6次全区未成年人保护工作联席会议，被《中国社会报》《江苏民政》报道。6月，栖霞区统一开展困境儿童精准排查和保障工作。区未成年人保护办公室编写《栖霞区未成年人社会保护工作简报》10期，报道未成年人保护工作动态信息。区民政局密切联系爱心企业、爱心人士等，开展对困境儿童捐资助学等帮扶活动，做好收养登记服务、政策咨询、疑难解答等工作。

◆慈善救助 3月，区慈善总会与南京市钱洁语言康复中心（钱洁康复）签订定向捐赠协议，协议在2021年至2026年期间，区慈善总会每年向每位在钱洁康复进行康复训练的听障儿童捐款1200元，以资助听障儿童购买和更换人工耳蜗电池，已资助听障儿童27位，共捐赠善款32400元。9月7—9日，区慈善总会组织参与“99公益日”活动，推动社会各界、各街道、社区居民，踊跃参与腾讯公益线上爱心捐款。同时，还发起“栖霞益寿午餐送温暖”“栖霞社区助老互爱行”“捷顺达扶贫助困基金”“优白公益少儿护齿”4个捐款项目，共动员31755人次参与捐款，募集善款共计872163.93元，并获省市慈善等各类配捐33013.26元。南京江桥建材实业有限公司开展“江桥关爱女性行动”，向区慈善总会定向捐赠2万元，用于关爱和帮扶龙潭街道辖区内患有系统性红斑狼疮的10名女性。区慈善总会携手仙林马拉松组织方，开展“捐资助老，益寿午餐”项目，将仙林马拉松活动中募集的126900元全部捐赠给助学项目，90名家庭困难学生得到资助。12月，由西宁市湟中区东西部协作工作办公室、区慈善总会、市摄影家协会、区同舟书画摄影协会主办的“八瓣莲花——青海湟中非遗传人影像展”，在中山陵森林画廊正式展出。

退役军人事务

◆概况 2021年，区退役军人事务局加强档案管理，规范档案室建设，创成南京市档案工作规范化建设优秀单位。开展“戎耀之家”创建，栖霞建设物业服务股份有限公司创成省优秀“戎耀之家”，中建安装集团有限公司创成市优秀“戎耀之家”。抓好抓实助餐服务、有声图书馆、老干部综合文化活动室等建设，确保军休老干部“两个待遇”（政治待遇和生活待遇）有效落实。学习借鉴“新时代枫桥经验”，扎实开展信访积案“百日攻坚行动”，打造“枫桥经验栖霞样板”。全年办理12345热线工单69件，其中满意67件，基本满意2件；办结上级交办信访件83件，化解信访疑难矛盾4件，走访慰问困难退役军人及信访重点人员，帮扶特困退役军人。研究制订《栖霞区困难退役军人帮扶援助关爱金管理办法》《栖霞区退役军人事务局等五部门关于加强困难退役军人帮扶援助工作的实施办法》，建立健全困难退役军人“一本账”制度，设立关爱金，加大对困难人员帮扶救济力度。

◆政治建设 4月份，区退役军人事务局组织“学党史，话忠诚，老兵永远跟党走”主题演讲比赛，区政府相关部门、街道分管领导等170余人参加活动。“老兵永远跟党走”演讲获市级演讲比赛二、三等奖，获省级比赛二等奖。8月，联合区文明办组织区“最美退役军人”“最美退役军人事务工作者”选树宣传活动，倡导立足本职工作、建功立业精神。开展“法律政策落实年”活动，购买送发书籍170套，印制《中华人民共和国退役军人保障法》宣传手册6000份，开展“六进”（进机关、进军营、进社区、进学校、进企业、进农村）活动，推动退役军人法律政策全面落地见效。

◆就业创业 2021年，区退役军人事务部门按照阳光安置、透明快捷的接收方式，发挥“互联网+”功能，搭建网络平台，促进退役军人高质量安置，高水平就业创业。组织自主择业干部年审、体检、住房补贴精准核算及发放，做好符合政府安排工作条件的退役士兵档案审查和移交安置工作，组织退役士兵适应性培训2次，举办专场招聘会4次。符合政府安排工作条件的退役士兵安置率、选岗率、报到率和满意率均为100%。积极动员参加市第二届“戎创金陵”退役军人创业创新大赛，辖区参赛选手获一等奖1人、二等奖1人。

◆优抚褒扬 2021年，区退役军人事务部门加大关爱力度，全面落实优抚政策。认真做好优抚对象信息管理，依法、依规、依策做好每一位对象的认定工作，及时精准落实优抚政策，切实做到应享尽享。10月，组织优抚对象健康体检。组织各街道开展优抚对象数据核查，采集退役军人和其他优抚对象信息，信息采集审核通过率100%。完成“两参”（参战参试）人员信息核查、信息采集核对工作，完成全区退役军人、其他优抚对象的信息采集、更新及光荣牌悬挂确认工作。全年发放各类抚恤和生活补助资金、慰问金、优待金、奖励金等。

◆“双拥”工作 2021年，区退役军人事务局聚焦强军目标，服务备战打仗，夯实双拥工作基础。9月，栖霞区召开争创全省双拥模范区“十连冠”工作动员部署会，区委、市双拥办、市退役军人事务局等相关领导到会并讲话。12月，区四套班子领导到驻宁某部参加军事日活动，接受国防教育，体验军事生活。联合迈皋桥街道打造“双拥”街和“双拥”优抚医院，龙潭街道打造村级“双拥”示范点，创建区级“双拥”示范基地十月军校，全力打造栖霞双拥特色品牌；聚焦“三前”（前方、前线、前沿），围绕“三后”（后院、后路、后代），主动服务部队建设，做好为军服务。协调全区医疗机构上门为驻区部队官兵及家属开展核酸检测2万余人次。召开专题解困会14次，解决军人子女上学32人次，组织立功送喜报23人次，发放随军未就业家属补贴38.4万余元，帮助部队协调解决矛盾困难10余件。

◆服务体系建设 2021年，区退役军人事务局致力推动完善退役军人“一站式”服务改革，实施部门协同、集成服务，优化审批流程，减少办理环节，提高服务效能；加强区退役军人服务中心4个功能室建设，建立区、街道法律服务工作站10个，采取定时值班“门诊”、疑难问题“会诊”、随机走访“巡诊”的工作模式，为退役军人提供法律咨询、法律援助、法治宣传、矛盾纠纷调解等全方位法律服务；加强“退役军人志愿服务”队伍品牌建设，成立区级企业应急志愿服务队，整合建立退役军人志愿服务队，迈皋桥街道“红哨兵”退役军人志愿服务队被评为省“百支优秀退役军人志愿服务队”。落实“五有”（有机构、有编制、有人员、有经费、有保障）标准，健全辖区退役军人服务保障体系，燕子矶街道退役军人服务站被评为省级红色精品服务站。在2021年南京市退役军人事务系统岗位练兵比武竞赛，迈皋桥街道退役军人服务站陈艳秋荣获个人三等奖，区退役军人事务局荣获团队三等奖。　□何　健

养老服务

◆**概况**　2021年，全区养老服务坚持“以人为本、孝行栖霞”为养老服务的宗旨，践行“替天行儿女尽孝，为万千家庭分忧”的服务理念，整合优质资源，强化政策落实，完善以“三社”为支撑，以“六化”为引领的“365乐养无忧”栖霞养老服务体系。加强初级护理员、居家站点护理员、银发顾问等专业培训，提升服务水平。区民政部门扎实做好居家养老服务工作，区域内各居家养老服务站点为老年人提供助餐、助浴、助洁、助医、护理、探望、助行、助购、助乐、助聊等服务907021人次，服务老年人口52630人。区民政部门坚持常年组织开展养老机构安全员、养老机构消防安全演练，定期开展消防安全检查。压实疫情防控责任制，落实新冠疫情防控措施，适时开展疫情防空演练，保持养老服务机构老人“零感染”防疫成果。

◆**养老服务体系建设**　2021年，区政府出台《栖霞区关于进一步推进养老服务业发展的实施意见（2022—2024年）》，区民政局制定出台《栖霞区居家适老化改造实施办法》《栖霞区社区居家养老服务管理规定》等文件，实行养老服务联席会议制。区养老服务体系建设被省政府确认为“落实有关重大政策措施、真抓实干成效明显”举措。构建多级养老服务体系，全区共有养老机构29家，总床位3618张，千名老年人口拥有床位数45张，街道老年人日间照料中心10个，社区居家养老服务中心（站）152个，银发助餐点137个，满足老年人不同形式的养老需求。在迈皋桥街道建有区级养老服务指导中心，整合区级时间银行、银发顾问、培训直播间、评估中心等养老模块功能，对街道、社区及社会组织进行养老政策指导，开展业务培训，提供专业性服务指导。建设新型智慧养老服务网络，完善养老机构“平安夕阳红系统”，夯实智慧化管理模式，完善区级养老服务信息化管理系统和信息化监管手段。

◆**养老特色品牌打造**　2021年，区民政部门着力打造智慧养老平台，通过实时监控养老指标，对接养老服务需求，完善“乐养直播间”，通过线上培训与线上互动，丰富栖霞智慧养老内涵。开展“敬老月”“重阳节”等常规化敬老活动，持续组织“栖孝杯”最具爱心护理员、最美孝亲家庭评选，拍摄孝老栖霞行系列宣传片，营造爱老孝老社会氛围，提升栖霞养老品牌形象。发展互助式养老，推广时间银行团体志愿者服务。马群街道银城康养社区成立“雷锋精神+时间银行”示范基地，持续开展“邻里小饭桌”“爸妈食堂”“福到家”“好邻居敲敲门”等系列公益助老特色项目，夯实栖霞养老服务基石。

婚丧管理与地名勘界

◆**概况**　2021年，全区结婚登记4396对、离婚申请3083对、离婚登记1854对、补领结婚证809件、补领离婚证205件。区民政部门接待新婚辅导1310人，接待离婚咨询440人，离婚个案辅导220例，调解成功152例，成功率69%。

全年命名道路36条，小区楼盘15处，广场、商场类建筑群9个。

◆**婚姻登记**　2021年，区民政部门深入推进婚俗文明改革，建立特邀颁证员集体颁证制度，邀请劳模、最美家庭、人大代表、民政分管领导等为特邀颁证员，组织新婚夫妻免费集体宣誓、集体颁证仪式，共同宣读《结婚誓言》，增强婚姻登记过程仪式感、神圣感和责任感，树立“重婚姻登记，强家庭责任，树文明节俭”的新时代婚姻观念；组织开展多场《中华人民共和国民法典》婚姻家庭服务

进社区活动，推进婚姻移风易俗，培育文明婚俗新文化。5月底，区民政局联合区委宣传部（文明办）、区妇联在仙林羊山公园举办“为栖绽放，献礼百年”栖霞区首届青年公益性集体婚礼，有20对新人参加。

◆殡葬管理 2021年，区民政部门根据新型冠状病毒疫情防控形势，建立清明祭扫管理工作领导协调机构，构建疫情防控+清明祭扫+安全生产工作机制，对全区公益性公墓6个、经营性公墓2个、骨灰堂8个，进行全面检查，做好辖区现场清明祭扫服务保障工作。举办以“江水寄哀思，清明忆故人”为主题的南京市2021年清明长江公祭活动。稳妥推进散坟清理整治686座，完善殡葬设施建设，突出问题专项整治工作。是年，全区死亡2679人（其中回民14人），遗体火化率、骨灰正确处理率达100%。

◆区划地名 2021年，栖霞区与六合区共同编撰边界联合检查方案以及平安边界创建协议，组织相关街道强化界桩、界线管理，栖霞区边界无纠纷。按照江苏省民政厅统一部署，做好地名普查成果转化利用，启动《栖霞区标准地名录》编撰工作。是年，市民政局地名处对栖霞区晓庄革命烈士纪念碑和十月村毛泽东塑像广场进行了红色地名授牌。

社区建设

◆概况 2021年，全区共有社区（村）126个，其中，城市社区97个、农村社区29个。是年3月，完成全区村（居）委会换届选举工作，选民参选率达97.19%，一次性选举成功率和足额当选率均达到100%。7月，《栖霞区奋力开创新时代城市社区治理新局面》在南京电视台《改革进行时》栏目中作专题报道。11月，《民政部办公厅关于开展村级议事协商创新实验的通知》（民办函〔2020〕111号）同意将八卦洲街道外沙村确认为全国村级议事协商创新实验试点单位。全区24个社区综合服务中心提档升级，燕子矶街道完成社区区划调整。民政部门开展万名老人“免费学用智能手机”为民办实事活动，设置40个社区培训点，累计组织78场、参加培训超3000人次。牵头区疫情防控指挥部和社区工作组，组建信息核查组，共核查来自境外、国内中高风险地区人员信息335283条，指导监督街道和社区落实小区居家隔离人员管控工作。

◆社区专职工作者队伍建设 2021年，栖霞区取得社会工作者职业资格证书868人，其中高级社会工作师1人，社会工作师243人，助理社会工作师624人，持证专业化率达85%，万人持证社工数约为13人。推进“三岗十八级”社区工作者薪酬管理制度。4月，区民政局联合区委组织部开展社区（村）新“两委”班子成员培训5场，参训人数达1588人次。6月3日，举办“献礼百年华诞，绽放社工风采”暨栖霞区基层社区治理成果分享会，全面展示“十三五”期间社区建设成果和社工风采，展现基层党组织对社会治理的良好引领作用。

◆掌上云社区 2021年，栖霞区实现“掌上云社区”126个社区全覆盖，建立微信群1356个，入群人数达30.1万人，占户籍人口比例超过50%，平均每户家庭有1人入群。受理线上群众诉求12万余起，群内累计聊天信息达1621万条。“掌上云社区”治理模式，促进社区“智治+自治”常态化，推动智慧社区治理健康发展，实现共建共治共享新格局。

1月，区民政局实施《2021年栖霞区“掌上云社区”绩效考核实施方案（试行）》《2021年栖霞区“美好社区共同营造”社区微幸福项目实施方案》，立项并完成微幸福项目30个，联合区委组织部共同开展为民服务项目和社区微幸福项目督导工作。

4月，“掌上云社区”荣获2019—2020年度江苏基层社会治理创新成果奖，同时，被省民政厅确定为2021年度全省民政标准化建设试点项目。7月，“掌上云社区”举行试点工作启动仪式暨第一次培训动员大会。依托该平台，开发“栖霞区社区防疫居家健康监测服务平台”，并植入“掌上云之家”集成应用小程序，更好服务社区居民居家健康监测。

9月，栖霞区探索“掌上云社区”模式，取得社区治理突出成效，被中央网信办、国家发展改革委、教育部、民政部、生态环境部、国家卫生健康委、市场监管总局、国家体育总局8部委设立为“国家智能社会治理实验基地——特色基地（社区治理）”。12月，栖霞区举行建设国家智能社会治理特色实验基地启动仪式。

社会组织管理

◆概况 截至2021年12月底，栖霞区注册登记社会组织总数1802家。其中，基金会3家，社会团体137家，民办非企业单位1662家，万人拥有登记社会组织数达18个。有AAAA级社会组织12家、AAA级社会组织97家、AA级社会组织109家、A级社会组织985家。是年，完成年检社会组织1256家，年检率达87.9%；注销“僵尸型”社会组织37家，参评+社会组织331家，应评尽评率达80%。区社会组织联合党支部被栖霞区委组织部评为区级先进基层党组织，被评为区级优秀党务工作者1名。

◆社会组织培育发展 2021年，区民政局注重与高校开展社会组织工作领域合作，加强社会工作介入政府服务体系研究。《社会工作介入社会救助服务体系构建之路径探索——基于南京栖霞区服务类社会救助实践的思考》荣获2021年民政部政策理论研究三等奖，《党建引领政社合作，枢纽平台助推社会组织参与经济带发展》被省民政厅评为2021年省社会组织参与长江经济带发展十佳案例。结合本区公益创投项目，撰写本土社会工作优秀案例10个，其中《率“马”以骥，“群”策群力》获全省社区社会组织高质量发展案例。《激活居民互助自治意识，构建社区治理共同体——姚坊门邻里互助与社区治理的经验探索》获全省优秀项目案例。“深耕计划”招募20家社区社会组织开展培育，通过线上线下志愿服务经验分享会，挖掘本土培育专家7名、培育案例6个。与《扬子晚报》合作，开展蓝马甲进社区防金融诈骗宣讲系列活动，打造深耕社区品牌活动。“青蓝计划”招募社工20名，开展团体社会工作学习。是年，开展线下11次、线上2次工作坊，直接服务187人次。与唐大姐党建工作室合作成立健身瑜伽工作坊，带领社工减压，并将健身瑜伽运用到各类人群社会工作服务中，形成本土社会工作服务特色。

◆公益创投制度化管理 2021年9月，区民政局出台《栖霞区公益创投项目资金使用管理暂行办法》，强化区公益创投项目精细化管理，提升项目实施质量。2021年度42个创投项目共开展服务1674场，总受益51928人次，开展线上线下监测走访300余次。同步开启2022年度栖霞区公益创投，项目总资金量为490.9万元。其中，养老服务类项目17个，共152万元；慈善救助类项目5个，共52万元；青少年服务类项目5个，共60万元；调解治理类项目3个，共28.9万元；社区融合类项目2个，共21万元；困难家庭救助帮扶综合评估和困难家庭帮扶项目2个，共40万元；其他类项目15个，共137万元。 □计 璐

街　　道

Subdistricts

江中丽岛·八卦洲　　　　杨　轶/绘

责任编辑　张文龙

综　述

2021年栖霞区街道基本情况表

表32

街道名称	基层群众性自治组织		土地状况		居民状况				经济状况
	居民委员会（个）	村民委员会（个）	总面积（平方千米）	其中 耕地面积（公顷）	总户数（户）	人口数 总人口数（人）	其中 女性人口（人）	人口自然增长率（‰）	一般公共预算收入（亿元）
合　计	97	29	395.43	6253.46	205082	565678	286097	—	40.46
尧化街道	13	0	23.46	58.77	22623	64260	30897	2.68	3.30
马群街道	17	0	17.72	29.38	20789	48996	24984	5.88	4.69
迈皋桥街道	19	0	12.46	9.51	35924	87682	44594	1.95	4.74
燕子矶街道	13	0	37.68	30.13	28999	75156	38156	2.46	6.45
栖霞街道	13	3	58.37	332.58	15528	39957	20311	−3.78	8.22
龙潭街道	5	17	108.04	3187.33	25573	68549	35168	−2.06	4.56
仙林街道	10	0	31.74	36.18	19910	77517	38849	6.01	3.14
八卦洲街道	1	7	72.03	2211.18	11056	35640	18629	−0.56	3.50
西岗街道	6	2	33.93	358.4	24680	67921	34509	5.73	1.85

尧化街道

◆概况　2021年，尧化街道面积23.46平方千米，其中新尧新城规划面积6.8平方千米。下辖社区居民委员会13个（纯居民社区2个、经济适用房社区8个、厂居社区3个）。年末，户籍人口64260人，其中女性人口30897人。

是年，街道完成一般公共预算收入3.30亿元。线上商贸社会消费品零售总额（简称“社零”）实现99.54亿元，社零实现104.83亿元，服务贸易完成1600万美元。新项目签约总投资26.7亿元，完成投资7.82亿元。恒生科技园建成并完成项目招商39个，引进注册资本10亿元。尧智慧科技园完成主体建设，宝龙城等项目年底开工建设。打造“一园一品”老街记忆公园，完成三元祠保障房、商务区5号路等

1月，太龙路老街口袋公园建成开放　（尧化街道／供稿）

建设。4月，通过省宜居示范街区现场验收。7月，金尧山庄等4个小区获评“江苏省宜居示范居住区”。新尧新城中心片区改造项目启动，完成老旧小区改造68.4万平方米。11月19日，街道老旧小区改造经验在住建部交流会上分享。完成垃圾分类亭房建设114个，实现小区全覆盖。落实生态环保“点位长”制度，区域实现消除劣V类水体。完成前塘路小学整体建设，打造中医康复特色社区卫生服务中心。举办就业援助月等专项活动，完成新增就业2430人，实现再就业1061人。招募时间银行志愿者818人，团队3个，志愿服务时间约10.9万小时。10月13日，承办全市国家安全人民防线工作现场会。承接安全生产执法权下放试点，编制小区应急救援地图。常态化防控新冠肺炎疫情，全民核酸检测29.26万人次，新冠病毒疫苗接种19.36万剂次。持续深化六大领域10个项目改革，编撰《领异标新二月花》。延伸全科政务内涵，2月，服务大厅被省信访局评为全省“人民满意窗口”示范单位。持续探索“标准化+”基层治理模式，社区居家养老连锁服务获市标准化活动优秀案例一等奖，“标准化体系建设推动基层社会治理提升”入选全国50强典型案例，“标准化+”深化集成改革入选国家标准化示范案例。12月，街道为民中心挂牌成立“社会治理综合指挥中心”和“网格化服务管理中心”，两中心一体化办公。

是年，街道被省精神文明建设指导委员会评为2019—2021年度省文明单位，被中共江苏省委宣传部评为省文化科技卫生“三下乡”先进集体，被中共南京市委、市政府评为全市实施乡村振兴战略郊区街镇高质量发展奖。

◆新冠肺炎疫情防控　2021年，街道分批启动新冠病毒疫苗接种，由重点人群向全员依次推进，接种首针、第二针和加强针19.36万剂次。7月21日18时至7月23日，街道设置14个点位开展第一轮核酸检测，检测9.99万人，占全街道人口的96.7%。7月25日，设置22个点位开展第二轮核酸检测，检测9.07万人，占全街道人口的87.76%。7月29—30日，设置22个点位开展第三轮核酸检测，检测9.41万人，占全街道人口的91.1%。8月1—3日，核酸补测，检测7919人。三轮检测29.26万人次，实现全员核酸检测。全年保障新冠肺炎隔离点新地酒店等驻点任务，驻点182天，服务国内外到宁人员1447人。

◆为民服务中心获奖　3月，街道为民服务中心被市政务服务管理办公室评为市2020年度“最优为民服务中心”。中心所有政务服务事项统一进驻每个办事窗口。街道与市标准化研究院合作，建立管理标准等215条。街道与软件公司合作，设计开发政务系统。全科社工引导办事居民使用线上“不见面审批”小程序，指导居民线上办事。中心设立自助填表区和24小时自助服务区，建立午间导办和周末轮岗等制度，提供延时服务。

◆环保项目签约　6月23日，江苏新浪环保项目签约仪式在区委党校举行，区委常委、宣传部部长储纲，副区长王靖华，江苏新浪环保有限公司董事长王华祥出席。3月开始，街道持续关注、跟踪新浪环保项目进展，主要领导带队到扬州考察企业项目情况。5月10日，新浪环保落地项目公司“抱朴环保有限公司”在街道注册完成，注册资本1亿元。江苏新浪环保项目完善街道现有再生资源产业链。

◆人口普查获全国先进　9月23日，第七次全国人口普查总结表彰大会在北京人民大会堂召开，街道被国务院第七次全国人口普查领导小组授予第七次全国人口普查先进集体称号。街道第七次全国人口普查，496名普查员、普查指导员，清查建筑物2743个，登记4.78万户13.28万人。使用无人机清查建筑物，确保无遗漏，提高效率50%。街道人口普查办公室与派出所联动，召开“二房东”、中介会议，清查合租房人数。依托街道全域信息指挥中心研发Excel宏插件，保证普查数据质量。

◆案例入选全国50强　11月30日，街道《以标准化体系建设推动基层社会治理提升》入选全国典型实践50强——体系建设、统筹引领类案例。案例由中国标准化研究院评审。街道持续改革基层治理，探索出一条从“先行先试”到“有效覆盖”治理体系“标准化+”路径。至年底，有国家级标准化试点1个、省级标准化试点1个、省民政示范点2个、市地方标准立项1个。2个创新项目制定多项内部标准，形成立体式基层治理标准体系。 □徐小燕

龙潭街道

◆**概况** 2021年，龙潭街道面积108.04平方千米，其中耕地面积3187.33公顷。下辖社区居民委员会5个（纯居社区1个、经适房社区3个、厂居社区1个），村民委员会17个。年末，户籍人口68549人，其中女性人口35168人。

是年，街道完成一般公共预算收入4.56亿元，比上年增长22.31%，完成规模以上工业总产值115.5亿元，比上年增长25%，完成固定资产投资51.04亿元。新增规模以上工业企业5家，新增规模以上服务业企业5家，新增社零企业8家，新增限额以上商贸企业8家。实际使用内资11.5亿元，完成全年目标的115%，实际利用外资1500万美元，完成全年目标的100%。签约项目投资总额38.35亿元，完成全年目标的109.6%，亿元签约项目21个，完成全年目标的350%。入选区级“紫金山英才先锋计划高层次创新创业人才项目”2人，入选市级“紫金山英才先锋计划高层次创新创业人才项目”1人。国家级高新技术企业净增14家。发明授权30件，产学研合作项目完成11个。水稻、小麦、玉米、大豆、高效设施农业保险3906.66公顷，能繁母猪保险1800头，育肥猪保险5万头。纳入省、市、区农路库内村道54.10千米、乡道66.87千米，总养护里程120.97千米。投入1846万元，完成“四好农村路”提档升级改造6.96千米，面积3.89万平方米，其中区级验收5.88千米，省、市级验收6.3千米。投入1435万元，完成农村公路养护工程建设8.76千米。拆违94处4006.5平方米。垃圾分类投入1755万元，实现垃圾分类全覆盖。垃圾分类数字化转运中心升级为区级转运中心，祥和苑、幸福苑为省级垃圾分类达标小区，南中村等5个村为市农村公共服务运行维护工作先进村。全年垃圾分类减量化30%，生活垃圾回收综合利用率41%。

是年，街道被国家体育总局评为2017—2020年度全国群众体育先进单位、被省精神文明建设指导委员会评为2019—2021年度省文明单位、被中共南京市委、市政府评为全市实施乡村振兴战略郊区街镇高质量发展评价综合奖。太平村获省特色田园乡村称号。吴兴林上榜中央文明办“中国好人榜”（12月），吴春林被中共南京市委、市政府评为市高水平全面建成小康社会先进个人。

◆**新春招聘会** 3月14日，街道劳动保障所联合工会、妇联、为民服务中心，在龙岸花园市民广场召开新春首场招聘会，主题为“春风行动”。发放宣传册230册，咨询事项460件。劳保所抓好服务和培训，助力企业招聘。36家企业到现场招聘，提供机械、房地产、建筑、物业、保险、证券、交通、物流、快递、培训等岗位近千个。到现场应聘的居民2110人次，其中与用人单位达成初步意向494人。

◆**服务企业发展大会** 3月18日，街道召开服务企业发展大会。区委常委、统战部部长郭昌标出席会议并讲话。区相关部门负责人、街道班子领导、各相关科室负责人、各企业负责人、各村居负责人、受表彰有功单位和先进个人等参加会议。会上播放工作回顾短片《2020，这一年》，区、街领导为先进单位和先进个人颁奖。是年，街道开通服务企业直通车，向企业家们宣讲惠企政策，提供环保、安全、防疫、金融等服务，优化营商环境。

◆**新冠肺炎疫情防控** 3月24日，街道领导班子和机关工作人员，带头接种新冠病毒疫苗，为全员接种作出表率。村、社区通过微信群、掌上云社区、入户宣传、电子屏滚动播放信息等方式，宣传疫苗接种政策、普及疫苗接种知识，消除群众后顾之忧。发动群众主动接种，并帮助群众做好接种预约登记。7月21日，街道设置采样点7个，组建工作组7个，开展第一轮全员核酸检测。提前培训志愿者，检测

点有志愿者571人，医护人员79人，组成志愿服务队伍7支，参与全员核酸检测。7月25日，街道制定第二轮核酸检测方案，设置采样点19个，成立现场工作组19个。19个核酸采样点连夜设计场地布局，安装帐篷、护栏，设置核酸检测等候区、注册区、登记区和检测区。各通道严格落实“一米线”，设置指引牌，实行出入分离。第一轮核酸检测6.10万人，第二轮核酸检测6.39万人，第三轮核酸检测6.55万人。

◆教育活动 4月25日，街道在龙潭新城举行知乐路小学开工仪式。小学位于龙誉花园南侧，计划开设24个班，总建设面积3.26万平方米，其中地上建筑面积1.95万平方米，地下建筑面积1.31万平方米，2022年9月30日竣工。知乐路小学隶属于龙潭中心小学。9月10日，在街道庆祝第37个教师节表彰大会上，中兴通讯创始人、董事长侯为贵（街道长江小学校友），在家乡设立“云谷之光”助教助学金，并和区长王生共同为“云谷之光”助教助学金揭牌。12月9日，龙潭中心小学迎来百年校庆。龙潭中心小学创办于1921年，位于街道龙岸路8号，占地面积2.40万平方米，建筑面积2.34万平方米。有1—6年级，班级23个，学生886名，教职工72名，校长陈志军。学校是全国机器人创新示范基地学校、全国篮球特色学校。

◆区域化防疫 7月20日，南京地区新冠肺炎疫情突发，街道与毗邻的句容市宝华镇联合行动，防控疫情。街道设置“15+5+1”个查验点，15个为村居自防查验点、5个为与宝华镇共防查验点、1个为水上外防查验点。在5个联合设置查验点，街道与宝华镇相关交界村居开展24小时联合管控，人员共用、资源共享、权责共担，防控两地交界处疫情。

◆垃圾分类获全国一等奖 9月15日，在中国环卫科技网主办“2021年度垃圾分类案例汇编评选活动”中，“龙潭模式”垃圾分类案例获一等奖。街道推进垃圾分类与再生资源回收“两网融合”（再生资源模式和垃圾分类模式合一），打造垃圾分类全链条一体化。以数字化转运中心为枢纽，通过“重塑前端、直通后端”特色方法，打通垃圾分类与再生资源回收上下游。通过数字化转运中心，整合垃圾分类投、收、运、处理环节。街道和江苏纸媒、江苏塑联等多家再生资源企业合作，推动“两网融合”领域资源整合和技术升级。

□朱利虎

栖霞街道

◆概况 2021年，栖霞街道面积58.37平方千米，其中耕地面积332.58公顷。下辖社区居民委员会13个、村民委员会3个。年末，户籍人口39957人，其中女性人口20311人。

是年，街道实现财政收入16.34亿元，比上年增加2.07亿元，增长14.51%；实现一般公共预算收入8.22亿元，比上年增加0.84亿元，增长11.38%。实现规模工业企业总产值127亿元，比上年增长16.8%；完成规模以上服务业企业营业收入31亿元，比上年增长15.2%；完成限上批零销售额101亿元，比上年增长20%；完成建筑业总产值10.78亿元；完成全社会固定资产投资76.8亿元，比上年增长23.8%。实现软件和信息技术服务业营业收入1.38亿元，实现战略性新兴产业销售收入12.7亿元。南邮科技园引进高新技术企业5家，组织高新技术企业申报5家，完成科技型中小企业认定12家，协调完成发明专利申请40余件，完成海智湾人才申报20余人。3月、8月，南邮科技园栖霞园“青柚创客空间”分别获市级、省级众创空间认定。上门服务80周岁及以上老人1835人次，动态管理低保户112户132人。完成低收入人口认定和动态检测，摸底排查845户1705人。发放残疾人等各类困难群众救助保障金1186万余元。垃圾分类收运厨余垃圾149.36万千克。全年拆除违建25处，面积6652.11平方米。

是年，街道被中共南京市委平安南京建设领导小组办公室授予平安南京建设先进集体称号，被市第七次全国人口普查领导小组办公室评为市第七次全国人口普查优秀集体，被区安全生产委员会评为安全生产一等奖。

◆新冠肺炎疫情防控 2021年，街道持续做好新冠肺炎疫情防控。核查境外、本土中高风险地区到宁人员6872人，街道内实管1671人，落实居家管控681人，其中境外人员34人。社区卫生服务中心上门采样1500人次。完成“黄码”转“绿码”520人。完成参与社区防控工作人员等重点人群核酸检测2640人次，全员核酸检测3次，检测15万人次。完成新冠病毒疫苗接种13.40万人次，接种率118%。

◆水务工程 2021年，街道投资3000万元，清疏修缮滨江河、九乡河流域、栖化新村等片区雨污水管网，开挖、清疏管道1.6万米。至年底，五福家园5个片区、南炼一村、红枫新村、九乡河小区完工。投资2012.11万元，整治堤防，长度2.57千米，拆除废弃底涵2处，采取高压旋喷防渗墙、充填灌浆、填塘固基等措施，完成长江江堤、七乡河、杨家边沟、东山河消险。排口整治30个，申请销号排口38个。12月，通过栖霞生态环境局、区水务局现场验收。

◆安全检查 2021年，街道全面排查涉及化学品储罐企业26家，发现整改隐患13条，完善涉及危化品经营、存储及使用企业危化品信息94家。6月，街道安委办联合派出所、交警中队、红梅社区查处非法流动加油车2辆。使用181平台，开展违法违规“小化工”专项整治“回头看”，巡查走访生产经营单位6581家次，排查覆盖率100%。完成安全生产风险报告工业企业141家，督查粉尘涉爆企业开展粉尘防爆专项治理情况4家。危化、工贸重点企业参投安全生产责任保险19家。安监科专项检查燃气安全企业15家，发现整改安全隐患21条。全年整治“三合一”场所73家。清理电动自行车违规停放充电219辆，整体拆除九乡河集贸市场（挂牌重大隐患）。街道出资6万元为独居老人安装独立式烟感报警器132家。落实小区智能电动自行车充电桩10套。8—12月，街道开展安全生产“大排查大整治”，街、村、第三方专家排查企业355家，发现隐患1892条。至年底，整改到位。列入清退计划单位24家，列入停业整顿单位23家，警示约谈企业13家，执法检查7家，处罚金额3.21万元。街道、社区网格员根据“市181智慧一体化平台（社会面）”，巡查走访2096家社会面单位1.71万次，录入隐患并整改1.01万条，安全信用脸谱注册率100%，每月自我安评、月度体检等项目落地100%。

◆垃圾分类“4+1” 2021年，南炼生活区有小微餐饮28家，餐饮垃圾混投，南炼三村改造升级靠近商业街的环保屋，并在环保屋旁增加一个餐厨间，里面放有3个餐厨垃圾桶，专为沿街商户投放餐厨垃圾。环保屋内放置可回收垃圾、不可回收垃圾、有害垃圾和其他垃圾四个桶，加上环保屋旁增加一个餐厨间，形成“4+1”分类模式。周边餐饮户将分出的餐厨垃圾集中定时投放至餐厨间。社区牵头，餐饮户与有资质收运企业签订餐厨垃圾收运合同，并安排专人称重，收运企业日产日清餐厨垃圾。采用该模式前，每月餐厨垃圾分出量约1.5万千克，采用该模式后，每月餐厨垃圾分出量约3.9万千克。

◆核酸检测支援队 7月，南京地区突发新冠肺炎疫情。7月25日，街道5个检测点开展核酸采样检测，一支67人医疗队到街道支援，其中盐城市大丰区人民医院、大丰区中医院、大丰区疾控中心医护人员17人，仙林泰康鼓楼医院30人，瑞东医院20人。7月25—26日，他们工作共30个小时，完成核酸检测任务。 □周伟健

马群街道

◆概况 2021年，马群街道面积17.72平方千米，下辖居民委员会17个。年末，户籍人口48996人，其中女性人口24984人，流动人口39285人，少数民族人口455人。

是年，街道实现一般公共预算收入4.69亿元。完成全社会固定资产投资39.63亿元，外贸进出口额3.2亿元，实际利用外资2023万美元。亿元以上签约项目8个，总额63亿元，其中列入市、区重点项目6个。申报区重点研发项目22项，区成果转化项目5项。认定科技中小企业107家，高新技

术企业61家。授权发明专利32件。入选“紫金山人才计划”区级项目5个，省“双创计划”双创人才1人。认定市级培育独角兽企业2家、瞪羚企业1家。海陵药业、现代路桥申报省级工程技术研究中心。全员核酸检测33.42万人次，完成新冠病毒疫苗接种20.67万剂次。保障宁句线、马高路北延等市重点交通工程建设，完成神马路、吴家墩路出新改造，完成湖底沟创马地块桥梁建设，启动太阳城路、青马跨线桥工程建设。完成启迪大街积淹水整治，清疏修缮百水河流域、天泓山庄等片区雨污水管网工程16个。建设花港等29个商业物管小区垃圾分类房亭135座。完成马高路等拆迁31户。城市环境综合整治13次，拆除陈家院东电集团、才华集团等违建30处7655平方米。投入450万元，维修改造太阳城小学、马群幼儿园。开展各类文化活动450余场次，提供线上文化服务约40万人次。完成花岗“少儿书房”、馨康苑“馨享书屋”建设，安装“栖·听”有声书房。新建青马等9个社区人脸识别及门禁系统小区17个，新增小区电梯监控92路。小区内部入室盗窃案件比上年下降41.7%，非机动车盗窃案件比上年下降12.5%。电信诈骗发案率比上年下降45%。开设“你说我办、接诉即办”现场受理点17个。处理12345民生诉求工单1.7万件。为民服务中心接待办事群众近3万人次，办理各类事项2.3万件，办结率100%，满意率98%。

是年，文康苑社区被国家减灾委评为全国综合减灾示范社区，百水芊城社区被省住房和城乡建设厅评为省级宜居示范居住区。江苏凯米膜科技股份有限公司董事长王怀林被市精神文明建设指导委员会评为第19届南京好市民。

◆市最美健身步道　2月12日，街道百水河滨水风光带健身步道被市体育局评为“南京最美健身步道”。步道长6300米，自东向西辐射百水芊城、百水家园等7个社区12个小区5万余人。健身步道用彩色陶瓷渗透砖铺设，循环利用水资源，打造“会呼吸绿色长廊”。沿河景观带从绿化补植和滨水景观入手，重点打造刘家营沟至市民广场段亲水走廊与河滨公园。回迁“八骏奔腾雕塑”，增添地标元素，建成集文化娱乐、体育休闲、儿童游乐等于一体的现代绿色滨水公园。

◆地块出让　2月24日，时代中国控股有限公司以16.4亿元拍下市NO.2021G05地块。地块出让面积3.28万平方米，位于街道马高路以西、芝嘉花园东侧。东至宁芝路，南至规划白鹅山路，西至规划白鹅山路，北至规划美芝嘉路。用地性质为二类居住用地，1.0≤容积率≤2.2，建筑高度≤60米。时代中国控股有限公司是中国民营企业500强，中国房地产50强。

◆创新经济发展交流会　6月30日，街道创新经济发展交流会在马群科技园举行。区科技局、街道主要领导及分管领导，街道重点科技创新载体相关负责人，知识产权服务机构代表，金融机构代表，科技人才企业代表等100余人出席活动。街道党工委主要领导讲话。会上举行街道“1+N”企业服务联盟成立仪式。马群科技园、云都会、紫金智谷、星叶广场、紫金工坊、金马智汇、中生健康产业园等园区载体参加入盟仪式。“1+N”以马群科技园为核心，带动N个“园中园”协同发展，实现平台共建、资源共享。

◆新冠肺炎疫情防控　7月22日，街道开展第一轮全员核酸检测，设立集中采样点18个、流动采样点2个。全年完成三轮核酸检测33.42万人次，每轮完成采样率均超过100%。至年底，完成新冠病毒疫苗接种20.67万剂次，其中第一针10.16万剂次、第二针10.12万剂次、加强针3980剂次。疫情常态化管理期间，核查筛查重点人员、动态管理居家隔离人员3.73万人，管理中高风险地区到宁人员2985人、境外到宁人员625人。

◆宁句城际轨道交通开通　12月28日，南京至句容城际轨道交通工程开通运营。南京地铁S6号线起于南京东部综合换乘枢纽马群站，途经麒麟、汤山、黄梅、句容北部新城、句容城区，终于句容高铁站。线路全长43.59千米，车辆采用市域B型车，列车最高运行时速每小时120千米，南京至句容最快通勤缩短至35分钟。设车站13座，其中地下站7座、高架站6座。南京段包括马群站等8座车站，句容段包括黄梅站等5座车站。平均站间距3.63千米，最大站间距7.42千米（泉都大街站至黄梅站区间），最小站间距1.29千米（百水桥站至麒麟门站区间）。

□孔令浩

仙林街道

◆概况 2021年，仙林街道面积31.74平方千米。下辖社区居民委员会10个，商品房小区39个，高校入驻12所。年末，户籍人口77517人，其中女性人口38849人，高校师生约16万人。

是年，街道实现一般公共预算收入3.14亿元，全社会固定资产投资45亿元，重大项目投资5.59亿元，完成亿元以上签约项目18个，实际利用外资6535万美元。引进新增企业845家，签约项目投资总额260.97亿元（含大学城），产生新增税收3633万元。德基羊山湖项目、太保家园项目开工，东南青年汇竣工投入使用，华夏银行栖霞支行、华泰证券营业部、仙林中心亚朵酒店3个项目均落地。全年发放低保金38.12万元，发放生活困难补贴金37.68万元，通过惠民平台发放优抚对象补助金165.18万元。4月3日，中央政法委基层社会治理局副局长王建勋到街道调研。4月12日，《人民日报》以“画好同心圆　服务更多元”为题，报道街道创新网格化服务。

是年，街道被中共南京市委、市政府评为市高水平全面建设小康社会先进集体，在区综合考核中被区委、区政府评为第一等次。孙金娣被中共中央授予全国优秀党务工作者称号、被中共江苏省委授予全省优秀党务工作者称号。

◆文明典范城市创建 2021年，街道创建全国文明典范城市。开展“小手拉大手”活动，幼儿园小朋友、中小学生及其家长参与活动1.97万名。发放文明养犬一封信6000封，联合清理飞线200余处，安装充电桩29处2688个，整治空中线缆841处。组织大学生志愿者1000名，5次走进小区开展电动车上牌，上牌1600多块。进小区、进商业街区、进企业、进学校、进家庭巡回宣讲，推动创建，提升居民文明素养。

◆隐患整治 2021年，街道每月开展一次拉网式排查整治所有驻街单位三级网格安全隐患，排查整治加油站、小区、商业街区、建筑工地、农贸市场、三合一场所等重点领域安全隐患，排查出安全隐患1207项。至年底，全部整改到位。2月，街道成立餐饮油烟整治组60个，排查高校12所、商业街区105条、小区40个、临街商铺餐饮店1636家排口1158个，形成“一户一策”问题清单和整治方案。日点评、周小结，推进整改。完成餐饮店595家安全隐患问题整改337个、油烟问题整改433个。196家餐饮店完成净化、排风设备清洗、检修、维护。

◆仙林新村线路整治 3月，结合“学党史、走基层、办实事”活动，街道党工委主要领导邀请市发改委、省市国家电网公司、中国联通等18个部门到街道帮助解决实际问题。5月，仙林新村北区弱电杆线下地项目开工。6月，强电杆线下地项目开工。7月1日，强、弱电杆线下地项目竣工。5月，中国联通、中国移动、中国电信等5家单位专项整治仙林所有小区楼栋单元各类线路，实施散线归并、废线清理、安装合箱等，7月完工。

◆中组部推广仙林经验 7月3日，中组部在北京召开庆祝中国共产党成立100周年座谈会，街道作为全国“两优一先”（优秀共产党员、优秀党务工作者，先进基层党组织）代表发言。中组部要求在全国宣传仙林街道工作经验，中共江苏省委书记娄勤俭专门批示。全国80多家媒体转载新华社通稿《仙林街道打造新时代城市版枫桥经验》。其中，9月24日，《人民日报》头版以《党旗红、治理优、生活美——仙林街道打造新时代城市版枫桥经验》一文进行报道；11月25日，新华全媒头条《锻造坚强领导力量——各地学习贯彻落实六中全会精神，深入推进全面从严治党观察》报道仙林街道做法，214家媒体转载；《国内动态清样》4329期刊登《党建引领基层治理，南京仙林实现连续11年“零上访”》。10月，中共南京市第十五次党代会将“仙林经验”写入报告。11月，中共江苏省第十四次党代会将“仙林经验”写入报告。12月8日，中组部、中央广播电视总台联合推出建党100周年特别节目《榜样6》，专题报道仙林街道党建引领基层治理工作和党工委书记孙金娣先进事迹，仙林街道基层治理模式被誉为新时代城市版“枫桥经验”。12月27日，中共江苏省委办公厅印发《关于学习南京市栖霞区仙林街道经验做法推进党建引领城市基层治理的通知》《南京市栖霞区仙林街道党建引领城市基层治理经验做法》。

◆新冠肺炎疫情防控　7月20日，街道开展核酸检测，成立小区、建筑工地、高校等专项工作组12个，与每个小区、社区签订核酸检测核实情况责任书，排查每家每户每个人核酸检测情况。街道常住人口7.67万人，三次集中检测人数分别为7.85万人、8.58万人、8.62万人，均超过常住人口数字，无一人漏查漏检。全年接种新冠病毒疫苗22.33万剂次，其中第一针11.61万剂次，第二针8.81万剂次，第三针1.91万剂次。　□李伟晨

迈皋桥街道

◆概况　2021年，迈皋桥街道面积12.46平方千米。下辖社区居民委员会19个（纯居社区8个、村居合一社区4个、保障房社区7个）。年末，户籍人口87682人，其中女性人口44594人，流动人口14.3万人。

是年，街道完成全口径财政收入8.5亿元，地方财政收入4.65亿元，实现一般公共预算收入4.74亿元。完成规模以上服务业营业收入9.6亿元，完成规模以上工业产值3.5亿元，全社会固定资产投资完成45亿元。新增进出口实绩企业16家，高新技术企业认定通过20家。高层次人才引进区级1人，市级1人。新增市场主体1801家。签约项目投资总额完成61亿元，亿元以上签约完成6个。市级重大项目华电科技园二期等3个，完成投资29亿元，完成进度96.67%，区级重大项目万寿片区环境综合整治等3个，完成投资5.4亿元，完成进度94.7%。小微企业服务中心法人企业净增1615家，其中1000万元以上企业105家，企业注册资本34.72亿元。小微中心在盘企业实现全口径财政收入1.49亿元，地方财政收入7976万元，比上年增长19.6%。整治北十里长沟东支等排口3处。检查工地5100余家次，专项约谈9次，集中协调6次。整治提升餐饮单位41家，其中4家加装油烟在线监控系统。检查经营场所847家，整改隐患558处。排查“小化工”经营企业8033家，每日巡查2个加油站及煤油长输管道。帮助农民工讨回工资600余万元。核查禄口机场经停人员1.11万人，核查率100%。四轮核酸检测73.99万人次，新冠病毒疫苗接种率90%。143幢高层建筑安装探头831个，完成民生项目39个。向低保户等发放各项补贴447万元，发放医疗救助金205万元，发放尊老金227万元，发放重病儿童补贴41.14万元。5月26日，区委政法委在兴卫村社区开展铁路护路主题法制宣传活动。5月30日，晓庄社区党史教育馆揭牌。12月2日，华润置地华发集团万象天地商业裙楼封顶。

是年，街道被中共江苏省委宣传部、组织部评为党员冬训工作先进街道，被省第七次全国人口普查领导小组办公室评为省第七次全国人口普查成绩显著集体，被中共南京市委评为市先进基层党组织。

◆宝马4S店开业　3月23日，街道外资项目南京骏宝行宝马4S店在万寿村社区开业。副区长王靖华，区住建局、区商务局、区城管局、区消防大队及街道负责人，宝马总部、杭州宝爱捷集团高层参加开业仪式。南京骏宝行宝马4S店是宝爱捷集团在南京运营首家4S店，总投资约1000万美元，占地面积0.61万平方米。

◆《晓庄1930》开机拍摄　4月16日，街道首部红色题材影片《晓

庄1930》在常州西太湖影视基地开机拍摄。区委常委、宣传部部长储纲，区委党史办、街道党工委主要负责人等出席开机仪式。中共建党100周年献礼片《晓庄1930》，取材栖霞本地真实红色历史，故事发生地在南京栖霞晓庄，以石俊、叶刚、郭凤韶、袁咨桐等10位烈士英勇就义为背景。11月23日，影片在腾讯视频播映。

◆华电大厦主体结构封顶 7月15日，华电科技园二期项目华电大厦举行主体结构封顶仪式，区委常委、政法委书记秦志刚，区委政法委、区城管局、街道党工委主要负责人等参加仪式。华电大厦占地面积2.58万平方米，总建筑面积9.55万平方米，总投资8.5亿元。其中，地上25层、地下3层，建筑高度99.91米。由5层商业裙楼及20层办公塔楼组成。计划2022年10月竣工。

◆商会代表大会召开 9月24日，街道商会在悦客酒店召开第五次会员代表大会，区委常委、统战部部长章晶，中共南财大党委常委、统战部部长吕戎，区委统战部、街道党工委负责人，商会会员代表120余人参会。会议选举会长1名，常务副会长10名，副会长19名，秘书长1名，副秘书长9名，监事长1名。大会表彰2016—2021年度商会工作先进单位及个人、光彩事业先进单位。章晶、吕戎为“南京财经大学栖霞区总商会大学生实践就业基地”揭牌。南财大有关负责人为南京合纵电力工程有限公司等4家公司授实习就业基地铜牌。

◆两幅地块拍卖 10月28日，南京安居保障房建设发展有限公司以4.22亿元价格拍下丁家庄A23、A24地块（市NO.2021G107）。该项目东至寅春路，南至青山路，西至创新路，北至飞雪路。项目总投资26亿元，用地面积3.97万平方米，建筑面积27万平方米。建设集商业、办公、文化娱乐、酒店式公寓于一体的综合载体。10月29日，街道全程为南京安居保障房建设发展有限公司代办手续，公司15分钟拿到营业执照，24小时内完成从拿地到项目公司注册全流程。

□仇　敏

燕子矶街道

◆概况 2021年，燕子矶街道面积37.68平方千米。下辖社区居民委员会13个（纯居民社区5个、村居合一社区3个、厂居社区5个）。年末，户籍人口75156人，其中女性人口38156人。

是年，街道实现一般公共预算收入6.45亿元，全社会固定资产投资105亿元，规模以上服务业营业收入17.1亿元，内资完成7.74亿元，引进外资2030万美元。创业栖霞高层次人才入选2人，市级高层次人才入选1人，“海智湾”国际人才申报49人。完成发明专利38件，净增高新技术企业3家，招引省外有效期内高新技术企业4家。科技型中小企业入库63家，技术合同备案金额5067万元。完成北京建工、新华海10亿元项目2个，路路牛典当行等亿元项目8个。完成燕子矶老镇项目和地铁一号线北延项目拆迁，完成观音门二期项目12户国有征收，居民23户、企业10家签约，拆除违建14处535.1平方米。投资114万元，完成南师附中幼儿园封闭阳台建设，投资97万元，完成各社区零星维修170余处。治理小区、道路空中缆线68处，打造精细化道路2条，增设学校周边道路停车泊位250个。完成省级垃圾分类达标小区创建10个，在69个小区建成垃圾分类亭房115个，完成率99%。全过程控制挥发性有机物污染，完成万科和燕子矶体育公园“智慧工地”建设。全面消除劣V类，省考北十里长沟西支化工桥、北十里长沟东支红山桥、燕子矶水源地水质年度达标，重点水功能区水质达标，完成城镇污水处理提质增效达标区2个，11月，通过市水务局验收。全年新增城镇就业3285人，自主创业802人，实现再就业1224人。清欠农民工工资800万元，2月，《南京日报》刊登街道为农民工讨薪经验。试点建设“社工站”，建设德福惠老公益项目，在海赋尚城小区推进“物业+养老”项目。打造“跨市通办”平台，设置“跨区域通办专窗”。幕燕守望宣传项目被中共南京市委政法委、市平安志愿者联合会评为市最佳平安志愿品牌。全年三轮核酸检测30.67万人次，协助区开设伯乐中学黄码检测点，检测2.15万人次；新冠病毒疫苗接种两针19.66万剂次。发放征地保障金等220.48万元，发放残疾人生活补贴等557.34万元，完成助残服务60人次2.4万元，完成医疗救助361人63.48万元，发放优抚补贴478.96万元，投入救助款物折合人民币24.67万元。整改“三合一”场所87家，推进181平台建设，登记风险源单位2796家，完成安全评价2643家，安全生产专项整治发现隐患258条。至年底，整改216条。11月18日，街道调整13个社区管辖范围，12月，完成交接。

是年，街道退役军人服务站被省退役军人事务厅评为省百家红色精品退役军人服务站，康复中心被省残联评为省级社区康复体育示范点。

◆房屋安全隐患大排查　2021年，街道根据《江苏省既有建筑安全隐患排查整治专项行动方案》，开展既有房屋安全隐患大排查。房屋安全隐患排查纳入社区网格化管理，落实属地责任，召集网格员219名，10—11月间，开展为期1个月的集中式房屋安全隐患排查。利用微信客户端“南京房产微政务”公众号平台，地毯式全覆盖检查既有房屋安全使用情况，确保检查不漏一房，隐患建筑不漏一处。排查房屋5513幢，总建筑面积1139.75万平方米。其中，1980年以前建成房屋529幢，1980年至2000年建成房屋2535幢，2000年至2021年建成房屋2449幢。排查出房屋安全隐患11处，并全部上报主管部门。街道每周1—2次监管老旧房屋，重点关注房屋使用情况。异地安置南京摩擦材料厂和南京铁合金厂险房项目，撤离全部住户112户。

◆退役军人服务站获奖　2021年，街道退役军人服务站被省退役军人事务厅、退役军人服务中心评为省百家红色精品退役军人服务站。街道退役军人服务站成立于2019年，建筑面积300余平方米，下辖社区级退役军人服务站13个。服务站设立退役军人服务窗口、活动室、多媒体功能室、老兵调解室、培训室、图书室，依托13个社区居家养老服务站点构建“1+13”退役军人服务驿站，形成以点带面的服务体系。

◆新冠肺炎疫情防控　7月23—28日，街道开展全员核酸检测。13个社区启动全员核酸检测应急预案，区、街473名工作人员、百余名志愿者下沉一线。街道设置全员核酸检测点17个，完成三轮全员核酸检测30.67万人次。街道在伯乐中学设立全区黄码核酸检测点，完成黄码人员核酸检测2.15万人次。街道以社区为单位，在下庙社区卫生服务中心和街道社区卫生站同时开展新冠病毒疫苗接种，利用大美燕子矶公众号等线上平台发布每天接种时间，确保居民应知尽知。新冠病毒疫苗接种3—11周岁人群一针完成8395人、二针完成5538人；12—17岁周岁人群一针完成5689人、二针完成5056人；18—59周岁人群一针完成7.67万人、二针完成7.24万人、加强针完成1.81万人；60周岁以上人群一针完成1.23万人、二针完成1.11万人、加强针完成1199人。完成苏康码红黄码转绿码3000多人。

◆法治文化广场　9月，街道法治文化广场在下庙社区投入使用。法治文化广场建设投入20多万元，以宣传《民法典》为主题，宣传“生活”“法治”“文明”三方面内容。广场占地面积约1500平方米，依托居民休闲、健身场所建设，设法治宣传创意作品15处，设中华民族传统美德、乡规民约、精神文明建设等宣传长廊。广场被市法宣办评为第五批市法治文化宣传教育基地。

◆项目招引　9月27日，珠海华发实业股份有限公司竞得街道内市NO.2021G82地块，总价29.6亿元。地块东至规划绿地，南至燕恒路，西至怡园路，北至松花江路。街道上门对接，提供全流程代办服务，协助企业租赁办公用房，联系银行开户。11月，街道注册外资公司——南京铧福置业有限公司，全年外资到资2030万美元。是年，引进北京建工、融乔农村小额贷款公司、奔驰汽车等亿元项目8个，完成全年目标200%，其中北京建工、新华海铂尔曼五星级酒店项目为10亿元以上项目。

◆垃圾分类新闻发布会 10月28日，街道在电瓷新村社区召开垃圾分类市级新闻发布会。市城管局宣教处处长丁怡，区城管局、图灵智慧环保科技公司主要负责人，区、街公众委员代表出席。参会人员观看图灵小蚁智能桶盖宣传片并现场观看操作。街道联合图灵智慧环保科技公司改造传统垃圾桶盖，利用4G网络通信，实现扫码、刷卡及按钮开盖。在桶内设置摄像头和传感器，关盖成功后摄像拍照，上传图片。利用图像识别技术判别垃圾是否违规。通过AI方式，传感器定时采集并上报数据，具备火灾报警、满溢报警、低电报警、强掰报警等报警功能及故障检测功能。 □吴 曦

八卦洲街道

◆概况 2021年，八卦洲街道面积72.03平方千米（含主江堤外圩地、滩涂16.03平方千米），其中耕地面积2211.18公顷。下辖村民委员会7个、居民委员会1个。年末，户籍人口35640人，其中女性人口18629人。

是年，街道完成一般公共预算收入3.50亿元，比上年增长34.98%。实现地区生产总值17.74亿元，比上年增长4.17%，其中第一产业6.3亿元、第二产业1.92亿元、第三产业9.52亿元，比上年分别增长3.6%、6.17%、4.14%。全社会固定资产投资9.67亿元，完成目标任务的96.7%。农民人均可支配收入3.06万元，比上年增加2644元，增长9.5%。街道盘活一、二、三产融合用地3.93公顷，俊红、红杜鹃两个项目落地。建成“两无化”（无化肥、无农药）核心区67.6公顷，百合基地5.87公顷，菊花产业化中试基地8.67公顷。9月26日，在陌上花渡园区举办第17届中国·南京农业嘉年华，吸引游客52万人次，带动综合收入5600万元。创新“洲岛文化”农旅品牌，打造小江河文旅风光示范带、青春里特色街区、外婆湾民宿、霞客文创店等文旅消费新热点。完成丽岛路环境提升4.3千米。推动污水管网建设，至年底，实现污水处理全覆盖。全域土地综合整治被自然资源部列为全市唯一试点单位。打造长江岸线生态修复基地32.4万平方米，列入首批市级生态修复基地名单。完成上坝水源地整治，建成市、区级宜居村13个，实施跃进河消险等防汛消险项目5个。为社区卫生服务中心配备胃镜、血管彩超等设备，协和养老院获康复护理中心资质。推进“公约领航育家风”项目从家庭、学校向乡村延伸，开展“万人大讲堂”巡讲96场，覆盖街道70%的百姓。4月13日，中央电视台农业农村频道《谁知盘中餐》栏目，播放八卦洲芦蒿专题片《芦蒿抢“鲜”记》，时长25分钟。5月18日，八卦洲跨境电商产业园在大同生态产业园举行开园仪式。10月17日，举办首届农民体育节。10月19日，南大台港澳学生社会实践基地在陌上花渡园区举行揭牌仪式。

是年，外沙村被农业农村部授予乡村治理示范村称号。

◆新冠肺炎疫情防控 2021年，街道常态化防控新冠肺炎疫情，做好核酸检测和全民新冠病毒疫苗接种。完成疫苗接种7.48万剂次，其中第一针3.90万剂次，第二针3.51万剂次，第三针674剂次。核酸检测第一轮完成采样3.45万份，完成率94.55%，第二轮完成采样3.34万份，完成率91.67%，第三轮完成采样3.52万份，完成率96.56%。

◆百合基地现场观摩会 5月30日，八卦洲百合基地现场观摩会暨花卉产业与乡村振兴论坛在百合基地举行。区长王生，副区长孙安，南农大校长、教授陈发棣，云南农业科学院副院长、研究员王继华，省花卉专家，区科技局、区农业农村局、街道等部门负责人，区科技镇长团团员及花卉企业代表100余人参加。2018年，街道与南农大合作建立八卦洲百合基地，并入选省级花卉推广示范基地。百合基地收集保存百合野生资源、观赏百合、食用药用百合、功能性百合等400多种，是华

东地区最大的百合基地，接待国内外考察团300多个。活动将实地观摩与论坛相结合，与会专家结合八卦洲产业发展现状，分别就“菊花创新性研究推动休闲乡村游发展”“花卉产业助力云南乡村振兴案例分析”“百合产业助力乡村振兴”等主题演讲。

◆健康大篷车开进社区　6月10日，南医大第二附属医院和区政府联合开展“健康大篷车+专科轻骑兵”巡回医疗启动，活动第一站为八卦洲社区卫生服务中心。区委书记黎辉出席，副区长卢静主持启动仪式。“健康大篷车+专科轻骑兵”以巡回医疗服务车为载体，眼科、耳鼻咽喉科、口腔科等专科医生携带便携式医疗设备，定时定点到区10家社区卫生服务中心开展巡回诊疗。“健康大篷车”为基层群众办实事，“专科轻骑兵”将专家送到家门口，解决老百姓看专科难题，每两周开展一次。

◆八卦洲红芦蒿　10月19日，省绿色食品协会联合第17届中国·南京农业嘉年华执委会，在陌上花渡园区举办首届江苏农产品地理标志品牌推介会。推介省内地标产品15个，其中有八卦洲红芦蒿。红芦蒿生长萌发期较青芦蒿早，弱耐寒，抗病性较好，清香味浓郁，口感佳，营养价值高。相比青芦蒿，每亩增收3000—4000元。是年，八卦洲芦蒿产业技术创新中心，研究红芦蒿组培苗种植技术，发展“两无化”种植，在耀凯合作社人工种植66.67公顷。

◆全国协商创新实验试点单位　12月8日，民政部办公厅印发通知，确认街道外沙村为全国村级议事协商创新实验试点单位。全市2家，全区1家。外沙村通过完善议事协商机制、构建信息回馈闭环、发挥党员示范带头作用等举措，形成线上、线下议事协商氛围，打造“洲尚外婆”品牌，党务、村务、社会、文化等公共议题及家庭生活事情，做到事事可协商、件件有着落。外沙村多层次建设“洲尚外婆”协商队伍，提高基层治理水平。　□祁　峙

西岗街道

◆概况　2021年，西岗街道面积33.93平方千米，其中耕地面积358.4公顷。下辖社区居民委员会6个、村民委员会2个。年末，户籍人口67921人，其中女性人口34509人，常住人口8.5万人。

是年，街道实现地区生产总值20.41亿元，比上年增长9%。其中，第一产业0.01亿元、第二产业4.76亿元、第三产业15.64亿元，比上年分别下降4%、增长63.2%、下降1%。实现财政总收入3.57亿元，一般公共预算收入完成1.85亿元，比上年下降21.3%。全社会固定资产投资16.9亿元，比上年下降13.4%。农民人均年纯收入3.52万元，比上年增加650元，城镇居民人均可支配收入7.45万元，比上年增加1500元。街道引进15亿元中燃暖居项目、中建一局江苏区域总部项目。杭州银行、南京银行、农业银行、建设银行4家银行落户万达，引入亿元金融项目3个。完成桦墅民宿示范点建设，桦墅村获“中国美丽休闲乡村”称号。对接省、市、区有关部门，协调推进句容市宝华镇截污纳管工程。桦墅村7个自然组实现污水集中处理，片区水质稳定达标。7月，千亩“绿色银行”通过市绿化园林局验收。日巡夜查工地，商业街实现油烟在线监控。全年新增就业、再就业2500余人。30件“我为群众办实事”公示项目全部完成，摄山星城9个老旧小区楼道全面翻新，经适房物业市场化改革进程过半。幼儿入学平稳有序。核酸检查4轮33.64万人次，新冠病毒疫苗接种20.27万剂次。安全生产建立“工作联系函”内部流转机制。7月31日，国务院副总理孙春兰调研西岗卫生服务中心新冠肺炎疫情防控。

是年，桦墅村被农业农村部办公厅评为中国美丽休闲乡村、被省文化和旅游厅评为省乡村旅游重点村、被中共南京市委、市政府评为市高水平全面建设小康社会先进集体。

◆保障房小区出新　2021年，街道投入1046.07万元，出新摄山星城保障房9个小区单元楼道833个。投入近300万元改造赏菊苑、步青苑、齐东苑非机动车集中停

放点1.32万平方米。增设集中晾晒架30组，出新路灯180组，零星维修7920件，清理282幢楼顶天沟杂物，新增单元公共电表833块，新增电动车充电桩35组插口350个，整治小区各类杂乱线缆1200余处，补植绿化7300平方米，新增临停机动车位10个，安装机动车固定号牌263个。工程6月开工，9月结束。

◆安全生产 2021年，街道推进181一体化平台数据录入，建立应急格12个，安排网格员19名，详细录入企业和个体商户基础信息，查找风险源及隐患，抓好问题整改闭环。全年巡查9216次，风险源录入1823条，查找并整改隐患6962条，脸谱完成1309家，安全自评1533家，月度体检7376家次。现场核查规模以上企业2家、规模以下企业41家，完成网上平台申报。排查违法违规小化工，排查经营场所1736家及181平台推送非实有场所610家。委托第三方安全专项检查生产型企业和大型商业综合体18家、危化品经营企业13家、在建工地17家。督促问题落实整改，形成检查、复查专项报告。

◆城市管理 2021年，街道投入1343万元，建成环保屋39个。取消学森路金地段停车泊位，设置非机动车道。向交管部门申请摄山星城道路8条泊位收费权限368个。开放街道党群服务中心、综合执法大队、科创中心、晶都茗苑等共享停车资源。全年接到违建工单68条，核实违建18处，拆除16处，立案1件。制定街道《无资质运输处置建筑渣土专项整治方案》，配合仙林大学城设置渣土卡口。全年处置各级平台菜单3.67万份，其中市级菜单7963份，区级菜单2.31万份，街道自采菜单5711份，处置率100%。

◆区校共商乡村振兴 6月11日，“同心筑梦 振兴乡村”区校党建共建活动在桦墅村举行。区委副书记孙爱军，区委常委、统战部部长郭昌标，副区长袁文峰，南大副校长王振林，中共南师大党委常委、组织部部长、统战部部长贲国栋，南中医国际教育学院院长张旭等参加活动。郭昌标致辞并介绍全区乡村振兴建设有关情况，南大、南师大、南中医台港澳事务办公室负责人围绕乡村振兴交流发言，并分别为台港澳学生授“栖霞区台港澳青年乡村振兴志愿服务队”队旗。孙爱军，张旭，南京创意农业研究院院长、南大建筑与城市规划学院教授鲁安东，南大长三角文化产业发展研究院院长、商学院教授顾江，南大建筑与城市规划学院副院长、教授周凌，南师大乡村文化振兴研究中心课题组负责人刘昂，办事处负责人，围绕栖霞乡村振兴交流对话。

◆新冠肺炎疫情防控 7月，自禄口机场疫情发生后，街道开展全民核酸检测4次，检测33.64万人次。全年新冠病毒疫苗接种20.27万剂次，第一针9.55万剂次，第二针9.19万剂次，第三针1.53万剂次。26个包保制工作点全天候保障居民健康安全，承接隔离集中医学观察点3个183天。通过大数据分析、门岗登记、网格摸排核查人员1万余人次，其中禄口机场相关人员5346人，中高风险所在地区到宁人员3093人，其他黄码等轨迹交叉和潜在风险人员1553人。居家隔离769人，居家健康监测391人，转运密接次密接人员63人，中高风险区转运集中隔离15人，转运集中隔离入境216人。

◆招商推介 11月11日，街道和区金融监管局联合在上海举办招商推介会。南京驻沪办、交通银行、兴业财富、上海农商银行长三角部、兴业基金、至临资本、上海国际创投等机构有关负责人参加。区金融监管局、街道办事处主要负责人分别推介全区、西岗街道投资环境，邀请在座机构负责人到栖霞、到西岗投资兴业。街道、区金融监管局负责人与南京驻沪办、交通银行、兴业财富等机构负责人围绕栖霞投资环境交流座谈。

□宋昌圣

人物·荣誉录

Figures, the Commended Outstanding
Individuals and Collectives

栖霞山·明征君碑亭

杨 轶/绘

责任编辑 张永芳

先进模范人物

·中国好人·

◆**王远志**　男，1974年5月生，中共党员，南京经开区税务局人事教育科副科长。王远志自2006年以来坚持义务献血14年，累计献血132次，共计45800毫升，是全身血量的10倍，共挽救229条生命，并且在他的带动下，原服役部队的战士及现税务战线的同事，纷纷加入献血队伍。每年“八一”建军节，血液中心都会到江苏省武警总队直属分队（原部队）集中采血。2016年，他主动加入新华报业集团旗下的水滴公益，每年拿出数千元助学费，委托水滴公益给留守儿童和贫困地区的儿童送上新书包；为帮助淮安张圩小学的孩子能够及时用上新课桌，连夜同其他8名志愿者将200多张沉重的课桌搬上车。作为长期资助拉萨、甘肃等地贫困儿童上学的他，2017年5月，从成都骑行至拉萨，用时19天，行程2250公里，为帮扶对象及南京市民资助的孩子亲手送上帮扶物资。2020年新冠肺炎疫情期间，他经多番努力如愿加入抗疫青年志愿者队伍，成为南京南站坚守时间最长的抗疫“哨兵”之一。2021年，他被评为中国好人。

◆**吴兴林**　男，1981年4月生，中共党员，栖霞区龙潭中心小学副校长。他潜心教学，成立名师工作室，指导很多青年教师成为学科骨干，是业务精湛的教育“工匠”；他关爱学生，是乡村留守儿童心灵的“守护者”，是孩子眼中的“人气老师”；他以校为家，时时以工作为重，手术后伤口未愈合仍坚守讲台，是默默无闻的“奉献者”。他坚守乡村教育20年，多次主动放弃城区名校工作机会，动员爱人也留在乡村学校任教，把孩子留在身边的乡村学校读书，无怨无悔，甘做育人苦园丁。近年，吴兴林被评为全国模范教师、江苏好人。2021年，他被评为中国好人。

□胡紫薇

·江苏省劳动模范·

◆**姚期智**　男，1946年生，汉族，无党派人士，哈佛大学物理学博士及伊利诺伊大学计算机科学博士，现任清华大学交叉信息研究院院长、图灵人工智能研究院（南京）有限公司董事长、中国科学院院士、美国国家科学院及美国人文科学院外籍院士。姚期智是世界著名计算机学家，公认为算法分析、密码学及量子计算的国际先驱。2000年获得有“计算机界诺贝尔奖”之称的图灵奖，是至今为止唯一华裔得主。在事业巅峰期，怀揣一颗炙热爱国心的他，毅然辞去美国顶级大学终身教职，投身祖国教育事业。2005年创办计算机科学实验班，被誉为“世界上最好的计算机本科教育”。2011年创建清华量子信息中心与“交叉信息研究院”，成为量子计算机和量子网络的重要前沿研究基地。2019年在清华大学创办“清华学堂人工智能班”（智班），培养人工智能领域领跑国际的拔尖科研创新人才。2018年创立图灵人工智能研究院，是南京首批新型研发机构之一。2021年，他被评为江苏省劳动模范。

◆**蔡　云**　男，汉族，1967年10月生，中共党员，学历大专，现为西岗街道桦墅村党委书记、村委会主任。他带领村委会一班人以发展乡村旅游为主线，推进乡村振兴发展战略。坚持党建带工建，工建服务党建，通过党工之家发挥“学习充电站”“志愿服务站”“议事工作站”职能作用，获栖霞区党工优秀微服务项目一等奖。创建1500平方米桦墅凤凰农家书屋，把桦墅学堂建到每个自然村。创建桦墅新时代文明实践站，采取“1+8+N”模式，以桦墅村活动中心作为主阵地，把8个自然村的桦墅学堂作为实践站先锋点，桦墅凤凰农家书屋、邮政驿站、农家乐等作为实践站实践点，开展志愿服务。桦墅村获全国休闲农业与乡村旅游示范点、全国示范农家书屋、国家森林乡村创建工作样板村等多项称号。2021年，他被评为江苏省劳动模范。

◆**吴　昆**　男，1965年出生，初中文化，残疾人，现任南京洲磊蔬菜专业合作社理事长、南京众磊农产品专业合作联社副理事长。他1989年开始尝试人工种植芦蒿，在政府指引和帮助下，芦蒿人工种植成功，种植面积也从一亩三分地的试验田迅速扩大到几万亩，产量也由最初的亩产100多公斤提高到亩产1500公斤以上，经济效益十分显著，八卦洲也因此有了“芦蒿之乡”美誉。吴昆也先后被评为“优秀芦蒿经纪人”“优秀芦蒿销售经纪人”“南京市劳动模范”。吴昆带领一批骨干人员成立南京洲磊蔬菜专业合作社，以此为平台，以芦蒿种植为核心，通过提供就业、基地共建、投资入股和技术推广等方式，带动困难农户就业创业。先后带动223人脱贫致富，发展农民工电商32户，促进就业276人。新冠肺炎疫情期间，带领员工奋战在保障第一线，为省中医院等5家抗疫一线的医护人员免费捐赠蔬菜6吨。2021年，他被评为江苏省劳动模范。

◆**杜恒标**　男，汉族，1969年10月出生，群众，大专学历，现为南京长江工业炉科技集团有限公司设计员。杜恒标于1991年7月进入南京长江电炉厂工作（改制后更名为南京长江工业炉科技集团有限公司）。他30年来扎根技术研发一线，负责设计符合CE标准要求的装备及铝合金热处理生产线的主体。主动归类总结，提高故障锁定及排除效率；主动培训新入职大学生，传授经验和专业技能，为公司培训出数十名优秀专业技能人才；严格要求每一项技术指标，为企业研发出多项具有自主知识产权的设备，获得实用新型发明专利8项，产品被评为省市名牌产品、高新技术产品。他获江苏省五一劳动奖章，被评为南京市创新创业先进个人。2021年，他被评为江苏省劳动模范。

◆**黄其根**　男，汉族，1962年4月出生，中共党员，本科学历。1984年9月参加工作，2002年6月入党，现任栖霞区医院大外科主任、普外科主任、大外科党支部书记。黄其根在临床从事外科工作37年来，坚持站在病人角度想问题，寻求用最简单的治疗方式和最节约的费用，取得最好的疗效。他医术精湛，独立开展20多种微创外科手术术式，连续开展3000多例腹腔镜胆囊切除和胆总管切开取石T管引流等手术，无一例胆道损伤，当选为南京地区肝胆学组委员。2020年完成多例代表医院最高水平标志的胰十二指肠切除术和肝门部胆管癌根治术。他引进新项目，完成栖霞区科技局医疗研究课题4项，发表论文多篇，获江苏省卫生厅科技引进二等奖一项。2016年，他带领科室人员把栖霞区医院普外科创建成南京市重点专科。他先后被评为“江苏省文明职工”“南京市劳动模范”等，创建南京市“黄其根劳动模范创新工作室。2021年，他被评为江苏省劳动模范。

□梁宁君

·江苏好人·

◆**周忠林**　女，1981年1月生，群众，南京市栖霞社区物业管理员。“我很饿，能给我点吃的吗？”为了这句话，周忠林默默给高龄陌生独居老人送饭四年。一次偶然的机会，周忠林碰到同小区的独居老人臧成年，发现臧老先生精神异常，生活难以自理，吃饭也成了问题，周忠林当即决定担负起照料老人的重任。为让老人吃上热腾腾的饭菜，她每次做完饭自己来不及吃一口，便匆匆往老人家赶去，有时还带着儿子一块给老人送饭；老人身体不适，她会带老人去就医；老人头发长了，她自己买来工具，亲自给老人理发。不管风吹雨打，还是严寒酷暑，四年如一日坚持照顾老人，直到老人去世。作为物管员，她凡事冲在前、干在先，24小时待命，业主有诉求，她第一时间回应；群众有危难，她第一时间营救，用行动诠释凡人善举，用坚守书写责任担当，用爱心义举传递温暖。2021年，她被评为江苏好人。

·新时代江苏好少年·

◆**王梓诚**　男，2008年10月生，南京市金陵小学六（10）班学生。他品学兼优、勤于创新，为优化生态环境，积极响应国家垃圾分类示范活动，设计"海洋垃圾智能分类回收系统"，被聘为"中国少年科学院小院士"。他热爱科技，勤于钻研，能力突出，荣获江苏省中小学生金钥匙科技竞赛江苏省特等奖、南京市中小学电脑制作活动一等奖等荣誉。他全面发展，多才多艺，积极弘扬中华传统文化，多次担任中外交流活动主持人、小导游，在"希望之星"、青少年英语能力展示等活动中屡获全国一等奖、江苏省一等奖。他是校少先队大队委，是老师的好帮手、同学的好伙伴、学习的小标兵，更是勇于创新的"科技小达人"。2021年，他被评为新时代江苏好少年。 □胡紫薇

·南京市劳动模范·

◆**张霆辉** 男，汉族，1977年8月出生，中国民主建国会成员，本科学历，现任江苏安立丰控股集团董事长、江苏一电航空技术有限公司总经理。他响应国家"民用通航"等政策，结合无人机、通航飞机市场的万亿需求，打造引领全球无人机集成系统及载人旋翼机整体方案的研发、应用产业群，建立航空航天无人机系统及航空航天飞行器研究中心。他担任南大、河海大学等多家南京高校商学院创业导师和客座教授，是南京市公安局特聘经侦专家。2017年获评江苏优秀青年企业家，2020年获市五一劳动奖章。2021年，他被评为南京市劳动模范。

◆**杨文虎** 男，汉族，1969年1月出生，群众，初中学历，现为南京博润城市环境工程有限公司机扫组班组长。他认真负责、吃苦耐劳、乐于助人、淳朴实在，带领班组获得领导和同事好评。他曾在凌晨四点没有人的路上作业时捡到一个"巨款包"，及时通过联系警务人员归还失主。当时失主十分感激杨文虎的拾金不昧，给予现金表示感谢，他婉言谢绝。2018年、2020年的冬天下了几场大雪，每次清扫积雪都有杨文虎的身影。2021年，他被评为南京市劳动模范。

◆**高慧华** 女，汉族，1974年12月出生，中共党员，本科学历，现任栖霞区西岗社区卫生服务中心党支部书记、主任。2014年2月，她调任西岗社区卫生服务中心主任后，带领职工不断完善科室建设，提升医疗服务能力，竭诚服务社区居民，取得优异成绩。先后开设住院病房，启动社区康复中心，添置CT，开设手术室、儿科，开展无痛技术及镜下微创治疗技术，开设标准化代谢性疾病管理中心，创成3个市级特色科室、2个省级特色科室，慢性阻塞性肺病社区管理模式在全省推广。中心成功创成全国优质服务示范社区卫生服务中心，被评定为省首批社区医院，她作为社区医院建设典型，走进《焦点访谈》栏目。新冠肺炎疫情防控期间，中心的基本医疗服务能力建设和新冠肺炎疫情防控工作获国务院副总理孙春兰肯定。2021年，她被评为南京市劳动模范。

◆**孟晓玲** 女，汉族，1976年4月出生，中共党员，本科学历，现任栖霞区交通运输综合行政执法大队办公室主任。她扎根栖霞交通22年，主动报名加入客运中队，成为第一批"打黑"队员。新冠肺炎疫情期间，从大年初二起连续20多天东奔西走，尽力保障一线值守人员需求；重点关注高风险地区返宁人员转运工作、冷链运输企业疫情排查防控工作。2021年7月南京突发疫情，她强忍病痛，24小时无休待命，在5个交通卡口不分昼夜来回奔波，实现物资保障"零差错"，值守安排、车辆数据等防疫信息"零失误"。2021年，她被评为南京市劳动模范。

◆**徐书华** 男，汉族，1969年5月出生，群众，现为栖霞区政府仙林办公区电工。他任职十余年来，秉承"工匠精神"，刻苦钻研业务，从一名中级电工成长为维修电工技师。他善于创新、乐于奉献，2019年7月，带领电工团队，主动放弃休息日、节假日，完成尧化办公区2、3、4号楼及区机关大礼堂电力增容改造，节省运转经费20余万元。他勇于承担急难险重任务，新冠肺炎疫情防控期间保障

仙林办公区电力供应。与此同时，十多年如一日，不畏艰辛、日查夜巡，将工作做在点滴，将责任压实在细节，为办公区安全有序运转保驾护航，发挥了技术工人的先锋模范作用。2021年，他被评为南京市劳动模范。

◆**刘培军** 男，汉族，1983年8月出生，中共党员，研究生学历，现任栖霞区劳动人事争议仲裁院院长。他承担全区大量重大疑难劳动争议案件的审理工作，年均审案超过300件，撰写上百万字的仲裁文书。先后处理栖霞区某电器公司百余名职工集体讨薪等案件，取得良好社会效果。参加2019年省市举办的仲裁员技能比赛，取得市第4名、省第2名的成绩。新冠肺炎疫情期间，在全市率先实行劳动仲裁网络审理，为劳动者维权畅通途径。在其带领下，单位被评为市仲裁系统先进单位，获仲裁员技能大比武团体一等奖、优秀组织奖等荣誉。2021年，他被评为南京市劳动模范。

◆**刘　永** 男，汉族，1975年3月出生，中共党员，本科学历，现任燕子矶办事处城建科科长。刘永是一名军转干部，先后在街道多个部门任职。面对扬尘污染问题，建立工地联络人制度，带头下工地跟踪解决。管理全街道小型工程，制定并促成《燕子矶街道工程管理办法》的出台和实施，监管实施300多项工程，推动街道工程管理规范化。承担全区85.7%的危房治理重任，保质保量完成危房消险任务。新冠肺炎疫情期间，利用一线防疫休息空档，带领科室人员在一周内落实好50余家在建工地防疫任务。所在街道获市危房治理标兵街道称号，科室获区高质量发展先进集体称号。2021年，他被评为南京市劳动模范。

◆**杨　燕** 女，汉族，1969年12月出生，中共党员，本科学历，现任区法院民事审判第一庭庭长。近三年，审结各类案件1035件，年均结案345件，办案量位居全区前三名。其中，一起撤销赠与协议纠纷案被央视《今日说法》《家和万事兴》栏目公开报道，一起医疗损害赔偿责任纠纷案被市法院评为保护未成年人权益十大典型案例，审结涉政府重点项目拆迁案19件，为重点项目推进扫清障碍。其主持工作的未成年人及家事审判庭荣立集体三等功，被评为市“三八”先进集体。本人先后被评为全省法院调解能手、市优秀法官等，荣立个人二等功。2021年，她被评为南京市劳动模范。

◆**梁晓燕** 女，汉族，1968年8月出生，中国民主促进会成员，本科学历，现任南京市迈皋桥初级中学校长，同时是一名中学英语高级教师。她投身教育第一线，坚持不懈地进行教育改革、探究和思索，形成独特的教学风格，2次荣获市级优质课竞赛一等奖；承担省市课题4项并结题；开设省市区公开课50余节，主持并出版校本衔接教材两册。她先后主持南师附中丁家庄初级中学和迈皋桥初级中学（第29中学分校）的创校和管理，为实现区域优质均衡教育做出了贡献。2021年，她被评为南京市劳动模范。

◆**胡　宁** 男，汉族，1967年5月出生，中共党员，研究生学历，现任栖霞区工业公司工委书记、经理。2018年2月，他调入区工业公司任职。作为公司工委书记，他时刻发挥模范带头作用，身体力行落实党的十九大精神和习近平新时代中国特色社会主义思想，不断转变思想观念、完善工作思路，探索新方法、新途径。作为公司经理，他完善监管机制，强化国有和集体资产监管。3年多来，公司通过行政和司法途径追缴到账资金5450余万元、争取到拆迁补偿款550余万元，确权商业门面房90平方米、股票近300万元；利用公司集体资产监管信息平台实现入库利息及租赁收入380余万元；归还财政借款1500万元。解决南京钟山皮鞋厂等4家企业2488名职工的信访矛盾。自他在公司任职后，公司在全区的成绩不断地提升。2021年，他被评为南京市劳动模范。

◆**焦　鹏** 男，汉族，1984年7月出生，中共党员，本科学历，现为南京银茂铅锌矿业有限公司生产技术部部长兼投资管理部副部长。作为一名高级工程师，焦鹏主持开展南京栖霞山铅锌矿地表沉降与围岩地压监测技术研究、数字化资源储量模型研究与应用等项目，有效保护栖霞山地表生态环境，提高矿山安全监测技术水平和采矿回采率。他拥有12项授权专利技术，先后获有色金属建设行业（部级）优秀工程设计成果奖二等奖、南京市五一劳动奖章等荣誉。2021年，他被评为南京市劳动模范。

◆**谭福启**　男，汉族，1982年9月出生，群众，大专学历，现为江苏润来建设集团有限公司项目副经理。他在施工生产一线从事技术及技术管理工作，注重理论联系实际，不断提高自身知识水平和业务技能。近两年，他带领技术团队通过两项省级工法，并取得一项实用新型专利授权；主管的多个项目在施工管理、成本控制和新技术应用等方面取得优异成绩。“石杨路学校周边道路建设工程”获“金陵杯”优质结构工程奖；带领的项目部成员有2人在2018年、2020年分获南京市“路缘石安砌技能竞赛”亚军及冠军。2021年，他被评为南京市劳动模范。

◆**王　明**　男，汉族，1971年5月出生，中共党员，本科学历，现为南京博润城市环境工程有限公司部门经理。他主要负责公司管辖区域内12座中转站、2座转运站的生活垃圾及厨余垃圾的收集、运输工作。他在工作上尽职尽责，强化垃圾进站管理，采取小站直运、大站留量、歇人不歇车的方式连续作业，确保垃圾清运。强化安全生产，制定车辆日检日查制度，确保安全清运。做好仙林垃圾进入生活废弃物转运站、各中转站垃圾直运电厂、燕子矶等2个中转站改造出新、丁家庄等2个厨余垃圾中转站改造以及其他生活垃圾外运镇江电厂工作，加强新冠肺炎疫情防控期间封控区、集中隔离点、酒店隔离点、黄码检测点垃圾直运工作。2021年，他被评为南京市劳动模范。

◆**陈明磊**　男，汉族，1986年8月出生，中共党员，博士研究生学历，现为南京卡文迪许生物工程技术有限公司课题组长。他注重科技创新，加强创新药的研发，完成项目注册申报项目5项，在研项目10余项，2个产品获国家药品监督管理局颁发的“药品注册批件”，为企业带来900万元盈利。他发挥党员示范带头作用，探索改进研发技术和管理模式创新，开展新型师带徒活动，为制剂部培养研发技术人员十余名；带教与中国药科大学联合培养研究生2名，2人均顺利毕业。参与公司党支部建设，组织企业内和企业间的读书分享活动会，组织抗疫知识宣传，以医药工作者的视角传播科学防疫知识。2021年，他被评为南京市劳动模范。

◆**郭　峰**　男，汉族，1975年10月出生，中共党员，本科学历，现为南京谷峰机动车驾驶员培训有限公司总经理。2010年郭峰创办谷峰驾校，走上自主创业之路，以机动车驾驶培训为切入点，探索参与社会治理新路径，打造企业版枫桥经验。他坚持党建统领，强化党工阵地建设；开展“最美交通人”系列主题实践活动，优化服务社会载体。创建“郭峰五一劳动奖章人才创新工作室”，与专家共同承担的“南京驾培行业服务标准化”课题，成为教培行为准则。投资180余万元，建成占地400平方米的交通安全警示教育基地。他累计捐款200多万元。2021年，他被评为南京劳动模范。

◆**张元林**　男，汉族，1967年10月出生，中共党员，研究生学历，现为南京合纵电力实业有限公司董事长、总经理。2004年张元林创办南京合纵电力实业有限公司，现有职工近400人。2020年成立江苏苏元电力集团，近3年实现产值12.5亿元，利税2亿元。他注重公司品牌建设，公司具有建筑工程施工总承包二级等各类资质十多项。他热心公益事业，捐赠10万元，与南师大开展校企合作；新冠肺炎疫情期间向栖霞区红十字会捐款1万元；冠名“合纵电力杯”栖霞区第十七届全民健身运动会，助力栖霞精神文明建设。2021年，他被评为南京市劳动模范。

◆**曹　飞**　男，汉族，1972年9月出生，中共党员，本科学历，现任尧化街道尧新社区党总支书记、主任。他积极谋划基层社区治理带动宜居家园建设高质量发展的方法、路径，以实干提升居民幸福感、获得感。他通过小区出新、创建“关爱之家”，打好“治理组合拳”，让居民住得好、心里暖；他“扎在”群众里，亮党员身份，把居民当亲人，把社区事当家事；打造南京市第一个全面“撤桶建站”的小区，标杆式推动垃圾分类工作；面对新冠肺炎疫情，第一时间冲在一线，筑牢居民群众的防护网。他任职期间，社区先后被评为国家综合减灾示范社区、江苏省宜居居住区等。2021年，他被评为南京市劳动模范。

◆**钱文法**　男，汉族，1963年6月出生，中共党员，大专学历，现任栖霞街道五福家园社区党委书记、主任。他建立“社区大党委”“学子联盟”等平台，创办“学子论坛”十二载，奖学助学345人次，发放资金95万元；建立困难老党员基金，关爱困难群体；投入4279万元，提档升级小区环境；倡导助残扶残，打造省级“残疾人之家”；在全区率先成立社区红十字救助站，创建AAAA级居家养老服务站，发放重大疾病救助金120万元，为109名重病重残失能老人解决就餐问题；创新社区直管物业运营模式，获评四星级物业小区；成立拔河队等文体组织，发展社区特色文化。2021年，他被评为南京市劳动模范。

◆**陈　雷**　男，汉族，1968年3月出生，中共党员，大专学历，现任南京耀凯蔬菜土地专业合作社理事长。作为八卦洲街道第一代农民经纪人，他牵头成立南京耀凯蔬菜土地专业合作社，盘活村内闲置土地30多公顷，种植推广八卦洲芦蒿，有效打开省外市场。他坚持以“合作社+产业+农户”的精准扶贫模式，解决外沙村困难户的就业困境，承担全村低保户产业扶贫项目，为乡村振兴做出突出贡献。他先后获南京市“双学双带”带头人等称号。2021年，他被评为南京市劳动模范。

◆**周　诚**　男，汉族，1990年5月出生，群众，大专学历，现为南京宁栖缘农产品有限公司总经理。他作为新一代农民创业者，积极推广高效农业和设施农业，建设阳光房、连栋大棚等农业设施，实施无土栽培；与蔬菜研究所合作培育新品蔬菜，推广种植观光休闲新品种；争取南京农业大学的技术指导，种植高效优质新品葡萄，带领群众走上现代农业致富路。经营的家庭农场获评省级示范家庭农场、市美丽家庭农场。他热心公益，每年资助困难学生。新冠肺炎疫情期间，日均2吨平价蔬菜保供十几个小区，向市疾控中心、省人民医院等捐赠6800公斤蔬菜。2021年，他被评为南京市劳动模范。

◆**徐成兵**　男，汉族，1968年3月出生，群众，高中学历，现为南京年达炉业科技有限公司职工。自入职以来，坚持在一线工作中就新工艺、新方法开展技术革新，并就如何提高一线生产效率、加强安全生产等，提出自己的合理化建议，其中多条建议被相关岗位和部门采纳。在不断加强自身业务技能的同时，发挥“传、帮、带”作用，帮助公司一线员工提高劳动生产技能。他先后完成公司清远楚江步进炉生产、清远华鸿步进炉生产线等多个千万元以上重点项目的安装调试任务。2021年，他被评为南京市劳动模范。

◆**张玉洪**　男，汉族，1968年1月出生，群众，高中学历，现为欧萨斯能源环境设备（南京）有限公司职工。近年，他带领班组为拜耳、蒂森克虏伯、巴斯夫等多个国际一流化工企业制造高标准的氨氧化炉。2019年承接的保加利亚氨氧化炉，是世界上直径最大的氨氧化炉，他带领团队圆满完成任务。他专业技术过硬，在公司举办的第一届冷作工技能大赛上获第一名。作为高级工，他毫无保留地把经验传授给同事，帮助公司培养多名压力容器制造的高级人才，并给公司提出诸多合理化建议，为公司节约成本。2021年，他被评为南京市劳动模范。

◆**陈茂松**　男，汉族，1972年7月出生，群众，高中学历，现任南京立乾花卉苗圃场总经理。他带领团队潜心研究垂直农场，改变原有农业生产模式，实行模块化管理、规模化种植，累计带动、扶贫农户200余户，平均增加农户年收入1万元。2015企业被认定为江苏省科普教育基地；2016年被认定为南京市科普教育示范基地、江苏省科普惠农服务站，并入选南京市“讲理想、比贡献”活动优秀项目。2021年，他被评为南京市劳动模范。

◆**刘　霞**　女，汉族，1974年1月出生，中共党员，本科学历，现任龙潭街道长江村党总支书记、主任。她聚焦党建工作，打造“乐活长江”社会组织孵化基地和“刘霞”书记工作室党建品牌。她聚焦民生工程，先后完成美丽乡村特色村、示范村和宜居村建设；整治全域范围内16条河道，在街道范围内率先完成农村污水整治全覆盖，高标准改造公厕6座。她聚焦资源整合，推进乡村振兴，引进规模企业入驻，解决部分村民就业。2018年底，61户低收入农户全部脱贫。2021年，她被评为南京市劳动模范。

·南京市道德模范·

◆**廖彬鸿**　男，1985年8月出生，中共党员，南京市公安局栖霞分局摄山派出所副所长。廖彬鸿从警13年，参与办理各类刑事案件600余起，破获数十起社会影响恶劣的重特大刑事案件。他机智敏锐，从零散的数据信息中获取关键线索，成功破获公安部督办的“4·12”系列非法买卖枪支案，抓获嫌疑人20余名；他果敢担当，诠释着忠诚无悔的从警誓言，80天内出差50余天，勇闯正值战乱的缅甸边境调查取证，为捣毁提供洗钱服务的犯罪团伙提供有力证据支撑，为群众、企业挽回700余万元的损失；他坚守共产党员初心，利用专业特长奉献打拐寻亲公益事业，为60多个家庭实现“团圆梦”提供关键性线索信息，得到央视致信点赞。2021年，他被评为第八届南京市道德模范。

◆**崔成轩**　男，1998年1月出生，共青团员，陆军第71集团军“临汾旅”某营下士。入伍以来，崔成轩多次在军事演训和比武考核中取得佳绩，个人军事素质名列单位前列，先后被表彰为优秀士官和军事训练先进个人。2020年10月4日，休假在家的他奋不顾身扑救大火，在被电瓶爆炸的火焰掀飞数米之后仍冲在最前面，让群众撤离，自己主动担起抢救煤气罐的任务，最终大火被扑灭，煤气罐也安全保住，保护了群众的生命财产安全。2018年，崔成轩在看病返程途中听到群众呼喊抓小偷，他不顾自身的伤痛，勇擒小偷；2020年在紧急驰援马鞍山抗洪抢险任务中，崔成轩勇挑重担，敢站排头，用不怕牺牲、不怕艰险的拼劲和血性圆满完成抗洪任务。崔成轩英勇救火的事迹被《人民日报》、新华网点名表扬。2021年，他获第八届南京市道德模范提名奖。

◆**王远志**　详细事迹见“中国好人”。

·南京好人·

◆**兰新星**　女，1999年1月出生，中共党员，南京中医药大学药学类本科生支部副书记、班级班长。兰新星组织参与志愿服务100余次，带领200余名志愿者共同服务2330多小时，被学校评为“十佳青年志愿者”。她是义教“厚朴班”的创始人，在学校和社区支持下，带领志愿组织感恩励志社创建义教“厚朴班”，每周末为摄山星城的孩子辅导课业，开展中医药文化趣味课堂，累计帮助结对学生超100人次；与西岗街道党群服务中心签订共建协议，入户为栖霞区内的贫困家庭量血压、打扫卫生，传播杏林关爱，助力脱贫攻坚；在校内，她秉承与班共进的初心，服务同学，组织学业帮扶，帮助学业后进同学，获老师同学一致好评，被评为“十佳班长”，获“2019年度中国大学生自强之星”称号。2021年，她被评为南京好市民。

◆**黄万生**　男，1969年8月出生，群众，龙潭街道马渡村委会保洁员。2020年8月9日，家住马渡村的黄万生，途经马渡村村委会时，发现一女子落水，他连手机都来不及取出，便纵身跃入河中，将女子救上岸，等该女子平复无碍后，便悄悄离开现场。黄万生被授予“见义勇为先进个人”称号，面对荣誉，他说：“我只是做了应该做的事情，以后遇到这种事我还会挺身而出”。作为马渡村一名保洁员，自2007年起，他发扬干一行爱一行的精神，每天起早贪黑，任劳任怨，维护好村部的环境卫生。另外，在工作期间拾金不昧、帮助他人的事迹也是数不胜数，每提及他，村民都竖起大拇指。2021年，他被评为南京好市民。

◆**吴　恒**　男，1990年12月出生，中共党员，南京诺唯赞生物科技股份有限公司研发项目经理。吴恒自入职以来，专注从事精准医疗领域分子诊断高端酶与诊断试剂产品开发工作，先后负责开发适用于精准医疗的多款高端酶类产品。突如其来的新冠肺炎疫情引发相关诊断市场的巨大需求，这给公司核酸检测原料产品线负责人吴恒带来巨大挑战。当时，国内外并无相关产品应对疫情，时逢春节假期，吴恒果断放弃休假，经过连续多日的紧急研发、测试，成功完成新冠检测试剂盒核心原料的开发。由于当时疫情限制人员流动，公司缺少人手，他马不停蹄地参与相关产品转产，应对客户紧急供货需求。另外，他还快速响应客户多样需求，帮助客户建立完整的引物探针入场质控、稳定生产、细化流程，提高新冠检测市场的检测准确性。2021年，他被评为南京好市民。

◆**王　唯**　男，1993年9月出生，群众，栖霞公安分局摄山派出所勤务辅警。2020年7月2日，王唯上班途中遇见一起车祸，车上一女子头部受伤严重，男子意识模糊，晕倒在地，情况非常危急。他立即下车，拨打报警电话，救治伤员。由于他的妥善处置，为抢救伤者赢得宝贵时间。他直到确定两人无生命危险后方安心离开。他获“南京市见义勇为人员”称号。从事辅警工作5年来，他先后在50余起因拆迁、劳资纠纷等引起的堵门、攀爬塔吊、高层跳楼等突发警情中发挥关键辅助作用。他不惧抑郁症男子暴力行为，反应迅速，制止其跳楼自杀举动，协助民警将其送医治疗；他不畏嫌疑人引爆燃气危险，制止男子过激行为，勇救被困母女，成功抓获嫌疑人。新冠肺炎疫情期间，他连续坚守50多天，辅助核查涉疫人员200余人、辅助查处违规营业棋牌室5家，处罚涉赌人员5名，摸排多家企业，助企复工复产。2021年，他被评为南京好市民。

◆**孟庆宇**　男，2000年4月出生，共青团员，南京工业职业技术大学学生。“孟庆宇同学你好，你的造血干细胞和一名患儿的造血干细胞匹配度达90%，如果你愿意的话，有希望为患儿带来新生”。2020年3月，孟庆宇接到栖霞区红十字会工作人员打来的电话。“当时也没想那么多吧，就觉得这是条生命啊，我既然能帮就应该帮”，孟庆宇诚恳地说。当他得知捐赠者的身体条件非常重要后，在饮食上格外注重营养搭配，并加强体育锻炼，增强自身素质。捐献造血干细胞过程十分复杂，自2020年3月11日入院起，孟庆宇每天早晚都要打一针动员剂，在此过程中他出现腰部酸疼、头晕等身体反应，但他总是平静地说“我很好”。在连续注射9针动员剂后，传递“生命火种”的造血干细胞得以顺利捐赠。他的事迹受到人民网、新华网、江苏省红十字会等十几家媒体报道。2021年，他被评为南京好市民。

◆**顾　琳**　女，1977年4月出生，群众，南京市炼油厂小学教师。顾琳的带班主张是“老师与家长同向同行，帮助孩子扣好人生的第一粒扣子”。她将传统“家长会”改为“班级家长学堂”，利用晚上，一月一期，围绕一个主题，帮助家长掌握科学的教育方法，已开展13期，也相应完成13期期刊。她围绕“感恩”主题，邀请家长走进班级，和孩子一起开设亲子系列班会课；利用周末，带领家长和孩子，共同行走南京城，寻访名胜古迹。她用爱心育人，成功转化问题学生。她利用自己的工作室，打造专业团队，带领班主任开展德育科研，开发德育课程，培养出2位“南京市德育工作带头人”、3位“南京市德育优秀青年教师”、多名区级“优秀班主任”，自己也获“南京工匠”提名奖、“感动南京教育人物——2020最美班主任”等荣誉。2021年，她被评为南京好市民。

◆王兴艺 女，1995年1月出生，共青团员，南京市金陵小学教师。作为栖霞区造血干细胞捐献志愿者，得知自己与一名男孩配型成功后，没有一丝一毫犹豫，当即同意捐献，并得到家人全力支持。由于婚礼在即，她克服众多困难，仅用3个月不到的时间，成功完成捐献，挽救了一个14岁孩子的生命，挽救了一个家庭。这个举动让她非常骄傲与自豪。她是栖霞区教育系统第一位捐献者。2021年，她被评为南京好市民。

◆杨华林 男，1956年4月出生，中共党员，南京金陵石化建筑安装工程有限公司退休职工。5月1日，杨华林正在散步，突然听到不远处有几声含糊的“救命”声，还听到周围有群众大叫“快过来，这里有人落水了”。他赶紧循声找去，只见一个女子在水里扑腾。他丢下随身物品，立刻下水，把落水女子救上岸。随后，杨华林将女子安置在岸边，在民警到来之后也没有留下姓名，默默地回了家。事后，周围村民认出了他，纷纷对他竖起大拇指，杨华林却说道：“我是一名党员，怎能见死不救？”2021年，他被评为南京好市民。

◆石尚锦 男，1951年9月出生，中共党员，栖霞街道东阳社区党委书记。住院13天，7月19日刚从医院做完心脏手术的石尚锦，面对突如其来的新冠肺炎疫情，抛开医生要求休息一个月的嘱咐，不顾家人劝阻，7月21日便返回工作岗位，投入战“疫”一线。东阳社区是一个拆迁社区，居民全部分散在外过渡，为确保防疫工作不出现疏漏，石尚锦将2235名居民划分为7个网格，以网格为单位组建居民联络微信群，精准摸排每户居民的实际居住地和全民核酸检测情况，把核酸检测工作覆盖到户、落实到人。连续数日，为确保疫情防控数据上报的准确性和时效性，伤口还没完全愈合的他带领社区人员加班至深夜，第二天又继续奋战。石尚锦坚守一线，勇做表率，把“守初心、担使命”写在抗击疫情的前沿阵地，用信念和行动传递信心和决心，展现了一个共产党员的担当。2021年，他被评为南京好市民。

◆花　满 男，1985年11月出生，中共党员，江苏尊享家环境科技有限公司总经理。他是迈皋桥街道山水园社区燕升园一园支部的一名党员，也是一名自主创业者，2015年入住燕升园一园后就成为一名党小组长，发挥着一名党员的模范带头作用。在新冠肺炎疫情暴发后，他紧跟社区团队参与志愿活动，并动员身边亲朋好友一起加入。从2015年至2021年，花满一直坚持志愿服务，每年都会给社区孤寡老人捐献爱心水蜜桃，一次就是200箱，不计回报。作为社区一名党小组长，花满更是活跃在网络上，关心山水园掌上社区微信群、党总支群等多个微信群的群内动态，2020—2021年辟谣群内消息40多条，上报社区群内动态60多次。2021年，他被评为南京好市民。

◆张桂强 男，1964年4月出生，群众，八卦洲中心小学教师。张桂强35年如一日，扎根农村，守望教育。他多年来一直无条件地帮助着大家，支持着学校，是名副其实的“救火队员”。没人肯教的班级，只要学校安排给他，他总是愉快地接受，从不讨价还价，并尽心尽力地把班级管理好；在荣誉面前，他从不和别人去争、去抢，将机会让给年轻人。每天一大早他总是第一个到学校，督促学生交作业、打扫卫生、早读，在一个个普普通通的日子里，关注着孩子成长的一点一滴。从学校走进家庭，从学习忙到生活，将一颗颗爱的种子种到孩子和家长的心中。在35年教育生涯中，张桂强培养了一批又一批优秀农家子弟，在各行各业中绽放光彩。2021年，他被评为南京好市民。

◆**林世松**　男，1950年11月出生，中共党员，迈皋桥街道东井村社区党员楼幢长。他虽身患直肠癌、脑梗等疾病，但仍热爱生活，热心公益，心系居民，尽自己的点滴力量，为东井村社区增色添彩。当小区面临加装电梯居民分歧较大难题时，他第一时间站出来，挨家挨户做工作，最终牵头解决难题，让小区成功加装电梯。在文明城市创建等活动中，他身体力行，既是宣传员又是战斗员，用实际行动支持社区工作。新冠肺炎疫情防控期间，他放弃休息，坚守一线，不怕苦、不怕累，以高度的社会责任感和使命感，践行着老党员的初心与使命。2021年，他被评为南京好市民。

◆**王　玥**　女，1988年11月出生，中共党员，自媒体人、咨询师、培训师。王玥她热心社区事务，尤其是志愿服务，小到为居民量血压、参与社区劳动，大到新冠疫情防控、抗洪防汛……都能看到她的身影。她主动加入老党员工作室，持续用自己的技术与特长协助老党员们传递正能量。她坚持弘扬奉献精神，勇做新时代青年，被尧化街道青年志愿联盟聘为秘书长。她坚持贯彻志愿精神，展现新时代作为，开展社区深耕计划，以青年为目标，为在职居民提供职场技能讲座，帮助青年确定自己的职场目标和人生规划。她以自己的实际行动诠释"一名党员，就是一面旗帜"，有效发挥了自己的党员模范带头作用。2021年，她被评为南京好市民。

◆**王红梅**　女，1972年11月出生，中共党员，栖霞区常春藤老年服务中心主任。为帮助家乡探索农村互助养老的新模式，王红梅发起创办本土农村领域为老服务组织——常春藤老年服务中心，服务于农村养老事业。2016年，王红梅率先在原中国水泥厂社区开展农村互助养老模式试点工作，后又指导17个村居家养老服务站和好邻养老社服务点，服务街道内15000多名老人。她探索实施"邻里小餐桌"助餐项目，针对街道偏远农村老人，通过邻居给老人提供助餐服务，一个小餐桌，可覆盖周边4~6位老人。邻里小餐桌项目已在4个村成功推广运行。每逢中秋、春节等这些本应与家人团圆的节日里，她都是陪伴中心的老人，为他们举办"百叟宴"，与老人们"同跨年"等。自新冠肺炎疫情突发以来，王红梅更是积极落实疫情防控要求，吃住都与老人在一起，用自己的实际行动温暖老人们的心。2021年，她被评为南京好市民。

◆**马传梅**　女，1970年3月生，中共党员，迈皋桥街道山水园社区党委书记。马传梅自2005年参加社区工作以来，本着全心全意为人民服务的宗旨、恪尽职守的奉献敬业精神，得到广大居民认可。新冠肺炎疫情期间，她一直坚守岗位，带领工作人员为辖区居民保驾护航，"有任何事情，她总是第一个上，始终冲在一线"。马传梅时刻关心关爱辖区妇女儿童，特别是困境儿童，及时传递党和政府的关怀和温暖。马传梅的脚在新冠肺炎疫苗接种点维持秩序时扭伤了，脚伤一拖就是一个多月。7月23日，在社区核酸检测点上不停忙碌的她，当天微信步数达5万多步，社区同事劝她休息一下，但她说："你们都是年轻的90后，都像我的孩子一样，我必须要多考虑、多做一些事，把风险降到最低，不但做好小区的疫情防控，更要保护你们的安全。"2021年，她被评为南京好市民。

荣 誉 录

2021年度栖霞区获中央部委表彰的先进个人名录

表33

姓 名	工作单位及职务	荣誉称号	表彰单位	表彰时间
李 媚	区委统战部民族科副科长	2020年度《中国统一战线》宣传工作先进个人	中国统一战线杂志社	2021—1
王远志	南京经开区税务局人事教育科副科长	中国好人	中央文明办	2021—2
孙金娣	仙林街道党工委书记、仙林农牧场党委书记，仙林大学城工委委员、管委会副主任，二级巡视员	全国优秀党务工作者	中共中央	2021—7
滕年军	八卦洲工委副书记（挂职）	第三届三农科技服务金桥奖个人奖	中国技术市场协会	2021—9—14
姜爱舜	尧化街道月桂园小区居民	全国最美家庭	全国妇联	2021—11—29
吴兴林	栖霞区龙潭中心小学副校长	中国好人	中央文明办	2021—12

2021年度栖霞区获江苏省表彰的先进个人名录

表34

姓 名	工作单位及职务	荣誉称号	表彰单位	表彰时间
孙晓华	栖霞区行政审批局局长	省“最美政务人”	省政务办	2021—1
王梓诚	南京金陵小学	新时代江苏好少年	省文明办	2021—1
冯国红	南京特殊教育师范学院医务室医生	全省高校卫生系统新冠肺炎疫情防控工作先进个人	省高等教育学会卫生健康研究委员会	2021—1
陈 亮	南师大美术学院副院长、区美术家协会主席	省美术家协会组织工作先进个人	省美术家协会	2021—4
王剑秋	栖霞区税务局税源管理四科科长	全省五一劳动奖章	省总工会	2021—1—30
武晓路	龙潭街道工委书记	2020年度省三八红旗手	省妇女联合会	2021—2—22
李 婧	中国科学院紫金山天文台研究员	2020年度省三八红旗手	省妇女联合会	2021—2—22
陈廷阳	区政府办政务信息科副科长	2020年度全省政务信息工作先进个人	省政府办公厅	2021—3
吴 烨	市规划和自然资源局栖霞分局信访办副主任	2019—2020年全省自然资源信访工作成绩突出个人	省自然资源厅	2021—3—18
宓晨辉	南京特殊教育师范学院管理学院学生	省优秀共青团员	共青团省委	2021—4
曹于平	南京海辰药业股份有限公司	省劳动模范	中共江苏省委、省政府	2021—4
朱吉兵	乐金显示（南京）有限公司	省劳动模范	中共江苏省委、省政府	2021—4
毛武扬	省体育局训练中心排球运动管理中心主任	省先进工作者	中共江苏省委、省政府	2021—4
徐雪萍	省体育局训练中心党委书记	江苏省省级机关优秀党务工作者	中共江苏省委省级机关工作委员会	2021—6

续表

姓　名	工作单位及职务	荣誉称号	表彰单位	表彰时间
朱小乐	区台湾同胞接待站一级科员	全省统战系统庆祝建党100周年青年党员演讲比赛优秀奖	省委统战部	2021—6
陆振生	金陵科技学院党委常委，组织部部长、机关党委书记	省优秀党务工作者	中共江苏省委	2021—6
冯国红	南京特殊教育师范学院医务室医生	2021年度全省高校优秀共产党员	省委教育工委	2021-6
曹　飞	尧化街道尧新社区	全省“百名示范”村（社区）书记	省委组织部	2021—6—21
孙金娣	仙林街道党工委书记、仙林农牧场党委书记，仙林大学城工委委员、管委会副主任，二级巡视员	省优秀党务工作者	中共江苏省委	2021—7
张九童	南京特殊教育师范学院副教授	省教育系统先进个人（优秀教师）	省人社厅、省教育厅	2021-9
王　宇	龙岸花园社区党委书记	2020年度全省基层党员冬训工作先进个人	省委宣传部、省委组织部	2021—9—3
刘志峰	金陵科技学院建工学院院长	省优秀教育工作者	省人社厅、省教育厅	2021—9
徐世亮	区文化馆馆员、区戏曲曲艺家协会主席	省文化和旅游系统先进工作者	省文化和旅游厅	2021—10
荆　露	尧化街道企业服务中心	省第七次全国人口普查工作成绩显著个人	省第七次全国人口普查领导小组办公室、省统计局	2021—11
潘　滢	八卦花园社区劳动协理员			2021—11
杨莉莉	下坝村劳动协理员			2021—11
潘　伟	尧化街道金尧花园社区			2021—11
梅　琪	尧化街道吴边社区			2021—11
王　玉	尧化街道尧石二村社区			2021—11
王　乐	尧化街道尧安新村社区			2021—11
高媛媛	尧化街道翠林山庄社区			2021—11
郑　潮	栖霞区龙潭街道南中村两委			2021—11
徐晶晶	栖霞区龙潭街道中国水泥厂社区			2021—11
王传巧	栖霞区龙潭街道长江村			2021—11
黄　涛	栖霞区龙潭街道马渡村			2021—11
邵　蔚	栖霞区龙潭街道靖安佳园社区			2021—11
丁　雷	龙潭街道龙潭街社区两委委员			2021—11
马泽宇	区人武部政工科职工	江苏青年好网民	省委网信办、团省委	2021—11
周忠林	市栖霞区栖霞街道栖霞社区物业管理员	江苏好人	省文明办	2021—11
徐　薇	南京栖霞高新技术产业开发区工作委员会委员、管理委员会副主任、妇联主席	2021年度省巾帼建功标兵	省妇女联合会	2021—11—12
王友双	南京科蔚创业服务有限公司董事长兼总经理、南京科霞高新技术服务有限公司董事长兼总经理	2021年度省巾帼建功标兵	省妇女联合会	2021—11—12
李　婧	中国科学院紫金山天文台台务委员、研究员	2021年度省巾帼建功标兵	省妇女联合会	2021—11—12

续表

姓　名	工作单位及职务	荣誉称号	表彰单位	表彰时间
王　玥	迈皋桥街道统计工作人员	省第七次全国人口普查工作成绩显著个人	省第七次全国人口普查领导小组办公室、省统计局	2021—11
蔡　蕾	迈皋桥街道统计工作人员			2021—11
缪　骥	省统计局栖霞调查局副局长			2021—11
张光伟	区综合抽样调查队队长			2021—11
史福强	栖霞区统计局一级主任科员			2021—11
董立功	栖霞区统计局一级主任科员			2021—11
左秦学	栖霞区统计局三级主任科员			2021—11
赵希炜	栖霞区统计局四级主任科员			2021—11
王舒娴	尧化街道尧化社区			2021—11
杨秀琴	尧化街道尧化社区			2021—11
王　颖	尧化街道王子楼社区			
王　猛	尧化街道尧胜社区			2021—11
于　婷	尧化街道劳动保障所	2021年度省岗位练兵先进个人奖	省人社厅、省总工会	2021—12—1
葛亚莉	区妇联组织宣传科科长	2021年全省妇联优秀妇女工作通讯员	省妇女联合会	2021—12—2
樊　琬	南京特殊教育师范学院数学与信息科学学院辅导员	省高校辅导员年度人物	省委教育工委、省教育厅	2021-12
杨爱琴	栖霞商务局外贸科科长	2021年度全省服务贸易（服务外包）统计工作先进个人	省商务厅	2021—12—15

2021年度栖霞区获南京市表彰的先进个人名录

表35

姓　名	工作单位及职务	荣誉称号	表彰单位	表彰时间
张龙平	八卦花园社区居委会副主任	全市抗击新冠肺炎疫情先进个人	市委办公厅	2021—1—1
吴春林	马渡村党委书记	市高水平全面建成小康社会先进个人	中共南京市委、市政府	2021—3
王家梁	区人武部上校政委	优秀党务工作者	南京警备区	2021—6
谢洪琴	区人武部军事科职工	优秀共产党员	南京警备区	2021—6
刘培军	栖霞区劳动人事争议仲裁院院长	市优秀共产党员	中共南京市委	2021—6
许筱玮	外沙村党委书记	市优秀党务工作者	中共南京市委	2021—6—1
曹　林	南京诺唯赞生物科技股份有限公司董事长、总经理	市优秀共产党员	中共南京市委	2021—7
陈鹏飞	南京经开区管委会企业服务局副局长	市优秀共产党员	中共南京市委	2021—7
查陆璟	南京LG新港新技术有限公司党总支书记、副总经理、工会主席	市优秀党务工作者	中共南京市委	2021—7
吕振亚	江苏龙蟠科技股份有限公司党委书记、总裁	市优秀党务工作者	中共南京市委	2021—7
王　亚	南京长澳医药科技有限公司党支部书记、人事行政部长	市优秀党务工作者	中共南京市委	2021—7

2021年度栖霞区获中央部委表彰的先进集体名录

表36

获表彰单位	荣誉称号	表彰单位	表彰时间
仙林街道	全国三八红旗集体	中华全国妇女联合会	2021—3—8
南京特殊教育师范学院图书馆“袋鼠妈妈”特殊需要儿童阅读疗育志愿服务团队	全国巾帼文明岗	全国妇联	2021-3
岳耀蒙委员工作室	全国首届人民政协“优秀委员工作室”	全国政协	2021—3
南京经开区管委会科技人才局	全国巾帼建功先进集体	全国妇联	2021—3
南京明州码头有限公司	全国交通运输文化建设优秀单位	中国交通企业管理协会	2021
马群街道文康苑社区	2020年度全国综合减灾示范社区	国家减灾委员会	2021
迈皋桥街道	2021年全国科普日优秀活动	中国科协办公厅	2021
八卦洲外沙村	乡村治理示范村	农业农村部	2021—8
栖霞区代表队（南京龙言狮语文化传媒有限公司队）	第十四届全国运动会群众展演广场舞决赛广场龙舞分项企事业单位组一等奖	第十四届全国运动会组委会	2021—8
尧化街道	第七次全国人口普查先进集体	国务院第七次全国人口普查领导小组	2021—9—1
栖霞区人民政府龙潭办事处	2017—2020年度全国群众体育先进单位	国家体育总局	2021—9—2
南京康之春生物科技有限公司	第三届三农科技服务金桥奖集体奖	中国技术市场协会	2021—9—14
南京红杜鹃农业科技集团有限公司	第三届三农科技服务金桥奖集体奖	中国技术市场协会	2021—9—14
八卦洲外沙村	全国村级议事协商创新实验试点单位	民政部办公厅	2021—11
尧化街道	尧安新村北院老旧小区纳入住房和城乡建设部建设司关于“我为群众办实事”实践活动城镇老旧小区改造项目	住房和城乡建设部建设司	2021—11—1
尧化街道	全科政务服务标准化入选全国社会管理和公共服务综合标准化试点典型案例集	国家市场监督管理总局标准技术司	2021—11—1
尧化街道	以标准化体系建设推动基层社会治理提升入选全国典型实践50强案例	中国标准化研究院标准化评估研究所	2021—11—1
仙林党群服务中心户外劳动者服务站点	2021年最美工会户外劳动者服务站点	中华全国总工会	2021—12
栖霞区民政局	2021年度社会救助领域创新实践优秀案例	民政部	2021—12—8
栖霞区税务局	全国职工合唱展演团队奖	中华全国总工会文工团、中国职工音乐家协会等	2021—12—8
区工商联	2020—2021年度全国“五好”县级工商联	中华全国工商业联合会	2021—12
区工商联	2021年度“构筑民营经济舆论阵地”先进单位	中华全国工商业联合会	2021—12
区委统战部	2020年度《中国统一战线》宣传工作先进单位	中国统一战线杂志社	2021—1

2021年度栖霞区获江苏省表彰的先进集体名录

表37

获表彰单位	荣誉称号	表彰单位	表彰时间
龙岸花园社区祥和苑小区	2020度创省级达标小区	省城市管理局	2020—12
栖霞区交通运输局	省交通建设有功集体	省人社厅、省交通运输厅	2021
栖霞区人防办	2021年度省人防工作先进单位	省人防办	2021
马群街道百水芊城社区	2020年度省级宜居示范居住区	省住房和城乡建设厅	2021
马群街道向上社区	2020年度省级示范物业管理项目	省住房和城乡建设厅	2021
南京马群街道物业服务中心有限公司	2020年度省级示范物业管理项目	省住房和城乡建设厅	2021
迈皋桥办事处	省第七次全国人口普查成绩显著集体	省统计局	2021
迈皋桥街道南塑新村	2020年度党建引领物业管理服务工作省级示范点	省委组织部	2021
迈皋桥街道省电建宿舍	2020年度省级示范物业管理项目	省住房和城乡建设厅	2021
迈皋桥街道	全省基层党员冬训工作示范街道	省委宣传部	2021
迈皋桥街道万寿村社区	全省第二批“红石榴家园”	省民族宗教事务委员会	2021
尧化新村社区	2019年度省优秀社会工作项目三等奖	省民政厅	2021—3—1
南京姚坊门物业管理有限公司党支部	2020年度党建引领物业管理服务工作省级示范点	省委组织部	2021—3—1
人民来访接待中心	2020年度全省信访系统人民满意窗口建设质量提升工程示范单位	省信访局	2021—3—1
市规划和自然资源局栖霞分局	“南京金马路综合交通枢纽项目”被评为2021年度节地模式（技术）先进典型案例	省规划和自然资源厅	2021—3—9
南京特殊教育师范学院团委	2020年全省大中专学生“三下乡”社会实践先进单位	省委宣传部、省文明办、省教育厅、共青团省委、省学生联合会	2021—3
区政府办	2020年度全省政务信息工作先进单位	省政府办公厅	2021—3
翠林山庄社区	2021年省家庭教育指导服务示范社区	省妇女联合会	2021—4—1
南京枫情水岸物业服务中心	“工人先锋号”称号	省建设工会工作委员会	2021—4—1
市规划和自然资源局栖霞分局	2020年度全省自然资源系统法治建设工作成绩突出单位	省规划和自然资源厅	2021—4—23
区行政审批局	省政府督查激励	省政府办公厅	2021—5
栖霞区民政局	养老服务体系建设和养老服务产业发展成效明显的地方（养老服务体系建设）	省政府办公厅	2021—5—12
南京特殊教育师范学院管理学院教师党支部	2021年度全省高校先进基层党组织	省委教育工委	2021—6
市规划和自然资源局栖霞分局中心一所	全省系统自然资源所标准化建设成效显著单位	省规划和自然资源厅党的建设工作领导小组	2021—6—23

续表

获表彰单位	荣誉称号	表彰单位	表彰时间
省体育局训练中心田径第一党支部	2020年度省级机关“服务高质量发展”先锋队党支部	中共江苏省委省级机关工作委员会	2021—4
南京栖霞建设物业服务股份有限公司	省优秀“戎耀之家”	省退役军人事务厅、省总工会	2021—7—1
尧林仙居、计算新村小区	省级宜居示范居住区	省住房和城乡建设厅	2021—7—1
仙林街道	2020年度省广场舞公益培训进街道进社区进乡村活动先进集体	省广场健身舞运动协会	2021—7
马群街道金马艺术团	2021年度省优秀群众文化团队	省文化和旅游厅	2021—8—17
羊山湖花园	2020年度省级示范物业管理项目	省住房和城乡建设厅	2021—8—1
区委党校	省节水型单位	省水利厅、省机关事务管理局	2021—8—30
东方天郡	2019—2020年度省级宜居示范居住区项目	省住房和城乡建设厅	2021—9—1
市规划和自然资源局栖霞分局	“市灵山桂山龙王山生态修复”案件被评为省首届“最美生态修复案例”	省规划和自然资源厅	2021—8—10
八卦洲外沙村	江苏新型农村社区治理与服务典型案例	省委研究室	2021—9
八卦洲下坝村	省级民主法治示范村	省司法厅	2021—11
中国电信股份有限公司南京分公司校园营销服务中心高校城东分局	2021年度省巾帼文明岗	省妇女联合会	2021—11—12
南京邮电大学学生工作处心理健康教育与咨询中心	2021年度省巾帼文明岗	省妇女联合会	2021—11—12
栖霞区纪委监委机关	全省纪检监察系统先进集体	省纪委、省监委、省人社厅	2021—11—16
栖霞区统计局	省第七次全国人口普查工作成绩显著集体		2021—11—19
迈皋桥办事处	省第七次全国人口普查工作成绩显著集体	省第七次全国人口普查领导小组办公室、省统计局	2021—11—19
龙潭办事处	省第七次全国人口普查工作成绩显著集体		2021—11—19
区文化和旅游局	2021年度全省境外卫星电视传播秩序专项整治工作成绩突出单位	省广播电视局	2021—12
区科技局	全省科技宣传工作成效突出单位	省科技厅	2021—12
长江村党总支	省“红石榴”家园	省民族宗教事务委员会	2021—12
江畔人家社区	2021年全省“最美工会户外劳动者服务站点”	省总工会	2021—12
区文化和旅游局	省广播电视依法行政示范单位	省广播电视局	2021—12
栖霞区税务局	2021年度省公共机构节能低碳示范单位	省机关事务管理局、省财政厅、省生态环境厅等	2021—12—29

续表

获表彰单位	荣誉称号	表彰单位	表彰时间
南京栖霞建设股份有限公司	省“守合同重信用”企业	省企业信用管理协会	2021—12—1
八卦洲新闸村	省民主法治示范村	省司法厅	2021—12
八卦洲外沙村	省绿美村庄	省农业农村厅	2021—12
新阶层阵地“万达汇”	全省首批新阶层统战工作实践创新示范基地	省委统战部	2021—12
区民宗局	省“红石榴家园”（南京中医药大学）	省政府	2021—12
区民宗局	省“石榴枫桦”（桦墅村）	省政府	2021—12
尧化街道	2021年度省文化科技卫生“三下乡”先进集体	省委宣传部	2021—12—1
栖霞区实验小学	省“红石榴”家园	省民族宗教事务委员会	2021—12—1

2021年度栖霞区获南京市表彰的先进集体名录

表38

获表彰单位	荣誉称号	表彰单位	表彰时间
栖霞区民政局基层政权建设和社区治理科	全市抗击新冠肺炎疫情先进集体	中共南京市委、市政府	2021—1—8
区行政审批局	深化审批改革和“宁满意”先进区	市政府办公厅	2021—1
龙潭街道人民武装部	基层武装工作先进单位	南京警备区	2021—1
迈皋桥街道工委	2021年市先进基层党组织	中共南京市委	2021—
南京经开区投资促进局	2020年高质量建设“强富美高”新南京先进集体	中共南京市委、市政府	2021—3
南京经开区环境保护局	市高水平全面建设小康社会先进集体	中共南京市委、市政府	2021—3
仙林街道	市高水平全面建设小康社会先进集体	中共南京市委、市政府	2021—3
区政府办	2020年度市政务信息工作先进单位	市政府办公厅	2021—4
马渡村党委	市先进基层党组织	中共南京市委	2021—6
南京天加环境科技有限公司党委	市先进基层党组织	中共南京市委	2021—7
博世华域转向系统有限公司南京分公司党总支	市先进基层党组织	中共南京市委	2021—7
南京先进激光技术研究院党支部	市先进基层党组织	中共南京市委	2021—7
尧化街道	2020年度全市实施乡村振兴战略郊区街镇高质量发展综合奖	中共南京市委 市政府	2021—2

综　　录

Appendix

栖霞山·始皇临江处

杨　铁／绘

责任编辑　张永芳

新闻报道题录

2021年栖霞区刊登在市级以上媒体的重要报导题录选介

表39

媒　体	时　间		新闻标题	作　者
	月	日		
《人民日报》	4	12	画好同心圆 服务更多元（实施城市更新行动②）	姚雪青
		16	南京市栖霞区逐步完善残疾人托养照护服务体系	姚雪青
	7	4	种好责任田 当好常青树	栖　宣
	8	4	融入社区 感受中国（我在中国）	姚雪青
	9	24	党旗红 治理优 生活美（奋斗百年路 启航新征程·党旗在基层一线高高飘扬）——江苏省南京市仙林街道打造新时代城市版“枫桥经验”（头版）	刘维涛等
《工人日报》	10	18	江苏两地工会建立法律援助异地协作机制	黄洪涛
中央电视台	1	7	《新闻联播》【在习近平新时代中国特色社会主义思想指引下】转变发展方式推动长江经济带高质量发展	栖　宣
	4	13	《谁知盘中餐》芦蒿抢“鲜”记	栖　宣
	6	7	《绿色答卷》治理土壤 守护希望	栖　宣
	8	29	《新闻直播间》江苏南京 加速科技成果落地转化 助推高质量发展	栖　宣
		30	《朝闻天下》奋斗百年路 启航新征程·中国共产党人的精神谱系	栖　宣
	11	5	《消费主张》郊区周末游成为旅游新热点（二）	栖　宣
	12	1	《新闻直播间》江苏南京 栖霞红叶进入最佳观赏期 游客络绎不绝	栖　宣
		2	《第一时间》寒潮来袭 江苏南京：栖霞红叶进入最佳观赏期	栖　宣
央视客户端	6	14	八旬老人迷路很自责：我讨厌吧？民警：不讨厌！	刘立江
央视新闻微信公众号	10	17	大美秋天！每一张都是壁纸	栖　宣
《经济日报》	2	17	开足马力助抗疫	蒋　波
	3	14	推动高质量发展 创造高品质生活	栖　宣
《中国青年报》	9	8	江苏：青春闪耀在防疫一线（头版）	李　超
人民网总网	1	16	南京仙林街道贴心送岗保就业	马晓波
	3	26	南京：樱花大道俏江畔	王新年等
	6	24	南京栖霞：三大板块齐发力 推进党史学习教育走深走实	马晓波
	7	1	江苏党员群众集中收看庆祝中国共产党成立100周年大会	吴纪攀
		1	荣光，奋进！各地干群热议习近平在庆祝中国共产党成立100周年大会上的重要讲话	栖　宣
		30	筛查继续：南京进行第三轮全员核酸检测	顾姝姝等
《新华每日电讯》	10	21	与江共生的南京之变	栖　宣
新华社APP	5	13	南京财经大学校社结对共建 开创党建新格局	周萱婷
	9	22	数字科技助推中国慈善更便捷更透明	王天宇等

续表

媒　体	时间 月	时间 日	新闻标题	作　者
央广国际在线	3	9	南京市下庙社区组织开展“雷锋月——巾帼携手滨江绿色行”主题志愿服务活动	罗　毅
		9	南京市下庙社区：打造自信美丽新女性	杨心怡
		10	南京市下庙社区：送法进工地 冬训更充实	杨心怡
	8	2	一线战“疫”夫妻档坚守基层用汗水书写为民办实事	栖　宣
	11	1	童声传栖霞之森林小卫士”活动在南京栖霞山开启海选	栖　宣
		3	南京市栖霞区龙潭中心小学老师吴兴林：扎根家乡磨砺成为乡村教育事业的守望者	栖　宣
共产党员网	12	7	孙金娣同志主要事迹	栖　宣
中国之声	12	10	送餐四年时时陪伴陪护，这位空巢老人的上门闺女有多贴心？	杨守华等
党史学习教育官网	4	19	江苏南京栖霞把学习成果转化为办实事本领——实境课堂听民声解难题	仇惠栋
	5	12	南京栖霞：再现晓庄英烈故事 “活化”红色历史资源	马晓波
	12	31	南京栖霞区：“掌上云社区”再升级 打造“智治+自治”样板	马晓波
学习强国全国平台	5	18	江苏南京：青年深情演绎《唱支山歌给党听》	李　猛
		22	江苏南京栖霞区尧化街道：结对共建学党史 携手同心办实事	刘　鹏
	6	14	南京栖霞：有一种幸福叫被家庭医生“管”着	郑颖玲等
	7	7	江苏南京栖霞区：科技助残 首届残疾人职业技能创新大赛成功举办	耿月娣
		31	江苏南京一位社区书记的战“疫”记	郭星星
	8	12	江苏南京：封闭在家十四天——三十八户居民隔离不隔情	杨晓东
		19	江苏南京：图灵人工智能研究院开发“清宁疫捷”系统助力抗疫	张鹏辉
	9	14	江苏南京栖霞区：开设“跨市通办”专窗	武　菲
	11	18	江苏南京：汲取百年奋斗力量 用心用力用情办好各项民生事业	刘　鹏
人民日报APP	1	16	南京仙林街道贴心送岗保就业	马晓波
	7	31	白衣作甲再出征！南中医师生将“大医精诚”写在抗疫一线	栖　宣
	8	4	疫情期间，坚守岗位的医护人员让人敬佩！	栖　宣
	11	20	跳动的稻米 激昂的乡村——2021南京龙潭稻香美食节暨农旅融合发展论坛开幕	潘瑞凯等
		23	极美南京丨栖霞山 雁啼红叶天，人醉黄花地	栖　宣
工人日报APP	3	26	南京栖霞评选职工优秀科技创新成果和先进操作法	黄洪涛
	4	10	南京栖霞区联合高校举办产业工人培训班	黄洪涛
	8	2	南京栖霞：送快递时赠一份“疫情防控要点”	黄洪涛
中国新闻出版广电网	4	11	建党100周年献礼影片《晓庄1930》开机	杨　雯
	9	13	《沸腾的晓庄——中共晓庄支部革命历史影像》展示共产党人大无畏精神	王文岭
人民网江苏频道	2	8	江苏南京：废弃厂房变身农家书屋	马晓波
		12	了不起的守护者！	耿志超等
	3	25	南京栖霞区举办2021土地招商推介会 推出23宗地块	马晓波
	4	8	南京市“百年礼赞”百场诗歌朗诵活动在栖霞区启动	马晓波

续表

媒体	时间		新闻标题	作者
	月	日		
人民网江苏频道	4	11	仙马鸣枪开跑1.1万名跑友相约南京仙林	马晓波
		12	南京这场活动“实”字当头：基层会诊现场办公	马晓波
		16	南京栖霞仙林街道“六进”巡回宣讲团开讲	马晓波
		22	南京栖霞：政企合作助力残疾人就业创业	马晓波
		24	南京栖霞一季度实现“开门红” 社会消费品零售总额增长超四成	马晓波
		24	南京栖霞“携手”玄武共建知识产权保护执法司法联动机制	马晓波
		27	南京栖霞区政府办党总支赴南大开展主题党日活动	马晓波
	5	12	南京栖霞：再现晓庄英烈故事 “活化”红色历史资源	马晓波
		14	南京栖霞区：关爱残障儿童 感受精彩生活	马晓波
		19	学党史办实事 南京栖霞区拆迁安置小区杆线下地	马晓波
		30	南京首个社区党史教育馆在栖霞区揭牌	马晓波
	6	3	南京栖霞持续推进党史学习教育走深走实	马晓波
		8	南京烟草三分局与社区开展党建结对	范月能等
		23	栖霞区斩获2021南京创新周“六星”	马晓波
		23	图灵驻场企业家基地在南京栖霞区揭牌	马晓波
		23	南京栖霞区再签8个生物医药类合作项目 发力AI+生物医药	马晓波
		24	南京栖霞区举办“永远跟党走 奋进新栖霞”群众歌会	马晓波
	7	3	南京栖霞区171个年度重点城建项目进展顺利	马晓波
		6	喜迎党的百岁华诞，南京党员干部这样说	栖 宣
		4	南京市栖霞区仙林街道党工委书记孙金娣：种好责任田 当好常青树	栖 宣
		23	直击南京48小时：一场没有旁观者的战“疫”	马晓波
		23	南京战“疫”中的温暖瞬间	马晓波等
		30	南京栖霞：“医护白”+“志愿红” 见“疫”勇为守护“宁”安	马晓波等
	8	1	园企一心共筑防疫墙 南京经开区这样应对防疫“大考”	马晓波
		11	南京栖霞封控小区解封：隔离不隔爱 解封不解防	马晓波
		17	南京栖霞封控小区解封 恢复常态化疫情防控管理	马晓波
	9	1	一条绿色通道，解了500多名货运驾驶员的“急难愁盼”	马晓波
		9	江苏南京：好政策助力援企稳岗 新思路推进创业就业	耿志超等
		15	南京栖霞：831个探头朝天看 整治“悬在城市上空的痛”	马晓波
		26	第十七届中国·南京农业嘉年华在八卦洲开幕	王新年
		26	南京栖霞：手机查档让百姓不跑腿	栖 宣
		27	第十七届中国·南京农业嘉年华开幕	栖 宣
	10	9	第二十一届“秋栖霞”红枫艺术节开幕	马晓波等
		23	2021“绿美江苏·生态旅游”系列推介活动之“走进秋栖霞”启动	马晓波

续表

媒　体	时间 月	时间 日	新闻标题	作　者
中国网	11	17	抗击疫情：防控有力 人民心安	栖　宣
		20	2021南京龙潭稻香美食节暨农旅融合发展论坛开幕	马晓波
		20	南京：初冬时节醉美仙林	马晓波
		23	南京：栖霞红枫赛晚霞	马晓波
		26	南京栖霞区首届社区（村）残协专干培训班举行	马晓波
		30	南京栖霞区“质量小站”开站 一站式贴心服务企业	马晓波
	12	30	南京栖霞区：“掌上云社区”再升级 打造“智治+自治”样板	马晓波
	9	13	南京栖霞城管：深耕一线为人民 常态化管理提升市容市貌	栖　宣
		8	线下有序线上畅通 南京栖霞“防疫”“服务”两不误	黎　元
新华网	6	24	中国（南京）智谷“AI＋生物医药”菁英论坛启幕	王　玥
	7	19	南湾营社区：老党员行动不便 党支部送纪念章上门（总网）	王　琦
		30	南中医师生志愿者驰援栖霞区第三次核酸检测	沙佳仪
	8	7	栖霞共青团组织青年志愿者在抗疫一线集结	栖　宣
		7	南京栖霞：一“栖”守护 同心抗“疫”	赵雅惠
		7	科技加码政企协同 抗疫彰显栖霞担当	阴文清
		10	“零距离”的坚守 “疫”线上的担当	栖　宣
		12	点赞！防疫查验点栖霞城管帮助抛锚车主推车避免交通事故	黎　元
		12	尧化街道：居民点单社区代购 党员接力送货到家	栖　宣
		14	童声嘹亮，掌上云“小喇叭”在线宣传	栖　宣
		16	交通查验点：组织在一线 党员冲在前	栖　宣
		21	两在两同，南京栖霞区残联以必胜信念打赢疫情防控阻击战	栖　宣
	9	18	拓宽致富门路 创新村民自治	栖　宣
		24	我为群众办实事 织密反诈宣传网	王　玥
	10	27	扎根于乡村教育事业的守望者	沙佳仪
	12	8	聚焦家庭教育矛盾，原创话剧《燕矶曦照》巡演好评如潮	孙馥涵
中国新闻网	6	4	南京栖霞区提升城市治理水平 发布5大项20条惠民新政	葛　勇
	7	29	南京栖霞两轮全员核酸检测结果均为阴性	徐珊珊
		29	江苏3600多名高校师生志愿投身南京抗疫	徐珊珊
	8	4	探访南京隔离酒店：过生日还能收到蛋糕和长寿面	张传明
	10	10	又到枫叶飘红时：南京栖霞山开启“赏秋季”	徐珊珊
		17	“高质量发展看栖霞”活动启动	葛　勇
		17	南京栖霞区有序推进智慧充电系统落地	葛　勇
		24	“绿美江苏·生态旅游”之“走进秋栖霞”活动启动	徐珊珊等
中国新闻网APP	11	2	“栖霞山森林小卫士”为秋季赏枫添活力	徐珊珊等

续表

媒体	时间 月	时间 日	新闻标题	作者
中国新闻网APP	11	19	南京栖霞山层林尽染如诗如画	徐远等
		21	南京栖霞区推出高标准渣土车停车场	葛勇
		27	醉美！南京栖霞山迎最佳赏枫季	栖宣
中国日报中文网	6	4	中国（南京）智谷“AI+生物医药”菁英论坛在宁举办	栖宣
学习强国江苏平台	1	1	南京栖霞：“一环”揽江岛 八卦洲变城中花园	郑颖玲等
		1	南京栖霞：“万企联万村”结硕果 桦墅凤凰农家书屋开门迎客	郑颖玲等
		2	栖霞区率先起跑江苏省小餐饮备案 营商环境“宁满意”	林泽宇等
		4	南京栖霞：迈出教育高质量发展的坚实步伐	郑颖玲等
		5	“e”马当先 南京栖霞区档案服务升级版	郑颖玲等
		5	南京栖霞：文化夜班车新年发车 推行公共文化场馆“12小时开放制”	郑颖玲等
		6	南京栖霞：为残疾人打造“社区康复服务圈”	郑颖玲等
		8	南京栖霞：“院府合作3.0”再探医改新路	郑颖玲等
		9	南京栖霞：奋力谱写“强富美高”新栖霞建设崭新篇章	郑颖玲等
		11	南京栖霞：多思、勤学、实干 网格员为建设最美家园许下承诺	郑颖玲等
		12	南京栖霞：省内率先起跑小餐饮备案 打造营商环境“宁满意”	郑颖玲等
		13	江苏省首个“跨省通办”服务专窗落地南京栖霞	郑颖玲等
		15	南京栖霞：“联”手共建 “盟”发力量 推动区域党建深度融合	郑颖玲等
		17	南京栖霞又添省级特色田园乡村	郑颖玲等
		18	南京栖霞：制度引领推动警示教育常态化制度化有效落实	郑颖玲等
		19	“全国最美家庭”陆巧玉家庭：夫妇同为抗疫一线最美逆行者	郑颖玲等
		19	南京栖霞：网络平台带动残疾人更高质量就业	郑颖玲等
		20	南京栖霞发出首张网络货运经营许可证	郑颖玲等
		25	致敬最美劳动者 南京仙林送你一朵大红花	郑颖玲等
		26	南京栖霞：三级联动 全域融合 全力推进新时代文明实践	郑颖玲等
		28	南京栖霞配备政务服务自助一体机 一机可办45项业务	郑颖玲等
		29	东进！第二次跨越——专访南京栖霞区委书记、南京经济技术开发区党工委书记黎辉	崔欣等
		29	南京栖霞：凝聚力量 多元共治 让绿色生活成为生活新风尚	郑颖玲等
		1	南京栖霞：讲好垃圾分类这门“必修课”	郑颖玲等
		1	锚定前九 南京经开区坐稳国家级第一方阵	郑颖玲等
		2	南京栖霞：好好感受南京年味 社区员工在宁过年很开心	郑颖玲等
		4	南京栖霞：打造社区直播文化特色品牌 助力实现残疾人更高品质生活	郑颖玲等
		5	江苏南京：废弃厂房变身农家书屋	来芙萍
		5	南京栖霞：“驿万家”文明实践行动暖人心	郑颖玲等
		6	南京栖霞：民生提质 擘画“最美新栖霞”	郑颖玲等

续表

媒　体	时间 月	时间 日	新闻标题	作　者
学习强国江苏平台	2	7	南京栖霞燕子矶街道：曾经“脏乱差” 如今华丽蝶变	郑颖玲等
		9	南京栖霞：在宁过年，让“打工人”过个“书香年”	郑颖玲等
		10	南京栖霞：打造“365乐养无忧”养老新模式	郑颖玲等
		11	南京栖霞：跨行业跨区域创新工作组团队辐射作用显现	郑颖玲等
		13	文明实践丨南京栖霞：用志愿精神凝聚文明力量 “齐享换乐”积分超市“开业”	郑颖玲等
		14	南京栖霞：将非遗传承的接力棒交到孩子手上	郑颖玲等
		16	区县新闻丨南京栖霞：情暖夕阳不褪色 组织关怀暖人心	郑颖玲等
		17	南京栖霞：守好农村防疫“最后一公里”	郑颖玲等
		20	区县新闻丨南京栖霞西岗街道：“大手+小手” 巧手绘文明	郑颖玲等
		23	党员冬训丨南京栖霞马群街道：融合文明实践与志愿服务 冬训实践中的“一体两翼”	郑颖玲等
		24	南京经开区获评中日韩（江苏）产业合作示范园区	郑颖玲等
		25	党员冬训丨南京栖霞：仙林人这样落实“三牛”精神	郑颖玲等
		26	南京栖霞：出台22条措施打造“国际化创新高地”	郑颖玲等
		28	“全国脱贫攻坚先进个人”孔毅远：把栖霞山麓致富花播在秦岭腹地	郑颖玲等
	3	3	产业质态好 科技含量高 南京栖霞板块50个重大项目开工	郑颖玲等
		4	南京栖霞：社区医院“一站式”服务助力健康管理化繁为简	郑颖玲等
		5	南京栖霞：深化精神文明教育 倡导文明健康绿色环保生活方式	郑颖玲等
		6	文明实践丨南京栖霞：最美坚守人 书写最美“敬业福”	郑颖玲等
		7	南京栖霞：“放鱼养水”保生态 龙潭街道扮靓生态乡村	李珊宴等
		8	南京栖霞：凝心聚力 建强职工之家	郑颖玲等
		9	南京栖霞：共建共学新格局 画好新时代文明实践“同心圆”	卞稚明等
		9	文明实践丨南京栖霞：七彩同盟联动 打造志愿服务同心圆	郑颖玲等
		10	总投资424亿元 南京经开区21个市级重大项目建设“快马加鞭”	郑颖玲等
		10	文明实践丨南京栖霞：一场持续了39年的志愿约定	郑颖玲等
		12	南京栖霞：率先实施食品经营许可告知承诺制	郑颖玲等
		13	南京经开区：聚力打造四大千亿产业集群	郑颖玲等
		14	文明实践丨南京栖霞：“看听学做”四联齐发深化精神文明建设	郑颖玲等
		17	晒强国积分，话学习心得丨“学习强国”探“宝藏” 真学真用正家风	郑颖玲等
		17	南京栖霞：精准发力 助力困难残疾人就业	郑颖玲等
		17	党员冬训丨南京栖霞：改建荒废兰花园长廊 打造党员冬训新阵地	郑颖玲等
		18	南京栖霞：“一日规范”下的温情流露	郑颖玲等
		18	南京马群新景：“巢”未筑 “凤”先至	郑颖玲等
		19	南京栖霞：“三微模式”拓展党员冬训广度深度	郑颖玲等
		22	南京栖霞：花开如海 这里的二月兰美醉了	郑颖玲等

续表

媒体	时间 月	时间 日	新闻标题	作者
学习强国江苏平台	3	25	南京栖霞：贡献志愿力量 “河小青”助力长江“十年禁渔”	郑颖玲等
		25	南京栖霞马群街道：奏响统战“连心曲” 凝聚发展“合心力”	郑颖玲等
		26	视觉江苏丨南京栖霞：春暖花开时，桦墅变花墅	郑颖玲等
		30	“贴身”守护一江碧水 南京龙潭街道志愿服务步履不停	卞稚明等
		30	南京栖霞：健全残疾人托养服务体系 构建综合型助残服务平台	郑颖玲等
		31	区县新闻丨南京栖霞：化身仙林风 “犇”跑在栖霞	郑颖玲等
	4	1	视觉江苏丨南京栖霞：来八卦洲邂逅“花花世界”	郑颖玲等
		2	智慧赋能乐养无忧 南京栖霞养老服务指导中心正式启用	郑颖玲等
		4	南京栖霞：文明实践守初心 推动党史学习教育走心走实走深	郑颖玲等
		7	区县新闻丨南京栖霞：明确高标准创新指标 今年高企总数将超千家	郑颖玲等
		8	党员冬训丨创新又走心 南京栖霞街道“四节课”助推冬训工作见实效	郑颖玲等
		9	南京栖霞：三种“新变化” 让党员冬训焕发别样魅力	郑颖玲等
		10	南京栖霞马群街道：“政治生日”暖心更走心	郑颖玲等
		11	晒强国积分，话学习心得丨“学习强国”成为“掌中宝”	郑颖玲等
		12	区县新闻丨南京栖霞：小区内外皆风景 万树花开迈皋桥	郑颖玲等
		13	南京栖霞迈皋桥街道：画好同心圆 共筑大发展	郑颖玲等
		15	南京栖霞：共享赛道 残疾人“跑”出人生精彩	郑颖玲等
		18	区县新闻丨南京栖霞仙林街道：端稳饭碗 幸福满满	郑颖玲等
		19	南京栖霞马群街道：以史化风 “民生清单”践初心	郑颖玲等
		20	南京栖霞龙潭街道：新技术“扮靓”老屏幕 学习与时代“同频共振”	郑颖玲等
		23	南京栖霞尧化街道：打造老党员工作室 让社区治理有了新景象	郑颖玲等
		23	南京栖霞：共建共治共享 “掌上云社区”筑牢基层治理新格局	郑颖玲等
		24	南京栖霞：把学习成果转化为办实事本领 实境课堂听民声解难题	郑颖玲等
		26	南京栖霞区龙潭街道：打造“身边的党史宣讲名嘴” “微党课”里寻初心	郑颖玲等
		27	南京栖霞：政企合作助力残疾人就业创业	郑颖玲等
	5	1	“小窗口”反映“大民生”南京栖霞首设“办不成事”反映专窗	郑颖玲等
		2	便民服务丨南京栖霞：线上查档更便捷 档案结果免费邮寄到家	郑颖玲等
		3	区县新闻丨南京栖霞：无障碍改造让残疾群众的生活有爱无“碍”	郑颖玲等
		3	视觉江苏丨南京栖霞：蟠龙山之背，有潭名龙潭	郑颖玲等
		5	南京栖霞：社区有间“楼里睦邻”老党员工作室	郑颖玲等
		8	城乡教育丨南京栖霞：不断优化教育布局 夯实教师队伍建设“新高地”	郑颖玲等
		13	区县新闻丨南京栖霞龙潭街道：精准帮扶困难残疾人就业	郑颖玲等
		18	南京栖霞：八条路径布局 描绘“十四五”蓝图	郑颖玲等
		18	区县新闻丨南京栖霞：聚焦人工智能产业 打造创新发展高地	郑颖玲等

续表

媒 体	时间 月	时间 日	新闻标题	作 者
学习强国江苏平台	5	19	区县新闻丨南京栖霞：源头活水浇灌“科创森林”	郑颖玲等
		20	南京尧化街道：结对共建学党史，携手同心办实事	郑颖玲等
		20	南朝石刻话春秋 栖霞文韵古流芳	郑颖玲等
		21	区县新闻丨破解停车难题 南京栖霞多措并举让城市车位“活”起来	郑颖玲等
		21	“戏”彩纷呈“剧”好看 梅花戏剧奖竞演演员走进南京栖霞	郑颖玲等
		22	Ta改变了我丨那些年，那些红色电影陪伴着我	赵 艳等
		23	南京市栖霞区中小学生“四史”学习教育读本首发	高文玉等
		23	对口帮扶丨南京栖霞：助力西部乡村振兴 湟中、商洛特色农产品将走进直播间	郑颖玲等
		24	区县新闻丨南京栖霞：党建引领 科技助残	郑颖玲等
		24	南京栖霞：“绣”好活化、靓化、精细化的小康图景	郑颖玲等
		26	南京栖霞：便民服务再升级 龙潭街道发出跨市域营业执照	郑颖玲等
		27	南京栖霞仙林街道：党史学习教育见实效 居民关心的项目开工了	郑颖玲等
		28	在线接单 云端赋能 南京栖霞首创救助服务“云超市”	郑颖玲等
	6	1	提供爱心帮扶开放平台 南京栖霞对口帮扶展示馆开业	郑颖玲等
		2	区县新闻丨南京栖霞：社区自研“破袋神器” 厨余垃圾“完美”入桶	郑颖玲等
		2	南京迈皋桥街道打造“四个一”项目 献礼建党百年	赵 艳等
		5	南京栖霞：与世界对话 育世界少年	郑颖玲等
		8	南京栖霞尧化街道：传承红色基因 让党旗在基层一线高高飘扬	郑颖玲等
		8	南京八卦洲街道：红色网格学党史 架起服务“连心桥”	郑颖玲等
		8	党旗在基层一线高高飘扬丨“调解大妈”郭凤萍：永不退休的“人民调解排头兵”	卞稚明等
		9	江苏南京：聚智赋能善治共享 擦亮基层社区治理栖霞品牌	郑颖玲等
		10	“折翼天使”开启“触冰”情缘 南京市首支智力残疾人旱地冰壶队成立	郑颖玲等
		11	高质量发展丨土壤治理 南京栖霞交出绿色答卷	郑颖玲等
		12	区县新闻丨南京栖霞：尧新大道变身景观大道	郑颖玲等
		15	南京栖霞：绿色江岸 生态家园	郑颖玲等
		16	南京栖霞：用耳朵“看”电影 让电影传递温暖	郑颖玲等
		17	南京栖霞燕子矶街道：支部建在楼栋里 学党史有了新阵地	郑颖玲等
		18	南京栖霞区首艘渔政执法艇入列	郑颖玲等
		18	南京栖霞八卦洲街道：“公约领航”项目助力党史学习教育走深走实	郑颖玲等
		18	区县新闻丨南京栖霞：大学生创业走出智慧农业路	郑颖玲等
		23	南京龙潭街道：政企共建学党史 擘画发展新愿景	卞稚明等
		23	区县新闻丨南京栖霞：重现外郭文化 打造生态新城	郑颖玲等
		24	南京栖霞：交通赋能 城市价值重估	郑颖玲等
		26	南京栖霞“智谷”闪耀创业群星	陈丹琳等

续表

媒　体	时间 月	时间 日	新闻标题	作　者
学习强国江苏平台	6	26	南京栖霞：出台八项激励措施 真金白银引育高层次人才创新创业	郑颖玲等
	7	1	南京栖霞龙潭街道：全国首创“金点子” 为社区治理“疏经通络”	郑颖玲等
		3	高质量发展丨南京经开区：聚力打造下一代汽车产业高地	郑颖玲等
		7	南京栖霞迈皋桥街道：传承红色基因，推动高质量发展	郑颖玲等
		8	南京栖霞：在纾民困解民忧中践行初心使命	郑颖玲等
		9	南京栖霞八卦洲街道：用好特色课堂 为乡村振兴播撒希望的种子	郑颖玲等
		10	区县新闻丨当好城建排头兵 南京栖霞一大波重点城建项目进展来了	郑颖玲等
		12	中国（南京）智谷显露峥嵘 栖霞摘下“六颗星”	郑颖玲等
		13	“互联网+监管”是什么？南京栖霞给出答案	郑颖玲等
		14	南京栖霞：加强湿地候鸟保护 实现人与自然和谐共生	郑颖玲等
		15	视觉江苏丨南京栖霞：小荷宝带你解锁不一样的荷之乡	郑颖玲等
		16	区县新闻丨南京栖霞：“标准化”推动社区治理能力再提升	郑颖玲等
		19	南京栖霞：一名党员就是一面旗帜——记援陕干部洪伟	郑颖玲等
		20	南京栖霞：实现预包装食品销售自主备案 证照分离改革创全省首例	郑颖玲等
		21	南京栖霞：做实非法集资防范宣传 为“钱袋子”装上“安全锁”	郑颖玲等
		22	贴心服务办实事 南京栖霞上线食品经营许可证到期提醒服务	郑颖玲等
		28	南京栖霞：战疫一线的“无名英雄”	郑颖玲等
	8	2	南京栖霞街道抗疫布防图：2000名党员忙而不乱守土有责	戚阜生等
		7	南京栖霞马群街道：上好砥砺初心必修课，锤炼提振精神动力源	郑颖玲等
		7	南京栖霞迈皋桥街道：守民心汇初心 筑牢防疫一线“桥头堡”	郑颖玲等
		9	南京栖霞：战疫一线凝聚民政力量	郑颖玲等
		12	南京栖霞：政企协同 绘就科技抗疫布防图	郑颖玲等
		13	南京栖霞：赋能乡村振兴 让乡土人才“香”起来	郑颖玲等
		17	南京栖霞区：筑牢疫情防控线 织密妇儿服务网	曹宏萍等
		21	两在两同 同心抗疫丨南京栖霞：隔离点的特殊党支部	郑颖玲等
		23	南京栖霞尧化街道：政企双轮驱动 下好联防联控“一盘棋”	郑颖玲等
		25	南京栖霞：“精兵”集结一线 科技助力抗疫	郑颖玲等
		26	南京栖霞迈皋桥街道：筑牢小区防疫壁垒 当好防疫“守门员”	郑颖玲等
		26	便民服务丨南京栖霞：“老人出入证”助老出行无忧	郑颖玲等
		31	南京栖霞：牵手湟中西宁 非遗作坊变身乡村振兴舞台	郑颖玲等
		31	首次对接中欧班列！南京综合保税区（龙潭片）开辟国际陆运通关新模式	郑颖玲等
	9	1	高质量发展丨南京栖霞：构建创新全链条 实体经济结出累累硕果	郑颖玲等
		1	区县新闻丨南京栖霞：建阵地树品牌 清风化雨润廉心	郑颖玲等
		2	南京栖霞：决胜污染防治攻坚 生态环境旧貌换新颜	郑颖玲等

续表

媒　体	时间 月	时间 日	新闻标题	作　者
学习强国江苏平台	9	4	变身宜居地 南京燕子矶新城10年修复133万平方米地块	吴丽莉等
		6	南京栖霞：拓宽不见面审批绿色通道	郑颖玲等
		8	南京栖霞：为退役士兵送上暖心的“见面礼”	郑颖玲等
		9	南京栖霞：引导企业有序复产复工 打出便民利企“组合拳”	郑颖玲等
		12	高质量发展丨南京栖霞：枫红栖霞山 热土起宏图	郑颖玲等
		12	南京栖霞：两大换乘中心开启“P+R”综合换乘模式 最快年底投用	郑颖玲等
		13	南京栖霞：开设“跨市通办”专窗 为民服务事项跨市也能办	郑颖玲等
		18	扬尘管控，南京栖霞亮出这些招	郑颖玲等
		19	南京栖霞：党建架起连心桥 科普惠民办实事	郑颖玲等
		24	南京栖霞：主城首家河长制主题公园竣工	郑颖玲等
		28	南京栖霞：“栖待已久” 等你来购 美好生活节启动	郑颖玲等
		29	南京栖霞：做好“江河”大文章 唱响新时代长江之歌	郑颖玲等
		30	南京栖霞：构建有声阅读服务立体矩阵 将建成27个有声书房	郑颖玲等
	10	3	微视频丨《霞客行》	郑颖玲等
		3	南京栖霞：守护青山绿水 开展打击毁林专项行动	郑颖玲等
		9	南京市栖霞山风景名胜区管理处：党建引领文明新“枫”，精细服务打造“向往的生活”	黄　镇等
		9	江苏南京栖霞：牵手青海西宁湟中 共建现代农业项目	郑颖玲等
		11	“互联网+就业” 中国残疾人互联网营销师教培基地在南京栖霞揭牌	郑颖玲等
		12	南京栖霞：依山傍水有机生长 擘画仙林好风景	郑颖玲等
		12	南京栖霞：“竹海”取代“蜘蛛网” 安置小区变模样	郑颖玲等
		16	南京栖霞：以“洽”为媒 聚力打造新医药与生命健康产业地标	郑颖玲等
		18	南京栖霞：让“法律明白人”变身群众的贴心人	郑颖玲等
		25	南京栖霞：“汉字叔叔”用“黑科技”讲述汉字故事	郑颖玲等
		26	深化东西协作 南京栖霞与西宁湟中签订8项共建项目协议	郑颖玲等
		27	南京栖霞：增设集中充电装置 破解商户充电难题	郑颖玲等
		28	南京栖霞：高质量发展勇立潮头 聚共识描绘幸福模样	郑颖玲等
		28	南京栖霞：首家街道职工创新工作组暨临时党支部揭牌	郑颖玲等
		29	南京栖霞：共护母亲河 用一江碧水书写长江大保护答卷	郑颖玲等
		31	南京栖霞：厚植创新沃土 打造高质量发展强引擎	郑颖玲等
	11	3	国家级新港高新园：打造产业集群 擦亮人工智能招牌	郑颖玲等
		4	风劲扬帆 南京栖霞迈步好时节	郑颖玲等
		5	南京栖霞：高质量发展勇立潮头 聚共识绘“幸福模样”	郑颖玲等
		5	区县新闻丨南京栖霞：按下“快进键” 让数字经济热腾腾	郑颖玲等
		10	南京栖霞：以民生实事绘就乡村振兴大美图景	郑颖玲等

续表

媒体	时间 月	时间 日	新闻标题	作者
学习强国江苏平台	11	12	南京栖霞：高标准农田项目建设结硕果	郑颖玲等
		17	区县新闻丨南京栖霞：普法宣传为安全生产保驾护航	郑颖玲等
		20	南京栖霞：持续深化和拓展产业扶持 接续推进乡村振兴	郑颖玲等
		21	南京栖霞：织密民生保障网络 打造社会救助“栖霞样本”	郑颖玲等
		27	南京栖霞马群街道：依托“红色引擎”党建平台打造宜居家园	郑颖玲等
		27	区县新闻丨南京栖霞：产城融合 擘画“最美新栖霞”	郑颖玲等
	12	2	区县新闻丨南京栖霞：一篇栖霞援青干部工作笔记在朋友圈“火”了	郑颖玲等
		3	南京栖霞：生态为底 文化染色 描绘绿色的“诗和远方”	郑颖玲等
		4	南京栖霞：为全面建设典范城市作出更大贡献	郑颖玲等
		5	生态·美丨南京栖霞：生态秀丽 桦墅村入选中国美丽休闲乡村	郑颖玲等
		8	区县新闻丨南京栖霞：抢抓机遇 让制造业“拥抱”智能	郑颖玲等
		8	南京栖霞：“读懂”老年人需求 托起幸福夕阳红	郑颖玲等
		10	南京栖霞区龙景花园：老小区迭代升级 幸福加倍	卞稚明等
		10	区县新闻丨南京栖霞：多点发力 育才引才	郑颖玲等
		11	南京栖霞：办好“家门口的好学校” 龙潭中心小学迎来百年校庆	郑颖玲等
		13	南京栖霞：构建护绿新体系 林长制促“林长治”	郑颖玲等
		17	南京栖霞：“掘金”乡村 绽放更多“美丽经济”	郑颖玲等
		18	区县新闻丨南京栖霞：一站式综合服务 为外贸企业发展跨境电商提供便利	郑颖玲等
		18	视觉江苏丨晴好冬日，来南京栖霞“晒一晒”吧	郑颖玲等
		19	区县新闻丨南京栖霞：念好“放管服”三字诀 利企惠民添动能	郑颖玲等
		22	南京栖霞：倾听群众心底声 构建“幸福方程式”	郑颖玲等
		22	南京栖霞：八卦洲街道以“村级议事协商”模式探索全国乡村治理新路径	郑颖玲等
		24	南京栖霞：下足“绣花功夫” 织靓街巷“针脚”	郑颖玲等
		25	全省首个！南京市栖霞区打造长输油气管线智慧监管平台	郑颖玲等
		28	南京栖霞迈皋桥街道：让孩子在家门口邂逅汉字文化	郑颖玲等
		29	南京市栖霞区通过国家级县域节水型社会达标建设省级验收	郑颖玲等
《新华日报》	1	27	栖霞，优秀是“藏不住”的	栖宣
		27	民生提质，擘画“最美新栖霞”	栖宣
	2	5	冰火两重天，只缘一所“房”	栖宣
		7	习惯成自然，当个“会分垃圾的文明人”	栖宣
		13	马群换乘中心将于本月封顶	栖宣
		13	南京栖霞：制度引领，警示教育警醒人心	栖宣
	3	1	“小巨人”集合，点亮“开门红”	栖宣
		12	心在一起，就是团圆	栖宣

续表

媒体	时间 月	时间 日	新闻标题	作者
《新华日报》		12	留守工地过年，项目部连发15天红包	栖宣
		12	就地过年 与“宁”团圆	栖宣
		18	首个全自持租赁住房项目亮相	栖宣
		26	一场招商会六万人“围观”	栖宣
	3	1	栖霞板块50个重大项目开工	栖宣
		1	笃行谋远，栖霞改革再出发	栖宣
		1	尧化居民猜灯谜学党史	栖宣
		8	亿元项目落户栖霞街道	栖宣
		8	栖霞时间银行开展助老活动	栖宣
		8	世界领先电气装备“南京造”	栖宣
		10	制造业企业研发费加计扣除比例提至100%，让企业发展更有底气	栖宣
		11	聚焦高水平大学建设，办人民满意教育	栖宣
		12	美丽古都，在青山绿水间拥抱未来	栖宣
		15	仙林马拉松4月11日开跑	栖宣
		22	栖霞区马群街道：奏响统战“连心曲”，凝聚发展“合心力”	栖宣
		22	实施“城市更新”，三个“老区”涅槃重生	栖宣
		22	栖霞企业晋级专利大赛	栖宣
		22	尧化街道小区出新“全程代办”	栖宣
		23	严把质量关的“钢铁医生”	栖宣
		26	接种疫苗江苏在行动	栖宣
		29	城市田园，犁出栖霞好光景	栖宣
		29	仙林开展“我为群众办实事”活动	栖宣
		29	迈皋桥街道：画好同心圆共筑大发展	栖宣
	4	3	学党史悟思想巡礼 南京：强调“学深悟透”着眼“热在基层”	栖宣
		2	建党百年倒计时100天 南大党员师生举行升旗仪式	栖宣
		3	小区内外皆风景 万树花开迈皋桥	栖宣
		7	南邮成功研发高精度移动轨迹定位技术	栖宣
		12	仙林街道开展党史学习教育	栖宣
		12	《主席来到了十月村》广播剧开播	栖宣
		12	放飞心“鸢”	栖宣
		12	南京经开区线上线下学党史	栖宣
		12	有声图书馆里听党史	栖宣
		15	南京尧化街道：科技赋能 VR助力 让党史学习“活起来”	邵小华等
		19	实境课堂听民声解难题	栖宣

续表

媒　体	时间 月	时间 日	新闻标题	作　者
《新华日报》	4	19	南京安居集团“定义”保障房生态新高度	栖　宣
		19	栖霞区成立年轻企业家教育基地	栖　宣
		19	请出老党员，社区变了样	栖　宣
		20	党建引领激活乡村善治	栖　宣
		20	奔跑吧，以马拉松的名义	栖　宣
		26	龙潭“书香龙岸”悦读项目启动	栖　宣
		26	一季度“走起”，栖霞“开门红”	栖　宣
	5	1	燕子矶新城开展党史学习教育	栖　宣
		12	中建安装“品质工程”赋能南京城市副中心	栖　宣
		16	南京栖霞新增一家上市企业	栖　宣
		16	南京市栖霞区：我为群众办实事，上门评残暖人心	栖　宣
		17	栖霞区举办“中华门创将”大赛	栖　宣
		17	栖霞打造人工智能创新策源地	栖　宣
		17	源头活水，浇灌“科创森林”	栖　宣
		17	梅花奖系列活动走进栖霞	栖　宣
		22	“众筹”解决“老大难”	栖　宣
		24	栖霞探索对口扶贫新模式	栖　宣
		26	南京:位势跃升助推更高质量一体化	栖　宣
		31	实境学党史，实事暖民心	栖　宣
	6	26	南京栖霞“智谷”闪耀创业群星	栖　宣
		1	借力平台经济，让农产品走得更远	栖　宣
		16	南财大党委将党史学习教育融入立德树人全过程	栖　宣
		16	南邮“慧眼识桥”团队成功设计桥梁缆索检测机器人	栖　宣
		21	栖霞高新区：乘势而上澎湃新动能	栖　宣
		21	交通赋能，栖霞C位出道	栖　宣
		25	算好城市“空间账”点燃发展“强引擎”	栖　宣
		28	栖霞举行中韩跨境电商论坛	栖　宣
		28	全国智库专家研讨“栖霞样本”	栖　宣
		28	南京经开区新研机构“裂变”成群	栖　宣
		28	创新引领，南京经开区“换挡”提速	栖　宣
		28	桦墅村打造大学生实践基地	栖　宣
		27	南京基层干部和社区工作者连续奋战坚守战疫一线 迈开“铁脚板”他们展现“铁的担当”	栖　宣
	7	29	风雨同舟，筑起一道道“红色防线”	栖　宣
		5	城建大发展亮出栖霞手笔	栖　宣

续表

媒　体	时间 月	时间 日	新闻标题	作　者
《新华日报》	7	5	栖霞区举办“中医药进万家”义诊	栖　宣
		12	发力大健康产业带，升级高校经济圈 二次跨越，开启“全新仙林”	栖　宣
		12	仙林街道表彰“二十大最美”	栖　宣
		16	南京中医药大学养老服务与管理学院揭牌成立	栖　宣
		19	龙潭街道打造“毗邻党建联盟”	栖　宣
		19	南京经开区崛起文旅新地标	栖　宣
		21	栖霞区司法局：“四注重”让法治乡村建设更“明白”	栖　宣
	8	1	夏夜“查漏”	栖　宣
		4	社区医院变身“哨兵”	栖　宣
		1	摄山村里有群“贴心代购”	栖　宣
		13	栖霞区委统战部奋战防疫一线 践行“两在两同”	栖　宣
		25	新婚夫妻成为“疫”线“战友”	栖　宣
		26	建阵地树品牌 清风化雨润廉心	栖　宣
		30	栖霞携手湟中打造银铜器产业示范基地	栖　宣
		30	城里“一块田”，种出大文章	栖　宣
	9	6	枫红栖霞山，热土起宏图	栖　宣
		6	栖霞区：锚定新中心 实现新跨越	栖　宣
		6	栖霞高新区：科技战疫展露产业“硬核”	栖　宣
		13	栖霞区先进制造业强劲增长	栖　宣
		27	省政协赴基层调研指导“有事好商量”协商议事工作	栖　宣
		27	消费出新 城市更吸睛	栖　宣
	10	6	江苏多所高校迎来新生报到——温馨温暖，呵护梦想在校园启航	栖　宣
		11	有机生长，擘画仙林好风景	栖　宣
		15	南京、苏州入选全国“一刻钟便民生活圈”建设试点 步行一刻钟，感受幸福“烟火气”	栖　宣
		18	栖霞区签约888.6亿元项目	栖　宣
		18	激活创新基因 进军世界一流“健康南京”引吭新时代“生命之歌”	栖　宣
		21	南京财经大学举办师生篆刻展 方寸之间彰显信仰之美	栖　宣
		25	风劲扬帆，栖霞迈步好时节	栖　宣
		25	五彩斑斓秋意浓	栖　宣
	11	3	青年智库学者 建言数字江苏建设	栖　宣
		8	精准施策，打造社会救助“栖霞样本”	栖　宣
		14	创新“党建+网格”模式 共促“民族团结一家亲”	栖　宣
		15	“南京造”AI芯片逐鹿后摩尔时代	栖　宣
		17	栖霞区司法局：多管齐下 法治护航青少年“翱翔蓝天”	栖　宣

续表

媒　体	时间 月	时间 日	新闻标题	作　者
《新华日报》		18	普法宣传“反电诈” 筑牢群众“防骗墙”	栖　宣
		22	栖霞山举办方志大讲堂	栖　宣
		29	八卦洲街道商会助力乡村振兴	蒋静蓉
		1	开办质量小站 助力企业发展	栖　宣
		6	龙潭街道商会为企解难题	朱利虎
		6	南京经开区新规划1平方公里发展这项产业 瞄准生物医药，从“重镇”走向“高地”	李凯
		13	栖霞区举办统计法治宣传月活动	仇惠栋等
		17	栖霞区龙潭街道以“毗邻党建”“跨域合作”抢抓发展机遇	栖　宣
	12	17	南京市妇幼保健院丁家庄院区项目封顶	栖　宣
		20	栖霞民建会员之家揭牌	周军等
		20	政策“秒触发”，惠企一键达	李凯
		20	栖霞区打造“智能治理实验基地”	仇惠栋等
		20	仙林街道网格里绘好同心圆	栖　宣
		27	栖霞区举办党史知识大赛	仇惠栋等
江苏卫视	2	12	南京八卦洲：“江中绿岛”的取舍之道	栖　宣
	6	3	全心为民办实事 聚力发展谋振兴 江苏省委研究室：提升服务能力 推进改革惠民	栖　宣
	7	30	汇聚全民“战疫”力量 一位听障小姐姐的“战疫”故事	栖　宣
	8	3	共筑防疫“墙” 社区医院当好“哨兵” 隔离点人性化服务	栖　宣
江苏城市频道	8	12	隔离不隔爱：一封被消毒水打湿的感谢信	栖　宣
	10	23	共助“绿美江苏”生态旅游发展 “秋栖霞”走起！	姜奇卉
江苏公共新闻	3	26	转角遇见春天 南京尧化老街焕新颜 拆迁地块变身“口袋”公园	栖　宣
	10	23	南京栖霞山的枫花开了！一簇簇伞状花序挂枝头 专家：枫树误把秋天当春天	栖　宣
	11	14	我为群众办实事：不退休的“人民调解排头兵”	栖　宣
江苏广播网	6	23	南京栖霞：“无声”的金融课堂，打造有温度的助残公益服务	姜奇卉
《江苏经济报》	2	1	南京十字街社区组织老兵参观红色教育基地	栖　宣
	5	25	迈皋桥街道景和园社区新时代文明实践站在燕舞园小区广场举办开启“红船话党史”第二场巡展	江润余等
	7	30	记者实地探访疫情防控省界查验点：逢车必查，逢人必验！	耿文博
《江苏法制报》	3	1	竞放“和谐花” 结出“平安果”	陈广娟
	5	16	让疫苗“多跑路” 让居民“少跑腿”	栖　宣
《南京日报》	1	2	新增科技初创企业超400家，同比增一倍——高新聚能，新港“核变”	栖　宣
		4	为深化“强富美高”新栖霞建设贡献政协力量	栖　宣
		6	栖霞：奋力谱写“强富美高”新栖霞建设崭新篇章	栖　宣
		8	栖霞人大：勠力同心助推“强富美高”新栖霞建设	栖　宣

续表

媒　体	时间 月	时间 日	新闻标题	作　者
《南京日报》	1	1	“冰冻模式”挡不住爱心暖流	栖　宣
		2	朝九晚九，“夜”读“阅”美	栖　宣
		8	这里，垃圾分类为何走在全市前列	栖　宣
		8	我省首个“跨省通办”服务专窗落地南京	栖　宣
		12	不负百姓重托共谋发展良策	栖　宣
		14	扛起使命担当，聚力建设“强富美高”新南京	栖　宣
		15	放榜！2020年12月垃圾分类成绩公布	栖　宣
		15	栖霞榜上有名 全省唯一	栖　宣
		15	跨区“断头路”打通出行更快捷	栖　宣
		15	栖霞区：淬炼忠诚干净担当铁军队伍	栖　宣
		21	南京新增四个“淘宝村”	栖　宣
		22	七年存进近三千小时，让爱心持续“增值”	栖　宣
		26	2020，城市治理亮点纷呈	栖　宣
		27	明外郭风光带将添两座南京文化元素人行跨线桥	栖　宣
		28	新港高新园两企业获批私募基金管理人资质	栖　宣
		29	南京经开区综合水平再次位列全国第九	栖　宣
		4	低端有保障 高端有选择	栖　宣
		17	牛年春节不停“犁” 奋力奔跑抓开局	栖　宣
		23	栖霞出台22条措施打造“国际化创新高地”	栖　宣
		24	马群综合换乘中心封顶	栖　宣
		26	我市2名个人3个集体获评“全国先进”	栖　宣
		23	10名学生党员、共青团员曾在这里甘洒热血	栖　宣
	2	1	灵山北路西延项目建成通车	栖　宣
		2	栖霞举办迎春年货展销会	栖　宣
		3	帮“新树”扎深根 促“大树”建生态	栖　宣
		5	高标准整治200条背街小巷撑起“美丽古都”城市定位	栖　宣
		6	让“打工人”过个“书香年”	栖　宣
		7	累计保障21万多户家庭，南京新市民住房“大礼包”越来越丰厚	栖　宣
		8	推进农业农村现代化 争当乡村振兴排头兵	栖　宣
		9	社区党支部为高龄党员送学上门	栖　宣
		9	连续生产最高可获补贴50万元	栖　宣
		11	党建阵地进驻商场	栖　宣
		12	去年“独守空房” 今年欢聚一堂	栖　宣
		16	与宁一起过大年	栖　宣

续表

媒　体	时间 月	时间 日	新闻标题	作者
《南京日报》	2	17	百幅牛年剪纸，“剪”出创意中国年	栖宣
		18	他们的坚守 让年味更浓	栖宣
		24	4月具备通车条件	栖宣
		25	栖霞推出“1+2”乡村旅游精品线路	栖宣
		26	“栖霞龙舞”快闪闹元宵	栖宣
	3	17	让党史“飞入寻常百姓家”（头版）	栖宣
		27	南京东部将再添一批文旅商贸地标（头版）	栖宣
		28	练就铁肩膀真本领硬功夫（头版）	栖宣
		29	城市三环建设收尾（头版）	栖宣
		30	栖霞今年高企总数要超千家	栖宣
		2	交通织“网” 古都绘“美” 民生增“福”	栖宣
		2	90岁老人捐出65年前与毛主席合影照	栖宣
		5	在基层党员冬训中开展党史专题学习	栖宣
		6	超3万名志愿者助力垃圾分类	栖宣
		6	避免“多头跑” 一件事一次办	栖宣
		9	南京经开区：聚力打造四大千亿产业集群	栖宣
		9	“时间银行”志愿者上门服务老兵	栖宣
		9	弘扬雷锋精神 社区医护志愿者走进春晓园社区	栖宣
		1	以人民为中心，创造高品质生活	栖宣
		12	6230小时！老党员捐赠“时间巨款”	栖宣
		18	时间“有价”，爱心无价	栖宣
		18	5G赋能！“移动家医车”开上门	栖宣
		19	栖霞：对标找差深化改革，加快建设教育强区	栖宣
		19	“方寸之地”种果蔬 “一村一品”增收入	栖宣
		20	龙潭街道“企业服务直通车”开通	栖宣
		23	千株乌桕掩映桦墅“爱情隧道”	栖宣
	4	6	发挥党建引领作用 为全面推进乡村振兴筑牢坚实基础	栖宣
		10	端稳饭碗 幸福满满	栖宣
		13	一项红色资源，十种形式展现	栖宣
		15	排名连续“跳级”，发展动能更澎湃	栖宣
		19	八卦洲污水处理厂将试运行	栖宣
		1	小区墙上二维码 手机扫码听党史	栖宣
		5	这一刻，举城低首，向逝者默哀	栖宣
		7	创建绿色出行城市，南京今年这么干	栖宣

续表

媒　　体	时间 月	时间 日	新闻标题	作　者
		8	南京经开区：学党史、办实事，切实为群众解难题	栖　宣
		12	“一个人的党课”送学小组走进社区	栖　宣
		13	休闲长廊添“新景”“党史学习角”活动多	栖　宣
		14	商洛农产品“走”上我市市民餐桌	栖　宣
		17	抢抓园博园开园机遇，栖霞助力南京东部“三年见形象”	栖　宣
		19	“让关键产业不被‘卡脖子’”	栖　宣
		23	打造先进激光产业集群	栖　宣
		27	规上工业总产值全市第一，“压舱石”地位愈加稳固	栖　宣
		29	狠抓项目建设，加速栖霞“蝶变”	栖　宣
		4	畅享“世外桃源”体验“田园牧歌”	栖　宣
		5	边逛边玩边吃，乐享节日喜悦	栖　宣
	5	13	我市今年第二家上市企业今敲钟（头版）	栖　宣
		5	接地气的“网红”村党委书记	栖　宣
		6	在建医院工程加快推进，优质医疗资源加速聚集	栖　宣
		13	栖霞：八条路径布局 绘画“十四五”蓝图	栖　宣
		13	聚焦人工智能产业 打造创新发展高地	栖　宣
		14	栖霞区、江宁区分列城郊区组第一	栖　宣
《南京日报》		15	栖霞区跟进监督护航禁捕退捕落地落实	栖　宣
		22	栖霞救助服务“云超市”上线	栖　宣
		25	为劳模代表塑像	栖　宣
		25	居民关心的弱电杆线下地项目开工了	栖　宣
		26	八卦洲跨境电商产业园开园	栖　宣
		26	电商推广员、公益主播、云客服……栖霞利用“互联网+”激活就业新形态	栖　宣
		4	浇灌“红沃土”开出“幸福花”	栖　宣
		9	57天啃下陈年“硬骨头”	栖　宣
		13	“永远跟党走”主题演出举行	栖　宣
		14	百里风光带已建成8大景区	栖　宣
		17	社区打造“党员红色小屋”	栖　宣
	6	23	推动社会主义核心价值观内化于心外化于行	栖　宣
		25	持续提升区域软实力 树立城市文明新形象	栖　宣
		5	栖霞：绿色江岸，生态家园	栖　宣
		22	栖霞以高质量人才引领高质量发展	栖　宣
		22	栖霞高新区 始终聚焦主责主业，持续释放创新活力	栖　宣
		30	栖霞回望红色历史 激发奋进力量	栖　宣

续表

媒　体	时间 月	时间 日	新闻标题	作　者
《南京日报》	6	30	栖霞在纾民困解民忧中践行初心使命	栖　宣
		30	栖霞让红色基因、革命薪火代代传承	栖　宣
		30	迈皋桥街道：传承红色基因，推动高质量发展	栖　宣
		30	燕子矶街道：凝心聚力学党史 砥砺前行新征程	栖　宣
		30	马群街道：上好砥砺初心必修课，提振干事创业精气神	栖　宣
		30	尧化街道：学习党史氛围浓，传播红色“好声音”	栖　宣
		30	栖霞街道：追寻红色印记 掀起党史学习教育热潮	栖　宣
		30	西岗街道：饮水思源学党史 跋山涉水开新局	栖　宣
		30	龙潭街道：学党史牢记为民初心 办实事厚植人民情怀	栖　宣
		30	八卦洲街道：奋楫扬帆行致远，凝心聚力谱新篇	栖　宣
		30	仙林街道：如磐初心凝伟力，破题攻坚办实事	栖　宣
	7	21	栖霞再扛招商引资红旗 冲在产业发展最前列	栖　宣
		1	南京首个全自持租赁住房项目——东南青年汇广场（仙林）竣工	栖　宣
		7	金陵城又添一部“石头史”	栖　宣
		8	为城市治理的“口袋公园”点赞	栖　宣
		8	高校暑期“三下乡”社会实践出征	栖　宣
		11	北师大教授康震携新作走进栖霞区图书馆 引领读者穿越时光感悟诗句	栖　宣
		12	栖霞街道成立企业上市服务联盟	栖　宣
		13	将河道坡岸、闲置平台打造成惠民花园“微改造”给居民带来“微幸福”	栖　宣
		14	6月垃圾分类综合排名来了 栖霞区、江宁区延续5月“优势”，继续排名第一	栖　宣
		15	栖霞区做实养老机构补贴专项监督文章	栖　宣
		16	姚坊门遗址公园完成景观提升	栖　宣
		22	亿元以上签约项目848个，季度目标完成率282.7%二季度，南京招商迎来“丰收季”	栖　宣
		22	出高招实招为创建文明典范城市护航 难题破解取得新成效	栖　宣
		30	人防技防助防控 沟通服务有温度	栖　宣
		30	查验点里，巾帼不让须眉	栖　宣
	8	19	栖霞：党旗在“疫”线高高飘扬	栖　宣
		25	加快筑牢免疫屏障 确保师生健康安全	栖　宣
		25	坚持党建引领群众参与，培育文明乡风助推乡村振兴	栖　宣
		30	栖霞：一三产业联动，高效赋能乡村振兴	栖　宣
		2	地表温度超50℃，连鞋都湿透了	栖　宣
		3	“撵不走”的老党员	栖　宣
		3	听障姑娘加入青年志愿者突击队	栖　宣
		4	栖霞：看好家、守好门、管好事	栖　宣

续表

媒　体	时间 月	时间 日	新闻标题	作　者
《南京日报》	8	6	他们是代购员、快递员、清洁员	栖　宣
		8	南京95后小伙“隔离日记”走红	栖　宣
		11	助力疫情防控，智慧小区“有智慧”	栖　宣
		13	物资充足 供应有序	栖　宣
		14	雨中的坚守	栖　宣
		15	栖霞推出商铺版“红黑榜”	栖　宣
		19	图灵研究院研发集中隔离观察信息系统	栖　宣
		22	栖霞涉疫医疗废物“日产日清”	栖　宣
		25	凝聚“她力量” 战疫显风采	栖　宣
		27	栖霞：城北交通“蝶变”，南京都市圈更紧密相拥	栖　宣
		30	栖霞：科教资源优势不断释放，创新动能显著增强	栖　宣
		31	栖霞：决胜污染防治攻坚，生态环境“旧貌换新颜”	栖　宣
	9	13	仙林大学城重大项目建设再提速	栖　宣
		14	马群：描绘东部枢纽经济新版图	栖　宣
		26	落实纾困惠企政策，持续优化营商环境 栖霞区助力企业“蓬勃生长”	栖　宣
		27	省人大代表专题调研我市养老服务工作	栖　宣
		2	中秋假期首日，近郊游、住民宿受市民追捧开启乡村“微度假” 畅享假日好时光	栖　宣
		1	栖霞：弘扬敢为人先精神，改革开放走在全国前列	栖　宣
		1	栖霞拓宽“不见面审批”绿色通道	栖　宣
		2	栖霞：推动优质均衡发展，民生福祉大幅提升	栖　宣
		2	栖霞3年内完成长江入河排污口整治	栖　宣
		2	基层党员网上观看党史展	栖　宣
		3	燕子矶新城10年修复133万平方米地块 为土壤“疗伤”，化工“重镇”变成宜居地	栖　宣
		3	开启新征程 实现新跨越奋力谱写“强富美高”新栖霞现代化篇章	栖　宣
		23	中兴大楼”年底亮相栖霞高新区	栖　宣
		29	国庆来这些地方观江景滨江风光带成为新时代山水城市主轴	栖　宣
		30	栖霞区“丹枫农路”点亮美丽乡村	栖　宣
	10	5	吸引众多大中小学生前来参观拍照 红色地铁专列成网红打卡点	栖　宣
		18	文明聚力，共建幸福美好家园（头版）	栖　宣
		27	国家级新港高新园 全力打造中国人工智能创新创业首选地（专版）	栖　宣
		27	栖霞高新区 厚植创新沃土 打造高质量发展强引擎（专版）	栖　宣
		28	栖霞 跃升城市“东部新中心”（专版）	栖　宣
		28	栖霞 新颜值焕发新气质（专版）	栖　宣
		28	新的奋斗目标 全面建设人民满意的社会主义现代化典范城市	栖　宣

续表

媒　体	时间 月	时间 日	新闻标题	作　者
《南京日报》	10	29	栖霞 提质增效加速跑 项目推进新突破	栖　宣
		12	栖霞再添人工智能产业新载体“紫金智谷”	栖　宣
		14	创新 融合 生态 栖霞“产业森林”枝繁叶茂	栖　宣
		15	有凤来栖 霞满天下 栖霞打造新医药与生命健康产业新地标	栖　宣
		21	栖霞：为全面建设典范城市作出更大贡献	栖　宣
		24	推动“绿色制冷” 助力实现“双碳”目标——宁企荣获“2021保尔森可持续发展奖”	栖　宣
	11	1	社区小剧场为居民献演多元艺术	栖　宣
		3	迈皋桥街道：军民共办“双拥杯”运动会	栖　宣
		9	城东仙林将再添医养配套载体	栖　宣
		12	学党史办实事，栖霞扎实推进高质量发展	栖　宣
		15	栖霞区化建二村02幢危房翻建工程竣工——危旧房模样大变，幸福感“原地升级”	栖　宣
		18	泰康仙林鼓楼医院二期封顶	栖　宣
		18	“中医药文化对话世界”展览在宁开展	栖　宣
		19	栖霞上线“栖统云”智慧统战平台	栖　宣
		19	羊山公园再“上新” “口袋球场”暖民心	栖　宣
		22	栖霞区机关单位拿出6000+停车位共享	栖　宣
		22	龙潭稻香美食节暨农旅融合发展论坛开幕	栖　宣
		23	栖霞建“ABC”数字文化产业街区	栖　宣
		26	南京栖霞：织密校园安全“防火墙”	栖　宣
		30	栖霞区：深化专责监督 助力长江大保护	栖　宣
		21	构建共建共治共享社会治理格局推动创建常态长效	江　瑜
		22	服务提质增效 “养老”变“享老”	马道军
		25	南京人办“政事”更方便	徐　宁
		30	栖霞：党建引领办实事，托起民生大幸福	朱旖旎
	12	2	行使民主权利，投下庄严一票	马金等
		3	社区接“订单”，满足居民“微心愿”	肖　凡
		8	江苏女性融媒体创意大赛收官	朱旖旎
		10	“青海湟中非遗传人影像展”中山陵展出	朱旖旎
		13	栖霞帮扶六千名失业人员再就业	肖　凡
		14	向上社区党支部：童心向党 向阳而生	栖　宣
		17	下足“绣花功夫”，织靓街巷“针脚”	顾小萍
		20	墙绘扮靓龙潭美丽乡村	徐　琦
		29	助力城市更新，108个老旧小区“靓”了！	顾小萍等

栖霞掌故

◆老南京人祈福太平山　多年来，上了年纪老南京人还会经常向后辈们唠叨起这样一个俗语，叫作“过太平桥，出太平门，进太平寺，烧太平香，吃太平糕，年年保太平”。老南京人所说的太平山，位于栖霞区尧化门，离长江南岸2公里，距南京“太平门”有10多公里。过去，太平山上曾建有一座“太平寺”，南京城里的市民喜爱前来太平寺烧香拜佛，祈福求安，所以流传下这样一个老南京人人皆知的俗语。

太平山地处南京市郊丘陵边缘，东北方向有乌龙山，东南方向有雌虎山。太平山山势平缓，常年林木葱茏，蝶飞鸟鸣，幽静宜人。据传，西汉时候陕西咸阳南关“茅氏三兄弟”之一的茅盈到句容茅山时路经此地，见太平山卧在龙山、虎山之间，又南与仙鹤山、聚宝山遥相映对，感觉太平山富有灵气，因而萌生过在这里建观传道的意向。唐朝时，佛教盛行，太平山建起了一座“永丰寺”，寓指五谷丰登，永久太平，正吻合老百姓心意，因而格外受到老百姓的尊崇。“永丰寺”建好后，老百姓便相继前来进香祈福，求盼太平，太平山终日香火不断，香客日渐增多，以致老百姓将“永丰寺”习惯称作“太平寺”。

太平山建成“永丰寺”后，南京城内市民也陆续远道赶来。由于路途较远，不少香客当天难以返回，寺内僧人便在寺院前进三间、后进四间的原状下，又在寺院两侧各盖了数间厢房，供香客歇脚。当时，南京城内市民要来太平山进香，必须出“太平门”，正巧“太平门”附近有座太平桥，出“太平门”又必须从太平桥上走过，这样一来，老百姓都觉得去太平山进香既遂心愿又合天意，因此，到太平山进香心更诚、人更多，此俗语也就逐渐流传了开来。

中华人民共和国成立初期，太平寺被拆除。之后，当地政府陆续植树造林，建亭修路，营造优美环境。现在，太平山已经成为市民们游览休闲、锻炼身体的理想公园。　（搜集整理：杜怀阳）

◆栖霞寺撞钟醒世人　从栖霞寺山门进来，绕过彩虹明镜湖，便可见到寺前分立的钟楼和鼓楼，端庄巍峨。每年元旦前夕，栖霞古寺都会举办“迎新年”撞钟祈福活动，每次都有数万人参加。人们怀着虔诚，聆听108响钟声，在悠扬的钟声中辞旧迎新，祈祷平安。那么“新年撞钟”这个习俗有什么来历呢？

在中国佛教寺院内一般都有钟楼和鼓楼。佛寺中安置钟和鼓的地方很多，但以钟楼、鼓楼所安置的最大，称为大钟、大鼓。寺院里还有“晨钟暮鼓”的仪规，即早晨先击钟，以鼓应之；晚上先击鼓，以钟应之。早晨天破晓的时候，连击三通，每通里面快击十八椎，慢击十八椎，三通总共一百零八声。一般来说，击钟用的是杵，缓缓地击，让钟声深沉悠长。

那么，寺院里为什么要敲钟击鼓呢？诗仙李白的《化城寺大钟铭并序》，就解释了这个问题。诗中写道：“天以震雷鼓群动，佛以鸿钟惊大梦。”佛教认为，世人都是在苦海辗转轮回的“梦中人”，寺院里的钟声，响彻心际，能使人觉悟，发人深省，可以把世人从沉沦已久的“大梦”中惊醒，早日登上彼岸。据《阿含经》说，释迦牟尼佛称：“若打钟时，一切恶道诸苦，并得停止。”佛教传说，人生有108种烦恼，只要闻听108响钟声，便可以“烦恼清，智慧长，菩提生”。

现在人们去寺院撞钟，更多的是为了祈福。栖霞古寺的大钟是为迎接21世纪“千禧年”而铸造的，更被世人赋予了平安吉祥的寓意。而钟鼓之声更增添栖霞古刹的庄严肃穆，是一种太平盛世的殊胜因缘。

（搜集整理：杨　轶）

◆七仙女感恩新婚夫妇送白果　相传很早以前，有一对靠打猎为生的小夫妻，就住在栖霞山下一颗大白果树的附近。日子虽然清苦，但夫妻俩互敬互爱，和和睦睦。

一天，掌灯时分，忽听门外有敲门声。开门一看，见是一男一女，笑盈盈地站在门口，男客生得眉目清秀，女客生得美貌非凡。只听男客道："我夫妻二人因赶路天晚了，只好来这里投宿，请主家施个方便。"主人心地善良，为人热情，见来客态度坦诚，便也确信无疑，便将二人让进屋内。男主人忙着收拾地方，女主人忙饭忙菜，拿出家中最好的食物，盛情招待。

饭后，四人共叙家常，好似久别重逢。不一会，女客问道："此处荒草丛生，野兽出没，主家为何在此居住？"女主人凄然一笑，好像有难言之苦，长叹一声答道："说来话长，客家不必见笑，我二人原为江北人氏，从小通读经书，喜爱琴棋书画，常常相互切磋。光阴似箭，一晃十年有余，我俩情投意合，私订终身，海誓山盟，永不分离。谁知家父知道后训斥小女不孝不贞，犯下家规，不仅重治不饶，还要加害于他。我们只好星夜出逃，大江天险，也冒死漂渡。幸亏得到船公相助，这才来到栖霞山下结为夫妻。只怕家父还要差人四处追寻，因此隐居于此。"说罢，又长叹一声，不再言语。女客听后，心中深表同情，决意帮他们排忧解难，使二人安居乐业，白头到老。

次日凌晨，客人准备启程，临行前，女客拿出一粒小白果来，对主人道：多谢主家盛情款待，这儿有一粒果子，名曰"白果"，现赠予你们，种入土中，以此作为纪念。"说完，女客与主人一起将白果种下，这才上路。

送走客人，夫妻俩心中不解，这小小白果，有什么大用处？

一天，男青年上山打猎，忽见半山腰一位鹤发童颜的老翁向他走来。男青年好生奇怪，山上哪来的老翁？莫非是仙翁？瞬间，老翁已来到面前，问道："年轻人，你可知道，几天前的投宿者是谁？"男青年茫然地摇摇头。老翁道："不速之客是董永与七仙女。"青年人惊讶，接着问道："他们到家没有？"老翁道："没有呵，七仙女已被玉帝派来的天兵天将抓回天宫去了。"老翁接着又说："七仙女给你们的那粒白果，是王母娘娘宴会上的果品，吃了以后可以强壮筋骨，长命百岁。赠予新婚夫妻，可以一生互敬互爱，白头到老。可见七仙女的一片好心。"说罢，飘然而去。

男青年回到家中。将遇到仙翁的事原原本本告与妻子。之后，夫妻二人精心培育小白果树幼苗。几年后，即长成参天大树。这年金秋时节，果然硕果累累。夫妻二人看在眼中，喜在心里。选了个日子，将白果全部采下，除留下一些自己吃用外，其余的都赠送周围的新婚夫妻。如此年复一年。据说这对夫妻相亲相爱，儿孙满堂，一直活到一百多岁哩。

几百年过去了，给新婚夫妇赠送白果的风俗一直延续到今天。当年他们种下的白果树现在仍然枝叶繁茂，高约十五六米，粗壮的树干五六个人才能围抱过来，已成为南京地区最大的白果树。每逢秋收时节，它总是慷慨地向人们奉献出甜美的果实，像是在忠实地履行七仙女对人间的祝福。

（讲述：李雪芳　采录：祁凤琴）

◆**正月十三拜树神**　上前村有棵古银杏树，很多人都在树上挂红布条，祈求树神保佑。村上人都把这棵银杏树当作神树，哪家生了男孩都要到银杏树下烧香磕头拜干名；哪家有人生灾害病，也要给银杏树烧香，求树神保佑平安。每年大年三十晚上，全村家家户户都要到银杏树下烧年香，然后才回去放爆竹吃团圆饭，祈求来年丰收，保佑全家平安。每年正月十三到正月十六是灯节，龙灯头一定要先放在银杏树下，烧香拜神，然后才提灯节起灯。据说，有一年正月十三，龙灯头靠在银杏树下，准备烧香拜神，这时有一个妇女看着灯头说："龙灯头没摆正，灯会烧了。"突然龙灯头起火，灯头上的纸烧着了，但是灯骨子（篾子）仍然好好的，大家罚这个妇女给龙灯挂红，烧香磕头，求龙神宽恕。从此以后，村上人更相信这棵古银杏树是神树了。

（搜集整理：吴广鑫）

◆**当方人不做当方官**　在栖霞镇和汤山镇之间的农村，流传着这样一句俗话："当方人不做当方官"。为什么呢？

传说乾隆时期有一位非常有名的将军，叫孟大志，他的家乡就在栖霞镇以南不到二十里的孟家洼。孟大志在外面威风得不得了，到处都能摆出一副大将军的派头，而一回到孟家洼，他见人就低了一等。为什么呢？原来，他是孟姓家族中辈分最低的人。

有一次，孟大志回到孟家洼，一进村就遇到一个背着孩子的妇女，他低头叫了声“奶奶”，便走了过去。可是，那妇女背上的孩子却奶声奶气地叫了起来：“大志，你叫我什么？”孟大志不得不回过头来叫了声“叔叔”。

孟大志决心改掉自己的班辈。于是，他就借在家乡建牌坊为名，找来了三个阴阳先生。一天，他偷偷地问阴阳先生，班辈可不可以改？阴阳先生一听就明白了，他们说：“好好招待我们三天，我们就给你想个办法。”于是，孟大志就好酒好菜侍候了三个阴阳先生。三天后，他把阴阳先生带到了孟家祠堂。

“想改班辈？”阴阳先生问。“是的。”孟大志答道，“不知可以不可以？”“行是行啊。”阴阳先生指着族谱，一本正经地说：“可是孟将军你看，你的辈分是改排在你爷爷的上面好呢？还是改在你祖宗的上面好？”

孟大志这才知道受了嘲弄。他感慨地说：“当方人千万别做当方官啊！”从此，再也不提改班辈的事。于是，这句话就流传开来，一直到今天。

（口述：胡现宝　采录人：朱光源）

往事钩沉

李白来过栖霞山吗

20世纪90年代，在一本南京的文化小丛书中，读到一首诗，得知李白来过栖霞山，心里很高兴，这首诗便是《送族弟单父主簿凝摄宋城主簿，至郭南月桥，却回栖霞山，留饮赠之》。随着读书的深入和阅历的增长，喜欢对诗作的背景进行进一步的了解。笔者有幸参加《栖霞区志》的编撰，参与搜集遴选与栖霞有关的古诗，发现李白还有一首来过栖霞山的诗作，这便是《携妓登梁王栖霞山孟氏桃园中》，这首诗的题目上也有“栖霞山”，但后来在詹英主编的《李白全集校注汇释集评》一书中，发现书中有此注解：“‘栖霞山，在单县东五里，平原中土中突起’（嘉庆重修一统志卷一八一），《府志》载：‘相传梁孝王曾游此，有词赋镌石。李白送族弟单父主簿凝摄宋城主簿，至郭南月桥，却回栖霞山，留饮处也。’”可见李白诗中的栖霞山是在山东单县，而非南京的栖霞山。

误会不只是上世纪90年代南京的编辑，后来我发现明《金陵梵刹志》、清《摄山志》也收录了上述的第一首诗，可见古人葛寅亮和陈毅也误解了李白关于栖霞山的诗，正因为此，《栖霞区志》中未收录李白这首关于栖霞山的诗作。

没有找到李白与栖霞山的诗作，但不能就此否定李白来过栖霞山。我一直关注李白与栖霞山的话题，阅读民国陈邦贤编纂的《栖霞新志》，得知志书中有记载诗人与栖霞山有关联的人名，在第六章《文艺・八诗赋》“诗人题名”中，李白大名赫然在列，但我以为编者可能是沿用《金陵梵刹志》或《摄山志》的诗选，不过《栖霞新志》上还有一条目引起我的关注，那就是第四章《古迹》中的功德泉，书中记述：功德泉“地点：千佛岩的最高处有青莲壁，壁下有‘功德泉’”。根据宁墨公的诗“断壁摩挲别有仙，登临如到九霄天，残碑卧月存遗迹，三字惟留功德泉。”这里的青莲壁及残碑，极可能与李白有关，因为李白号“青莲居士”，可前朝的方志都没有这个内容的记述，也没有人见到过此青莲壁与残碑。栖霞山的碑刻与摩崖石刻，从南朝到民国，一千多年来，曾引得多少诗人骚客的关注，有的还刻石留名，记述来此观赏到某某的题刻，更多的被记载在文献上。近些年来，栖霞寺组织文物工作者在千佛崖、天开岩做拓片，对碑刻摩崖石刻几乎是一网打尽，《宋史》上曾刊载过千佛岩的题石，其数量远不能与栖霞寺近些年做的拓片相比，尽管如此，从古至今也无人记述到与李白有关的青莲壁或残碑。约十年前，笔者曾参与栖霞山旅游开发工作，有一次，组织清理千佛崖上杂草杂树，利用这次机会，笔者攀登上千佛崖最高处，仔细寻找，也未能找到所谓的“青莲壁”，难道残碑已漫漶不清了？不至于吧？看这里南朝的“中大通题刻”距今近1500年了，仍很清晰。我尝想，即便有与李白相关的残碑，也许是误刻上述两首中的一首，或是何时何人命名的一块石壁为“青莲壁”，其情形与燕子矶头的“酒樽石”一样，只不过是一则传说而已，因此也不能确定李白来过栖霞山。

2018年，在栖霞山园林管理处负责文物管理的友人张军先生出版了《金陵明秀栖霞山》一书，他将李白来栖霞寺写进了书中，笔者即与友人联系，希望能提供出处，友人告诉我，是根据《中国茶文化遗迹》（上海文化出版社2004年5月出版）一书的说法，我随即在网上购了一本，知晓是研究茶叶文化遗迹的浙江人士姚国坤、姜育发、陈佩芳编写的，内有记述中国“名茶入诗”最早的诗篇，李白是其作者。书中记述唐玄宗天宝十一年（752），李白与侄儿中孚禅师在金陵（今江苏南京）栖霞寺不期而遇。这一内容一度还被广泛传到网上，分明在说李白来过栖霞寺了。于是我翻看了《李太白全集》中的《答族侄僧中孚赠玉泉仙人掌茶》一诗，这首诗，有序，中有“余游金陵，见宗僧中孚”及“兼赠诗，要余答之，遂有此作”的文字，说明此诗是在金陵之地完成，但《李太白诗集》中还有一首《登梅岗望金陵，赠族侄高座寺僧中孚》，诗中明明白白写他的族侄僧宗孚在“高座寺”，即在今雨花台区境内，怎能张冠李戴，写成在栖霞寺呢？

笔者注意到南京大学程章灿教授于2015年主编了一本关于栖霞山的诗集，书名《诗栖名山》（江苏凤凰出版社出版），此书未收录李白的诗作，可见也未认可李白写过栖霞山（寺）的诗。

李白与金陵（南京）有着特殊的关系，金陵是李白最爱的城市，他写金陵的诗歌最多，有人统计为200多首，有人认为是100多首，最近笔者所在的南京某学会群里有位群友，称其研究认为有60多首。李白在《上安州裴长史书》中说“白本家金陵”，此话的意思就是李白说自己的家在金陵（有研究者认为金陵疑为“金城”之误，金城，汉郡名，治所在今甘肃永靖西北。笔者以为，即便“白本家金城”，也不能轻易否定李白的家与金陵的关系，因为南京的历史上也有过一个“金城”，“金城泣柳”的故事发生在栖霞山南一带，南朝时的宝志公就是金城人，曾被误认为甘肃金城，宝志公出生地在金城所管辖的今栖霞境内的东阳），李白在金陵的足迹也是很多的。近日学会群里，谈起李白是哪儿人？会员Y先生肯定地说是南京人！他还说“李白是西凉皇帝李暠的九世孙，根据数年前南京出土的唐代《李悟真墓志》可知：李暠的后裔一直在南京的临沂县生活。李白多次来过南京，在他犯了政治错误后（因加入永王集团被流放），其家族立即与他划清了界限了。晚年时他只能倚靠叔叔李阳冰的照顾，不好回到南京，只能在距南京不远的当涂落脚”。Y先生是南京研究碑刻的专家，他所说的南京临沂县就是我们栖霞山附近一带，Y先生之言若能成立的话，等于说李白就是我们南京栖霞人咯。据悉该学会已接下了《马鞍山市碑刻集》一书的编辑任务，拥有了“一块真正的唐代李白墓碑”，Y先生还在群里出示了墓志拓片一角，上有：“……名白字太白其先隴西成紀人……涼武昭王九代孫也隋末……”等文字。

笔者尝想，李白作为李暠的后裔，他肯定对南京临沂这一支不会漠视的，在流放之前多次来金陵，一定会来到栖霞——当年的临沂县，面对唐代的四大丛林栖霞寺，面对南朝千佛崖胜迹、隋舍利塔以及李治皇帝的御碑——明征君碑，他不会无动于衷的，一定会登临栖霞山。

真诚期待对李白的研究能继续深入下去。也许栖霞人真能像李白所言的“我本楚狂人”那样，也能张狂一下了，因为李白是我栖霞人！

□管秋惠

观音门是何时拆除的

观音门为南京外郭十八门之一，是唯一留有照片的外郭城门。出了观音门，就是燕子矶。民国时期，大多数到燕子矶的游客，都会穿观音门而过。于是，观音门就成了民国游记里的常客。如今，观音门早已不复存在，我们也只能通过民国文献里有关观音门的只言片语，恢复对观音门的记忆。

观音门位于南京外郭最北端，临近江边燕子矶，西南接佛宁门，东南连姚坊门，“距下关约六英里”。建于明洪武二年（1369）四月，因地处观音山山谷之间，故名观音门。

据《南京城墙志》记载，民国初期，观音门及城楼保存尚好，城楼已被佛宁门僧侣所占。后因筑路，在拆除城楼后不久，也将城门拆除。如今，该门遗址已多不识。

既然观音门被拆除，那么，是什么时间拆除的呢？带着这个疑问，笔者翻阅了一些文献，均未找到准确答案。权威的《南京城墙志》，只记载了观音门的建造时间，而没有给出观音门的拆除时间。

据笔者所知，南京所有明外郭城门的拆除时间，要么不详，要么模糊。如果观音门拆除时间能够弄清，至少可以填补南京明外郭的历史，并且还可以完善《南京城墙志》之缺。

那么，观音门到底是什么时间拆除的呢？还是先来梳理一下，民国游记里对观音门的描述。

1925年，王桐岭在《江浙旅行记》提到了观音门。他说：“十一点十分，行八里，至观音门，门为江宁外郭门，因幕府山为城，无城墙，门在山口峻坡上，出入皆须上坡，出门下坡，不半里，至观音门镇。”

王桐岭《江浙旅行记》对观音门的描述，算是比较详细了。观音门无城墙，“门在山口峻坡上，出入皆须上坡”。这个记载与老照片中的观音门，可相互印证。

1926年出版的《燕子矶小学》一书，载有张宗麟、胡家健、沈子善合著的《燕子矶乡村小学参观记》一文，文中也记载了观音门。文章说：“忽然马车停住在一个城门口，我们知道目的地到了，下车出城（观音门）寻到了燕子矶小学的时候，还没有八点钟。”从这段记载可以看出，作者乘马车到观音门前下车，然后出观音门，到燕子矶小学参观的。

1928年创刊的《津浦之声》，刊载了笔名“醉”的文章《燕子矶岩山十二洞游记》，文中也提到了观音门：“观音门，在幕府山之东麓，由燕子矶下山，沿江西行，遥望所谓观音门者，不过沿半山之麓，建一小庙，庙前有一类似回廊之木棚，两端各有墙，西端之墙上横书‘观音门’三字，过此门……”。

对《燕子矶岩山十二洞游记》的作者而言，远看观音门，如同一座小庙宇。根据记载可知，观音门前不仅有像回廊一样的木棚，而且观音门的两侧还有墙。尤其值得一提的是，文中记载了在西边一侧的墙上，书写着“观音门”三个字。从观音门旧照中，也能看到“观音门”三个字。只是“观音门”三字，出自何人之手，文中并没有说明。

根据上述所引用的资料，到了1928年时，观音门仍然存在，没有被拆除。

著名学者朱偰在其所著《金陵古迹图考》（1936年出版）中说：“外郭周一百八十里，利用天然土坡，未起城垣，然外郭城门，（如高桥门）尚有存者，重关屹立，形势嵯峨，惜今日因筑路关系，渐次拆毁（如观音门，三年前尚存），亦可叹已。”由于该书有朱偰先生作于民国23年（1934）10月18日的序，据此推测，观音门拆除于1931年至1934年之间。

虽然，朱偰先生提到了观音门拆除时间，但三年的时间，比较宽泛。近读两则民国资料，基本可以确定观音门的拆除时间了。

1933年5月16日在南京出版的《自觉》杂志第12期中，笔者查阅到一位笔名“千里”所著的《幕府纪游》。

从《幕府纪游》的记载来看，作者“千里”到幕府山、燕子矶旅行的时间为1933年4月30日。文章说：“自北伐成功，建都南京，首尾已有七年了。”1927年，国民政府定都南京，到1933年，正好是首尾七年。“时已三时半，遂乘车而返，返时，取道山阳，出观音门，燕子矶头为山岗所蔽，回头看不到。”作者是下午三时半从燕子矶返回的，出了观音门后，作者还想回头看看燕子矶，却因山岗及建在山岗间的观音门所遮挡，并没有看见燕子矶。由“出观音门”这句话，可以证实，在1933年4月底的时候，观音门是存在的。

1934年10月1日，江宁自治实验县政府编辑出版了《江宁县政概况》。据该书记载：“和燕路为自和平门至燕子矶之孔道，长八公里。燕子矶为首都附近著名名胜，凡游历或道经南京者，莫不以一临此矗立江边之小山为快。游客往来，向称频繁，每届季节，及星期假日，尤有车水马龙之慨……而观音门土城，高坡阻塞，使车辆不能直达燕子矶镇，尤为交通之大碍。去年冬间，县政府鉴于该路之重要，乃派养路工程队将路基放宽，并招商翻修路面，工程费七千余元，已于今年二月底完成。至开錾观音门高坡土方，则由燕子矶农民所组织之合作社承包，利用农闲，从事工作，工价共二千一百余元，费时仅四十日。自观音门土坡开平及路面翻修完成以后，向日崎岖窄塞，行人咸有戒心之和燕路，已变为宽平之康庄大道。现县市划界实行交割，该路已尽入南京市政府范围矣。”

《江宁县政概况》显示，由于观音门建在高坡上，阻碍了来往车辆直达燕子矶。因而，在1933年冬，当时的江宁县政府有鉴于此，拓宽了和燕路，于1934年2月间完成了道路建设。既然，和燕路变成了“宽平之康庄大道”，那么，说明观音门也就不再是“尤为交通之大碍”，这样的结果是，观音门在这次拓宽和燕路的过程中，被拆除。这与朱偰在文中指出的“惜今日因筑路关系，渐次拆毁”，是相吻合的。

综合《金陵古迹图考》《幕府纪游》和《江宁县政概况》三份资料，毫无疑问，观音门拆除于1933年冬至1934年2月之间。如此，观音门就成为南京外郭城门中，到目前为止第一座有具体拆除时间的城门了。　□张智峰

邑人档案

真金线制作技艺传承人王成

南京云锦，织造精细、图案精美、格调高雅，在继承历代织锦的优秀传统基础上发展而来，又融会其他各种丝织工艺的宝贵经验，达到丝织工艺的最高水品，被誉为“锦中之冠”，代表中国丝织工艺的最高成就，是中国丝绸文化的璀璨结晶。2009年，南京云锦木机妆花手工织造技艺入选《世界人类非物质文化遗产代表作名录》。南京云锦无疑是今天南京人最值得骄傲的非物质文化遗产（简称“非遗”）项目之一。

也许很多人并不知晓，南京云锦与栖霞区申报的一项省级非遗——“真金线制作技艺”密切相关，金（银）线在织物中大量运用是云锦的一大特色，金（银）线参与织造使得南京云锦更显得富丽堂皇。说到当下的南京云锦制作，可以说每一个位云锦大师都

熟悉栖霞区的真金线制作艺人王成，金文、周双喜、张玉英、戴健、王六林……云锦界几乎没有不使用王成金线的云锦艺人。

20多年前，王成在龙潭镇（今龙潭街道）上的南京金线金箔总厂做胶，并且做得越来越好。于是厂里金线的活一般都转给王成去做。那时的王成还是一个中青年人，夏季时分，喜穿T恤衫，说一口地道的龙潭土话。到2005年秋天时，江苏省专家在南京市国家级非遗项目推荐会上，特别提出要申报“南京金线金箔”，后因报到文化部时，文化部专家在讨论会上提出“金箔”要单独申报，便将“金线”暂时搁置。也就在这一年，王成以自己的姓名为厂名，注册成立“南京王成金线厂”，不经意间，真金线制作的重任落在这个中青年汉子的肩上。

2008年，南京金线金箔总厂得以重新申报“真金线制作技艺”。王成出生于做金线的世家，爷爷是做金线的，后被土匪杀害，盗走了他爷爷卖金线的钱款。王成的父亲王世荣13岁就做金线了。中华人民共和国建立后，王世荣进了镇上的金线金箔厂。王成耳濡目染，8岁起就爱往厂里跑，看父亲做金线的活计。在1980年元月5日，未满20岁的王成就开始做胶、褙金、砑金工艺，逐步学会金线制作过程中的全部工艺，有做粉、打纸、褙金、担金、熏金、砑金、切金、做芯线、搓线、摇线等十余道工序，还有制作云锦织造中常使用的“孔雀羽线”，他也能得心应手完好完成，这在老一辈艺人中也是罕见的。

王成在完全继承全部传统技艺的基础上，还注重创新。“打纸”分二合纸和七合纸两种类型，二合纸为二层纸叠合，打好后作圆金线基纸，七合纸为七层纸叠合，打好后用作扁金线基纸。“打纸”工艺很繁复，王成基本上还是沿袭这一古老方法，但根据纸张业的发展，他也研究不用叠合纸张来打纸的新方法，直接打一种特殊的纸张，打后供褙金用，简化了工序，提高了效率。“切金”是真金线制作中技术含量要求最高的，切金最难，因而旧时收入也最高，比打金箔的工资还要高，被称着“驰马蹿蹄”硬把工，需二指半执刀，跪着切金线。老艺人在12厘米宽的金纸上切240刀，切出来的金线皮子只有0.5毫米宽，全靠眼手绝佳的配合，绝对不能有丝毫出入，否则金皮子就废了。切金这一传统技艺而今几乎没有人能传承了。为此，王成发明了切金机，不断提高切金质量，他能做到1毫米宽的金皮子，切出3根来，每根金皮子只有0.33毫米宽，经与丝线捻合后，金线之细堪比头发丝。

2010年，王成被应邀作为“爱我中华共创和谐影响力优秀人物”代表，出席在北京人民大会堂举行的第十一届“新世纪之声·和谐中国”征文活动表彰大会。在做好非遗保护的同时，王成还积极参与社会公益事业，2012年，获第十届“南京好市民”称号；2013年，王成获南京市人民政府授予的“工艺美术大师”称号；2017年，被确定为江苏省乡土人才“三带”能手；2019年，成功入选中国最美诚信人物；2020年，被江苏省文化和旅游厅命名为省级非物质文化遗产“真金线制作技艺”省级传承人。

随着人民生活的提高，旧时专为帝王服务的云锦织造，而今真正走进了人民生活之中，云锦需求越来越多。王成尽力满足全国各地用金线的需要，甚至还有外宾慕名光临龙潭小镇，购买他的真金线。他一年忙到头，丝毫不敢懈怠，越来越感到工作的压力。而今的王成不是为了钱财忙碌，他有了退休俸禄，生活无忧，为了保护和传承真金线制作技艺，同时也是为了人类非物质文化遗产南京云锦的传承，需要他不停地忙碌，真金线制作已融进他的血脉中。　□管秋惠

统计资料

2021年栖霞区基本情况

表40

指　标	计量单位	数　值	指　标	计量单位	数　值
街道办事处	个	9	人口密度	人/平方公里	
居民委员会	个	97	地区生产总值（在地口径）	亿元	1708.88
村民委员会	个	29	全社会固定资产投资增幅	%	9.50
户籍总户数	户	205082	社会消费品零售总额	亿元	512.01
户籍总人口数	人	565678	实际使用外资	亿美元	9.19
其中：乡村人口	人	—	进出口总额	亿元	1079.60
女性人口	人	286097	其中：出口总额	亿元	582.20
年末常住人口	万人	99.74	财政总收入	亿元	273.92
出生率	‰	4.94	其中：地方财政公共预算收入	亿元	151.76
死亡率	‰	3.32	财政总支出	亿元	251.6
人口自然增长率	‰	1.62	其中：地方财政公共预算支出	亿元	102.54
土地总面积	平方公里	395.43	城市居民人均可支配收入	元	72058.5
其中：耕地	公顷	6253.46			

2021年栖霞区国民经济主要结构指标

表41　　单位：%

指　标	数　值	指　标	数　值
一、人口：1.城乡结构：城镇人口	93.75	第三产业	42.3
乡村人口	6.25	四、农业总产值结构：农业	73.45
2.性别结构：男	279581.00	林业	0.83
女	286097.00	牧业	8.58
二、就业：1.产业结构：第一产业	—	渔业	11.72
第二产业	—	农林牧渔服务业	5.42
第三产业	—	五、工业总产值经济类型结构：国有工业	0.71
三、国民经济产业结构：第一产业	0.5	集体工业	0.01
第二产业	57.2	其他经济类型	99.28

注：人口结构按2020年人口普查数据测算。

2021年栖霞区生产总值

表42　　单位：亿元

指　标	2021年增加值（现价）	同比增减%（可比价）	指　标	2021年增加值（现价）	同比增减%（可比价）
国内生产总值	1708.88	8.0	K门类房地产业	161.70	18.6

续表

指　　标	2021年增加值（现价）	同比增减%（可比价）	指　　标	2021年增加值（现价）	同比增减%（可比价）
农、林、牧、渔业	8.10	−1.6	自有房地产经营活动	14.24	5.0
#农、林、牧、渔专业及辅助性活动	0.32	−1.3	营利性服务业	111.56	7.1
工业	802.45	6.6	信息传输、软件和信息技术服务业	13.79	11.7
#制造业	777.55	6.6	租赁和商务服务业	35.45	5.1
#金属制品、机械和设备修理业	0.30	1.5	科学研究和技术服务业	44.39	5.4
建筑业	175.60	10.2	居民服务、修理和其他服务业	10.28	20.4
批发和零售业	107.45	9.2	文化、体育和娱乐业	7.65	2.3
批发业	39.45	10.9	非营利性服务业	189.12	8.2
零售业	68.00	8.3	水利、环境和公共设施管理业	4.70	−0.8
交通运输、仓储和邮政业	85.93	1.6	教育	127.32	6.1
住宿和餐饮业	22.10	9.7	卫生和社会工作	15.95	7.6
住宿业	3.81	12.1	公共管理、社会保障和社会组织	41.15	17.2
餐饮业	18.29	9.3	第一产业	7.78	−1.7
金融业	30.63	2.0	第二产业	977.75	7.2
房地产业	175.94	17.5	第三产业	723.35	9.3

2021年栖霞区人口及其变动情况

表43

指　　标	单位	数　值	比上年增长（%）	指　　标	单位	数　值	比上年增长（%）
年末户籍总户数	户	200882	4.23	出生率	‰	4.94	—
年末户籍总人口数	万人	565678	3.22	全年死亡人口	人	3100	−0.12
其中：男	人	279581	−6.30	死亡率	‰	3.32	—
女	人	286097	1.71	全年自然增长人口	人	1359	—
性别比	女性为100	97.72%	−7.71	自然增长率	‰	1.62	—
其中：乡村人口	人	—	—	年末常住人口	万人	98.78	0.84
全年出生人口	人	4459	7.81				

2021年栖霞区计划生育情况

表44

单位：人

指　　标	数　值	比上年增长（%）	指　　标	数　值	比上年增长（%）
一、生育情况：1.出生人数	5601	−6.90	其中：女性	0	0.00
其中：女性	2639	−6.45	二、节育情况：1.年末育龄妇女	215939	−6.26

续表

指　标	数　值	比上年增长（%）	指　标	数　值	比上年增长（%）
（1）一孩	3602	-4.13	其中：已婚育龄妇女	163960	-6.45
其中：女性	1693	-13.31	2.只有一个孩子的妇女	121323	-6.11
（2）二孩以上	1999	-13.24	三、晚婚情况：1.年末初婚女性	2251	-35.78
其中：女性	946	-21.04	其中：20～22周岁	172	-52.22
2.计划生育率(%)	100	0.00	23周岁以上	2075	-34.02
3.计划外出生人数	0	0.00	2.晚婚率(%)	92.2	2.50

注：本表数据由区卫生健康委员会提供。

2021年栖霞区农业总产值、增加值情况

表45　　单位：万元

指　标	总　产　值		增加值
	现行价	可比价	
农林牧渔业总值	112584	113055	80965
一、农业	82694	80107	64292
（一）谷物及其他作物	6700	6665	—
其中：谷物（原粮）	5201	—	—
油料作物	552	—	—
（二）蔬菜、园艺作物	62483	—	—
其中：蔬菜	59782	—	—
花卉及其他园艺	2679	—	—
（三）水果、坚果、饮料和香料	13511	—	—
二、林业	930	914	507
三、畜牧业	9660	13111	4820
（一）大牲畜饲养	109	—	—
其中：奶牛	—	—	—
（二）生猪饲养	8320	—	—
（三）家禽饲养	1231	—	—
其中：肉禽	477	—	—
蛋类	754	—	—
（四）其他畜牧业	—	—	—
四、渔业	13200	12916	8149
五、农、林、牧、渔服务业	6100	6007	3197

2021年栖霞区种植业生产情况

表46

指　标	播种面积(亩)	折合（公顷）	每亩产量(公斤/亩)	折合（千克/公顷）	总产量(吨)
农作物种植合计	149922	9994.8	892	13388	133812
一、粮食作物合计	62700	4180	404	6057	25317
（一）夏收粮食	24990	1666	335	5018	8360
其中：小麦	24490	1632.7	338	5066	8271
蚕豆	500	33.3	178	2673	89
（二）秋收粮食	37710	2514	450	6745	16957
其中：稻谷	21672	1444.8	576	8636	12477
玉米	6900	460	413	6196	2850
大豆	8877	591.8	169	2530	1497
薯类（五折）	240	16	542	8125	130
二、油料合计	4300	286.7	168	2515	721
其中：油菜籽	4260	284	168	2518	715
三、蔬菜（含菜用瓜）	80775	5385	1289	19331	104097
四、瓜果类	2147	143.1	1713	25695	3677
其中：西瓜	849	56.6	2011	30159	1707
甜瓜	204	13.6	1034	15515	211
五、其他农作物	—	—	—	—	—
其中：青饲料	—	—	—	—	—

2021年栖霞区林业生产情况

表47

指　标	单　位	数　值	比上年增长（%）
年末实有林地面积	公顷	10518	0.1
当年造林面积	公顷	19.3	−25.2
木材采伐	立方米	211	−94.5
年末实有果园面积	公顷	190.47	0.0

注：本表数据由区农业农村局提供。

2021年栖霞区畜牧业生产情况

表48

指　标	当年出栏数	年末存栏数	产量（吨）
一、大牲畜(头)	0	0	0
其中：牛(头)	0	0	0

续表

指　　标	当年出栏数	年末存栏数	产量（吨）
1.乳牛(头)	0	0	0
2.水牛(头)	0	0	0
二、猪(头)	24151	31050	1899
三、羊(只)	772	789	9
其中：山羊(只)	772	789	9
四、家禽(万只)	115894	94045	186
附：奶类产量	0	0	0
其中：牛奶产量	0	0	0
禽蛋产量	0	0	819

注：本表数据由区农业农村局提供。

2021年栖霞区渔业生产情况

表49

指　　标	数　值	比上年增长（%）	指　　标	数　值	比上年增长（%）
一、街道办渔场（个）	3	0.00	虾、蟹类（吨）	661	14.96
二、村办渔场院（个）	16	0.00	2.捕捞产量（吨）	0	0.00
三、淡水养殖面积（公顷）	282	2.47	五、渔船拥有量（艘）	0	0.00
四、淡水产品产量（吨）	3645	14.80	1.机动渔船（艘）	0	0.00
1.养殖产量（吨）	3645	14.80	2.非机动渔船（艘）	0	0.00
其中：鱼类（吨）	2984	14.76			

注：本表数据由区农业农村局提供。

2021年栖霞区规模以上工业主要指标情况

表50

单位:亿元

指　　标	数　值	比上年增长（%）	指　　标	数　值	比上年增长（%）
企业单位数(个)	331	—	负债合计	1526.28	5.95
其中：亏损企业数(个)	76	24.59	营业收入	3680.72	18.72
亏损企业净亏损额	56.96	-46.15	营业成本	3069.07	17.36
工业总产值	3353.03	14.48	利税总额	417.63	63.32
资产总计	2762.22	6.44	其中：利润总额	190.83	255.26

2021年栖霞区全社会固定资产投资情况

表51

指　　标	比上年增长（%）	指　　标	比上年增长（%）
全社会投资总额	9.50	其中：工业投资	1.50

续表

指　标	比上年增长（%）	指　标	比上年增长（%）
#行政区	13.63	第三产业	11.60
仙林大学城	-6.60	按登记注册类型分：内资企业	74.90
南京经开区	7.27	其中：私营经济	-35.80
按产业分：第一产业	—	港、澳、台商投资企业	-24.20
第二产业	1.50	外商投资企业	52.50

2021年栖霞区房地产开发企业基本情况

表52　　单位：万元

指　标	数　值	比上年增长（%）	指　标	数　值	比上年增长（%）
一、企业单位数（个）	76	16.92	五、房屋施工面积（万平方米）	1124.24	-1.49
二、本年完成投资	3610261	-9.43	住宅面积（万平方米）	733.74	-9.32
其中：国有经济控股	1113784	-13.57	六、房屋竣工面积（万平方米）	104.27	-48.36
三、按工程用途分：住宅	2723168	-8.92	住宅面积(万平方米)	77.44	-53.23
商业营业用房	306277	6.20	七、商品房销售面积（万平方米）	173.40	25.39
办公楼	167835	-13.14	住宅面积（万平方米）	162.22	26.82
其他	412981	-19.75	八、商品房销售额	4929634	27.66
四、本年新增固定资产	—	—	住宅销售额	4744483	29.01

2021年栖霞区社会消费品零售总额情况

表53　　单位：亿元

指　标	累计完成	比上年增长（%）	指　标	累计完成	比上年增长（%）
社会消费品零售总额	512.01	10.90	按规模分		
行政区	319.90	9.50	（一）限额以上	296.5	16.70
南京经开区	192.10	15.00	（二）限额以下	215.5	3.80

2021年栖霞区财政收入情况

表54　　单位：万元

指　标	数　值	比上年增长（%）	指　标	数　值	比上年增长（%）
财政收入合计	2739167.5	12.14	其中：税收收入	1387805	12.00
一、上解中央收入	1221597.5	15.72	非税收入	129765	-12.30
二、地方财政公共预算收入	1517570	9.41			

注：本表数据由区财政局提供。

2021年栖霞区财政支出情况

表55 计量单位：万元

指标	2021年	同比增减%	指标	2021年	同比增减%
总计	2515652.5	−8.09	19.粮油物资储备事务	0.0	—
#一般公共预算支出	1025361.2	4.47	20.灾害防治及应急管理支出	3199.0	−19.44
1.一般公共服务支出	94338.4	7.44	21.其他支出	2.6	−99.59
2.国防支出	—	—	22.债务付息支出	4365.1	10.04
3.公共安全支出	22465.0	−24.54	23.债务发行费用支出	10.4	−52.75
4.教育支出	183818.7	−1.16	#政府性基金预算支出	1490211.2	−15.11
5.科学技术支出	85538.2	−6.91	1.科学技术支出	—	—
6.文化旅游体育与传媒支出	9398.7	−32.16	2.文化旅游体育与传媒支出	286.0	-
7.社会保障和就业支出	78083.4	−9.94	3.社会保障和就业支出	—	—
8.卫生健康支出	57294.0	22.28	4.城乡社区支出	1450305.9	−11.43
9.节能环保支出	16799.2	3.57	5.农林水支出	—	—
10.城乡社区支出	250047.2	14.42	6.交通运输支出	—	—
11.农林水支出	38100.4	0.53	7.资源勘探信息等支出	—	—
12.交通运输支出	7622.0	15.89	8.其他支出	21860.7	−71.97
13.资源勘探信息等支出	50202.8	3.47	9.债务付息支出	17691.1	15.92
14.商业服务业等支出	11751.6	13.62	10.债务发行费用支出	67.5	−62.05
15.金融支出	1004.7	85.37	11.抗疫特别国债安排的支出	—	—
16.援助其他地区等支出	9617.9	4.15	#国有资本经营预算	80.0	11.11
17.自然资源海洋气象等支出	2702.0	−45.81	1.国有资本经营预算支出	80.0	11.11
18.住房保障支出	98865.4	28.95			

注：本表数据由区财政局提供。

2021年栖霞区普通教育事业情况

表56

指标	学校（所）	班级（个）	学生（人）	教职工（人）	
					专任教师
一、幼儿园	90	933	28181	4111	2095
二、小学	43	1099	40526	3159	2979
三、初中	17	314	11619	1433	1342
四、高中	2	74	3556	353	337
五、完全中学	1	53	1844	354	250
六、九年一贯制学校	1	45	1866	203	176
七、十二年一贯制学校	2	193	6891	1028	772
八、职业学校	1	71	2078	241	210

续表

指　标	学校（所）	班级（个）	学生（人）	教职工（人）	
					专任教师
九、特殊教育学校	1	7	74	24	22
合　计	158	2789	96635	10906	8183

注：本表数据由区教育局提供。

2021年栖霞区文化事业情况

表57

指　标	计量单位	数　值	比上年增长（%）
一、图书馆：藏书	册	518398	−23.10
书架单层总长	米	2657	0.00
发放借书证	本	27622	15.06
书刊外借	册次	364561	−11.17
新购图书	册	43221	−82.76
二、文化馆：举办展览数	个	50	78.57
组织文艺活动	次	453	90.34
举办训练班	班次	76	−81.00
街、镇文化站	个	9	0.00
群众业余演出团队	个	105	2.94

注：本表数据由区文化和旅游局提供。

2021年栖霞区卫生事业情况

表58

指　标	医疗机构（个）	实有床位（张）	工作人员（人）		
				卫生技术人员	
					执业(助理）医师
总计	266	3101	6676	5405	2126
一、医院	22	2901	4556	3595	1231
其中：综合医院	11	1335	2308	1850	680
中西医结合医院	1	767	1377	1148	439
专科医院	5	495	576	473	89
护理院	5	304	295	124	23
二、社区卫生服务中心(站)	39	180	878	754	339
其中：社区卫生服务中心	10	180	842	726	322
社区卫生服务站	29	0	36	28	17
三、门诊部（含诊所、卫生所、医务室）	201	10	1095	928	485

续表

指标	医疗机构（个）	实有床位（张）	工作人员（人）	卫生技术人员	执业(助理）医师
其中：门诊部	23	0	349	297	148
诊所、卫生所、医务室	178	10	746	631	337
四、疾病预防控制中心	1	0	41	36	28
五、专科疾病防治院（所、站）	1	10	66	56	27
六、妇幼保健所（妇幼保健院）	1	0	23	19	16
七、卫生监督所(中心)	1	0	17	17	0

注：表中数据由区卫生健康委员会提供。

2021年栖霞区体育事业情况

表59

指标	计量单位	数值	比上年增长%
体育系统职工	人	9	−10.00
其中：教练员	人	7	−12.50
青少年业余体校	所	1	0.00
专职教练员	人	7	−12.50
运动员	人	530	20.45
其中：田径运动员	人	200	0.00
跆拳道散打运动员	人	40	0.00
柔道运动员	人	110	83.33
射击运动员	人	120	33.33
击剑运动员	人	60	20.00
举行各类体育竞赛	次	99	−4.81
参加全国、省、市体育竞赛	次	15	7.14
其中：获金牌	枚	35	84.21
获银牌	枚	20	25.00
获铜牌	枚	18	20.00
向省、市输送体育人才	人	38	18.75

注：本表数据由区文化和旅游局提供。

2021年栖霞区专利申请量与授权量情况

表60

计量单位：件

指标	数量	比上年增长（%）	指标	数量	比上年增长（%）
专利申请量	—	—	专利授权量	9503	20.73
其中：发明	—	—	其中：发明	2067	38.45

续表

指 标	数 量	比上年增长（%）	指 标	数 量	比上年增长（%）
实用新型	—	—	实用新型	6810	16.55
外观设计	—	—	外观设计	626	17.01

注：本表数据由区市场监督局提供。

2021年栖霞区高新技术企业情况

表61　　计量单位：个

指 标	数 量	比上年增长（%）
高新技术企业	901	28.71

注：本表数据由区科学技术局提供。

2021年栖霞区城镇居民家庭抽样调查现金收支情况

表62　　单位：元

指 标	数值	比上年增长（%）	指 标	数值	比上年增长（%）
一、可支配收入	72059	9.4	（二）衣着	2364	19.6
（一）工资性收入	42438	10.1	（三）居住	11007	12.0
（二）经营性收入	7624	13.6	（四）生活用品及服务	2558	18.2
（三）财产性收入	7505	7.6	（五）交通通信	6698	19.3
（四）转移性收入	14492	6.2	（六）教育文化娱乐	8159	22.0
二、消费支出	49748	19.0	（七）医疗保健	4112	23.1
（一）食品烟酒	12835	18.6	（八）其他用品和服务	2015	47.3

2012—2021年栖霞区居民收入对比情况

表63　　计量单位：元

年 份	农村居民人均纯收入		城镇居民人均可支配收入	
	数 值	比上年增长%	数 值	比上年增长%
2012年	16775	12.6	33678	13.2
2013年	18763	11.9	36911	9.6
2014年	18914	10.3	41179	8.8
2015年	20862	10.3	44612	8.3
2016年	22740	9.0	48379	8.4
2017年	24886	9.4	52975	9.5
2018年	—	—	57795	9.1
2019年	—	—	62743	8.6
2020年	—	—	65867	5.0
2021年	—	—	72059	9.4

注：自2014年农村居民人均纯收入改为农村居民可支配收入。

2021年南京市各区主要经济指标对比情况

表64

各区名称	地区生产总值		地方财政公共预算收入		规模以上工业增加值		全社会固定资产投资		社会消费品零售总额		利用外资		农村居民人均可支配收入		城市居民人均可支配收入	
	累计完成（亿元）	比上年增长%	累计完成（亿元）	比上年增长%	累计完成（亿元）	比上年增长%	累计完成（亿元）	比上年增长%	累计完成（亿元）	比上年增长%	累计完成（亿美元）	比上年增长%	人均累计实现（元）	上年比增长%	人均累计实现（元）	比上年增长%
江北新区	2561.70	14.3	215.27	14.4	—	14.2	—	12.5	760.02	13.5	8.81	5.9	—	—	71313	9.5
玄　武	1205.94	8.8	105.08	8.4	—	19.2	—	8.5	1129.8	9.8	3.94	65.1	—	—	81472	8.8
秦　淮	1324.42	8.3	110.52	10.4	—	12.0	—	8.6	1031.0	9.7	3.00	-7.5	—	—	74597	8.8
建　邺	1214.95	8.3	161.66	16.6	—	9.7	—	6.2	451.2	13.5	3.82	16.7	—	—	71718	8.9
鼓　楼	1921.08	8.3	176.59	6.6	—	8.4	—	8.0	1145.7	11.3	2.90	-2.8	—	—	80735	9.1
浦　口	490.48	7.0	78.17	11.5	—	15.6	—	3.0	150.1	9.7	3.59	12.3	33157	10.3	67910	8.7
栖　霞	1708.88	8.0	151.76	9.4	—	7.1	—	9.5	512.0	10.9	9.19	0.3	—	—	72059	9.4
雨花台	1015.55	7.1	91.58	9.1	—	18.7	—	9.6	731.2	8.0	3.66	49.2	—	—	71663	9.1
江　宁	2810.47	7.5	265.30	0.4	—	9.8	—	10.3	1032.0	8.2	10.45	-13.0	33391	10.0	70989	8.5
六　合	567.56	8.6	52.72	13.7	—	23.0	—	12.5	294.0	12.1	3.42	6.0	32021	10.8	66353	9.2
溧　水	1000.95	8.4	81.88	3.6	—	21.9	—	10.2	398.1	13.8	2.84	-11.2	32032	10.2	64859	8.6
高　淳	560.24	7.6	43.04	13.3	—	16.4	—	9.4	264.1	12.0	2.12	-11.3	32738	10.7	65444	8.5

索　引

说　明

1.本索引采用分析索引方法，按索引词首字汉语拼音音序排列，首字音序相同，按第二字音序排列，依此类推。

2.凡类目、分目、副分目标题和人名作索引词的均用黑体字标明。

3.索引词后标的阿拉伯数字表示内容所在页码；数字后的拉丁字母a、b、c分别表示左、中、右栏；索引词后括注“图”“表”字样的为图或表。

4.索引词后第二个及其后的页码表示“参见”内容的所在位置，缩后两格排印的索引词为相关主索引词的“附见”内容。

5.“特载”“专记”“大事记”和“综录”等类目的部分内容未做索引。

F

G

H

J

P

Q

R

S

T

W

Y

Z